Christian Wilken

4105 13,90

UTB FÜR WISSEN SCHAFT

UTB **2097**

D1933513

Eine Arbeitsgemeinschaft der Verlage

Wilhelm Fink Verlag München
A. Francke Verlag Tübingen und Basel
Paul Haupt Verlag Bern · Stuttgart · Wien
Hüthig Fachverlage Heidelberg
Verlag Leske + Budrich GmbH Opladen
Lucius & Lucius Verlagsgesellschaft Stuttgart
Mohr Siebeck Tübingen
Quelle & Meyer Verlag Wiebelsheim
Ernst Reinhardt Verlag München und Basel
Schäffer-Poeschel Verlag Stuttgart
Ferdinand Schöningh Verlag Paderborn · München · Wien · Zürich
Eugen Ulmer Verlag Stuttgart
Vandenhoeck & Ruprecht in Göttingen und Zürich
WUV Wien

Hiltrud Naßmacher/Karl-Heinz Naßmacher

Kommunalpolitik in Deutschland

Leske + Budrich, Opladen 1999

Gedruckt auf säure- und chlorfreiem, alterungsbeständigem Papier

Die Deutsche Bibliothek – CIP-Einheitsaufnahme

Naßmacher, Hiltrud:
Kommunalpolitik in Deutschland / Hiltrud Naßmacher ; Karl-Heinz Naßmacher.
– Opladen : Leske + Budrich, 1999
(Schriftenreihe: Uni-Taschenbücher ; Bd. 2097)

ISBN: 3-8252-2097-4 (UTB)
ISBN: 3-8100-2377-9 (Leske + Budrich)

Einbandgestaltung: Alfred Krugmann, Stuttgart
Satz: Leske + Budrich, Opladen
Druck und Verarbeitung: Presse-Druck, Augsburg
Printed in Germany

Inhalt

Vorwort

Als vor genau dreißig Jahren einer von uns (jung, weiblich) die Chance erhielt, für einen (durch Verzicht freigewordenen, aber sicheren) Wahlkreis im Rat einer nordrhein-westfälischen Großstadt mitzuwirken, war das für uns beide der Beginn einer wunderbaren Erfahrung.

Damals wußten wir noch nicht, daß dieses ehrenamtliche Mandat die entscheidende Weichenstellung für unsere Berufstätigkeit werden sollte: Die erste Berufung auf einen politikwissenschaftlichen Lehrstuhl mit dem Schwerpunkt Kommunalpolitik folgte sechs Jahre später, die Habilitation über ein kommunalpolitisches Thema weitere elf Jahre danach.

Inzwischen ist Kommunalpolitik eine Konstante unseres Berufslebens. Zwanzig Jahre nach seinem ersten Erscheinen liefert dieses Buch eine aktuelle, stark verbesserte und wesentlich erweiterte Zwischenbilanz unserer professionellen Einsichten. Wir hoffen, daß es von den Leserinnen und Lesern in Studium und Berufspraxis genauso freundlich aufgenommen wird, wie sein Vorgänger.

Weil auch Menschen, die aus einer stabilen Paarbeziehung agieren, in ihrem Leben Kollegen, Freunde und Helfer brauchen, widmen wir das Buch Hans E., Heinz A., Ernst L. und Herbert U., vier unverzichtbaren Begleitern und Helfern auf diesem mühsamen Weg mit herzlichem Dank für ihre höchst unterschiedlichen Beiträge vorwiegend ideeller Natur. Ohne den professionellen Einsatz von Sabine Rodewald und Stephan Bissinger (Universität Konstanz) sowie Isolde Matziwitzki und Elisabeth Brand (Carl-von-Ossietzky Universität Oldenburg) wäre der Text wohl niemals fertig geworden. Hier hat unser Dank einen sehr konkreten Bezug und die Betroffenen kennen ihren Anteil!

Oldenburg, im Juni 1999

Prof. Dr. Hiltrud Naßmacher
Prof. Dr. Karl-Heinz Naßmacher

1. Kommunalpolitik heute: Lokalpolitische Steuerung oder gemeindliche Selbstverwaltung?

Technische Neuerungen verändern die Lebensbedingungen der Menschen in den entwickelten Industriegesellschaften ständig – zuweilen grundlegend. Heute ist das Auto als Massenverkehrsmittel allgemein verbreitet; praktisch alle Haushalte sind mit Fernsehgerät und Telefon ausgestattet. Die weltweite Vernetzung schreitet voran. In der nächsten Umgebung, der engeren räumlichen Umwelt, empfinden viele Menschen eine Veränderung als besonders tiefen Eingriff in ihre persönlichen Lebensverhältnisse. So wird auch in den Gemeinden der gesellschaftliche Wandel für jedermann erfahrbar.

Die Massenmotorisierung hat in Verbindung mit einem verstärkten Straßenbau die unmittelbare Nähe von Wohnort, Arbeitsplatz und Einkaufmöglichkeit auf breiter Front in Frage gestellt. Das Massenkommunikationsmittel Fernsehen schuf für die Freizeit wie für die Information der Bevölkerung völlig neue Bedingungen. Auswirkungen auf die gesellschaftliche Bedeutung der örtlichen Vereine, der Lokalpresse und damit verbunden auf das Verhältnis der Bürger zur lokalen Politik, ihren traditionellen Institutionen und Repräsentanten waren zu erwarten.

Die Verbreitung des Telefons hat neue Möglichkeiten für Gesprächskontakte zwischen Einzelpersonen geschaffen. Für die Kommunikation zeichnen sich durch neue Leitungssysteme sowie Satelliten erweiterte Möglichkeiten ab. Die mit dem Fabriksystem (Fordismus) verbundene Trennung von Wohnung und Arbeitsplatz wird teilweise überflüssig. Arbeitsplätze lassen sich weltweit miteinander vernetzen (Globalisierung). Wirtschaftliche Tätigkeit kann ohne Standortbindung entfaltet werden.[1] Landwirtschaft, Industrie und personen-

---

1 Vgl. Grabow 1996a, S. 176f., 179f.

bezogene Dienstleistungen bleiben zwar in den Gemeinden, unterscheiden sich aber im Hinblick auf ihre wirtschaftliche Bedeutung.

1.1 Politik vor Ort

Die meisten wirtschaftlichen und sozialen Veränderungen haben sich allmählich vollzogen. Im Gegensatz dazu fallen die Eröffnung eines Verbrauchermarktes, die Errichtung ganzer Neubauviertel, Sanierung alter Wohngebiete und bedeutende Verkehrsbauten sofort ins Auge. Örtliche Großprojekte verändern in städtischen Ballungsgebieten ebenso wie in kleinen Gemeinden des ländlichen Raumes die Umwelt des einzelnen. Sie rücken den gesellschaftlichen Wandel in das Bewußtsein der Bevölkerung, drängen die Frage nach den örtlichen Lebensbedingungen auf, regen zur Analyse der dafür maßgebenden Einflüsse und Entscheidungen an.

Die örtlichen Lebensbedingungen werden durch wirtschaftliche Entwicklung, sozialem Wandel und politische Entscheidungen beeinflußt. Wieviel *Politik in der Gemeinde* stattfindet, ist im *Zugriff der Wissenschaft* ebenso umstritten wie die *Rolle der Parteien* in der Kommunalpolitik. Das Zusammenwirken lokaler Entscheidungen und überörtlicher Vorgaben ist abhängig von der Stellung der *Gemeinden im Staat.* Die Gemeinden und ihr durch die Verfassung verbürgtes Recht zur Selbstverwaltung können auf eine lange Tradition zurückblicken. Im Verlauf der Entwicklung unterlagen die Gemeinden ebenso wie ihre gesellschaftliche, wirtschaftliche und politische Umwelt vielfältigen Veränderungen.

1.1.1 Bestimmung des Gegenstandes

Die Darstellung der Gemeinde in der Fachliteratur zur kommunalen Selbstverwaltung bleibt häufig überlieferten Vorstellungen verhaftet, z.B.: „Seit dem Seßhaftwerden der Menschen nehmen die Gemeinden als Siedlungs- und Lebenseinheiten eine wichtige Stellung im gesellschaftlichen und politischen Leben ein. Entwicklungsgeschichtlich ist die deutsche *Gemeinde* älter als der Staat. Ihre Wurzel ist die aus der Nachbarschaft erwachsene örtliche Interessengemeinschaft, die zur

Bewältigung gemeinsamer Aufgaben und zur Abwehr allgemeiner Gefahren notwendig war."[2] Oder: Die „unauflösliche Anbindung an die gefühlsabhängigen sozialen Gegebenheiten des menschlichen Wesens ... gründet auf der geschichtlich erfahrenen Einsicht, daß das Beieinanderwohnen der Menschen auf einem überschaubaren, denselben Bedingungen der Natur und der politischen Umwelt ausgesetzten Raum Sonderbeziehungen hervorruft, aus denen eine spezifische Gemeinsamkeit entspringt und sich übereinstimmende Interessen ergeben."[3]

Obwohl solche Vorstellungen mit der Formulierung „Angelegenheiten der örtlichen Gemeinschaft" Eingang in die Rechtsordnung gefunden haben, ist damit für die Bestimmung des Begriffs „Gemeinde" wenig gewonnen. Nachbarschaft, gemeinsame Aufgaben, Einwirkungen der Natur und überschaubare Räume kennzeichnen eher das Dorf als die Großstadt, eher den Agrarstaat des 18. Jahrhunderts als die moderne Dienstleistungsgesellschaft. Offenbar hält die Rechtsordnung Anschauungen und Begriffe aus einer früheren Entwicklungsstufe fest, die dem Wandel der Gesellschaft und den Aufgaben der Gemeinden nicht mehr entsprechen. „Gemeinde ... gehört ... zu den Selbstverständlichkeiten unseres Alltagslebens." Wer „seine Rechte und Pflichten als Einwohner und Bürger ausübt, reproduziert ... die Gemeinde." Dies „geschieht im Vollzug des Alltagshandelns, etwa durch die Familien, die ihre Kinder in kommunale Kindergärten ... schicken, Erholungs- ... einrichtungen in Anspruch nehmen, Nachbarschaftsbeziehungen aufbauen und aus diesen heraus ... über politische Parteien, freie Wählergruppen oder Bürgerinitiativen in der Gemeindepolitik tätig werden."[4]

Generell bieten sich drei Begriffsbestimmungen für Gemeinde an: Zunächst eine „*staatsrechtlich*-kommunalwissenschaftliche Definition, nach der Gemeinden jene Gebilde sind, die in unserem Verfassungsrecht und in unserer Verwaltungsstruktur dafür gehalten werden. Zum zweiten finden wir eine *politisch*-wissenschaftliche Definition ...: Hiernach wären Gemeinden jene räumlichen und personellen Einheiten, die einen sinnvollen Rahmen politischer Entscheidungsstruktur und Planungsmöglichkeiten auf der untersten Ebene der politischen

---

2 Freiberg 1970, S. 16.
3 Schmidt-Jortzig 1977, S. 803f.
4 Zitate aus: Schöber 1991, S. 15.

Willensbildung abgeben."[5] Eine dritte Definition kann vom *soziologischen* Gemeindebegriff ausgehen, für den wesentlich ist, daß die Gemeinde „genaue Grenzen im Raume hat, innerhalb derer sich der Nachbarschaftszusammenhang aufbaut, und daß sich die Bürger einer Gemeinde deutlich als von denen anderen Gemeinden verschieden empfinden."[6]

Keine dieser Begriffsbestimmungen kann umfassende Geltung beanspruchen. Wichtige Definitionselemente sind aber genaue Grenzen im Raum, kleinste/unterste politische Handlungseinheit, durch Gesetz erzeugter Teil der öffentlichen Verwaltung. Ob über Nachbarschaft[7] und örtliche Besonderheit ein sinnvoller Rahmen für Planungen und Entscheidungen geschaffen wird, muß zunächst offen bleiben. Die juristische Bezeichnung „Gebietskörperschaften und Zweckverbände" (Art. 109, IV GG) umfaßt *Gemeinden* (Landgemeinden, Städte) und *Gemeindeverbände*. Gemeindeverband ist „ein Oberbegriff für alle kommunalen Einrichtungen, die neben der Gemeinde bestehen", dazu gehören vor allem die Kreise, aber auch Ämter, Verwaltungsgemeinschaften, Verbandsgemeinden oder Samtgemeinden und Zweckverbände. Zweckverbände sind durch freiwilligen Zusammenschluß begründete „korporative Verbindungen zur zweckmäßigen, effektiven Erledigung einer öffentlichen Aufgabe",[8] wie z.B. Müllabfuhr, Abwasserreinigung oder Betrieb einer Sparkasse.

In den Bundesländern (Stadtstaaten) Berlin und Hamburg entsprechen die Bezirke eher der Vorstellung von „Gemeinde"; der Größe nach sind sie eher „Kreise". Das Bundesland Bremen besteht aus zwei Städten (Bremen mit eigenen Ortsämtern und Bremerhaven). Auch viele Großstädte weisen durch ihre Bezirksgliederung eine andere Kommunalpolitik auf. In allen Flächenländern sind die meisten Gemeinden zwangsweise zu *Kreisen* zusammengefaßt.

Jener Ausschnitt des gesellschaftlichen Lebens, der durch Entscheidung zwischen alternativen Handlungsmöglichkeiten allgemein verbindliche Entscheidungen hervorbringt, wird als *Politik* bezeichnet.[9] Immer wenn es darum geht, unterschiedliche Gestaltungsmög-

---

5 Klönne, in: Zoll 1972, S. 249 (Hervorhebung d. d. Verf.).
6 König 1958, S. 9, 45.
7 S.d. Simon, in: Voigt 1984, S. 317-320.
8 von Unruh 1989, S. 8.
9 Vgl. Naßmacher 1998a, S. 1f.; Kevenhörster 1997, S. 15.

arl Mar
uchhandlung GmbH
Jordanstraße 1
60486 Frankfur
Tel. 069/77 88 0
Fax 069/7 07 73 0

Datum: 20.04.06

Anz.	Artikel	Preis	EUR	Cent
	Naßmacher /			
	Naßmacher:			
	Kommunalpolitik			
	in Deutschland			
			13,	90

Im Betrag sind 7 % = EUR MwSt. enthalten.

Verk.

003852-45

Bei Irrtum oder Umtausch bitte diesen Kassenzettel vorlegen.

lichkeiten zu bewerten und sich zwischen (zumindest teilweise) einander ausschließenden Alternativen zu entscheiden, findet Politik statt. Bei realistischer Betrachtung ist demokratische Politik kein von einer Zentralinstanz gesteuertes Verfahren, das geeignete Mittel für ein feststehendes Ziel auswählt. Die Wahl von Zielen und Mitteln findet meist gleichzeitig durch allmählichen Ausschluß von denkbaren, aber nicht durchsetzbaren, Möglichkeiten statt. Deshalb handelt es sich bei Politik um einen auf Impulse von außen reagierenden, regelgebundenen und erfahrungsgeleiteten Prozeß gegenseitiger Anpassung, der durch Bearbeitung von Einzelfällen in kleinen Schritten zu einem (für alle Beteiligten) ungeplanten Gesamtergebnis (einer allgemein akzeptierten Regelung) führt.[10] Selbst Fachleute, die sich hauptberuflich mit Parks, Schulen oder Verkehr befassen, können über die Trassenführung einer bestimmten Straße uneins sein; gerade dann muß darüber politisch entschieden werden. „Viele Leute glauben, daß Politik ... eine krankhafte Störung des sozialen Lebens darstelle."[11] Tatsächlich ist die Austragung politischer Konflikte Teil jener Kommunikation, in der eine Gesellschaft über Gemeinwohl, Gerechtigkeit und andere öffentliche Tugenden diskutiert.

Während die deutsche Sprache für die Bezeichnung der vielfältigen politischen Wirklichkeit nur den Begriff „Politik" kennt, unterscheidet die englische zwischen verschiedenen Dimensionen: Den Rahmenbedingungen des politischen Gemeinwesens (polity), den politischen Inhalten, Zielen und Aufgaben (policy) sowie den Prozessen politischen Handelns (politics).[12] Aus dieser begrifflichen Differenzierung ergibt sich die Einsicht, daß die unter der Bezeichnung Kommunen zusammengefaßten Gemeinden und Gemeindeverbände örtliche Ausprägungen der politischen Gesellschaft, dezentrale Träger politischer Aufgaben und Schauplätze lokalpolitischen Handelns sind.[13] Für die Kommunalpolitik gibt es in der Dimension *polity* vor allem die Gemeindeordnungen der Länder und die Hauptsatzungen der einzelnen Ge-

10 Für die einzelnen Aspekte vgl. Kleinfeld u. a. (in: Kleinfeld u.a. 1996, S. 174), die eher gegenteiliger Ansicht sind.

11 Banfield/Wilson, in: Grauhan 1972, S. 80.

12 Vgl. Rohe 1994, S. 61-67. – In Anlehnung an das Konzept des Paradigmenwechsels (vgl. Naßmacher 1988a) versucht Wehling (1989b, S. 199f.), unterschiedliche Schwerpunkte der wissenschaftlichen Bearbeitung im Zeitablauf diesen drei Politikdimensionen zuzuordnen.

13 Naßmacher 1986, S. 245; vgl. auch Norton 1997, S. 249.

meinden, in der Dimension *policy* eine Vielzahl von konkreten Einzelaufgaben, die als Umweltpolitik, Kulturpolitik, Sozialpolitik, Baupolitik oder Stadtentwicklungspolitik zusammengefaßt werden. Abgrenzung und Bezeichnung der einzelnen Politikfelder können sich durchaus überschneiden. So lassen sich etwa der Bau eines Hallenbades oder Maßnahmen zur Sanierung einer Altstadt der Baupolitik oder der Stadtentwicklungspolitik zuordnen. Für die Einrichtung einer Fußgängerzone mit Bau einer neuen Straße zur Umgehung des Ortskerns ist zusätzlich auch Verkehrspolitik ein möglicher Oberbegriff. Die Betreuung von Kindern in Krippen, Kindergärten und Horten gehört ebenso zur Sozialpolitik wie zur Bildungspolitik und Frauenförderung. Das Hallenbad kann auch als Gegenstand einer kommunalen Freizeitpolitik gelten. Schließlich sind in der Dimension *politics* u.a. Entscheidungsprozesse über Konflikte zwischen Parteien und Bürgerinitiativen, über die Interessen von Vereinen oder Ortsteilen zu betrachten.[14]

Obwohl die Sozialwissenschaften alle gesellschaftlichen Strukturen und Prozesse untersuchen wollen, beschäftigen sie sich jeweils nur mit einem Teilbereich ihres Gegenstandes. Sozialwissenschaftler zerlegen das gesellschaftliche Ganze, die Gesellschaft als System, gedanklich in einzelne Teile („Subsysteme“), zu denen etwa das alle wirtschaftlichen Abläufe umfassende ökonomische (Teil-)System und der auf verbindliche Entscheidungen bezogene Teil gesellschaftlicher Zusammenhänge, das politische System, gehören.[15] Innerhalb des politischen Systems ist der lokalen Entscheidungsebene die Kommunalpolitik zugeordnet.

Die Betrachtung der Kommune als politische *Entscheidungsarena* unterstellt weder die alleinige Zuständigkeit für Entscheidungen, die sich auf die örtlichen Verhältnisse auswirken, noch völlige Entscheidungsfreiheit (Autonomie) innerhalb politischer, ökonomischer und anderer gesellschaftlicher Bezüge. Die Politik in Gemeinden ist vielfältigen Beschränkungen, unterworfen. Gerade deshalb bietet sie ein Beobachtungsfeld für die Verflechtung von gesellschaftlichen Aufgaben, wirtschaftlichen Bedingungen und verwaltungstechnischen Zuständigkeiten innerhalb des politischen Systems. Der von Rechts- und

---

14 Vgl. Wehling 1989b, S. 194.

15 Vgl. Naßmacher 1998a, S. 115ff.; Kevenhörster 1997, S. 35ff.

Verwaltungswissenschaften verwendete Begriff „kommunale Selbstverwaltung“ deutet in diese Richtung.

Die Einordnung der *Kommunalpolitik* als lokales Subsystem jener politischen Systeme, die als westliche bzw. liberale Demokratie funktionieren, hilft den Gegenstand unserer Darstellung näher zu umschreiben. Es handelt sich um „Politik in einem physisch-ortsgebundenen und sozialraumbezogenen Interaktionssystem.“[16] Dennoch bleibt manches Abgrenzungsproblem offen: Unterscheidet sich die kommunale Selbstverwaltung in Deutschland vom britischen „local government“[17] und den amerikanischen „urban politics“? Das ist schon deshalb der Fall, weil in beiden angelsächsischen Demokratien die ortsbezogenen Teilsysteme anders in das jeweilige politische System eingeordnet sind. Hinzu kommt, daß sich beide Bezeichnungen aus der englischen Sprache nur schwer ins Deutsche übersetzen lassen.

Zunächst einmal betont „örtliche Regierung“ (als Übersetzung von *local government*) den Ortsbezug stärker als kommunale Selbstverwaltung. Mit dem auf politische Gestaltungsmöglichkeiten zielenden Begriff „Regierung“[18] vermeidet die englische Bezeichnung außerdem den in Deutschland offenbar gewollten Bezug zum ausführenden/vollziehenden Charakter einer öffentlichen Verwaltung mit kleinräumig begrenztem Zuständigkeitsbereich. „Städtische Politik“ ist keine angemessene Übersetzung für „*urban politics*“.[19] Eher würde „Politikprozesse im Verdichtungsraum“ den gemeinten Sachverhalt beschreiben. Dies zeigt aber, daß die deutsche Bezeichnung „kommunale Politik“ deutlich umfassender angelegt ist. Sie meint gleichermaßen das politische Gemeinwesen am Ort und seine Träger, seine politischen Aufgaben und alle darauf bezogenen politischen Handlungen in Stadt und Land (Kreisen und Gemeinden in Ballungsräumen und ländlichen Regionen).

Ein derart umfassender Begriff von Kommunalpolitik bedarf zusätzlicher Abgrenzungen. Die Differenz zu „*Stadtpolitik*“ ergibt sich ohne weiteres: Stadtpolitik ist neben Kreispolitik, Gemeindepolitik und Dorfpolitik ein möglicher Unterfall des gemeinsamen Oberbegriffs. Wie kommunale Politik bezieht sich auch „lokale Politik“ auf

---

16 Heinelt, in: Roth/Wollmann 1994, S. 455.
17 Vgl. Chandler 1993 und Norton 1997.
18 Vgl. Kleinfeld, in: Kleinfeld u.a. 1996, S. 42f.
19 Vgl. Greenstone/Peterson 1973 und Glickman 1980.

ein eher kleines, teilräumlich abgegrenztes Gebiet, verfolgt aber nur partiell kommunale Interessen und Ziele. Wahlen für Landtag, Bundestag (und das Europäische Parlament) finden auch „vor Ort“ statt. Die örtlichen Parteien beteiligen sich am Wahlkampf. Ein Teil der Abgeordneten in Bundestag und Landtag wird in Wahlkreisen gewählt; Kandidaten suchen für ihre Nominierung und die Mobilisierung ihrer Anhänger örtliche Unterstützung. Die lokalen Parteiorganisationen sind zwar auch wichtige Akteure der Kommunalpolitik,[20] greifen aber mit einem Teil ihrer Aktivitäten darüber hinaus. Unter *Kommunalpolitik* werden (von Wehling) alle „Entscheidungsprozesse (input) und deren Ergebnisse (output) verstanden, die im Rathaus zentriert sind ... *Lokalpolitik* ist .... der .... umfassendere Begriff, der die Gemeinde als Handlungsebene bezeichnet.“[21] Er umfaßt z.B. die Bemühungen von Lokalmatadoren um ein Parlamentsmandat, aber auch Versuche, bestimmte Kandidaten zu verhindern. Beim wissenschaftlichen Zugriff auf Politik „vor Ort“ sind also Lokalpolitik und Kommunalpolitik analytisch zu trennen.

1.1.2 Wissenschaftlicher Problemzugriff

Gerade für eine Darstellung der Kommunalpolitik ist der Hinweis unverzichtbar, daß der Begriff Gemeinde von jedem einzelnen mit einer unterschiedlichen Bezugseinheit verknüpft wird: Die eigene Gemeinde ist stets anders als die Nachbargemeinden. Diese Vielfalt führt oft dazu, Gemeinsames zu übersehen oder zu leugnen. Die Kommunalpolitik jeder Gemeinde unterscheidet sich ohne Zweifel von derjenigen anderer: „Die Gegebenheiten in Paderborn sind anders als in Northeim“. Kommunalpolitische „Entscheidungen können in Stuttgart nicht deckungsgleich sein mit den Entscheidungen in Buxtehude. Und Nürnberg ist nicht Vilshofen.“[22] Stuttgart und Nürnberg (mit jeweils etwa 500.000 Einwohnern) sind die Kernstädte je eines eigenen Ballungsraums; Northeim und Buxtehude liegen als kleinere Mittelstädte mit ca. 30.000 Einwohnern in unterschiedlichen Teilen Niedersachsens; Paderborn und Vilshofen haben als traditionelle Hochburgen

20 Siehe unten, Abschnitt 1.1.4 sowie 4.1.2/3.

21 Wehling, in: Heinelt/Wollmann 1991, S. 150.

22 Arndt 1974, S. 714.

von CDU und CSU völlig andere Gemeinsamkeiten. Die genannten Beispielorte sind nicht systematisch ausgewählt; sie berücksichtigen übermäßig stark einen eher seltenen Fall: Unter den sechs Beispielen sind drei Großstädte, aber keine Landgemeinde.

In Deutschland gab es 1995 etwa 14.800 Gemeinden sehr unterschiedlicher Größe.[23] Die Tatsache, daß Millionenstädte wie Köln und München, Großstädte wie Nürnberg und Stuttgart, Halle/Saale und Paderborn, Mittelstädte wie Weimar und Eisenhüttenstadt, Buxtehude und Northeim, Kleinstädte wie Gerlingen und Kelsterbach, Boppard und Kappeln sowie Landgemeinden wie Pulsnitz und Putbus, Haiger und Bachem in Politik, Recht und Wissenschaft allesamt dem Begriff „Gemeinde" zugeordnet werden, verweist auf eine erhebliche Spannweite des Begriffs. Das Wort „Gemeinde" bezeichnet „alle lokalen Körperschaften ohne Rücksicht auf" beträchtliche Unterschiede „nach Einwohnerzahl, Flächengröße und Struktur".[24] Wenn der Gemeindebegriff derart dramatischen Unterschieden der gesellschaftlichen Lebensbedingungen und der politischen Entscheidungsabläufe nicht Rechnung trägt, muß die notwendige Differenzierung auı andere Weise versucht werden.

Die von der unmittelbaren/individuellen Erfahrung ausgehende Einschätzung, daß die eigene Gemeinde ganz anders sei als alle anderen, wird bereits durch den Hinweis auf 14.800 Gemeinden in Deutschland relativiert. Bei einer derart großen Zahl können nicht nur Unterschiede, es müssen auch Ähnlichkeiten auftreten. Gerade bei vergleichenden Analysen ist „die außerordentliche Nützlichkeit der klassifikatorischen Verfahren unbestritten." Das sozialwissenschaftliche Vorgehen, durch *Typenbildung* eine Struktur für Massenphänomene zu entwickeln, hat sich in der Wahl-, Parteien- und Demokratieforschung bewährt. Auch für die Analyse von Gemeinden drängt sich dieses Vorgehen auf. „Klassifikatorische Typologien ermöglichen die vollständige Einteilung" von komplexen Tatbeständen eines sozialwissenschaftlichen Gegenstandes (hier: der Kommunalpolitik) „nach ihren Eigenschaften". „Mit dem typologisierenden Verfahren wird ... versucht, vielfältige Realität auf ein analytisch sinnvolles, d.h. für theoretische Aussagen nützliches und hinreichendes Maß zu reduzieren."[25]

---

23 Deutscher Städtetag 1995, S. 104.

24 von Unruh, in: Püttner 1981, S. 60; von Unruh 1989, S. 6.

25 Zitate bei: Nohlen 1994, S. 212, 492, 495.

Typologien helfen bei der Ordnung von Beobachtungen. Sozialwissenschaftler versuchen immer dann zu klassifizieren, also angemessene Unterscheidungen vorzunehmen, wenn sie Sachverhalte (noch) nicht erklären können. Damit generalisierende Aussagen möglich sind, werden die als relevant angesehenen Merkmale hervorgehoben. Die Typenbildung ist immer konstruiert, also künstlich; sie soll aber möglichst trennscharf und zur verallgemeinernden Beschreibung der vorgefundenen Realität nützlich sein.[26] Typenbildung zielt auf zusammenfassende Ordnung und angemessene Unterscheidung der im sozialen Leben vorzufindenden Fülle. Gerade der Vergleich mit anderen kann bei Fallstudien zu einem allgemeineren Abbild der Realität führen. Der Vergleich muß jedoch beachten, daß Entwicklungsprozesse in verschiedenen Gemeinden ungleichzeitig verlaufen können.[27] „Beim Durchschnittstypus (etwa: der Kleinstadt oder der Ballungsrandgemeinde – d.Verf.) werden diejenigen Eigenschaften herausgestellt, die mit allen anderen Mitgliedern derselben Gattung am häufigsten geteilt werden." Damit beabsichtigen wir, Einzelfälle als „typisch" aus der Wirklichkeit herauszuheben und „die allgemeine Struktur von empirischen und theoretischen Sachverhalten" in ihnen möglichst detailgenau abzubilden.[28] Die Absicht beeinflußt die Auswahl der in der Fülle von Einzelaspekten als wichtig angesehenen Merkmale.[29]

Bereits die Stellung der Gemeinden im Verstädterungsprozeß (Ballungskern, Ballungsrandzone, ländlicher Raum) und ihre Lage in verschiedenen Bundesländern (wegen der landesspezifischen Kommunalverfassungen) haben Einfluß auf die örtliche Politik.[30] Zusätzlich sieht Wehling den Ablauf konkreter Politikprozesse in einzelnen Gemeinden bestimmt durch Gemeindegröße, politische Kultur in der Region sowie das lokale Parteiensystem.[31] Auch unterschiedliche Wettbewerbsbedingungen (u.a. durch verschiedene Kommunalwahlsysteme) und die sozioökonomische Struktur (Fremdenverkehrsgemeinde, Bundeswehrstandort, Bischofsitz, Universitäts- oder Beamtenstadt)

26 Vgl. Nohlen 1994, S. 491f.
27 von Saldern, 1989, S. 322f.
28 Nohlen 1994, S. 494.
29 Zitate bei: Nohlen 1994, S. 493, 494.
30 Naßmacher, in: Gabriel u.a. 1997b, S. 427f., Anm. 3.
31 Wehling, in: Heinelt/Wollmann 1991, S. 158-160, 163f.

beeinflussen die Kommunalpolitik.[32] Schließlich ist die langfristige Entwicklung der wirtschaftlichen Situation zu beachten, die sich aus dem spezifischen Besatz (cluster)[33] mit Produktions- und Dienstleistungsbetrieben ergibt. Solche Unterschiede erzeugen eine Vielfalt kommunaler Politik, die nur durch Typisierung wichtiger Merkmale zu einer vergleichenden Betrachtung ähnlicher Gemeinden und ihrer Politikprozesse entwickelt werden kann.[34]

Bei politikwissenschaftlichen Analysen stehen häufig Großstädte im Mittelpunkt, weil die Forscher glauben, daß dort die Probleme einer Gesellschaft in geballter Form auftreten.[35] Für unsere Darstellung haben wir jedoch Klein- und Mittelstädte mit etwa 15-45.000 Einwohnern aus vier verschiedenen Ländern als Beispielgemeinden ausgewählt.[36] An diesen Beispielen wollen wir Aspekte kommunaler Politik entfalten. Beabsichtigt ist nicht eine vergleichende Analyse von systematisch ausgewählten Fallstudien, sondern die anschauliche Darstellung kommunaler Politik an praktischen Beispielen. Die Beispiele sind so gewählt, daß sich Einsichten und Schlußfolgerungen auch auf andere Gemeinden, größere und kleinere, übertragen lassen. Selbstverständlich fließen in unsere Darstellung wissenschaftliche Erkenntnisse ein, die sich auf kleinere Gemeinden und größere Städte beziehen.

Als *Beispielgemeinden*[37] dienen die Städte Leonberg (Baden-Württemberg) mit 43.741, Leichlingen (Nordrhein-Westfalen) mit 26.693 Einwohnern, Westerstede (Niedersachsen) mit 17.535 und Burg bei Magdeburg (Sachsen-Anhalt) mit ca. 15.000 Einwohnern (jeweils Ende 1996). Weniger als 200 Städte in Deutschland haben mehr Einwohner, über 90% aller deutschen Gemeinden sind kleiner als unsere Beispielstädte. Zu deren Gemeindegrößenklasse (10-50.000 Einwohner) gehören weniger als 9% aller Gemeinden, aber mehr als 30% der Wohnbevölkerung.[38] Die Beispielstädte Burg und Westerstede liegen im ländlichen Raum (etwa 25 km von der nächsten Großstadt ent-

---

32 Wehling 1984, S. 28.

33 Vgl. Gornig/Häußermann, in: Roth/Wollmann 1994, S. 155ff.

34 Naßmacher, in: Schimanke 1989, S. 62ff.

35 Grauhan, in: Grauhan 1975, S. 12f.; Grauhan/Linder 1974.

36 Eine Übersicht zu Typen und Rechtsfolgen unterschiedlicher Gemeindegrößen enthält Haus u.a. 1986, S. 30f.

37 Wir danken den Gemeinden für die uns zur Verfügung gestellten Informationen.

38 Deutscher Städtetag 1995, S. 104f.

fernt), die beiden anderen gehören zur Ballungsrandzone: Leichlingen im Städtedreieck Düsseldorf-Solingen-Leverkusen und Leonberg an der S-Bahnlinie Stuttgart-Weil der Stadt.

Grundsätzlich kann aus dem facettenreichen System der Wissenschaften jede einzelne etwas zum Verständnis der Gemeinde und der Kommunalpolitik beitragen. Dies gilt sogar für eine Gemeindephilosophie, die aus dem „objektiven Geist" eine „sittliche Idee" des Gemeindelebens entfalten will. „Darunter ist die Gemeindeverfassung als Einheit von Handeln und normativer Ordnung ... zu verstehen; ..."[39] Unsere Darstellung wird auf solche Grundlagen verzichten und sich auf die Befunde praxisnäherer *Wissenschaften* beschränken. Eine Darstellung, die der tatsächlichen Lage der Gemeinden und der kommunalen Politik gerecht werden will, muß juristische, finanzwissenschaftliche, ökonomische, soziologische und politikwissenschaftliche Betrachtungsweisen miteinander verbinden.[40]

Seit den siebziger Jahren hat sich ein Zweig der deutschen Politikwissenschaft als Lokale Politikforschung[41] der „Analyse von ... Erscheinungen auf der kommunalen Ebene" zugewandt.[42] Dies geschah freilich in bewußter Distanzierung von der (soziologischen) Gemeindeforschung und der (vorwiegend juristischen) Kommunalwissenschaft, die bis dahin die Untersuchung von Gemeinden (und Gemeindeverbänden) dominiert hatte. Die sozialwissenschaftliche Gemeindeforschung (besser: *Gemeindesoziologie*) untersucht soziale Interaktionen in einem gesellschaftlichen Teilsystem (zwischen Familie und Gesellschaft). Bekannt sind u.a. die amerikanischen Arbeiten zu gemeindlichen Machtstrukturen und entsprechende Folgestudien in Deutschland.[43]

Die in Deutschland vorherrschende *Kommunalwissenschaft* bearbeitet vorrangig die rechtlichen Rahmenbedingungen und den administrativen Vollzug kommunaler Selbstverwaltung.[44] Als umfassende Kompilation liegt das Handbuch der Kommunalen Wissenschaft und

---

39 Schöber 1991, S. 11.

40 Vgl. Wehling 1989b, S. 194; Spiegel, in: Roth/Wollmann 1994, S. 52; Kleinfeld, in: Kleinfeld u.a. 1996, S. 27.

41 Grauhan 1975; Hesse 1986; Hesse 1989; Blanke 1991; Heinelt/Wollmann 1991; Roth/Wollmann 1994; Kleinfeld u.a. 1996; Wollmann/Roth 1999.

42 Wollmann, in: Heinelt/Wollmann 1991, S. 19.

43 Als Zusammenfassung s. Ammon 1967, Zoll 1972, Haasis 1978.

44 Vgl. Spiegel, in: Püttner 1981, S. 24, 28; Voigt 1997, S. 612.

Praxis (HKWP) inzwischen in zweiter Auflage vor.[45] Zwischen beiden Fachgebieten ist Raum für eine politikwissenschaftliche Gemeindeforschung, die Politikprozesse, Politikinhalte und Politikstrukturen in kommunalen Sub-/Teilsystemen des politisch-administrativen Gesamtsystems analysiert.

Dieses Feld hat die lokale Politikforschung trotz veränderter Akzente in den letzten Jahrzehnten nicht auszufüllen versucht. *Lokale Politikforschung* behandelte jeweils an lokalen Gegenständen die Auswirkungen überörtlicher Entwicklungen.[46] Zunächst stand die politisch-ökonomische Bestimmungskraft gesamtgesellschaftlicher Rahmenbedingungen im Kontext der städtischen Agglomerationen im Mittelpunkt. Dann richtete sich das Erkenntnisinteresse auf Vollzugsprobleme bei der Implementation staatlicher Programme vor Ort. Daraus entwickelte sich ein breiter Fächer von Einzelstudien zu einer Vielzahl von Politikfeldern im Rahmen der Stadtpolitik. Schließlich wurde versucht, die „Veränderung der ... sozioökonomischen Rahmenbedingungen ... und deren Auswirkungen auf die Kommunen ... empirisch zu identifizieren."[47] Die Veränderung der thematischen Schwerpunkte und der Frageperspektiven ist dabei beeinflußt durch das in der deutschen Politikwissenschaft jeweils vorherrschende Paradigma.[48] Strukturelle Gemeinsamkeit dieser Ansätze war stets das systematische Desinteresse an Kommunalpolitik als Handlungsfeld ortsbezogener Akteure (Politikarena). Allenfalls interessierte zeitweilig deren Handlungspotential („Handlungsspielraum"[49]).

Durchgehend überwiegt die Beschäftigung mit den Problemen der Großstädte und der Ballungsgebiete (Verdichtungsräume, Stadtlandschaften, Agglomerationen).[50] Da der Verstädterungsprozeß in entwickelten westlichen Gesellschaften den Stadt-Land-Gegensatz bei erweiterter räumlicher Ausdehnung stets von neuem wirksam werden

---

45 Püttner 1981 bis 1985; zur Kritik s. Naßmacher 1984, S. 381-387.

46 Wollmann, in: Heinelt/Wollmann 1991, S. 19, 21, 24, 26; von Saldern, 1989, S. 319.

47 Wollmann, in: Heinelt/Wollmann 1991, S. 26.

48 S.d. Naßmacher 1988a. Im neuesten Paradigma werden Politikprozesse als Netzwerke analysiert; s.d. Schubert, in: Jansen/Schubert 1995, S. 222ff.

49 Wollmann, in: Heinelt/Wollmann 1991, S. 22, 27. – Ob die semantische Nähe der Begriffe Spielraum und Spielwiese von den Autoren reflektiert wurde, ist uns nicht bekannt.

50 Vgl. Siewert, in: Voigt 1984, S. 30f.

läßt, nehmen viele Wissenschaftler an, daß sich die besonderen Probleme der entwickelten Gesellschaften vor allem in ihren Ballungsräumen („Agglomerationen") erforschen lassen.[51] Häufig wird der Begriff „Stadt" verwendet, wenn Großstadt oder Ballungsraum gemeint sind.[52] Die Sonderstellung der Universitätsstädte und deren überdurchschnittliches Gewicht in der Kommunalforschung betont auch Wehling.[53] Soweit es sich dabei nicht nur um eine nachgeschobene, aus der persönlichen Forschungssituation abgeleitete Begründung handelt (die meisten Universitäten befinden sich eben in Großstädten), besteht die Gefahr, die kommunale Wirklichkeit außerhalb der Ballungsgebiete als wenig bedeutsam zu vernachlässigen.[54] Immerhin wohnt weniger als ein Drittel der Bevölkerung Deutschlands in Großstädten. Jeweils ein Viertel aller Einwohner lebt in Mittelstädten (20-100.000 Einwohner) bzw. in Gemeinden mit 5-20.000 Einwohnern.[55]

Als Defizite der wissenschaftlichen Literatur nennt Kleinfeld u.a. einen Mangel an Gesamtdarstellungen, an Untersuchungen zur Leistungsfähigkeit kommunaler Institutionen sowie eine Vernachlässigung der komparativen Komponente.[56] Diese Schwächen sollte bereits die erste Auflage bearbeiten:[57] Sie versuchte die Leistungsfähigkeit der Institutionen durch vergleichende Betrachtung kommunalpolitischer Prozesse didaktisch aufbereitet darzustellen. Diese Ausrichtung bleibt auch für die Neufassung erhalten. Da Kommunalpolitik mit anderen Entscheidungsebenen und Akteuren vielfältig vernetzt ist, erscheint für das weitere Vorgehen die Einordnung des Subsystems „kommunale Ebene" in das politisch-administrative System unverzichtbar.

---

51 Grauhan, in: Grauhan 1975, S. 12; ähnlich auch: Scheuner 1973, S. 40f.; Grauhan/Linder 1974, S. 28ff.

52 So z.B. bei Kleinfeld, in: Kleinfeld u.a. 1996, S. 30.

53 Wehling, in: Heinelt/Wollmann 1991, S. 157; ähnlich Voigt, in: Voigt 1984, S. 23.

54 Ausnahmen: Wehling 1978; Schneider 1985 und Schneider 1991.

55 Deutscher Städtetag 1995, S. 105.

56 Kleinfeld, in: Kleinfeld u.a. 1996, S. 56.

57 Naßmacher/Naßmacher 1979.

1.1.3 Gemeinden als Teil des politischen Systems

„Den Gemeinden muß das Recht gewährleistet sein, alle Angelegenheiten der örtlichen Gemeinschaft im Rahmen der Gesetze in eigener Verantwortung zu regeln.“[58] Dieser Satz in Art. 28 II GG gilt als Garantie der kommunalen Selbstverwaltung; ihre inhaltliche Reichweite bedarf jedoch der Interpretation. Die Frage, ob die Gemeinden neben Bund und Ländern als dritte Ebene im deutschen Staatsaufbau anzusehen sind, wird von Verfassungsrechtlern einhellig verneint. Aus politikwissenschaftlicher Sicht bilden die deutschen Kommunen (Gemeinden und Kreise) jedoch die unterste, *dezentrale Ebene des politischen Systems*. Diese Einordnung wird dadurch gestützt, daß Gemeinden und Gemeindeverbände als organisatorisch selbständige Ebene der öffentlichen Verwaltung vom Grundgesetz garantiert sind.[59] Die Garantie erstreckt sich freilich nur auf die Institution der kommunalen Selbstverwaltung, begründet also weder den Anspruch auf ein bestimmtes Gebiet (Territorium) noch die Zuweisung ständig gleichbleibender Aufgaben (Kompetenzen) oder gar der zu ihrer Erfüllung erforderlichen Finanzmittel. Alle drei (für den Laien naheliegenden) Elemente einer Bestandsgarantie sind bereits Gegenstand politischer und juristischer[60] Auseinandersetzungen gewesen.

Das größte Aufsehen erregte dabei in den siebziger Jahren in den westlichen Bundesländern, die Veränderung des gemeindlichen Gebietsbestandes durch Maßnahmen der territorialen Neuordnung (*Gebietsreform*). Auch die östlichen Bundesländer haben inzwischen für ihre Kreise eine Gebietsreform durchgeführt, bislang aber auf eine umfassende Neuordnung der Gemeindegebiete verzichtet. Das Ziel „Stärkung der Verwaltungskraft“ wurde in Ostdeutschland zunächst durch die Bildung von Ämtern bzw. Verwaltungsgemeinschaften ver-

---

58 Grundgesetz für die Bundesrepublik Deutschland vom 23. Mai 1949, Art. 28 II.

59 Z. B. Scheuner 1973, S. 6; Schmidt-Jortzig 1977, S. 806; mit dem gleichen Ergebnis auch Hättich, in: Rausch/Stammen 1972, S. 293ff.

60 Von besonderer Bedeutung gilt die Rastede-Entscheidung (BVerGE 79, S. 127), nach der den Gemeinden ein Kernbestand kommunaler Aufgaben nicht entzogen werden darf. S. d. Kronisch 1993, insb. S. 15, 19f., 133ff.; Brühl, in: Püttner 1985, S. 707-714.

folgt.[61] Die Zusammenfassung bisher selbständiger Gemeinden zu Großgemeinden, Gemeindeverbänden, Vereinigungen, Samtgemeinden, Verbandsgemeinden oder Verwaltungsgemeinschaften[62] hat (in fast allen ländlichen Räumen[63] Deutschlands erstmalig) den unmittelbaren Zusammenhang zwischen siedlungsgeographischem Lebensraum und öffentlich-rechtlicher Verwaltungseinheit aufgehoben. Die Auswirkungen dieser Maßnahme auf die Aktivität der Bürger, das örtliche Parteiwesen, die Kommunalvertretungen sowie das Verhältnis von Politik und gesellschaftlichem Leben lassen sich nur im Westen Deutschlands einigermaßen absehen.[64] Die ostdeutschen Länder haben versucht, aus den Fehlern ihrer westdeutschen Partner zu lernen.[65]

Darüber hinaus haben alle Bundesländer eine „*Funktionalreform*" diskutiert und (zumindest teilweise) durchgeführt. Diese Prozeß wurde meist verstanden als Verlagerung der formellen Zuständigkeit für bestimmte öffentliche Aufgaben, u.a. von der Landesverwaltung auf kommunale Träger.[66] Angelpunkt solcher Überlegungen ist immer die normative Frage, welche Aufgaben die Gemeinden im Staatsaufbau der Bundesrepublik Deutschland übernehmen sollen. Wir werden auf den Bestand der gemeindlichen Aufgaben und seine Veränderung noch eingehen.[67] An dieser Stelle erscheint nur der Hinweis erforder-

---

61 Vgl. Petzold, in: Roth/Wollmann 1994, S. 42f. – Weitergehende Ziele verfolgt nur Sachsen; s.d. Wollmann, in: Wollmann u.a. 1997, S. 294; Wollmann, in: Wollmann/Roth 1999, S. 166.

62 Zu den rechtlichen Formen s. § 71 NGO (Niedersächsische Gemeindeordnung in der Fassung vom 18. Oktober 1977 (Nds. GVBl. S. 497)), § 59 GO B.-W. (Gemeindeordnung für Baden-Württemberg i.d. Fassung vom 22. Dezember 1975, GBl. vom 27. Januar 1976, S. 1), § 64 GemO RhPf. (Gemeindeordnung für Rheinland-Pfalz vom 14.12.1973, GVBl. S. 419), § 7 KV BR (Kommunalverfassung Brandenburg vom 30.6.1994 GVBl. I, S. 122), § 6 KV M-V (Kommunalverfassung für das Land Mecklenburg-Vorpommern vom 13.11.1995, GVBl. I, S. 537).

63 Eine Ausnahme bilden die seit 1933 bestehenden Großgemeinden im ehemaligen Freistaat Oldenburg.

64 Vgl. Jauch 1975; Wehling/Werner, in: Wehling 1978, S. 143f.; Wehling 1989b, S. 195f., 204; Norton 1997, S. 252-255.

65 Schmidt-Eichstaedt 1993, S. 8; Wollmann, in: Kaase u.a. 1996, S. 108.

66 Zu diesem Problemkreis für die westlichen Länder s. Thränhardt 1978 mit weiteren Nachweisen und Wittkämper, in: Voigt 1984, S. 176-179. Zur grundsätzlichen Kritik des Konzepts siehe Wagener 1977, S. 55ff.; Kronisch 1993, S. 16f. Für Ostdeutschland vgl. Wollmann, in: Wollmann u.a. 1997, S. 294-299, insb. S. 296.

67 Siehe unten, insb. Abschnitt 2.3.

lich, daß der inhaltliche Umfang örtlicher Aufgaben nicht ohne Beachtung der unterschiedlichen Größe und finanziellen Leistungsfähigkeit von Gemeinden festgelegt werden kann.

Die *Finanzausstattung* der Kommunen war bereits vor Entstehung der Bundesrepublik politisch umstritten.[68] Nach 1945 ging es vor allem um die Verteilung der Nachkriegslasten auf die einzelnen Länder. Die Gemeinden spielten in diesen Diskussionen noch keine Rolle; die Hoffnung der Gemeinden, durch das Grundgesetz ausreichende Finanzquellen garantiert zu bekommen, erfüllte sich nicht. Vielmehr beschränkten sich die Verfassungsväter auf die Verteilung der Steuern zwischen Bund und Ländern und überließen die Finanzausstattung der Gemeinden den Ländern.[69] Die Erfahrungen der Weimarer Zeit bestärkten die Kommunen, insbesondere ihre Spitzenverbände, in der Forderung nach einer Finanzgarantie im Grundgesetz. Diese konnte erst 1955/56 erreicht werden. Seitdem steht den Gemeinden das Aufkommen aus den Realsteuern zu. Darüber hinaus wurden die Länder verpflichtet, aus ihrem Anteil an der Einkommen- und Körperschaftsteuer den Gemeinden weitere Mittel zuzuweisen. Mit dieser Regelung waren wichtige Voraussetzungen für die örtliche Erledigung öffentlicher Aufgaben geschaffen.

Zur *Begründung der Dezentralisierung* durch kommunale Selbstverwaltung wird in der sozialwissenschaftlichen Literatur eine Fülle von Argumenten vorgetragen. Die wichtigsten lassen sich zwei entgegengesetzten Positionen, einer politökonomischen und einer verwaltungssoziologischen, zuordnen.

Aus politökonomischer Sicht stellt Offe fest, daß die heute bestehende „Fiktion kommunaler Autonomie" nicht aus der „Abgeschlossenheit eines kommunalen Wirtschafts- und Machtbereichs" abzuleiten ist. Weder „die Geschlossenheit eines lokalen ökonomischen Systems noch die autonome Dispositionsmöglichkeit über kommunale Angelegenheiten, noch die verwaltungstechnische Zweckmäßigkeit einer autonomen Kommunalverwaltung noch schließlich der ‚Selbstbestimmungswille' als politisches Motiv der Gemeindebürger" geben eine plausible Begründung für eine organisatorische Eigenständigkeit der kommunalen Ebene ab. Deshalb kann für die formelle („fiktive") Übertragung bestimmter Zuständigkeiten an die Gemeinden nur eine

68 Siehe unten, Abschnitte 1.2.2 und 1.3.2.
69 Engeli 1981, S. 130.

Entlastungsstrategie verantwortlich sein: Kommunale Politik immunisiert den Zentralstaat gegen „Konflikte über Lebens- und Versorgungsbedingungen". Wenn die *Pufferzone* gemeindlicher Autonomie auch formell ausgeschaltet wäre, müßte der Zentralstaat sich selbst mit entsprechenden politischen Forderungen auseinandersetzen. Oder in Annäherung an die sozialwissenschaftliche Fachsprache: „Je geringer die Bedeutung der Gemeinde als faktischer Entscheidungsträger wird, desto wichtiger wird die Funktion formell gewahrter Selbstverwaltungsautonomie als Ebene ausgegliederter Konfliktsabsorption." Voraussetzung für eine solche Einschätzung ist allerdings die (in der weiteren Darstellung noch zu prüfende) These, daß alle politischen Aufgaben in der Gemeinde „durch überkommunal gesetzte Prämissen weitgehend vorentschieden sind".[70]

Im Gegensatz dazu unterstellt Wagener für die verwaltungssoziologische Position, daß ein „Bündel öffentlicher Aufgaben von einer demokratisch verfaßten örtlichen Verwaltungseinheit möglichst ohne Einwirkungsmöglichkeit der nächsthöheren Einheit selbst geplant, finanziert, durchgeführt und kontrolliert werden kann."[71] Für eine Beibehaltung der kommunalen Selbstverwaltung, eventuell sogar ihre Ausweitung, sprechen zahlreiche *Vorteile einer Dezentralisierung*:

- Thematisierung: öffentliche Aufgaben, von denen die Lebensbedingungen einer modernen Gesellschaft abhängen, bleiben auf der politischen Tagesordnung;[72]
- Effizienz: ortsnahe (dezentrale) Entscheidungen sind gegenstandsnäher, sach- und bedarfsgerechter;[73]
- Vielfalt: Regionaldifferenzierte Angebote sichern eine enge Verknüpfung von Leistung und Gegenleistung im Bewußtsein der Bürger;[74]

---

70 Alle Zitate in diesem Absatz bei: Offe, in: Grauhan 1975, S. 306-308; im Ergebnis ähnlich Grymer, in: Emenlauer u.a. 1974, S. 107ff., 113; Funk u.a., in: Grauhan 1975, S. 375ff. und Mayer, in: Blanke 1991, S. 66. Eine systematische Prüfung dieser sog. Erosionsthese fällt negativ aus (Faber 1982, S. 20-43). – S. unten Abschnitt 1.3.2.

71 Wagener 1977, S. 56ff.; ähnlich Voigt 1976, S. 139, 143.

72 Niedersächsischer Minister des Innern 1978, S. 7; vgl. Grauhan, in: Grauhan 1972, S. 13f.

73 Timm 1965, S. 299.

74 Marcus 1987, S. 108.

- Innovation: Pilotentscheidungen bei Bund, Ländern und Gemeinden ermöglichen flexibles Handeln;
- Entlastung: eigenständige untere Instanzen vermindern den Problem- und Entscheidungsdruck des Gesamtsystems;
- Legitimation: lokale Aggressionen, kleinkarierte Interessen und persönliche Querelen werden abgefiltert;
- Machtbegrenzung: eine hohe Zahl von unabhängigen Entscheidungs- und Handlungszentren atomisiert die Staatsgewalt;
- Partizipation: ortsbezogene Politik schafft höhere Chancen der Beteiligung und mehr Positionen für mitwirkungsbereite Bürger;
- Elitensozialisation: durch örtliche Mitwirkung werden politische Qualifikationen erworben, Fähigkeiten und Fertigkeiten der Interessenvermittlung eingeübt.[75]

Gemeinsam ist beiden Positionen die Entlastung der zentralen staatlichen Verwaltung. Während Offe jedoch die Entlastung von Konflikten durch Verschiebung der Verantwortlichkeit betont, ziehen Wagener und Wehling auch eine Entlastung von Entscheidungsdruck und die Erschließung neuer politischer Lösungsmöglichkeiten („Innovationen“) durch eigene Entscheidungsbereiche der dezentralen Verwaltungseinheiten in Betracht.

Die kommunale Ebene (bestehend aus Kreisen und Gemeinden) ist Teil des „dreistufigen Verwaltungsaufbaues“.[76] Der „*funktionale* Föderalismus“ im deutschen Bundesstaat zielt nicht auf ethnische Differenzierung oder regionales Eigenbewußtsein, sondern vor allem auf *Machtverteilung*. Die Kommunen sind zwar nur „Hintersassen der Bundesländer“,[77] tragen aber als Ausdruck eines machtverteilenden Organisationsprinzips zur Begrenzung staatlicher Herrschaft bei.[78] Das „konstitutionelle Konzept der gegliederten Demokratie“ wird nicht nur durch „Dezentralisation der öffentlichen Verwaltung“ realisiert,[79]

75 Neben den bereits genannten Autoren (vorige Anmerkungen 69ff.) insb. Wagener, in: Wagener 1980, S. 45f.; Lehner, in: Voigt 1984, S. 112f. und Wehling 1989b, S. 195.

76 Voigt 1976, S. 48; ähnlich die Enquete-Kommission Verfassungsreform, Schlußbericht, Deutscher Bundestag, Drs. 7/5924, S. 220 und Rudzio 1996, S. 347.

77 Zitate bei: Rudzio 1996, S. 346, 381.

78 Vgl. Norton 1997, S. 241.

79 von Unruh 1989, S. 5; vgl. Wagener, in: Wagener 1980, S. 45; Schmidt-Jortzig 1982, S. 13; ähnlich bereits Ziebill 1971, S. 27.

sondern auch durch das Demokratiepostulat des Grundgesetzes: „In den Ländern, Kreisen und Gemeinden muß das Volk eine Vertretung haben, die aus allgemeinen, unmittelbaren, freien und gleichen Wahlen hervorgegangen ist.“[80]

Da die radikal-demokratische Forderung nach einer auf Einzelpersonen bezogenen Machtgleichheit nicht verwirklicht werden kann, muß in der repräsentativen Demokratie Machtkonzentration verhindert werden, indem politische Macht auf eine möglichst große Zahl von Trägern verteilt bleibt. Insoweit beschreibt das (föderalistische) Konzept der vertikalen Gewaltenteilung ebenso wie das historische Konzept der horizontalen (institutionellen) Gewaltenteilung[81] oder die modernen Vorstellungen von einer zeitlichen Gewaltenteilung (im Parteienwettbewerb) oder sozialen Gewaltenteilung (durch Pluralismus) jeweils nur ein Element in der dynamischen Entwicklung westlicher Demokratie.[82] Auseinandersetzungen um die konkrete Stellung der Gemeinden im politischen System zielen stets auf „ein besseres Austarieren des Prinzips Dezentralisation im Staatsaufbau.“[83]

Gerade in politischen Systemen, die sich als Demokratie verstehen, liegt es nahe, die Gemeinde auch als *„Schule der Demokratie“*[84] anzusehen: „Vor allem über die Betätigung auf dem Gebiete der Kommunalpolitik wird beim Bürger das Interesse an der Bundes- und Landespolitik geweckt und sein aktives Mitwirken vorbereitet.“[85] Die Gemeinde gilt als ursprüngliches Feld für die politische Betätigung des Bürgers. Von der Kommunalpolitik werden besondere Schulungswirkungen (Sozialisationseffekte) erwartet, weil sich die örtlichen Verhältnisse als überschaubar darstellen, die Problemlagen als durchschaubar gelten, Entscheidungsprozesse als beeinflußbar erscheinen und Maßnahmen den einzelnen persönlich betreffen.[86] Indem

80 Art. 28 I GG.

81 Vgl. Grauhan 1969a, S. 270ff.

82 Vgl. Naßmacher 1998a, S. 137-147.

83 Laux, in: Wagener 1980, S. 99.

84 So bereits Heuß 1921, S. 10; vgl. auch Rebentisch 1985b, S. 71. Im Ergebnis auch Klages (1993, S. 166), wobei hier vor allem an die spontane Mitwirkung gedacht wird, um Politikverdrossenheit zu bearbeiten.

85 Ulrich, Fritz (Innenminister) in: Landtag von Baden-Württemberg, 1. Wahlperiode 1952-56, Sitzungsprotokoll, S. 2265; ähnliche Gedanken zit. bei Hättich, in: Rausch/Stammen 1972, S. 275 und Wehling, in: Wehling 1975, S. 277.

86 Niedersächsischer Minister des Innern 1978, S. 3; Hill, in: Hill 1994, S. 21.

Politik in ihren lokalen Ergebnissen erfahren wird, entwickelt sich der Entscheidungsprozeß in zugeordnetem Ausschnitt des politischen Systems (nämlich im kommunalen Bereich) zum Bezugspunkt für Aktivitäten einer bewußten Gestaltung der gesellschaftlichen Umwelt. Dabei können die Bürger politische Techniken entwickeln und deren Beherrschung erlernen.[87]

Dieses Idealbild läßt sich allerdings nur verwirklichen, wenn in der jeweiligen Gemeinde

- Aufgaben wahrgenommen werden, die entscheidend in das Leben des einzelnen Bürgers eingreifen, also nicht alle wesentlichen Fragen von Bund und Land geregelt werden;
- das politische Geschehen tatsächlich überschaubar und durchschaubar ist, die Gemeinde also eine gewisse Größe nicht überschreitet;
- anstehende Probleme nicht (zur Vermeidung von Konflikten) rein verwaltungsmäßig erledigt werden, was gerade in kleinen Gemeinden besonders naheliegt.[88]

Mit wachsender Größe der politischen Einheit werden die Mitwirkungsmöglichkeiten des einzelnen geringer, während bei kleineren Einheiten die Gefahr besteht, daß die politische Beteiligung sich als trivial erweist, weil sie nur einen ganz geringen Teil der gesellschaftlichen Umwelt zu gestalten vermag.[89] Aus diesem generellen Dilemma politischer Partizipation ergibt sich die Notwendigkeit, im Interesse der Entfaltung demokratischer Mitwirkung, sowohl ein Mindestmaß an Entscheidungsfreiheit für die Gemeinden zu sichern als auch eine optimale Gemeindegröße zu bestimmen. Auch wenn die zahlenmäßige Festlegung schwierig bleibt, lassen sich Anhaltspunkte nennen: zwischen 5.000 und 50.000 Einwohnern, also weder dörfliche noch großstädtische Verhältnisse, sondern eher die mittelgroße Stadt[90] erscheinen als optimal. Die Kommunalpolitik solcher Mittelstädte wird sich in mancher Hinsicht von der Bundes- und Landespolitik unter-

---

87 Dahl 1967, S. 965, 967, 969. Zur Bedeutung der lokalen Ebene für die Beteiligungsbereitschaft s. Roth, in: Wollmann/Roth 1999, S. 5f.

88 Hättich, in: Rausch/Stammen 1972, S. 275, 272, 298f.; Wehling, in: Wehling 1975, S. 287;

89 Das Problem wurde bereits von Dahl 1967, formuliert.

90 Thränhardt, in: Kevenhörster 1977, S. 226; Dahl 1967, S. 957ff.; Wagener 1977, S. 65f.

scheiden, kann also nur begrenzt als „Schule der Demokratie" wirken.[91] Das gilt vielleicht auch für die in Mittelstädten bereits ausgeprägte, aber keineswegs unbestrittene, Rolle der politischen Parteien.

1.1.4 Verhältnis von Kommunalpolitik und Parteipolitik

Wer den Ablauf politischer Entscheidungsprozesse in westlichen Demokratien betrachtet, wird ganz selbstverständlich den Parteien eine unverzichtbare Rolle zuweisen. Gleichgültig, ob man die moderne Demokratie als Parteienstaat bestimmt oder ob man die Parteien als Instrumente demokratischer Regierungsweise sieht,[92] ihre Rolle in der deutschen Demokratie scheint durch das Grundgesetz hinreichend geklärt: „Die Parteien wirken bei der politischen Willensbildung des Volkes mit."[93] Ungeachtet dieser Klarstellung gibt es bis in die Gegenwart eine rechtsdogmatische Diskussion über die Zulässigkeit von Parteipolitik in Gemeinden und Kreisen.

Die juristisch geprägte deutsche Kommunalwissenschaft scheint entschlossen, einen „Naturschutzpark" eigener Art zu verteidigen; das Eindringen der Parteien in die demokratische Gemeinde wird zum Problem erklärt. Trotz einer insgesamt parteienkritischen Tendenz finden sich unterschiedliche Zugriffe: Während die einen wohlwollend feststellen, „daß die Parteien auch in den Kommunen berechtigt sind, an der politischen Willensbildung mitzuwirken,"[94] sehen die anderen einen prinzipiellen Gegensatz zwischen Parteienstaat und Selbstverwaltung. Die Gemeinde wird zur konflikt-, ideologie- und agitationsfreien Idylle verklärt. Nicht nur der Staat, auch die Parteien müssen „die besonderen Erfordernisse der Selbstverwaltung" berücksichtigen, die „Lebensgesetze örtlicher Gemeinschaft" respektieren, „sich selbstverwaltungsgemäß verhalten," „weise Selbstbeschränkung" üben.[95] Nur selten bleibt es nicht bei Aufforderungen zum Wohlverhalten: Weil „eine stabile parteipolitisch neutrale Verwaltung auf Gemeindeebene eines der wirksamsten Gegengewichte zu dem sich ausbrei-

91 S.d. insbesondere Hättich, in: Rausch/Stammen 1972, S. 294f.
92 Leibholz 1967; Hermens 1968. Zur aktuellen Diskussion s. Norton 1997, S. 242f.; Stöss, in: Gabriel u.a. 1997b, S. 13ff.
93 Art. 21 I GG.
94 Knemeyer/Jahndel 1991, S. 11.
95 Köttgen 1968, S. 209, 33, 197; Lintz 1973, S. 81, 45f; Ziebill 1971, S. 57, 92.

tenden Parteien-Absolutismus ist ..., muß mit allen Mitteln versucht werden, die Gemeindeverwaltung parteipolitisch neutral zu halten."[96]

Diese Zielsetzung scheint beinahe die Parteienschelte der jüngsten Zeit vorwegzunehmen. Vor dem Hintergrund einer von Meinungsforschern und Medien diagnostizierten Politikverdrossenheit[97] entwikkelte sich in den neunziger Jahren eine ausgeprägte Parteienkritik. Deren bekannteste Vertreter, die Repräsentanten des gebildeten Großbürgertums von Arnim und von Weizsäcker, zielen mit ihrer Kritik fast ausschließlich auf die Parteitätigkeit in der Bundes- und Landespolitik, stellen aber übereinstimmend Regelungen der süddeutschen Gemeindeordnungen als Korrektiv gegen zuviel Parteieinfluß heraus: Bürgerbegehren, Bürgerentscheid, personalisierte Kommunalwahlverfahren und die Direktwahl der kommunalen Verwaltungsspitze.[98] Es fällt schwer, hinter solchen Vorschlägen nicht „das Modell eines übergeordneten, außerhalb von Parteien angesiedelten Gemeinwohls"[99] zu vermuten. Diese Vorstellung findet sich in den Städten seit dem 19. Jahrhundert. Bereits „Gneist sprach sich ... entschieden gegen ... Parteipolitik in den Gemeinden aus."[100] Ein ausländischer Beobachter beschreibt die deutsche Diskussion über die Rolle der Parteien in der Kommunalpolitik als Ringen zwischen Vergangenheit und Zukunft: Die nicht parteigebundene kommunale Selbstverwaltung (nonpartisan model) sieht er als Überhang aus der „guten alten Zeit", die auf Parteienwettbewerb beruhende Kommunalpolitik (party government model) als Ausdruck „noch nicht verwirklichter Hoffnungen."[101]

Das überlieferte Verständnis (des liberalen Bürgertums im 19. Jahrhundert und der überwiegend juristischen Auffassung von heute) unterstellt, daß die Gegenstände kommunaler Verwaltung im wesentlichen technischer Natur sind und am besten von fähigen, erfahrenen und gut ausgebildeten Verwaltungsfachleuten bewältigt werden können. Die modernere Sichtweise, die eher von Politikwissenschaftlern und Sozialdemokraten vertreten wird, hält Parteipolitik auch im Rathaus für notwendig, weil das Ringen einer Gesellschaft um mehr

---

96 Lintz 1973, S. 132f.
97 Schedler 1993, S. 416, 434; Falter/Rattinger, in: Gabriel u.a. 1997b, S. 495.
98 von Arnim 1995, S. 363f.; von Weizsäcker 1992, S. 153f.; vgl. unten, Abschnitt 1.2.3.
99 Rudzio 1995b, S. 14 (Sonderdruck).
100 Schöber 1991, S. 147 unter Verweis auf Gneist 1869.
101 Gunlicks 1986, S. 171.

Gleichheit und mehr öffentliche Dienstleistungen auch in den Gemeinden stattfindet. Träger dieses Ringens sind die politischen Parteien und ihre Fraktionen in Bund, Land, Kreis und Gemeinde. Die Auseinandersetzung zwischen beiden Konzepten hält an: Die traditionelle Vorstellung von einer eingeschränkten Parteilichkeit der kommunalen Selbstverwaltung steht dem neueren Anspruch auf parteipolitische Parlamentarisierung der Kommunalpolitik gegenüber.[102]

Die Annahme einer unpolitischen Verwaltung ist ein verbreitetes Mißverständnis,[103] das durch empirische Politikfeldanalysen widerlegt wurde, die bewertende Entscheidungen von Verwaltungen herausarbeiteten.[104] Wer kommunale Maßnahmen rein verwaltungsmäßig abwickeln will, sucht nach besten Lösungen innerhalb eines als Sachzwang wahrgenommenen Handlungsrahmens; „die Möglichkeit von Alternativen, die verschiedenen sich widerstreitenden Interessen folgen, wird geleugnet."[105] In den Kommunen fallen laufend Entscheidungen, werden Verwaltungsakte vorgenommen. Selbstverständlich muß ein Verwaltungsakt fachlich korrekt sein. Das bezieht sich aber nur auf die technisch einwandfreie Durchführung. Die Entscheidung, ob und wo eine Brücke gebaut werden soll, bedarf der Fachkenntnis, aber auch eines politischen Willens. „Die wesentlichen Fragen einer kommunalen Verwaltung sind ... nicht entweder sachlich oder politisch, sondern sowohl fachlich wie ... politisch."[106] Die Entscheidung über eine (nicht zuletzt finanziell bedingte) Rangfolge von Maßnahmen oder der Verzicht auf bestimmte Leistungen, kann nicht fachlich oder sachlich, sondern nur durch politische Bewertung getroffen werden.[107]

Die kommunalen Akteure stehen dabei wie alle Träger demokratischer Politik in einem Spannungsverhältnis zwischen bürgerschaftlicher Teilhabe (Partizipation) und administrativer Leistungsfähigkeit (Effizienz). Diese Zielsetzungen lassen sich leicht mit der Frage nach Demokratie- oder Managementbezug der kommunalen Verwaltung verknüpfen und den „Gegensatz" zwischen Sachpolitik und Parteipo-

---

102 Gunlicks 1986, S. 161f., 164, 167f., 179, 209.
103 Vgl. Haller, in: Köser 1979, S. 341, mit weiteren Nachweisen, insb. in Anm. 35; aber auch Laux, in: Wagener 1980, S. 89.
104 Hucke u.a. 1980; Naßmacher 1987.
105 Wehling, in: Wehling 1975, S. 283.
106 So selbst Ziebill 1971, S. 63f.; im Ergebnis auch Lintz 1973, S. 48, 110f..
107 Vgl. Dill/Kanitz 1994, Heft 1, S. 7.

litik in einem anderen Licht erscheinen. In den siebziger Jahren stand häufig die Mitarbeiterorientierung im Mittelpunkt, z.B. bei der Debatte um paritätische Mitbestimmung in den Stadtwerken. Heute lautet die vordergründige Alternative bürger-/kunden-/marktzentrierte Verwaltungsleistung oder managementorientierte Verwaltungsführung.[108] Es wäre nicht überraschend, wenn auch mit diesen neuen Kampfbegriffen nur der traditionelle Konflikt zwischen Parteipolitik und Sachpolitik ein neues Gesicht erhalten hätte.

Die Orientierung an Sachlichkeit und Ortsbezogenheit unterstellt, eine gemeinsame Zielsetzung, ein Leitbild,[109] wie es auch in Unternehmen angestrebt wird, „das örtliche, rein sachliche Interesse" oder die „Gemeindeinteressen."[110] Dagegen wird zu Recht festgestellt: „Der Ort hat keine Interessen, sondern nur die Menschen, die darin wohnen, und diese Menschen haben in aller Regel sehr verschiedene Interessen." Tatsächlich gefährdet die kommunalpolitische Tätigkeit der Parteien „nicht die kommunale Selbstverwaltung, sondern die Vorrangstellung ihrer bisherigen Hauptakteure".[111] Gemeinderäte aus der gesellschaftlichen Oberschicht des Ortes hatten nicht „nur die Interessen der Gemeindebürger im Auge",[112] also gemeindliche Gesamtinteressen, sondern durchaus (gruppenspezifische) Teilinteressen; die „dauernde und massive Einflußnahme der Haus- und Grundbesitzer oder der ortsansässigen Gewerbetreibenden"[113] stützen Zweifel an der vermeintlichen „Sachpolitik" von Honoratioren.

In den siebziger Jahren diskutierten und beschlossen alle damals im Bundestag vertretenen Parteien (z.T. mit erheblichem Aufwand) kommunalpolitische Grundsätze.[114] In der praktischen Kommunalpolitik wurden vor allem zwei ideologisch fundierte Kernforderungen

---

108 Kleinfeld, in: Kleinfeld u.a. 1996, S. 14f., 36f.; vgl. auch Eichhorn, in: Böhret/Nowack 1995, S. 226f. Zum Neuen Steuerungsmodell vgl. unten, Abschnitt 1.3.3.

109 Kritisch dazu Schneider 1997, S. 53ff.

110 Ziebill 1971, S. 52, 66; Lintz 1973, S. 52, 110, 146; andere Ansicht z. B. Püttner, in: Püttner 1982, S. 7f.

111 Zitate aus: Trachternach 1974, S. 49, 46; zur Rolle der Wahlbeamten s. unten, Abschnitt 1.2.2.

112 Lintz 1973, S. 53; vgl. auch ebd. S. 75, 108, 125.

113 Trachternach 1974, S. 48; vgl. auch Ziebill 1971, S. 22, 88f.

114 S. d. Bretschneider/Göbel 1976; Reuter 1976; Holler, in: Naßmacher 1977, S. 126ff.; Knemeyer/Jahndel 1991, S. 28ff.

der Parteien wirksam: Die Einrichtung von Gesamtschulen[115] (als Forderung der SPD) und die Privatisierung von öffentlichen Leistungen[116] (als Forderung von CDU/CSU und F.D.P.). Die parteipolitische Durchdringung der Kommunalpolitik stößt in personeller, inhaltlicher und prozeduraler Hinsicht auf Grenzen. Maßgebenden Einfluß hat dabei die Gemeindegröße: In Großstädten sind die Bürger auf die Orientierungshilfe und das Personalangebot der Parteien angewiesen. Die Parteien nutzen die Möglichkeiten der Besetzung von Ämtern (Patronage). Inhaltliche Akzente aus Parteiprogrammen fließen in die Großstadt-Politik ein.[117] Prozedurale Begleiterscheinungen des Parteienwettbewerbs, wie Diskussion und Abstimmung nach Fraktionen, Gegenüberstellung von Mehrheit und Minderheit, herrschen vor.[118] Aber die Kommunalpolitik in Großstädten betrifft (wie bereits erwähnt) nur etwa ein Drittel der Gesamtbevölkerung.

Für alle anderen Gemeinden, angefangen von Mittelstädten bis hin zu Landgemeinden, widerspricht das empirische Material der Behauptung, Parteipolitik bzw. die Parteizentralen dominierten das Gemeindeleben.[119] Ganz im Gegenteil spricht vieles für die bereits von Lehmbruch beobachtete Neigung der Ortsparteien, „ihre eigene Parteilichkeit zu verleugnen."[120] Deshalb entwickeln sie sich zu Wählervereinigungen, die (nach örtlicher Kosten-Nutzen-Abwägung) einen parteitypischen „Markennamen" benutzen oder auch nicht.[121] Im Gegenzug sind auch die Kontakte zwischen lokalen Parteigruppen und dem überregionalen Parteiapparat ausgesprochen schwach.[122] Selbst die beiden großen Parteien (CDU/CSU und SPD) hatten zunächst Schwierigkeiten, „das Bundesgebiet mit einem lückenlosen Netz von

---

115 Vgl. Manns 1996, S. 6, 356f., 367.

116 Vgl. unten, Abschnitt 2.4.3.

117 Ein Maximalprogramm parteispezifischer Aktivitäten entfalten Kanitz u.a. 1980, S. 26-30.

118 Wehling, in: Heinelt/Wollmann 1991, S. 150, 158.

119 Gunlicks 1986, S. 166; Trachternach 1974, S. 110; Herzog, in: Wagener 1980, S. 86; Mäding, in: Gabriel/Voigt 1994, S. 119; Gabriel u.a., in: Gabriel/Voigt 1994, S. 160; Gabriel u.a. 1990, S. 159.

120 Lehmbruch 1975, S. 7; Lehmbruch, in: Köser 1979, S. 330; genauer Suckow 1989, S. 221-227.

121 Wehling, in: Heinelt/Wollmann 1991, S. 153f., 159; Naßmacher, in: Niedermayer 1996a, S. 181ff..

122 Naßmacher, in: Gabriel u.a. 1997b, S. 429.

Ortsvereinen“ zu überziehen.[123] Vor diesem Hintergrund gibt es wenig Grund für die häufig geäußerte Angst vor einer zentralistischen Fernsteuerung der Gemeindepolitik durch regionale oder nationale Parteiinstanzen.[124] Die real existierenden Parteien sind in Deutschland weder ideologisch festgelegt noch straff durchorganisiert.

Wer durch Annahmen über das Wesen der kommunale Selbstverwaltung (ortsbezogen, gemeinwohl-orientiert) und der Parteipolitik (zentralistisch, sachfremd) einen Gegensatz zwischen beiden konstruiert,[125] übersieht Wechselbeziehungen zwischen politischen Parteien und kommunaler Politik. Parteien bestehen aus Menschen, die durch ihre politische Arbeit Erfahrungen gewinnen. Soweit die Gemeinden als „Schule der Demokratie“ wirksam werden, stellt sich besonders dringend die Frage nach den dort vermittelten „Lehrinhalten“. Vor allem die Rückwirkungen der kommunalen Verwaltungspraxis auf die politischen Erfahrungen der führenden Politiker und damit auf die Politik einer Partei (einschließlich ihrer zentralen Gremien) sind zu beachten.[126] Ein (vielfach unkritisch gepriesener) Reformismus, das Bemühen um kleinräumige Problemlösungen, ein übertriebener Pragmatismus und schließlich die Parzellierung der Gesamtpartei in lokale Einzelinteressen,[127] gehören zu den möglichen Gefahren einer traditionsreichen Verfassungsinstitution.

1.2 Traditionen der Selbstverwaltung

Zuweilen gelten die antiken Stadtstaaten, die Hansestädte oder die Gilden und Zünfte in den Städten des Mittelalters als historische Wur-

---

123 Köttgen 1968, S. 204. Da der Begriff „Ortsvereine“ nur bei der SPD Verwendung findet, drängt sich eine tiefenpsychologische Einschätzung der zitierten Aussage auf. Zur tatsächlichen Ausbreitung des nationalen Parteiensystems s. Naßmacher, in: Kevenhörster/Wollmann 1978, S. 301-306 und ders., in: Thränhardt/Uppendahl 1981, S. 47-52; Stöss, in: Stöss 1983, S. 2400, FN 28.

124 Ziebill 1971, S. 51f.; Lintz 1973, S. 117; Scheuner 1973, S. 9; Knemeyer/-Jahndel 1991, S. 19f., 26f.

125 Köttgen 1968, S. 22.

126 von Saldern 1976, S. 295ff.; von Saldern, in: Naßmacher 1977, S. 18ff.

127 Ellwein 1971, S. 21; ähnlich – freilich mit positiver Wertung – Lintz 1973, S. 110.

zeln der kommunalen Selbstverwaltung. Fast alle kommunalwissenschaftlichen Darstellungen beginnen ihren historischen Rückblick allerdings mit der Preußischen Städteordnung von 1808. Diese Städteordnung ist mit dem Namen des Ministers Freiherr vom Stein verbunden. Sie war (neben Heeresreform, Ministerialverwaltung, Bauernbefreiung und Gewerbefreiheit) Teil eines umfangreichen Modernisierungsprogramms.[128] Mit diesen Maßnahmen reagierte die preußische Staatsführung (Stein, Scharnhorst, Hardenberg) auf die militärische Niederlage (in den Kriegen) gegen das nachrevolutionäre Frankreich. Der politischen Realität kommt deshalb näher, wer die Französische Revolution als Auslöser der kommunalen Selbstverwaltung in Deutschland begreift. Weder Volkssouveränität noch Gewaltenteilung, Autonomie, ganz zu schweigen von Demokratie, gehören zur deutschen Selbstverwaltungstradition. Dennoch ist das Leitbild des Bürgers (sowohl Citoyen als auch Bourgeois) der gemeinsame Nenner für verschiedene Stränge kommunaler Tradition in den noch landwirtschaftlich geprägten deutschen Staaten des frühen 19. Jahrhunderts.

1.2.1 Städtische Selbstverwaltung im Agrarstaat

Die Gemeinden als eigenständige Träger öffentlicher Aufgaben boten zu verschiedenen Zeitpunkten eine Antwort auf unterschiedliche Problemlagen. Daraus ergibt sich ein buntscheckiges Gesamtbild, das fast zwei Jahrhunderte lang seinen Niederschlag in unterschiedlichen Kommunalverfassungen der einzelnen Länder fand. Die wichtigsten *Traditionslinien* der kommunalen Selbstverwaltung in Deutschland lassen sich grob vereinfacht mit einigen Stichworten umreißen:

Administrative Dezentralisierung einer einheitlichen Staatsverwaltung im äußersten Westen, dem französisch besetzten Rheinland. Bezugspunkt der vorwiegend wirtschaftlich verstandenen Freiheiten des einzelnen blieb (in Frankreich) die Nation, nicht die Gemeinde; der revolutionären Emanzipation des Bürgertums vom absolutistischen Staat folgte keineswegs die politische Selbstbestimmung in autonomen Gemeinden.[129]

128 Für einen Überblick s. Braubach 1990, S. 116-124; Ritter 1981, S. 182-201.
129 Vgl. Ritter 1981, S. 255; Norton 1997, S. 238, 277.

Von oben verordnete *Emanzipation des städtischen Bürgertums* im feudal-bürokratischen Preußen, also dem Nordosten Deutschlands. Die preußischen Reformer handelten zwar reaktiv, aber früh, richtungsweisend und konzeptionell angeleitet; sie schufen die Grundlagen für einen modernen Staat mit neuer Machtverteilung zwischen Bauern und Bürgern, Adel und Beamten, aber keine Demokratie.

Wiederbelebung der bäuerlichen Nachbarschaftshilfe im deutschen Südwesten, in Baden und Württemberg.[130] Die (erheblich erweiterten) ehemaligen Rheinbundstaaten folgten dem preußischen Vorstoß etwa zwei Jahrzehnte später, also eher verhalten, aber flächendeckend (für Stadt und Land); dabei konnte ein „aufgeklärter Absolutismus" auf regionale Traditionen aus früheren Jahrhunderten zurückgreifen.

In allen drei Traditionsbereichen unterblieb (bei Unterschieden im Detail) eine eindeutige Aufgabenteilung zwischen Staats- und Kommunalverwaltung.[131] Den beiden zuletzt genannten Traditionslinien, der nordöstlichen ebenso wie der südwestlichen, ist ein Kriterium staatsbürgerlicher Qualifikation gemeinsam, das die moderne Demokratie nicht akzeptieren kann. Der prinzipiellen Achtung des Privateigentums entsprachen ungleiche Rechte in der Gemeinde.[132] Das Bürgerrecht beruhte auf der beruflichen „Selbständigkeit des einzelnen als Voraussetzung für die Unabhängigkeit seiner Entscheidungen."[133] Die kommunale Selbstverwaltung ist weder „die einzige durchgehende Freiheitslinie in der deutschen Geschichte"[134] noch ein erster Schritt der politischen Demokratisierung in Deutschland. Allenfalls kommt in den Gemeindeordnungen des 19. Jahrhunderts das zunehmend akzeptierte Prinzip konstitutioneller Herrschaft, nämlich eine durch die Rechtsordnung begrenzte Staatsmacht, zum Ausdruck. Schon das Amt des Schultheißen war durch einen bis heute erhaltenen Doppelcharakter geprägt: Der Bürgermeister ist Vertreter des Staates (früher der

---

130 Eine Skizze der badischen und württembergischen Entwicklung gibt Hamberger 1966, S. 29ff., S. 171f.; s. auch Borchmann, in: Borchmann/Vesper 1976, S. 19ff.

131 Vgl. insb. Hess und Naujoks, in: Kirchgässner/Schadt 1983, S. 155 bzw. 121; Grzywatz 1995, S. 37, 43.

132 Leiser, in: Kirchgässner/Schadt 1983, S. 40.

133 von Unruh 1989, S. 5; vgl. Leiser bzw. Naujoks, in: Kirchgässner/Schadt 1983, S. 41ff. bzw. 120, 129.

134 Böhme, in: Ipsen 1995, S. 30.

Obrigkeit) „und gleichzeitig Repräsentant der Gemeinde.“[135] Wie heute wurde die Gemeinde als örtlicher Vorposten der Staatsverwaltung genutzt.[136] Dies entsprach durchaus den Traditionen des Absolutismus und der Napoleonischen Zeit.

Immerhin beginnt die Entwicklung einer modernen Kommunalverfassung auf deutschem Boden mit einer Besatzungsmacht: Das revolutionäre Frankreich führt im März 1790 seine „durchaus freiheitliche Gemeindeordnung“ von 1789 im besetzten Rheinland ein.[137] Aus der stärker zentralistischen-napoleonischen Fassung von 1800 entwickelten sich im westlichen Teil Deutschlands die Grundelemente der „Rheinischen Bürgermeisterverfassung“: Ein von der staatlichen Obrigkeit bestellter Verwaltungschef (maire) führte in Stadt- und Landgemeinden die Beschlüsse der von den Gemeindebürgern gewählten Vertretung (conseil municipal) aus. In der preußischen Rheinprovinz und dem linksrheinischen Teil Bayerns (der Pfalz) behielt diese Gemeindeverfassung in Stadt und Land nach 1815 ihre Geltung.[138] Der Bürgermeister war vor allem dezentrales Vollzugsorgan der staatlichen Verwaltung.

Im heutigen Baden-Württemberg entstanden Gemeinden im 13. Jahrhundert als genossenschaftlicher Lebens- und Wirtschaftszusammenhang selbständiger Bauern im Gefolge einer veränderten Agrarverfassung. Der „Kampf um das ‚gute alte Recht‘ in Württemberg“ und das Streben der badischen Frühliberalen nach „Gemeindefreiheit“ entstammen durchaus unterschiedlichen Wurzeln, führten aber zu gemeinsamen Erfolgen.[139] Die Tradition gemeindlicher Selbstverwaltung war durch absolutistische Herrschaft nur wenige Jahrzehnte unterbrochen,[140] als im Königreich Württemberg das „Verwaltungsedict für die Gemeinden, Oberämter und Stiftungen vom 11. März 1824“[141] eine landeseinheitliche Kommunalverfassung für alle Kreise und Gemein-

135 Wehling/Siewert 1987, S. 47.

136 Vgl. Naujoks, Leiser, Morenz und Hess, in: Kirchgässner/Schadt 1983, S. 124, 128; 40, 46; 141; 158.

137 Hess, in: Kirchgässner/Schadt 1983, S. 153f.; Hoebink, in: Andersen 1987, S. 40f.

138 von Unruh 1989, S. 7; Hess, in: Kirchgässner/Schadt 1983, S. 155; Borchmann, in: Borchmann/Vesper 1976, S. 20f.

139 Hofmann 1974, S. 32. Vgl. auch Wehling/Siewert 1987, S. 49-59.

140 Wehling, in: Pfizer/Wehling 1991, S. 27, 31.

141 von Unruh, in: Püttner 1981, S. 68; Naujoks, in: Kirchgässner/Schadt 1983, S. 118ff.

den schuf. Das Großherzogtum Baden (als liberales Musterland unter den Staaten des Deutschen Bundes) traf mit dem Gemeindegesetz vom 31. Dezember 1831 eine entsprechende Regelung. Durch die Gemeindeordnungen im südwestlichen Deutschland wurde die seit Jahrhunderten überlieferte genossenschaftliche Verwaltung der eigenen Angelegenheiten (unter staatlicher Aufsicht) wiederhergestellt und gesetzlich geregelt.[142] Ungeachtet wichtiger Gemeinsamkeiten bestanden auch im Südwesten Deutschlands beträchtliche Unterschiede: „Der Umfang der Selbstverwaltungsrechte der Gemeinden ist im Großherzogtum Baden relativ beschränkt, im Königreich Württemberg jedoch so weit wie nirgendwo sonst. Auch die Aufsicht des Staates über die Gemeinden ist in Baden sehr viel ausgeprägter als in Württemberg."[143]

Im Nordwesten Deutschlands (dem heutigen Land Niedersachsen) gab es unterschiedliche Regelungen für Städte und Landgemeinden. Im Herzogtum Oldenburg trat am 7. Januar 1832 eine Landgemeindeordnung in Kraft. Unterschiedliche Städteordnungen für die insgesamt 6 Städte stammten aus den Jahren 1817, 1820 und 1833.[144] Im Königreich Hannover waren ansehnliche Reste mittelalterlicher Städtefreiheit erhalten geblieben. Sie bildeten die Grundlage der (vereinheitlichenden) Städteordnung vom 1. März 1851, in der vor allem die Selbständigkeit der Städte gegenüber der (staatlichen) Regierungsgewalt betont wurde. Gleichzeitig blieb den hannoverschen Städten (trotz Besitz- und Steuerzensus) das Dreiklassen-Wahlrecht erspart. Die Bauernbefreiung von 1831/33 hatte im Königreich Hannover die Voraussetzung für eine Selbstverwaltung der Landgemeinden (Gesetz vom 4. Mai 1852) geschaffen.[145] Ganz anders verlief die Entwicklung im größten Teilstaat des späteren Deutschen Kaiserreichs.

Der Geltungsbereich der ersten modernen „Gemeindeordnung" eines deutschen Staates war auf das Preußen des Jahres 1808, also auf Gebiete östlich der Elbe, ausgerechnet den städteärmsten Teil Deutschlands,[146] beschränkt. (Vom heutigen Bundesgebiet können sich nur Brandenburg und Teile von Sachsen-Anhalt auf diese Selbst-

---

142 Wehling, in: Pfizer/Wehling 1991, S. 31; Leiser, in: Kirchgässner/Schadt 1983, S. 46f.; von Unruh, in: Püttner 1981, S. 65; von Unruh 1989, S. 7.

143 Wehling, in: Pfizer/Wehling 1991, S. 34; a.A. Naujoks, in: Kirchgässner/Schadt 1983, S. 121ff.

144 Eckhardt/Schmidt 1993, S. 1034f.

145 Vgl. Faber, in: Faber/Schneider 1985, S. 227-232.

146 Ritter 1981, S. 266.

verwaltungstradition berufen.) In den ostelbischen Landgemeinden scheiterten grundlegende Reformen am Widerstand der politisch starken Grundherren, die ihre Aufsichtsbefugnisse über die Dörfer und Gutsbezirke zäh verteidigten.[147] Die Gemeindevorsteher preußischer Landgemeinden wurden von staatlichen Behörden ernannt.[148] Das Reformwerk des Freiherrn vom Stein, die *Preußische Städteordnung* von 1808, schuf nicht mehr als eine Sonderstellung der Städte in einem überwiegend landwirtschaftlich geprägten Staatsgebiet.

Der Grundgedanke des Freiherrn vom Stein, „die dezentrale eigenverantwortliche Regelung" örtlicher Angelegenheiten „unter starker bürgerschaftlicher Beteiligung,"[149] zielte auf wirtschaftlich erfahrene, durch eigenes Vermögen mit dem Wohl ihrer Stadt verbundene Personen. Das (auf Antrag verliehene) Bürgerrecht verpflichtete, zu den städtischen Lasten beizutragen und öffentliche Ämter zu übernehmen. Wahlberechtigte und Amtsträger mußten Grundbesitz in der Stadt oder ein jährliches Mindesteinkommen nachweisen. Auf Dauer Beschäftigte und fest besoldete Beamte hielt der Freiherr vom Stein für „Mietlinge", von denen vor allem Schlendrian und Interesselosigkeit, Unkenntnis der örtlichen Situation und Furcht vor Veränderungen zu erwarten war.[150]

Das Bürgerrecht, zunächst an Grundbesitz und Gewerbebetrieb gebunden, besaßen nur 6 bis 20% der Einwohner.[151] Später hing das Stimmengewicht von der Steuerleistung ab. Der Bürger wurde stets gleichermaßen als wirtschaftlich (selbständig) tätiger Bourgeois und als politisch (bevorrechtigter) engagierter Citoyen gesehen.[152] Die vielfach als vorbildlich eingeschätzte Städteordnung von 1808 begrenzte die kommunale Selbstverwaltung nicht nur räumlich (auf das jeweilige Stadtgebiet), sondern auch personal (auf die durch Grundbesitz

---

147 Borchmann, in: Borchmann/Vesper 1976, S. 19f.; vgl. auch Rodenstein, in: Emenlauer u.a. 1974, S. 42; Ritter 1981, S. 266; von Saldern, in: Roth/Wollmann 1994, S. 8, 17, Anm. 33.

148 von Unruh, in: Püttner 1981, S. 69.

149 Schöneich, in: Schöneich 1996, S. 1; positiver: von Saldern, in: Roth/Wollmann 1994, S. 2.

150 Hofmann 1974, S. 33; Leiser, in: Kirchgässner/Schadt 1983, S. 45; Naujoks, ebenda, S. 116f.; Ritter 1981, S. 189-192, 258, 263.

151 Wehling, in: Wehling 1975, S. 281; ähnlich Zoll 1972, S. 36.

152 Vgl. Köttgen 1968, S. 48, 54; Munier, in: Klemisch u.a. 1994, S. 19; Norton 1997, S. 238.

oder Gewerbebetrieb qualifizierten Teile der Bevölkerung) und finanziell (durch die Leistungsfähigkeit der abgabepflichtigen Bürger).

In den Städten wurden alle Bindungen entfernt, die den einzelnen bisher hinderten, jenen Wohlstand zu erlangen, den er aus eigener Kraft erreichen konnte. Die städtische Selbstverwaltung (seit 1808) und die Gewerbefreiheit (seit 1810) beseitigten wichtige Schranken für die Entfaltung der kapitalistischen Produktionsweise und die Entwicklung Deutschlands zur Industriegesellschaft: Die städtischen Selbstverwaltungsorgane entschieden – anfangs unter lebhafter Beteiligung örtlicher Unternehmer – über alle gewerbepolitischen Fragen, halfen den Unternehmern, sich gegenüber den eher konservativen Handwerkern durchzusetzen, und kümmerten sich um die Versorgung der aus dem Produktionsprozeß ausgeschiedenen Arbeiter (Armenpflege).[153]

Durch die Städteordnung wurden zugleich schwere finanzielle Lasten von dem in Kriegen gegen das revolutionäre Frankreich bettelarm gewordenen preußischen Staat „auf das sich in den *Städten* herausbildende Bürgertum" abgewälzt.[154] Darin steckte allenfalls ein Zugeständnis an die von der Französischen Revolution beeinflußten politischen Bestrebungen der städtischen Bevölkerung, das – im Gegensatz etwa zur Einführung einer konstitutionellen Monarchie – die politische Struktur des preußischen Obrigkeitsstaates möglichst wenig berührte. Dem preußischen Staat „ging es nicht um Partizipation der Bürger an der Macht, sondern um Partizipation des städtischen Gewerbes und Grundbesitzes an der Sanierung der Staatsfinanzen."[155] Diese Mittel sollten aus einer neuen Gewerbesteuer fließen.

Mit modernen Begriffen könnte man in diesem Teil der preußischen Reformen eine Verbindung von steuerpolitischen Maßnahmen (im Verhältnis zwischen Stadt- und Landbevölkerung) mit einer Art sozialer Gewaltenteilung zwischen dem (sich im städtischen Bereich selbst verwaltenden) Bürgertum und den (im Staat nach wie vor herrschenden) Kasten des Adels und der Beamtenschaft sehen. Die Grundherren hatten zwar die Hand- und Spanndienste der Bauern verloren, behielten

153 Köttgen 1968, S. 239; Rodenstein, in: Emenlauer u.a. 1974, S. 39, 45; ähnlich Gude, in: Grauhan 1972, S. 27, 57, 43.

154 Grauhan 1971, bzw. Grauhan, in: Grauhan 1972, S. 146 (Hervorhebung d.d. Verf.).

155 Ueltzhöffer, in: Wehling 1975, S. 95.

aber die Führungspositionen in Armee und Verwaltung. Bis ins 20. Jahrhundert hinein blieben (vor allem in Preußen) die Städte *Inseln bürgerlicher Selbstverwaltung* in einem agrarisch-feudalistisch geprägten Staat.[156] Mit diesem „Kompromiß zwischen städtischem Bürgertum und feudalem Obrigkeitsstaat" konnten beide Seiten durchaus zufrieden sein.[157]

Die Freisetzung von Eigentum, Handel und Gewerbe in der (preußischen) Reformära bedeutete keine Beschränkung von Staat und Polizei auf die Erhaltung der öffentlichen Ruhe und Ordnung.[158] Nimmt man die ungeklärte Abgrenzung zwischen Wohlfahrtspflege und Gefahrenabwehr (Sicherheits- bzw. Wohlfahrtspolizei) hinzu, dann bleiben die staatlichen Genehmigungs-, Bestätigungs- und Aufsichtsvorbehalte keineswegs die einzige Nahtstelle und Reibungsfläche zwischen der bürgerschaftlich verfaßten Stadtgemeinde und dem preußischen Obrigkeitsstaat.[159] In der Verteidigung dieser/seiner Errungenschaften gegen die politische Restauration entwickelte das liberale Bürgertum, vor allem im Südwesten Deutschlands, schon vor 1848 die Idee der kommunalen Selbstverwaltung zu einer naturrechtlichen Institution.[160] Dem durch Rechtsetzung geschaffenen Staat wurde die zur naturwüchsigen Gesellschaft gehörende Gemeinde gegenübergestellt. Der aus diesem Zusammenhang formulierte *Gegensatz von Staatsverwaltung und Selbstverwaltung* bestimmt

- Staatsverwaltung als von einem monarchischen Willenszentrum ausgehende, der Bevölkerung nicht verantwortliche, hierarchisch und zentralistisch organisierte Verwaltung und
- Selbstverwaltung als Gestaltungsmöglichkeit privilegierter Akteure (insb. vermögender Bürger), die innerhalb eines lokal begrenzten Raumes (unter Überwachung durch die Staatsverwaltung) bestimmte Bereiche selbst gestalten und dabei bestimmte Freiheiten genießen.[161]

Der politische Gegensatz zwischen den vom Bürgertum beherrschten Städten und dem autokratisch regierten Staat wurde zu einem We-

156 Grauhan 1971, bzw. Grauhan, in: Grauhan 1972, S. 147; vgl. auch von Saldern, in: Roth/Wollmann 1994, S. 2.
157 See 1975, S. 80; vgl. Trachternach 1974, S. 23.
158 Grzywatz 1995, S. 38f.; vgl. auch Ritter 1981, S. 261f.
159 Vgl. Grzywatz 1995, S. 31, 37, 41.
160 Vgl. Heffter 1969, S. 6; Stammen, in: Rausch/Stammen 1972, S. 15.
161 Thränhardt, in: Thränhardt 1978, S. XXXV.

sensunterschied stilisiert. Folgerichtig mußte kommunale Selbstverwaltung (einschließlich Ortspolizei) in § 184 der Paulskirchen-Verfassung (1849) als Grundrecht der Gemeinde (neben den Grundrechten des einzelnen) beansprucht werden.[162] Die Kritik an solchen Vorstellungen besitzt 150 Jahre später immer noch eine gewisse Aktualität: „Gemeindeautonomie ist nicht vergleichbar mit der Autonomie von sozialen Gebilden, die auf umgrenzte Zwecke und auf umgrenzte Personenkreise hin geordnet sind; sie ist ebenfalls ein Bereich sachlich und personell allgemeiner (also politischer – d.Verf.) Herrschaft."[163]

Nachhaltiger Erfolg war dieser Vorstellung offenbar nur in der kommunalwissenschaftlichen Literatur, nicht aber in der politischen Auseinandersetzung beschieden. Durch immer neue Städteordnungen (insb. 1831 und 1853) wurden in Preußen bedeutende Bestandteile der Steinschen Reformen abgeschafft: die örtliche Verwaltungsspitze (Magistrat) zu einer eigenständigen Körperschaft ausgestaltet, die Einsetzung kommunaler Beamter an eine staatliche Bestätigung gebunden, das Aufsichtsrecht der staatlichen Verwaltung ausgeweitet[164] und die Rechte der Stadtverordneten begrenzt. Das Wahlrecht blieb zunächst an Steuerzensus und Bürgergeld gebunden und wurde 1853 als Dreiklassenwahlrecht ausgestaltet.[165] Aufgrund der wirtschaftlichen und gesellschaftlichen Entwicklung in Deutschland war gerade diese Maßnahme für das Bürgertum durchaus akzeptabel.

1.2.2 Selbstverwaltung im Modernisierungsprozeß

Unter den gesellschaftlichen Veränderungen seit dem Beginn des 19. Jahrhunderts ragen zwei „als besonders augenfällig hervor: Die Konzentration einer fabrikmäßigen Güterproduktion in den Städten und die rasche Vergrößerung der Städte."[166] Im Jahre 1815 wohnten erst 12% der Bevölkerung in Städten, 1871 waren es 35%, 1919 sogar 49%. Das durch Industrialisierung bedingte sprunghafte Anwachsen

162 Trachternach 1974, S. 26f.; Stammen, in: Rausch/Stammen 1972, S. 12; Rodenstein, in: Emenlauer u.a. 1974, S. 48f.

163 Hättich, in: Rausch/Stammen 1972, S. 297.

164 Vgl. Rodenstein, in: Emenlauer u.a. 1974, S. 46, 49f.; Trachternach 1974, S. 25, 27.

165 von Saldern, in: Roth/Wollmann 1994, S. 4.

166 Hofmann 1974, S. 46.

der Bevölkerung in den Städten[167] stellte diese vor ganz neue Aufgaben. Die ungezügelte Entfaltung der kapitalistischen Produktionsweise schuf gerade örtliche soziale Probleme ersten Ranges und führte zu einer „Ausdehnung der gemeindlichen Aktivitäten ..., vor allem auf sozialem und wirtschaftlichem Gebiet, das nun immer mehr das Bild der Gemeinde, vor allem der größeren Städte, prägt."[168] Durch die Proletarisierung breiter Massen sind den städtischen Gemeinden „nahezu alle Aufgaben zugewachsen, die in einer kapitalistischen Wirtschaft außerhalb des Interesses der Privatinitiative fallen und doch für diese unentbehrlich sind."[169] Neben sozialen Aufgaben in engerem Sinne (Sozialhilfe, Arbeitsvermittlung, Krankenhaus- und Bildungswesen), bei denen die Gemeinden vielfach Pionierarbeit geleistet haben,[170] war dies zunächst das Problem der Wohnungsversorgung. Die wachsende Wohnungsbautätigkeit erforderte alsbald auch eine städtische Bauplanung mit Eingriffen in das private Eigentum.

„Ein weiterer ... Eingriff in die kapitalistische Wirtschaftsordnung ist die Übernahme bisher privater Versorgungsbetriebe in gemeindliche Regie: vor allem Gas, Elektrizität und, später, Straßenbahn."[171] Der öffentliche Nahverkehr mußte die zunehmende Trennung von Wohn- und Arbeitsstätten überbrücken helfen, „es folgten Straßenreinigung, Müllabfuhr, Kanalisation, Straßenbau, kurz, die Entwicklung einer Infrastruktur, die Erbringung von Dienstleistungen, die die Entfaltung der Wirtschaft förderte und ihre negativen Folgen aufzufangen versuchte."[172] Der Kontrast zwischen dem liberalen (Nachtwächter-)Staat, der seine Verwaltungstätigkeit auf Polizei und Justiz beschränkte, und der großen Fülle kommunaler Aufgaben zeigt deutlich die gesellschaftspolitische Ergänzungsfunktion der (Stadt-)Gemeinde.

Gerade damals erlebten die rasch wachsenden Industriestädte in ihrer überlieferten Rolle als „Raumgemeinschaft" eine Krise, die sich aus den durch die Industrialisierung bedingten Siedlungsverhältnissen entwickelte: Der Bürger der Steinschen Städteordnung war der fest im Traditionskreis seiner Vaterstadt wurzelnde Ackerbürger und Gewerbetreibende. Die Ausdehnung der Großbetriebe hatte solche boden-

---

167 Hofmann, in: Püttner 1981, S. 71f.
168 Scheuner 1973, S. 36.
169 See 1975, S. 95; vgl. auch Hofmann, in: Püttner 1981, S. 79-81.
170 Scheuner 1973, S. 7, 21, 23; Manns 1996, S. 12f.
171 Rodenstein, in: Emenlauer u.a. 1974, S. 57.
172 See 1975, S. 95.

ständigen Bevölkerungsteile in steigendem Maße durch die zum Ortswechsel gezwungene Arbeiterschaft ersetzt und damit den personalen Bestand der Industriegemeinden aufgelockert. Nach erheblichen Binnenwanderungen lebte 1907 nur noch jeder zweite Einwohner des Reichsgebietes an seinem Geburtsort.

Als „Reservat bürgerlicher Betätigung in einem autoritären Industriestaat"[173] blieb die Kommune gleichermaßen abgeschirmt gegen den monarchischen Beamtenstaat und gegen die Arbeiterschaft. Zumindest in Preußen war die kommunale Selbstverwaltung längst zu einem „ausgesprochenen Instrument bürgerlicher Klassenherrschaft" geworden: „Das kommunale Wahlrecht schloß die nichtbesitzenden Schichten von den Stadtverordnetenversammlungen ... weitgehend aus."[174] Es war so gestaltet, „daß sich das Anwachsen des Proletariats so wenig wie möglich auf die Zusammensetzung des städtischen Vertretungskörperschaften auswirkte." Neben der formalen Verleihung des Bürgerrechts (bei Nachweis einer Mindestwohnzeit oder Zahlung einer entsprechenden Steuer) diente vor allem das Dreiklassenwahlrecht zur Abwehr demokratischer Ansprüche.

Dieses Wahlverfahren beruhte auf einer „Zusammenfassung der Bürger nach wirtschaftlicher Selbständigkeit, Hausbesitz oder Steuerleistung in drei Gruppen, wobei jeder dieser Gruppen ein Drittel der Stadtverordneten" zu wählen hatte.[175] Die Wirkungsweise wird besonders anschaulich durch den Hinweis, daß in Essen (Ruhr) der Industrielle Krupp jahrelang als einziger in der ersten Abteilung wählte und damit ein Drittel der Stadtverordneten allein bestimmte,[176] während 9 von 10 Wählern in der dritten Abteilung abstimmten; Frauen, Tagelöhner, z.T. sogar kleine Gewerbetreibende waren gar nicht wahlberechtigt. So wurde das Besitzbürgertum zum Träger der gemeindlichen Selbstverwaltung. Unter den Honoratioren der Industriestädte nahmen nach 1875 die Unternehmer des prägenden Industriezweiges eine führende Stellung ein. Um 1900 waren dann zwischen 50 und 100% der Stadtverordneten Hausbesitzer.[177]

---

173 Hofmann 1974, S. 70.

174 Ribhegge 1973, S. 4; ders., in: Frey 1976a, S. 30; so auch Rodenstein, in: Emenlauer u.a. 1974, S. 50.

175 Beide Zitate bei von Saldern, in: Naßmacher 1977, S. 28. 54.

176 Heffter 1969, S. 615.

177 Croon, in: Croon u.a. 1971, S. 17; von Saldern, in: Naßmacher 1977, S. 26; Ziebill 1971, S. 17, 19; Hofmann, in: Püttner 1981, S. 81, 84.

Mit dem gewachsenen Umfang der Aufgaben hatte die hauptberufliche Tätigkeit in der kommunalen Selbstverwaltung, vor allem in Gestalt der juristisch vorgebildeten Führungskräfte,[178] ein beträchtliches Gewicht errungen. Von Saldern spricht sogar von „Bürokratisierungstendenzen".[179] Durch das kommunale Berufsbeamtentum wurde der Einfluß des bürgerschaftlichen Elements, das traditionelle Ehrenamt, unaufhaltsam zurückgedrängt. Das Bürgertum hatte sich daran gewöhnt, einer stetig wachsenden „Berufsbeamtenschaft ... die ... Verwaltung seiner Städte zu überlassen."[180] Der industrielle Kapitalismus zersetzte nicht nur die (als dauerhaft gedachte) örtliche Gemeinschaft, sondern er verwandelte auch – durch die von ihm verursachten Aufgaben – die bürgerschaftliche Laienverwaltung in eine kommunale Beamtenverwaltung. „Gleichzeitig erfolgte ein Aufstieg der Bürgermeister zu der dominierenden Position, die sie bis 1933 innehatten."[181]

Politisch dominierten die liberalen Parteien, sie allein waren in der Lage, Bürgermeisterkandidaten durchbringen. Die dem Kaiserreich kritisch gegenüberstehenden Massenparteien des politischen Katholizismus (Zentrum) und der Arbeiterschaft (SPD) konnten nur ansatzweise in den Ratsversammlungen Fuß fassen. Die politische Emanzipation des Bürgertums fand ihre Grenze an der Entwicklung des Proletariats und seiner Forderung nach dem gleichen Wahlrecht: „Gerade die Anhänger der Sozialdemokratie wurden durch die Vorschriften über den Erwerb des Bürgerrechts sowie durch den später nur Schritt für Schritt geminderten Einkommenszensus von der Teilnahme an den Gemeindewahlen ausgeschlossen."[182] „So waren die Sozialdemokraten zwar bei den Reichstagswahlen aufgrund des gleichen Wahlrechts mit den meisten Stimmen und Mandaten vertreten, sie hatten aber vor allem in den großen Städten wie Hamburg, Kiel, Leipzig und Nürnberg praktisch keinen Einfluß."[183]

Aber auch Wahlrechtsbeschränkungen konnten das Eindringen der Sozialdemokraten in die Kommunalpolitik nicht völlig aufhalten. In Baden, Sachsen und Württemberg gab es nach der Jahrhundertwende

---

178 Vgl. Hofmann 1974, S. 40, 42-44; Norton 1997, S. 239, 248..
179 von Saldern, in: Roth/Wollmann 1994, S. 5.
180 Ritter 1981, S. 270; ähnlich Ziebill 1971, S. 19; Scheuner 1973, S. 9; Köttgen 1968, S. 7, 9; Ribhegge 1973, S. 9; ders., in: Frey 1976a, S. 36.
181 Hofmann, in: Püttner 1981, S. 83; vgl. Hofmann 1974, S. 45f.
182 Ziebill 1971, S. 18.
183 Rodenstein, in: Emenlauer u.a. 1974, S. 56, 48.

eine nennenswerte Zahl sozialdemokratischer Stadt- und Gemeinderäte. Allein zwischen 1907 und 1913 konnte die SPD die Zahl ihrer Gemeindevertreter im Reichsgebiet von etwa 5.000 auf 12.000 steigern.[184] Da sozialdemokratische Gemeindevertreter (entsprechend der Konzentration ihrer Wähler in den Industriegebieten) nicht in allzu vielen Gemeinden, dort aber relativ stark auftraten, trifft das „Bild von kompakten Inseln sozialdemokratischer Gemeindevertretungen ... wohl am ehesten die damalige Realität". Auf die Auswahl von Magistratsbeamten und Bürgermeistern, die vor Antritt ihres Amtes die zusätzliche Hürde der staatlichen Bestätigung nehmen mußten, konnte sich selbst eine solche Konzentration nicht auswirken: Zumindest bis 1900 können wir „als gesichertes Ergebnis annehmen, daß es so gut wie ... keine sozialdemokratischen Gemeindebeamten gegeben hat."[185]

Ungeachtet aller Schwierigkeiten und Rückzugsgefechte mit den liberalen Honoratioren begann bereits während des Kaiserreichs auch in den Gemeinden die Integration der Arbeiterschaft und ihrer politischen Repräsentanten in den Staat. Sie fand mit der Einführung des demokratischen Wahlrechts durch die deutsche Revolution von 1918 einen folgerichtigen Abschluß. „Die allgemeine, gleiche, unmittelbare und geheime Wahl der Gemeindevertretung nach den Grundsätzen der Verhältniswahl gliederte die Kommunen in das System des parlamentarisch verfaßten Parteienstaates ein und beseitigte die ... Privilegien der besitzenden Klassen."[186] Die Demokratisierung der kommunalen Selbstverwaltung bewirkte vor allem wesentliche Veränderungen in der Zusammensetzung von Stadtverordnetenversammlungen und Gemeindevertretungen: „Anstelle der früheren Honoratiorengruppen zogen jetzt die örtlichen Vertreter der Weimarer Parteien in die Rathäuser ein."[187] Wesentliche Elemente der kommunalen Machtstrukturen aus der vorrevolutionären Zeit blieben jedoch erhalten. Konservative und liberale Staatsrechtler interpretierten allerdings die Demokratisierung der Stadtvertretungen „als das Ende der eigentlichen Selbstverwaltung."[188] Diese Einschätzung kann nur zutreffen, wenn Besitzbürgertum oder

---

184 Vgl. Rodenstein, in: Emenlauer u.a. 1974, S. 55f.; Ziebill 1971, S. 17, 24; von Saldern, in: Naßmacher 1977, S. 28f.

185 Zitate bei: von Saldern, in: Naßmacher 1977, S. 30.

186 Rebentisch 1985a, S. 35.

187 Ribhegge 1973, S. 8; ders., in: Frey 1976a, S. 36.

188 von Saldern, in: Roth/Wollmann 1994, S. 6.

Beamtenschaft die Träger dieser „eigentlichen" Selbstverwaltung waren.

Sozialstrukturelle und parteipolitische Veränderungen bei den ehrenamtlichen Mitgliedern kommunaler Vertretungskörperschaften (u.a. wurde die SPD in vielen Städten größte Rathauspartei) wirkten sich zum Teil nur langsam, häufig aber gar nicht auf das hauptamtliche Personal der Kommunalverwaltung[189] aus. Die Revolutionäre von 1918 unterwarfen die monarchisch-konservative Beamtenschaft lediglich einer demokratischen Kontrolle, beließen sie aber weitgehend in ihren Ämtern. Bedingt durch den „Funktionswandel des Kommunalbeamtentums vom ausführenden Organ des Gemeindewillens zum Initiativzentrum der Kommunalverwaltung ... dominierten ... beamtenmäßige Ausbildung und Verwaltungserfahrung."[190] Da die SPD erst in den letzten Kriegsjahren „Zugang zu Beamtenstellungen gehabt hatte, konnte sie nach 1918 nur selten auf erfahrene Verwaltungsfachleute zurückgreifen. Den staatlichen Aufsichtsbehörden fiel es daher nicht schwer ..., Partei- und Gewerkschaftsfunktionäre wegen mangelnder ‚fachlicher'' Qualifikation zurückzuweisen."[191]

Andere Faktoren wirkten in die gleiche Richtung: Zuweilen wurde die bürgerlich geprägte Kommunalpolitik erst in Frage gestellt, als Eingemeindungen die Grenze zwischen Kernstadt und Arbeitervorstädten aufhoben.[192] In der Arbeiterstadt Harburg konnte die SPD erst 1924 mit Mühe einen (inzwischen auch fachlich qualifizierten) Oberbürgermeister aus den eigenen Reihen ins Amt bringen, nachdem sie die Wähler- und Mandatsmehrheit bereits verloren hatte. Vorherrschend blieb in den Spitzenpositionen der Typ des juristisch ausgebildeten Kommunalbeamten, der durch längere Amtsperioden (6 bis 12 Jahre), eigene Entscheidungsbefugnisse, organisatorische Selbständigkeit der örtlichen Verwaltung weitgehend abgeschirmt war und in seinen politischen Gestaltungsmöglichkeiten durch die untereinander zerstrittenen Parteien der Stadtvertretungen nicht kontrolliert werden konnte.[193] Die Oberbürgermeister (und ihre Dezernenten) verstanden sich keineswegs als Vertreter einer Partei oder der bürgerlichen Ge-

189 Vgl. Rebentisch 1985b, S. 27, 34.
190 Rebentisch, in: Püttner 1981, S. 93. Für eine Übersicht zu Amtswechsel und Kontinuität in den größten Städten s. Hofmann 1974, S. 67.
191 Ribhegge 1973, S. 8; ders., in: Frey 1976a, S. 36.
192 Vgl. von Saldern 1989, S. 26.
193 Rudzio 1968, S. 21; Trachternach 1974, S. 195.

sellschaftsschicht, der sie entstammten, sondern als über den Parteien und Klassen stehende Leiter der kommunalen Verwaltung.

In der Weimarer Zeit war die ursprüngliche „Polarität zwischen bürgerlicher Selbstverwaltung und dynastischem Beamtenstaat“[194] durch Veränderungen in der Selbstverwaltung wie im Staatsaufbau hinfällig geworden. Die Kommunalwissenschaft der damaligen Zeit zog daraus jedoch nicht die Konsequenz, den Stellenwert kommunaler Politik neu zu bestimmen.[195] Vielmehr wurde die Tradition der Selbstverwaltung umgedeutet, der ideologische Gegensatz von Staat und Gesellschaft in Form der Gegensatzpaare „Demokratie und Selbstverwaltung“ bzw. „Parteienstaat und Selbstverwaltung“ weiterhin behauptet.[196] Konsequenterweise sind seitdem „die eigentlichen Garanten der Selbstverwaltung heute nicht in den Reihen der Bürger, sondern der Beamten zu suchen.“[197] Die Institution hatte sich von ihren ursprünglichen Trägern abgelöst: „Der Lärm der Parteikämpfe in den Gemeindevertretungen verhallte meist wirkungslos in den Amtsräumen der Verwaltung, wo weiterhin in Ruhe die Sachaufgaben erledigt wurden.“[198]

Allerdings wuchsen auch dort die Probleme: Kriegsfolgen und Wirtschaftskrise überforderten nicht nur die Weimarer Republik, sondern auch ihre Länder und Gemeinden. Vor allem die großen Industriestädte mußten in den wirtschaftlichen Krisenjahren (Inflation bis 1923, Weltwirtschaftskrise seit 1929) die breite Masse der arbeitenden Bevölkerung gegen Arbeitslosigkeit, Hunger und Not sichern. Für diese sozialpolitischen Aufgaben fehlte den Städten aber immer wieder die finanzielle Grundlage.[199] Unter dem Druck der Reparationszahlungen nahm das Reich den Gemeinden ihre ergiebigste Finanzquelle, den Zuschlag zur Einkommenssteuer (Erzbergersche Finanzreform).[200] Den Einnahmeausfall deckten die Gemeinden einerseits durch Zuweisungen („Dotationen“) des Reiches und erhöhte Gewer-

194 Köttgen 1968, S. 196.
195 Vgl. Hofmann 1974, S. 54, 201.
196 Ziebill 1971, S. 27; Forsthoff 1932.
197 Köttgen 1968, S. 23; bekräftigend ebenda, S. 34f.
198 Ziebill 1971, S. 29.
199 von Saldern,1989, S. 15; s.a. Rebentisch, in: Püttner 1981, S. 100.
200 Upmeier, in: Hansmeyer 1973, S. 20; Wysocki, ebenda, S. 35-37; Engeli, in: Kirchgässner/Schadt 1983, S. 169. Mit dieser Finanzreform begann der weiter unten erörterte Finanzverbund (s. Abschnitt 1.3.2).

besteuern,[201] andererseits durch Kreditaufnahme und Überschüsse der städtischen Betriebe.[202] Die aus sozial- und finanzpolitischen Gründen forcierte „Übernahme lokaler Betriebe in städtische Regie“[203] und Maßnahmen zur Wohnungsversorgung lassen sich als Schwerpunkte der Kommunalpolitik (nicht nur der sozialdemokratischen) in den zwanziger Jahren identifizieren.[204]

Kritik an der Maßlosigkeit der kommunalen Ausgaben, „an Mißwirtschaft und Korruption, an den hohen Personalaufwendungen und der umfangreichen Bautätigkeit,“[205] bereitete den Boden für die Bewertung der Schwierigkeiten in der Weltwirtschaftskrise. So gerieten die kommunale Selbstverwaltung als Institution und ihre Träger, die leitenden Kommunalbeamten, zu Beginn der dreißiger Jahre in erhebliche Bedrängnis. „Dazu haben Fehler in der kommunalen Kreditpolitik seit 1924[206] und auch die immer heftiger werdenden, hier und da zur Lähmung führenden Parteikämpfe in den Gemeindevertretungen“[207] beigetragen. Vor allem in den großen Städten mit Massen von Arbeitslosen, die auf Sozialleistungen der Gemeinde angewiesen waren, manifestierte sich eine in der zeitgenössischen Literatur viel beschworene „Krise der kommunalen Selbstverwaltung.“

Die wissenschaftlichen Wortführer der deutschen Selbstverwaltungstradition erwarteten eine neue Blüte, als das nationalsozialistische Herrschaftssystem die von SPD und Städtetag seit 1921/25 angestrebte Vereinheitlichung des Kommunalverfassungsrechts[208] durchführte. Die Deutsche Gemeindeordnung (DGO) vom 30. Januar 1935

---

201 Wysocki , in: Hansmeyer 1973, S. 45f., 59; Upmeier, ebenda, S. 226.

202 Hansmeyer, in: Hansmeyer 1973, S. 80, 90f.

203 Rebentisch 1985a, S. 37; die ideologischen Argumente waren eher nützliche Durchsetzungshilfen - vgl. ebenda, S. 50f.; zur Debatte über die „kalte Sozialisierung“ s. unten, Abschnitt 2.4.2.

204 S. unten, Abschnitt 5.2.

205 Vgl. Upmeier, in: Hansmeyer 1973, S. 104f. Ein Urheber dieser Kritik, Reichsfinanzminister Dr. Hans Luther, war immerhin Oberbürgermeister von Essen und Geschäftsführer des Preußischen Städtetages gewesen.

206 Rebentisch 1985a, S. 54; für Einzelheiten s. Upmeier, in: Hansmeyer 1973, S. 160ff. und Böhret 1966.

207 Rodenstein (in: Emenlauer u.a. 1974, S. 63) nennt als Ursachen einerseits das Parteiwesen auf lokaler Ebene, andererseits das auf dem „Dotationswesen“ beruhende Finanzsystem. Zur Rolle der Staatskommissare vgl. Ziebill 1971, S. 33; See 1975, S. 81 und Rodenstein, in: Emenlauer u.a. 1974, S. 63.

208 Hofmann 1974, S. 273; Engeli, in: Kirchgässner/Schadt 1983, S. 168; Rebentisch 1985a, S. 36 und ders. 1985b, S. 19, 45f., 62, 76.

beseitigte nicht nur die Unterschiede zwischen den Gemeindeverfassungen der einzelnen Länder, sondern auch die „unterschiedliche Behandlung von Stadt und Land."[209] Die DGO „schuf erstmals in Deutschland einheitliches, für das gesamte deutsche Staatsgebiet geltendes, Stadt und Land umfassendes Gemeinderecht. Es enthielt zudem nicht nur das Kommunalverfassungs-, sondern auch das Finanz-, Haushalts- und Wirtschaftsrecht der Gemeinden."[210] Trotz Gleichschaltung der Länder, Anwendung des „Führerprinzips" und Unterbringung „alter Kämpfer" in kommunalen Verwaltungspositionen erkannten damals nur wenige: „Das Selbstverwaltungsrecht war demontiert, seine Garantie entleert."[211] Erst die militärische Niederlage eröffnete 1945 die Möglichkeit zur Verbindung der (durchaus schillernden) deutschen Selbstverwaltungstradition mit den politischen Traditionen der westlichen Demokratien.

1.2.3 Rekonstruktionen der gemeindlichen Selbstverwaltung

Als die vier Siegermächte des Zweiten Weltkrieges Deutschland ihrem unumschränkten Besatzungsregime unterwarfen, waren sie sich über eine „Dezentralisierung der politischen Struktur" und die „Entwicklung einer örtlichen Selbstverwaltung" grundsätzlich einig. Dennoch ergaben sich bald praktische Unterschiede. Den Gemeinden kam für die Versorgung der Bevölkerung mit den notwendigen Gütern (Wohnraum, Brennmaterial und Lebensmittel) entscheidende Bedeutung zu. Die Furcht vor einem Zusammenbruch der Versorgung prägte die Besatzungspolitik der Westmächte so stark, daß diese (wie die Arbeiter- und Soldatenräte von 1918/19) weitgehend auf eine tiefgreifende „Säuberung" der kommunalen Beamtenschaft verzichteten. (Ähnlich verhielten sich 1990 die „erneuerten" Gemeinden und Kreise in der früheren DDR.[212]) Das Interesse an Effizienz der Verwaltung ließ in den Westzonen die Vermittlung und Einübung demokratischer Tu-

---

209 Köttgen 1968, S. 37; für einen Überblick s. Borchmann, in: Borchmann/Vesper 1976, S. 23, 25ff.; Ziebill 1971, S. 34ff.; Ribhegge 1973, S. 15ff.; ders., in: Frey 1976a, S. 46ff.; für eine ausführliche Darstellung s. Matzerath 1970.

210 Matzerath, in: Püttner 1981, S. 106.

211 Stern 1963, S. 202ff.

212 Wollmann, in: Roth/Wollmann 1994, S. 27, 29.

genden („re-education“) zurücktreten.[213] Die Sowjetunion setzte in Ostdeutschland zunächst nur andere Akzente („Antifaschismus“), betrieb aber bald eine systematische Umgestaltung ihrer Besatzungszone.[214]

Die schrittweise Durchsetzung des sowjetischen Staatsaufbaus („demokratischer Zentralismus“) machte zwischen 1947 und 1952 die Kommunen in der SBZ/DDR zu „örtlichen Organen der Staatsmacht“.[215] Der Verwaltungsvollzug in Kreisen und Gemeinden wurde „Transmissionsmechanismus der politischen Führung und insofern ... obrigkeitlicher Willkür anheim gestellt.“[216] Die *Rekonstruktion* der kommunalen Selbstverwaltung *nach dem Zweiten Weltkrieg* fand also in den beiden Teilen Deutschlands zu unterschiedlichen Zeitpunkten statt: Im Bereich der sowjetischen Besatzungszone/für das DDR-Gebiet setzte diese Entwicklung erst 1989 ein. In den westdeutschen Ländern gaben die Besatzungsmächte nach 1945 entscheidende Impulse zum dauerhaften Wiederaufbau einer kommunalen Selbstverwaltung.

Mit der besonderen Wertschätzung der Amerikaner für die Gemeinde als „vorkonstitutionelle Selbstverständlichkeit“[217] verband sich ein für den Rekonstruktionsprozeß bedeutsames Mißverständnis: Im Gegensatz zu den politischen Traditionen der USA, wo die Gemeinden vor allem die politische Mitwirkung der einfachen Leute („grassroots democracy“) verkörpern, liegt der Kern der deutschen Kommunaltradition – wie im vorigen Abschnitt herausgearbeitet wurde – in einer entpolitisierten, redlichen und leistungsfähigen Verwaltung („honest and efficient administration“).[218] Hinzu kommt, daß „Politik in Amerika immer schon eine Art von Massenunterhaltung“ war.[219]

Amerikaner und Franzosen gaben dem deutschen Drang zu einer traditionellen Vielfalt der Kommunalverfassungen rasch nach. Die Franzosen waren aus nationalen Sicherheitserwägungen vor allem „an der Verhinderung allzu großer politischer Macht auf Länder- und Zo-

---

213 Vgl. Rudzio 1968, S. 33ff., 42f.

214 Vgl. Wollmann, in: Blanke 1991, S. 241.

215 Von Saldern, in: Roth/Wollmann 1994, S. 3; Wollmann, in: Wollmann u.a. 1997, S. 260f.

216 Bullmann/Schwanengel, in: Benzler u.a. 1995, S. 196.

217 Zoll 1972, S. 38.

218 Gunlicks 1986, S. 208f.

219 Banfield/Wilson, in: Grauhan 1972, S. 85; Wehling, in: Wehling 1975, S. 282.

nenebene interessiert."[220] Die Amerikaner beschränkten sich wegen der sehr unterschiedlichen (teilweise den deutschen ähnlichen) Verfassungssysteme in den USA auf eine Ergänzung der Kommunalverfassung um Bürgerversammlungen. So kam es in den Ländern der amerikanischen und französischen Zone zu Gemeindeordnungen, die jeweils verschiedenartige deutsche Traditionen der örtlichen Selbstverwaltung reaktivierten. Bei der „Rückkehr zum tradierten Recht"[221] wurde eine realitätsgerechte Analyse der Probleme durch das keineswegs kritisch verarbeitete ideologische Erbe stark beeinträchtigt.[222] Die Identifikation von Honoratiorenherrschaft und Demokratie, der Dualismus von Staat und Gesellschaft sowie der Gegensatz von Sachorientierung und Parteipolitik fanden ungehinderten Eingang in die neuen Gemeindeordnungen.

Lediglich die Briten setzten in ihrer Besatzungszone eine der deutschen Tradition fremde Neuregelung nach dem Vorbild ihrer eigenen Selbstverwaltung mit Trennung von Legislativ- und Exekutivfunktionen durch. Die politische Führung sollte „ausschließlich bei den parlamentarischen Gremien mit einem nur ehrenamtlichen Bürgermeister ... als Ratsvorsitzendem liegen."[223] Der neu eingeführte Stadt- bzw. Gemeindedirektor wurde als leitender Beamter auf eine unpolitisch-ausführende Hilfsfunktion verwiesen. Der von außen kommende Impuls, die Traditionsströme von Demokratie und Selbstverwaltung miteinander zu verbinden, scheiterte jedoch an den kommunalen Wahlbeamten.

Aus ihrer persönlichen Interessenlage entwickelten sie die kommunale Selbstverwaltung zu einer „Selbstverwaltung der Behörden", „Selbststeuerung des Verwaltungsapparates", „Herrschaft der Dienenden." Durch die von der Kommunalwissenschaft verbreiteten Hinweise auf „Sachgesetzlichkeiten, das Allgemeinwohl, das spezielle Ortsinteresse" wurde die Frage, „woher der kommunale Selbstverwaltungskörper seine Programmanweisungen erhalte, in wessen Interesse er also tätig werde,"[224] der öffentlichen Wahrnehmung vorenthalten. Auf dem Umweg über die kommunalen Spitzenverbände fiel es den

220 Stammen, in: Rausch/Stammen 1972, S. 22.
221 Vesper, in: Borchmann/Vesper 1976, S. 125.
222 Zoll 1972, S. 37.
223 Vesper, in: Borchmann/Vesper 1976, S. 126.
224 Zitate bei Trachternach 1974, S. 170f., 162f.

leitenden Kommunalbeamten nicht schwer, an die herkömmliche Ideologie kommunaler Selbstverwaltung anzuknüpfen und den Reformimpuls der britischen Besatzungsmacht abzuwehren.[225] Die als „Besatzungsrecht" aufgezwungene („zweigleisige") Kommunalverfassung wurde zunächst 1950 in Schleswig-Holstein,[226] mehr als vierzig Jahre später mit verschiedenen Anläufen 1994 auch in Nordrhein-Westfalen[227] und schließlich 1996 in Niedersachsen[228] wieder abgeschafft. Bevor wir darauf eingehen, soll die Wiederherstellung der kommunalen Selbstverwaltung in Ostdeutschland kurz betrachtet werden.

Auch wenn die Bürgerbewegung in der DDR vielfach als nationales Ereignis in Erinnerung geblieben ist, darf die örtliche Verankerung der „Wende" nicht übersehen werden. Bereits Ende 1989 begannen lokale Runde Tische mit der politischen Umgestaltung in Gemeinden und Kreisen.[229] Die Kommunalwahlen am 6. Mai 1990 schufen die politischen Voraussetzungen, die von der freigewählten Volkskammer beschlossene Kommunalverfassung der DDR vom 17. Mai 1990[230] den rechtlichen Rahmen für die *kommunale Selbstverwaltung in Ostdeutschland.* Die staatliche Verwaltung in Berlin und den Bezirken wurde mit dem Vollzug der deutschen Einheit abgebaut. Die Verwaltung der seit Oktober 1990 wiedererrichteten Länder konnte bis Anfang 1991 neu aufgebaut werden. In Kreisen und Gemeinden, deren Gebietsstand zunächst unverändert blieb, vollzog sich in den Jahren 1989-91 ein grundlegender Umbau.

Dieser Umbau erstreckte sich auf Aufgaben und Befugnisse, Personal und Finanzen. „Tiefe und Wucht" des Veränderungsprozesses (für die kommunale Ebene des politisch-administrativen Systems der ostdeutschen Länder) beleuchten sieben Dimensionen des Umbruchs: Stellung der Gemeinden im Staat, rechtsstaatliche Bindung von Ver-

---

225 Rudzio 1968, S. 80ff., 190ff.; Ribhegge 1973, S. 24; ders., in: Frey 1976a, S. 59; Faber 1985, S. 246; Norton 1997, S. 241.

226 Rudzio 1968, S. 134-139.

227 Schefold/Neumann 1996, S. 67ff.; Kleinfeld/Nendza, in: Kleinfeld u.a. 1996, S. 82-110.

228 Vgl. Ipsen 1990; Oppermann 1996.

229 Wollmann, in: Wollmann u.a. 1997, S. 275; Lorenz/Wegrich 1998, S. 31.

230 Gesetz über die Selbstverwaltung der Gemeinden und Landkreise der DDR (Kommunalverfassung) vom 17. Mai 1990 (GBl. I, S. 255); abgedruckt in: Geiser 1990, S. 104-138.

waltungshandeln, administrative Kompetenz des Verwaltungspersonals, Verhältnis der Kommunen zur örtlichen Wirtschaft, Beziehungen der Kommunalverwaltung zur Gemeindevertretung, zum gesellschaftlichen Umfeld bzw. zum Publikum.[231] Wegen der Grundentscheidung für den Beitritt der DDR zum Geltungsbereich des Grundgesetzes (Art. 23 GG) waren längere Diskussionen über die Architektur der Verwaltung in Ostdeutschland überflüssig.

Vor diesem Hintergrund ist es nicht überraschend, daß auch der Wiederaufbau der kommunalen Selbstverwaltung für Strukturen und Verfahren auf die „bewährten" Muster der westdeutschen Kreise und Gemeinden zurückgriff. Im einzelnen folgten die größeren ostdeutschen Kommunalverwaltungen den Empfehlungen der einflußreichen Kommunalen Gemeinschaftsstelle für Verwaltungsvereinfachung (KGSt) oder dem Vorbild und Rat ihres jeweiligen westdeutschen Partners. Diese Beratungsleistungen[232] bewirkten, daß die ostdeutschen Städte und Kreise ihren Organisationsaufbau grundsätzlich am KGSt-Modell[233] und der westdeutschen Partnergemeinde orientierten, jedoch im Einzelfall auch die einheimischen Bedingungen berücksichtigten.[234] Nur mit westdeutscher Verwaltungshilfe gelang es unter extremem Zeit- und Problemdruck rasch handlungsfähige Organisationsstrukuren zu schaffen. In den fast 4.000 Zwerggemeinden fehlten qualifiziertes Verwaltungspersonal und westliche Hilfe. Die administrative Handlungsschwäche führte vielfach zu planerischen Fehlentscheidungen („Wilder Osten"), bis die inzwischen konsolidierten Kreisverwaltungen und die Landesgesetzgebung korrigierend eingriffen.[235] Die Übernahme sozialer Dienstleistungseinrichtungen von den (z.T. abgewickelten oder an westliche Investoren verkaufen „volkseigenen Betrieben") durch die kommunalen Verwaltungen, wird von uns zusammen mit anderen Aufgaben der Gemeinden erörtert.[236]

---

231 Wollmann, in: Blanke 1991, S. 238-240 und Wollmann, in: Roth/Wollmann 1994, S. 21f.; vgl. auch Kleinfeld, in: Kleinfeld u.a. 1996, S. 269-271.

232 Wollmann, in: Wollmann u.a. 1997, S. 272f., 276, 278f., 311.

233 Vgl. unten, Abschnitt 2.1.1.

234 Für Einzelheiten s. Grunow, in: Benzler u.a. 1995, S. 293-308; Kleinfeld, in: Kleinfeld u.a. 1996, S. 289-293; Lorenz/Wegrich 1998, S. 32.

235 Wollmann, in: Wollmann u.a. 1997, S. 273, 277, 281, 284f.; vgl. auch Dauwe, in: Dauwe u.a. 1995, S. 49.

236 S. unten Abschnitt 2.1.

Vier der fünf ostdeutschen Flächenländer (Ausnahme: Sachsen) haben die Masse der fortbestehenden Klein- und Kleinstgemeinden (davon über 3.000 mit weniger als 500 Einwohnern) zu Ämtern (Brandenburg, Mecklenburg-Vorpommern) oder Verwaltungsgemeinschaften (Sachsen-Anhalt, Thüringen) zusammengefaßt.[237] Mit diesen Gemeindeverbänden, die als „Service-Betrieb" für die Mitgliedsgemeinden über hauptberufliches Personal verfügen, sollte „eine leistungsfähige, bürgernahe und zukunftsorientierte Verwaltung auf der Ortsebene geschaffen und zugleich die politische Selbständigkeit der Gemeinden ... bewahrt werden."[238] Die „weiche" Form einer Gemeindegebietsreform ermöglicht eine „laufende Betreuung der Gemeindevertretungen ebenso wie die Aufstellung von Bebauungs- und Haushaltsplänen."[239]

Obwohl die ostdeutschen Länder (wie verfassungsrechtlich notwendig) in den Jahren 1993/94 die DDR-Kommunalverfassung durch eigene Gemeinde- und Kreisordnungen ablösten, war damit keine Ausdifferenzierung der kommunalen Verfassungsmodelle verbunden. Bereits die als Landesrecht von 1990 bis 1993/94 weitergeltende Kommunalverfassung der DDR hatte die den Prinzipien repräsentativer Demokratie entsprechenden Entscheidungsverfahren durch unmittelbare Einwirkungsrechte der Gemeindebürger ergänzt. Diese Regelung entsprach dem in der Bevölkerung vorhandenen „Bestreben, den Einfluß der politischen Parteien begrenzen zu können."[240] Darin traf sich die DDR-Bürgerbewegung mit den in westlichen Ländern verbreiteten Vorstellungen. Im Bereich der inneren Kommunalverfassung, der Beziehungen zwischen Bürger, Gemeinderat und Kommunalverwaltung, reihten sich alle ostdeutschen Länder (mit partiellen Vorbehalten in Brandenburg und Mecklenburg-Vorpommern) einem Trend ein, der „seit den frühen neunziger Jahren die kommunalrechtliche und -politische Diskussion auch in den alten Bundesländern ergriffen hat."[241]

---

237 Bullmann/Schwanengel, in: Benzler u.a. 1995, S. 216f.; Wollmann, in: Wollmann u.a. 1997, S. 291-294.

238 Petzold, in: Roth/Wollmann 1994, S. 44.

239 Wollmann, in: Wollmann u.a. 1997, S. 292.

240 Hauschild, in: Blanke 1991, S. 230.

241 Wollmann, in: Kaase u.a. 1996, S. 108; vgl. auch Derlien, in: Gabriel/Voigt 1994, S. 48.

In wenigen Jahren vollzog sich, was seit Jahrzehnten vergeblich angestrebt wurde: Die SPD hatte 1975 ihre Forderung von 1921 nach einer einheitlichen Kommunalverfassung bekräftigt.[242] Der Städtetag hatte diese Forderung zuerst 1925 aufgenommen und sie mit den Weinheimer Entwurf 1948 erneuert.[243] Noch 1974 wurde im Bundestag über eine Richtlinienkompetenz des Bundes diskutiert.[244] Auch die Verwaltungschefs im Lande sprachen sich über die kommunalen Spitzenverbände regelmäßig für Einköpfigkeit der Kommunalverwaltung und Direktwahl der Verwaltungschefs aus.[245] Die DGO von 1935 hatte *einheitliches Kommunalverfassungsrecht* geschaffen, aber die Selbstverwaltung beseitigt. Die deutsche Einheit bot nach 1990 eine neue Gelegenheit, die unterschiedlichen Gemeindeordnungen einander anzugleichen.

Die Vorbereitung der DDR-Kommunalverfassung erfolgte unter dem Einfluß der „massiven Angriffe auf die dualistischen Systeme Nordrhein-Westfalens und Niedersachsens."[246] Ein Volksentscheid in Hessen setzte 1991 die Lawine in Gang:[247] In einem „dezentralen politischen Prozeß" breiteten sich in fünf Jahren die wichtigsten Elemente des süddeutschen Verfassungsmodells nach Norden, Westen und Osten aus. Die süddeutsche Ausnahme wurde zur gesamtdeutschen „Regellösung."[248] Die vielfach beklagte Unübersichtlichkeit und weitgehende Zersplitterung des Kommunalrechts[249] scheint in wesentlichen Punkten überwunden. Allerdings waren für diese Angleichungen in Ost und West unterschiedliche Ursachen wichtig. In der ostdeutschen Diskussion wirkten basis- und direktdemokratische Wurzeln nach, die in der Wendezeit zu einer lokaldemokratischen Aufbruchstimmung geführt hatten, während in der westdeutschen Debatte eher verwal-

242 Holler, in: Naßmacher 1977, S. 150; Rebentisch 1985a, S. 36.

243 Allerdings ohne eine „innere Gemeindeverfassung"; vgl. Faber 1985, S. 234.

244 Deutscher Bundestag, Stenographischer Bericht, 128. Sitzung am 7.11.1974, S. 8590, 8652.

245 Derlien, in: Gabriel/Voigt 1994, S. 50.

246 Knemeyer 1990, S. 63.

247 Schefold/Neumann 1996, S. 7; Derlien, in: Henneke 1996, S. 26.

248 Beide Zitate bei Derlien, in: Gabriel/Voigt 1994, S. 59.

249 So noch Blümel, in: Böhret/Nowack 1995, S. 92.

tungspolitische Gründe, z.B. die verbesserte Steuerbarkeit und Verwaltungseffizienz der Kommunen, eine Rolle spielten.[250]

Alle Gemeindeordnungen der 13 Flächenländer enthalten seit 1996 die beiden wichtigsten der insgesamt fünf Strukturmerkmale der baden-württembergischen Gemeindeordnung:[251]

- Der Bürgermeister (Landrat) als Chef der Gemeinde-(Kreis-)verwaltung wird durch *Direktwahl* vom Volk bestellt.[252]
- Durch *Bürgerentscheid* können die Bürger über wichtige Gemeindeangelegenheiten selbst entscheiden (*und* durch *Bürgerantrag* eine Frage zur Entscheidung bringen).[253]

In anderen Ländern kommen (bis zu drei) weitere Merkmale[254] hinzu:

- Der direkt gewählte Bürgermeister ist *alleiniger Chef* der Gemeindeverwaltung.
- Der direkt gewählte Bürgermeister ist zugleich *Vorsitzender des Gemeinderates* und seiner Ausschüsse.
- Bei der Wahl des Gemeinderates und Kreistages können die Bürger Kandidaten aus verschiedenen Listen wählen (*panaschieren*) *und* (maximal drei) Stimmen bei einzelnen Kandidaten anhäufen (*kumulieren*).[255]

Dieses fünfte Strukturmerkmal bildet mit den beiden zuerst genannten die Formen unmittelbarer Demokratie[256] in der kommunalen Politik. Die direktdemokratischen Elemente sind als Ergänzung (und ggfs. Korrektiv) eines im wesentlichen repräsentativ angelegten politischen Entscheidungsprozesses gedacht.[257] Die meisten kommunalpolitischen

---

250 Wollmann, in: Kaase u.a. 1996, S. 108. Zur Umbruchssituation und „Gründungs"phase in Ostdeutschland, s. Wollmann, in: Wollmann/Roth 1999, S. 153ff.

251 Vgl. von Arnim, in: Böhret/Nowack 1995, S. 73f.

252 Für eine empirische Würdigung s. Wehling 1984, S. 32-35; Wehling/Siewert 1987, S. 60-76 und Naßmacher, in: Thränhardt/Uppendahl 1981, S. 72-76.

253 Für eine kritische Würdigung s. Naßmacher 1997, S. 445ff.

254 Für Einzelheiten s. unten, Abschnitt 4.

255 Für eine empirische Würdigung s. Naßmacher/Rudzio, in: Wehling 1978, S. 131-142.

256 von Arnim 1988, S. 27; von Arnim 1990, S. 86f.; vgl. auch Diekmann, in: Schöneich 1996, S. 31.

257 Die Erwartungen mancher Forscher gehen allerdings weit darüber hinaus, s. Roth und Wollmann, in: Wollmann/Roth 1999, S. 2ff. bzw. 37ff.

Entscheidungen bedürfen nach den Gemeinde- und Kreisordnungen aller Bundesländer der Zustimmung der gewählten Volksvertreter. Da Gemeinderäte bzw. Kreistage (außer in kleinen Gemeinden) aus Parteivertretern bestehen, findet hier ein traditioneller Anti-Parteien-Affekt seine natürliche Zielscheibe. Koalitionsabsprachen, Ämterpatronage und Filz scheinen die Kommunalpolitik zu dominieren.[258] Parteienkritiker wollen deshalb „das Gemeindewohl vor dem Überwuchern durch Partikularinteressen ... schützen." Soweit der mündige Bürger dies nicht durch Bürgerantrag und Bürgerentscheid selbst in die Hand nehmen kann, soll „der volksgewählte Bürgermeister ... als ... Patron des Gemeindewohls" tätig werden.[259] Bürgerentscheid, Direktwahl des Bürgermeisters und gezielte Einwirkung auf die Personalauswahl geben „dem Bürger relativ großen Einfluß." Gemeinsam sollen diese Verfahrensregeln „zu einer Einschränkung der Monopolmacht der Parteien" beitragen, die „alles beherrschenden Parteien" zurückdrängen.[260]

In den siebziger Jahren hatten in einzelnen Ländern wesentlich bescheidenere Maßnahmen noch ausgereicht, um die Kritik von Bürgerinitiativen an der kommunalen Gebietsreform durch eher marginale Änderung der Kommunalverfassung aufzufangen: Einführung des Bürgerbegehrens in Hessen und Niedersachsen („Bürgerantrag") und Rheinland-Pfalz („Bürgerinitiative")[261] sowie der Ortschaftsverfassung in Baden-Württemberg und einer Bezirksverfassung in den kreisfreien Städten Nordrhein-Westfalens.[262] Ob die Sehnsucht nach einem „starken Mann" oder einem kommunalen Führer[263] und das blinde Vertrauen auf den stets wachsamen und aktiven Bürger im kommunalpolitischen Alltag Bestand haben können, steht dahin. Die realen Wirkungen des wesentlich tiefergreifenden bundesweiten Großversuchs lassen sich noch nicht absehen. Die Zurückdrängung des Parteieinflusses

---

258 Statt vieler: Scheuch/Scheuch 1992.

259 Zitate bei von Arnim 1990, S. 95.

260 Zunächst vorsichtig von Arnim 1988, S. 28; deutlicher die Zitate bei: von Arnim 1990, S. 97; von Arnim, in: Böhret/Nowack 1995, S. 74f.

261 Zur Würdigung s. von Arnim 1990, S. 88.

262 Z.B. § 13a GO NW (Gemeindeordnung für das Land Nordrhein-Westfalen vom 19.12.1974 (GVBl. Nr. 2023, S. 91)), §§ 67ff. GO B.-W.. – S. d. Schäfer 1982, insb. Teil 1: Grundlagen und Bestandsaufnahme, S. 43-47.

263 Für eine kritische Würdigung s. Thränhardt, in: Schimanke 1989, S. 29; Köser/Caspers-Merk, ebenda, S. 97f.

erfolgte immerhin durch die in den Landtagen vertretenen Parteien selbst, nicht zuletzt um eine im Volke verbreitete Unzufriedenheit zu entschärfen.[264]

Die Direktwahl verschafft dem Bürgermeister zwar in allen Flächenländern eine eigene Legitimation, seine Stellung erfährt aber zuweilen durch Einzelregelungen[265] eine landesspezifische Abschwächung. Anhänger bundeseinheitlicher Regelungen werden an den unterschiedlich gestalteten Einzelheiten wohl noch immer Anstoß nehmen. Verfechter föderalistischer Dezentralisierung müssen die Selbstkoordination der Bundesländer bei einer eindeutigen Landeskompetenz durchaus erstaunlich finden. Mit solchen Überlegungen sind wir jedoch bereits im Kern der Kontroversen über die politische Bewertung kommunaler Politik, ihrer Möglichkeiten und Grenzen im sozialen Rechtsstaat.

1.3 Spannungsfelder kommunaler Politik

So wie sich die gemeindliche Selbstverwaltung, die inneren Strukturen des Staates und die Lebensbedingungen seiner Bürger im Laufe von fast zwei Jahrhunderten verändert haben, unterlagen auch die Aufgaben dieses Staates und die Angelegenheiten der örtlichen Gemeinschaft einem erheblichen Wandel. Die in allen „Flächenländern", aber auch im Verhältnis zwischen Bund und Ländern, immer wieder geführte politische Auseinandersetzung über Strukturfragen der kommunalen Selbstverwaltung läßt sich drei Problemkreisen zuordnen, die bereits in den dreißiger Jahren als Gründe für die damals diskutierte „Krise der kommunalen Selbstverwaltung" galten:[266]

- geeignete *Organisations*formen für die Erledigung gemeindlicher Aufgaben;
- angemessene Verteilung der öffentlichen *Aufgaben* zwischen Bund, Ländern und Gemeinden;
- auf diese Aufgabenverteilung abgestimmte, eigenverantwortliche Verfügung über die erforderlichen *Finanzmittel.*

---

264 Vgl. Scarrow 1997, S. 461, 463.
265 S. unten, Abschnitt 4.2.2.
266 So Köttgen 1968, S. 3.

Auf den ersten Blick eröffnet die Zuordnung von öffentlichen Aufgaben zu einer bestimmten Handlungsebene des politischen Systems den Zugang zu jedem der drei Problemkreise. Für die Gemeinden gibt es jedoch keinen verbindlichen Aufgabenkatalog, sondern nur einen Hinweis im Grundgesetz auf den örtlichen Charakter kommunaler Zuständigkeiten.

1.3.1 Örtliche Gemeinschaft vs. gleichwertige Lebensverhältnisse

In der ersten Hälfte des 19. Jahrhunderts ließen sich Staatspolitik („Militär-, Außen- und Sicherheitspolitik") und Kommunalpolitik (Wirtschafts- und Sozialpolitik) inhaltlich deutlich gegeneinander abgrenzen. Als industrielle Produktion, kapitalistische Wirtschaftsweise und rapide Verstädterung die gesamte Gesellschaft ergriffen, wurde diese Unterscheidung hinfällig.[267] Soziale Leistungen sind angesichts ihrer zentralen Bedeutung für die ganze Bevölkerung nicht mehr kommunal organisierbar, wie zu jener Zeit, als die Städte noch „Inseln" in einer weitgehend agrarischen Gesellschaft waren. Die „einst klassischen kommunalen Gestaltungsaufgaben, wie die Versorgung mit Einrichtungen der Aus- und Fortbildung, der Jugend- und Alterspflege, der Gesundheits- und Erholungsvorsorge, der Versorgung mit Wohnraum und Verkehrseinrichtungen, der Umweltreinhaltung (zur ... Straßenreinigung traten ... Luft- und Wasserreinhaltung hinzu) und der Energie- und Wasserversorgung mit den dazugehörigen Entsorgungssystemen"[268] wurden auch Gegenstand der staatlichen Bildungs-, Sozial-, Wohnungs-, Verkehrs-, Umwelt- und Energiepolitik. Ein Sozialstaat muß öffentliche Leistungen unabhängig von der gemeindlichen Leistungsfähigkeit und Leistungsbereitschaft sicherstellen.

Gerade im Kernbereich der ursprünglich kommunalen Aufgaben machen seit Jahren Verflechtungen, die vertikal durch alle politischen Einheiten hindurchreichen, deutlich, daß „Angelegenheiten der örtlichen Gemeinschaft" zugleich überörtliche Bezüge und Auswirkungen haben, z.B. Schulpolitik, Umweltpolitik, Einwanderungspolitik. Dar-

---

267 Grauhan 1971 bzw. Grauhan 1972, S. 146f.

268 Grauhan 1971, bzw. Grauhan 1972, S. 147; mit dem gleichen Ergebnis Hättich, in: Rausch/Stammen 1972, S. 297, 299.

aus folgt, daß die Angelegenheiten der örtlichen Gemeinschaft nicht ein für allemal feststehen, sondern sich im Zeitablauf ändern und auch politisch veränderbar sind. Dieser Prozeß scheint allerdings – sogar in föderalistischen Systemen – in Richtung auf wachsende Vereinheitlichung programmiert. Bei der sozialliberalen Regierung in den siebziger Jahren war diese Tendenz so stark ausgeprägt, daß dadurch die gemeindlichen Handlungsmöglichkeiten bei Ziel-, Projekt- und Mittelplanung aufs äußerste verkürzt schienen.

Obwohl für die Gesetzgebung des Bundes Zurückhaltung angekündigt war, hat auch die konservative Regierung der achtziger und neunziger Jahre den Trend nicht wirksam gebrochen. Durch ökonomischen Wandel (Entdeckung und Bedeutungswandel von Ressourcen, Veränderungen wirtschaftlicher Netzwerke, neue Versorgungsangebote) treten in manchen Gebieten Überversorgung, in anderen Teilregionen Versorgungsprobleme auf, die sich nur z.T. durch die Bevölkerung selbst lösen lassen (z.B. durch Innovationen/Investitionen; Abwanderung/Zuwanderung). Als besonders problematisch gelten Leistungsdefizite, die der Markt nicht beseitigen kann und die deshalb letztlich öffentlichen Handlungseinheiten (Kommunen, Ländern) angelastet werden, z.B. Mangel an Wohnungen, Arbeitsplätzen, Krankenhäusern, Bildungseinrichtungen. Dies führt dazu, daß sich andere Ebenen des politischen Systems dieser Probleme annehmen. Neben Bund und Land ist dies zunehmend auch die Europäische Union.[269]

Jedes mehrstufig aufgebaute politische System kann den einzelnen Organisationsebenen eigene Gestaltungsbefugnisse zuordnen. Ein wichtiger Vorteil dieser Organisation leuchtet sofort ein, die Chancen der Dezentralisierung können optimal genutzt werden.[270] Je nach persönlicher Sichtweise lassen sich dabei unterschiedliche Akzente setzen. Der eine mag die lokale Politikebene als möglichen Ort des Widerstandes gegen zentralstaatliche Modernisierung sehen, der andere vor allem ihren Nutzen als Übungsplatz für innovative Politikoptionen im Auge haben.[271] Diese durchaus gegensätzlichen Sichtweisen lassen beide den Nachteil dezentraler Entscheidungsbefugnisse deutlich hervortreten.

---

269 Simon 1991, S. 21ff.; Thränhardt, in: Wollmann/Roth 1999, S. 368ff.
270 Vgl. oben, Abschnitt 1.1.3.
271 Vgl. Kleinfeld, in: Kleinfeld u.a. 1996, S. 63.

In den kommunalen Einheiten werden unterschiedliche Politikergebnisse möglich. Das mag in einer ethnisch, religiös oder kulturell heterogenen Gesellschaft (z.B. Schweiz, Kanada, USA) durchaus wünschenswert sein. Jeder regional abgegrenzte Teil der Gesellschaft (Volksgruppe) erhält durch Dezentralisierung Gelegenheit, öffentliche Leistungen auf die spezifischen Bedürfnisse der einzelnen Gruppe optimal abzustellen. Das naheliegende Problem, ob sich jede wichtige Gruppe regional angemessen abgrenzen läßt, können wir unbeachtet lassen. Unter den bundesstaatlich verfaßten Systemen weist Deutschland nämlich eine besonders homogene Bevölkerung auf. Schon deshalb werden hier die durch Dezentralisierung ermöglichten Unterschiede in den Politikergebnissen nicht besonders geschätzt. Im Mittelpunkt der Erwartungen stehen vielmehr gleiche Lebensbedingungen. „Trotz Föderalismus und kommunaler Selbstverwaltung sind nahezu alle wichtigen Lebensbereiche durch bundeseinheitliche ... Regelungen geordnet."[272]

Die deutsche Verfassung, das Grundgesetz, enthält in Art. 20 GG einander widerstreitende Prinzipien.[273] Der Bundesstaat ermöglicht regionale Differenzierung. „Der Rechtsstaat neigt zur Komplettierung." Inzwischen „sind alle wichtigen Lebens- und Sozialbereiche durch ... Regelungen in vollem Umfang durchnormiert."[274] Die Demokratie beruht auf Gleichheit und Gleichbehandlung aller Menschen. Ein ausländischer Beobachter erwähnt einen Hang zum Perfektionismus als kulturelle Voraussetzung für das Streben nach größerer Gleichheit.[275] Der Sozialstaat drängt „auf einen Ausgleich der sozialen Gegensätze durch Herstellung gleichwertiger Lebensbedingungen."[276] Die kommunale Selbstverwaltung aller Angelegenheiten der örtlichen Gemeinschaft im Rahmen der Gesetze (Art. 28 GG) wird zum Optimierungsproblem: Wieviel Einheitlichkeit wird angestrebt? Wieviel örtliche Unterschiede werden hingenommen?

Ein dezentralisierter Einheitsstaat mag beim Bestreben „nach Vereinheitlichung der Lebensbedingungen zentralistische Lösungen" wählen.[277] Vom gegliederten Bundesstaat werden Entfaltungsmöglich-

272 Wagener, in: Wagener 1980, S. 25.
273 Vgl. Gunlicks 1986, S. 188.
274 Zitate bei: Wagener, in: Wagener 1980, S. 32.
275 Gunlicks 1986, S. 189; vgl. auch Hieber, in: Wagener 1980, S. 66.
276 Niedersächsischer Minister des Innern 1978, S. 2.
277 Rebentisch 1985a, S. 47.

keiten für regionale und örtliche Unterschiede erwartet. In Deutschland gilt dieser Anspruch weithin als Rückzugsposition, denn dem Streben nach kommunaler Individualisierung und Fortführung überkommener Individualität laufen die sich ständig verstärkenden regionalen, nationalen und internationalen Verflechtungen von Wirtschaft und Gesellschaft ebenso entgegen wie das Gebot sozialer Gerechtigkeit. Die Erwartungen der Bürger und das Verhalten der politischen Eliten geben gleichen Lebensbedingungen den Vorzug. Erreicht werden sollen sie durch flächendeckende Bereitstellung öffentlicher Dienstleistungen auf dem jeweils höchsten Niveau.[278]

Ein wichtiger Schritt dazu sollte der 1969 durch die große Koalition eingefügte Art. 91a GG sein. Er zielt auf eine bundesweite Verbesserung der Lebensverhältnisse durch „Gemeinschaftsaufgaben" (Hochschulbau, Agrar- und Wirtschaftsstruktur, Küstenschutz). Aus den siebziger Jahren stammt die Vorstellung „Einheitlichkeit der Lebensverhältnisse" sei ein Verfassungsgebot.[279] Tatsächlich war diese Formulierung in der alten (bis 1994 gültigen) Fassung des Art. 72 II GG enthalten. Dort diente sie aber nur als Bestandteil einer Legitimationsformel für Aktivitäten des Bundes im Bereich der „konkurrierenden Gesetzgebung" (Art. 72 I GG): „Der Bund hat ... das Gesetzgebungsrecht, soweit ein Bedürfnis nach bundesgesetzlicher Regelung besteht, weil ... die Wahrung der Rechts- oder Wirtschaftseinheit, insbesondere die Wahrung der Einheitlichkeit der Lebensverhältnisse über das Gebiet eines Landes hinaus sie erfordert" (Art. 72 II GG alte Fassung).

Aufgrund einer Bestimmung im Einigungsvertrag haben Bundestag und Bundesrat 1992 eine Gemeinsame Verfassungskommission eingesetzt, die den Wortlaut des Grundgesetzes nach Vollzug der deutschen Einheit überprüfen sollte. Diese Kommission hat u.a. eine Neufassung des Art. 72 II GG vorgeschlagen: „Der Bund hat ... das Gesetzgebungsrecht, wenn und soweit die Herstellung gleichwertiger Lebensverhältnisse im Bundesgebiet oder die Wahrung der Rechts- oder Wirtschaftseinheit im gesamtstaatlichen Interesse eine bundesge-

278 Gunlicks 1986, S. 121, 188; Voigt, in: Voigt 1984, S. 200.
279 So etwa noch Marcus 1987, S. 27.

setzliche Regelung erforderlich macht."[280] Die Begründung ihres Vorschlages beginnt die Kommission mit dem Hinweis: „Die bisherige Fassung ... hat sich als eines der Haupteinfallstore für die Auszehrung der Länderkompetenzen erwiesen." Die Neufassung soll nach einvernehmlicher Ansicht der Kommission – helfen, „die Voraussetzungen ... zu konzentrieren, zu verschärfen und zu präzisieren."[281]

Während die alte Fassung auf eine „Wahrung der Einheitlichkeit der Lebensverhältnisse" abhob, unterscheidet die neue Formulierung zwischen der „Wahrung der Rechts- oder Wirtschaftseinheit" und der „Herstellung gleichwertiger Lebensverhältnisse." Verwaltungstechnisch sind gleichwertige Lebensverhältnisse nur durch „Gleichwertigkeit der Verwaltungsleistungen"[282] zu realisieren. Mit diesen Schlußfolgerungen aus den Verfassungsprinzipien Gleichheit und Sozialstaatlichkeit gerät jeder kommunale Autonomieanspruch unvermeidlich in Konflikt: „Gleiche soziale Lebensbedingungen an jedem Ort lassen sich kaum durch die (notwendig) unterschiedliche Aufgabenerfüllung autonomer Verwaltungsträger verwirklichen."[283] Bei wachsenden Aufgaben der Daseinsvorsorge, des Umweltschutzes und der Wirtschaftsförderung wird ein traditionell verstandener Autonomieanspruch der kommunalen Selbstverwaltung problematisch.[284] Kommunalpolitik ist in größere Zusammenhänge eingebunden und damit in ihrer Eigenständigkeit gefährdet. Demokratische „Selbstbestimmung über Angelegenheiten der örtlichen Gemeinschaft wird tendenziell zur Partizipation der örtlichen Betroffenen an der Realisierung überregional und zentral entwickelter Verwaltungsprogramme."[285]

Dieses (in Wissenschaft und Staatsverwaltung verbreitete) „funktionale" Verständnis der kommunalen Selbstverwaltung stößt bei aktiven Kommunalpolitikern (insbesondere bei kommunalen Spitzenbeamten) auf deutliche Kritik. Die Kritik setzt ein mit dem Hinweis, Sozialstaatsprinzip und Gleichheitsgrundsatz würden durch

---

280 Der vorgeschlagene Wortlaut enthielt an Stelle der nunmehr geltenden Formulierung „Rechts- oder Wirtschaftseinheit" nur das Wort „Rechtseinheit" (Deutscher Bundestag, Drs. 12/6000, S. 131).

281 Zitate aus: Bericht der Gemeinsamen Verfassungskommission, Deutscher Bundestag, Drs. 12/6000, S. 33.

282 Scheuner 1973, S. 16.

283 Voigt 1976, S. 139.

284 Roters 1975, S. 17; Niedersächsischer Minister des Innern 1978, S. 3.

285 Preuß 1973, S. 203.

eine derart weite Auslegung aus dem Zusammenhang gerissen und überinterpretiert. Außerdem werde die neben diesen Postulaten ebenfalls im Grundgesetz verankerte Selbstverwaltungsgarantie zu wenig beachtet.[286] Im übrigen wurde schin immer bezweifelt, ob das Grundgesetz gebiete, auch außerhalb der Grundversorgung für die örtlichen Gemeinschaften des ländlichen Raumes gleiche Lebensverhältnisse zu schaffen, wie sie in städtischen Ballungszonen bestehen. Die Absicht, den Gemeinden auch dort einheitliche Lebensverhältnisse aufzuzwingen, wo sie für ihre Zwecke das Erstrebenswerte nach eigenen Vorstellungen und Wünschen selbst entwickeln und herausfinden können, sei mit der angeblich verfassungsrechtlichen Forderung nach gleichwertigen Lebensverhältnissen nicht zu begründen. Immerhin will die aktuelle Fassung des Grundgesetzes nicht mehr einheitliche Lebensverhältnisse bewahren, sondern nur noch die Rechts- und Wirtschaftseinheit. Auf dieser Grundlage werden für Ost- und Westdeutschland, Nord- und Süddeutschland sowie seine 14.800 Gemeinden „gleichwertige Lebensverhältnisse" angestrebt, was gewisse Unterschiede im einzelnen durchaus einschließt.

Bei allem Bemühen um die optimale Versorgung der Bürger mit Leistungen der öffentlichen Verwaltung bleibt zu beachten, daß gemeindliche Selbstverwaltung ein hochrangiges Rechtsgut ist. Sie dient der Dezentralisierung politischer Macht, ist wesentlicher Bestandteil aktiver Demokratie und ein wichtiges Element der Freiheit. Selbst wenn – nicht zuletzt wegen der Lage im vereinten Deutschland – Einvernehmen darüber besteht, „daß Disparitäten zwischen einzelnen Teilräumen in der Ausstattung mit Einrichtungen der Infrastruktur, in dem Angebot von Erwerbsmöglichkeiten, in der Umweltsituation und z.T. sogar in der Siedlungsstruktur unerwünscht sind,"[287] darf auch Gleichwertigkeit der Lebensverhältnisse „nicht als absolutes Oberziel allen öffentlichen Handelns und Organisierens" ausgegeben werden.[288] Ein eigener Verantwortungs-, Entscheidungs- und Gestaltungsbereich der dezentralen Einheiten bietet politische und administrative Vorteile.[289]

286 Friedrichs, in: Niedersächsischer Minister des Innern 1978, S. 163.
287 Niedersächsischer Minister des Innern 1978, S. 2.
288 Wagener 1977, S. 57.
289 Vgl. oben, Abschnitt 1.1.3.

Ein weiterer Aspekt des traditionellen Selbstverwaltungsverständnisses erscheint angesichts der Debatte über „öffentliche Güter"[290] von bemerkenswerter Aktualität, nämlich der ursprüngliche Gegensatz von (staatlicher) Hoheitsverwaltung und (genossenschaftlicher) Selbstverwaltung. Zu den klassischen Staatsaufgaben gehört als unverzichtbares Element der hoheitliche Zwang im Verhältnis zwischen Einzelmensch und Gesamtheit, also die Einordnung des einzelnen in den (wie immer gebildeten) Willen der Gesamtheit. Ob und in welcher Form der einzelne die staatliche Leistung (z.B. Sicherheit nach innen und außen) in Anspruch nimmt, ist unwichtig; er muß zu dieser Leistung persönlich (durch Wehrpflicht) und finanziell (durch Steuern) beitragen. Demgegenüber enthält Selbstverwaltung, der Gemeinden (ebenso wie der Sozialversicherungsträger) eine Mitbestimmung der Leistungsempfänger und Zahlungsverpflichteten über Art und Umfang der Leistung kleinerer Einheiten und damit ein Element bürgerschaftlicher (solidarischer) Verantwortung für die betreffende Dienstleistung.

Entfällt dieser Bezug, so erwirbt der einzelne Bürger Ansprüche auf öffentliche Dienstleistungen, „die er als ein Entgelt für seine Steuerzahlung ansieht".[291] Damit wird er nach eigener Wahrnehmung zum Benutzer anonymer Anstalten. Insofern sind die Folgen für die öffentliche Verwaltung in entwickelten Gesellschaften zu beachten, wenn eine zunehmende Verflechtung der verschiedenen Ebenen und ein Wandel des Charakters öffentlicher Aufgaben erfolgt: „Der Bürger legt bei seiner Nachfrage nach derartigen Leistungen nicht das wesentliche Gewicht darauf, von wem sie erbracht werden, sondern vor allem darauf, daß sie zur Verfügung stehen".[292]

Im sozialen Leistungsstaat lassen sich bei Planung und Durchführung einzelner Maßnahmen Aufgaben des eigenen (kommunalen) Wirkungskreises von übertragenen (staatlichen) Aufgaben immer weniger unterscheiden.[293] Juristisch eindeutige Abgrenzungen verlieren im kommunalpolitischen Alltag an Bedeutung: Leistungsstand der Nachbargemeinden, Rahmengesetze des Bundes und der Länder sowie die Erwartung finanzieller Zuschüsse tragen wesentlich dazu bei,

290 Kevenhörster 1997, S. 274.
291 Laux 1970, S. 225.
292 Schäfer, in: Naßmacher 1977, S. 172.
293 Siehe unten, Abschnitt 2.3.1.

scheinbar eindeutige Zuständigkeitsgrenzen zu verwischen.[294] Der Bund hat die Möglichkeiten der konkurrierenden Gesetzgebung ausgeschöpft, die Länder praktizieren Selbstkoordination (z.B. in der Bildungspolitik, beim Gemeindehaushaltsrecht und der Kommunalverfassung).

Die Selbstverwaltungsgarantie betrifft zwar alle Angelegenheiten der örtlichen Gemeinschaft, steht aber unter einem wichtigen Vorbehalt: Ihr Rahmen wird durch Bundes- und Landesgesetze abgesteckt. Diese wirken z.T. vereinheitlichend, z.T. dezentralisierend. Während z.B. das Einkommensteuergesetz und das Wohngeldgesetz für alle Einwohner einheitliche Steuerlasten bzw. gleiche Leistungsansprüche definieren, räumen z.B. das Grundsteuergesetz und das Baugesetzbuch den Gemeinden eigene Gestaltungsbefugnisse ein. Die Nutzung dieser Gestaltungsbefugnisse ist Gegenstand der Kommunalpolitik. Das Gestaltungspotential kommunalpolitischen Handelns wiederum wird durch Politikverflechtung zwischen Bund, Ländern und Gemeinden mitbestimmt.

1.3.2 Aufgaben- und Finanzverbund vs. kommunale Autonomie

Als Organisationskonzepte für politische Systeme sind Föderalismus und Selbstverwaltung mit der Erwartung verbunden, daß die Fülle der öffentlichen Aufgaben nach bestimmten Prinzipien auf unterschiedliche Verwaltungseinheiten oder andere Träger verteilt wird. Jede Organisationstufe eines Mehrebenensystems hat eigene Zuständigkeiten und nimmt diese nach eigenen politischen Richtlinien durch eigene Behörden wahr.[295] Für die Landesverteidigung ist ganz selbstverständlich der Bund zuständig; für die Sicherung des „inneren Friedens" durch Polizei und Justiz sind dies vor allem die Länder; sie übernehmen auch den Betrieb von Hochschulen. Schließlich kümmern sich die Kreise um die Müllabfuhr, und die Gemeinden sorgen für Kindergartenplätze. Das jetzt auch in der europäischen Politik beanspruchte

294 Eine Verbindung bzw. Annäherung konstatieren auch: Voigt 1976, S. 139; Scheuner 1973, S. 11; vgl. auch Köttgen 1968, S. 2.

295 Vgl. Gunlicks 1986, S. 204.

Prinzip der Subsidiarität[296] legt gewisse Zuständigkeiten nach Einzugsgebieten nahe. Nur bei einer maßstabsgerechten Verteilung öffentlicher Aufgaben auf die einzelnen Gebietskörperschaften stimmt deren Zuständigkeit mit der räumlichen Bedeutung der betreffenden Aufgabe überein. Aber die Zuordnung ist keineswegs zwangsläufig, und nur wenige Aufgaben lassen sich ohne Zusammenwirken verschiedener Ebenen erfüllen.

Ein fast idealtypisches Beispiel bietet der Straßenbau: Hier ist der Bund für Planung, Bau und Unterhaltung des Fernstraßennetzes (Autobahnen und Bundesstraßen), das jeweilige Land (bzw. in seinem Auftrage etwa ein Landschafts- oder Bezirksverband) für das regionale Straßennetz, die einzelnen Kreise und Gemeinden für Straßen mit rein örtlicher Bedeutung zuständig. Das Problem der Ortsdurchfahrten, der Bau von Bundesfernstraßen in Auftragsverwaltung und die Gewährung von Finanzhilfen des Bundes und der Länder für den kommunalen Straßenbau zeigen aber, daß schon in diesem Bereich ein Planungs-, Finanz- und Aufgabenverbund festzustellen ist.[297] Wie in anderen wirtschaftlich entwickelten Ländern erschwert die bereits erwähnte Ausweitung der sozial- und wirtschaftspolitischen Aktivität als Folge von Industrialisierung und Verstädterung eine Abgrenzung der Zuständigkeiten.[298] Hinzu kommt in Deutschland, daß die Ausführung von Bundes- und Landesgesetzen überwiegend durch kommunale Dienststellen erfolgt; dies entspricht der Verwaltungstradition und der Verfassungslage.[299] Die Kommunalverwaltung ist in den meisten Handlungsfeldern die einzige ortsnahe Behörde im Dienste von Bund und Land.

Dieses Verbundsystem läßt sich nur historisch erschließen. Es wirft eine Vielzahl von Problemen auf, von denen einige bereits erörtert wurden, andere noch zu behandeln sind:

- Wahrnehmung neuer, bisher nicht vorhandener Aufgaben,
- Verschiebung von Aufgaben zwischen Staat (Bund, Land) und Kommunen (Kreis, Gemeinden),
- Verlagerung von Aufgaben zwischen Kommunen und privatrechtlichen Trägern,

---

296 Vgl. unten, Abschnitt 2.3.2.
297 Reissert/Schnabel, in: Scharpf u.a. 1976, S. 71ff.; Garlichs 1980.
298 Vgl. Gunlicks 1986, S. 203-207.
299 Art. 83-90 GG; vgl. Rudzio 1996, S. 346ff.

- Transfer von Dienstleistungen aus der öffentlichen Verwaltung, mit fachlicher Ausbildung und Spezialisierung, auf ehrenamtliche Initiativen und Organisationen,
- Entwicklung von Kooperationsformen zwischen verschiedenen Aufgabenträgern.

Gerade für eine wirkungsvolle Kooperation im „Drei-Ebenen-System des Grundgesetzes" wäre es wünschenswert, wenn die zentrale Steuerung der öffentlichen Verwaltung beim Bund, die regionale Zuordnung bei den Ländern und die Einpassung aller Maßnahmen in die örtliche Gemeinschaft bei den Gemeinden liegen würde.[300]

Die Eigenverantwortlichkeit der Gemeinden könnte auch bei zunehmender Verknüpfung der Handlungsbereiche der verschiedenen Ebenen weitgehend erhalten bleiben, wenn sich gesetzliche Festlegungen und regionale Pläne darauf beschränken würden, Rahmenregelungen zu sein, und wenn den Gemeinden bei unvermeidbaren Einschränkungen angeboten wird, in einem Gegenstromverfahren substantiell mitzuwirken. Planungsverbund muß keineswegs schlichte Determinierung der nachgeordneten Verwaltung durch Pläne der nächsthöheren Ebene bedeuten, wenn dem Gedanken der Führung durch Planung ein Organisationssystem entspricht, in dem Handlungs- und Initiativräume funktional abgegrenzt sind. Theoretisch kann die Gestaltung der Kompetenzverteilung im System der öffentlichen Verwaltung, also die Zuweisung bestimmter Aufgaben zu bestimmten Trägern, gerade dafür geeignete Bedingungen schaffen.

Auf den ersten Blick scheint die politische Praxis dem zu widersprechen. „Verrechtlichung, goldener Zügel und Verplanung führen ... im konzentrischen Zugriff zur Aushöhlung/Auszehrung oder Erosion der kommunalen Selbstverwaltung" (Erosionsthese). Demgegenüber betont Faber unter Rückgriff auf empirische Befunde, daß die Gemeinden „Zentren lebendiger Politik" sind und zu den „mächtigsten Interessengruppen" in unserem politischen System gehören. Bund und Land sind auf die Mitwirkung der Gemeinden beim Gesetzesvollzug angewiesen. „Ohne den guten Willen ... laufen die Gesetzgebungskompetenzen leer." Darauf „beruht die Macht der Gemeinden".[301] Für die Raumordnung wurde schon bald erkannt, daß deren klassische In-

300 Laux 1970, S. 117, 119.

301 Zitate bei: Faber 1982, S. 8f., 11. – Im Ergebnis ähnlich: Heinelt, in: Roth/Wollmann 1994, S. 455f.; Norton 1997, S. 245, 259, 263.

strumente relativ unwirksam sind; Schulz zur Wiesch sprach von einer „Sperriegelfunktion“ der Kommunen.[302] Ähnliches gilt für die Vergabe finanzieller Fördermittel.[303] Bei der Kommunalaufsicht überwiegt die Neigung zu friedlicher Koexistenz.[304]

Die politische Realität des Aufgabenverbundes läßt sich deshalb durch den Begriff Politikverflechtung[305] besser kennzeichnen. Aus dem nordamerikanischen Sprachgebrauch stammt die Bezeichnung „intergovernmental relations“: Die jeweiligen Fachverwaltungen der beteiligten Regierungen (in Bund, Ländern und Kommunen) handeln pragmatisch Regelungen für die Erledigung bestimmter Aufgaben oder die Implementation bestimmter Programme aus. Dabei befinden sich die deutschen Länder in einer Schlüsselrolle, weil sie über den Bundesrat an der Gesetzgebung mitwirken[306] und gegenüber den Gemeinden ohnehin Aufsichtsbefugnisse haben. Das Politikergebnis führen die Ebenen gemeinsam herbei; die Verantwortung für gewünschte oder unerwünschte Politikfolgen ist keinem der Beteiligten einzeln zurechenbar.[307] Von einem verfassungsrechtlich vorgesehenen „Trennsystem“[308] kann keine Rede sein.

Das gilt zunehmend auch für die finanziellen Lasten. In Deutschland besteht ein Steuerverbund, der alle fiskalisch ergiebigen Steuern (also Einkommensteuer, Körperschaftsteuer und Umsatzsteuer) zu „Gemeinschaftssteuern“ von Bund, Länder und Gemeinden erklärt. Die für die Verteilung des entsprechenden Steueraufkommens geltenden Regeln sind nur z.T. über das Grundgesetz mittelfristig festgeschrieben. In wichtigen Punkten können sie durch Bundes- oder Landesgesetz jährlich verändert werden. Neben dem Steuerverbund besteht ein umfangreiches System des horizontalen und vertikalen Finanzausgleichs. Hinzu kommen noch Zahlungen der einen Ebene (Finanzzuweisungen) für bestimmte Aufgaben der anderen Ebene (z.B.

---

302 Schulz zur Wiesch, in: Wollmann 1980, S. 150.

303 Siehe unten, Abschnitt 3.4.

304 Faber 1982, S. 41; s.a. Reuter 1976, S. 11; siehe unten, Abschnitt 4.4.

305 Schimanke, in: Voigt 1984, S. 343ff.

306 Als „Einfallstor“ (Rudzio 1996, S. 298) erweist sich Art. 84 I GG: Gesetze, die Regelungen zu Behördenorganisation und Verwaltungsverfahren enthalten, bedürfen wegen der Ausführung von Bundesgesetzen durch die Länder der Zustimmung des Bundesrates.

307 Gunlicks 1986, S. 194, 206; Norton 1997, S. 249.

308 So irrtümlich Schöber 1991, S. 103.

Investitionszuschüsse bei Gemeinschaftsaufgaben oder aus speziellen Förderprogrammen).

Entwickelt hat sich der heutige Finanzverbund im Verlauf des 20. Jahrhunderts. Kennzeichen der öffentlichen Finanzwirtschaft im Kaiserreich war eine Trennung der Steuerquellen. Städte, Länder und Gemeinden bezahlten ihre Tätigkeit jeweils aus unterschiedlichen Abgaben der Bürger. Durch das Kommunalabgabengesetz von 1893 hatte der preußische Finanzminister Miquel den Städten und Landgemeinden vor allem die Steuern auf Grundbesitz und Gewerbebetrieb, die sog. Realsteuern, als eigene Steuerquelle zugewiesen.[309] Daneben durften eigene Zuschläge zur Einkommen- und Körperschaftsteuer erhoben werden. Tatsächlich entwickelten sich diese Zuschläge rasch zur wesentlichen Einnahmequelle der preußischen Großstädte.[310]

Durch die Erzbergersche Steuerreform (1920) wurden die gemeindlichen Zuschläge zur Einkommen- und Körperschaftsteuer abgeschafft und damit das Trennsystem aufgegeben, was die steuerpolitische Selbständigkeit der Gemeinden erheblich einschränkte.[311] Die finanziellen Lasten des verlorenen Krieges erforderten „eine Zentralisierung der nationalen Kräfte", aus „Angst vor dem Staatsbankrott" wurde „die Steuerpolitik völlig in die Hand des Reiches gelegt."[312] Zum Ausgleich erhielten die Gemeinden Anspruch auf einen Teil der vom Reich den Ländern zugewiesenen Steuereinnahmen, dessen Höhe allerdings von den Ländern festgesetzt und im einzelnen sehr unterschiedlich geregelt wurde. Das war der Beginn des in den nächsten Jahrzehnten immer weiter verfeinerten Finanzverbundes.

An die Regelungen aus der Weimarer Republik knüpfte die Gestaltung der Finanzverfassung der Bundesrepublik an. Nachdem die Gemeinden zunächst keine grundgesetzliche Garantie eigener Steuerquellen erlangen konnten, sicherten sie sich 1956 den Zugriff auf das Aufkommen aus Grund- und Gewerbesteuern.[313] Die Finanzreform von 1969 hat darüber hinaus den eigenständigen Anspruch der Gemeinden auf eine Beteiligung am Aufkommen der wichtigsten Steuerarten im Grundgesetz verankert[314] und die finanzielle Situation der

309 Genauer Majerczik 1919, S. 4ff.; siehe unten, Abschnitt 3.2.2/3.

310 Vgl. Wysocki, in: Hansmeyer 1973, S. 35f.

311 Ribhegge 1973, S. 7f. und ders., in: Frey 1976a, S. 35.

312 Zitate bei Upmeier, in: Hansmeyer 1973, S. 20, 223.

313 Art. 106 VI GG.

314 Art. 106 V und VII GG.

stark verschuldeten Gemeinden vorübergehend verbessert. Die (zur Harmonisierung der Steuersysteme in der EU notwendige) Abschaffung der Lohnsummensteuer verminderte das Handlungspotential gemeindlicher Steuerpolitik (insbesondere in Großstädten mit „alter" Industrie). Schließlich hat der zum 1.1.1998 vollzogene Austausch der Gewerbekapitalsteuer gegen einen grundgesetzlich garantierten Gemeindeanteil an der Umsatzsteuer[315] diese Entwicklung eines Steuerverbundes konsequent fortgesetzt.

Durch jede dieser Finanzreformen wurden die Gemeinden so stark wie nie zuvor in den öffentlichen Finanzverbund einbezogen. Der seit Jahren zunehmende Verlust an Besteuerungsautonomie hat Veränderungen in der gemeindlichen Entscheidungsstruktur und den Handlungsmöglichkeiten zur Folge. Die Entscheidungsebene (überwiegend der Bund) ist nicht verantwortlich für die Finanzierung der von ihr beschlossenen Maßnahmen.[316] Sozialhilfe und Kindergartenversorgung[317] sind die wichtigsten Beispiele.

Keine der seit 1920 durchgeführten Änderungen bei der Mittelzuweisung an die drei Organisationsebenen der öffentlichen Verwaltung verfolgte das Ziel, das bestehende Geflecht, z.T. sogar Gestrüpp, von Planungs-, Durchführungs- und Kontrollaufgaben oder die praktizierten Formen der Mischfinanzierung (im Steuerverbund bzw. durch verschiedene Arten von Zuweisungen) zu entwirren oder gar zu bereinigen. Die bisherigen Änderungen wollten vielmehr die offenkundigen Leistungs- und Finanzierungsdefizite gerade durch eine Ausweitung des Aufgaben- und Finanzverbundes abbauen. Die allmähliche Zurückdrängung der Gewerbesteuer (Gewerbesteuerumlage, Abschaffung der Lohnsummensteuer, Erhöhung der Freigrenzen, Abschaffung der Gewerbekapitalsteuer) mit ihren schwierigen Ausgleichsproblemen hat das Ausmaß der Verflechtungen regelmäßig erhöht.[318]

Schon vor zwei Jahrzehnten empfahl Laux[319] den Gemeinden „eine Strategie der relativen Abkoppelung von der jährlichen staatlichen Finanzpolitik": klare und festgeschriebene Anteile bei einzel-

315 Siehe unten, Abschnitt 3.2.5.

316 Böhme, in: Ipsen 1995, S. 27.

317 Vgl. Maus, in: Ipsen 1995, S. 34.

318 Norton (1997, S. 264) bezeichnet die inzwischen erreichte Komplexität als übertrieben („over-elaborate").

319 Laux, in: Wagener 1980, S. 96.

nen Steuern sichern, Mischfinanzierungen vermeiden, Zweckzuweisungen in allgemeine Zuweisungen umwandeln und Raum für eigene Steuern schaffen. Bislang ringen Bund, Länder und Gemeinden im Finanzverbund nahezu kontinuierlich um angemessene Anteile an der Gesamtmasse. Dabei verschafft die Gesetzgebungskompetenz dem Bund und der Bundesrat den Ländern ein spezifisches Druckmittel bei der Kompromißsuche; beide sind gegenüber den Gemeinden entsprechend im Vorteil. In den aktuellen Verteilungskämpfen treten ordnungspolitische Erwägungen (etwa eigene Steuerquellen mit Hebesatzrecht oder Ertragshoheit) stets hinter dem pragmatischen Zugriff auf eine angemessene Höhe der jeweiligen Anteilsquote zurück.

Für politische Kompromisse in demokratischen Entscheidungsprozessen ist diese Schwerpunktsetzung der kommunalen Interessenvertreter gut nachvollziehbar. Seine langfristigen Wirkungen zeigen sich jedoch nicht nur im wachsenden Widerstand der besserverdienenden Länder Bayern und Baden-Württemberg gegen den Finanzausgleich,[320] sondern auch in der Gemeindepolitik. „Wer bei jedem Ausgabebeschluß zu überlegen hat, welche Steuererträge er zur Deckung heranziehen muß, wird mit zusätzlichen Ausgaben vielleicht vorsichtiger umgehen, wenn er damit zugleich eine Steuererhöhung beschließen müßte.[321] Spätestens seit der Finanzreform 1969 beschließen Gemeindevertretungen in Westdeutschland und seit der deutschen Einheit auch die Gemeinden in Ostdeutschland vor allem über Ausgaben. Die Deckungsverantwortung haben sie an Verteilungskompromisse im Steuer- und Finanzverbund abgegeben. Letzter Träger der Belastung durch Ausgaben in unseren Beispielstädten Burg, Leichlingen, Leonberg und Westerstede ist der gemeindeutsche Steuerzahler irgendwo „draußen im Lande“, der dieser Verantwortung zunehmend durch Steuervermeidung, Steuerflucht oder gar Steuerhinterziehung aus dem Wege geht.

Aber auch die kommunale Steuerautonomie erwies sich bereits im Kaiserreich und in der Weimarer Republik als ein „Schönwettersystem“. Die Zuschläge zur Einkommen- und Körperschaftsteuer fanden in preußischen Großstädten schon deshalb so rasche Verbreitung, weil sie den Hausbesitzern und Gewerbetreibenden unter den Stadtverord-

320 FAZ vom 14.1.1998.
321 Wysocki, in: Hansmeyer 1973, S. 54.

neten eine Erhöhung der Grund- und Gewerbesteuer (also der eigenen Steuerlast) ersparten. Die in den dreißiger Jahren als Ersatz für die 1920 verlorenen Zuschläge eingeführte Möglichkeit einer Verwaltungsabgabe (Bürgersteuer) wurde von den Gemeinden nicht genutzt, weil die Stadtverwaltungen instinktiv deren Schwachstelle erkannten: „Kommunale Steuerautonomie zu üben erfordert ... die Bereitschaft zur politischen Auseinandersetzung" am Ort.[322] Dies trifft auch auf die Entwicklung der Grundsteuerhebesätze seit den fünfziger Jahren zu.[323] Das Zuweisungs- oder Verbundsystem erspart örtliche Konflikte, verwischt aber auch den Zusammenhang zwischen kommunalen Leistungen und individuellen/lokalen Lasten.

Wenn durch Reformen bei der Aufgabenzuweisung und eine bessere Aufteilung der Finanzmittel die nahezu regelmäßig diagnostizierte „Krise der Selbstverwaltung" nicht zu bewältigen ist, bleibt als Ansatzpunkt für durchgreifende Reformen vor allem die Organisation der Aufgabenerfüllung. Deshalb ist es nicht überraschend, wenn seit Jahren auch die eigenständige Erledigung ortsbezogener öffentlicher Aufgaben in den Kommunen unter den Gesichtspunkten Demokratie und Effizienz optimiert werden soll. Dieses Problem tritt nicht nur im Verhältnis zwischen Gemeinde und Bürger auf, es spiegelt sich auch in den Beziehungen zwischen Vertretungskörperschaft und Kommunalverwaltung sowie bei der internen Finanzplanung und Leistungskontrolle der kommunalen Verwaltungen. Hier soll ein „neues Steuerungsmodell" Abhilfe schaffen.

1.3.3 Neues Steuerungsmodell vs. lokales Konfliktmanagement

In der kommunalen Gebietsreform ging es um die optimale Gemeindegröße; reformierte Kommunalverfassungen[324] zielen auf bessere Mitwirkung der Bürger und effiziente Aufgabenerfüllung. Die Zielvorstellung, mehr organisatorische Effizienz bei anhaltender Finanznot zu erreichen, diente als Einstieg in soziale Experimente mit weitreichenden Konsequenzen: Das von der KGSt (in Anlehnung an nie-

322 Zitate bei Wysocki, in: Hansmeyer 1973, S. 157.
323 Siehe unten, Abschnitt 3.2.1; vgl. auch Peil, in: Ipsen 1995, S. 128.
324 Vgl. oben, Abschnitt 1.2.3 (Rekonstruktion).

derländische Vorbilder und betriebswirtschaftliche Leistungskontrollen) mit erstaunlichem Erfolg propagierte „Neue Steuerungsmodell" beherrscht seit einigen Jahren die wissenschaftliche Reformdiskussion und die örtlichen Organisationsinnovationen.[325]

Der Reformimpuls geht aus von der Feststellung, die Kommunalverwaltung müsse sich als öffentliches Dienstleistungsunternehmen verstehen, sei aber bisher eine hierarchische Organisation („bürokratischen Zentralismus"):[326] „Der simpelsten Umschichtung von Ressourcen ... müssen so viele zustimmen ..., daß man ... von vornherein darauf verzichtet". Im traditionellen Verwaltungssystem werde „wirtschaftliches Verhalten offensichtlich bestraft, Verschwendung aber belohnt". Banner sieht darin „ein System organisierter Unverantwortlichkeit ... An ihm sind nicht die Beamten schuld, sondern das System selbst."[327]

Zu den wesentlichen Punkten der Lageanalyse gehören: Der kommunalen Politik von heute fehlen strategische Planung und entwicklungspolitische Prioritäten. „Die Gemeindevertretungen sind ... der Planung einer komplexen Leistungsverwaltung häufig nicht mehr gewachsen ... Nur zu oft beschränkt sich der Rat auf die Billigung von Verwaltungsvorlagen durch Akklamation."[328] Entscheidungen in einem traditionell informationsarmen Gefüge, wie der kommunalen Selbstverwaltung, seien unvermeidlich von Stimmungen und Zufallskoalitionen geprägt: Solange klar definierte Ziele fehlen, werden die (nur ehrenamtlich tätigen) Kommunalpolitiker versuchen, die Verwaltungstätigkeit durch Einzeleingriffe zu steuern.[329] Gleichzeitig ist eine Tendenz zur Verselbständigung einzelner Verwaltungszweige (z.B. Stadtwerke AG, Nahverkehrs GmbH, Krankenhausbetrieb) zu beobachten. Solche Ausgründungen neigen erfahrungsgemäß „zu politisch nicht mehr kontrollierbaren, teils parasitären Kostensteigerun-

325 Zur systematischen Darstellung des „Leitbildes" s. Jann, in: Blanke u.a. 1998, S. 70ff.; erst später wurde die internationale Debatte reflektiert, die unter dem Stichwort New Public Management als Zielorientierung in Großbritannien, Neuseeland, Australien und den USA, aber auch in den skandinavischen Ländern geführt wird (Reichard, in: Reichard/Wollmann 1996, S. 241f.; Oppen/Wegener, in: Naschold u.a. 1997, S. 151f.)

326 Banner 1991, S. 6. – Vgl. auch KGSt, 5/1993, S. 10, 13, 17.

327 Banner 1991, S. 7. – Vgl. auch KGSt 1996a, S. 41.

328 Gröttrup 1976, S. 240.

329 Banner 1991, S. 10. – Vgl. auch KGSt , 5/1993, S. 14, und 10/1996b, S. 12-15.

gen.“ Verselbständigung ist „nur bei klar vorgegebenem Leistungs- und Ressourcenrahmen ... steuerbar.“[330]

Um bei fühlbar eingeschränkten Finanzmitteln ein „Mehr an Dienstleistungsorientierung und Wirtschaftlichkeit“ zu entwickeln, braucht die Kommunalverwaltung „ein alternatives Steuerungsmodell, das ...

- den politischen Entscheidern Instrumente in die Hand gibt, ihre politische und finanzielle Gesamtverantwortung wirksamer auszuüben ...
- den Verwaltungsmanagern... die volle Entscheidungsfreiheit und Entscheidungsverantwortung in ihrem Fachbereich überträgt.“[331]

Das „Neue Steuerungsmodell“ beinhaltet erklärtermaßen eine zweifache Stoßrichtung: Gegen Einzelfallinterventionen der gewählten Repräsentanten und gegen Verselbständigungstendenzen ausgabenintensiver Dienstleistungen (Eigenbetriebe, Eigengesellschaften).[332] Um die politische Steuerung im „Konzern Stadt“[333] zu sichern, werden zwischen Verwaltungsführung („Konzernzentrale“) und Fachdiensten/-Einzelverwaltungen[334] in einem dialogischen Spannungsfeld Ziele diskutiert, Leistungen („Produkte“) definiert, Leistungsmengen vereinbart, die dafür notwendigen Budgets zugewiesen („Kontraktmanagement“) und die Zielerreichung regelmäßig kontrolliert (Controlling).[335] Auf dieser Basis stellen die Fachdienste die vereinbarten Leistungen bereit und übernehmen die volle Verantwortung für den kosten- und nutzenbewußten Einsatz von Geld und anderen Ressourcen. Personelle Fehlentscheidungen muß sich der Fachdienst selbst zuschreiben. Der Einsatz von Vermögenswerten soll durch kaufmännische Buchhaltung[336] (Doppik) transparenter werden.

---

330 Banner 1991, S. 8. – Vgl. auch KGSt, 5/1993, S. 11 und 10/1996b, S. 33.

331 Banner 1991, S. 8. – Für Einzelheiten s. KGSt, 10/1996b S. 16-26.

332 Banner 1991, S. 7, 10f. – Dieser Aspekt wurde allerdings inzwischen „aus dem Auge verloren“ (Kuban, in: Schöneich 1996, S. 105). Zum Problem vgl. auch Eichhorn, in: Böhret/Nowack 1995, S. 228f.

333 Eine Begründung für diese Bezeichnung liefert Laux, in: Wagener 1980, S. 98: „Großstädte gleichen mehr vielgliedrigen Konzernen als geschlossenen Betrieben.“

334 Diese sollen offenbar größer sein als ein traditionelles Amt, aber kleiner als die bisherigen Dezernate einer Großstadtverwaltung.

335 Vgl. Banner 1991, S. 8f.

336 Bereits 1921 hatte der Oberbürgermeister von Königsberg verlangt, daß die „kommunalen Betriebe sich von der kameralistischen Buchführung trennen

In einem reorganisierten Politikprozeß

- sollen betriebswirtschaftliche Instrumente (wie Kosten-, Leistungs- und Vermögensrechnung sowie Controlling) „eine Kulturveränderung“ ermöglichen,[337]
- durch Steuerung der Verwaltung „auf Abstand“ dem Verwaltungsvollzug einen „betriebsgemäßeren Charakter geben“ und
- die strategische Dimension der Kommunalpolitik stärken.

„Die ideale Prozeßstruktur sieht wie folgt aus: Nach seiner Neuwahl beschließt der Rat ein Politikprogramm, das der Verwaltung, die in der Mandatsperiode zu erreichenden Entwicklungsziele und -schwerpunkte vorgibt.“[338]

Dreh- und Angelpunkt für die praktische Durchführbarkeit eines neuen Steuerungsmodells ist die Definition von Leistungen („Produkten“)[339] und die Festlegung der als Zielwerte kontrahierten Produktmengen und -qualitäten. Produktdefinitionen sollen „weder zu eng, noch zu weit“ gefaßt sein: „bei zu enger Produktdefinition erhält man zu viele Produkte und damit zu viele Organisationseinheiten. Dann wird die Verantwortung unüberschaubar.“ Zu weite Produktdefinitionen stehen der Formulierung „steuerungs- und kontrollgeeigneter Zielvereinbarungen im Wege“.[340] Die bislang vorliegenden Produktdefinitionen[341] erfüllen noch nicht die Anforderungen an ein steuerungstaugliches Produktkonzept.[342]

Zur Implementation in der deutschen Kommunalpraxis ist bisher nur festzuhalten, daß sich nach Meinung der KGSt „keines der Elemente ihres Reformmodells ... als vollkommen falsch erwiesen habe; oft seien aber Herangehensweise oder Zeitpunkt ungeeignet.“ „Die Modernisierung der Verwaltung kommt nicht so schnell voran wie er-

---

sollten.“ (Upmeier, in: Hansmeyer 1973, S. 93, unter Verweis auf die Verhandlungen des 5. Deutschen Städtetages.)

337 Die Idee, den schwerfälligen Verwaltungsstil der Kommunalverwaltung durch eine stärker kommerzielle Ausrichtung zu ändern, tauchte bereits in den zwanziger Jahren auf. Vgl. Upmeier, in: Hansmeyer 1973, S. 94.

338 Alle Zitate aus: Banner 1991, S. 10.

339 So auch KGSt, 5/1993, S. 17, 21, 32. – Vgl. auch KGSt, 1996a, S. 28-30.

340 Banner 1991, S. 9.

341 Innenministerium Baden-Württemberg 1996, insb. S. 131 (Kindergärten), 150 (Hallenbäder), 188 (Fußgängerzone), bzw. KGSt, 1996a, S. 32f. und KGSt, 5/1997.

342 Vgl. Meyer-Pries, in: Schöneich 1996, S. 146, 159-161.

hofft; abgeschlossen ist sie wohl noch nirgends.“[343] Angesichts der Erfahrungen aus den siebziger Jahren mit der „kommunalen Entwicklungsplanung“ sollten anspruchsvolle Planungs- und Organisationskonzepte zu nachweisbar besseren Lösungen beitragen.[344]

Als erfolgreiches Praxisbeispiel wird häufig die niederländische Großstadt Tilburg herangezogen. Beim Transfer der Erfahrungen ist allerdings zu beachten, daß einige Rahmenbedingungen des „Tilburger Modells“ in Deutschland nicht vorhanden sind: Nach der niederländischen Kommunalverfassung führt ein von der Staatsregierung ernannter Bürgermeister die Verwaltung und leitet die Sitzungen des Gemeinderates. Im Gemeinderat von Tilburg besteht ein weit aufgefächertes Parteienspektrum, bei dem die beiden stärksten Gruppen zusammen über weniger als 50% der Gemeinderatssitze verfügen.[345]

Neben der Frage nach Beispielen praktischer Bewährung wirft das Konzept auch mehr grundsätzliche Probleme auf: Wie weit trägt das Modell „Konzern Stadt“, d.h. die Analogie von Kommunalverwaltung und Wirtschaftsleben? Die privatwirtschaftliche Unternehmung hat

- *Kapitaleigner* (nicht steuerzahlende oder wahlberechtigte Bürger),
- eine selbstbestimmte *Auswahl* an Produkten,
- *Wettbewerber* auf den Märkten für ihre Produkte,
- *Kunden,* die auswählen können und einen *Marktpreis* bezahlen, und schließlich auch
- *Ressourcen,* wie Geld, Personal, Organisation und Management.

Nur in der Dimension „Ressourcen“ entspricht die Kommunalverwaltung einem Unternehmen. „Die Kommune ist eine politische Organisation zur Wahrnehmung örtlicher Angelegenheiten in eigener Verantwortung.“ Das „Bild vom Unternehmen Stadt ... verschleiert die Funktion der Stadt als Gestalterin und Bewahrerin einer sozialen Ordnung.“[346]

Die Gestaltung des gesellschaftlichen Lebens in „der örtlichen Gemeinschaft“ ist Gegenstand politischer Auseinandersetzungen. Die

---

343 Beide Zitate aus: Kerstin Schwenn: Am Anfang war Verwirrung, in: FAZ vom 28.11.1997. Zum Stand der Reformen in den sogenannten Reformkommunen s. Bogumil/Kißler 1998. Zum Reformprozeß generell s. Grunow/Wollmann 1998.

344 Laux, in: Wagener 1980, S. 77.

345 Vgl. Kleinfeld u.a., in: Kleinfeld u.a. 1996, S. 188.

346 Laux 1993, S. 523f. – Zur Entgegnung vgl. KGSt 1996a, S. 83.

Akteure in Gemeinderäten und Kreistagen ebenso wie in den Kommunalverwaltungen wollen neben den jeweiligen Sachzielen auch persönliche Erfolge in Form von individuellen „Macht-, Karriere- und Sicherheitszielen ... realisieren. Eine für alle verbindliche ... Ziel ... funktion kann nicht aufgestellt, ihre Beachtung könnte nicht durchgesetzt werden."[347] Bereits in den zwanziger Jahren empfand der Düsseldorfer Oberbürgermeister (und spätere Bundesinnenminister) Robert Lehr die Detailkontrolle der Stadtverordneten als lästig.[348] Der Konflikt zwischen örtlichen Interessen bedarf der politischen Regelung. Zuweilen genügt es, eine Interessengruppe durch symbolische Maßnahmen auf später zu vertrösten oder ihr Zugeständnisse in anderen Bereichen zu machen. In vielen Fällen der Rechtsanwendung besteht die Dienstleistung der Kommunalverwaltung darin, gesellschaftliche Konflikte nach Recht und Gesetz zu entscheiden, in der Praxis heißt das oft zu schlichten (verhandelnde Verwaltung). Dabei gilt es Interessenkonflikte so zu regeln, daß der Konflikt auf absehbare Zeit „ruhiggestellt" bleibt. Dieses Konfliktmanagement ist aber keine typische Verwaltungsaufgabe, sondern eine zentrale Politikleistung.

Das Neue Steuerungsmodell berücksichtigt örtliche Konflikte nur in zwei (bekanntermaßen) häufigen Formen: Als Konflikt zwischen unterschiedlichen Ansprüchen auf Ressourcen (= Verteilungskonflikt) und als Widerspruch zwischen Einzelfall und Gesamtkonzept. Für diese beiden Formen erfolgt das Konfliktmanagement im neuen Steuerungsmodell durch die Kontrakte zwischen Fachdienst und Steuerungszentrale. Spätere Eingriffe von örtlichen Interessen, die kurzfristige Neubewertung politischer Prioritäten oder gar eine „Ressortkumpanei" zwischen örtlichen Interessen, Fachdiensten und Fachpolitikern[349] sind nicht vorgesehen.

Nach unserer Einschätzung wird ein Neues Steuerungsmodell umso erfolgreicher sein, je mehr es örtliche Interessen und politische Aktionen einbezieht (und nicht auszugrenzen versucht), seine Produkte (aus der Nutzerperspektive) präzise definiert und den Schwerpunkt der Reformanstrengungen auf den Ausbau von Kostenrechnung,[350] die Optimierung des Vermögenseinsatzes und Leistungsvergleiche mit anderen

347 Mäding, in: Mäding 1983, S. 19.
348 Hofmann 1974, S. 110.
349 Vgl. unten, Abschnitt 4.1.3.
350 So auch Sarrazin, in: Ipsen 1995, S. 19f.

Kommunen setzt. Jeder weitergehende Anspruch macht das Neue Steuerungsmodell zu einem umfassenden Planungskonzept[351] und verstärkt den potentiellen Widerspruch zur kommunalen Demokratie als politisches Management örtlicher Konflikte. Neben dem öffentlichen Dienstrecht und dem Gemeinderat werden sonst auch die Bürger (einzeln oder in Gruppen) zu Störfaktoren des neuen Konzepts.

Das Stadt-Umland-Problem, die Verwaltungsgerichte, Bürgerantrag und Bürgerentscheid sowie die Bezirksverfassung, aber auch horizontaler und vertikaler Finanzausgleich sind einige Stichworte zur Fremdeinwirkung auf eine nach dem Neuen Steuerungsmodell reorganisierte Kommunalverwaltung. Diese Stichworte reichen aus, um nicht nur Aufgaben und Finanzmittel der Gemeinden, sondern auch Entscheidungen über beides und die konkrete Bearbeitung einzelner Politikfelder als aktuelle Probleme kommunaler Politik auszuweisen:

- Welche Aufgaben hat eigentlich die Gemeinde?[352]
- Wie wird die Erfüllung dieser Aufgaben finanziert?[353]
- Wie wird darüber entschieden?[354]
- Was können die Gemeinden bewirken?[355]

Diese vier Fragen wollen wir in den folgenden vier Kapiteln bearbeiten. Unsere Antworten beziehen sich vorrangig auf Klein- und Mittelstädte. Das kommunalpolitische Geschehen in Landkreisen[356], kreisfreien Städten[357], Landgemeinden[358] und kommunalen Zweckverbän-

---

351 Nach der Zählung von Mäding (in: Mäding 1983, S. 28f.) ließe sich das neue Steuerungsmodell als dritte Planungswelle in der deutschen Verwaltung bezeichnen.

352 S. u. Kapitel 2 (Aufgaben).

353 S. u. Kapitel 3 (Finanzen).

354 S. u. Kapitel 4 (Entscheidung).

355 Für diese Darstellung werden als Aufgabenbereiche ausgewählt: Wohnen und Arbeiten – s. u. Kapitel 5 (Politikfelder).

356 Siehe Verein für die Geschichte ... 1972, 1976, 1985, 1986 und Peters 1956, 1957, 1959; von Unruh, Dehe bzw. Wendt, in: Voigt 1984, S. 293-302; Schneider 1985; Haus u.a. 1986, S. 106-133; Schneider, in: Gabriel 1989a, S. 107-125; ders., in: Pfizer/Wehling 1991, S. 205-227; Janning, von der Heide, Henneke und Meyer, in: Wollmann/Roth 1999, S. 76ff., 104ff., 123ff. und 133ff. sowie laufend die Zeitschrift „Der Landkreis".

357 Siehe insbesondere Grauhan 1970, 1972, 1975; Schäfers 1970; Thränhardt, in: Naßmacher 1977, S. 179ff.; Heuer 1975 und laufend die Zeitschrift „Der Städtetag".

den[359] bleibt weitgehend außer Betracht. Die Beispiele sind allerdings so gewählt, daß sie auch für größere und kleinere Gemeinden Bedeutung haben.

358 S.d. Schneider 1977, 1991; Wehling 1978; Schneider, in: Voigt 1984, S. 125-127.

359 Für einige grundsätzliche Bemerkungen s. Leclaire, in: Rausch/Stammen 1972, S. 272 und Thränhardt, in: Kevenhörster 1977, S. 217, 221.

2. Aufgaben der Gemeinden: Bürgernahe Dienstleistungen und kleinräumige Umweltgestaltung

Stellen wir uns eine Gemeinde vor, die ca. 20.000 Einwohner hat, oder auch vierml so viele oder auch nur ein Viertel davon. Was erwarten die Bürger von ihrer Gemeinde? Sicherlich nicht in allen Gemeinden das gleiche. Viele Gemeinden bieten der Bevölkerung noch immer ausreichend Arbeitsplätze, Wohnmöglichkeiten, Schulen und Freizeiteinrichtungen. Manche Städte weisen größere Defizite auf, z.B. bei den Arbeitsplätzen oder Wohnungen für Familien mit geringem Einkommen. Im Hinblick auf Einkaufsmöglichkeiten und Freizeitangebote, die sogenannten Wohnfolgeeinrichtungen, haben sich die Ansprüche der Bevölkerung vielfach gewandelt. Stand früher der preiswerte Einkauf im Mittelpunkt, geht es inzwischen auch um das Einkaufserlebnis. Bei der gesundheitsorientierten Freizeitgestaltung lassen sich Tendenzen erkennen, das Trimmen in der freien Natur bzw. im Fitness-Studio dem Hallensport vorzuziehen.

Der Wandel der Erwartungen ist einerseits einem veränderten Wertesystem der Bevölkerung zuzuschreiben,[1] andererseits aber auch aktuellen Moden zuzuordnen. Allgemein formuliert hängen die jeweiligen Ansprüche mit dem sozio-ökonomischen Wandel zusammen. Immer beziehen sich die Wünsche der Bevölkerung auf einen registrierten Nachholbedarf, der durch Vereine, Verbände, Mandatsträger oder die Lokalpresse als neues Thema aufgegriffen und verstärkt wird, um dann in Präferenzen und Prioritäten der Stadtpolitik seinen Niederschlag zu finden.[2] Dabei erhalten durch öffentliche „Kampagnen" einzelne Wünsche der Bevölkerung ein wesentlich höheres Gewicht,

1 Inglehart 1977 und 1998; Schäfer/Stricker, in: Gabriel 1989a, S. 36.

2 Simon, in: Schuster/Dill 1992.

während andere auf hohem Niveau stagnieren,[3] wieder andere gar nicht wahrgenommen werden. Die Bürger lassen sich in ihren Erwartungen auch durch zukunftsweisende Lösungsansätze beeinflussen, die sich z.B. bei den Parteien in ihrer Programmatik niederschlagen,[4] wenngleich die Profilierung der Politik in kleineren Gemeinden nicht immer so deutlich ausfällt.

2.1 Wichtige Aufgaben in den Beispielstädten

Manches hat sich auch im Vollzug der deutschen Einheit für die Gemeinden und ihre Bürger dramatisch verändert. Das ist beispielsweise bei der Kleinkinderbetreuung besonders deutlich. In der ehemaligen DDR gehörte ein flächendeckendes *Krippen-, Kindergarten- und Hortangebot* selbstverständlich zu den Wohnfolgeeinrichtungen. Dagegen fehlten im Freizeitangebot der Kommunen Einrichtungen für individuelle sportliche Betätigung (z.B. *Schwimmhallen*). Auf der ostdeutschen Prioritätenliste stand lange Zeit die Versorgung der Bevölkerung mit modernem Wohnraum obenan. Dieses Ziel wurde meist in Trabantensiedlungen auf der grünen Wiese realisiert, während eine Fortentwicklung der gewachsenen Stadtstruktur (Verbesserung der Stadtkerne oder gar *Stadtsanierung*) unterblieb. In Westdeutschland war die Bereitstellung von Wohnraum vor allem ein Problem der Ballungsräume (Großstädte und unmittelbar angrenzende Ballungsrandgemeinden). Aber selbst dort fehlte der politischen Thematisierung die Kontinuität; nach einer zuweilen alarmierenden Entdeckung war die „Wohnungsnot“[5] schnell wieder vom Tisch. Ende der achtziger Jahre gaben die Stadtentwicklungsplaner der westdeutschen Großstädte den Verkehrsproblemen und dem Umweltschutz absoluten Vorrang.[6] Kleinere Städte widmeten seit den siebziger Jahren den Einkaufsmöglichkeiten und

---

3 Wagener, in: Wagener 1980, S. 27.

4 Rudzio 1996, Tab. 3 und S. 146-157; Klingemann/Volkens, in: Gabriel u.a. 1997b, S. 525ff.

5 S. unten, Abschnitt 5.3.

6 Difu 3/1988, S. 14. Heute rangiert (nach den jährlichen Difu-Umfragen) das Thema Wohnen weit abgeschlagen, dagegen haben Haushaltskonsolidierung und Verwaltungsmodernisierung sowie die Bearbeitung der Probleme des wirtschaftlichen Strukturwandels und des Verkehrs den höchsten Stellenwert (Difu-Berichte 4/1998, S. 8).

Freizeiteinrichtungen verstärkte Aufmerksamkeit; nach dem Bau von Freibädern und Turnhallen wurden Schwimmhallen und *Fußgängerzonen* in Angriff genommen. Zuweilen vollzog sich der Stadtumbau durch neue Stadtzentren (mit „Einkaufsparadies"), oft auch im Rahmen der Sanierung alter Stadtkerne. Voraussetzung für viele Fußgängerzonen war der Bau von *Umgehungsstraßen*. Diese Tendenzen lassen sich in unseren Beispielstädten nachvollziehen.

So sollte im Kern der Stadt *Westerstede* (Niedersachsen), die westlich von Oldenburg liegt und traditionell Verwaltungssitz des Kreises Ammerland ist, in den siebziger Jahren eine Fußgängerzone angelegt werden. Eine solche Maßnahme hatte der Deutsche Städtetag bereits 1960 für innerstädtische Bereiche empfohlen.[7] Die als Oberzentrum für Westerstede ausgewiesene Großstadt Oldenburg nahm diesen Impuls schon sehr früh auf. In den angrenzenden Kreisen Aurich und Leer waren die (etwa gleich großen) Kreisstädte längst dem Beispiel der Oldenburger Fußgängerzone gefolgt. In Westerstede wurde diese Entwicklungsmöglichkeit erstmals 1974 öffentlich diskutiert,[8] 1977 rückte sie dann stärker in den Mittelpunkt der örtlichen Politik. Der Durchgangsverkehr, der bis dahin durch den Ortskern ging, mußte über eine *Umgehungsstraße* abgeleitet werden. Die Geschäftsleute im Ortskern und die von der Entlastungsstraße betroffenen Bürger am Ortsrand waren gegen eine *Fußgängerzone*, vor allem weil sie die finanziellen Lasten fürchteten. Die Gemeinde hatte ohnehin wenig Geld. Der (neugewählte) Gemeindedirektor rechnete zunächst mit Bundesmitteln aus dem Programm für „Zukunftsinvestitionen" (ZIP).

Andere Gemeinden gleicher Größenordnung haben sich inzwischen auch für eine Umgehungsstraße entschieden. Bei Fußgängerzonen sind sie z.T. einem neuen Trend zur flächendeckenden Verkehrsberuhigung[9] gefolgt: Fußgänger, Radfahrer und langsam fahrende Autos werden (zumindest außerhalb von Stoßzeiten) nebeneinander geduldet. Dies ist auch in der nordöstlich von Magdeburg gelegenen Beispielstadt Burg, Kreissitz des Landkreises Jerichower Land, geplant:[10]

---

7 Monheim 1975, S. 45.

8 Nordwest Zeitung, Ausgabe: Der Ammerländer, vom 19.10.1974.

9 Monheim 1985, S. 5ff.; zu neuen Leitbildern und Ansätzen s. Schaller 1993, S. 38ff.

10 Stadt Burg: Städtebaulicher Rahmenplan und Sanierungsgebiet Altstadt, Burg 1994, S. 10.

Die Durchfahrt durch die Stadtmitte soll wesentlich erschwert werden.[11] Unter dem Gesichtspunkt einer nachhaltigen Entwicklung ist die Sensibilität der Bevölkerung für Probleme des Landschaftsverbrauchs auch bei Umgehungsstraßen gewachsen. Entlastungsstraßen gelten als autoorientiert, aber eine Alternative zum privaten Verkehr in Kleinstädten kann der öffentliche Nahverkehr (noch) nicht bieten.[12] Das Fahrrad ist außerhalb der ebenen Gebiete Deutschlands (also schon in den Mittelgebirgen, z.B. in unseren Beispielstädten Leichlingen und Leonberg) als Ersatz weniger geeignet. Auch für den Wirtschaftsverkehr (mit LKWs) muß eine Lösung gefunden werden, die den Lebensrhythmus der Stadt nicht beeinträchtigt. Dennoch wird ein Nachholbedarf für Straßenbau von der Bevölkerung häufig nur noch in Ostdeutschland empfunden.[13] Dies trifft auch für Investitionen im Freizeitbereich zu. Viele Städte scheinen dort in einer vergleichbaren Situation zu sein wie die kleineren Städte Westdeutschlands in den siebziger Jahren.

So hatte die Stadt *Leichlingen* (Nordrhein-Westfalen), im Einzugsbereich der Oberzentren Düsseldorf und Köln sowie der Mittelzentren Leverkusen und Solingen gelegen, in den siebziger Jahren bereits viele Freizeiteinrichtungen, u.a. auch ein Freibad. Damals entstand jedoch der Wunsch, Leichlingen solle neben dem Freibad auch ein *Hallenbad* haben, damit sportlich interessierte und aktive Bürger jederzeit einer gesunden Freizeitbeschäftigung nachgehen können. Natürlich bietet ein Hallenbad auch dem Schulsport neue Möglichkeiten. Aber sein Bau und seine Unterhaltung kosten viel Geld. Etwa 5 Mio. DM mußten 1970 für den Bau und ca. 850.000 DM jährlich für den laufenden Betrieb bereitgestellt werden. Diese Aufwendungen galten damals als finanzierbar und notwendig. Schließlich wollte die Stadt Leichlingen von der Landesplanung als Unterzentrum eingestuft werden und damit bei der kommunalen Gebietsreform ihre Selbständig-

---

11 Verkehr im Quartier, in: Difu-Berichte 3/1997, S. 2-6.

12 Ortsbussysteme – also Angebote mit Kleinbussen – werden allerdings in vielen Städten erprobt.

13 Die Infrastrukturausstattung der Städte wird als ubiquitär angesehen. Straßen sind, auch wenn der schienengebundene Verkehr wieder an Bedeutung zu gewinnen scheint, nicht nur im ländlichen Raum wichtige Infrastruktureinrichtungen. Dabei handelt es sich vorwiegend von der öffentlichen Hand vorgenommene Investitionen, die Voraussetzung für die Entwicklungsfähigkeit einer Stadt sind (s. Pauck, in: Voigt 1984, S. 216ff.).

keit bewahren. 1998/99 erfolgte ein Umbau für 3 Mio. DM,[14] um die inzwischen gefährdete Attraktivität des Bades wiederherzustellen.

Heute sind solche Investitionen angesichts der kommunalen Finanzlage für viele Städte eine Illusion. In manchen Städten, die damals entsprechende Einrichtungen geschaffen haben, steht eine Sanierung gar nicht zur Debatte. Vielmehr lautet die Frage: Kann sich die Stadt den Betrieb überhaupt noch leisten? Die Hoffnungen richten sich häufig auf einen privaten Investor, der aus einem öffentlichen Hallenbad ein sogenanntes „Spaßbad" macht und dies als privates Unternehmen betreibt. Immerhin sollte die Sanierung eines Freibades in der Stadt Burg kurz nach der Wende 3 Mio. DM kosten.[15] Da bietet sich die Überlegung, ein privates Unternehmen mit der Sanierung und dem Betrieb zu betrauen („Privatisierung")[16], geradezu an.

Nicht nur in *Burg* (Sachsen-Anhalt) müssen neue Einrichtungen für die *Betreuung von Kleinkindern* geschaffen werden. Laut Bundesgesetz hat seit 1996 jedes dreijährige Kind Anspruch auf einen Kindergartenplatz.[17] In den alten Bundesländern bestehen traditionell erhebliche Versorgungsdefizite.[18] Demgegenüber konnten sich die Städte der neuen Bundesländer zu DDR-Zeiten darauf verlassen, daß die volkseigenen Betriebe am Ort soziale Einrichtungen wie Krippen, Kindergärten und Horte bereitstellten.[19] Nach der Wende veränderte sich die Situation ent-

---

14 Solinger Tageblatt vom 6.3.1999.

15 Volksstimme vom 27.8.1991.

16 Vgl. unten, Abschnitt 2.3.3.

17 Dieser Anspruch besteht seit der Neuregelung des Abtreibungsparagraphen 1992 und sollte seit dem 1.8.1996 umgesetzt sein (Schwangeren- und Familienhilfegesetz; Regierungsvorlage von 1992; verabschiedet im Bundestag am 23. November 1995 und im Bundesrat am 24. November 1995). Zur Veränderung der Rechtsgrundlage und den dabei diskutierten Optionen s. Nullmeier, in: Schmals/Heinelt 1997, S. 162ff.

18 Kurz vor dem Stichtag (31.12.1995) hatte eine Anhörung vor dem Ausschuß für Familie, Senioren, Frauen und Jugend des Bundestages ergeben, daß in den alten Bundesländern immer noch 450.000 Kindergartenplätze fehlen (Zweiwochendienst, Frauen und Politik, Nr. 107). 1998 ging der Städtetag davon aus, daß für 85 – 90% der Drei-, Vier- und Fünfjährigen ein Platz zur Verfügung steht. Seit 1992 seien in Westdeutschland mehr als 600.000 Kindergartenplätze entstanden. (FAZ vom 26.8.1998). Zur Situation Anfang der achtziger Jahre s. Roemheld, in: Voigt 1984, S. 226f.; zur aktuellen Lage s. Greese, in: Wollmann/Roth 1999, S. 722.

19 „Die Versorgungsquote erreichte im letzten DDR-Jahr 1989 bei den Kinderkrippen (0-3jährige) über 80%, bei Kindergartenplätzen (3-6jährige) rund

scheidend, weil die meisten Betriebe nicht überlebten. Selbst dort, wo neue Betriebe angesiedelt werden konnten, fielen die sozialen Aufgaben den Gemeinden anheim. So war es auch in der Stadt Burg. Sie besaß jahrzehntelang eine diversifizierte Industriestruktur, wobei gleich vier große Betriebe unterschiedlicher Branchen (Bekleidung/Textil, Schuhe, Ernährung, Stahlerzeugung) den Lebensunterhalt vieler Burger sicherten. Stolz waren die Burger auf die den großen Werken angeschlossenen Kinderbetreuungseinrichtungen (Krippen, Kindergärten und Horte). Die Großbetriebe (VEB Schuhfabrik „Roter Stern", das Knäckebrotwerk, das Stahlwerk und das Bekleidungswerk)[20] unterhielten jeweils eine größere Einrichtung und stellten damit ein Drittel der Kindergarten- und Krippenplätze bereit. Daneben betrieb die Stadt selbst zwölf Einrichtungen und die katholische Kirche eine weitere.[21]

Nach der Wende waren zunächst die Kindergartenplätze bei den Großbetrieben gefährdet, weil diese ihren Service für arbeitende Mütter als erstes zur Disposition stellten. Alle Fraktionen des neugewählten Burger Stadtrates sprachen sich jedoch für den Fortbestand aller Einrichtungen der Kinderbetreuung aus. Möglicherweise wirken hier Traditionen nach: Für die Betreuung von Kindern im Vorschulalter hatte Burg bereits 1975 das Plansoll von 780 Plätzen weit übertroffen; tatsächlich konnten schon damals mehr als 860 Kleinkinder betreut werden. 1990 war aber völlig unklar, wer für die Bezahlung von Personal und die Unterhaltung der Gebäude aufkommen sollte. Die Mütter in der DDR waren daran gewöhnt, diese Einrichtungen fast kostenlos nutzen zu können. Burg mußte insgesamt 1.286 Kindergarten- und Hortplätze sowie 576 Krippenplätze sichern.[22]

Aber das war nur eines der drängenden Probleme. In Burg ist die Altstadt zwar sehr gut erhalten, viele Gebäude befinden sich jedoch

---

95% sowie bei Kinderhorten ebenfalls über 80%. Gerade diese Einrichtungen des DDR-Sozialsystems waren von der Bevölkerung in besonders hohem Maße akzeptiert und nachgefragt worden. Sie stellten eine entscheidende Voraussetzung für das Erreichen einer hohen Erwerbstätigkeitsquote von Frauen in der DDR dar, ..." (Kleinfeld u.a. 1996, S. 344). Die hohe Arbeitslosigkeit von Frauen und der Geburtenrückgang nach der Wende haben die Nachfrage gemindert (s.d. Backhaus-Maul/Olk 1993, S. 325).

20 Nur das Walzwerk (jetzt Walzwerk Burg GmbH) und die Knäckebrot-Fabrik (jetzt Burger Knäcke GmbH) wurden teilweise weiterbetrieben.

21 Interview mit der Leiterin des Schulverwaltungsamtes der Stadt Burg am 2.10.1991.

22 Interview am 2.10.1991.

wegen der jahrelangen Vernachlässigung – wie in anderen Städten der ehemaligen DDR auch – in einem bedrückenden Zustand. Weil unmittelbar nach der Wende viele Burger um ihre wirtschaftliche Existenz bangten und Unsicherheit im Hinblick auf Eigentumsverhältnisse bestand, war die eigene Investitionsfähigkeit und -bereitschaft nicht besonders hoch einzuschätzen. Die günstige Lage an der Autobahn Hannover-Berlin ließ die Stadt auf auswärtige Investoren hoffen. Dieser Optimismus wurde Anfang Oktober 1991 erheblich reduziert, als das einzige Hotel „Stadt Burg", ein HO-Betrieb, von der Treuhandanstalt nicht an einen Investor verkauft werden konnte und schließen mußte. Ohne Parkplätze im Ortskern und erhebliche öffentliche Mittel war ein Engagement privater Investoren von außen nicht zu erwarten. Eine Wiedernutzung des Hotels ist inzwischen nicht mehr vorgesehen. Stattdessen soll ein Einkaufszentrum den Marktplatz wieder beleben. So konnte es die Stadt als wichtigen Erfolg verbuchen, unter 23 Städten von Sachsen-Anhalt in das Förderungsprogramm zur Stadtsanierung aufgenommen zu werden.[23]

Damit waren die Probleme in Burg nach der Wende viel drückender als in der westlich von Stuttgart gelegenen Stadt *Leonberg* (Baden-Württemberg) vor der Gebietsreform in den siebziger Jahren. Das unmittelbar auf Stuttgart bezogene Mittelzentrum Leonberg weist im Vergleich zu anderen Mittelzentren der Region Mittlerer Neckar (Ludwigsburg/Kornwestheim, Fellbach/Waiblingen, Esslingen und Böblingen/Sindelfingen) einen Entwicklungsrückstand auf. Bei der Schaffung leistungsfähiger Großkreise im Stuttgarter Umland blieben 1971 alle mit Leonberg konkurrierenden Mittelzentren Kreissitz, meist sogar mit erweitertem Einzugsbereich. Dagegen wurde der größere Teil des früheren Kreises Leonberg dem Kreis Böblingen, der kleinere dem Kreis Ludwigsburg zugeschlagen.[24]

Ausbau und Festigung der mittelzentralen Funktion Leonbergs sind im wesentlichen zur Aufgabe kommunaler Entwicklungspolitik geworden. Deren Ausgangssituation ist unter anderem durch ein dominierendes Unternehmen im Dienstleistungsbereich (Bausparkasse) und das Fehlen größerer Vorratsflächen für gewerbliche Ansiedlungen gekennzeichnet. Zwischen den bereits 1938 vereinigten Teilorten Leonberg und Eltingen bestand Anfang der siebziger Jahre noch keine

23 Stadt Burg: Städtebaulicher Rahmenplan Sanierungsgebiet Altstadt 1994, S. 3.
24 Vgl. Naßmacher 1981, S. 212 (1982, S. 117).

städtebauliche Verbindung. Da ergab sich die Möglichkeit, auf einem ehemaligen Gipswerkgelände durch ein kombiniertes Großbauvorhaben der Neuen Heimat (Hochhäuser mit Wohnungen und Geschäftszentrum mit etwa 30.000 qm Verkaufsfläche) eine „neue Stadtmitte für Leonberg" zu schaffen. Das 1973 eröffnete Leo-Center (mit SB-Markt, etwa 60 Fachgeschäften unterschiedlicher Branchen und einem Karstadt-Warenhaus) hat die Erwartungen seiner Initiatoren in Privatwirtschaft und Stadtverwaltung voll erfüllt. Existenz und Entwicklung der neuen Stadtmitte trugen jedoch dazu bei, die *Sanierung der alten Stadtmitte* zu erschweren. Neben dem lange ungelösten Parkproblem und einer geringen Innovations- und Investitionsbereitschaft der am historischen Marktplatz[25] ansässigen Betriebe fehlt auch eine angemessene Funktion neben dem Leo-Center. Das Sanierungsvorhaben wurde seit 1976 intensiv betrieben und 1998 im wesentlichen abgeschlossen.

Damit sind einige Beispiele für die Tätigkeit der Gemeinden vorgestellt; sicher gibt es auch andere, vielleicht sogar bessere. Eine Vergleichbarkeit von Aufgaben kreisangehöriger Gemeinden ist aber nur schwer zu erreichen. Jede Gemeinde muß bei neuen Aufgaben die langfristig entstandene Wirtschafts- und Sozialstruktur sowie die damit zusammenhängende Siedlungsentwicklung berücksichtigen. Dabei sind neben der Einwohnerzahl/Gemeindegröße[26] auch immer die Lage der Stadt im Raum, ihre Austauschbeziehungen und Konkurrenzverhältnisse zu anderen Städten sowie ihre groß- und kleinräumige Verkehrsanbindung von wesentlicher Bedeutung. Da die Gemeinden prinzipiell für alle „Aufgaben der örtlichen Gemeinschaft" zuständig sind, haben sie auch ein Aufgabenfindungsrecht. Dynamische Stadtpolitiker können Probleme rasch erkennen, zur Bearbeitung aufgreifen und beispielgebend aktiv werden.

Auch die unterschiedlichen Gemeindetypen, wie z.B. Einheitsgemeinde (Nordrhein-Westfalen), Samtgemeinde (Niedersachsen), Verbandsgemeinde (Rheinland-Pfalz), Große Kreisstadt (Baden-Württemberg), Große selbständige Stadt (Niedersachsen), und die durch amtsangehörige Gemeinden (z.B. Schleswig-Holstein) geschaffene zwei-

25 Vgl. (Stadtportrait)

26 von der Heide, in: Roth/Wollmann 1994, S. 116. Noch schwieriger gestaltet sich ein Vergleich der Aufgabenwahrnehmung in den alten und in den neuen Bundesländern. Ergänzende Kriterien dazu bei Karrenberg/Münstermann, in: Wollmann/Roth 1999, S. 460.

stufige Struktur unterhalb der Kreisebene bewirken eine Differenzierung der Aufgabenverteilung. Solche Feinheiten müssen hier jedoch außer acht bleiben.[27] Der Schwerpunkt unserer Darstellung und Analyse liegt bei Aufgaben, die von kommunalen Einheiten unterhalb der Kreisebene wahrgenommen werden.

Die bereits skizzierten Beispiele (Stadtsanierung, Fußgängerzone/Umgehungsstraße, Kinderbetreuung, Hallenbad) sollen zeigen, um welche Art von Aufgaben es sich handelt: Die Gemeinden

- *versorgen* ihre Bürger *mit öffentlichen Dienstleistungen* und
- *steuern* für begrenzte Räume *die Entwicklung der unmittelbaren Lebensumwelt* (durch Zuordnung bestimmter Funktionen/Nutzungen und Bereitstellung einer angemessenen Infrastruktur).[28]

Diese Kategorien decken sich inhaltlich weitgehend mit anderen in der Literatur verwendeten Gegensatzpaaren:

- Bereitstellung von Dienstleistungen vs. Steuerung von Konflikten;[29]
- Maßnahmen der spezifischen Daseinsvorsorge
  vs. Herstellung der örtlichen Produktions- und Reproduktionsbedingungen;[30]
- Vorsorge für Grundbedürfnisse vs. Ausgestaltung des Lebensraumes (beides einschließlich der Durchführung allgemeiner Staatsaufgaben).[31]

Die hier gewählte Typisierung (Dienstleistungen, Umweltgestaltung) soll keinen umfassenden Anspruch der Gemeinden auf bestimmte öffentliche Aufgaben ausdrücken. Es „gibt heute keinen fixierbaren Kreis traditionell bestimmter örtlicher Aufgaben. Der Aufgabenkreis der Gemeinden befindet sich ... in einem stetigen Wandlungspro-

27 Siehe dazu Köstering, in: Püttner 1983a, S. 42; Schäfer/Stricker, in: Gabriel 1989a, S. 68f.; Schneider und Laux, in: Roth/Wollmann 1994, S. 127 bzw. 142ff.; zu Niedersachsen s. Derlien/von Queis 1986.

28 So bereits Naßmacher/Naßmacher 1979, S. 40, 64; jetzt auch Dill/Kanitz 1994, Heft 1, S. 41. Norton (1997, S. 265) unterscheidet (neben der Bereitstellung von Dienstleistungen für die Bevölkerung) zwischen Planungsaufgaben einerseits und Anwendung von Vorschriften andererseits, gibt aber dafür keine Erläuterung. Haus u.a. (1986, S. 20) nennt Leistungs-, Planungs- und Ordnungsaufgaben.

29 Banfield/Wilson, in: Grauhan 1972, S. 80.

30 Rodenstein, in: Grauhan 1975, S. 310.

31 Scheuner 1973, S. 6 und 11.

zeß..."[32] Die pointierte Zusammenfassung kann aber dazu dienen, die Fülle der von den Gemeinden (aus eigenem Antrieb oder gesellschaftlichen Zwangslagen, aufgrund gesetzlicher Verpflichtung oder eines staatlichen Auftrages) tatsächlich wahrgenommenen Aufgaben übersichtlicher zu machen.

2.2 Bürgernahe Versorgung mit öffentlichen Dienstleistungen

Für einen systematischen Überblick über die Dienstleistungen einer Gemeinde bieten sich zwei Wege an. Beide führen ins Rathaus. Im Gegensatz zu Großstädten hat der Bürger in Kleinstädten noch die Chance, die ganze Verwaltung unter einem Dach vorzufinden.[33] Im Rathaus (oft im Zuge der kommunalen Verwaltungs- und Gebietsreform neu errichtet) findet sich am Eingang fast immer eine Hinweistafel, die angibt, welche Dienststellen der Gemeinde in welchen Räumen zu finden sind. Wie bei jeder Behörde gibt es auch andere Übersichten zur Struktur der kommunalen Verwaltung, etwa den für die Gestaltung der öffentlichen Finanzwirtschaft verbindlichen Haushaltsplan der Gemeinde und das (der Hinweistafel am Rathauseingang zugrunde liegende) Organisationsschema für den Aufbau der örtlichen Verwaltung.

2.2.1 Darstellung der Aufgaben anhand des Verwaltungsaufbaus

Bei der Stadt Leichlingen sieht der Organisationsplan der Stadtverwaltung[34] insgesamt 3 Dezernate und 10 Ämter mit einer Vielzahl von Sachgebieten und Mitarbeitern vor (s. Abb. 2.1).

---

32 Reuter 1976, S. 11f. Das bereits in Kap. 1 erwähnte „Rastede Urteil" (Entscheidungen des Bundesverfassungsgerichts, 79. Band 1989, S. 127 und 143ff.) bestimmt quasi die Untergrenze kommunaler Aufgaben.

33 Das Streben nach wachsender Bürgernähe wird auch hier zur Bildung ortsnaher Verwaltungseinheiten führen, um die Erreichbarkeit der Verwaltung für den Bürger zu verbessern. S. d. Lenk 1996.

34 Für Westerstede s. http://www.westerstede.de/verwaltung.

Abb. 2.1: Organisation der Stadtverwaltung Leichlingen
Organisationsplan (1978) –Dezernatsverteilungsplan (1998)

Dezernat I – Stadtdirektor	*Dezernat I – Bürgermeister*
(10) Hauptamt	(10) Hauptamt
– Zentrale Verwaltungsaufgaben	
– Büro für Ratsangelegenheiten	
– Verwaltungsnebenstelle in Witzhelden	
– Ausbildung	(11) Personalamt
– Standesamt	
– Organisation, Hausverwaltung	
– Personalabteilung	
(14) Rechnungsprüfungsamt	(14) Rechnungsprüfungsamt
(20) Kämmerei, Kasse	(20) Kämmerei
– Kämmerei	
– Steuerabteilung	*Dezernat II – Beigeordneter*
– Liegenschaften	(32) Ordnungsamt
– Wohnungsbauförderung, -fürsorge	
– Kasse	
(40) Amt für Schule, Kultur, Sport	(40) Amt für Schule, Kultur, Sport
– Schulangelegenheiten	
– Grundschulen	
– Hauptschule	
– Realschule	
– Gymnasium	(50) Sozialamt
– Kultur	(51) Jugendamt
– Volkshochschule	
– Bücherei	
– Sportangelegenheiten	
– Bäder	*Dezernat III – Beigeordneter*
(60) Bauamt	(60) Bauamt
– Bauverwaltung	– Fachbereich I:
– Hochbau	Bauverwaltung, Planung, Hochbau
– Planung, Vermessung	– Fachbereich II:
– Bauordnung	Bauordnung, Tiefbau
– Tiefbauverwaltung	
– Gemeindestraßen	
– Straßenentwässerung	(81) Abwasserbetrieb
– Park– und Gartenanlagen	
Dezernat II – Beigeordneter	
(32) Ordnungsamt	
– Öffentliche Sicherheit und Ordnung	
– Einwohnermeldeamt	
– Statistik	
– Versicherungsstelle	

(50) Sozialamt
- Sozialhilfe
- Verwaltung und Jugendhilfe
- Lastenausgleichsstelle
- Kindergarten Förstchen
- Kindergarten Am Hammer
- Sonstige Einrichtungen der Jugendhilfe

Die Verwaltungsspitze besteht aus dem Verwaltungschef (in den meisten Gemeinden Nordrhein-Westfalens bis 1999 noch Stadtdirektor, in Leichlingen bereits Bürgermeister), seinem Stellvertreter und einem weiteren Wahlbeamten. Beide führen in Nordrhein-Westfalen die Amtsbezeichnung Beigeordneter.[35] Alle Wahlbeamten leiten jeweils einen Teil der Stadtverwaltung, ein Dezernat, zu dem verschiedene Aufgabenbereiche der Verwaltung, die Ämter, gehören. An der Spitze dieser Fachbereiche stehen Lebenszeitbeamte, die Amtsleiter. Ihnen sind die verschiedenen Sachgebiete zugeordnet, die in der Stadtverwaltung bearbeitet werden. Die Ämter stellen die untersten Organisationseinheiten der Verwaltung dar, die den Vollzug der kommunalen Aufgaben tragen und nach außen im Rahmen ihrer Befugnisse als Teileinheiten der Gemeindeverwaltung selbständig in Erscheinung treten. In Zukunft wird die Bezeichnung Ämter wohl entfallen, da die Veränderung der Verwaltung zu einem bürgerfreundlichen „Konzern Stadt“ eine andere Terminologie mit sich bringt.

Zum Aufgabenbereich des Leichlinger Verwaltungschefs gehören sowohl 1978 als auch 1998 die Querschnittaufgaben:

- Dienstleistungen für die gesamte Verwaltung (z.B. Organisation, Beschaffung, Personalwirtschaft, Postverteilung, Schreibdienst, Rechtsberatung, Prozeßvertretung, Rechnungsprüfung), sowie
- das Management der finanziellen Ressourcen (Festsetzung und Einziehung von Steuern, Beiträgen, Gebühren und Benutzungsentgelten).

Die weiteren Aufgaben können – nach unseren Kategorien – der Versorgung mit Dienstleistungen (Dezernat II) und den kleinräumigen Steuerungsfunktionen (Dezernat III) zugeordnet werden. Zum Dezernat II gehören

35 In anderen Bundesländern heißen sie Stadträte, Dezernenten oder Referenten.

- Durchführung statistischer Erhebungen und Ausstellung von Versicherungsnachweisen,
- Bau, Einrichtung und Verwaltung von Schulen und Sportanlagen, Fortbildung und Freizeitgestaltung als Angebot an die Bürger,
- Angelegenheiten der öffentlichen Sicherheit und Ordnung (einschließlich Meldewesen),
- allgemeine und besondere (offene und geschlossene) Sozialhilfe,
- Jugendhilfe, Lastenausgleich und Versicherungswesen,
- Betrieb von Kindergärten.

Zum Aufgabenbereich des Dezernats III gehören:

- Verwaltung der gemeindeeigenen Liegenschaften,
- Bauleitplanung (einschließlich der Bebauungspläne),
- Bodenordnung, soweit sie die Bauleitplanung betrifft,
- Überwachung von Baumaßnahmen und deren Nutzung,
- Durchführung und Überwachung von Erschließungen aufgrund von Planungen.

Natürlich gibt es auch Unterschiede zwischen der Aufgabengliederung einer Kleinstadt (wie Leichlingen), einer Mittelstadt, einer ländlichen Gemeinde und einer Großstadt. Für Städte verschiedener Größenordnungen hat die Kommunale Gemeinschaftsstelle für Verwaltungsvereinfachung (KGSt) vor Jahrzehnten einen allgemeinen Organisationsaufbau empfohlen, an dem sich die einzelnen Städte weitgehend ausrichten.[36] Für eine voll ausgebaute Verwaltung ergab sich eine sehr differenzierte Organisationsstruktur (s. Abb. 2.2). Die darin enthaltenen Bezeichnungen deuten meist ohne weitere Erläuterung auf deren Aufgabe. In einigen Fällen wird die Aufgabenstellung noch deutlicher durch Bezeichnungen, wie sie sich in einer moderneren Empfehlung für den Organisationsaufbau finden.

Im Zusammenhang mit der Umsetzung des „Neuen Steuerungsmodells“[37] hat die KGSt Produktpläne erarbeitet (Übersicht s. Abb. 2.3). Darin sind die traditionellen Ämter 10 (Hauptamt) bis 22 (Stadtsteueramt) als Querschnittämter der „Steuerungsunterstützung“ (oder dem Servicebereich) zugeordnet. Dazu gehören alle Aspekte der Planung und Kontrolle des Einsatzes von Ressourcen (insbesondere Organisation

36 Auch Kanitz u.a. (1980, S. 47f.) entfalten daran die gemeindlichen Aufgaben.
37 Siehe oben, Abschnitt 1.3.3.

Abb. 2.2: Verwaltungsgliederungsplan der KGSt

1	2	3	4	5	6	7	8
Allgemeine Verwaltung	*Finanzverwaltung*	*Rechts-, Sicherheits- und Ordnungsverwaltung*	*Schul- und. Kulturverwaltung*	*Sozial-und Gesundheitsverwaltung*	*Bauverwaltung*	*Verwaltung für öffentliche Einrichtungen*	*Verwaltung für Wirtschaft und Verkehr*
10 Hauptamt	20 Stadtkämmerei	30 Rechtsamt	40 Schulverwaltungsamt	50 Sozialamt	60 Bauverwaltungsamt	70 Stadtreinigungsamt	80 Amt für Wirtschafts- und Verkehrsförderung
11 Personalamt	21 Stadtkasse	31 Polizei	41 Kulturamt	51 Jugendamt	61 Stadtplanungsamt	71 Schlacht- und Viehhof	81 Eigenbetriebe
12 StatistischesAmt	22 Stadtsteueramt	32 Amt für öffentliche Ordnung		52 Sportamt	62 Vermessungs und Katasteramt	72 Marktamt	82 Forstamt
13 Presseamt	23 Liegenschaftsamt	33 Einwohnermeldeamt		53 Gesundheitsamt	63 Bauordnungsamt	73 Leihamt	
14 Rechnungsprüfungsamt	24 Amt für Verteidigungslasten	34 Standesamt		54 Amt für Krankenanstalten	64 Amt für Wohnungswesen	74 Bäderamt	
		35 Versicherungsamt		55 Ausgleichsamt	65 Hochbauamt		
		36 Veterinäramt			66 Tiefbauamt		
		37 Feuerwehr			67 Garten- und Friedhofsamt		
		38 Amt für Zivilschutz					
		39 Straßenverkehrs amt					

Quelle: KGSt: Verwaltungsorganisation der Gemeinden, Teil I, Aufgabengliederungsplan, Köln 1967, S. 7f.; zuletzt bei: Hack, in: Püttner 1983a, S. 117.

Abb. 2.3: Übersicht über dieKGSt-Produktpläne für Städte und Gemeinden

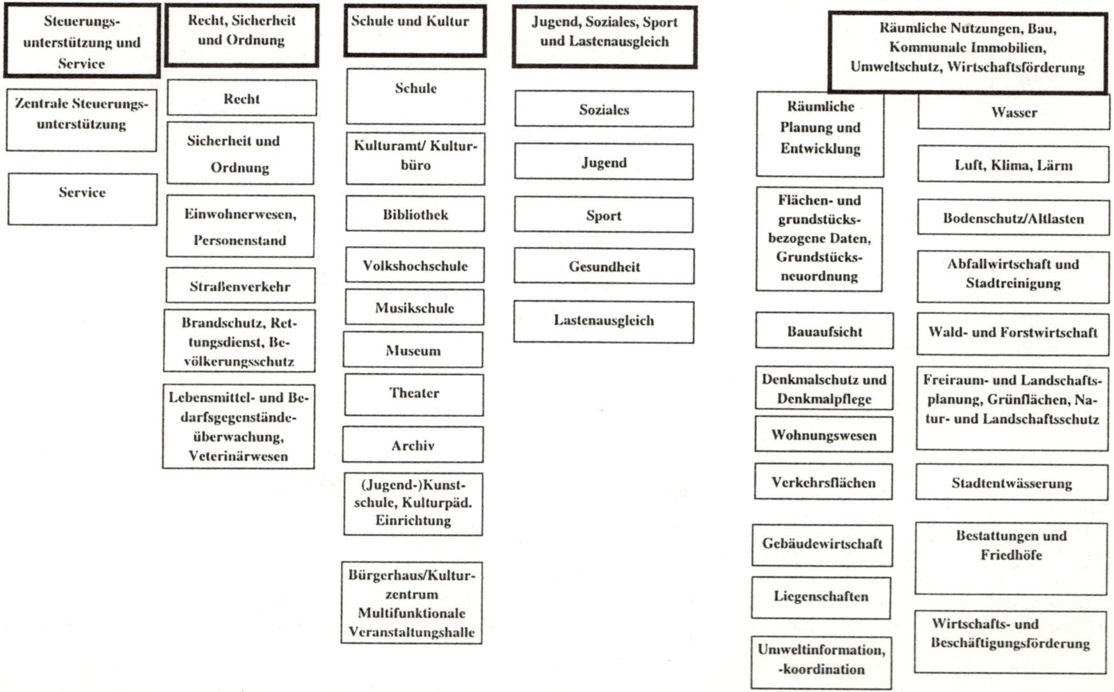

Personal und Finanzen), zentrale Dienste (wie EDV, Statistik, Post-, Fahr- und Botendienst) sowie Informations- und Öffentlichkeitsarbeit.[38] Die Aufgaben der Ämter 30 (Rechtsamt) bis 39 (Straßenverkehrsamt) werden zum Teil bürgernäher beschrieben, die einzelnen Aufgaben des Kulturamtes (Amt 41) anschaulich ausdifferenziert. Für die Ämter der Sozial- und Gesundheitsverwaltung (Amt 50 bis 55) blieb es im wesentlichen bei der bisher üblichen Auffächerung und Bezeichnung. Die Funktionen der traditionellen Ämter 23 (Liegenschaftsamt), 60 (Bauverwaltungsamt) bis 82 (Forstamt) sind als „Produktgruppen" für Bürger ohne Verwaltungserfahrung verständlicher geworden. Der Aufgabenbestand wurde weitgehend unverändert übernommen.

Die Zusammenfassung der Produktgruppen zu einzelnen Fachbereichen (mit ca. 50 Mitarbeitern in größeren Städten), die an die Stelle der Ämter treten sollen, wird von den einzelnen Städten unterschiedlich vorgenommen. Generell besteht aber die Tendenz, die Fachbereiche zu vergrößern und sie mit bisher von der Querschnittverwaltung wahrgenommenen Aufgaben zusätzlich zu betrauen. Demgegenüber sollen die Positionen der Leitungsebene (Dezernenten/Beigeordnete) verringert werden, was insgesamt eine flachere Leitungsstruktur (einen Rückbau der Hierarchieebenen) und eine stärkere Eigenverantwortlichkeit der nachgeordneten Bereiche zur Folge haben soll.[39] Zur Vorbereitung von Leistungsvergleichen[40] zwischen den einzelnen Bereichen wird es aber nötig sein, eine organisatorische Anpassung – wie sie bei den bisherigen Organisationsempfehlungen und deren Implementation in unterschiedlichen Städten zu verzeichnen war – anzusteuern.

---

38 KGSt Nr. 5/1997, S. 12-24.

39 König 1997, S. 63.

40 Solche Leistungsvergleiche werden schon in entsprechenden Vergleichsringen vorgenommen. Dabei zeigt sich, daß Dauer und Preis von Bearbeitungsvorgängen sehr unterschiedlich sind. So dauert die Abmeldung einer Wohnung bei der besten Verwaltung 6 Minuten, bei der schlechtesten 45. Bei der Anmeldung eines Gewerbes liegt die reine Bearbeitungszeit zwischen 20 und 80 Minuten (FAZ vom 4.2.1998). Für Leistungsvergleiche bieten sich natürlich besonders die einfachen Dienstleistungen an (Adamaschek 1998). Die weitere Dimension Leistungsqualität diskutieren Verwaltungen vor allem unter dem Aspekt der Kundenzufriedenheit (s. d. Stucke/Schöneich, in: Wollmann/Roth 1999, S. 427), ohne daß hierbei schon wesentlich konkretere Orientierungen vorliegen. Die Debatte zum Total Quality Management wird allerdings in einigen Verwaltungen intensiv geführt (zu den verschiedenen Reformaspekten s. Blanke u.a. 1998).

Beim Amt 81 (Eigenbetriebe)[41] mag eine Ergänzung zu Abb. 2.2 notwendig sein. Diese Betriebe erbringen traditionell unmittelbare Dienstleistungen für die Bevölkerung, wie etwa die Versorgung mit Strom, Gas und Wasser, die Entsorgung des Abwassers sowie den Betrieb von Nahverkehrsmitteln (Bussen und Straßenbahnen). Im Unterschied zum Regiebetrieb, der ein unselbständiger Teil der Kommunalverwaltung ist und kein abgegrenztes Betriebsvermögen hat, ist der Eigenbetrieb ein selbständiger Teil der Verwaltung, der mit eigenständiger Werksleitung und mit einem abgetrennten Sondervermögen agiert. Viele Städte haben allerdings für diese Aufgaben längst gemeindeeigene Kapitalgesellschaften gegründet. Dazu gehören etwa Bremer Straßenbahn AG, Stadtwerke Achim AG, Stadtwerke Merzig GmbH, Stadtwerke Wismar GmbH, Stromversorgung Osthannover GmbH, Technische Werke der Stadt Stuttgart AG, Verkehrsbetriebe Kreis Plön GmbH, Versorgung und Verkehr Kiel GmbH.[42] Dieser Trend setzt sich noch unvermindert fort. Durch die Liberalisierung des Strommarktes[43] und die Regionalisierung der Verkehrsversorgung unter der Regie der Länder, angestoßen durch EU-Richtlinien bzw. Verordnungen,[44] werden immer häufiger auch Zusammenschlüsse bislang

41 S. d. Dill/Kanitz, 1994, Heft 6, S. 54ff.; Landsberg, in: Fettig/Späth 1997, S. 35f.

42 Vgl. Commerzbank 1997, S.163, 949, 957, 962, 981, 998, 1056, 1059. (Dort finden sich auch weitere Beispiele, etwa auf den S. 949-963.).

43 Bisher gab es Demarkationsverträge zwischen den verschiedenen Energieanbietern bzw. den Verteilern (meist waren die Stadtwerke nur Verteiler), die einen Wettbewerbsverzicht zwischen diesen beinhaltete.

44 S. unten, Abschnitt 2.4.3. Umsetzung von EU-Richtlinien im Grundgesetz (Art. 106 a) und in der Bahnstrukturreform (gemeinsam verabschiedet mit dem Gesetz zur Regionalisierung des öffentlichen Personennahverkehrs vom 27.12.1993, BGBl., S. 2395ff. (Region G) und der Änderung des Personenbeförderungsgesetzes (PBefG), beide seit 1.1.1996 in Kraft, und Landesgesetzen für den Öffentlichen Personennahverkehr (z.B. Thüringer Gesetz über den Öffentlichen Personennahverkehr (ThürÖPNVG, GVBl. vom 15.12.1995) oder Gesetz über die Planung, Organisation und Gestaltung des öffentlichen Personennahverkehrs von Baden-Württemberg (BWÖPNVG vom 8.6.1995)). Durch die Bundesgesetze ging die Verantwortung für den Schienenpersonennahverkehr auf die Länder über. Die Landesgesetze bestimmten das Land als Aufgabenträger für den schienengebundenen Personennahverkehr. Es gibt auch beim schienengebundenen Personennahverkehr die Zuständigkeit bei Kreisen und Gemeinden (so in Hessen, Nordrhein-Westfalen und Rheinland-Pfalz) (Muthesius, in: Püttner 1997, S. 83). Für den straßengebundenen ÖPNV werden Kreise und kreisfreie Städte allein verantwortlich in ihrem Wirkungskreis. Kreisange-

selbständiger Werke erwogen, um konkurrenzfähig zu bleiben. Die interkommunale Zusammenarbeit, u.a. in Stadt-Umland-Verbänden, ist beim Verkehr am ausgeprägtesten und erfolgreichsten.[45]

Im Zuge der Verwaltungsmodernisierung wurden häufig andere Ämter in Eigenbetriebe umgewandelt, z.B. Grünflächenamt, Volkshochschulen, Museen, Büchereien. Diese Aufgaben und andere, wie etwa die Denkmalpflege, der Landschaftsschutz, die Gesundheitsvorsorge und die Auszahlung der Sozialhilfe, werden auch durch die Kreise,[46] eine Art Gemeindeverband mit Zwangsmitgliedern, bzw. durch (freiwillig und nur für einzelne Aufgaben begründete) kommunale Zweckverbände gemeinsam erledigt.[47] Zweckverbände werden dann gegründet, wenn weder die Einzelgemeinde noch die Kreise eine sinnvolle und effektive Lösung versprechen. Dabei delegieren die Gemeinden eine entsprechende Aufgabe (z.B. Wasserversorgung, Flußregulierung, Abwasser- und Abfallbeseitigung) an eine solche Körperschaft.[48] Aber auch private Träger können im Auftrage der Gemeinden Aufgaben erfüllen, wie z.B. die Stadtreinigung in Westerstede zeigt. Darüber hinaus übernehmen halböffentliche Organisationen mit Zwangsmitgliedschaft (die Kammern), Verbände, Vereine und private Initiativen eine Fülle von Aufgaben. Die wichtigsten Organisationen sind die etablierten Sozialverbände (Caritas, Diakonisches Werk, Arbeiterwohlfahrt, Deutsches Rotes Kreuz und der

---

hörige Gemeinden können von Landkreis bestimmte Verkehre übertragen bekommen. Letzteres ist allen Landesgesetzen gemeinsam.

45 Siehe dazu Krauledat/Schneider 1987, S. 13; Fürst, in: Blanke 1991, S. 94ff.; Fürst u.a. 1990. Die Genehmigungsbehörde soll zudem die Kooperation der Anbieter fördern (Batzill/Zuck 1997, S. 58ff.; Gerlach/Reinkober 1996, S. 17ff.)

46 *Probleme zwischen Kreisen und Gemeinden werden hier nicht behandelt.* Die Zusammenfassung der Gemeinden zu Kreisen ist erforderlich, um den kleinen Gemeinden ihre Existenzgrundlage zu sichern, andererseits aber auch sicherzustellen, daß eine angemessene Versorgung der Bevölkerung gewährleistet ist, die aufgrund der geringen Verwaltungskraft der kleinen Städte und Gemeinden nicht erbracht werden kann. Die Kreise erfüllen insofern eine „Ausgleichsfunktion“ (Marcus 1987, S. 14). S.d. Verein für Geschichte ..., 1972-1986. Zur Zuordnung der Aufgaben: Weber, ebenda, 1972, S. 75ff. Der Kreis übt auch die Kommunal- und Fachaufsicht über die keisangehörigen Gemeinden aus (Seche, in: Püttner 1983a, S. 81).

47 Die Aufgabenwahrnehmung ist oft zufällig und teilweise historisch bedingt. Je nach Bundes- und Landesrecht bzw. politischen Entscheidungen am Ort bestehen unterschiedliche Regelungen.

48 Gesetze über kommunale Gemeinschaftsarbeit bzw. Zweckverbandsgesetze der Länder. S. d. Marcus 1987, S. 15f.; Dill/Kanitz 1994, Heft 6, S. 57f.

Paritätische Wohlfahrsverband). Selbst die einzelnen Bürger sollen – nordamerikanischen und neuseeländischen Beispielen folgend – zunehmend in die Verantwortung genommen werden, um Gemeinschaftsaufgaben mitzugestalten.[49]

Unter den hier genannten Aufgabenträgern hat der Kreis[50] eindeutig eine herausgehobene Stellung, was schon in der Zwangsmitgliedschaft seiner Gemeinden zum Ausdruck kommt. Kreise nehmen übergemeindliche, ergänzende und ausgleichende Funktionen wahr, also Aufgaben, für die kreisangehörige Städte und Gemeinden als zu klein gelten. Eine Abgrenzung der Aufgaben zwischen den Kreisen und den kreisangehörigen Gemeinden kann wiederum nur für einen speziellen Kreis sowie für seine Städte und Gemeinden vorgenommen werden.[51] Schließlich befinden sich in den Kreisstädten auch noch staatliche Behörden (der Landesverwaltung), die je nach Bundesland unterschiedlich sind. In Niedersachsen gehören z.B. die Gewerbeaufsichtsämter,[52] Katasterämter und Veterinärämter dazu. Leonberg hat dagegen als ehemalige Kreisstadt lediglich das Vermessungsamt, das Kreiskrankenhaus, die Kreisbildstelle und die Kraftfahrzeugzulassungsstelle am Ort behalten. Das Gesundheitsamt und das Landwirtschaftsamt wurden in die jeweiligen Kreisstädte verlagert. In Burg bewirkt die Nähe zur Landeshauptstadt Magdeburg, daß keine Landesbehörden am Ort sind. Das Katasteramt wurde nach Magdeburg verlegt.[53]

Die Zahl der dezentralisierten Bestandteile der Landesverwaltung (meist als Sonderbehörden bezeichnet) ist in allen westlichen Bundesländern durch die Funktionalreform der siebziger Jahre bis auf Restbestände reduziert worden.[54] In Folge der Zeitknappheit beim Aufbau einer funktionsfähigen Verwaltung in den neuen Bundesländern, wurde im

---

49 Die Debatte über zivile Gesellschaft oder Kommunitarismus soll hier Früchte tragen, z.B. bei Museen, Schulen, Theatern, Kinderläden (s.d. Zimmer, in: Schmals/Heinelt 1997, S. 105ff.; zu Museen, ebenda, S. 110ff. und zu Kinderbetreuungseinrichtungen s. Nullmeier, in: Schmals/Heinelt 1997, S. 156ff.).

50 Zahl der Kreise; Kreise nach Fläche und Einwohnerzahl s. Laux, in: Roth/Wollmann 1994, S. 141, und derselbe, in: Wollmann/Roth 1999, S. 176, 181.

51 Köstering, in: Püttner 1983a, S. 48f.; von der Heide, in: Roth/Wollmann 1994, S. 109ff.; derselbe in: Wollmann/Roth 1999, S. 127ff.

52 Neuerdings werden sie zuweilen in Umweltbehörden umbenannt, z.B. in Nordrhein-Westfalen.

53 Interview mit dem Hauptamtsleiter im Mai 1998.

54 Allgemeines zu den verbliebenen Sonderbehörden auf Kreisebene s. Laux, in: Wollmann/Roth 1999, S. 184.

wesentlichen von Experimenten abgesehen; der westdeutsche Verwaltungsaufbau war Orientierung.[55] Auch fehlen Mittelinstanzen, also die Regierungspräsidien,[56] in Mecklenburg-Vorpommern und Brandenburg, während sie in Sachsen und Sachsen-Anhalt bestehen. Thüringen wählte mit dem Landesverwaltungsamt einen Mittelweg.

Anhand der Fallbeispiele läßt sich der zusätzliche (einmalige bzw. laufende) Arbeitsanfall beim Wahrnehmen einer Aufgabe in verschiedenen Ämtern einer Stadtverwaltung aufzeigen. Der Bau einer *Schwimmhalle* betrifft unmittelbar die Schaffung von Freizeiteinrichtungen bzw. genauer die Förderung des Sports; in Leichlingen war das Amt für Schule, Kultur und Sport für diese Maßnahme zuständig. Ihre Realisierung berührte aber auch andere Bereiche der städtischen Aufgabenerfüllung. Für den Bau brauchte die Stadt Leichlingen Geld, ein Grundstück (beides Kasse/Kämmerei) und Pläne. Pläne und Bau konnten durch die Stadt selbst (Bauamt) oder durch einen privaten Bauträger (schlüsselfertige Vergabe) realisiert werden. Die Umgebung des Hallenbades mußte in geeigneter Weise gestaltet werden. Das Bauamt war damals auch für Gartenanlagen zuständig, heute würde man wohl einen privaten Gartenbaubetrieb beauftragen. Eventuell muß die Stadt im Interesse der Benutzer eine Buslinie umlenken und dazu mit den Verkehrsbetrieben der Nachbarstädte (heute meist im Verkehrsverbund) verhandeln. Für den Betrieb des Schwimmbades sind Energie und Wasser einzusetzen (Stadtwerke). Schließlich mußte die Stadt zusätzliches Personal einstellen, eine Benutzungs- und Gebührenordnung vorbereiten (Personalamt und Rechtsamt), die Benutzer schützen (Ordnungsamt, Feuerwehr) und für den Besuch des Hallenbades werben (Amt für Schule, Kultur, Sport). Schließlich blieb als Daueraufgabe die Unterhaltung der Anlage, nach einigen Jahren waren zusätzlich zeitbedingte Verbesserungen durchzuführen.

Ähnlich komplex gestaltet sich die Einrichtung einer *Fußgängerzone*. In Großstädten mit voll ausgebauter Verwaltungsgliederung wäre vor allem das Tiefbauamt für die Entwicklung der Pläne und deren Durchführung zuständig. Die Kämmerei muß das notwendige Geld aus einschlägigen Landes- oder Bundesprogrammen beschaffen, das Steueramt in Verbindung mit der Stadtkasse die Beiträge der Anlieger

---

55 Einzelheiten bei: König, in: Wollmann u.a. 1997, S. 232ff., 238, 248.

56 Die stehen im Rahmen der Verwaltungsreformen der Länder jetzt zur Disposition.

einziehen. Für die Attraktivität einer Fußgängerzone sind aber auch die Randbebauung und ihre Gestaltung von Bedeutung. Hier werden Aufgaben des Planungsamtes, des Hochbauamtes, des Wohnungsamtes, des Amtes für Wirtschaftsförderung, u.U. der Denkmalpflege angesprochen. Die dauernde Unterhaltung berührt neben dem Gartenamt (Blumenkübel) auch die Stadtreinigung und die Stadtwerke (Energieversorgung/Beleuchtung). Um die öffentliche Sicherheit muß sich laufend das Ordnungsamt kümmern.

Damit erscheint die Aufgabe schon fast so schwierig wie eine *Stadtsanierung*. Allerdings werden hier noch wesentlich mehr Energien in die Überzeugung der potentiellen Investoren (vor allem der bisherigen Grundstückseigentümer) fließen. Das Planungsamt, dem die Aufgabe vor allem zufällt, entlastet sich in der Regel dadurch, daß die Pläne für einzelne Teilbereiche des Sanierungsgebietes von freien Architekten (meist politisch aktiven) vorgelegt werden. Ein ortsnahes Sanierungsbüro (des Planungsamtes oder des Sanierungsträgers) unterrichtet die von der Sanierung betroffene und an der Sanierung interessierte Bevölkerung.[57]

Für die Administration von Veränderungen der Grundstückszuschnitte ist das Liegenschaftsamt zuständig, für die Erfassung der Veränderungen das Katasteramt. Da die Aufgabe so komplex und langwierig ist, haben viele Städte private oder halböffentliche Träger (z.B. eine Baugesellschaft wie die Neue Heimat) mit der Sanierung beauftragt, die das Projekt „aus einer Hand" umsetzten.[58] In manchen Städten, so auch in Leonberg, wurde die Konkurrenz einer neuen Stadtmitte (auf der grünen Wiese oder einem durch Umnutzung neu bebaubaren Grundstück) – realisiert durch ortsfremde Investoren – bewußt als Druck- bzw. Anreizmittel eingesetzt.[59]

Da bereits überschaubare Investitionsvorhaben, wie beispielsweise das Hallenbad, eine Vielzahl von Verwaltungsdienststellen berühren, wurde schon in den siebziger Jahren vorgeschlagen, diese Aufgaben zu bündeln und sie im Zuge eines Projektmanagements (Management by Objectives, MbO) durchzuführen. Dies ist auch z.T. praktiziert worden. Dabei gingen – von der Planung bis zur Fertigstellung – maßnahmenbe-

57 Naßmacher 1987, S. 261, 264.

58 Der Trend zur Stadtentwicklung durch Entwicklungsgesellschaften setzt sich fort.

59 Vgl. auch Wollmann, in: Grauhan 1972, S. 234-253; Naßmacher 1987, S. 260.

zogene Aufgaben vorübergehend an eine besonders dafür eingerichtete Verwaltungseinheit über. Die Diskussion über diese Form, einmalige Aufgaben zu bewältigen, ist durch Beschäftigung mit den Politikbereichen Wirtschaftsförderung und Umweltschutz wieder belebt worden. Inzwischen wurde erkannt, daß viele Daueraufgaben der Verwaltung, deren effiziente und bürgernahe Erledigung von der Bevölkerung erwartet wird, von verschiedenen Ämtern nacheinander bearbeitet werden müssen. Das bedingt lange Bearbeitungswege; das Ergebnis des Verwaltungshandelns (der Output) erscheint vielfach nicht mehr akzeptabel.

Deshalb müßte die Verwaltung nach ihren Ergebnissen (Produkten)[60] umorganisiert werden. Die innerhalb der Verwaltung für das Produkt (z.B. Betrieb eines Schwimmbades) anfallenden Aufgaben sind in einer Organisationseinheit zu konzentrieren. Da eine solche Einheit mit dem Betrieb und Unterhalt eines Hallenbades nicht ausgelastet ist, erscheint es sinnvoll, andere Infrastruktureinrichtungen durch die gleiche Organisationseinheit betreuen zu lassen, z.B. andere Sportanlagen, Schulen, Kindergärten und Kindertagesstätten. Diese Aufgabe könnte beispielsweise einem Vermögensbetrieb[61] oder der Gebäudewirtschaft übertragen werden. Die Zuordnung würde allerdings die eigentliche Aufgabe des Bades verfehlen. Daher kommt das Produkt Hallenbad im Produktplan Sport und Bäder noch einmal vor.[62] Insgesamt wird das Problem nicht dadurch gelöst, daß in unterschiedlichen Bereichen am Produkt „Hallenbad" gearbeitet wird. Diese Schwierigkeit tritt natürlich auch bei der Bereitstellung und Unterhaltung von Kindergartenplätzen auf.

In Sachsen-Anhalt haben die kreisangehörigen Gemeinden „zu einer bedarfsgerechten Versorgung mit Plätzen der Kinderbetreuung beizutragen".[63] Für den Vollzug[64] ist in Burg das Amt für Bildung,

---

60 Die Ausarbeitung der Produktpläne in den einzelnen Verwaltungen ist in vollem Gange.

61 KGSt 5/1997, S. 175. Dieser Weg wurde auch in Leichlingen beschritten.

62 KGSt 5/1997, S. 125.

63 Gesetz zur Förderung von Kindern in Tageseinrichtungen (KiTAG) vom 26. Juni 1991 (GVBl. LSA Nr. 14/1991, S. 126-129); Gesetz zur Förderung und Betreuung von Kindern (KiBeG) vom 26. Juni 1991 (GVBl. LSA 1991, 126; § 12, Abs. 2).

64 Die Länder haben den Gemeinden in ihren Landesgesetzen in der Regel sehr viel Spielraum eingeräumt, wie sie diesen Anspruch realisieren wollen. In Sachsen-Anhalt besteht nach § 3, Abs. 2 KiBeG LSA der Rechtsanspruch auf einen Kindergarten- bzw. Hortplatz bis 14 Jahre. Das Land behält sich häufig die Zu-

Kultur und Soziales mit fünf Angestellten (1998) zuständig. Traditionell – aber auch durch das BSHG (§ 10), das KJHG (§ 4) sowie höchstrichterliche Entscheidungen abgesichert[65] – müssen die Städte beim Angebot von Kindergartenplätzen freien Trägern den Vortritt lassen (Subsidiaritätsprinzip).[66] Die Kirchen engagieren sich in Westdeutschland in diesem Bereich sehr stark, in Ostdeutschland fehlen sie als Stütze der Kommunen.[67] Auch in Westdeutschland haben neuerdings die Kirchen aufgrund der Kirchenaustritte geringere Einnahmen und damit Schwierigkeiten, alle Einrichtungen weiter zu betreiben oder gar neue zu eröffnen. In Ostdeutschland können die Kirchen durch ihre schwache Stellung in diese Rolle nicht hineinwachsen. So wurde in Burg nur eine Einrichtung von der katholischen Kirche betrieben; ihre Bereitschaft, nach der Wende jeweils eine zu übernehmen, bekundeten nur das DRK und eine Fraueninitiative.

Seit 1990 bemühte sich zunächst das Schulverwaltungsamt (Aufgabengruppe 50 – Jugend) um Möglichkeiten, andere Träger für Einrichtungen zu gewinnen, die nach der Wende der Stadt zugefallen waren. 1996 wurden noch 14 von der Stadt verwaltet, 1998 noch neun.[68] Tatsächlich gelang es der Stadt Burg zwei Einrichtungen an andere Träger, das DRK und die Lebenshilfe e.V. (heilpädagogische Kindertagesstätte), zu vermitteln. Vier Einrichtungen mußten seit 1991 geschlossen werden. Die katholische Kirche betreibt weiterhin ihren Kindergarten. Bei der evangelischen Kirche bestand keinerlei Neigung, eine Übernahme zu erwägen.[69] 1998 sind für ca. 56% aller Kinder in der Altersgruppe 0 bis 3 Jahre und in der Altersgruppe 3 Jahre bis zum Schuleintritt für ca. 94% der Berechtigten Plätze vorhanden.[70] Damit hatte die Stadtverwaltung nach der Wende zusätzliche Aufgaben erhalten: Das Personal[71] mußte

---

ordnung von Gruppengrößen und Personal vor. In vielen Bundesländern ist zusätzlich das Landesjugendamt in die Aufgabenerfüllung eingeschaltet. Zur Situation in Nordrhein-Westfalen s. Greese, in: Wollmann/Roth 1999, S. 724.

65 Treutner, in: Voigt 1995, S. 277.

66 Siehe unten, Abschnitt 2.4.2.

67 Zum quantitativen Vergleich der Trägerschaft von Kindergartenplätzen s. Karrenberg/Münstermann 1997, S. 165.

68 Haushaltsplan 1998, hier Stellenplan.

69 Interview mit der Leiterin des Schulverwaltungsamtes am 2.10.1991.

70 Kindertagesstättenplan der Stadt Burg für das Kindertagesstättenjahr vom 1.8.1998 bis 31.7.1999.

71 Zum kommunalen Dienstrecht und Personal s. Lorenz/Wollmann, in: Wollmann/Roth 1999, S. 490ff. und Reichard, ebenda, S. 512ff.

eingestellt oder übernommen werden (Personalamt), die Gebäude erworben oder gemietet werden (Liegenschaftsamt und Rechtsamt). Für den Betrieb war eine Gebührensatzung vorzubereiten und laufend der Eingang der Gebühren zu überwachen (Kämmerei, Rechtsamt, Kommunalaufsicht). Die Kreise müssen auf der Grundlage der von den Gemeinden vorgenommenen Bedarfsschätzungen einen Entwicklungsplan aufstellen,[72] der als Satzung vom Kreistag zu beschließen ist. Besondere Schwierigkeiten ergaben sich durch die Höhe der Benutzungsgebühr (umgangssprachlich „Kindergartenbeitrag"). Hier fiel vor allem den Mitgliedern des Gemeinderates und den Leiterinnen der Einrichtungen die undankbare Aufgabe zu, den Eltern die beträchtlich erhöhten Gebührensätze nahezubringen. Schon deshalb war zu erwarten, daß im städtischem Haushalt ein erhöhter Deckungsbedarf anfiel.[73]

Gerade bei Kindergartenplätzen zeigt sich, daß die Ansprüche der Planer, Nutzer oder Geldgeber sehr unterschiedlich ausfallen. Während in Ostdeutschland zwar bauliche Einrichtungen vorhanden sind, diese aber den westlichen Qualitätsvorstellungen nur selten gerecht werden, fehlen im Westen die Bauten. Im Hinblick auf den Service entsprechen die ostdeutschen Einrichtungen mit ihrem Angebot einer Ganztagsbetreuung besser den Vorstellungen berufstätiger Mütter, während der zeitlich begrenzte Service im Westen für eine zukunftsorientierte Gesellschaftspolitik keinesfalls ausreicht. Die unterschiedlichen Vorstellungen und Prioritäten bei den Dienstleistungen beeinflussen Personal- und Sachkosten, die sich im Haushaltsplan niederschlagen.

2.2.2 *Haushaltsplan als ausdifferenziertes Aufgabenspektrum*

Der von allen Gemeinden (wie von anderen Zweigen der öffentlichen Verwaltung) alljährlich aufzustellende Haushaltsplan bietet ebenso wie der Organisationsaufbau eine Übersicht zu den kommunalen Aufgaben. Jede Ausgabe und Einnahme einer Gemeinde ist nach Art und Umfang im Haushaltsplan zu berücksichtigen (zu veranschlagen). Je-

---

72 § 9, Abs. 1 KiBeG LSA.

73 Vgl. unten, Abschnitt 3.1.1.

der Bürger hat das Recht, den Haushaltsplan seiner Gemeinde einzusehen; davon machen aber nur ganz wenige Gebrauch, weil fast allen Bürgern der Haushaltsplan als ein „Buch mit 7 Siegeln“ erscheint. Tatsächlich ist er das nicht, man muß allerdings wenigstens die Prinzipien des Aufbaues kennen.

Glücklicherweise gelten für die Gliederung des Haushaltsplanes in allen Bundesländern die gleichen Grundsätze.[74] Das Gemeindehaushaltsrecht wurde 1973 in den einzelnen Ländern novelliert. Seither gibt es ein einheitliches Gemeindehaushaltsrecht für das ganze Bundesgebiet, das nur geringe landesspezifische Modifikationen aufweist. Für die ostdeutschen Gemeinden sind entsprechende Regeln nach Bildung der neuen Länder rasch in Kraft gesetzt worden. Jeder Gemeindehaushalt gliedert sich zunächst einmal in den Verwaltungshaushalt und den Vermögenshaushalt. Der Verwaltungshaushalt umfaßt die laufende Tätigkeit der Verwaltung, also alle Einnahmen und Ausgaben, die nicht vermögenswirksam sind. Der Vermögenshaushalt enthält alle Einnahmen und Ausgaben, die sich auf Investitionsmaßnahmen in der Gemeinde beziehen. Bei Gebäuden gehören also die Betriebskosten (Heizung, Reinigung) und der Erhaltungsaufwand (Anstrich, Reparatur) in den Verwaltungshaushalt, die Neuanschaffung (Kauf oder Bau) und jede Wertverbesserung (Doppelfenster, Wärmedämmung) in den Vermögenshaushalt. Beide Haushalte gliedern sich wiederum in Einzelpläne (s. Abb. 2.4). Den beiden Haushaltsteilen und ihren (gleichlautenden) Einzelplänen werden alle kommunalen Aufgaben, die zu ihrer Erfüllung erforderlichen Ausgaben und die dabei anfallenden Einnahmen[75] zugeordnet. Lediglich der Einzelplan 9 (Allgemeine Finanzwirtschaft) weist regelmäßig mehr Einnahmen als Ausgaben auf. Bei den anderen Einzelplänen ist es genau umgekehrt. Wenn alle Ausgaben durch Einnahmen gedeckt sind, d.h. der Haushalt ausgeglichen ist, ergibt sich als Gesamtsumme aller Einzelpläne stets der gleiche Betrag für Einnahmen und Ausgaben. Mit der Kunst, diesen Haushaltsausgleich herbeizuführen, werden wir uns noch beschäftigen.[76]

---

74 Eine kurzgefaßte Übersicht geben Oberlack, in: Voigt 1984, S. 205-207; Kunz, in: Gabriel 1989a, S. 62f.; Pohl/Voigt, in: Klemisch u.a. 1994, S. 96f., 101-105; auch Reiners 1993.

75 Die Einnahmen werden uns später noch beschäftigen; s. unten, Kapitel 3.

76 Siehe unten, Abschnitt 4.4.

Maßgebend für die Gliederung ist die jeweilige Verordnung über die Aufstellung und Ausführung des Haushaltsplans der Gemeinden (Gemeindehaushaltsverordnung, GemHVO).[77] Danach umfaßt der *Vermögenshaushalt* auf der Einnahmenseite

- die Zuführung vom Verwaltungshaushalt,
- Einnahmen aus der Veränderung des Anlagevermögens,
- Entnahmen aus Rücklagen,
- Zuweisungen und Zuschüsse für Investitionen und die Förderung von Investitionen Dritter, Beiträge und ähnliche Entgelte,
- Einnahmen aus Krediten und inneren Darlehen.

Zur Ausgabenseite gehören

- Tilgung, Rückzahlung und Ablösung von Krediten, Darlehen und Dauerlasten,
- Ausgaben für die Veränderung des Anlagevermögens,
- Zuweisungen und Zuschüsse für Investitionen Dritter sowie Verpflichtungsermächtigungen,
- Zuführungen zu Rücklagen,
- Deckung von Fehlbeträgen aus den Vorjahren,
- Übertragungen (Zuführungen) an den Verwaltungshaushalt.[78]

Alle anderen Einnahmen und Ausgaben einer Gemeinde (oder eines Kreises) gehören in den *Verwaltungshaushalt.* Dazu rechnen insbesondere Personalausgaben (Dienstbezüge der Beamten, Gehälter der Angestellten, Löhne der Arbeiter, sonstige Beschäftigungsentgelte und Aufwandsentschädigungen; Beiträge für Versorgungskassen, Zusatzversicherungen, Sozial- und Unfallversicherung; Beihilfen, Unterstützungen, andere Personalnebenausgaben sowie das Kindergeld), Bürobedarf (einschließlich Bücher, Zeitschriften, Drucksachen, Post- und Fernmeldegebühren, öffentliche Bekanntmachungen, Dienstreisen), aber auch zweckgebundene Ausgaben für einzelne Dienstleistungen der Gemeinde.

---

77 Gemeindehaushaltsverordnung vom 27. August 1973 i.d.F. vom 17. März 1997 (Nds. GVBl. S. 90); Gemeindehaushaltsverordnung vom 22. Oktober 1991 (GVBl. LSA S. 378); Verordnung des Innenministers über die Haushaltswirtschaft der Gemeinde (GemHVO) vom 7. Dezember 1994 (Gbl. B.-W. S. 648); Verordnung über die Aufstellung und Ausführung des Haushaltsplans der Gemeinden – Gemeindehaushaltsverordnung (GemHVO) vom 14. Mai 1995 (GV. NW S. 516).

78 Vgl. § 1 GemHVO.

Die voraussichtlichen Ausgaben für jede einzelne Leistung der Kommunen werden – wie bereits erwähnt – in *Einzelplänen* veranschlagt (s. Abb. 2.4). Diese gliedern sich in Abschnitte.

Zum Einzelplan 4 (Soziale Sicherung) gehören u.a. die *Abschnitte*

- Verwaltung der sozialen Angelegenheiten
- Soziale Einrichtungen
- Einrichtungen der Jugendhilfe,
- zum Einzelplan 5 (Gesundheit, Sport, Erholung) u.a. die *Abschnitte*
- Förderung des Sports,
- Eigene Sportstätten,
- Badeanstalten,
- Park- und Gartenanlagen.

Richten wir unsere Aufmerksamkeit nun auf zwei Einzelbereiche aus der Fülle des sozialen Dienstleistungsangebots der Gemeinden: Kinderbetreuung und Schwimmbäder. Den einzelnen Abschnitten des Haushaltsplans sind wiederum *Unterabschnitte* zugeordnet; diese enthalten verschiedene Haushaltsstellen. In *Leichlingen* sah der Verwaltungshaushalt für 1975 (also noch vor der Fertigstellung des Hallenbades) im Abschnitt 57 (Badeanstalten) beim Unterabschnitt 570 (Städtisches Hallen- und Freibad) folgende Ausgaben in den *Haushaltsstellen* vor:

570.400	Personalkosten	159.843 DM
570.500	Sächliche Verwaltungs- und Betriebsausgaben	4.460 DM
570.501	Unterhaltung der Gebäude und Aussenanlagen	13.000 DM
570.520	Unterhaltung und Beschaffung von Geräten, Ausstattungen und Ausrüstungsgegenständen	3.000 DM
570.540	Steuern (ohne Umsatzsteuer) und sonstige Ausgaben, Versicherungen	1.200 DM
570.541	Umsatzsteuer, Mehrwert- und Vorsteuer	4.000 DM
570.542	Heizung, Beleuchtung, Wasserversorgung, sächliche Reinigungs- und andere Bewirtschaftungskosten	40.000 DM
570.632	Fernmeldegebühren und dergl.	800 DM
570.665	Vermischte Ausgaben	50 DM
Den *Ausgaben* von insgesamt		226.353 DM
standen *Einnahmen* von insgesamt		199.600 DM
gegenüber, so daß sich allein für das Freibad ein *Zuschußbedarf* von ergab.[79]		27.753 DM

79 Stadt Leichlingen: Haushaltssatzung mit Haushaltsplan für das Jahr 1975, S. 189, 191.

Abb. 2.4: Zusammenfassung der Einnahmen und Ausgaben im Haushaltsplan der Stadt Leichlingen

Einzelpläne für das Haushaltsjahr 1998 (in DM)	Verwaltungshaushalt		Vermögenshaushalt		Insgesamt	
	Einnahmen	Ausgaben	Einnahmen	Ausgaben	Einnahmen	Ausgaben
0 Allgemeine Verwaltung	730 530	5 568 220	0	223 400	730 530	5 791 620
1 Öffentliche Sicherheit und Ordnung	509 090	1 643 300	336 700	527 000	845 790	2 170 300
2 Schulen	122 750	5 470 080	1 012 000	3 321 000	1 134 750	8 791 080
3 Wissenschaft, Forschung, Kulturpflege	514 630	1 373 640	100	5 000	514 730	1 378 640
4 Soziale Sicherung	7 437 340	18 095 420	100 000	474 950	7 537 340	18 570 370
5 Gesundheit, Sport, Erholung	31 760	1 590 130	0	5 000	31 760	1 595 130
6 Bau- und Wohnungswesen, Verkehr	1 256 380	6 652 250	680 700	1 156 000	1 937 080	7 808 250
7 Öffentliche Einrichtungen, Wirtschaftsförderung	15 934 270	15 824 840	0	330 730	15 934 270	16 155 570
8 Wirtschaftliche Unternehmen, allgemeines Grund- und Sondervermögen	2 642 060	264 390	1 500 000	300 000	4 142 060	564 390
9 Allgemeine Finanzwirtschaft	44 080 690	18 090 240	10 332 570	7 618 990	54 413 260	25 709 230
insgesamt	73 259 500	74 572 510	13 962 070	13 962 070	87 221 570	88 534 580

Der Abschluß für das Jahr 1975 wies Ausgaben in Höhe von DM 213.820 und Einnahmen von DM 87.100 aus, so daß sich gegenüber dem veranschlagten Zuschußbedarf von DM 26.753 der tatsächliche Zuschußbedarf auf DM 126.720 erhöhte.[80]

In *Burg* sah der Verwaltungshaushalt für 1998 im Abschnitt 46 (Einrichtungen der Jugendhilfe) beim Unterabschnitt 4643 (Kita „Burattino“) folgende Ausgaben in den *Haushaltsstellen* vor:

4800	Personalausgaben	1.496.100 DM
5000	Unterhaltung der Grundstücke	20.000 DM
5300	Geräte und Ausstattungen	2.600 DM
5310	Mieten für Anlagen	0 DM
5400	Bewirtschaftungskosten	237.000 DM
5600	Dienstbekleidung	100 DM
5700	Verpflegung	72.000 DM
5800	Sanitätsverbrauchsmittel	100 DM
6160	Spiel- und Beschäftigungsmaterial (151 Kinder a 35 DM)	5.300 DM
6310	Spendenausgabe Mehreinnahmen in Gruppe 1760 berechtigen zu Mehrausgaben in Gruppe 6310	0 DM
6420	Haftpflichtversicherung	200 DM
6590	Geschäftsausgaben	3.400 DM
6790	Verwaltungskostenerstattung	179.600 DM
6791	Ausgaben – Innere Verrechnung	6.000 DM
Den *Ausgaben* von insgesamt		2.220.400 DM
standen *Einnahmen* von		1.549.800 DM
gegenüber, so daß sich für diese Einrichtung ein *Zuschußbedarf* von ergab.[81]		462.600 DM

Angaben zum Personal von städtischen Einrichtungen der Kernverwaltung enthält der *Stellenplan*, der alle Beamtenstellen und die Stellen der dauerbeschäftigten Angestellten und Arbeiter ausweist und zeigen soll, in welchem Aufgabenbereich das Personal tätig ist und in welche Besoldungsgruppen es eingestuft wurde. In Leichlingen wiesen der Stellenplan[82] und die Stellenübersicht bereits vor Eröffnung des Hallenbades eine Stelle der Vergütungsgruppe Vc, eine Stelle der Vergütungsgruppe VIb, vier der Vergütungsgruppe VII/IX, zwei der

80 Mitteilung der Stadt Leichlingen vom 19.10.1978.

81 Stadt Burg, Haushaltsplan und Haushaltssatzung 1998 einschließlich Fortführung des Haushaltssicherungskonzeptes bis 2001, S. 125.

82 Vgl. Müthling 1973, S. 347f.; Fuchs, in: Püttner 1985, S. 405f.; Haus u.a. 1986, S. 140.

Lohngruppe I und drei der Lohngruppe III/IV, eine der Lohngruppe VII aus. Besetzt wurden diese Stellen durch Bademeister, Kassierer, sonstiges Verwaltungspersonal und Reinmachefrauen.[83] Der Burger Stellenplan für die Kita „Burattino I/II“ sieht je zwei Stellen der Vergütungsgruppen IVb und Vb, insgesamt 26 Stellen der Vergütungsgruppe Vc und eine Stelle der Lohngruppe 4 vor. Diese Stellen sind mit je einer Leiterin, je einer Erzieherin/stellv. Leiterin, Erzieherinnen und einem Hausmeister besetzt.[84] Die für dieses Personal erforderlichen Ausgaben (Gehälter, Löhne, Personalnebenkosten) sind im *Sammelnachweis* für die Personalausgaben (in Leichlingen 1975 wie in Burg 1998 als Sammelnachweis 1[85] bezeichnet) enthalten; ihre Summe wird in die Haushaltsstelle 570.400 bzw. 4800 übertragen. Zusammen mit den anderen, zum laufenden Betrieb einer Badeanstalt bzw. einer Kindertageseinrichtung erforderlichen, Aufwendungen bilden die entsprechenden Haushaltsstellen den Unterabschnitt 570 bzw. 4643.

Während die laufenden Ausgaben einer öffentlichen Einrichtung sich im Verwaltungshaushalt finden, gehören die Investitionsausgaben in den entsprechenden Einzelplan, Abschnitt und Unterabschnitt des Vermögenshaushaltes. Für Investitionsmaßnahmen der Kita „Burattino“ – so der Abschnitt 4643 im Vermögenshaushalt der Stadt Burg – waren für 1998 15.000 DM veranschlagt. Der Bau eines Hallenbades in Leichlingen fand damals seinen Niederschlag im Vermögenshaushalt, Einzelplan 5, Abschnitt 57, Unterabschnitt 570. Die Kosten für den Bau bzw. den laufenden Unterhalt einer Infrastruktureinrichtung sind im Haushaltsplan (beim Hallenbad: Unterabschnitt 570 jeweils Verwaltungshaushalt bzw. Vermögenshaushalt) leicht auffindbar.

Inzwischen ist Leichlingen dem Trend der Zeit gefolgt und hat das Hallenbad in die Bäderbetriebs- und Beteiligungs GmbH eingebracht. Dadurch wurde der allgemeine Haushaltsplan schlanker. Die laufenden Ausgaben für das Hallenbad und die Erneuerungsinvestitionen erscheinen daher weder im Verwaltungs- noch im Vermögenshaushalt. Dafür muß die Stadt – wie für die sonstigen in privatwirtschaftlicher Rechtsform geführten Unternehmen – nach der kaufmännischen Rech-

---

83 Stadt Leichlingen, Haushaltssatzung mit Haushaltsplan 1975, S. 337-347, insb. S. 345.

84 Stadt Burg, Haushaltsplan 1998 ..., S. 363.

85 Stadt Leichlingen, Haushaltssatzung mit Haushaltsplan 1975, S. 255-262; Stadt Burg, Haushaltsplan 1998 ..., S. 302ff..

nungslegung für jedes Rechnungsjahr eine Bilanz sowie eine Gewinn- und Verlustrechnung vorlegen. Im Haushaltsplan der Stadt ist nur noch ein vereinbarter Zuschuß oder der vorhersehbare Zuschußbedarf auszuweisen (Verwaltungshaushalt, Unterabschnitt 570).[86] Ein solches Vorgehen soll die Transparenz des Verwaltungshandelns fördern und die Effizienz erhöhen.

Aber auch für nicht organisatorisch verselbständigte Bereiche der Verwaltung besteht das Bestreben, die Eigenverantwortung zu verbessern und sie den neuen Vorschlägen für das Management anzupassen. Dies hat dazu geführt, die Möglichkeit zu eröffnen, die für einzelne Bereiche veranschlagten Mittel im Sinne von vorher festgelegten Produkten flexibler verwenden zu können. Deshalb heißt es in der aktuellen Fassung der Gemeindehaushaltsverordnung: „Einnahmen und Ausgaben des Verwaltungshaushalts für einen funktional begrenzten Aufgabenbereich, der einer Verwaltungsstelle der Gemeinde zur eigenverantwortlichen Bewirtschaftung zugewiesen ist, können aus Gründen der Förderung der wirtschaftlichen Aufgabenerfüllung durch Haushaltsvermerk zu einem finanziellen Rahmen (Budget) verbunden werden; .... . Das gleiche gilt für entsprechende Einnahmen und Ausgaben des Vermögenshaushalts.“[87] Die Experimentierklauseln[88] sollen größere Flexibilität im Rahmen der bisher praktizierten Haushaltswirtschaft – sie wird als Kameralistik bezeichnet – zulassen. Diese Art der Rechnungslegung gilt inzwischen als veränderungsbedürftig. Als Problem wird genannt, daß Haushalts-, Finanz- und Vermögensrechnung kaum miteinander verknüpft sind und daß über den Ertrag, die Leistungen, den gestifteten Nutzen oder gar die Wirtschaftlichkeit von Maßnahmen nichts ausgesagt wird.[89] Denn ein traditioneller Haushaltsplan gibt Sollwerte vor (al-

---

86 „Nach dem vorläufigen Jahresabschluß 1997 wird der Verlustausgleich für den Bereich des Hallenbades im Jahr 1998 rd. 700.000 DM betragen.“ (Stadt Leichlingen, Haushaltssatzung ... 1998, S. 3/163).

87 § 8 II Gemeindehaushaltsverordnung vom 17. März 1997 (Nds. GVBl. S. 90).

88 § 126, Abs. 2 GO NW vom 14.7.1994 (GV. NW. S. 666). Ab Januar 1998 sollte ein Viertel der Kommunen für einen Zeitraum von 5 Jahren von Vorgaben des Landes freigestellt werden. Auch in Baden-Württemberg, Bayern und Rheinland-Pfalz sind Experimentiertklauseln in die Gemeindeordnungen eingefügt (Voigt, in: Mäding/Voigt 1998, S. 33). In Bayern und Baden-Württemberg wurden Pilotkommunen ausgewählt.

89 Die traditionelle Kameralistik gibt Rechenschaft darüber, ob die erfolgten Ausgaben mit den Einnahmen zur Deckung kommen, läßt aber keine Auskunft über das Leistungsergebnis (also Quantität und Qualität der Aufga-

so das, was für die einzelne Haushaltsposition im Jahr ausgegeben werden darf), denen sich erst am Ende des Jahres die Istwerte (das, was tatsächlich ausgegeben wurde) gegenübergestellen lassen. Auch das Rechnungsprüfungsamt wird im Hinblick auf die Wirtschaftlichkeit der Maßnahmen nicht mehr als geeignetes Korrektiv angesehen, da seine Kontrollen sich nur auf die vorschriftsmäßige Mittelverwendung beziehen.[90]

Daher soll die kaufmännische Buchführung für die gesamte Verwaltung eingeführt werden und dort die Kameralistik ersetzen.[91] Der Übergang zur kaufmännischen Buchführung kann – wie am Beispiel Hallenbad gezeigt wurde – durch eine privatrechtliche Gesellschaftsform (GmbH oder AG) unmittelbar erreicht werden. Durch Führung einzelner Teile der Verwaltung als GmbH oder AG verschlankt sich zunächst der Haushaltsplan (Verwaltungs- und Vermögenshaushalt), dafür wird der Anhang umfangreicher. Ob sich auf diese Weise die finanzielle Lage einer Stadt übersichtlicher darstellen läßt, muß allerdings bezweifelt werden.

Vom Übergang in die kaufmännische Buchführung (doppelte Buchhaltung, Doppik) erwarten Verwaltungsreformer einen Beitrag zur optimalen Steuerung. Die kaufmännische Buchführung bietet am Jahresende auch Außenstehenden Informationen über Kapitalverwendung (Aktiva) und Kapitalherkunft (Passiva) und dadurch einen Überblick über Vermögen und Schulden.[92]

---

benerfüllung) zu. Grundsätzliche Schwäche der Kameralistik ist das Kassenwirksamkeitsprinzip. Die Kameralistik kann lediglich Liquiditätskontrolle sein, ermittelt jedoch nicht den betriebswirtschaftlichen Erfolg (Vogel, in: Hill/Klages 1993, S. 79). Der tatsächliche Aufwand ließe sich nur durch die Einbeziehung auch nichtkassenwirksamer Kosten, also vor allen Dingen der Abschreibungen und kalkulatorischen Eigenkapitalzinsen angemessen darstellen (Otting 1997, S. 59). Es fehlt zudem eine Auskunft darüber, wie die Haushalte in zukünftigen Jahren durch bereits getroffene Entscheidungen belastet werden (Kuban, in: Wollmann/Roth 1999, S. 484).

90 Vgl. Siedentopf, in: Püttner 1985, S. 530; Haus, u.a. 1986, S. 146f.

91 Die dritte Umfrage des Deutschen Städtetages zur Thema Verwaltungsreform hat ergeben, daß die Städte ihre Reformbemühungen vor allem auf das Haushalts- und Rechnungswesen konzentrieren. Die Zahl der Städte, die sich aber bereits einer doppelten Buchführung bedienen, liegt nur bei 4% (FAZ vom 25.8.1998). In Baden-Württemberg soll spätestens im Jahre 2004 nach einem System gearbeitet werden, das Elemente der Kameralistik mit betriebswirtschaftlichen Instrumenten verbindet (Südkurier vom 6.7.1998).

92 Im traditionellen Haushaltsplan werden die Vermögensbestände (Gebäude, Einrichtungsgegenstände, Straßen, sonstige Bandinfrastruktur, Grundstücke = Lie-

Differenzierte Informationen zu Einnahmequellen und Kostenarten (Personal, Heizung u.a.) liefert die Gruppierungsübersicht[93] im Haushaltsplan schon heute. Nur wenn die Kostenträger (Produkte), also einzelne Leistungen der Verwaltung, bei den Kostenstellen (Badeanstalten, Kindergärten) ausdifferenziert werden, läßt sich größere Transparenz erzielen. Ansonsten wird sich diese nicht wesentlich verbessern. Daß bei städtischen Einrichtungen große Verluste auftreten, kann der Bürger auch heute schon den entsprechenden Abschnitten des Haushaltsplanes entnehmen, denn der Zuschußbedarf ist dort unmittelbar ausgewiesen. Diese Überlegungen werden später wieder aufgegriffen.[94]

Zunächst soll aber ein anderer bedeutsamer Ausgabenposten im Haushalt der Gemeinden im Mittelpunkt der Betrachtung stehen: Nahezu 20% des Haushaltsvolumens (Verwaltungshaushalt und Vermögenshaushalt zusammengenommen) entfallen in den Beispielgemeinden (aber auch im Durchschnitt aller Gemeinden) auf Baumaßnahmen. Die Gemeinden beteiligen sich durch die, im Vermögenshaushalt ausgewiesene, Bautätigkeit ganz erheblich am Gesamtvolumen der öffentlichen Investitionen, aber auch an der baulichen Gestaltung der gesellschaftlichen Umwelt.

2.3 Kleinräumige Steuerung der Umweltentwicklung

Einrichtungen für öffentliche Dienstleistungen, z.B. in den Bereichen Bildung (Schulen, Volkshochschulen), Sozialwesen (Kindergärten, Krankenhäuser, Altenheime), Erholung (Badeanstalten, Grünanlagen, Sportplätze), gehören zur Infrastruktur im weitesten Sinne. Faßt man diesen Begriff jedoch enger, dann rücken Vorleistungen zur Versor-

---

genschaften) und deren Wert nicht beziffert. Diese sind nur indirekt sichtbar, indem Unterhaltungskosten (Verwaltungshaushalt) oder Erneuerungs-/Modernisierungsinvestitionen (Vermögenshaushalt) für Gebäude, Straßen und sonstige Infrastruktur veranschlagt werden. Kalkulatorische Kosten (z.B. für Zinsen, Abschreibungen) wurden bisher nur ermittelt, soweit die Bürger die Kosten solcher Einrichtungen unmittelbar mittragen müssen, nicht also für Schulen, Verwaltungsgebäude, Straßen u.a. S. unten, Abschnitt 3.3.

93 Sie findet sich am Anfang eines jeden Gemeindehaushalts, nach Gesamtplan und Haushaltsquerschnitt, vor Finanzierungsübersicht und den Einzelplänen des Verwaltungshaushalts.

94 S. unten, Abschnitt 3.1.1.

gung und Entsorgung sowie die Verkehrswege in den Mittelpunkt der Betrachtung, die überwiegend von der öffentlichen Hand bereitgestellt werden. Zusammen mit den Maßnahmen der Bauleitplanung schaffen solche Investitionen die unerläßlichen Voraussetzungen für den Bau von Wohnungen und die Schaffung von Arbeitsplätzen. Eine Verknüpfung des kommunalen Dienstleistungsangebots mit der Nutzung der im Gemeindegebiet vorhandenen Flächen und den öffentlichen Infrastrukturinvestitionen erwarteten in den siebziger Jahren viele von einer kommunalen Entwicklungsplanung. Heute traut man diese Wirkung eher gezielten Einzelinvestitionen zu. Beide Vorgehensweisen beinhalten sehr komplexe Strategien. Stadtentwicklung bedeutet Gestaltung des Zusammenlebens von Menschen und ist deshalb mehr als eine räumliche Entwicklungsplanung. Daher haben sich sehr unterschiedliche Ansätze herausgebildet.[95]

2.3.1 Entwicklungsplanung: Gesamtkonzept oder strategische Intervention?

Die Frage, wie eine Innenstadt attraktiver zu machen ist, wurde in nahezu allen Großstädten, aber auch in vielen Klein- und Mittelstädten durch Einrichtung einer Fußgängerzone beantwortet. Die hochgesteckten Erwartungen der siebziger Jahre erfüllten sich besonders in kleinen Städten: Je kleiner die Stadt ist, desto eher hatte sie die Chance, sich durch die Fußgängerzone positiv zu verändern.[96] Dabei kommt es wesentlich auf ein attraktives Angebot an: Läden, Arztpraxen, Gastronomie neben dem Wohnen sowie ein (das Stadtbild prägendes) Nebeneinander von Alt und Neu. In vielen Städten reichte die Einrichtung einer Fußgängerzone zur Stadterneuerung nicht aus. Zusätzlich mußte eine umfangreiche Stadtsanierung in Gang gesetzt werden. In den neuen Bundesländern wurde (wie schon in Leonberg) der Handlungsdruck oft durch neue Dienstleistungsangebote (häufig regional bedeutsame Einkaufszentren) erhöht. Ob nach Eröffnung von Einkaufszentren am Stadtrand die Investitionsbereitschaft oder -fähigkeit im Stadtkern noch ausreicht, ist

95 Schneider 1997, S. 126; Schimanke, in: Voigt 1984, S. 134f.

96 Peters 1977; vgl. die Übersichten bei Monheim 1975, S. 91ff. Negative Folgen beschrieb bereits die Studiengruppe „Wohnungs- und Stadtplanung“ aus Frankfurt, in: Nahverkehrspraxis Nr. 2/1978, S. 56.

schwer zu prognostizieren. Schließlich binden die Zentren übermäßig viel Kaufkraft, die dann dem Stadtkern fehlt.[97] Jedenfalls hatte dieses Vorgehensmuster in den westdeutschen Städten der siebziger Jahre den positiven Effekt, daß starke auswärtige Investoren nicht die alten Stadtkerne durch eine Flächensanierung (bei Abriß der vorhandenen Bausubstanz) erneuern konnten. In den alten Bundesländern wurden maßstäbliche Sanierungen einzelner Häuser bzw. Blöcke geplant und nach zwanzig Jahren auch verwirklicht.

Um einen Ortskern neu zu gestalten, müssen Planungs- und Investitionsmaßnahmen einander ergänzen. Die Stadt ist Trägerin der Planungshoheit; nur sie kann Grundstücke für eine neue Nutzung vorsehen und den Verlauf der Verkehrswege im Stadtgebiet festlegen. Gleichzeitig ist die Stadt auch Trägerin des öffentlichen Wegebaus; sie läßt im Falle der Fußgängerzone die Umgehungsstraße bzw. die Zugangswege zur neuen Stadtmitte bauen und auch die bisherige Durchgangsstraße im alten Stadtzentrum als Fußgängerstraße herrichten. Dabei werden nicht nur Verkehrsbeziehungen, sondern u.U. der ganze Lebensrhythmus einer Stadt verändert; der Zusammenhang mit Fragen der Stadtentwicklung ist leicht erkennbar.

Auch der Bau sonstiger Infrastukturеinrichtungen, wie beispielsweise des Hallenbades in Leichlingen, darf nicht isoliert betrachtet werden; die Maßnahme fügt sich ein in die gesamtstädtische Entwicklung. Als kommunales Freizeitangebot ist das Vorhaben mit ähnlichen Angeboten abzustimmen; als mögliche Stätte des Schulsports bedarf das Hallenbad der räumlichen Nähe zu den wichtigsten Schulen. Verkehrsanbindung und Parkplätze müssen sich nach dem Bedarf richten. Wie bei jedem Neubau soll sich der Baukörper in das städtische Gefüge einpassen. In finanzieller Hinsicht können andere Infrastrukturinvestitionen zeitweilig verschoben oder gar überhaupt unmöglich gemacht werden. Heute hätten Kindergartenplätze absolute Priorität gegenüber den von der öffentlichen Hand geplanten und realisierten Freizeiteinrichtungen. Durch solche Erwägungen entwickelt sich die scheinbar problemlose Einzelinvestition zu einer zentralen Frage der kommunalen Entwicklungsplanung.

Der Begriff „Entwicklungsplanung“ stammt aus dem Jahre 1960.[98] Erst in den späten sechziger Jahren fand er in der kommunalpolitischen

97 S. unten, Abschnitt 5.2.5.

98 Albers, in: Roth/Wollmann 1994, S. 398.

Diskussion weitere Verbreitung. Verwendet wurde er für die anspruchsvollste, aber keineswegs allgemein akzeptierte Form der Stadtplanung. Bereits im letzten Viertel des 19. Jahrhunderts erforderte die ungeordnete, aber außerordentlich stürmische Bautätigkeit der Industrialisierungsphase („Gründerjahre“) Maßnahmen, die ein Mindestmaß an Sicherheit, Ordnung und Hygiene in den sich ausbreitenden Stadtregionen sicherstellten. „Fluchtlinien“ sollten als öffentliche Auflagen das private Grundeigentum soweit beschränken, wie zur Sicherung des Verkehrs, der Feuerwehrzufahrt und eines einheitlichen Stadtbildes unbedingt notwendig erschien. „Das Recht zur Festlegung dieser Fluchtlinien oblag zunächst dem Staat, später wurde es auf die Gemeinden übertragen.“[99] Die Einsicht, daß eine darüber hinausgreifende Stadtplanung erforderlich sei, um die Flächen der Städte sinnvoll zu nutzen, setzte sich erst später durch. So dauerte es nach dem Zweiten Weltkrieg über 10 Jahre, bis die Aufbaugesetze der einzelnen Bundesländer durch ein Bundesbaugesetz[100] abgelöst wurden. Das BBauG gab den Gemeinden die Planungshoheit, das alleinige Recht der umfassenden und spezifizierten öffentlich-rechtlichen Einwirkung auf alle flächenbezogenen Planungen. 1971 trug die Bundespolitik der besonderen Problematik der Stadterneuerung (Sanierung) durch ein besonderes Städtebauförderungsgesetz[101] Rechnung. In den achtziger Jahren wurden dann beide Gesetze im Baugesetzbuch[102] zusammengefaßt.

Damit war neben dem Finanzwesen, das mit seinen jährlichen Haushaltsplänen in allen Zweigen der öffentlichen Verwaltung eine erhebliche Planungstradition und -erfahrung aufweist, die Bauleitplanung als fester Bereich ressourcenbezogener Planung in den Gemeinden verankert. Um in der Auseinandersetzung mit den relativ entwickelten Planwerken des Finanzwesens und der Flächenplanung bestehen zu können, gingen die einzelnen Dienstleistungsbereiche der großen Kommunalverwaltungen in den sechziger Jahren dazu über, für ihren Aufgabenbereich einzelne Fachpläne[103] auszuarbeiten oder in Auftrag zu geben. Der Impuls zur gegenseitigen Abstimmung durch

99 Frey, in: Frey 1976b, S. 208. Zur Ausgangslage beim Baurecht siehe auch Scheuner 1973, S. 36.

100 Bundesbaugesetz (BBauG) vom 23. Juni 1960.

101 Städtebauförderungsgesetz (StBauFG) vom 27. Juli 1971.

102 Baugesetzbuch (BauGB) vom 8. Dezember 1986.

103 Z.B. Generalverkehrspläne, Sportstättenleit(entwicklungs-)pläne (s. Hübner 1994, S. 7).

Zusammenfassung der verschiedenen Abteilungen einer „planenden Verwaltung“[104] konnte nicht ausbleiben. Wesentlich erschien das Vordenken der Entwicklung, anstelle eines Reagierens auf Angebote. Das Konzept einer kommunalen Entwicklungsplanung bot die passende Lösung an.

Mit dem von der wissenschaftlichen Literatur ebenso wie von der kommunalpolitischen Praxis nie endgültig mit Inhalt gefüllten Begriff der Entwicklungsplanung verbanden sich in den siebziger Jahren insbesondere vier Erwartungen:

- Zusammenfassung von Bereichs- und Fachplanungen unter Berücksichtigung ihrer Raum-, Zeit-, Finanz- und Sozialdimensionen;
- Ergänzung/Umsetzung/Beeinflussung überörtlicher Planungen (insbesondere der Landes- und Regionalplanung);
- politische Steuerung der kommunalen Gesamtentwicklung;
- politisch-administrative Handlungsfähigkeit.[105]

Diesen umfassenden Maßstäben entspricht natürlich keineswegs alles, was im kommunalpolitischen Alltag unter der Bezeichnung „Entwicklungsplanung“ betrieben wurde und wird. Bereits die Größe einer Gemeinde wirkt sich auf die Erwartungen und die Gestaltungsmöglichkeiten von Entwicklungsplanung aus. Einige Großstädte[106] haben damals einen beachtlichen Planungsapparat (zum Teil in Form eines Stadtentwicklungsreferats oder -dezernats) aufgebaut (z.B. München,[107] Nürnberg, Wuppertal, Köln). Kleinere Städte und Gemeinden begnügten sich mit dem Auftrag für ein Stadtentwicklungsgutachten, so auch Leichlingen und Leonberg (mit umfassender Bürgerbeteiligung). In Ostdeutschland waren in der Zeit nach der Wende fachübergreifende und konsensfähige Entwicklungsprogramme nicht vorhanden; sie mußten erst formuliert werden. So hat sich auch Burg ein Konzept für die Stadtentwicklung erarbeiten lassen.

---

104 Zum Überblick über die historische Entwicklung s. Pankoke/Nokielski 1977, S. 56ff., 60f.; Funke 1974, S. 73ff.; Siebel 1974, S. 41ff. Zur Konzeption s. Grauhan 1969b, S. 132ff. Zum empirischen Befund s. Hesse 1976.

105 Vgl. Hesse 1976, S. 86.

106 Beispiele und deren kritische Diskussion finden sich bei Hesse 1976, S. 101ff. Die Stadtentwicklungplaner wurden auch deshalb so stark, weil sie sich mit den Kommunalstatistikern verbündeten, also Angehörigen des traditionsreichsten Berufszweigs der Verwaltung.

107 Grauhan 1973, S. 231ff.; Hesse 1976, S. 131.

Die verabschiedeten Pläne hatten auch in Westdeutschland schon damals für die Stadtentwicklung nur z.T. wirkliches Gewicht im Sinne einer Handlungsorientierung. Manche Beobachter glauben, daß sich an die intensive Planungsphase eine Zeit des Inkrementalismus angeschlossen hat.[108] Heute wird eine Neuauflage der kommunalen Entwicklungsplanung als Element der strategischen Steuerung vorgeschlagen. Angestrebt ist „eine Koordination aller städtischen Planungen auf der Grundlage der räumlichen Bezüge der Bauleitplanung, der sozialen und gesellschaftlichen Bezüge der Fachplanung (en – d. Verf.) und der Ressourcenplanung." Im einzelnen sollen dazu gehören:

- ein umfassender Analyse- und Prognosevorlauf für die Entwicklung der Stadt (z.B. bei Bevölkerung, Arbeitsplätzen, Wohnungen, Finanzen und Personal),
- eine Formulierung der angestrebten Ziele in allen Aktivitätsbereichen unter Beachtung der Vorgaben übergeordneter Institutionen,
- einzelne mit der Ressourcenplanung abgestimmte Programme zur Erreichung der Ziele in Defizitfeldern,
- ein Fortschreibungsverfahren, das ständige Anpassung der Ziel- und Programmplanung an veränderte Analyse- und Prognosewerte und den Vollzug der geplanten Maßnahmen ermöglicht.[109]

Einen neuen Impuls erhielt die kommunale Entwicklungsplanung durch die Lokale Agenda 21,[110] die auf der UN-Konferenz über Umwelt und Entwicklung in Rio de Janeiro 1992 beschlossen wurde. Unter dem Motto „global denken, lokal handeln" soll ein langfristiger Aktionsplan für die zukunftsbeständige Entwicklung der Kommunen im 21. Jahrhundert durch ein partizipatives Verfahren erarbeitet werden. Nachhaltige Entwicklung,[111] orientiert an einem langfristigen Leitbild,[112] dürfe nicht nur die Stadtplanung erfassen, sondern müsse alle Bereiche der Verwaltung, vor allem auch die mit ökologischen und sozialen Fragen beschäftigten, einbeziehen. Verdichtete Bebau-

---

108 Helbrecht 1994, S. 41; Matthiesen, in: Matthiesen 1998, S. 46.

109 Zitat und Einzelaspekte bei Löhr/Potthast, in: Schöneich 1996, S. 83.

110 Zimmermann 1997, S. 25ff.

111 Unter nachhaltiger Entwicklung wird eine Entwicklung verstanden, die die Bedürfnisse der heutigen Generationen berücksichtigt, ohne die Möglichkeiten zukünftiger Generationen, ihren eigenen Bedürfnissen Rechnung zu tragen, zu behindern (Zilleßen 1998b, S. 3f.).

112 S. a. Helbrecht 1994, S. 89.

ung, Wiedernutzung von erschlossenen Flächen im Stadtkern und innere Zuordnung unterschiedlicher Nutzungsarten (Wohnen, Arbeiten, Freizeit) sind die einzelnen Dimensionen, die im übrigen bereits im BauGB (§ 1 V) festgehalten sind.

Obwohl sich die hoch gesteckten Erwartungen der siebziger Jahre („Planungseuphorie") nirgendwo realisieren ließen, sind heute wieder Tendenzen in diese Richtung zu erkennen. Jedenfalls wird auf die „ganzheitliche Ausrichtung" nicht verzichtet.[113] Die sich bereits in den siebziger Jahren (relativ unabhängig von den jeweils gewählten Organisationsformen und Verfahren) abzeichnenden Grenzen einer gemeindlichen Entwicklungsplanung sollen heute allerdings vermieden werden. „Die" Stadtentwicklungsplanung gibt es Mitte der neunziger Jahre nicht mehr.[114] Ein umfassend angelegter „Stadtentwicklungsplan mit Investitionsfestlegungen" gilt als überholt, weil überwiegend nicht durchführbar. Derart weitreichende Ansprüche erscheinen wegen der „Komplexität städtischer Strukturen und Entwicklungen" heute als nicht beherrschbar. Aktuelle Vorschläge stehen unter dem Oberbegriff „Stadtmarketing" (oder „Stadtmoderation") und gemeint sind kommunikative Formen der Stadtentwicklungsplanung[115] sowie die Ausrichtung an Symbolen bzw. Leitbildern.[116]

Zunächst einmal beginnen Gemeinden ihre Planung nicht auf einem „weißen Blatt", sondern mit den durch die bisherige Entwicklung und frühere Entscheidungen geschaffenen Strukturen. Lediglich deren Ergänzung und allmähliche Umgestaltung in Richtung der Entwicklungsziele kann sinnvollerweise angestrebt werden.[117] Außerdem reicht die in der eigenen Verwaltung aufgebaute, in der Form verwaltungsexternen Sachverstandes angekaufte oder durch partizipativen Dialog mit Bürgern entwickelte Planungskapazität in keinem Falle aus, eine gleichermaßen umfassende wie weitgehend flexible Entwicklungsplanung bereitzustellen. Dies reduziert über-

113 Helbrecht 1994, S. 88. Allerdings wird wenigstens darauf hingewiesen, daß damit ein „riskanter Weg" beschritten wird, „bei dem sozial Schwächere, Umwelt- und Kulturbelange nur allzu leicht in den Hintergrund geraten" (Ebenda, S. 232).

114 Göb 1990, S. 595.

115 Zitate bei: Helbrecht 1994, S. 21.

116 Ebenda, S. 34, 42; Helbrecht, in: Schmals/Heinelt 1997, S. 220.

117 Vgl. Böhret, in: Frey 1976b. Zu den Bestimmungsfaktoren für die Stadtentwicklungsplanung s. Heuer 1975; zur Strategie s. Friend/Jessop 1973.

triebene Erwartungen an eine kontinuierliche Planungsarbeit „mit regelmäßiger, intensiver Koordination und Abstimmung“, insbesondere in Form von Rahmenplänen für Stadtteile oder Teilplänen für Fachaufgaben.[118]

Eine auf Dauer angelegte Planungsarbeit soll auch Probleme überwinden, wie sie bei der traditionellen Entwicklungsplanung im Zuge der Umsetzung von Konzepten (Implementation) regelmäßig auftraten. Von den vielfältigen Hindernissen müssen vor allem die am Ort liegenden, verwaltungsexternen[119] angesprochen werden. Weil die Vorstellung, gemeindliche Investitionsvorhaben (insbesondere im Hoch- und Tiefbau) könnten in einer dem örtlichen Entwicklungsplan entnommenen Reihenfolge verwirklicht werden, nahezu alle (von uns noch zu erörternden) Strukturelemente kommunalpolitischer Willensbildung und Entscheidung[120] vernachlässigte, weil die Einwirkungsmöglichkeiten der öffentlichen Hand auf das (für die bauliche Entwicklung einer Gemeinde maßgebende) Verhalten privater Investoren (etwa in den Bereichen Wohnungen und Arbeitsplätze)[121] geringer ist als Begriffe wie „kommunale Autonomie“ und „Planungshoheit“ nahelegen, wird jetzt eine dauernde Diskussion über Ziele und Strategien einschließlich einer Erörterung der Wirkungen von Einzelprojekten vorgesehen. Ob die beabsichtigte fortlaufende Einbindung von Bürgern, Verbänden, Organisationen und Fachverwaltungen einseitige Interessen reduzieren und eine integrative Sichtweise durchsetzen kann,[122] bleibt abzuwarten. Mit der Einsicht in diese Beschränkungen reduzieren sich aber übertriebene Erwartungen. Tendenzen zur strategisch angesetzten Einzelprojektorientierung[123] sind erkennbar.

Jedenfalls ist dies eine bevorzugte Antwort auf die unübersichtliche Problemlage. Neben den unmittelbaren Wirkungen des konkreten Projekts selber (Investitionsschub, Ausbau der Infrastruktur, Anzie-

---

118 Zitate bei Fritz-Vietta, in: Dauwe u.a. 1995, S. 63, 62; vgl. auch ebenda, S. 58, 64f. Diejenigen, die sich für Stadtmarketing einsetzen, sehen es als wesentlich an, die Nutzer und Interessengruppen bei der Konzepterstellung, also der Konsensbildung über die Stadtentwicklungsziele, kontinuierlich einzubinden (Schneider 1997, S. 50).

119 Böhret, in: Frey 1976b, S. 201.

120 S. unten, Kapitel 4.

121 S. unten, Abschnitt 5.2 und 5.3.

122 Siehe dazu Zimmermann 1997, S. 36f.; Naßmacher 1987, S. 136; Helbrecht 1994, S. 231; Göb 1990, S. 508.

123 Häußermann/Siebel 1994, S. 32.

hungskraft für neue Käufer und Nutzer) werden Anstöße für die Ausstrahlung von nicht genau benennbarer Bedeutung gesehen. Sie sollen sich auf die Standortqualität und (mittel- und langfristig) auf weitere Folgeinvestitionen positiv auswirken. In Zeiten der Finanzknappheit gelten diese Projekte (u.a. verbunden mit Großveranstaltungen und mit privater Beteiligung)[124] zuweilen als einzige Chance für die Entwicklung.[125] Ein Zeichen dafür ist, daß solche Projekte und Veranstaltungen zunehmen: neue Einkaufs- bzw. Freizeitzentren, Ausbau von Bahnhöfen und Landesgartenschauen. Obwohl Großveranstaltungen immer häufiger durchgeführt werden, übertrifft die Nachfrage der Austragungsinteressenten das Angebot bei weitem. Ob die Projekte keine Expansion der Bautätigkeit in die freie Landschaft mehr beinhalten, wie dies früher üblich war, sondern die Stadtplanung nur die Wiedernutzung von bestehenden und zum Umbau nicht mehr benötigen Arealen im Blick hat, wie Rüegg für Weltstädte[126] herausarbeitet, ist die Frage. Jedenfalls stehen durch Deindustrialisierung und die Aufgabe von Bundeswehrstandorten Freiflächen (Konversionsflächen) zur Verfügung. Wichtig erscheint im Hinblick auf nachhaltige Entwicklung eine Verbindung der alten Stadtstruktur mit den Neuinvestitionen.

Insgesamt machen privat initiierte Einzelprojekte es den Städten nicht einfacher, Bedarfsplanungen der verschiedenen Dienstleistungsbereiche mit den verfügbaren Instrumenten der Ressourcenplanung (Finanzplanung, Bauleitplanung) in den Griff zu bekommen. Dennoch bietet bis heute die Bauleitplanung einer Gemeinde die wirksamsten Möglichkeiten, auf die örtliche Entwicklung einzuwirken.

2.3.2 Steuerungsmöglichkeiten der Gemeinden

Zur Durchsetzung ihrer Entwicklungsziele steht den Gemeinden die Möglichkeit einer entsprechenden Gestaltung des Ortsrechts, also der für alle Bürger einer Gemeinde verbindlichen Regelungen, zur Verfü-

124 Häußermann/Siebel 1993; Beispiele bei Häußermann/Siebel 1994, S. 32. Zur Kritik, ebenda, S. 38. S. unten, Abschnitte 2.4.2, 2.4.3 und 5.2.5.

125 Praktiker interpretieren ihre Wirkungen im Sinne der Regionalökonomie als Wachstumspol (s.d. Krätke 1996, S. 62) – zweifellos eine Überinterpretation.

126 Rüegg 1996, S. 188.

gung. Baumschutz-, Ortsbild- und Gestaltungssatzungen[127] sowie ein Anschluß- und Benutzungszwang für Versorgungs- und Entsorgungseinrichtungen (Gas, Wasser, Strom, Fernwärme, Abwasser, Müllabfuhr)[128] schaffen Rahmenbedingungen für die Entwicklung einer Gemeinde. Schulbezirksgrenzen sind wichtige Weichenstellungen für die Verständigung der Bevölkerung untereinander und mit Minderheiten. Durch Gebührensatzungen, z.B. für Parkgebühren, läßt sich das Verhalten so beeinflussen, daß öffentliche Einrichtungen für Nutzer mehr oder weniger attraktiv sind. Alle diese Maßnahmen werden in der Policy-Forschung als regulative Politik bezeichnet.

Wichtigstes Instrument der Gemeinden zur Steuerung der örtlichen Entwicklung ist jedoch die Bauleitplanung. „Die Gemeinden sind ... die zentralen bodenpolitischen Akteure."[129] Dazu steht ihnen ein entsprechendes Instrumentarium zur Verfügung.[130] Das Baugesetzbuch (BauGB)[131] bestimmt als Aufgabe der Bauleitplanung,[132] vorausschauend die städtebauliche Entwicklung einer Gemeinde zu ordnen, die „bauliche und sonstige Nutzung der Grundstücke in der Gemeinde ... vorzubereiten und zu leiten" (§ 1 I BauGB), also die zulässige Bebauung rechtsverbindlich zu regeln. Dadurch wird zugleich das Zusammenleben der Menschen in einer Stadt oder Landgemeinde bzw. in einem Stadtteil oder Quartier entscheidend beeinflußt. In die Bauleitplanung fließen die Überlegungen aus den Stadtentwicklungs- bzw. Stadtmarketing-Konzepten ein.

Bauleitpläne im engeren Sinne sind der *Flächennutzungsplan* und die Bebauungspläne. Im Fächennutzungsplan spiegelt sich die Absicht einer Gemeinde wider, die planerischen Nutzungsziele für ihr gesamtes Gebiet darzustellen.[133] Während der Flächennutzungsplan (= vorbereitender Bauleitplan) als Gesamtkonzept zur Verteilung der verschiedenen Nutzungen im Gemeindegebiet, die örtliche Entwicklung insgesamt „nach

127 Fritz-Vietta, in: Dauwe u.a. 1995, S. 76. In den Beispielstädten gibt es Baumschutzsatzungen und Gestaltungssatzungen sowie Leitlinien für Altstadtgestaltung.

128 Zur juristischen Dimension s. Hoppe 1982, S. 210ff.

129 Schäfer, in: Voigt 1984, S. 73.

130 Quantitative Angaben zur Nutzung bis 1982 s. Schäfer/Schmidt-Eichstaedt 1984, S. 65ff.

131 Baugesetzbuch in der Fassung vom 27. August 1997 (BGBl. I, S. 2141).

132 Vgl. die Übersicht in Fritz-Vietta, in: Dauwe u.a. 1995, S. 68f.; zu den vielfältigen Änderungen und Ergänzungen des BauGB s. Bunzel 1997, S. 254.

133 Technische Einzelheiten siehe Dauwe u.a. 1995, S. 65-69.

den voraussehbaren Bedürfnissen der Gemeinde in den Grundzügen" längerfristig festlegt (§ 5 I BauGB), entwickeln die Bebauungspläne (= verbindliche Bauleitpläne) für Teilbereiche einer Gemeinde auf der Grundlage des Flächennutzungsplanes u.a. Festsetzungen für „die Art und das Maß der baulichen Nutzung" (§ 9 I BauGB). Die Begriffe Art und Maß der baulichen Nutzung werden durch die Baunutzungsverordnung (§§ 1-11 BauNVO[134]) näher bestimmt.

So sind etwa im Flächennutzungsplan neben Flächen für öffentliche Einrichtungen (z.B. Kindergarten, Hallenbad, Mülldeponie, Klärwerk, Kinderspielplatz, Schule), Flächen für den Gemeinbedarf (u.a. Fußgängerbereiche, Parkplätze, Verkehrsflächen), Grünflächen, Flächen für die Landwirtschaft, Gewerbe- und Wohnflächen, gemischte Bauflächen und Sonderbauflächen ausgewiesen. Die Baunutzungsverordnung enthält insgesamt 10 Grundtypen von Baugebieten (§ 1 II BauNVO), deren Eigenart (auch bei Duldung von ausdrücklich vorgesehenen Durchbrechungen) grundsätzlich gewahrt bleiben muß (§ 1 V BauNVO). Die für die Funktionen Wohnen und Arbeiten vorgesehenen Flächen können im *Bebauungsplan* weiter konkretisiert werden als reine Wohngebiete (WR), allgemeine Wohngebiete (WA), besondere Wohngebiete (WB), Dorfgebiete (MD), Mischgebiete (MI), Kerngebiete (MK), Gewerbegebiete (GE), Industriegebiete (GI). Darüber hinaus kann ein Bebauungsplan – auch bezogen auf einzelne Parzellen – weitere Festsetzungen enthalten, die sich insbesondere auf Bauweise, Freiflächen, Grünflächen, öffentliche Flächen (Verkehr, Versorgung) und Flächen für Gemeinschaftsanlagen beziehen. „Der Bebauungsplan besteht aus einer Karte (Maßstab 1:1000 oder 1:500) mit Planfestsetzungen in gezeichneter Form und in Textform (beides auf der Karte). Er muß auch alle Verfahrensbeschlüsse und den Genehmigungsvermerk enthalten."[135]

Das Maß der baulichen Nutzung (§§ 16-21 BauNVO) wird bestimmt durch die Zahl der Vollgeschosse (Z), die Grundflächenzahl (GRZ), die Geschoßflächenzahl (GFZ) und die Baumassenzahl (BMZ). Soweit Vollgeschosse dem Wohnen dienen sollen, müssen sie mindestens 2,50 m hoch sein. Die Werte für GRZ, GFZ und BMZ geben an, wieviel Quadratmeter Grundfläche (bebaute Fläche), Quadratmeter

---

134 Baunutzungsverordnung (BauNVO) i.d.F. vom 23. Januar 1990 (BGBl.I, S. 132).

135 Fritz-Vietta, in: Dauwe u.a. 1995, S. 71.

Geschoßfläche oder Kubikmeter Baumasse (jeweils bezogen auf die Grundstücksfläche) zulässig sind.

Bei Baumaßnahmen im Ortskern von Westerstede galt zunächst – wie für alle älteren „im Zusammenhang bebauten Ortsteile“ – die Regelung des § 34 BBauG (jetzt BauGB). Die Gemeinde konnte auf Bauvorhaben, die im wesentlichen der bisherigen Bebauung entsprachen, nicht einwirken. Will die Gemeinde etwas in diesen Bereichen ändern, so muß sie einen Bebauungsplan aufstellen und, damit Vorhaben in der Phase der Bearbeitung nicht genehmigt werden müssen, eine Veränderungssperre beschließen (§ 14 BauGB). Dies war in Westerstede für den Ortskern bereits 1967 geschehen (Bebauungsplan Nr. 14). Die Teilpläne für diesen B-Plan wurden jedoch bis Ende der siebziger Jahre diskutiert und bearbeitet.[136] Als wesentliche Informationen enthalten die Teilpläne zum Bebauungsplan Nr. 14 Festsetzungen für Art und Maß der baulichen Nutzung nach den Regelungen der BauNVO. Der Westersteder Innenstadtbereich ist darin z.T. als Kerngebiet, z.T. als Mischgebiet und im übrigen als allgemeines Wohngebiet ausgewiesen.

„Allgemeine Wohngebiete dienen vorwiegend dem Wohnen.“ Zulässig sind aber auch „die der Versorgung des Gebietes dienenden“ Ladengeschäfte, Gastwirtschaften und (nicht störenden) Handwerksbetriebe (§ 4 BauNVO). Auch für Kerngebiete (§ 7 BauNVO) gilt grundsätzlich die Trennung von Wohnen und Arbeiten. Hier ist aber die Wohnnutzung nur ausnahmsweise zulässig und auf Wohnungen beschränkt, die oberhalb eines bestimmten Geschosses liegen. In Mischgebieten ist neben dem Wohnen auch die „Unterbringung von Gewerbebetrieben“ zulässig, „die das Wohnen nicht wesentlich stören“ (§ 6 I BauNVO). Keine der beiden Nutzungsarten kann also einen Vorrang in Anspruch nehmen. Da die Gemeinden (mit Rücksicht auf eventuelle Entschädigungsforderungen der Grundstückseigentümer) meist gerade solche Gebiete als Mischgebiete ausgewiesen haben, deren Charakter sich verändert, bleibt es dem Eigentümer überlassen, welche der acht dort zulässigen Nutzungsarten er im einzelnen wählt. Zulässig sind insbesondere Wohn-, Geschäfts- und Bürogebäude, Handels-, Gewerbe- und Gartenbaubetriebe sowie Tankstellen,

136 „Jetzt Fortschritte beim Pläneschmieden“. Zehn Teilkonzepte für Westersteder Stadtbezirke – Erste Genehmigung liegt vor, in: Nordwest Zeitung, Ausgabe: Der Ammerländer, vom 19.1.1978.

Spielhallen und Diskotheken. Die Folge ist, daß im Mischgebiet meist gebaut wird, was die größte Rendite bringt. Das hat insbesondere am Rande der Innenstädte zu einem Verdrängungswettbewerb[137] geführt. Daher resümieren Schäfer/Schmidt-Eichstaedt, daß die Bedeutung der Bebauungspläne in ihrer Steuerungsfunktion vor allem für Neubaugebiete am Stadtrand besteht.[138]

Dabei ist freilich nicht zu verkennen, daß die Gemeinde fast immer für die Verwirklichung ihrer Planungen private Investoren (Bauherren, Bauträger) finden muß. Das gilt insbesondere für umfangreiche Neubau- oder Modernisierungs- (Sanierungs-)Maßnahmen, die in erheblichem Umfang privates Kapital binden. In solchen Fällen kann es vorkommen, daß sich das Verhältnis von (öffentlicher) Rahmensetzung und (privater) Ausführung umkehrt: Ein Maßnahmenträger (Sanierungsträger, Industrieunternehmen, Wohnungsbaugesellschaft) liefert den Bebauungsplanentwurf und gegebenenfalls die Änderung des Flächennutzungsplanes gleich mit; die Gemeinde braucht beides nur noch zu beschließen und genehmigen zu lassen.[139]

Dieser Realität – Erarbeitung eines städtebaulichen Plans und eines Bauplans für spezielle Bauvorhaben durch einen Investor – trägt neuerdings die Möglichkeit Rechnung, einen Vorhaben- und Erschließungsplan[140] aufzustellen, der aus dem Flächennutzungsplan zu entwickeln ist. „Grundsätzlich stellt er eine Kombination von (einfach gehaltenem) Bebauungsplan und städtebaulichem Vertrag dar",[141] in dem sich der Investor verpflichtet, die Baudurchführung innerhalb einer bestimmten Frist zu bewerkstelligen. Voraussetzung für den Einsatz dieses Instruments ist, daß die benötigten Grundstücke dem Zugriff des Investors unterliegen.

Unabhängig von der Art ihres Zustandekommens und den jeweiligen Eigentumsverhältnissen binden die Festsetzungen eines rechtskräftigen Bebauungsplans als Ortsrecht jeden Eigentümer eines Grundstücks im Plangebiet. Bei der Erteilung von Baugenehmigungen wird jeweils die Zulässigkeit des Vorhabens, d.h. seine Vereinbarkeit

---

137 Das bundesweit bekannteste Beispiel bildet das Münchener Lehel, weitere Beispiele sind der Stuttgarter Westen und das Oldenburger Dobbenviertel. Zu Instrumenten, dies zu verhindern, s. Heuer/Schäfer 1978.

138 Schäfer/Schmidt-Eichstaedt 1984, S. 331.

139 S. unten, Abschnitt 4.5.

140 § 12 BauGB.

141 Fritz-Vietta, in: Dauwe u.a. 1995, S. 75.

mit einem gültigen Bebauungsplan (in beplanten Ortsteilen), der bisherigen Bebauung in der Nachbarschaft (in bereits bebauten Ortsteilen ohne Bebauungsplan – § 34 BauGB) oder einem der Privilegierungstatbestände[142] (im Außenbereich – § 35 BauGB) geprüft. Falls das beabsichtigte Vorhaben damit in Einklang steht, muß die Genehmigung erteilt werden. Die häufig am „grünen Tisch" erteilten Genehmigungen können trotzdem die Interessen der in einem Quartier Nutzungsberechtigen so tangieren, daß andauernde Konflikte unausweichlich sind. Die Umsetzung eines Bebauungsplans erfolgt zuweilen erst nach Jahren, so daß die Situation vor Ort sich aufgrund von Eigentümerwechseln und Gewohnheiten oder Verkehrsströmen gewandelt haben kann. Von daher ist eine Prüfung der Veränderungsansprüche im Quartier häufig wünschenswert, um (fernab planerischer Vorgaben) im Einzelfall eine für alle Seiten befriedigende Lösung zu suchen. Hier könnte die regulative Verwaltung sich als verhandelnde oder kooperative Verwaltung profilieren.[143] Stattdessen läßt sich eine Tendenz erkennen, die Genehmigungsverfahren nach Landesbauordnung radikal zu beschneiden, um das Verfahren zu vereinfachen: Nur noch wenige zentrale Vorhaben werden in Augenschein genommen. Wenn ein Vorhaben den Bestimmungen des qualifizierten Bebauungsplans entspricht, soll die Genehmigungsnotwendigkeit ganz entfallen.[144]

Eine kooperative Verwaltung ist auch deshalb von Bedeutung, weil die geringe Flexibilität des baurechtlichen Instrumentariums als Problem gilt: Mögliche Nutzungen werden nicht immer und vor allem nicht gleichzeitig realisiert. Flächennutzungspläne müssen geändert werden, weil die gesamtstädtische Entwicklung oder die eines Quartiers bzw. die Absichten eines Investors ein Überdenken angeraten erscheinen lassen.[145] „Die Erfahrung mit möglichst umfassenden und detaillierten B-Plänen zeigt, daß für ca. 60 bis 70% aller Bauvorhaben wesentliche Befreiungen erteilt werden müssen."[146] Weil damit ein hoher Zeitaufwand

142 Zum Beispiel wenn das Bauvorhaben einem land- und forstwirtschaftlichen Betrieb dient, wozu auch die Binnenfischerei und die Imkerei gehören. Hinzu kommen noch halbprivilegierte Tatbestände (s.d. Deutsches Institut für Urbanistik 1977, Blatt Nr. 6.11).

143 Benz 1992.

144 FAZ vom 17.7.1998.

145 Flächennutzungspläne werden im Durchschnitt einmal im Jahr irgendwo geändert (Schäfer/Schmidt-Eichstaedt 1984, S. 330).

146 Schäfer/Schmidt-Eichstaedt 1984, S. 170, 194, 196; jetzt § 31 BauGB.

verbunden ist, muß vorher bedacht werden, wie genau die Festlegungen sein sollen. Das bedeutet allerdings nicht (und hier werden gerade bei gewerblichen Bauflächen große Fehler gemacht), daß fast völlig auf solche Festlegungen verzichtet werden sollte.

Aber auch überplante und mit den entsprechenden Infrastruktureinrichtungen ausgestattete Gebiete bleiben untergenutzt. In besonders extremer Form ist dies in den neuen Bundesländern zu beobachten, wo in großem Ausmaß neue Siedlungsflächen im Außenbereich für die Gewerbeansiedlung und als Sondergebiete für große Einkaufszentren (in den ersten Jahren mit Bundesförderung massiv bezuschußt) ausgewiesen und erschlossen wurden, ohne daß die Flächen inzwischen halbwegs aufgesiedelt sind.[147] In fast vollständig bebauten städtischen Bereichen („im Zusammenhang bebauten Ortsteilen") kann oft davon ausgegangen werden, daß die (eigentlich notwendige) Überplanung nicht mehr einbringt als die Bebauung einiger weniger ungenutzter Grundstücke. Eine klarstellende Ausweisung durch „Abrundungssatzung"[148] nach § 34 IV BauGB zeigt an, daß (zur Verdichtung oder Abrundung der vorhandenen Bebauung) weitere Bauvorhaben in ähnlicher Weise möglich sind. Durch entsprechende Zusatzgesetze zum Baurecht (sog. Beschleunigungsnovellen) wurde mehr Flexibilität im Verfahrensablauf geschaffen.[149]

In den sechziger Jahren entwickelten sich in vielen westdeutschen Städten erhebliche Sanierungsaufgaben. Für mehr als marginale Veränderungen am baulichen Bestand des Ortskerns (wegen verfallener Bausubstanz, problematischen Grundstückszuschnitten, unzulässigen Nutzungsmischungen, fehlender Investitionstätigkeit der Eigentümer) konnten die Städte seit den siebziger Jahren auf das Instrumentarium des Städtebauförderungsgesetzes zurückgreifen. Waren anfangs großflächige Sanierungen üblich (Flächensanierung, verbunden mit dem Abriß ganzer Baublöcke und Straßenzeilen, also völliger Veränderung des Stadtbildes), so wurden unter politischem Druck linker Gruppierungen bald radikale Umwandlungen der gesamten Stadtlandschaft verhindert; es kam zu Objekt- oder Funktionssanierungen.[150] Diese

---

147 Fritz-Vietta, in: Dauwe u.a. 1995, S. 79; s. unten, Abschnitt 5.2.3.

148 Fritz-Vietta, in: Dauwe u.a. 1995, S. 76.

149 Siehe unten, Abschnitt 4.5.

150 Heute Besonderes Städtebaurecht im BauGB, §§ 136ff.; Damkowski, in: Voigt 1984, S. 446ff.

Möglichkeiten der Stadterneuerung sind auch für die ostdeutschen Städte mit ihren sanierungsbedürftigen Innenstädten von erheblicher Bedeutung. Für ein förmlich ausgewiesenes Sanierungsgebiet stehen Gelder von Bund und Land für öffentliche und private Investitionsmaßnahmen bereit.[151] Dies bot sich schon deshalb an, weil durch eine grundlegende Umgestaltung (Sanierung mit Nutzungsänderung und neuem Grundstückszuschnitt durch Umlegung) auch mit einem weitgehenden Wechsel der Nutzer gerechnet werden mußte (finanzschwache Bevölkerung wird durch zahlungskräftigere ersetzt).[152] Die aus der Sanierung zu erwartende Wertsteigerung wird abgeschöpft, dafür erhalten die Eigentümer wesentlich verbesserte Grundstücke (§ 154 BauGB).[153] Dieses Instrumentarium ist u.a. für den Bereich des alten Stadtkerns in Leonberg eingesetzt worden.

Die Pläne für eine Stadtsanierung[154] im Bereich des Marktplatzes in *Leonberg* gehen schon bis in die siebziger Jahre zurück. Hier wies die Bausubstanz erhebliche Verfallserscheinungen auf, z.T. konnte von Verslumung gesprochen werden. Die Bevölkerungsstruktur hatte sich demgemäß negativ entwickelt. Dadurch stand die (heute immer noch akute) Frage an, wie die Attraktivität des Marktplatzes langfristig gesichert werden könne. Präferiert wurde ein Standort von Fachgeschäften mit Einkaufsmöglichkeiten und Wohnen für Mittelschichten.[155] Die Pläne wurden erst in den achtziger Jahren konkret. Verschiedene Architekten hatten der Stadt Konzepte für die Sanierung vorgelegt, die sich teilweise unterschieden und dadurch auch gegenseitig blockierten.[156] Die Stadterneuerung begann schließlich in einem Bereich, in dem wenig denkmalgeschützte Gebäude vorhanden waren. Als besonders schwierig erwies sich – wie bei älteren Quartieren zu erwarten –

---

151 S. unten, Abschnitt 3.4.2.

152 In der Soziologie spricht man von „Gentrification" eines Quartierts (s. d. Friedrichs/Kecskes 1996). Matthiesen (in: Matthiesen 1998, S. 47ff.) spricht von „Revolution des Milieus". Zur Abwehr gibt es inzwischen im BauGB den sog. „Milieuschutz" (§ 172 BauGB).

153 Krautzberger, in: Roth/Wollmann 1994, S. 501.

154 Übersichten zur technischen Abwicklung von Sanierungsprojekten enthält: Fritz-Vietta, in: Dauwe u.a. 1995, S. 92f., 95.

155 S. dazu externes Gutachten Weeber und Partner von 1977. Die Gutachter hatten gleichzeitig darauf hingewiesen, daß die räumliche Trennung der beiden Einkaufsmöglichkeiten (Markt und Leo-Center) ein Problem darstellen würde.

156 Naßmacher 1987, S. 261f., 363.

die Lösung der Parkprobleme. Weil es keine städtischen Liegenschaften in unmittelbarer Nähe des Sanierungsbereichs gab, entwikkelte das Planungsamt die Idee einer Parkkaverne unter dem umzugestaltenden Marktplatz.[157] Vorher hatte allerdings eine mehrjährige Diskussion über alternative Lösungen stattgefunden, wobei die an Hochbauten interessierten Architekten einen Ring von Parkhäusern bevorzugten. Nach etwa 15 Jahren kann die Sanierungsmaßnahme inzwischen als abgeschlossen gelten.[158] Probleme verursachen allerdings noch immer die Akzeptanz der realisierten Maßnahmen und die Auslastung der Parkkaverne.[159] Die ursprüngliche Konzeption ging von einer völligen Verkehrsberuhigung (Fußgängerzone) des Marktplatzes aus: Da sich bei einer Untersuchung herausstellte, daß der Marktplatz insgesamt als „zu ruhig" eingestuft wurde, sahen sich die Akteure jedoch gezwungen, 1996 wieder begrenzt Individualverkehr zuzulassen.

In den neuen Bundesländern ist bei allenthalben notwendigen Sanierungsmaßnahmen mit einem noch längeren Zeitraum der Verwirklichung zu rechnen. Dafür sind vor allem verantwortlich:

- ungeklärte Vermögens- und Eigentumsverhältnisse, verursacht durch die im Einigungsvertrag vorgesehene Regel „Rückgabe vor Entschädigung";
- ungewisse Einkommensverhältnisse von Eigentümern, die Investitionsfähigkeit und –bereitschaft hemmen.

Das Hemmnisbeseitigungsgesetz von 1991 sollte die Investitionshindernisse abbauen. „Durch geänderte Verfahrensvorschriften wurde ein zügigerer Grundbucheintrag möglich."[160] Der Bund engagierte sich mit zusätzlichen Mitteln für Instandsetzungs- und Modernisierungsinvestitionen. Die Kumulation unterschiedlicher Fördermittel hat in einigen Städten schon zu einer erheblichen Verbesserung der Stadtstruktur beigetragen.

Zuweilen wird die generelle „Untauglichkeit" des bestehenden bauplanungsrechtlichen Instrumentariums zur Steuerung der privaten

157 Entsprechend agierte Wertheim (vgl. Ellwein/Zoll 1982, S. 212).

158 Teil I wurde 1984/85 abgeschlossen, Teil II wurde im Zeitraum 1992 bis 1995 realisiert. Nach den Vorstellungen der KGSt werden diese Maßnahmen nicht als „Produktverbesserung des Quartiers", sondern in unterschiedlichen Produktgruppen zusammengefaßt (KGSt 5/1997, S. 140f.).

159 So bereits die Akzeptanzuntersuchung von Pressmar und Partner 1989.

160 Dauwe, in: Dauwe u.a. 1995, S. 29.

Nutzung von Grundstücken und Gebäuden behauptet.[161] Wesentlich erscheint aber (neben strukturellen Mängeln der Festsetzungsmöglichkeiten[162] und den einseitig auf Schutz des privaten Eigentums abgestellten Entschädigungsregelungen), daß die Gemeinden gerade dort auf Möglichkeiten der Steuerung verzichten, wo diese ganz besonders erforderlich wären. Dem liegt häufig das Bestreben zugrunde, sich mit Eigentümern und tatsächlichen/potentiellen Investoren nicht anzulegen oder Entwicklungen nicht durch voreilige Festlegungen zu behindern. Unzufriedenheit mit den Steuerungsmöglichkeiten durch das verfügbare Instrumentarium ergibt sich vor allem bei kurzfristiger Betrachtung. Die Wirkungen von Ausweisungen sind erst langfristig zu erkennen. So wurde in *Westerstede* das Maß der baulichen Nutzung im Bebauungsplan Nr. 14 zur stärkeren Verdichtung im Ortskern mit einer GRZ bis zu 1,0 und einer GFZ bis 2,2 höher angesetzt als es der bisherigen Bebauung entsprach. Bei offener Bauweise und großzügigem Grundstückszuschnitt sollte eine weitere Bebauung im Hinterland bestehender Häuser noch zugelassen werden. Tatsächlich hat die „zu hoch" angesetzte Baumöglichkeit zu einer intensiven Nutzung der Grundstücke geführt, wenn auch erst im Laufe von 20 Jahren.

Als zweite wichtige Festsetzung enthalten Bebauungspläne die Trassenführung von Straßen, so z.B. in Westerstede die geplante Entlastungs- und Umgehungsstraße. Dagegen war der Fußgängerbereich nur indirekt dem Plan zu entnehmen, z.B. durch die Verbreiterung angrenzender Straßen bzw. die großzügige Ausweisung von Parkraum. Hier kommt nun ein wichtiger Fachplan in den Blick, der Generalverkehrsplan,[163] der die Fußgängerzone als Entwicklungsmöglichkeit enthielt. Hierbei handelt es sich um einen weiteren Bestandteil der Bauleitplanung. Ein solcher Plan wird in kleineren Gemeinden (weil eigene Planungskapazität fehlt) häufig durch externe Institute erarbeitet.[164]

161 Hier sind vor allem jene Autoren zu nennen, die den Kapitalismus als wesentliche Wirkkraft ansehen und das politische System als abhängig davon. (S.d. Naßmacher 1998, S. 465ff.)

162 Novelliertes BauGB und heutige BauNVO bieten bessere Möglichkeiten der Feinsteuerung.

163 Vgl. hierzu Menke 1975; Müller, in: Dauwe u.a. 1995, S. 220ff.

164 So wurde auch der Generalverkehrsplan für Westerstede in den Jahren 1972/73 von einem Ingenieurbüro (Dr.-Ing. Hellmut Schubert) erstellt und von der Gemeinde beschlossen. Leonberg (Kommunalentwicklung Baden-Württemberg GmbH) und Burg (ISV-Ing.-Gesellschaft Stadt und Verkehr) sind ebenso verfahren.

Da es beim Generalverkehrsplan (heute häufig Verkehrsentwicklungsplan genannt) um eine längerfristige Planung (für einen Zeitraum von 20-30 Jahren) geht, hat sich die Verkehrsplanung immer mehr zu einer eigenständigen Planung neben der Flächennutzungsplanung entwickelt. Im Rahmen der Neuplanung von Straßen und einer Veränderung ihrer Funktionszuweisung ist inzwischen eine Umweltverträglichkeitsprüfung notwendig,[165] die in der Regel ebenso durch externe Prüfer durchgeführt wird.[166]

Bei der langfristigen Vorausschätzung der Verkehrsentwicklung gehen alle Prognosen von einer Zunahme des Individualverkehrs aus.[167] Die räumliche Trennung von Arbeiten, Wohnen und Einkaufen trägt zur Vermehrung des Verkehrs erheblich bei. Auf diese sehr langfristigen Vorausschätzungen müssen die Vorgaben der Pläne reagieren, gleichzeitig aber auch zukünftige Entwicklungen gestalten. Der Westersteder Generalverkehrsplan enthielt neben der Fußgängerzone auch deren sachliche Voraussetzungen: innerstädtische Entlastungsstraßen sowie die Umgehungsstraße. Auf diese Planungen wurde deshalb im Bebauungsplan Nr. 14 Bezug genommen. Der Bebauungsplan legte dann die Trasse für die Umgehungsstraße fest, traf also hierzu eine wesentliche Vorentscheidung, während die Fußgängerzone in die Trasse der bisherigen Durchgangsstraßen fiel. Der Rahmenplan für Verkehr[168] für Burg sieht als Zielvorstellung die Erhaltung der bereits bestehenden Fußgängerzone und gleichzeitig eine großflächige Verkehrsberuhigung vor. Bebauungspläne und Fachpläne schaffen nur die Möglichkeit, durch entsprechende Beschlüsse Verkehrsberuhigungsmaßnahmen in Angriff zu nehmen. Der noch ausstehende Bebauungsplan für den Innenstadtbereich Burg ist deshalb – wie der Rahmenplan für Verkehr – eher als „Möglichkeitsplanung“ zu bezeichnen: Spätere Entscheidungen öffentlicher (Fußgängerzone, Verkehrsberuhigungsmaßnahmen) und privater Investoren (Ortskernsanierung) können folgen; sie müssen es – wie im Beispielfall Westerstede – aber nur dann, wenn die Gemeinde den Bau der Fußgängerzone oder die Verkehrsberuhigung

165 EWG-Richtlinie von 1985 (85/337/EWG, aufgenommen ins BauGB in § 1, Abs. 5). Dies gilt auch bei einer Aufstellung von Bebauungsplänen mit emissionsträchtigen Anlagen (s. d. Werner, in: Dauwe u.a. 1995, S. 128ff.).

166 Dill/Kanitz 1994, Heft 2, S. 30ff.; beispielhafte Darstellung S. 42-51.

167 Nerlich, in: Friederich 1997, S. 275.

168 Der Planungsgemeinschaft Dr. Theine von 1993, S. 31.

als Auslöser für eine Modernisierung des Ortskerns nutzen will. Dabei ist die Stadt allerdings in hohem Maße auf die Mitwirkung der Grundstückseigentümer im Plangebiet angewiesen, nämlich auf private Bau- und Investitionsentscheidungen.

Die Stadt Westerstede hätte die Möglichkeiten der verbesserten Rechtslage durch Ergänzungen im damaligen BBauG, mit Hilfe von Baugeboten ausschöpfen können. Sie war aber beim Bau der Entlastungsstraße und der Anlage weiterer Parkplätze im Bereich des Ortskerns gut beraten, zunächst einmal an die Einsicht der Grundstückseigentümer zu appellieren und sie dabei für das zukunftsweisende Projekt zu gewinnen. In solchen Verhandlungen verfügen die Gemeinden (seit der Neufassung des Enteignungsrechts) über ultimative Druckmittel. Kommt eine Einigung nicht zustande, kann die Gemeinde ihren Willen auch gegen den Widerstand der betroffenen Eigentümer durchsetzen.[169] Dennoch bleibt der freihändige An- und Verkauf von Grundstücken durch die Gemeinde, die kommunale Liegenschaftspolitik, das wichtigste Mittel zur Durchsetzung kommunalpolitischer Ziele.

Dabei geraten die Gemeinden allerdings in überaus schwierige Konfliktlagen:

- Betreiben die Gemeinden eine umfangreiche Bodenvorratspolitik, so beteiligen sie sich selbst an der (privaten) Bodenspekulation, die gerade den öffentlichen Steuerungsmöglichkeiten der Gemeinden entgegenwirkt („Spekulationskonflikt“).
- Verfügen die Gemeinden über ausreichende Vorratsflächen, dann besteht die Gefahr, daß der Einfachheit halber solche Flächen vorrangig für die verschiedenen Arten von „Gemeinbedarf“ (also etwa für alle Hochbauvorhaben der Gemeinde) eingesetzt werden. Die Standortbestimmung erfolgt nicht bedarfsgerecht, sondern ressourcenbezogen („Planungskonflikt“).
- Gibt die Gemeinde Vorratsflächen durch Verkauf zur privaten Nutzung frei, so verzichtet sie auf einen Teil der durch aktive Liegenschaftspolitik gewonnenen Handlungs- und Steuerungsmöglichkeiten („Veräußerungskonflikt“).
- Folgt die Gemeinde „dem Gebot einer völligen Transparenz öffentlichen Handelns, also einer umfassenden Rechenschaftslegung,“

169 Jetzt §§ 87 III und 88 BauGB.

dann riskiert sie unmäßige – aber marktgerechte – Preissteigerungen, die durch Geheimhaltung der eigenen Überlegungen zu vermeiden wären („Öffentlichkeitskonflikt").[170]

Schließlich werden einer umfassenden Liegenschaftspolitik auch durch die kommunale Finanznot enge Grenzen gezogen: Gemeindevermögen, das mit dem Blick auf Steuerungsmöglichkeiten für die gemeindliche Entwicklung auch nur mittelfristig in einen Flächenvorrat gebunden wird, geht prinzipiell zu Lasten aller gemeindlichen Investitionsvorhaben, ist also angesichts einer starken Verschuldung[171] der Gemeinden ohnehin nicht recht vorstellbar. Auch in Westerstede verbot die Haushaltslage einen derartigen Einstieg in die Erneuerung des Ortskerns. Dort haben die Politiker eher auf die Eigendynamik einer Fußgängerzone gesetzt: jeder Geschäftsinhaber und Hauseigentümer sollte seinen Beitrag zur Attraktivität des Stadtzentrums leisten. Das nach zwanzig Jahren zu besichtigende Ergebnis hat ihnen Recht gegeben.[172]

Nur in Grenzfällen kann also das für die Durchsetzung von Maßnahmen der Stadterneuerung geschaffene Instrumentarium[173] (z.B. Nutzungsgebot bzw. Baugebot, Modernisierungs- und Instandsetzungsgebot, Abbruchgebot) hilfreich sein. Die Einsatzmöglichkeiten dieser Instrumente unterliegen nämlich begründeten Zweifeln. Da die Modernisierungskosten unbegrenzt auf den Mieter abwälzbar sind, sprechen regelmäßig sozialpolitische Erwägungen gegen den Erlaß eines Gebotes.[174] Für die praktische Durchsetzung einer bestimmten Stadtentwicklungspolitik können diese Instrumente vor allem als Druckmittel Bedeutung erlangen: die Gemeinde kann jetzt einzelnen (nicht kooperationswilligen) Eigentümern bestimmte Maßnahmen glaubwürdig androhen. Sie wird aber zunächst alle Möglichkeiten der Kooperation nutzen. Dies ist auch in Leonberg geschehen.

---

170 Neuffer 1973, S. 222.

171 Siehe unten, Abschnitt 3.3.

172 Vgl. http:/www.westerstede.de/einkauf.

173 Zunächst im Städtebauförderungsgesetz (StBauFG), heute in §§ 175-179 BauGB.

174 Vgl. Heuer/Schäfer 1978, S. 120ff.

2.3.3 Zusammenhänge mit überörtlichen Planungen

Bereits bei der Aufstellung der Bauleitpläne müssen sich die Gemeinden den Vorgaben überörtlicher Entscheidungen unterordnen: „Die Bauleitpläne sind den Zielen der Raumordnung und Landesplanung anzupassen" (§ 1 IV BauGB). Damit erscheinen die Gestaltungsmöglichkeiten der Gemeinden stark beschränkt, zugleich sind aber auch Bund und Land als die beiden Träger überörtlicher Planungen angesprochen (s. Abb. 2.5).

Abb. 2.5: Abstufung der Planungsebenen

Planungsträger	Planart	gesetzliche Grundlagen
Bundesrepublik Deutschland	**Bundesraumordnung**	
	• Raumordnungs-Konzept	Raumordnungsgesetz des Bundes (ROG)
	• Fachplanungen	Fachplanungsgesetze
Bundesländer, einschließlich Stadtstaaten	**Landesplanung**	
	• Landesentwicklungsplan	Landesplanungsgesetze (LPG)
	• Fachplanungen¨	Fachplanungsgesetze
	Regionalplanung)	
(Planungsregionen) (Landkreise)	• Regionale Raumordnungspläne mit Landschaftsrahmenpläne	Landesplanungsgesetze (LPG) Landesnaturschutz- und Landschaftsschutzgesetze
Kommunen, kommunale Verbände	**Städtebauliche Planung**	
	(Gemeindentwicklungsplan)	Baugesetzbuch des Bundes (BauGB)
	• Flächennutzungsplan mit Landschaftsplan	Baunutzungsverordnung des Bundes (BauNVO)
	• Bebauungsplan mit Landschafts- oder Grünordnungsplan	Landesnaturschutz- und Landschaftsschutzgesetze
	• Vorhaben- und Erschließungsplan	
	• Abrundungssatzung	
	• (Struktur-, Rahmenplan)	
Bauherren (Grundstückseigentümer)	**Planung baulicher Anlagen**	
	• Bauantrag	Landesbauordnung
	• Bauanzeige	

Quelle: Vgl. Dauwe, in: Dauwe u.a. 1995, S. 46.

Den allgemeinen Rahmen setzen das Raumordnungsgesetz (ROG) des Bundes[175] und die aufgrund dieses Gesetzes entwickelten Raumordnungspläne.[176] Hier werden Aufgaben, Ziele und Grundsätze der Raumordnung niedergelegt (z.B. Schutz und Entwicklung der natürlichen Lebensbedingungen, gleichwertige Lebensbedingungen der Menschen in allen Teilräumen, „Abbau der Ungleichgewichte zwischen den bis zur Herstellung der räumlichen Einheit Deutschlands getrennten Gebiete"). Diese eignen sich allerdings aufgrund ihrer weiten Interpretationsmöglichkeiten, z.T. ihres „Leerformelgehaltes", weder unmittelbar als Handlungsziele,[177] noch sind sie ausreichende Beurteilungskriterien für einzelne Maßnahmen. Ziel ist es, ausgeglichene Funktionsräume zu schaffen, die gleichmäßige Versorgung der Bevölkerung sicherzustellen und die nachhaltige Entwicklung durch Verdichtung zu betreiben, und dadurch den Flächenverbrauch einzudämmen.[178] Die Raumordnungsberichte zeigen die Entwicklung im zweijährigen Rhythmus auf: Veränderungen der Ausgangslage, raumwirksame Entwicklungen und spezifische Probleme einzelner Politikfelder.[179] Die Festsetzungen auf Bundesebene bilden den Rahmen für die Landesplanung,[180] die eine Konkretisierung der gesamtstaatlichen Planung erbringt. Die Planung eines Landes wird entweder für einzelne Landesteile (in der Regel Bezirke) in Form sogenannter Regionalpläne oder für bestimmte Aufgabenbereiche in besonderen Fachplänen ausdifferenziert.

Wesentlichste Aussagen in überörtlichen Plänen sind die Festlegung der Bedeutung einzelner Städte und Gemeinden innerhalb der Region als zentrale Orte (Ober-, Mittel-, Neben-, Unterzentrum),[181] das

---

175 Zur Geschichte s. Fürst/Ritter 1993, S. 15; ROG vom 18.8.1997 i.d.F. v. 15.12.1997.

176 § 1 I ROG.

177 Waterkamp 1975, S. 641; zur Diskussion über Indikatoren s. Fürst/Ritter 1993, S. 36f.

178 Fürst/Ritter 1993, S. 41ff. Der Ansatz der funktionsräumlichen Arbeitsteilung geht im Gegensatz zu diesem Konzept davon aus, daß die Arbeitsteilung im Raum nicht veränderbar ist. Mit dieser Arbeitsteilung ist aber gleichzeitig eine Zunahme der interregionalen Mobilität verbunden (Ebenda, S. 45f.)

179 Z.B. Raumordnungsbericht 1991, Drs. 12/1098.

180 § 6 ROG.

181 Diese Zuordnung geht auf die Raumwirtschaftstheorie von Christaller (1933) zurück (s. Krätke 1995, S. 27f.). Zur Theorie zentraler Orte s. Stauder 1991, S. D1ff. Zur Diskussion s. Güßefeld 1997, S. 327ff. und Knieling 1997, S. 165ff.

Aufzeigen der Entwicklungsachsen[182] und der Entwicklungsrichtung: verstärkte Entwicklung für die Funktionen Wohnen, Arbeiten (häufig kombiniert) und Freizeit (Kurzerholung, längerfristige Erholung).[183] Diese Festlegungen werden nach Größe,[184] Leistungsfähigkeit und Ausstattung der Städte mit Infrastruktureinrichtungen vorgenommen, aber unabhängig von der historischen Bedeutung und rechtlichen Stellung der Stadt. Die Zuordnungen haben insofern Auswirkungen, als die Gemeinden eine finanzielle Förderung eigener Investitionsmaßnahmen vor allem dann erwarten können, wenn sich das gemeindliche Vorhaben in die überörtliche Planung einfügt. In manchen Bundesländern haben diese Festlegungen auch Einfluß auf die Ausstattung der Gemeinden mit allgemeinen Finanzmittel, den sog. „Schlüsselzuweisungen".[185]

Im einzelnen gehen die Länder bei der Ausgestaltung ihrer Landesplanung unterschiedlich vor.[186] So verzichten kleine Flächenländer eher auf Pläne für einzelne Gebiete und versuchen, die Landesentwicklung durch fachliche Entwicklungspläne (z.B. Schulentwicklungspläne, Verkehrspläne)[187] zu ordnen, die jeweils das gesamte Land betreffen. In Nordrhein-Westfalen und Sachsen-Anhalt gibt es eine verstaatlichte Regionalplanung, in Baden-Württemberg Planungsorganisationen für die Regionalplanung unterhalb der Mittelbehörde (Regionalverbände).[188] Im Gegensatz dazu wurde in Niedersachsen eine Kommunalisierung vorgenommen. Die Kreise (früher die Bezirke) sind für die Regionalplanung (s. Abb. 2.6) zuständig.[189]

Für Nordrhein-Westfalen existieren neben dem Landesentwicklungsprogramm und den Landesentwicklungsplänen auch die von den

182 Zum Konzept der Entwicklungsachsen s. Stauder , S. D 27.

183 Riffel, in: Püttner 1981, S. 185ff.; § 7, 9 ROG; Fürst/Ritter 1993, S. 40ff.; vgl. auch Fritz-Vietta, in: Dauwe u.a. 1995, S. 48f.

184 Dabei kommt es nicht nur auf die Einwohnerzahl an. Auch die räumliche Zuordnung zu anderen Städten ist von erheblicher Bedeutung: Die größte Stadt in einem dünnbesiedelten Gebiet hat die größte Chance, Oberzentrum zu werden.

185 S. unten, Abschnitt 3.4.1.

186 S.d. Fürst/Ritter 1993, S. 23f.; zur Aufbauorganisation s. ebenda, S. 62-65.

187 Hierzu gehören nach der Regionalisierung des öffentlichen Personennahverkehrs auch Verkehrspläne für diesen Bereich. Hier geht es u.a. um die Abstimmung von Fahrplänen und Tarifen.

188 Zur Geschichte der Regionalplanung s. Scherer 1994, S. 30ff.

189 Fürst/Ritter 1993, S. 65.

Bezirksplanungsräten beim Regierungspräsidenten bearbeiteten Gebietsentwicklungspläne. Unterhalb dieser Planungsebene werden seit dem Ende der achtziger Jahre von der Landesregierung „regionale Entwicklungskonzepte" angeregt, die in den (im wesentlichen an den Arbeitsmarktregionen der Gemeinschaftsaufgabe regionale Wirtschaftsförderung bzw. den IHK-Bezirken orientierten) Regionen entwickelt werden.[190] Daneben liegen fachliche Entwicklungspläne des Bundes, der Länder und ihrer Sonderbehörden bzw. Planungsgemeinschaften vor, z.B. für Schulen, Verkehr,[191] Krankenhäuser, Sportstätten, Erholungsflächen und Freiräume. Die frühzeitige Einwirkung der betroffenen Städte und Gemeinden auf alle diese Planungen bildete in vielen Fällen einen wichtigen Impuls für die Einführung einer kommunalen Entwicklungsplanung.[192]

Das Landesentwicklungsprogramm, die Landesentwicklungspläne I sowie II und der Gebietsentwicklungsplan Bergisch-Land von 1970 ordneten *Leichlingen* der Ballungsrandzone[193] zu. Nach allgemeiner Erwartung sollte die Ballungsrandzone in starkem Maße Wohngebiet für Bevölkerungsteile sein, die in den Ballungskernen (im Falle Leichlingen also etwa in den Großstädten Leverkusen, Köln, Düsseldorf und Solingen) arbeiten: „Die Ballungsrandzonen sollen der Entlastung der Ballungskerne dienen. Dabei sind Arbeitsstätten, Wohngebiete und Erholungsgebiete einander zweckmäßig zuzuordnen."[194] Im Landesentwicklungsplan II war Leichlingen als Entwicklungsschwerpunkt dritter Ordnung eingestuft,[195] also nicht mit besonderer Priorität ausgestattet. Allerdings bescheinigte seinerzeit der Rhein-Wupper-Kreis der Stadt Leichlingen (mit dem zweitstärksten Bevölkerungszuwachs im Kreis) bei der Bewilligung des Zuschusses für ein Gymnasium eine hervorragende Wohnlage im Ausstrahlungsbereich eines

---

190 Heinze/Voelzkow 1997.

191 S.d. Naßmacher 1987, S. 134f.; Fürst/Ritter 1993, S. 66.

192 S. oben, Abschnitt 2.3.1. Die Verbesserung kommunaler Mitwirkungsformen an überörtlichen Planungen diskutiert bereits Roters 1975, insb. S. 95ff.

193 Landesplanungsgemeinschaft Rheinland 1970, S. 47.

194 Ziele der Landesplanung gemäß Landesentwicklungsprogramm und Landesentwicklungsplan I (MBl.NW. 1966, S. 2260) und II (MBl.NW. 1970, S. 494) (Gebietsentwicklungsplan, S. 23); Landesregierung Nordrhein-Westfalen 1970, S. 80, Abb. 22.

195 Landesplanungsgemeinschaft Rheinland 1970, S. 24; s. auch Landesregierung Nordrhein-Westfalen 1970, S. 81, Abb. 23.

bedeutenden Entwicklungsschwerpunktes mit expansiver Industrie.[196] Aktuell wurden die Probleme überörtlicher Verflechtung für die Stadt im Zusammenhang mit der kommunalen Neuordnung, die in Nordrhein-Westfalen zwischen 1965 und 1975 stattfand. Die Konkurrenz der Städte und Gemeinden gipfelte in dem Bestreben, selbständig zu bleiben, und fand ihren sichtbaren Ausdruck in einer Beschleunigung kommunaler (und privater) Investitionsvorhaben.

So waren in Leichlingen, dessen Stadtkern im Gebietsentwicklungsplan von 1970[197] als geeigneter Standort für zentrale Einrichtungen der erweiterten Grundausstattung vorgesehen war, im Jahre 1969 bereits eine Realschule, ein Gymnasium und eine Sportanlage im Bau. Erklärtes Ziel Leichlingens war es, möglichst viele Einrichtungen zu schaffen, um sich auch in Zukunft als selbständige Stadt behaupten zu können. In diesen Zusammenhang gehörte auch die Absicht, durch „bürgerliche Initiative" über einen unabhängigen Förderverein zu einem Hallenbad zu gelangen.[198] In der Nachbarstadt Monheim gab es z.B. ein Hallenbad; Burscheid, das mit Leichlingen um die Eingemeindung anderer Gebiete konkurrierte, hatte den Wunsch, ein Bad zu bauen.

Die überörtlichen Planungen schienen einer solchen Initiative zunächst entgegenzustehen. Nach dem Nordrhein-Westfalen-Programm waren Hallenbäder „möglichst in Entwicklungsschwerpunkten und besonders geeigneten Gemeinden mit zentralörtlicher Bedeutung oder in Stadtteilen mit großer Bevölkerungsdichte zu bauen."[199] Nach den Richtlinien der Deutschen Olympischen Gesellschaft[200] sollten 50.000 Einwohner im Einzugsgebiet eines Hallenbades wohnen. Diese Zahl konnte Leichlingen auch in absehbarer Zeit nicht erreichen. Trotz der ungünstigen Ausgangslage verfolgte die Stadt ihr politisches Ziel unbeirrt: Verbesserte Infrastrukturausstattung als Vorbedingung für Selbständigkeit.[201]

---

196 Rheinische Post, Ausgabe: Rhein-Wupper-Kreis, vom 29.12.1970.

197 Landesplanungsgemeinschaft Rheinland 1970, S. 50.

198 Rheinische Post, Ausgabe: Rhein-Wupper-Kreis vom 14.1.1971 und 5.3.1969.

199 Landesregierung Nordrhein-Westfalen 1970, S. 115.

200 Dabei handelt es sich um das einzige Instrumentarium für die Sportstättenentwicklungsplanung der sechziger und siebziger Jahre (Hübner 1994, S. 7).

201 Die geringe Einschränkung der Handlungsfähigkeit durch die Regionalplanung bei der Aufstellung der Flächennutzungpläne hat Scherer an zwei Fallbeispielen aus Baden-Württemberg herausgearbeitet (Scherer 1994, S. 102, 108, 129, 133).

Abb. 2.6: Inhalte von Landesentwicklungsplänen und Regionalen Raumordnungsplänen

Landesentwicklungsplan (LEP)	Regionaler Raumordnungsplan (ROP)	
evtl. im LPG	**Raumpolitische Grundsätze und langfristige Ziele**	x
x	**Bevölkerungsstruktur, -entwicklung**	x
x	**Wirtschaftsstruktur,-entwicklung**	x
x	**Räumliche Gliederung**	
evtl. im LPG	• Festlegung von Planungsregionen	
x	• Verdichtungsräume	x
x	• Ordnungsräume	x
x	• ländliche Räume	x
	Siedlungsstruktur	
x	• Zentrale Orte: Ober-, Mittelzentren	
	• Zentrale Orte: Unter-, Kleinzentren	x
x	• Entwicklungsbänder	x
x	• (Wirtschafts)Entwicklungsschwerpunkte	
	• Siedlungsflächen, Wohnen, Gewerbe	x
x	**Naturräume**	x
	• Natur-, Landschaftsschutz	x
	• Grünzüge	x
	• Erholung	x
	• Boden-, Gewässerschutz	x
x	**Abwasser, Abfall, Immissionsschutz**	x
x	**Verkehr**	x
x	**Energie**	x
x	**Rohstoffsicherung**	x
x	**Land-, Forstwirtschaft**	x
x	**Fremdenverkehr**	x
x	**Nachrichtenverkehr**	x
evtl.	**Investitionen des Landes für Infrastruktur**	

Quelle: Fritz-Vietta, in: Dauwe 1995, S. 48.

Auch die überörtlichen Planungen sind offenbar – wie die Bauleitpläne der Gemeinden – in hohem Maße Ausdruck einer „Möglichkeitsplanung“; sie regen Entwicklungen an und geben Maßstäbe für eine optimalere Verteilung von Infrastruktureinrichtungen.[202] Einerseits werden den (fast immer miteinander konkurrierenden) Gemeinden durch überörtliche Planungen Entwicklungsperspektiven und Grenzen ihres Handelns aufgewiesen, andererseits sind diese Vorgaben fast immer so allgemein gehalten, daß bei der Beurteilung eines einzelnen Vorhabens (wie etwa beim Hallenbadbau in Leichlingen) Ausdeutun-

202 S. oben, Abschnitt 1.3.1.

gen nicht nur möglich, sondern sogar notwendig sind. Das geschickte Nutzen dieser „Grauzone“ bewirkt langfristig, daß eine Stadt im Vergleich zu anderen Städten ihres Raumes an Bedeutung gewinnt: So wird Leichlingen (mit inzwischen 26.900 Einwohnern) im Landesentwicklungsplan I/II von 1995 sogar als Mittelzentrum auf der Achse Köln-Leverkusen-Wuppertal, einer Entwicklungsachse I. Ordnung, ausgewiesen.[203]

Als ergänzender raumordnungspolitischer Orientierungsrahmen kam die Handlungsstrategie der Städtenetze hinzu.[204] Ziel ist es hier, nicht arbeitsteilig vorzugehen, sondern durch Zusammenarbeit bei der Aufgabenwahrnehmung Synergie zu entwickeln. Solche Kooperationen sind zwar nicht neu und besonders im Kulturbereich schon tradiert (Theater, Orchester), sie werden allerdings jetzt für Gebiete empfohlen, in denen die einzelnen Städte/Gemeinden zu schwach sind, um den Anschluß an die allgemeine Entwicklung zu schaffen („Städte mit besonderem Ausbau- bzw. Entwicklungsbedarf“). Aber auch für Städte im Umland von Kernstädten, die diese entlasten könnten, werden Städtenetze angeregt.[205] Damit es zu einer dezentralen Konzentration kommen kann, müßte der Finanzausgleich auf solche Kooperationen abstellen. Dies geschieht allerdings bislang noch nicht.[206]

Anders ist die Wirkung von Fachplanungen zu beurteilen, die sich nur z.T. in Raumplanungen wiederfinden. Hierzu gehören solche für Bundesautobahnen, S-Bahn-Strecken, Glasfaserkabel (ISDN, Internet), Flugplätze, Abfallbeseitigungseinrichtungen (Mülldeponien und Müllverbrennungsanlagen), Einrichtungen für die Landesverteidigung, aber auch zu schützende Freiflächen (Natur- und Landschaftsschutzgebiete). Die Verbindlichkeit dieser Planungen wird allgemein als höher veranschlagt. Überörtlich angeregte Fachprojekte, die immer Großinvestitionen beinhalten, können die Bauleitplanung für be-

---

203 Ministerium für Umwelt, Raumordnung und Landwirtschaft NRW 1995. Andere Städte (z.B. Solingen) sind im gleichen Zeitraum vom Oberzentrum zum Mittelzentrum abgesunken. Damit ist für diese Fälle zunächst die These von Brake (1996, S. 16ff.) widerlegt, daß die Ausweisung von Städten als Zentren zu deren „upgrading“ führe und die Ungleichheiten zwischen den Städten dadurch verschärft würden. Vielmehr gibt es auch hier eine dynamische Entwicklung.

204 Vgl. BMBau 1993 bzw. Handlungsrahmen BMBau 1995.

205 Brake 1996, 1997.

206 Siehe unten, Abschnitt 3.4.1.

stimmte Bereiche und auf lange Sicht stark präjudizieren. Allerdings verfolgen die Gemeinden zuweilen die Strategie, sich den gewünschten Folgerungen zu verweigern. So soll nach dem Willen der Stuttgarter Regionalplaner Wohnungsbau in der Nähe der S-Bahn-Trassen betrieben werden. Die Gemeinden um Leonberg herum stehen dem aber zögerlich gegenüber, weil sie Grünzüge erhalten wollen oder für den Wohnungsbau keinen Bedarf sehen.[207] Bei Fachplanungen besteht für Städte immer die Gefahr, daß die aufgrund dieser Planungen realisierten Infrastruktureinrichtungen quasi von der Entwicklung „abgehängt" werden. Dies gilt besonders für die Verkehrsanbindung an das überörtliche Straßen- und Schnellbahnnetz.

Allerdings ist noch ungeklärt, ob die Gemeinden die vorhandenen Interventionsmöglichkeiten auch tatsächlich wahrnehmen und über Jahre überörtliche Einflußnahme in eine bestimmte Richtung betreiben.[208] So führte im Falle der Autobahn (Trassenführung und Ausfahrt) die gezielte Intervention der Stadt Leonberg dazu, daß für sie eine angemessene Lösung gefunden wurde. Weiterhin muß beachtet werden, daß manche Fachplanung im Zeitablauf vor dem Hintergrund des Wandels gesellschaftlicher Wertvorstellungen an Bedeutung verliert. Die planende Behörde kann dadurch ihre Vorstellungen (z.B. für den Straßenbau) schlechter durchsetzen[209] und muß zwangsläufig auf Vorstellungen der Gemeinde eingehen. Auch wenn der öffentliche Planungs-, Steuerungs- und Leistungsverbund sich eher intensivieren als entflechten wird, scheint die Freiheit der Gemeinde sich derjenigen eines Unternehmens zu nähern, das örtliche und überörtliche Gegebenheiten nutzen kann.

Neben dem Konkurrenzverhalten der Gemeinden und seinen Folgen (frühere Investitionsentscheidungen haben die Verschuldung an die Grenze der Belastbarkeit getrieben[210]) spielen auch die generell unzureichende Finanzausstattung und die im Prozeß der gesellschaftlichen Entwicklung veränderte Aufgabenbestimmung der Gemeinden eine wichtige Rolle. Der Aufgabenkatalog wandelt sich. Die Anforde-

---

207 Interviews in Leonberg im Mai 1998. Andere Beispiele zu restriktiven Flächenausweisungen in überörtlichen Planungen zeigen ebenfalls deren mögliche Umgehungen auf (zusammenfassend Faber 1982, S. 20ff.).

208 Fürst/Ritter 1993, S. 67; s. unten, Abschnitt 4.2.3.

209 Naßmacher 1987, S. 134f.

210 Wann diese erreicht wird, ist wiederum eine Bewertungsfrage, die allerdings durch die Kommunalaufsicht fixiert werden kann, s. unten, Abschnitt 3.3.

rungen an eine öffentliche und ortsnahe Steuerung der gesellschaftlichen Entwicklung ändern sich ebenso wie die Ansprüche an eine bürgernahe Versorgung mit kommunalen Dienstleistungen. Die Aufgaben der Gemeinden unterliegen beinahe zwangsläufig der Veränderung im Zeitablauf.

2.4 Kommunale Aufgabenerfüllung im Wandel

Bereits im Zusammenhang mit der Stellung der Gemeinde im modernen Sozialstaat haben wir auf Veränderungen bei den gemeindlichen Aufgaben hingewiesen.[211] Kommunalwissenschaftliche Theorie und kommunalpolitische Praxis bieten kaum Eindeutiges über Art und Umfang der gemeindlichen Aufgaben. Man muß den Eindruck gewinnen, die vielfältigen Aufgaben seien der öffentlichen Hand im Laufe der Geschichte einfach zugewachsen, teils in einem Prozeß aktiver Gestaltung, teils als bloße Antworten auf historische „Lagen" und ihre Anforderungen.[212] Kommunale Aufgaben erscheinen als „vorwiegend sachbezogene Leistungen ..., die entweder vom Staat auferlegt oder ... als Antwort auf aufgetretene Bedürfnisse übernommen" wurden.[213]

Im einzelnen wird der Aufgabenkatalog nicht nur durch die allgemeine ökonomische und gesellschaftliche Entwicklung, die privatkapitalistisch-marktwirtschaftlich organisierte Wirtschaft und der (damit zusammenhängenden) Gesetzgebung in Bund und Ländern bestimmt, sondern auch durch die Bewertung der Bevölkerung am Ort,[214] u.a. vertreten durch die einzelnen Kommunalpolitiker, entscheidend beeinflußt. Art und Umfang der gemeindlichen Aufgaben sind das Ergebnis gesellschaftlicher Entwicklungen und politischer Entscheidungen. Dies gilt teilweise auch für die Aufgabenausführung, wobei das Implementationsverhalten der Verwaltung (u.a. die Verwaltungskultur und ihre Bürgernähe) eine wichtige Rolle spielt. Dafür wurde von der KGSt das Leitbild der Kundenorientierung vorgegeben, das es zu konkretisieren gilt. Die Verwaltung soll privaten Dienstleistungsunternehmen nicht nach-

211 S. oben, Abschnitt 1.3.1.
212 Engelhardt, in: Budäus/Engelhardt 1996, S. 50.
213 Wysocki, in: Hansmeyer 1973, S. 28.
214 Schäfer/Stricker, in: Gabriel 1989a, S. 46 – 56; Schimanke, in: Voigt 1984, S. 54f.

stehen und die Aufgaben so anbieten, daß die Bürger zufriedene „Kunden" sind. Doch zunächst zum Aufgabenkatalog.

2.4.1 Versuche einer systematischen Erfassung der Aufgaben

Bei der Darstellung kommunaler Aufgaben haben wir bisher zwischen der Bereitstellung öffentlicher Dienstleistungen für die Bevölkerung und einer kleinräumigen Steuerung der Umweltentwicklung unterschieden.[215] Ellwein hatte schon Anfang der siebziger Jahre fünf Aufgabenschwerpunkte genannt:

- technische Versorgung der Bevölkerung (Wasser, Strom, Gas, öffentliche Verkehrsmittel, Abwasserbeseitigung, Müllabfuhr, Straßenbeleuchtung, Straßenreinigung),
- kulturelle Tätigkeit (Schulen, Erwachsenenbildung, Büchereien, Theater, Museen),
- soziale Aufgaben (Kindergärten, Altenheime, Gesundheitspflege, Krankenhäuser, Sport),
- gemeindliche Bautätigkeit (Straßenbau, Förderung des Wohnungsbaus, Stadt- und Verkehrsplanung),
- Ordnungsfunktionen (Feuerwehr, Polizei, Meldewesen).[216]

In dieser Aufstellung entspricht der (leider nicht überzeugend bezeichnete) Aufgabenschwerpunkt „gemeindliche Bautätigkeit" unserer Aufgabengruppe „kleinräumige Steuerung der Umweltentwicklung". Die anderen Aufgabenschwerpunkte bei Ellwein (technische Versorgung, kulturelle Tätigkeit, soziale Aufgaben und Ordnungsfunktionen) beschreiben sehr detailliert den Gesamtumfang der von den Kommunen für ihre Bürger erbrachten Dienstleistungen.

Gunlicks unterscheidet (für die Bundes- und Landesebene einschließlich der Regierungsbezirke) in Anlehnung an Wagener zwischen Pla-

215 Vgl. oben, Abschnitte 2.2. und 2.3.

216 Ellwein 1973, S. 366. – In der neuen Auflage beziehen sich Hesse/Ellwein (1992, S. 66ff.) wieder stärker auf juristische Quellen.

nungsaufgaben, Regelungsaufgaben und Dienstleistungen.[217] Bei den Selbstverwaltungsaufgaben der Gemeinden und Kreise differenziert er (in Anlehnung an Köstering) nach Handlungsbereichen/-feldern (analog zu Einzelplänen der Haushalte oder der Dezernats- und Ämtergliederung).[218] Grunow unterscheidet zwischen Leistungs- und Eingriffsverwaltung,[219] sieht aber selbst Probleme bei der Abgrenzung zwischen beiden. Diese Gliederung der kommunalen Aufgaben erscheint für eine sozialwissenschaftliche Betrachtung besser geeignet als die in der rechtswissenschaftlich dominierten Kommunalwissenschaft übliche Trennung (s. Abb. 2.7) zwischen staatlichen und kommunalen Aufgaben, zwischen Hoheits- und Selbstverwaltungsaufgaben, übertragenem und eigenem Wirkungskreis bzw. zwischen Pflichtaufgaben und freiwilligen Leistungen.[220]

Während die Unterscheidung zwischen Pflichtaufgaben und freiwilligen Leistungen der Kreise und Gemeinden (auch landesspezifisch) differenzierte Informationen erfordert, liegt den anderen Unterscheidungen ein einheitliches Prinzip zugrunde, die Trennung zwischen Staat (Bund und Land) einerseits und Kommunen (Kreis, Gemeinden) andererseits. Auf den ersten Blick erscheint diese Trennungslinie leicht nachvollziehbar. Wichtig ist allerdings, sich nochmals vor Augen zu führen, daß beim traditionellen Verwaltungsaufbau in Deutschland weder Bund noch Länder ein flächendeckendes Netz örtlicher Dienststellen aufweisen. Soweit die Flächenländer nicht durch eigene Behörden vor Ort vertreten sind, nehmen sie für Aufgaben der Landesverwaltung die Dienste von Kreisen und Gemeinden in Anspruch. Das gilt regelmäßig für das Personenstands- und Meldewesen, die Durchführung von Wahlen für den Landtag, den Bundestag und das Europaparlament, aber (seit Abschluß der Funktionalreform) auch für Gesundheits- und z.T. Katasterbehörden.[221] Stets werden kommunale Dienststellen im Auftrage und

---

217 Gunlicks 1986, S. 87.

218 Norton (1997, S. 64-66, 266-270) verwendet 18 Einzelaufgaben und eine Restkategorie.

219 Grunow, in: Wollmann/Roth 1999, S. 397f. Zur Diskussion über die Abgrenzung von Leistungs- und Eingriffsverwaltung s. a. Gröttrup 1976, S. 31ff.

220 Die Terminologie ist zudem in den einzelnen Bundesländern unterschiedlich. Wesentlich ist, welche Befugnisse die Kommunalaufsicht daraus ableiten kann (Rechtsaufsicht oder Fachaufsicht).

221 Für den Stand am Ende der achtziger Jahre s. Becker 1989, S. 332; s. a. Laux, in: Wollmann/Roth 1999, S. 184f.

nach Weisung ihres Landes beim Vollzug von Landesgesetzen tätig. Auch für die ihnen obliegende Aufgabe, Bundesgesetze als eigene Angelegenheit zu vollziehen, bedienen sich die Länder regelmäßig der Kreis- und/oder Gemeindeverwaltungen.

Abb. 2.7: Juristische Systematik kommunaler Aufgaben

Selbstverwaltungsbereich		**Übertragener Wirkungskreis**	
Freie Selbstverwaltungsaufgaben	**Pflichtige Selbstverwaltungsaufgaben**	**Pflichtaufgaben zur Erfüllung nach Weisung**	**Auftragsangelegenheiten**
Ob die Gemeinde die Aufgabe überhaupt wahrnimmt und **Wie** sie sie durchführt, liegt in ihrem Ermessen (aber im Rahmen der Gesetze)	Die Gemeinde ist gesetzlich verpflichtet, sich der Aufgaben anzunehmen. **Wie** sie sie durchführt, liegt in ihrem Ermessen (aber im Rahmen der Gesetze)	Die Gemeinde ist gesetzlich verpflichtet, sich der Aufgabe anzunehmen Auf die Durchführung kann der Staat durch Weisungen im gesetzlich vorgesehenen Rahmen Einfluß nehmen.	Die Gemeinde ist gesetzlich verpflichtet, sich der Aufgabe anzunehmen. Da es sich um staatliche Aufgaben handelt, besitzt der Staat ein unbeschränktes Weisungsrecht hinsichtlich der Durchführung
Beispiel: Büchereien, Museen, Theater	*Beispiel:* Straßenbau und –unterhalten, Wasserversorgung, Abwasser-, Müllbeseitigung, Bauleitplanung	*Beispiel:* Feuerschutz, Landschaftsschutz, Bauaufsicht.	*Beispiel:* Feuerschutz, Landschaftsschutz, Bauaufsicht.
Staat hat nur die Rechtsaufsicht (geregelt in den Gemeindeordnungen)		Sonderaufsicht (geregelt in Gemeindeordnungen und Spezialgesetzen)	Rechtsaufsicht und Fachaufsicht (d.h. Überprüfung von Ermessenentscheidungen auf Zweckmäßigkeit)
Rechtsmittel gegen Aufsichtsmaßnahmen: Widerspruch und Anfechtungsklage.		Rechtsmittel: Widerspruch und Anfechtungsklage	keine Rechtsmittel.

Quelle: Dauwe, in: Dauwe u.a. 1995, S. 23; vgl. auch Marcus 1987, S. 21; Konegen 1990, S. 261; Dill/Kanitz 1994, Heft 1, S. 45.

Da sich Bund und Länder unter der Bezeichnung Staat zusammenfassen lassen, handelt es sich bei ihren Aufgaben um staatliche Hoheitsaufgaben des (den Kommunen) übertragenen Wirkungskreises. Im Gegensatz dazu gelten „Angelegenheiten der örtlichen Gemeinschaft" als quasi „natürliche" Selbstverwaltungsaufgaben der Kreise und Gemeinden, gehören also zum eigenen Wirkungskreis, den kommunalen Aufgaben i.e.S. Als Unterscheidungskriterium würde sich die Frage anbieten, ob es sich im Einzelfall um den Vollzug von Bundes- und Landesgesetzen oder „nur" um Vorbereitung bzw. Vollzug von örtlichen Satzungen handelt. Diese einfache Unterscheidungsmöglichkeit scheitert aber daran, daß durch Bundes- oder Landesgesetz bestimmte Aufgaben den Gemeinden zur Pflicht gemacht werden können. Drei Beispiele dazu sind das BauGB, das KJHG und BSHG. Alle drei Gesetze enthalten zugleich mehr oder weniger detaillierte Vorschriften darüber, wie die Gemeinden und Kreise die „Selbstverwaltung" dieser Pflichtaufgaben wahrzunehmen haben. Danach bleibt theoretisch ein Kernbestand von „freiwillig" durchgeführten Selbstverwaltungsaufgaben. Dieser unterliegt allgemeinen Vorschriften der Sicherheit (u.a. Gesundheit und Ordnung) und unterschiedlichen Formen von politischem Druck: Investitionsinteressen privater Investoren, einer Vielzahl von zweckgebundenen Zuschüssen, Eingruppierung als Ober-, Mittel- oder Unterzentrum, Leistungsprofilen der Nachbargemeinden.

Definitorisch läßt sich also relativ eindeutig zwischen staatlichen/übertragenen Aufgaben einerseits und kommunalen (weisungsfreien) Aufgaben oder Selbstverwaltungsangelegenheiten andererseits unterscheiden: Verwaltungsaufgaben sind dann dem staatlichen Behördenvollzug vorbehalten, wenn im Interesse aller Einwohner des Landes oder unter der Zielvorstellung „Gleichwertigkeit der Lebensverhältnisse" (Art. 72 II GG) ein einheitlicher Gesetzesvollzug und zentrale Steuerung notwendig erscheinen. Kommunale Aufgaben sind dagegen die Aktivitäten, die von den örtlichen Organen in eigener Verantwortung gewollt sind (Selbstverwaltung). Die Aufgabengliederung und die Kompetenzzuweisung spiegeln allerdings die soziale Wirklichkeit nicht in geeigneter Weise wider. Selbst Juristen betonen, daß bei „aller Anerkennung des staatlichen Interesses an einer einheitlichen Ausführung von Aufgaben des übertragenen Wirkungskreises durch Gemeinden und Kreise ... für den Staat bei Vorkehrungen organisatorischer oder personeller Art besondere Zurückhaltung geboten (ist – d.Verf.) zumal die Personal- und die Organisationshoheit zum ‚härtesten Kernbereich' der Selbstverwaltung gehören."[222]

Unsere Beispiele zeigen, daß mit „freiwilligen Aufgaben" (Hallenbadbau, Fußgängerzone) Pflichtaufgaben von unterschiedlichem Freiheitsgrad in der Aufgabenerledigung (z.B. Straßenbau, Straßenbeleuchtung, Fußgängerüberwege, Ampeln, Straßenreinigung, Ausweisung und Erschließung von Baugelände, Feuerlöschwesen, Gesundheitsschutz) untrennbar verbunden sind.[223] Die meisten Aufgaben sind also komplex, wobei freiwillige bzw. pflichtige Selbstverwaltungsangelegenheiten[224] oder gar Aufgaben des übertragenen Wirkungskreises[225] ineinander greifen. Während die Verwaltung eher den sektoralisierten Aufgabenvollzug in einzelnen Verwaltungseinheiten sieht, der sich nach der Administration der zur Anwendung kommenden Gesetze bzw. Rechtsgrundlagen (s. Abb. 2.8) richtet,[226] gehen Politiker von der komplexen Gesamtleistung (Output) aus. Dies gilt auch für die Bürger; sie nehmen die Unterschiede zwischen Kommunal- und Staatsaufgaben sowie zwischen Selbstverwaltungsaufgaben und solchen des übertragenen Wirkungskreises nicht wahr. Die Bürger erwarten die Bereitstellung bestimmter Leistungen. Für sie ist nicht wichtig, wer die Leistung erbringt und aufgrund welcher gesetzlichen Regelungen das geschieht, sondern daß und wie die Leistung verfügbar ist. Erst durch die Verknüpfung von Teilaufgaben, die in einzelnen Verwaltungsdienststellen z.T. isoliert erbracht werden, ergibt sich eine für den Bürger relevante Leistung, das „Produkt". Weitere Adressaten von Dienstleistungen sind die innerhalb der Verwaltung arbeitenden Fachbereiche, Ämter und Abteilungen. Diesen Vorstellungen folgt auch das Neue Steuerungsmodell der KGSt.

---

222 Köstering, in: Püttner 1983a, S. 43 unter bezug auf einige Urteile des Verfassungsgerichtshofs in NRW. S. a. Rastede-Urteil (Entscheidungen des Bundesverfassungsgerichts, 79. Band, 1989, S. 127), das die Selbstverwaltungs-Garantie (Art. 28, Abs. 2, Satz 1 GG) präzisiert.

223 S. oben, Abschnitt 2.2.1.

224 Bei letzteren sind der Straßenbau, der Schulbau bzw. die Unterhaltung von Schulen, die Wasserversorgung, die Abwasser- und Abfallentsorgung, der Feuerschutz und die Bauangelegenheiten zu nennen.

225 Z.B. Bau- und Gewerbeaufsicht, Straßenverkehrsaufsicht, Wohnbauförderung und Gesundheitsvorsorge.

226 Schmidt-Eichstaedt, in: Roth/Wollmann 1994, S. 99ff.; bzw. in: Wollmann/Roth 1999, S. 326f.

Für einen bürgernahen Aufgabenvollzug ist es dringend erforderlich, die bisherigen Gliederungssysteme zu überwinden[227] und eine Zusammenfassung der Aufgaben danach vorzunehmen, wie der Bürger die Politik und ihre Ergebnisse wahrnimmt (Output-Orientierung). Dies geschieht hier mit der Kategorie „bürgernahe Dienstleistungen". Aber auch dann, wenn bei den Dienstleistungen die Bürger oder – wie in der Policy-Forschung üblich – genau abgegrenzte Adressatengruppen im Blick sind, werden sich noch viele Probleme im Rahmen der Abgrenzung von „Produkten" ergeben. Denn die Produkte sollen neben der Art der Leistungen auch deren Qualität sowie Aussagen über Kosten und Nutzen mit erfassen.[228] Bei den Produkten sind deshalb auch kurzfristige und langfristige Wirkungen (outcomes und impacts) im Hinblick auf bestimmte Adressatengruppen zu beachten. Diese Schwierigkeit ergibt sich besonders dann, wenn weiter in die Zukunft geplant werden soll und nicht nur kurzfristig meßbare Leistungsindikatoren benutzt werden.

Abb. 2.8: Rechtsgrundlagen des Handelns kommunaler Ämter

	Amt	Rechtsgrundlagen des Handelns
	Allgemeine Verwaltung	
11	Personalamt	Beamtengesetze, StellenplanVO
12	Statistisches Amt	Gesetze über die Erhebung von Statistiken
14	Rechnungsprüfungsamt	Gemeindeordnung des Landes
	Finanzverwaltung	
20	Kämmerei	Haushaltsrecht, Finanzausgleichsgesetz/Gemeindefinanzierungsgesetz des Landes
21	Kasse	GemeindekassenVO
22	Steueramt	GrundsteuerG, GewerbesteuerG, weitere Steueresetze
23	Liegenschaftsamt	Bürgerliches Gesetzbuch, GemO
	Rechts-, Sicherheits- und Ordnungsverwaltung	
30	Rechtsamt	Ordnungsbehördengesetz des Landes
32	Amt für öffentliche Ordnung	Prozeßordnungen (ZPO, VwGO, SGO)

227 Dies würde einem monistischen Aufgabenverständnis entsprechen, „nach dem die Gemeinden in ihrem Gebiet als ausschließliche und eigenverantwortliche Träger der gesamten öffentlichen Verwaltung gesehen wurden." (Weinheimer Entwurf). Die Trennung zwischen Selbstverwaltungsangelegenheiten und Auftragsangelegenheiten, wie sie im dualistischen Aufgabenverständnis üblich ist, müßte aufgegeben werden. S. d. Wollmann, in: Wollmann u.a. 1997, S. 266.

228 S. z.B. König 1997, S. 68f. Für erste Ergebnisse s. Innenministerium Baden-Württemberg 1996 und KGSt, 5/1997.

	Amt	Rechtsgrundlagen des Handelns
33	Einwohner- und Meldeamt	Melderecht
34	Standesamt	Personenstandsgesetz
35	Versicherungsamt	Reichsversicherungsordnung
37	Feuerwehr	Feuerschutzgesetz des Landes
38	Zivilschutzamt	ZivilschutzG
	Schul- und Kulturverwaltung	
40	Schulverwaltungsamt	Landesschulgesetz
42	Bibliothek	Bibliotheksgesetz des Landes
43	Volkshochschule	Volkshochschulgesetz des Landes
	Sozial-, Jugend- und Gesundheitsverwaltung	
50	Sozialamt	Bundessozialhilfegesetz (BSHG)
51	Jugendamt	Kinder- und Jugendhilfegesetz (KJHG)
53	Gesundheitsamt	Bundesseuchengesetz
54	Krankenhäuser	Krankenhausgesetz
55	Lastenausgleichsamt	Lastenausgleichsgesetz (LAG)
	Bauverwaltung	
61	Stadtplanungsamt	Baugesetzbuch (BauGB)
62	Vermessungs- und Katasteramt	Landesgesetz über das Vermessungswesen
63	Bauordnungsamt	Landesbauordnung (LBO)
64	Wohnungsförderungsamt	Wohngeldgesetz, WohnungsbauG
65	Hochbauamt	Technische Regelwerke /
66	Tiefbauamt	Verdingungsordnung für das Bauwesen
67	Grünflächenamt	Naturschutzrecht
68	Umweltschutzamt	Bundesimmissionsschutzgesetz (BImSchG), Umweltrecht
	Verwaltung für öffentliche Einrichtungen	
70	Stadtreinigungsamt	Kreislaufwirtschaftsgesetz
71	Schlacht- und Viehhof	Veterinärrecht
72	Marktamt	Lebensmittelrecht
	Verwaltung für Wirtschaft und Verkehr	
81	Eigenbetriebe	EigenbetriebsVO des Landes
82	Forstamt	Waldgesetze, Naturschutzrecht

Quelle: Vgl. Schmidt-Eichstaedt, in: Roth/Wollmann 1994, S. 99f.; derselbe, in: Wollmann/Roth 1999, S. 326f.

Die KGSt geht mit ihrem Leitbild der Kundenorientierung noch weiter. Es stellt sich allerdings die Frage, ob bestimmte Leistungen dann, wenn sich die Verwaltung nur am Kunden, also kurzfristig an dessen Nachfrageverhalten, orientiert, noch angeboten werden. Schließlich gilt es, mit den Verwaltungsleistungen gesellschaftliche Ziele zu verfolgen, die – abgesehen von einem Grundkonsens über viele Leistungen – doch erheblich kontrovers sind. So wird der kinderlose Single kein Interesse an öffentlichen Kindergärten oder – anders formuliert – dem Produkt „Kinderbetreuung" haben, der Gutverdienende sich möglicherweise lieber in ein Fitnessstudio begeben als in eine öffentliche Badeanstalt. Mit der Kundenorientierung kann auch nicht nur die Zufriedenheit des Nutzers gemeint sein, vielmehr sollen ja manche Einrichtungen gerade aus gesellschaftspolitischen Erwägungen heraus zusätzliche Nutzer gewinnen. Zudem haben die „Kunden" vielfach recht egoistische Ziele, z.B. bei der Jagd nach Subventionen (Mitnahmeeffekte) oder beim Versuch, persönliche Risiken bzw. Fehlverhalten auf die Allgemeinheit abzuwälzen.[229] Die Interessen der Allgemeinheit müssen also berücksichtigt werden, wenngleich der „Kunde" dies nicht bemerkt (mittelbarer Interessenausgleich). Bei der Wahrnehmung kleinräumiger Steuerungsaufgaben nehmen dagegen die Gemeinden unmittelbar den Interessenausgleich zwischen verschiedenen Anspruchsberechtigten wahr, z.B. bei der Zuordnung von Nutzungen (Wohnen, Wirtschaft, Freizeit) bzw. den Ansprüchen eines Bauherren versus denen der Anlieger/Bewohner eines Quartiers. Diese Überlegungen führen zu einer neuen Systematisierung kommunaler Aufgaben (Abb. 2.9).

Abb. 2.9: Politikwissenschaftliche Systematik kommunaler Aufgaben

1) ortsnahe Bereitstellung öffentlicher Dienstleistungen
   (mittelbarer Interessenausgleich)
   – immateriell: individuell, z.B. Beratung, Pflege
     kollektiv, z.B. Sicherheit, Ordnung
   – materiell: individuell, z.B. Sozialhilfe, Subventionen
     kollektiv, z.B.Bildung, Freizeit
2) kleinräumige Steuerung der Umweltentwicklung
   (unmittelbarer Interessenausgleich)
   – Zuordnung von Nutzungsmöglichkeiten (individuell)
   – Bereitstellung von Infrastruktur (kollektiv)

Die Gemeinden sind dabei zugleich stellvertretend für die von den örtlichen Problemen (nicht nur räumlich) zu weit entfernten (staatlichen) Stellen (Zentralinstanzen des politisch-administrativen Systems) tätig. Der Umfang solcher Aufgaben nahm in den letzten Jahrzehnten als Folge der ökonomischen Entwicklung und im Zuge wachsender

229 Ob die Anspruchshaltung den Bürger in eine reaktive Rolle drängt, wird bereits in den USA im Rahmen des „Consumer Centered Model" diskutiert (König 1997, S. 119).

Staatstätigkeit zwar kontinuierlich zu. Auch die Deregulierung (Verkehr, Post und Telekommunikation, Energieversorgung, Beauftragung von privaten Aufgabenträgern) hat die Tätigkeit der öffentlichen Hand nicht vermindert, sondern eher verändert. Zielbestimmung sowie Art und Umfang der Aufgabenbeschreibung der überörtlichen Gesetzgeber sind aber häufig sehr allgemein, so daß unbestimmte Rechtsbegriffe (kann, soll) in den gesetzlichen Vorgaben die tatsächliche Aufgabenerfüllung (Programmstruktur) nur sehr vage vorgeben. Im übrigen bestehen Gesetze häufig aus verschiedenen Programmelementen, wie am BauGB im einzelnen bereits verdeutlicht wurdeHier ließen sich redistributive und regulative Programme[230] sowie Angebote und Anreize als Instrumente erkennen.

Vor dem Hintergrund dieser Alternativen reduzieren sich Auseinandersetzungen um konkrete Vorgehensweisen fast immer auf die ordnenden bzw. steuernden Maßnahmen der Gemeinde, also die Anwendung von regulativen Programmen oder Anreizen, und den grundgesetzlich garantierten Verfügungsrechten der (privaten) Eigentümer. Besonders problematisch erscheint dabei die unterschiedliche Steuerungsintensität, die in der Stadtentwicklung vom Baubereich bis zum Sozialwesen abnimmt: Die Folge ist, „daß der mit Problem- und Zielformeln der Planung zur öffentlichen Angelegenheit gewordene Prozeß der Stadt- und Raumentwicklung in sozialer, zeitlicher und wirtschaftlicher Hinsicht untersteuert blieb, in baulich-technischer Hinsicht jedoch übersteuert wurde."[231] Dabei kommen dann die materiellen und immateriellen Dienstleistungen in den Blick, die als Steuerungspotential genutzt werden müßten. Sie sollen einzelnen oder der Allgemeinheit zugute kommen. (Abb. 2.9)

Die Gemeinde sorgt für die Bereitstellung immaterieller öffentlicher Leistungen kollektiver (z.B. Sicherheit und Ordnung) und individueller Art (z.B. Beratung) sowie für ein materielles Dienstleistungsangebot. Letzteres dient als Ausgleich für das Angebot der Privatwirtschaft, das den Dienstleistungsbedarf der Bevölkerung meist bei weitem nicht deckt, insbesondere den ihrer einkommensschwächeren Teile (z.B. bei Bildung und Freizeit).[232] Weiterhin stellen die Krei-

---

230 Zur Systematisierung von Programmen und ihren Wirkungen s. Windhoff-Héritier 1987.

231 Pankoke/Nokielski 1977, S. 55.

232 Ribhegge, in: Frey 1976a, S. 41; See 1975, S. 95.

se und Gemeinden durch Zahlungen (Anreize) an private Unternehmen und Organisationen sicher, daß bestimmte Leistungen (z.B. Arbeitsplätze und Einrichtungen) erhalten bzw. neu eingerichtet werden. Die Gemeinde greift also durch die für ihre Bürger erbrachten Dienstleistungen in den Prozeß der Zuweisung gesellschaftlicher Güter und Werte ein (Verteilung/Umverteilung mit Hilfe distributiver/redistributiver Programme). Indem die Gemeinde bestimmte Leistungen erbringt, begünstigt sie jene Teile der Bevölkerung, für die entsprechende Leistungen sonst nicht zugänglich wären (z.B. Benutzung einer Schwimmhalle) und belastet (möglicherweise) andere Bevölkerungsgruppen, die durch ihre Steuerzahlungen dieses Dienstleistungsangebot (mit)finanzieren (müssen).

Für viele Dienstleistungen werden durch mehr oder weniger vage „Vorentscheidungen" auf Bundes- oder Landesebene schon Mindestanforderungen festgelegt. So sind z.B. bei der Eheschließung (als Pflichtaufgabe) bestimmte Grundelemente unverzichtbar. Viele Städte denken mit Recht über adressatengerechte Trauangebote (Produkte) nach, wobei Uhrzeit, Tag und Ort zur Debatte stehen. Dies ist auch bei sogenannten Selbstverwaltungsangelegenheiten der Fall, beispielsweise der Sozialhilfe. Ob über die vorgesehenen Regelsätze hinaus noch Zahlungen erfolgen sollen, ist Sache der kommunalen Entscheidungsträger. Wie der Anspruchsberechtigte bedient wird, welche Perspektiven ihm über die finanziellen Leistungen hinaus erschlossen werden (z.B. Angebot einer Arbeitsstelle) ist ebenfalls den Städten überlassen. Sie müssen die Qualität der Produkte bestimmen, mit denen sie bestimmte Adressatengruppen erreichen wollen.[233] Dabei bietet es sich an, zwischen unterschiedlichen Leistungsempfängern zu unterscheiden, z.B. arbeitsfähigen Sozialhilfeempfängern, denen eine Arbeit verschafft werden muß, alleinerziehenden Müttern mit Kindern, denen neben der Arbeitsstelle auch eine Betreuungsmöglichkeit für Kinder angeboten werden muß.[234]

Auch bei diesen einfachen Transferzahlungen an berechtigte Bürger mischen sich also typische Selbstverwaltungselemente (die freilich im Zuge der Finanzknappheit immer stärker zurückgedrängt

233 Zu den Aktivitäten der Städte im Hinblick auf den „zweiten Arbeitsmarkt" s. Blanke u.a. 1987, S. 299ff., 390ff.; Benzler/Heinelt 1991, S. 57ff.; Bullmann 1991, S. 192ff. Zur Diskussion des „Produktes" „Schule" s. Lange, in: Budäus/Engelhardt 1996, S. 168.

234 S.d. im Gegensatz die Empfehlungen der KGSt (5/1997, S. 105f.).

werden) mit regelgeleitetem Verhalten bei der Bearbeitung der Einzelfallhilfen. Dabei ist auch die Zugänglichkeit von Verwaltungsleistungen wesentlich, z.B. Öffnungszeiten, Verteilung der Dienststellen über die Stadt. Die Verwaltungsspitze reklamiert Entscheidungen darüber und bei Pflichtaufgaben häufig noch als „Geschäfte der laufenden Verwaltung" bzw. als Staatsaufgaben für sich selbst. Die Repräsentanten der Bevölkerung sehen hier allerdings mit Recht einen erheblichen Mitwirkungsbedarf, denn es geht um Bewertungsfragen, die abseits der allgemein akzeptierten Zielvorstellungen kundenfreundlicher zu agieren oder Arbeitslosigkeit zu bekämpfen, doch für die einzelnen Produkte zu unterschiedlichen Ergebnissen führen können.[235]

Daher sind Art und Umfang kommunaler Aufgabenerfüllung immer wieder Gegenstand politischer Auseinandersetzung gewesen. Eine weitere Dimension eröffnen die Stichworte „kalte Sozialisierung", „Nulltarif", „Privatisierung öffentlicher Dienstleistungen". Sie deuten gleichzeitig auf Zeitpunkt, Gegenstand und politische Orientierung der Beteiligten solcher Auseinandersetzungen. Hintergrund sind zwei unterschiedliche Urteile über die Staatstätigkeit: einerseits die These vom Versagen des Marktes/Kapitalismus, wobei der Staat als Lückenbüßer in den Blick kommt,[236] und andererseits die These von der Überlastung des Staates,[237] weshalb Selbstorganisation und Selbststeuerung, Subsidiarität und Kommunitarismus an seine Stelle treten müßten und der Staat sich zurückziehen sollte (Deregulierung, Entstaatlichung, Privatisierung). Bei diesen Debatten standen jeweils die wirtschaftliche Betätigung der Gemeinden, die Finanzierbarkeit von Defiziten öffentlicher Einrichtungen und ihre Effizienz im Vordergrund. Dennoch ging es immer wieder zugleich um die Grenzziehung zwischen öffentlicher und privater Tätigkeit und damit um die Festlegung der im Hinblick auf Dienstleistungen stets als Restkategorie bestimmten Aufgaben der Gemeinden.

---

235 S. unten, Abschnitt 4.3. Zudem müssen die Produkte immer wieder auf ihre Wirkungen befragt und möglicherweise geändert werden.

236 Grundsätzlich zu den Ursachen des Marktversagens s. Musgrave u.a. 1978, Bd. I, S. 53-96; Heidt 1998, S. 432ff., unter Bezug auf Offe und Hirsch.

237 Die Folgen werden als Unregierbarkeit (Hennis u.a. 1977) bzw. als Staatsversagen (Lehner 1979) benannt.

2.4.2 Abgrenzung zwischen privaten und öffentlichen Dienstleistungen

Bereits zu einer Zeit, als Kommunalpolitik noch unbestritten mit dem Etikett „Sachpolitik“ versehen und der in Bund und Land vorherrschenden „Parteipolitik“ gegenübergestellt wurde, kam es zwischen CDU und FDP einerseits und SPD andererseits zu Konflikten mit weitgehend gleichartigen Problemlagen: Während die SPD eher dazu neigte, kommunale Dienste und Investitionen auszudehnen, auch unter Aufnahme von Krediten (also Schuldenmachen) und durch Erhöhung der Gewerbesteuer, standen CDU/CSU und FDP all dem zumindest skeptisch, meist sogar offen ablehnend gegenüber.[238] Dieser Konflikt über Art und Umfang öffentlicher Aufgaben läßt sich bis in die Zeit der Weimarer Republik, zum Teil sogar bis ins Kaiserreich zurückverfolgen.

Die explosionsartige Entwicklung der großen Städte führte zu einer Ausdehnung der kommunalen Verwaltungstätigkeit auf dem Wirtschafts- und Versorgungssektor. Dieser Prozeß begann im 19. Jahrhundert mit der Strom-, Gas- und Wasserversorgung; es ging weiter mit dem öffentlichen Nahverkehr, ihm folgten Straßenreinigung, Müllabfuhr, Kanalisation und Straßenbau.[239] In den zwanziger Jahren veränderte die wirtschaftliche Tätigkeit der Gemeinden „ihren Charakter von einer behelfsmäßigen Einrichtung zur Abdeckung unabweisbaren öffentlichen Bedarfs zu einer systematisch betriebenen eigenständigen Kommunalwirtschaft.“[240]

Die gewerbliche Wirtschaft und ihre Spitzenverbände beurteilten die wirtschaftliche Betätigung der Gemeinden, insbesondere der Großstädte, anders. In z.T. heftiger Kritik wandten sich diese Interessengruppen vor allem gegen die „kalte Sozialisierung.“ Unter diesem Schlagwort wurden jene Maßnahmen zusammengefaßt, „die den

---

238 Rudzio, in: Naßmacher 1977, S. 80, und Grauhan 1970, S. 262; ähnlich auch Ziebill 1971, S. 30.

239 S. oben, Abschnitt 1.2. Hier bietet sich ein Hinweis auf die finanzwissenschaftliche Diskussion an, speziell zu den Wagnerschen (= Gesetz der zunehmenden Staatstätigkeit) und Popitzschen (= Gesetz von der Anziehungskraft des übergeordneten Etats) Gesetzen sowie zum Brechtschen Gesetz der parallelen Progressivität von Ausgaben und Bevölkerungsmassierung (s. Wagner, in: Recktenwald 1970, S. 241ff.; Engelhardt, in: Budäus/Engelhardt 1996, S. 50, 53, 59).

240 Ribhegge, in: Frey 1976a, S. 41.

Sektor der öffentlichen Wirtschaft ... durch Errichtung bzw. Erweiterung öffentlicher Unternehmungen" gegenüber der Privatwirtschaft vergrößerten. Unterstellt wurde eine „zunehmende privatwirtschaftliche Betätigung der öffentlichen Hand", u.a. auch der Kommunen.[241] Handwerker und Einzelhändler protestierten vor allem gegen die Einrichtung von Nebenbetrieben (Installations- und Verkaufsabteilungen) der Gas-, Wasser- und Elektrizitätswerke. Einige Städte unterhielten sogar Steinbrüche, Ziegeleien, Brauereien, Sägewerke;[242] andere beteiligten sich am „Brennstoff-, Futtermittel-, Papier- und Möbelhandel, vertrieben Autozubehör, Werkzeuge und Büroartikel. Es gab städtische Blumengeschäfte und Friedhofsgärtnereien, Bäckereien, Fuhrbetriebe, Hotels und Gaststätten sowie gemeinnützige Wohnungsbaugesellschaften."[243]

Die Vielzahl der kommunalen Wirtschaftsunternehmen galt als systemfremdes Element im Konzentrationsprozeß der zwanziger Jahre. Die Spitzenverbände der Wirtschaft betonten mangelnde Elastizität kommunaler Unternehmen, fehlende Rentabilität des eingesetzten Kapitals, ungerechtfertigte Konkurrenz kommunaler Betriebe gegenüber dem örtlichen Gewerbe. Dagegen hob der Deutsche Städtetag hervor, daß die wirtschaftliche Betätigung der Städte gleichermaßen die allgemeine „Produktion, auch der Privatwirtschaft durch die Unterhaltung privatwirtschaftlich nicht rentierlicher Anlagen und die Versorgung breiter Schichten der Bevölkerung mit unentbehrlichen Lebensgütern"[244] fördere. Diese Betrachtung erscheint angemessen, weil damals mit der Ausweitung der kommunalen Dienste weder eine systematische Zurückdrängung des kapitalistischen Wirtschaftsprinzips noch eine sozialpolitische Umverteilung durch besonders günstige (nicht kostendeckende) Tarife für kommunale Dienste und Leistungen verfolgt wurde.[245] Die Gemeinden strebten – so die verbreitete Interpretation – im Gegensatz zu den englischen Städten keinen „Munizipalsozialismus" an.[246] Das

---

241 Böhret 1966, S. 19.

242 Böhret 1966, S. 35f., 54; s.a. Rebentisch, in: Püttner 1981, S. 94f.

243 Böhret 1966, S. 56f.

244 Mulert 1929, Sp. 252.

245 Ganz anders im „roten"Wien, s.d. Pelinka, in: Naßmacher 1977, S. 69ff., und von Saldern 1985, S. 186ff.

246 Engelhardt, in: Budäus/Engelhardt 1996, S. 50. S. d. auch Majerczik 1919, S. 3, 10ff.

bedeutete aber nicht, daß sozialpolitische Erwägungen überhaupt keine Rolle spielten. Vor allem die Suche nach neuen Einnahmequellen war jedoch ein wichtiger Antrieb.[247]

Trotz heftiger Agitation und ungeachtet der propagandistischen Aktionen hielten die Städte an den Kommunalbetrieben fest und bauten diese teilweise noch aus. Auf Energieversorgung und Nahverkehr war die Masse der Bevölkerung angewiesen; Leistungsangebot und Preisgestaltung konnten nicht allein nach der Rentabilität gestaltet werden. Außerdem wurde der städtische Haushalt zum Teil durch die Überschüsse aus Betrieben und Werken entlastet.[248] Erfolg war den Spitzenverbänden der deutschen Wirtschaft bei ihrem Kampf gegen die wirtschaftliche Betätigung der Gemeinden[249] erst mit der 1935 von den Nationalsozialisten erlassenen Deutschen Gemeindeordnung (DGO) beschieden: „Die Gemeinde darf wirtschaftliche Unternehmen nur errichten oder wesentlich erweitern, wenn

1. der öffentliche Zweck das Unternehmen rechtfertigt,
2. das Unternehmen nach Art und Umfang in einem angemessenen Verhältnis zu der Leistungsfähigkeit der Gemeinde und zum voraussichtlichen Bedarf steht,
3. der Zweck nicht besser und wirtschaftlicher durch einen anderen erfüllt wird oder erfüllt werden kann.“[250]

Diese (die Gestaltungsmöglichkeiten der Gemeinden beschränkende) Abgrenzung zwischen privater und öffentlicher Wirtschaft wurde nach dem Kriege nahezu gleichlautend in die neuen Gemeindeordnungen der Bundesländer übernommen (Abb. 2.10) und ist in dieser Form bis heute in Kraft.[251] Auch die Verfassungen bzw. Gemeindeord-

---

247 Upmeier, in: Hansmeyer 1973, S. 96.

248 Engeli, in: Kirchgässner/Schadt 1983, S. 179.

249 Böhret 1966, S. 19, 170.

250 § 67 I DGO. Zum Wortlaut von § 67 DGO s. Böhret 1966, S. 170. Giere (1965, S. 312) hält die Regelung für „mustergültig“. S. d. auch Otting 1997, S. 90ff. In Rheinland-Pfalz soll es in Zukunft heißen: „Wenn Private den öffentlichen Zweck nicht ebenso gut und wirtschaftlich erfüllen können“ (Demo 2/98, S. 19).

251 Diesen (auch und gerade für ihre Fragestellung bedeutsamen) Sachverhalt übersieht Rodenstein (in: Emenlauer u.a. 1974, S. 65, Anm. 20), wenn sie apodiktisch feststellt: „Die nationalsozialistische Phase der kommunalen „Selbstverwaltung“ ist für unser Thema wenig ergiebig, ...“.

nungen der neuen Bundesländer enthalten diese Vorschriften.[252] Die Frage, in welchem Umfang private und öffentliche Dienstleistungen zur notwendigen Versorgung der Bevölkerung beitragen sollen, blieb freilich in der Diskussion. Lediglich die Diskussionsanlässe änderten sich; thematisiert wurden Subsidiarität und „Nulltarif", bei wachsender Finanznot der öffentlichen Hände erlebte die Privatisierungsdebatte eine Renaissance.

Bereits Anfang der sechziger Jahre hatte die SPD unter dem Stichwort „Gemeinschaftsaufgaben" auf Mängel in der Versorgung mit öffentlichen Gütern hingewiesen. Anfang der siebziger Jahre forderten die Jungsozialisten, möglichst viele Bedürfnisse dem Marktgeschehen zu entziehen und ihre Befriedigung durch kommunale Dienste anzustreben. Die Münchner Jungsozialisten bezeichneten in einem auf dem Bremer Bundeskongreß 1970 vorgelegten Papier u.a. Krankenpflege, Erholung und Bildung, Versorgung mit Strom, Gas, Wasser und Wohnraum sowie Benutzung von Verkehrsmitteln als „Grundbedürfnisse", die nicht weiterhin privatwirtschaftlichem Gewinnstreben überlassen bleiben dürften, sondern auf lange Sicht vollständig aus Steuermitteln zu finanzieren und den Bürgern kostenlos zur Verfügung zu stellen seien. Eine Verwirklichung solcher Vorstellungen hätte die Grenze des kommunalen Leistungsangebots sehr weit ausgedehnt und der privatwirtschaftlichen Betätigung eher eine Restaufgabe zugebilligt. Derart weitgehende Vorstellungen konnten aber weder bei den Jungsozialisten noch in der SPD oder gar in der Bevölkerung die Unterstützung einer Mehrheit finden.

Breitere Zustimmung fanden die mit dem Stichwort „Nulltarif" verbundene Kritik an einer vermeintlich kostendeckenden Gestaltung der Tarife im öffentlichen Personennahverkehr[253] und die Forderung nach kommunalen Wohnungsvermittlungsstellen als Gegengewicht gegen freie Makler.[254] Verschiedene Großstädte versuchten, über die bisherige Tätigkeit der „Wohnungsämter" hinauszugreifen und nicht mehr nur öffentlich geförderte Wohnungen zu vermitteln, sondern auch auf den örtlichen Markt für frei finanzierten Wohnraum Einfluß

---

252 § 100 KV/GO Brandenburg; § 68 KVMeVo; § 96 GO Sachsen; § 116 GO LSA; § 71 KommunalO Thür.

253 Roth 1971, S. 21; Rudzio, in: Naßmacher 1977, S. 96. In der Stadt Templin wurde ein zweijähriger Modellversuch zum Nulltarif im Nahverkehr (mit bisher positiven Ergebnissen) durchgeführt (Der Spiegel, 20/1998, S. 62).

254 Beschlüsse der SPD-Parteitage Hannover 1973 und Mannheim 1975.

Abb. 2.10: Synopse der Nachfolgebestimmungen zu § 67 I DGO

(Nachkriegs-) Gemeindeordnung (GO)	§ 102 I BaWü	Art. 89 I Bay	§ 121 I He	§ 108 I Nds	§ 88 I NRW	§ 85 I RhPf	§ 106 I Sa	§ 101 I SH
Die Gemeinde darf wirtschaftliche Unternehmen (nur)								
-errichten, übernehmen	X	X	X	X	X	X	X	X
oder								
erweitern		X					X	
wesentlich erweitern,	X		X	X	X	X		X
wenn der öffentliche Zweck das Unternehmen								
dringend					X			
erfordert		X			X			
rechtfertigt	X		X	X		X	X	X
und dieser Zweck durch das Unternehmen wirtschaftlich erfüllt werden kann,			X					
das Unternehmen nach Art und Umfang in einem angemessenen Verhältnis zur Leistungsfähigkeit der Gemeinde und zum voraussichtlichen Bedarf steht,	X	X	X	X	X	X	X	X
und der Zweck durch								
andere/einen anderen		X		X		X	X	
andere Unternehmen					X			
auf andere Weise								X
nicht								
besser und wirtschaftlicher				X	X	X	X	X
ebenso gut und wirtschaftlich		X						
erfüllt wird		X		X		X		
erfüllt werden kann.		X		X	X	X	X	X

Quelle: Schmidt-Jortzig 1982, S. 231; zuweilen findet sich die Regelung jetzt an anderer Stelle: § 102 im Saarland und § 107 in Nordrhein-Westfalen.

zu nehmen. Dabei stießen sie nicht nur auf geringe Bereitschaft der Vermieter, dieses kommunale Dienstleistungsangebot in Anspruch zu nehmen. Die Kommunalaufsichtbehörden der Länder (Regierungspräsidenten) bestimmten das durch die Gemeindeordnungen geschützte Tätigkeitsfeld der Privatwirtschaft so, daß die Erfolgsaussichten kommunaler Wohnungsvermittlung erheblich eingeengt wurden.

Auch in anderen Bereichen ihrer Tätigkeit stoßen die Gemeinden auf gesetzliche Grenzen. Grundlage dafür ist eine Konkurrenz zwischen dem öffentlichen Solidarverband Gemeinde und den auf freiwilliger Basis operierenden Hilfseinrichtungen gesellschaftlicher Gruppen, insbesondere der Kirchen. So entspricht es etwa der (aus der katholischen Soziallehre stammenden) Forderung nach Subsidiarität[255] (also dem Vorrang der kleineren gesellschaftlichen Einheit vor der umfassenderen), wenn (seit 1961) im Bereich der Jugendpflege Regelungen gelten, die die Gemeinden gegenüber privaten Trägern benachteiligen: „Aufgabe des Jugendamts ist ..., die für die Wohlfahrt der Jugend erforderlichen Einrichtungen und Veranstaltungen anzuregen, zu fördern und gegebenenfalls zu schaffen ... Soweit geeignete Einrichtungen und Veranstaltungen der Träger der freien Jugendhilfe vorhanden sind, erweitert oder geschaffen werden, ist von eigenen Einrichtungen und Veranstaltungen des Jugendamtes abzusehen.“[256] Heute heißt es: „Die öffentliche Jugendhilfe soll mit der freien Jugendhilfe zum Wohl junger Menschen und ihrer Familien partnerschaftlich zusammenarbeiten. ... Soweit geeignete Einrichtungen, Dienste und Veranstaltungen von anerkannten Trägern der freien Jugendhilfe betrieben werden oder rechtzeitig geschaffen werden können, soll die öffentliche Jugendhilfe von eigenen Maßnahmen absehen.“[257] Die Gemeinden dürfen Einrichtungen, wie Kindergärten u.ä., nur dann schaffen, wenn „freie Träger“[258] kein entsprechendes Ange-

---

255 Groser 1995, S. 582f. und 622ff.

256 § 5, Abs. 1, Satz 1 und Abs. 3, Satz 2 Gesetz für Jugendwohlfahrt (JWG) vom 11. August 1961 (BGBl. I, S. 1206). Dies galt auch nach Neubekanntgabe des Gesetzes am 25. April 1977 (BGBl. I, S. 633).

257 § 4 KJHG vom 15. März 1996, i.d.F. v. 23.7.1996.

258 Als bundesweit tätige und anerkannte Organisationen sind insbesondere Deutscher Caritasverband, Diakonisches Werk, Arbeiterwohlfahrt (AWO), Deutsches Rotes Kreuz (DRK), Zentralwohlfahrtsstelle der Juden und die Vielzahl der im Deutschen Paritätischen Wohlfahrtsverband (DPWV) zusammengeschlossenen freiwilligen Gruppen ohne religiöse oder politische Bindung zu nennen.

bot machen. Das Gesetz diskriminiert also die Repräsentanten der örtlichen Gemeinschaft zugunsten von gesellschaftlichen Großgruppen, deren zentrale Verwaltungen häufig ähnliche bürokratische Leitungsstrukturen aufweisen, wie sie den Gemeinden nachgesagt werden.

Die Gemeinden können sich also keineswegs nach eigener Wahl selbst neue Aufgaben stellen, für ihre Bürger jedes beliebige Dienstleistungsangebot bereithalten, auch wenn sie über die dazu erforderlichen finanziellen Mittel verfügen sollten. Nicht nur private Unternehmer, sondern auch der (zwischen öffentlicher Verwaltung und Markt angesiedelte) „Dritte Sektor“[259] und die hier agierenden Non-Profit-Organisationen bzw. alternativen Einrichtungen, sind eine ernsthafte Konkurrenz, aber auch eine Entlastung für die Kommunen. So ergeben sich häufig Konstellationen, in denen nicht nur die bloße Finanzierung der gemeinnützig und autonom erbrachten Leistungen erfolgt. Vielmehr möchte die Kommune bei der Leistungserbringung durch freie Träger eine gewisse Beeinflussung des Ergebnisses aufrecht erhalten, zumal dann, wenn sie mitfinanziert. Dies führt häufig zu einer kooperativen Verflechtung (Korporatismus) zwischen öffentlichen Akteuren und Anbietern des Dritten Sektors.[260] Bei einer Privatisierung öffentlicher (insbesondere kommunaler) Dienstleistungen entfallen die Eingriffs-/Steuerungsmöglichkeiten. Die Debatte über Privatisierung wurde bereits in den siebziger Jahren vor dem Hintergrund einer kommunalen Finanznot eingeleitet.[261]

2.4.3 Privatisierung öffentlicher Aufgaben

Bei der Privatisierungsdebatte geht es nicht nur um die gelegentliche Inanspruchnahme leistungsfähiger Privatbetriebe für einzelne Aufgaben der öffentlichen Hand. So ist es fast selbstverständlich, daß selbst in großen Städten größere Investionsvorhaben und Planungsmaßnahmen von freien Architekten und Planern vorbereitet werden: Der Entwurf eines Verkehrsentwicklungsplans, der Vorschlag für die Neugestaltung der Verwaltungsorganisation, die Durchführung einer Sanierungsmaßnahme, die Planung und Realisation von Hoch- und Tief-

259 Seibel, in: Bauer 1992, S. 455ff.

260 Vgl. Voigt, in: Voigt 1993, S. 336f.; s. unten, Abschnitt 4.2.2 bzw. 4.3.1.

261 Groser 1980, S. 3.

bauten[262], die Überprüfung der Statik bei privaten Bauvorhaben und die Erarbeitung eines Leitbildes im Rahmen der Lokalen Agenda 21 werden als Aufträge an private Unternehmen vergeben.

Dieser Weg wird erst recht von kleineren Städten beschritten: In den siebziger Jahren gab Westerstede den Auftrag zur Entwicklung der Bebauungspläne für die neue Stadtmitte an ein Planungsbüro. Leichlingen und Burg ließen ihre Stadtentwicklungpläne durch Architektur- bzw. Planungsbüros vorbereiten. Häufig scheint es bloßer Zufall zu sein, ob eine „Aufgabe" unmittelbar vom öffentlichen Dienst wahrgenommen oder „nur durch die öffentliche Hand finanziert wird."[263]

Auch die sogenannte „Organisationsprivatisierung", also die Bereitstellung öffentlicher Dienstleistungen durch gemeindeeigene Kapitalgesellschaften (AG, GmbH) ist nicht gemeint und wird längst praktiziert. So wurden bisherige Regie- oder Eigenbetriebe, vor allem Versorgungsbetriebe (Gas, Elektrizität, Wasser), Verkehrsbetriebe sowie Krankenhäuser, Altenheime in eine private Rechtsform überführt. Dieser Trend einer Organisationsprivatisierung oder „formalen Privatisierung" setzt sich fort. Neuerdings kommen Theater, Schwimmbäder, Friedhöfe, Fußballstadien, Vermögensbetriebe hinzu. Damit entwickelt sich die Kernverwaltung (Zentrale) in Richtung eines Holdingmodells, das die einzelnen Profitcenter steuert. Hier gibt es allerdings Unterschiede über die einzelnen Bundesländer und Städte hinweg, die auch mit der Managementphilosophie zusammenhängen.

Bei der Diskussion über eine „Privatisierung öffentlicher Dienstleistungen" geht es um die Übertragung von Daueraufgaben, die traditionell von Kommunen wahrgenommen werden oder unstreitig in der Verantwortung der Gemeinden wahrgenommen werden müssen, auf (nicht nur der Rechtsform nach) private Unternehmen. Hier wird auch von „materieller" Privatisierung gesprochen. Eine Grenze sehen Befürworter nur bei den hoheitlichen Aufgaben, die im wesentlichen die Ordnungsfunktionen umfassen. Die Diskussion wird seit den siebziger Jahren intensiv geführt; die Forderung steht bereits in den kommunalpolitischen Grundsatzprogrammen der Parteien: „Wir Kommunalpolitiker (der CDU/CSU – d. Verf.) wollen die wirtschaftliche Tätigkeit der öffentlichen Hand einschränken und auch Versorgungsleistungen,

---

262 „Das Gewicht der kommunalen Bauaufträge ist nicht zu unterschätzen" (Krebsbach, in: Voigt 1984, S. 61).

263 Ellwein 1972, S. 14.

soweit sie sinnvoll und möglich erscheinen, privatisieren."[264] In den Leitlinien der FDP heißt es: „Im Dienstleistungsbereich ist laufend zu überprüfen, inwieweit Aufgaben, die bisher von den Gemeinden wahrgenommen wurden, privatisierbar sind oder in andere Trägerschaften überführbar sind."[265]

Der Zentralverband des deutschen Handwerks, das Institut der deutschen Wirtschaft und der Bund der Steuerzahler unterstützen die Forderung uneingeschränkt, während Wissenschaftler und der Deutsche Städtetag eher differenzierende Stellungnahmen abgeben.[266] Mit ihrer Deregulierungspolitik in der Energieversorgung und beim Verkehr hat sich die EU eindeutig auf die Seite der Privatisierungsbefürworter gestellt. Strom und Erdgas werden als Waren – vergleichbar mit anderen Handelsgütern – gesehen, die dem Wettbewerb unterworfen werden sollen. Die bisher üblichen Demarkationsverträge der großen Energieversorger und die Verteilungsmonopole der Stadtwerke werden damit ausgehebelt: Unternehmen und Haushalte müssen Energie vom jeweils günstigsten Anbieter beziehen können.[267] Auch beim Verkehr sollen betriebswirtschaftliche Maßstäbe gelten. Die bisherigen Anbieter, auch regionale Verkehrsverbünde, müssen sich nun in einem Ausschreibungsverfahren dem europaweiten Wettbewerb stellen.[268]

Das wesentliche Ziel der Privatisierung ist es, der unaufhaltsamen Ausdehnung der Staatstätigkeit entgegenzuwirken. Die Leistungserbringung soll sich stärker am „ökonomischen Prinzip" orientieren, die Drohung mit möglicher Privatisierung den Wettbewerbsgedanken in der Verwaltung fördern. Dadurch wird eine Verbesserung und Verbilligung von bisher öffentlichen Dienstleistungen für den Bürger erwartet. Es geht um größere Flexibilität und höhere Produktivität bei der Aufgabenerfüllung, verbunden mit einer Entbürokratisierung der Staatstätigkeit. Auch stärkere persönliche Verantwortlichkeit bei der Inanspruchnahme von Dienstleistungen[269] wird ins Feld geführt. Be-

---

264 CDU/CSU 1975, abgedruckt in: Bretschneider/Göbel 1976, S. 20. Zu weiteren Aussagen der CDU s. Groser 1980, S. 4ff.

265 FDP 1975, in: Bretschneider/Göbel 1976, S. 60.

266 Groser 1980, S. 7ff.

267 Zur juristischen Dimension s. Ossenbühl 1998.

268 Gerlach/Reinkober 1996, S. 17ff.; zu den Vergaben s. Schmidt-Eichstaedt, in: Wollmann/Roth 1999, S. 334; zu den wahrscheinlichen Wirkungen s. Thränhardt, in: ebenda, S. 366.

269 U.a. Kaltefleiter 1975, S. 42-48.

fürworter der Privatisierung orientieren sich an staatskritischen Konzepten, also u.a. der Annahme, daß Güter, die wirklich oder vermeintlich nichts kosten, verschwenderisch gebraucht werden. Was vielen gehört, pflegen Menschen weniger gut als das, was ihnen selbst gehört. Die Entkoppelung von Leistung und Gegenleistung führe dazu, daß Bürger öffentliche Leistungen ohne „Preisbewußtsein" in Anspruch nehmen und daher keinen Anreiz für einen sparsamen Umgang hätten.[270] Befürworter von Privatisierung vertrauen daher auf den Markt. Einige kommunale Spitzenverbände haben sich früh solche Überlegungen zu eigen gemacht, z.B. diejenigen in Baden-Württemberg. Der Deutsche Städtetag warnt dagegen davor, Privatisierung als Allheilmittel und Ausweg aus der Finanznot zu sehen.[271] Dieser Auffassung schließen sich auch Wissenschaftler an.[272]

Privatisierung öffentlicher Aufgaben kann keineswegs pauschal abgelehnt werden. Das sehen auch die Gewerkschaften ein. So setzte sich etwa die (betroffene) Gewerkschaft Öffentliche Dienste, Transport und Verkehr (ÖTV) schon früh in einer umfangreichen Dokumentation mit dem Problemkreis auseinander.[273] Die ÖTV wie auch der Deutsche Beamtenbund haben dabei vor allem die Situation der Beschäftigten im Blick.[274] Das Dienstrecht gilt aber gerade als ein wesentliches Hindernis für mehr Flexibilisierung in der Leistungserstellung. Der Deutsche Städtetag hat bereits vor Jahren die Möglichkeiten und Grenzen einer „Privatisierung öffentlicher Aufgaben" in einer differenzierten Stellungnahme an konkreten Aufgabenbereichen (u.a. Museen, Theatern, Altenheimen, Krankenhäusern, Kindergärten, Abfallbeseitigung, Straßenreinigung, Verkehrsbetrieben) erörtert.[275] Die finanziell angespannte Situation nach der deutschen Vereinigung forderte zu einer weiteren Stellungnahme im gleichen Tenor heraus. Es wurde davor gewarnt, das betriebswirtschaftliche Kalkül als das ent-

---

270 So bereits Aristoteles (Naßmacher 1998, S. 292f.); Recktenwald 1980, S. 74. Kritische Auseinandersetzung damit Ruß-Mohl 1980, S. 21ff.;

271 Witte, in: FAZ vom 29.11.1996.

272 Zusammenfassend z.B. König/Benz in: König/Benz 1997, S. 40f. Zur kritischen Auseinandersetzung mit dem Versuch, die Tätigkeit der öffentlichen Hand nur unter Kostengesichtspunkten zu betrachten, Naschold/Riegler, in: Riegler/Naschold 1997, S. 271ff., insb. S. 273.

273 Gewerkschaft ÖTV: 1977-1978.

274 Groser 1980, S. 10f.

275 Deutscher Städtetag 1976, S. 50ff.

scheidende Kriterium heranzuziehen.[276] Der Städte- und Gemeindebund plädiert dafür, „im Einzelfall eine praktische, den konkreten Rahmenbedingungen Rechnung tragende Lösung" zu suchen.[277]

Die Privatisierungsdebatte scheint heute ihre ideologische Komponente teilweise einzubüßen und einer eher pragmatischen Richtung zuzustreben.[278] Bei verschiedenen „Hilfstätigkeiten" (auch Annexaufgaben) der öffentlichen Hand (etwa Gebäudereinigung, Grünflächenpflege, Straßenunterhaltung, Küchenbetriebe, Wartung von Verkehrssignalanlagen, Schreibdiensten, Druckereien, Schülertransport u.a.) kann Privatisierung durch Nutzung von Spezialkenntnissen in größeren wirtschaftlichen Einheiten und durch das Aufheben besoldungs- und arbeitsrechtlicher Beschränkungen, wie sie in der öffentlichen Verwaltung bestehen, zu einer besseren und wirtschaftlicheren Erfüllung öffentlicher Aufgaben führen.[279] Veränderung der Lebensverhältnisse, der Technik und der Arbeitsorganisation im nicht-öffentlichen Bereich können kommunale Dienste überflüssig machen. So gibt es etwa heute keinen öffentlichen Auftrag mehr für ein kommunales Backhaus.

Am entgegengesetzten Ende des Agglomerationsprozesses stellt sich für die großen Ballungsräume ein ähnliches Problem: Was haben Großstädte wie Köln, München, Düsseldorf, Hannover, Essen oder Dortmund eigentlich davon, daß sie als Gewährträger[280] für sechs der zwanzig größten Sparkassen in Deutschland einstehen? Im vorigen Jahrhundert wurden kommunale Sparkassen mit der „doppelten Zielrichtung aufgebaut", eine „Altersvorsorge sozial schwacher Teile der Bevölkerung" und die „Bereitstellung von Kapital in der Region" zu ermöglichen.[281] Wenn (insbesondere die großen) Sparkassen sich heute

---

276 Leitlinien, abgedruckt in Dill/Kanitz 1994, Heft 6, S. 99.

277 Thesen, abgedruckt in Dill/Kanitz 1994, Heft 6, S. 103.

278 Grande, in: König/Benz 1997, S. 580.

279 König 1997, S. 143. Auch steuerliche Aspekte können eine Rolle spielen. So verkaufte z.B. Leipzig seine Stadtwerke an einen amerikanischen Interessenten und profitierte dabei von den investitionsfreundlichen Steuerrichtlinien der USA, wobei Einsparungen zur Hälfte der Stadtkasse zuflossen (FAZ vom 4.4.1998).

280 Dabei handelt es sich um eine pauschale Ausfallbürgschaft für alle Verbindlichkeiten eines modernen, wenn auch regional begrenzten, Bankunternehmens (vgl. von Mutius, in: Püttner 1984, S. 459; Heinevetter, in: Voigt 1984, S. 410).

281 Zitate bei: Hoppenstedt 1995, S. 269.

von anderen Kreditinstituten weder durch günstigere Konditionen für kleine Schuldner oder Existenzgründer[282] noch durch höhere Zinsen für kleine Sparer unterscheiden und die Förderung des Spargedankens längst flächendeckend in hemmungslose Kreditgewährung an junge Leute umgeschlagen ist, was bleibt dann vom Regionalbezug und vom öffentlichen Auftrag?[283]

Ständige Aufgabenkritik ist bei allen kommunalen Einrichtungen dringend angebracht. Wer die Notwendigkeit eines städtischen Schlacht- und Viehhofes in Frage stellt, muß allerdings die künftige Erledigung der veterinärpolizeilichen Aufgaben beachten. Dies gilt auch für die Überwachung der Aufgaben, die den Umweltschutz tangieren, z.B. private Müllbeseitigung und Abwasserreinigung.[284] Selbst beim Personennahverkehr bleibt die Verantwortung bei der öffentlichen Hand.[285] Damit fallen mehr Kontrollaufgaben an, die zugleich schwieriger werden.

In vielen Fällen dürfte eine Privatisierung nicht der Entlastung der öffentlichen Hand bzw. der breiten Bevölkerung dienen, sondern vor allem den Interessen der Privatwirtschaft. Vor diesem Hintergrund lassen sich folgende Hauptargumente gegen die Privatisierung anführen:

- In den meisten Fällen wird ein öffentliches Monopol in ein privates Monopol verwandelt.
- Die Privatisierung beschränkt sich auf gewinnbringende öffentliche Aufgaben; eine Entlastung des kommunalen Haushalts erfolgt nicht.
- Es kommt zum Abbau flächendeckender Leistungsangebote; die Gewähr für ein dauerhaftes Leistungsangebot besteht nicht.

---

282 S. unten, Abschnitt 5.2.5.

283 Eine einheitliche Rechtfertigung für öffentliche Kreditinstitute (große und kleine Landesbanken, große und kleine Sparkassen, Sparkassen in Ballungsräumen und im ländlichen Raum) ist nicht vorstellbar. Wer mit globaler Wettbewerbsfähigkeit argumentiert, muß die breite Versorgung mit Bankdienstleistungen im ländlichen Raum (vgl. Dill/Kanitz 1994, Heft 6, S. 105) außer acht lassen und umgekehrt. Für einige Einzelheiten s. die Kontroverse zwischen Gebhard Zimmermann (FAZ vom 5.11.1997) und Ralf Zimmermann (FAZ vom 16.12.1997).

284 Zur Diskussion einer Privatisierung der Abwasserbeseitigung s. Späth, in: Fettig/Späth 1997, S. 15; zur Situation der Abwasserentsorgung s. Buck, in: Mäding/Voigt 1998, S. 245ff.

285 Das Regionalisierungsgesetz definiert den ÖPNV als öffentliche Aufgabe (Muthesius, in: Püttner 1997, S. 77).

Ob der Bürger billigere Leistungen erhält, scheint nicht immer sicher. Ein flächendeckendes Angebot durch den privaten Monopolisten ist nur dann gewährleistet, wenn er sich darauf verlassen kann, daß die öffentliche Hand die Gebühren[286] eintreibt, weil sie selbst für die Erfüllung der Aufgabe verantwortlich ist und nur einen Privaten mit der Durchführung betraut, z.B. bei Müll (Entsorgungsvertrag) und Abwasser (Betreibermodell). Die Abnehmer der Leistungen sind auch genau zu bestimmen, denn die Grundstückseigentümer werden mit einem Anschluß- und Benutzungszwang belegt.[287] Der private Betreiber erhält für die Übernahme der Aufgabe einen vertraglich festgelegten Preis oder das Gebührenaufkommen (factoring).[288] Bei den Verkehrsbetrieben ist durch den Konzessionsvertrag (er sichert der Stadt die Konzessionsabgabe) gleichzeitig die Betriebs-, Beförderungs- und Fahrplanpflicht an den privaten Unternehmer im Nahverkehr weitergegeben. Die Kosten für ein dichteres Verkehrsnetz und dabei auftretende Defizite fallen aber selbstverständlich der öffentlichen Hand anheim.[289] Ob der Konzessionsnehmer durch andere Anbieter aus dem europäischen Raum zu besonders effizienter Abwicklung der übernommenen Aufgabe gezwungen wird, bleibt offen. Solche Konkurrenten müßten beim Vertragsabschluß zum Zuge kommen, wenn sie den Verkehr günstiger durchführen können. Angeblich drängen ausländische Anbieter auf den deutschen Markt. Eine Mischkalkulation in der Art, daß Gewinne durch Energie- und Wasserverkauf der Stadtwerke aus umweltpolitischen Überlegungen heraus den Verlust des auch von den Stadtwerken betriebenen öffentlichen Nahverkehrs abdecken (sog. Quersubventionierung), ist nicht mehr möglich. Durch die Liberalisierung des Strommarktes werden möglicherweise Großkunden bei den Stadtwerken abspringen und sich billigere Energie besorgen, so daß die Restnachfrage nicht mehr gewinnträchtig ist. Über den Konzessionsvertrag (Gemeinde als Wegeeigentümer), der mit ei-

---

286 S. Abschnitt 3.1.

287 Hoppe 1982, S. 210ff., 221ff.

288 Dill/Kanitz 1994, Heft 6, S. 93. Hat der Betreiber einen für sich guten Vertrag ausgehandelt (unter Umständen auf der Grundlage der bisherigen Kosten, die bei der Stadt für die Aufgabenerfüllung anfielen) und kann er die Leistungen erheblich kostengünstiger anbieten, als die Stadt dies bisher konnte, so sind während der Laufzeit des Vertrages auch Gewinne möglich.

289 S. zur Privatisierung verschiedener öffentlicher Leistungen aus volkswirtschaftlicher Perspektive Scheele 1993.

nem Versorgungsunternehmen abgeschlossen wird, läßt sich nur noch wenig Einfluß nehmen, da der Leitungseigentümer die Durchleitung für andere Anbieter durch sein Netz gestatten muß.

In bestimmten Bereichen läuft die Privatisierung, verglichen z.B. mit Großbritannien, auch relativ langsam an. Dies war auch dadurch bedingt, daß sich das Engagement der Kommunen bisher in Grenzen hielt bzw. die Voraussetzungen für Privatisierung nicht stimmten. Ein Beispiel dafür ist die Privatisierung von Wohnungen in Ostdeutschland. Während städtische Wohnungen, errichtet für soziale Randgruppen, im Westen Ausnahme waren und sich von daher eine Privatisierung keinesfalls anbietet, befanden sich in der ehemaligen DDR 1990 noch 32,4% der Wohnungen im kommunalen Eigentum.[290] Hier war die finanzielle Entlastung durch Rückgabe der Wohnungen an Alteigentümer, Verkauf an Nutzer bzw. Investoren für manche Städte eine Frage des Überlebens. Alle Fallstudien verweisen aber auf ein sehr langsames Voranschreiten bei der Verwirklichung der Ziele.[291]

Insgesamt sind durch Privatisierungen keine Wunder zu erwarten. Ob eine Entlastung der öffentlichen Haushalte erreicht wird, scheint höchst ungewiß. Privatisierung ist häufig aus der Not geboren. Der Verkauf städtischen Eigentums wird zuweilen mit dem Verkauf des Tafelsilbers verglichen oder als ein Vorgehen nach dem „Prinzip des Rosinenpickens“, z.B. beim Bestattungswesen oder dem Rettungsdienst. „Wir müssen aufpassen, daß wir nicht die Gewinne privatisieren und die Verluste sozialisieren.“[292] Die Stadtverwaltung kann dabei am Ende auf den unrentierlichen und unattraktiven Aufgaben sitzenbleiben, „sozusagen als Armenhaus des Unternehmens Stadt.“[293] Auf jeden Fall ist mit der Privatisierung eine Einschränkung der Entscheidung durch gewählte Repräsentanten verbunden.[294] Wenig beleuchtet werden bislang auch die Kosten des Wettbewerbs darum, wer bei der Privatisierung den Zuschlag erhalten soll. Hier sind zunächst die Kosten des Vertragsabschlusses zu nennen.[295] Bei einem langfristigen Vertragswerk verliert

---

290 Bardelmann/Steinert, in: Benzler u.a. 1995, S. 144.

291 Naßmacher 1996b, S. 415.

292 Eickmeyer in: Mäding 1983, S. 64.

293 Witte, in: FAZ vom 29.1.1996, und Abschnitt 2.2.1.

294 Siehe dazu Kapitel 4.

295 Budäus 1993a, S. 383. Er verweist auf Such-, Informations- und Bewertungskosten in der Vorkontraktphase. In der Kontraktphase entsteht ein hoher

die Gemeinde die Steuerungsmöglichkeiten und der Wettbewerb ist für diese fünf- bis siebenjährige Laufzeit ausgeschaltet.

Viele Bereiche der Verwaltung versuchen, sich dem Privatisierungsdruck zu entziehen, indem sie kommunale Servicefunktionen herausstellen. Dies ist beispielsweise bei den Sparkassen der Fall.[296] Durch Privatisierung könnten sich unerwünschte Auswirkungen für das Management ergeben (Druck der Konkurrenz, Fusionszwang, Abwertung zu Filialdirektoren). In anderen Bereichen bewirkt die Konkurrenz mit Privaten (und bei knappen Kassen) eine Suche nach Kooperationsmöglichkeiten. So schließen sich bisher selbständige GmbHs und AGs mit denen anderer Städte zusammen und gehen sogar an die Börse.[297]

Auch ein Trend zurück zum Engagement der Kommunen wird für verschiedene Bereiche bereits wieder gesehen. Dies ist z.B. für die Ver- und Entsorgung, vor allem die Abfallbeseitigung[298] bzw. die Entsorgung von Sondermüll der Fall. Es entstanden nicht nur neue (Sonder-)Mülldeponien und Müllverbrennungsanlagen, weil die TA-Siedlungsabfall Neuinvestitionen notwendig macht.[299] Auch von den Städten getragene Institute für Entsorgung und Umwelttechnik wurden gegründet, die Konzepte zur Lösung des wachsenden Entsorgungsproblems entwickeln sollen. In weitere Bereiche gingen Kommunen erstmals hinein, z.B. in den Technologietransfer oder in Strukturförderungsgesellschaften.[300] In vielen Städten konkurrieren öffentliche Betriebe offenbar schon mit der Privatwirtschaft und scheinen erfolgreich beim Erobern privater Märkte. Schon hat die Arbeitsgemein-

---

Koordinations- und Abstimmungsbedarf. Diese Kosten werden als Transaktionskosten zusammengefaßt.

296 Knüfermann 1996, S. 281f.; Heitmüller 1996, S. 308f.

297 FAZ vom 1.7.1998: Das Beispiel Mannheim.

298 Öffentliche Aufträge dürfen z.B. ohne Ausschreibung an Eigenbetriebe gegeben werden, „soweit sie im Allgemeininteresse liegen." So dürfte z.B. nach dem Urteil des Europäischen Gerichtshofs die Müllentsorgung an einen Eigenbetrieb ohne Ausschreibung erfolgen (FAZ vom 11.11.1998 und 17.11.1998).

299 Ob hier eine Überversorgung vorliegt oder nur eine falsche Verteilung der Anlagen im Raum ist die Frage. Jedenfalls deutet der Mülltourismus auf Probleme hin. „Nach Meinung des Bundesumweltministeriums sind 36 bis 50 neue Anlagen erforderlich. Schätzungen der Länder belaufen sich gar auf 70 neue Anlagen." (Landsberg, in: Fettig/Späth 1997, S. 30).

300 Voigt, in: Voigt 1993, S. 277.

schaft selbständiger Unternehmer (ASU) die „unfaire Konkurrenz" beispielsweise bei Beschäftigungsgesellschaften, Technologieparks, dem Betrieb von Hotels, Solarien und Reisebüros herausgestellt. Ein Urteil des Oberverwaltungsgerichts Hamm untersagte einem städtischen Gartenbaubetrieb, seine Leistungen in Konkurrenz zu privaten Gartenbaubetrieben anzubieten. Die ASU argumentiert, daß die öffentlichen Betriebe einen Informationsvorsprung bei potentiellen Aufträgen hätten und auch kein Konkursrisiko tragen müßten.[301] Ob die Kommunen schon bald wieder an die Grenzen stoßen, die in den Gemeindeordnungen aufgezeigt wurden, ist die Frage.

„Grundsätzlich kann festgehalten werden, daß in den achtziger Jahren die öffentliche Wirtschaft insgesamt nicht abgebaut, sondern umgeschichtet wurde."[302] Traditionelle Hilfstätigkeiten wurden an Private abgetreten, dafür aber neue, produktionsorientierte, ökologische und soziale Dienstleistungen übernommen. Um die Vorteile der öffentlichen Leistungen, z.B. Leistungssicherheit, Datenschutz, bei gleichzeitiger Leistungssteigerung sicherzustellen, greifen Verwaltungen häufiger – und durch Reformüberlegungen zusätzlich animiert – zu privatwirtschaftlichen Organisationsformen auch in Kernbereichen der Verwaltung, z.B. indem sie verwandte Dienstleistungen zusammenfassen. Dies ist beispielsweise bei den Vermögensbetrieben der Fall, die zunächst einmal alle Vermögensbestände der Stadt zu registrieren und zu bewerten haben. Bisher wurden Vermögensbestände nur in den Einrichtungen bewertet, bei denen dem Bürger eine unmittelbare finanzielle Mitbeteiligung an Verwaltungsleistungen (Gebühren) auferlegt werden konnte, nicht z.B. bei Schulen oder Verwaltungsgebäuden. Neu sind auch Vermögensgesellschaften, die nicht nur die bisherigen unmittelbaren Beteiligungen erfaßten, sondern über die sich die Gemeinden (Gemeindeverbände) an weiteren Unternehmen beteiligten.[303]

Gleichzeitig sollen die Bürger selbst in den Prozeß der Leistungserstellung eingebunden werden, z.B. durch Hilfstätigkeiten bei Betreuungs- und Beratungsfunktionen, die die Verwaltung entlasten. Dieses Muster ist auch keineswegs neu, wie das Beispiel Freiwillige Feuerwehr zeigt, neu ist jedoch die Breite der Bereiche, die neuer-

---

301 FAZ vom 17.12.1997.
302 Voigt, in: Voigt 1993, S. 278.
303 Vgl. Voigt, in: Voigt 1993, S. 282.

dings diesem Prinzip zugänglich sein soll. Die private Verantwortung wird also bei Leistungen für die Gemeinschaft eingefordert und muß durch entsprechende Rahmenvorgaben sichergestellt werden. Dies läuft neben der Kostenersparnis (z.B. lassen sich hier auch Sozialhilfeempfänger und Langzeitarbeitslose einbinden) auf das Ziel einer stärkeren Akzeptanz der Leistungen hinaus, z.B. in der Drogenberatung, bei Selbsthilfegruppen nach Krankheiten, Betreuung von Turnhallen (deren Nutzungszeiten sich bisher an starren Arbeitszeiten des Hausmeisters auszurichten hatten), Lotsendienste und Aufsicht in Schulen (bei angestrebter Ganztagsbetreuung der Schüler). Dabei ist allerdings auch das Problem der Deprofessionalisierung zu beachten.

Art und Umfang öffentlicher Dienstleistungen der Gemeinden hängen also nicht nur von den jeweils vorherrschenden politischen Zielsetzungen ab,[304] sie werden auch in Zukunft ganz wesentlich durch die finanziellen Möglichkeiten der einzelnen Gemeinde bestimmt bleiben. Unabhängig von abstrakten Diskussionen über Nulltarif oder Privatisierung bilden die Einnahmen der Gemeinden eine strukturelle Obergrenze für das kommunale Dienstleistungsangebot. Während die Frage, wie über Aufgaben der Gemeinden und die Art ihrer Erledigung entschieden wird, später erörtert werden soll, wenden wir uns zunächst der Herkunft der gemeindlichen Finanzmittel, der Einnahmenseite des kommunalen Haushalts zu.

304 Soll die Leistung angeboten werden? Kann sie im Hinblick auf den Adressatenkreis und die gesamtgesellschaftlichen Wirkungen qualitativ besser oder kostengünstiger angeboten werden?

3. Finanzierung kommunaler Maßnahmen: Politische Anforderungen und wirtschaftliche Rahmenbedingungen

Die Fülle kommunaler Aufgaben findet ihren Niederschlag in einem erheblichen Anteil der Gemeinden an den Ausgaben der öffentlichen Hand: Im Durchschnitt der letzten Jahre fand sich von jeder DM, die in einem öffentlichen Haushalt verausgabt wurde, ca. ein Viertel im Haushalt einer Gemeinde oder eines Gemeindeverbandes.[1] Angesichts dieses Finanzvolumens, das durch die Kassen der Gemeinden läuft, drängt sich die klassische Frage auf: Wer soll das bezahlen? Die Antwort wird, bedingt durch soziale Lage und politische Einstellung, aber auch je nach gemeindlicher Aufgabe, unterschiedlich ausfallen.

Ein naheliegender Generalnenner ist: Bezahlen soll immer, wer eine öffentliche Leistung in Anspruch nimmt! Doch läßt sich das überhaupt verwirklichen? Betrachten wir unsere Beispiele:[2] Beim *Hallenbad* ist der Kreis der Benutzer durch den Verkauf von Eintrittskarten zu ermitteln, abzugrenzen und zur finanziellen Abwicklung heranzuziehen. Bei *Kindergärten* sind die Personen, denen diese öffentliche Leistung unmittelbar zugute kommt, nämlich Eltern und Kinder, ebenfalls leicht zu bestimmen. Warum aber sollten gerade diese „Benutzer" die Betreuungsleistung bezahlen? Gibt es nicht auch förderungswürdige öffentliche Güter, wie etwa ein allgemeines Interesse an gesunden Kindern und geeigneter Bildung? Auch Arbeitgeber sind an berufstätigen Eltern interessiert, die Gesellschaft am angemessenen Sozialverhalten ihrer Mitglieder und selbst die künftigen Rentner an gesunden Kindern, die später den Rentenbeitrag verdienen können.[3]

---

1 Bundesministerium der Finanzen 1998, S. 104-106.

2 S. oben, Abschnitt 2.1.

3 S. d. die finanzwissenschaftliche Diskussion über öffentliche bzw. meritorische Güter, z.B. bei Recktenwald, in: Recktenwald 1969, S. 212ff.; und Musgrave, in: Recktenwald 1970, S. 88ff. Zur Diskussion Head, in: Recktenwald 1970, S.

Bei der Einrichtung einer *Fußgängerzone* lassen sich Nutzen und Lasten nicht mehr bestimmten Personen zurechnen. Zunächst haben die Käufer in der (nunmehr autofreien) Innenstadt einen Vorteil für ihre Gesundheit (Lärm und Abgase fallen weg). Aber auch die Geschäftsinhaber können Vorteile erwarten: die Urbanität einer Ladenstraße erhöht den Umsatz des einzelnen Ladens. Veränderungen ergeben sich auch für die Grundstückseigentümer; ihre Grundstücke werden wertvoller (an der Fußgängerstraße) oder verlieren an Wert (an Straßen, in denen nunmehr geparkt wird, und an der Umgehungsstraße). Bei der *Stadtsanierung* bleibt sogar ein Teil des Nutzens abstrakt: Die größere Stadtqualität und das verbesserte Stadtbild fördern das positive Lebensgefühl aller Bürger. Der größte Teil des Nutzens ist jedoch zurechenbar: Der Grundstückswert steigt, dem Eigentümer wächst Nutzen zu. Ob er entsprechend zu den Sanierungskosten beitragen soll, ist politisch umstritten. Einen Vorteil hat schließlich auch die jeweilige Stadt: höhere Einnahmen der Gewerbetreibenden und steigende Grundstückswerte wirken sich günstig auf die Steuereinnahmen aus. Aber wie sind die Kosten einer Fußgängerzone, einer Parkkaverne oder einer Umgehungsstraße im einzelnen aufzubringen? Sicher nicht ohne einen angemessenen Anteil der betroffenen Bürger.

Während Gemeindeverbände (nicht zuletzt die Kreise) sich im wesentlichen aus Umlagen[4] der Mitgliedsgemeinden, Zuweisungen der Länder und Kostenerstattungen finanzieren, können Einnahmen der Gemeinden aus eigenem Vermögen, Rücklagen oder Darlehen, aus Zuschüssen oder Beihilfen von Bund und Land, aus Steuern, Beiträgen oder Gebühren der Bürger stammen.[5]

3.1 *Entgelte, Gebühren und Beiträge*

Für eine Vielzahl kommunaler Aufgaben gilt der Grundsatz, daß in jedem einzelnen Fall eine spezielle (auch und gerade finanziell angemessene) Beziehung zwischen Leistung der Gemeinde und Gegenlei-

46ff. und Abschnitt 2.4.2. In diesem Zusammenhang wird auch von Gebühren als „Lenkungsinstrument“, dem „öffentlichen Interesse“, der „kollektiven Komponente“ von Leistungen gesprochen (Marcus 1987, S. 99f.).

4 S.d. Wagener und Droste, in: Wagener 1982, S. 27-42 bzw. 53-59; Voigt, in: Andersen 1987, S. 156; zur juristischen Dimension s. Kirchhof 1995.

5 Giere 1965, S. 311, 309.

stung des Bürgers herzustellen ist („Äquivalenzprinzip“).[6] Dabei bereitet nicht nur die Bestimmung und Zurechnung der gemeindlichen Leistung Schwierigkeiten, auch die korrekte Bezeichnung der jeweiligen Gegenleistung des Bürgers ist keineswegs einfach.

Sofern die Dienstleistung von einem gemeindlichen oder privaten Unternehmen (GmbH, AG) bzw. einem kommunalen Eigenbetrieb erbracht wird, etwa die Lieferung von Strom, Gas, Wasser bzw. die Fahrt mit einem öffentlichen Verkehrsmittel, zahlt der Bürger häufig ein (privatrechtliches) Entgelt; er „kauft“ die (jedermann angebotene) Leistung.[7] Aus der Sicht des Nutzers stellt sich die Inanspruchnahme anderer Dienstleistungen durchaus ähnlich dar: bei der Personalausweis- oder Paßausfertigung, der Kraftfahrzeugzulassung, der Trauung, der Ummeldung bei Wohnungswechsel oder der Beurkundung müssen die Einwohner für Dienstleistungen des Kreises bzw. der Gemeinde zahlen; es besteht ein unmittelbarer Zusammenhang zwischen Leistung und Gegenleistung.[8]

Allerdings zahlt der Bürger für die Vornahme von Amtshandlungen oder die Benutzung öffentlicher Einrichtungen kein Entgelt, sondern er entrichtet eine (öffentlich-rechtliche) Gebühr.[9] Nur Verwaltungsgebühren sind stets öffentlich-rechtliche Gebühren. „Die Grenze zwischen Gebühren ... und ... Entgelten ist in der Praxis oft schwer zu ziehen.“[10] Bei öffentlichen Einrichtungen (z.B. einem Schwimmbad) kann die Gemeinde wählen, ob sie Benutzungsentgelte auf privatrechtlicher Basis oder eine öffentlich-rechtliche Benutzungsgebühr erheben will. Hierzu ist jeweils eine gültige Satzung erforderlich.[11] Die Entscheidung der Gemeinde wird davon abhängen, ob die Beitreibung der Gelder problematisch werden kann. Die Höhe einer Gebühr ergibt sich (wie bei anderen Abgaben) aus dem Kommunalabgabengesetz (des jeweiligen Landes) und der örtlichen Gebührensatzung.

---

6 Wilke, in: Püttner 1985, S. 254f.

7 Die Verselbständigung von Gebühreneinrichtungen schreitet fort (Karrenberg/Münstermann 1997, S. 131).

8 Wilke, in: Püttner 1985, S. 246f.; Wilke, in: Klein 1993, S. 6f.

9 Für die Erhebung in Mecklenburg-Vorpommern s. Matschke/Hering 1998, S. 21.

10 Giere 1965, S. 310. Vgl. auch Zeitel 1988, S. 348f.; Kunz, in: Gabriel 1989a, S. 72.

11 Sander/Weiblen, in: Pfizer/Wehling 1991, S. 90.

3.1.1 Kostendeckung bei Entgelten und Gebühren

Bei der Festsetzung von Gebühren und Entgelten sollen die Gemeinden Kostendeckung anstreben. Immer wieder wird die Frage diskutiert, „ob soziale, verteilungs- und regionalpolitische Überlegungen den strengen äquivalenztheoretischen Zusammenhang zwischen Leistung und Gegenleistung lockern dürfen bzw. sollen.“[12] Die Kommunen wollen unterschiedliche Ansprüche und Einkommen ihrer Einwohner berücksichtigen und müssen gleichzeitig dem Grundsatz der Gleichbehandlung Rechnung tragen.[13] Das Ergebnis dieser Abwägung zwischen volkswirtschaftlichen,[14] betriebswirtschaftlichen, gesellschaftspolitischen und rechtsstaatlichen Gesichtspunkten kann nur ein politischer Kompromiß sein, der im Ernstfall der Kontrolle durch ein Verwaltungsgericht standhalten muß und vorab schon von der Kommunalaufsicht überwacht wird.

Kostendeckung bei Gebühren und Entgelten für kommunale Dienstleistungen ist allenfalls eines von verschiedenen Leitbildern, aber keineswegs verbreitete Realität.[15] Bei manchen Leistungen wird ständig eine Unterschreitung der vollen Kostendeckung[16] in Kauf genommen.[17] Besonders in den neuen Bundesländern war in den Gemeinden die sozioökonomische Ausgangssituation stark handlungsbestimmend, die Bereitschaft, Gebührenerhöhungen zu beschließen – und dadurch die Gebühren dem Westniveau anzupassen – nicht vorhanden.[18] Regelmäßige Untersuchungen des Deutschen Städtetages (s. Abb. 3.1) haben ergeben, daß die Einnahmen der kommunalen Bäder im Durchschnitt nur etwa 18-27% der Kosten decken. Ähnliches gilt für Theater (11-13% Kostendeckung). Bei Museen ist der Kostendeckungsgrad mit 7-

---

12 Gawel 1995, S. 36.

13 Zur Frage, welche Entscheidungsfreiheit die Kommunen haben, s. Bätz 1979, S. 54.

14 Kommunale Entgelte werden als „lenkende Kostenpreise“ (Gawel 1995, S. 15) angesehen.

15 Marcus 1987, S. 100; Seiler 1988, S. 517.

16 „Kostendeckungsregeln, Äquivalenzprinzip und Gewinnerzielungsverbote“ sollen den Zahlungspflichtigen vor einer Denaturierung der Gebühr zur verkappten Kommunalsteuer schützen (Gawel 1995, S. 41).

17 Kunz, in: Gabriel 1989a, S. 72.

18 Hansmeyer 1997, S. 201. Von einer Kostendeckung kann aus Gründen des „öffentlichen Interesses“ abgesehen werden (§ 6, Abs. 1, Satz 3 KAGMV)

9% noch geringer. Häufig ist hier der Besuch ebenso wie die Nutzung öffentlicher Büchereien völlig kostenlos.[19]

Zur Berechnung der tatsächlichen Kosten werden bei den meisten Leistungsangeboten Einzelerhebungen oder zusätzliche Berechnungen erforderlich. Würde das Kostendeckungsprinzip etwa beim Leichlinger Hallenbad in reiner Form angewandt, dann müßten erwachsene Benutzer nicht mehr, wie Anfang 1998 DM 5,-, sondern ein Vielfaches davon als Eintrittsgeld bezahlen, um der Stadt die vollen Kosten der Errichtung und des Betriebes (die sogenannten Folgekosten) zu erstatten. Als Folgekosten bezeichnet man jene Kosten, die eine Einrichtung (nach Fertigstellung) durch den laufenden Betrieb verursacht, also Unterhaltungskosten und Instandsetzungskosten, im einzelnen sächliche Betriebs- und Verwaltungskosten, Personalkosten für Verwaltung und Aufsichtspersonen, Kosten für Abschreibungen[20] und Kapitalverzinsung sowie Zinsen für die zur Finanzierung der Maßnahme aufgenommenen Darlehen.[21] In der ehemaligen DDR war die Betreuung der Kinder kostenlos. Seit 1991 werden in *Burg* auch die Eltern an den Sachkosten beteiligt, z.B. der Verpflegung. Dabei gibt es eine soziale Staffelung der von den Eltern zu zahlenden Beiträge (Gebühren).[22]

Durch die Veranschlagung kalkulatorischer Kosten (Abschreibungen, Zinsen)[23] der kostenrechnenden Einrichtungen und die Brutto-Veranschlagung aller Ausgaben und Einnahmen seit den siebziger Jahren enthält das Haushaltsrecht zwei wesentliche Hilfen

19 Kindertageseinrichtungen waren – wie bereits erwähnt – in der ehemaligen DDR kostenlos. Zur aktuellen Situation in Burg s. Kostenplan 1998.

20 Dabei stellt sich die betriebswirtschaftliche Frage nach der gewünschten Kapitalerhaltung bei der Bewertung nach dem Anschaffungs-, Tages- oder Wiederbeschaffungswert (Bätz 1979, S. 55). Eine bloße auf verwaltungsexterne Ressourcenfinanzierung (Re-Finanzierung) verpflichtete Gebühr dürfte Mittel nur in Höhe des Voraus-Engagements der Gemeinde kalkulieren (Gawel 1995, S. 39). Letztlich ist der Stellenwert eine Ermessensentscheidung. Die Frage, was und wie Betriebskosten dem Bürger in Rechnung gestellt werden dürfen, wurde auch von Gerichten entschieden. So hat das Oberverwaltungsgericht in Münster festgelegt, daß bei Abwasseranlagen nicht der Wiederbeschaffungswert in Rechnung gestellt werden darf (FAZ vom 8.8.1994). Weiterhin problematisch ist die Abgrenzung der für die Gebühren heranzuziehenden Kostenarten und -stellen.

21 Zur Diskussion s. Bätz 1979, S. 141ff.

22 Interview mit der Leiterin des Schulverwaltungsamtes der Stadt Burg am 2.10.1991.

23 Zur Berechnung mit Beispielen s. Matschke/Hering 1998, S. 68ff.

für die Entwicklung einer kostenbewußten Gemeindeverwaltung.[24] Dennoch bleibt wegen der summarischen Ausweisung von Personalkosten und sächlichen Verwaltungsausgaben für ganze Aufgabenbereiche die Klarheit auf einen geringen Teil der kommunalen Tätigkeit begrenzt.[25] Welchen Beitrag das Haushaltsrecht zur Kostentransparenz und damit zu kostenbewußtem Verhalten bei der Abrechnung von kommunalen Diensten leistet, wird deutlich an den Kostendeckungsgraden[26] für Abwasser- und Abfallbeseitigung (s. Abb. 3.1). Die Leistungen dieser „kostenrechnenden Einrichtungen" liegen seit 1982 mit Deckungsgraden von 83 bis 89% bzw. 90-95% weit vor allen anderen. Bei Friedhöfen und Straßenreinigung konnte der Kostendeckungsgrad in gut 10 Jahren von 55% auf 75% bzw. von 59% auf 73% gesteigert werden. Eine gewisse Steigerung gelang auch bei „freiwilligen"/freizeitbezogenen Bildungseinrichtungen (Musikschulen und Volkshochschulen). In den anderen Bereichen (mit geringem finanziellen Gewicht beim „Umsatzvolumen" des kommunalen Leistungsangebots) wird Kostendeckung aus allgemeinpolitischen Gründen nicht angestrebt. Der Bund der Steuerzahler vermutet allerdings auch Managementfehler in den Städten als Ursachen für die unterschiedliche Belastung der Bevölkerung mit Gebühren.[27]

Durch Verselbständigung von Einrichtungen als Eigenbetrieb oder Eigengesellschaft haben sich die Gebühreneinnahmen der Gemeinden formell verringert.[28] Gerade in Bereichen, in denen fast kostendeckende Gebühren erhoben wurden, wählen die Städte häufig private Anbieter als Ausführende der gemeindlichen Pflichtaufgaben.[29] Die jeweilige Belastung des Bürgers hängt vom Vertrag ab, den die Stadt mit dem Betreiber abschließt.[30] Die Überweisung der Entgelte ist dem

24 Depiereux, in: Voigt 1984, S. 185f.; Pohl/Voigt, in: Klemisch u.a. 1994, S. 105. (Interne) kalkulatorische Kapitalkosten (Abschreibungen, Zinsen) der Gemeinden, des Kreises oder des Zweckverbandes werden seit den siebziger Jahren einbezogen. Externe Effekte, wie z.B. gesamtwirtschaftlicher Werteverzehr oder soziale Zusatzkosten, bleiben weiter unberücksichtigt.

25 Dies beklagen zu Recht die Befürworter eines „Neuen Steuerungsmodells" (vgl. etwa Banner 1991, S. 6ff.).

26 Vgl. Bullinger bzw. Flämig, in: Püttner 1985, S. 111 bzw. 653, 655.

27 Süddeutsche Zeitung vom 19.9.1998.

28 Karrenberg/Münstermann 1997, S. 163.

29 Siehe unten, Abschnitt 2.4.3 (Betreibermodell).

30 S. oben, Abschnitt 2.4.3.

Abb. 3.1: Kostendeckungsgrade bei kommunalen Dienstleistungen 1982-96 (alte Bundesländer)

Leistung	1982	1985	1990	1992	1994	1996	Spannweite	Gewicht
Abfall	93,0	94,9	90,7	89,6	90,0	85,1	90-95	32,8
Abwasser	83,4	85,2	88,5	88,0	89,0	86,5	83-89	47,2
Straßenreinigung	59,2	59,9	72,5	70,8	73,0	55,8	59-73	4,1
Friedhöfe	55,0	63,0	64,3	63,4	74,7	71,3	55-75	5,7
Schlachthöfe	52,4	72,3	68,7	66,2	k.A.	k.A.	52-72	1,3
Musikschulen	25,5	36,9	30,5	29,2	31,8	31,7	26-37	0,7
Volkshochschule	18,8	28,2	26,1	25,2	29,2	24,5	19-29	1,2
Bäder	18,2	22,2	23,3	22,7	23,7	19,1	18-24	2,7
Theater	11,3	13,5	11,6	11,3	13,3	11,0	11-13	1,8
Kindergärten	10,9	13,5	9,1	10,2	11,6	11,1	9-13	2,1
Museen	8,1	8,5	8,5	8,5	7,1	9,1	7-9	0,3
Büchereien	1,1	2,7	2,3	2,5	4,0	4,3	1-4	0,1

Quelle: Karrenberg/Münstermann 1987, S. 90f.; dieselben 1994, S. 182; dieselben 1996, S. 154, dieselben 1998, S. 181.

Anmerkung: Gewicht = Anteil des jeweiligen Gebührenhaushalts in % des gesamten Gebührenaufkommens der untersuchten Bereiche gemäß Rechnungsstatistik. Diese Gebührenhaushalte erwirtschaften ca. 70% des gesamten kommunalen Gebührenaufkommens (ohne Krankenhäuser mit kaufmännischem Rechnungswesen).

privaten Anbieter wegen des Anschluß- und Benutzungszwangs[31] sicher. Gebührenerhöhungen bei den fast kostendeckend erhobenen Müllbeseitigungs- und Abwassergebühren sind zuweilen notwendig geworden, weil die Kapazität der Entsorgungseinrichtungen falsch geplant wurde, z.B. ist häufig die Auslastung von „alten" Müllverbrennungsanlagen aufgrund von neuen Müllkonzepten nicht mehr gegeben oder neue Anlagen – nach TA-Siedlungsabfall erforderlich – lassen die Kosten in die Höhe schnellen.[32] Dies trifft vor allen Dingen in den neuen Bundesländern zu.[33]

Insgesamt gehören die Benutzungsgebühren zu den tragenden Pfeilern des kommunalen Finanzsystems.[34] Zu beachten ist jedoch, daß auch die Bedeutung der einzelnen Aufgaben Rückwirkungen auf das Gebührenaufkommen hat. Im Zeitablauf verändert sich das finanzwirtschaftliche Gewicht der einzelnen Gebührenarten. So ist etwa das Gewicht der Abfallbeseitigung von 28,4% (1985) auf 37,2% (1992) gestiegen. Im gleichen Zeitraum ging das Gewicht der Abwassergebühren von 48,1% auf 45,3% zurück. Während für die Leistungen mit mittlerem Kostendeckungsgrad (Friedhöfe, Straßenreinigung, Schlachthof) das Gewicht sank, stieg es für Theater von 1,3% auf 2,3% an. In absoluten Zahlen hat sich der Zuschußbedarf für Theater in sieben Jahren fast verdoppelt.

Durch kostendeckende Gebühren und Entgelte würden ganze Bevölkerungsgruppen von der Inanspruchnahme vieler öffentlicher Dienstleistungen ausgeschlossen,[35] z.B. mehrköpfige Familien mit niedrigem Familieneinkommen. Das können und wollen die Gemeinden aber aus sozialen Gründen keinesfalls zulassen;[36] die Folge ist der Wunsch nach einer sozial ausgewogenen, benutzerspezifischen Festlegung von Gebühren und Entgelten. Arend umschreibt mit den Begriffen „Verursacherprinzip" und „Null-Tarif"[37] die Spannweite der politischen Bewertungsmöglichkeiten.[38]

---

31 Vgl. Penski, in: Voigt 1984, S. 44f.

32 Die Übergangsfrist läuft noch bis zum Jahre 2005.

33 Karrenberg/Münstermann 1997, S. 183.

34 Giere 1965, S. 310; Seiler 1988, S. 516f.

35 Gunlicks 1986, S. 135.

36 Kunz, in: Gabriel 1989a, S. 72.

37 Dabei wird „auf die Stärkung individueller Kostenverantwortung und systembezogener Verursacher-Gerechtigkeit" verzichtet (Gawel 1995, S. 18).

38 Arend, in: Borgerding u.a. 1978, S. 399.

Die einzelnen Parteien im Gemeinderat werden die Bedürftigkeit potentieller Benutzergruppen unterschiedlich beurteilen. Sollen etwa Einzelbenutzer mehr bezahlen als Gruppen (Vereine, Schulen)? Erwachsene Einzelbenutzer werden zwar das höchste Eintrittsgeld zahlen, aber wo ist die Grenze zum Erwachsenenalter anzusetzen? Sind alle Erwachsenen gleich zu behandeln, oder dürfen einige (z.B. Schüler, Studenten, Rentner, Invaliden, Arbeitslose) das Schwimmbad gegen ein geringeres Eintrittsgeld benutzen als andere? Können Kinder und Jugendliche das Bad gar umsonst benutzen? Auch die Landesgesetzgebung wirkt sich dabei zuweilen aus. Sie legt z.B. die Gruppengrößen für Kindergärten fest und beeinflußt dadurch die Personalkosten. Selbst Gerichte scheinen immer häufiger mit der Gebührengestaltung befaßt zu sein. Sie mußten sich bereits mit dem Kostenanteil der Eltern für Kinderbetreuung beschäftigen: So haben (zunächst) der Verwaltungsgerichtshof in Kassel und (inzwischen auch) das Bundesverfassungsgericht festgestellt, daß besserverdienenden Eltern mehr Gebühren für den Kindergartenplatz abverlangt werden dürfen als den geringerverdienenden.[39] Die Kommunen in vielen Bundesländern hatten die Gebühren schon nach diesem Prinzip gestaltet. Auch Müllgebühren beschäftigen immer wieder die Gerichte, so in der niedersächsischen Großstadt Oldenburg. Die Verwaltung sah vor Jahren gleiche Gebühren für alle Haushalte, unabhängig von der Müllmenge, als besonders einfaches Verfahren an. Die Stadt wurde aber vom Verwaltungsgericht dazu gezwungen, die entsorgte Müllmenge bei der „Abfallbeseitigungsgebühr" zugrunde zu legen.

Bei Tennisplätzen, Eissporthallen, Golfplätzen, Heilbädern und ähnlichen Einrichtungen werden sozialpolitische oder verhaltenssteuernde Überlegungen bei der Nutzung seltener oder gar nicht erwogen. Hier wird eher auf die vielgerühmte Privatinitiative gesetzt.[40] Das Beispiel der Leichlinger Badeeinrichtungen zeigt, wie

39 Das Bundesverfassungsgericht sah die Grundrechte besserverdienender Eltern dadurch nicht verletzt (FAZ vom 14.5.1998). Für eine Übersicht, nach der in den einzelnen Bundesländern ganz unterschiedliche Kosten für die Ganztagsbetreuung der Kinder bei den Eltern anfallen, s. Focus 18/1998, S. 15.

40 Scheuner (1973, S. 28) wirft im Zusammenhang mit der definitorischen Entwicklung „bei nicht elementaren Einrichtungen, wie etwa dem städtischen Theater, die Frage auf, welchen Bevölkerungsschichten sie dienen und in welchem Verhältnis ihre Kostendeckung zu anderen Aufgaben steht."

rasch Privatinitiative erlahmen kann, wenn die Folgekosten überhandnehmen. Die Stadt steht dann vor der Alternative, ihren Bürgern bestimmte Leistungen in Zukunft vorzuenthalten oder die Hauptlast der Folgekosten zu tragen. Geplant und betrieben wurde 1956 das Freibad in Leichlingen zunächst von der auf Initiative einzelner Bürger gegründeten Freibad-Gesellschaft e.V., deren Vorsitz jedoch schließlich der Verwaltungschef übernahm. Als der erforderliche Investitionsaufwand und die zu erwartenden Personalkosten die finanzielle Kraft des Trägervereins überschritten, sah sich der Verein 1971 veranlaßt, das Freibad als „Geschenk" an die Stadt zu übergeben. Bereits im ersten Jahr nach der Übernahme wies allein der Unterabschnitt Badeanstalten des Leichlinger Etats (1971) einen Zuschußbedarf von DM 75.000,- aus. Inzwischen ist das Freibad geschlossen. Könnte eine Stadt sich weigern, wenn ihr in ähnlicher Situation eine Reithalle, Tennisplätze oder eine private Kunstsammlung geschenkt würden? Diese Überlegung führt unmittelbar zurück auf die Frage, welche öffentlichen Leistungen und Einrichtungen eine Gemeinde für welche Bürger erbringen muß. Dies ist eine Entscheidung über Alternativen, letztlich also eine politische Frage.

Zum Ergebnis unterschiedlicher Bewertungen kommen verschiedene (meist völlig undurchschaubare) Berechnungsverfahren hinzu. So sorgen Vorschriften im Umweltschutz, aber auch die bereits erwähnten Überkapazitäten bei Müllentsorgungseinrichtungen (Deponien bzw. Verbrennungsanlagen) sowie Rationalisierungen im Betriebsablauf für stadtspezifisch unterschiedliche Gebühren. Ulm berechnete beispielsweise 1996 einem Vier-Personen-Haushalt den Betrag von 852 DM, Aachen nur 54 DM. Bei den Kindergartenplätzen wurden in Niedersachsen jährliche Kosten zwischen 4.400 DM und 7.400 DM für einen Platz bei der Gebührenberechnung zugrundegelegt.[41] Die abweichenden Ergebnisse hängen nicht nur mit dem mehr oder weniger effizienten Vorgehen und mit neuen Anforderungen, z.B. beim Umweltschutz, zusammen, sondern auch mit der Art und Weise der Zurechnung der Kosten zum Produkt, z.B. zum Kindergartenplatz. Generell gehen alle Reformer davon aus, daß das Kostenbewußtsein geschärft werden muß und auch Kosten mitzuberechnen sind, die andere Verwaltungsdienststellen erbringen, z.B.

41 FAZ vom 5.9.1995.

beim Erstellen eines Kindergartenbedarfsplans.[42] Eine Steigerung der Gebühren stößt aber immer häufiger auf Kritik. So rechnet z.B. das Bonner Institut für Städtebau, Wohnungswirtschaft und Bausparwesen vor, daß die Wohnungsnebenkosten ständig ansteigen.[43] Daher ist es nicht verwunderlich, daß die Städte zur Behebung ihrer finanziellen Engpässe Einrichtungen abgeben[44] oder neue Gebührenquellen erschließen wollen.

Im Zeichen der Finanznot haben viele Städte in den letzten Jahren die Gebühren für das Parken von PKWs am Rande der Innenstadtstraßen bzw. in eigens dafür vorbereiteten Parkbuchten auf Plätzen der Innenstadt oder in Bahnhofnähe als Einnahmequelle entdeckt. Welches finanzielle Potential die Parkgebühren bieten, zeigt das Beispiel der Stadt Konstanz. Hier kam 1982 ein Fünftel der im Haushalt veranschlagten Steigerung des Gebührenaufkommens aus dem Ertrag der deutlich erhöhten Parkgebühren.[45] In Leichlingen wurde eine Parkraumbewirtschaftung 1996 eingeführt. Das Aufstellen von Parkautomaten in der gesamten Innenstadt brachte DM 235.000 ein. Dies erscheint als einnahmeträchtigere Strategie als das Betreiben von Parkhäusern, die je nach Lage in Mittelstädten, z.B. in Leonberg, eher ein Defizit „erwirtschaften".[46] Aber auch die Meinungsbildung durch die Medien ist zu berücksichtigen: Schließlich werden die Städte schon als „Wegelagerer" bezeichnet. Natürlich stellt sich bei der faktischen „Besteuerung" von Parkplätzen im öffentlichen Straßenraum besonders deutlich die Aufgabe, zwischen öffentlichem und privatem Nutzen bzw. Verhaltenssteuerung und fiskalischen Vorteilen abzuwägen.

---

42 In Burg wurden 1998 DM 1.065,75 je Platz und Monat berechnet. Durch die Elternbeiträge ergibt sich ein Kostendeckungsgrad von 10%. Weitere Zuschüsse kommen vom Land (Kostendeckungsgrad 40,09%) und vom Kreis (Kostendeckungsgrad 20,05%).

43 FAZ vom 13.1.1998.

44 Kostenminderung für die Stadt kann sich dadurch ergeben, daß ein „armer" Träger anstelle der Stadt den Kindergarten übernimmt und dann Kreis und Land höhere Anteile zahlen (Westdeutsche Rundschau vom 3.10.1995).

45 Eickmeyer, in: Mäding 1983, S. 68.

46 Interview mit dem Amtsleiter der Kämmerei im Mai 1998.

3.1.2 Beiträge zwischen öffentlichem und privatem Nutzen

Diese Abwägung zwischen öffentlichem und privatem Nutzen ist etwa bei der Einrichtung einer Fußgängerzone noch schwieriger als beim Bau eines Hallenbades. Unmittelbar und mittelbar Betroffene können über den Nutzen einer solchen Einrichtung sehr unterschiedlicher Meinung sein; Nutzungsberechtigte (Käufer, Autofahrer) und Zahlungspflichtige (Anlieger) fallen zudem auch personell auseinander. Beim Bau von Straßen können Kommunen, so auch die Stadt Westerstede, von den Anliegern „zur Deckung ihres anderweitig nicht gedeckten Aufwandes einen Erschließungsbeitrag“ (für Straßen, Plätze, Versorgungs- und Entsorgungsanlagen) erheben.[47] Dies gilt auch bei Erweiterung und Verbesserung von Erschließungsanlagen. Während Gebühren und Entgelte den Gegenwert für individuell zurechenbare öffentliche Dienstleistungen bilden, werden Beiträge als Gegenleistung dafür erhoben, daß „die öffentliche Hand ... Maßnahmen durchführt, die einem bestimmten Personenkreis besondere Vorteile eröffnen.“[48] Nicht jeder Beitragspflichtige (Straßenanlieger oder Kurgast)[49] muß auch konkret und nachweislich in den Genuß der ihm zugerechneten Vorteile (Straßenbau, Kureinrichtungen) kommen. Beiträge beziehen sich also auf einen schwer zu präzisierenden, (faktischen oder mutmaßlichen) Vorteil des Bürgers aufgrund kommunaler Aktivitäten für Herstellung, Anschaffung, Erweiterung, Verbesserung oder Erneuerung öffentlicher Einrichtungen. Diesem Vorteil ist im Zusammenhang mit dem Bau von Fußgängerzone, Parkkaverne und Umgehungsstraße nachzugehen.

Die gesetzlichen Grundlagen (Abb. 3.2) weisen auf vielfältige Bewertungsprobleme hin.

---

47 Zunächst gilt § 128 Abs. 2, Satz 1 BBauG. Den Ländern ist die Regelung der Einzelheiten überlassen (s.d. Driehaus 1991, S. 5). § 6 Niedersächsisches Kommunalabgabengesetz (NKAG) vom 8. Februar 1973 (GVBl., S. 41); jetzt in der Fassung vom 2. Juli 1985 (GVBl. S. 207).

48 Wilke, in: Klein 1993, S. 8. Vgl. auch Lehmann, in: Püttner 1985, S. 264, 266; Driehaus 1991, S. 2f.

49 Eine Kurabgabe bzw. ein Fremdenverkehrsbeitrag (Kurtaxe, Kurbeitrag) darf nur in staatlich anerkannten Kur- und Erholungsorten von Fremden erhoben werden (s. Bayer bzw. Lehmann, in: Püttner 1985, S. 225-230, 234, 264).

Abb. 3.2: Erhebung von Erschließungsbeiträgen

Prinzip: Nach dem Baugesetzbuch müssen die begünstigten Eigentümer die beitragsfähigen Kosten für die erstmalige Erstellung einer Erschließungsanlage (z.B. Straße) bis zur Höhe von 90% selbst zahlen. Den Rest übernimmt die Kommune (§ 129 BauGB).
Ausnahme: In einem **Erschließungsvertrag** (§ 124) kann ein Eigentümer oder ein Bauträger die Übernahme aller Kosten vereinbaren; eine Beitragserhebung erfolgt dann nicht.

Voraussetzungen für die Erhebung eines Beitrages sind:
1. Beschluß und Genehmigung einer Satzung zur Erhebung von Erschließungsbeiträgen (§ 132),
2. ein rechtsgültiger Bebauungsplan, außer bei den im Zusammenhang bebauten Ortsteilen (§ 125), und
3. die endgültige Herstellung der Erschließungsanlagen (§ 133).

Ausnahme: Vorausleistungen auf den Erschließungsbeitrag können verlangt werden,
- wenn ein Bauvorhaben auf dem Grundstück genehmigt wird oder
- wenn mit der Herstellung der Erschließungsanlagen begonnen worden ist und sie innerhalb von vier Jahren fertiggestellt sind (§ 133).

Das in der Erschließungsbeitragssatzung festzulegenden **Erhebungsverfahren** enthält folgende Elemente:
- Bestimmung der Merkmale der endgültigen Herstellung einer Erschließungsanlage (§ 132).
- Ermittlung des gesamten Erschließungsaufwandes nach den tatsächlichen Gesamtkosten oder nach den in der Kommune üblichen Einheitssätzen, evtl. abschnittsweise Kostenermittlung (§ 130).
- Ermittlung des beitragsfähigen Aufwands: Beitragsfähig sind die Kosten für den Erwerb der Flächen (ggfs. der Wert der von der Gemeinde bereitgestellten Flächen), Kosten der Vermessung und Freilegung der Flächen, die erstmalige Herstellung der Erschließungsanlagen, evtl. auch Kosten für Erweiterungen oder Verbesserungen (§§ 127-129).
- Bestimmung des Maßstabes zur Verteilung des Erschließungsaufwands; möglich sind als Maßstäbe (auch miteinander verknüpfbar):
  - Art und Maß der baulichen und sonstigen Nutzung des Grundstücks,
  - Größe des Grundstücks,
  - Grundstücksbreite an der Erschließungsstraße (§ 131).
- Verteilung des beitragspflichtigen Aufwands auf die Eigentümer (§§ 133, 134).
- Zeitpunkt der Fälligkeit des Erschließungsbeitrags.
- Anforderung des Erschließungsbeitrags beim Eigentümer oder Nutzungsberechtigten; Raten- oder Rentenzahlungen bzw. das Absehen von der Zahlung sind möglich (§ 135).

Quelle: Fritz-Vietta, in: Dauwe u.a. 1995, S. 86 (von den Verfassern überarbeitet).

Beitragsfähig ist nur, was erforderlich ist, um Flächen entsprechend den baurechtlichen Vorschriften zu nutzen. Die Beispiele der Fußgängerzone in Westerstede und der Altstadtsanierung Leonberg verdeutlichen die Problematik. Die Geschäftsinhaber waren zwar (zum Teil strikt) gegen die Fußgängerzone. In Westerstede wiesen sie darauf hin, daß die Verwirklichung des Vorhabens Umgehungsstraße eine so hohe finanzielle Belastung der Stadt mit sich bringen würde, daß wichtige Instandsetzungsmaßnahmen im Straßenbau entfallen müßten und der finanzielle Handlungsspielraum der Stadt auf Jahre hinaus eingeengt würde. Dies ist allerdings prinzipiell bei jeder Investitionsmaßnahme der Fall.[50] Dennoch können in Niedersachsen und Baden-Württemberg, wie in den meisten Bundesländern auch, Anlieger (soweit sie Eigentümer sind) mit anteiligen Herstellungskosten belastet werden. Die Erfahrung hat gelehrt, daß Grundstückseigentümer (höhere Grundstückswerte) und letztlich die Geschäftsinhaber einen Vorteil aus der Baumaßnahme erlangen. Dennoch verzichtete Leonberg auf die Beiträge für den Ausbau des Marktes. Auch für die Parkplätze in der Leonberger Parkkaverne wurde kein Beitrag erhoben.[51] Dies wäre – so die Befürchtungen – ein zusätzliches Investitionshemmnis bei der Stadtsanierung gewesen.

Im Falle der Umgehungsstraße in Westerstede kann ein solcher Vorteil für die Anlieger nicht gesehen werden; eine Beteiligung an den Kosten des Ausbaus mußte entfallen. Generell sind die Kosten für Fahrbahnen der Ortsdurchfahrten von Bundesstraßen sowie von Landstraßen I. Ordnung (Staatsstraßen) und II. Ordnung (Kreisstraßen) aus dem Erschließungsaufwand herauszunehmen,[52] soweit die Fahrbahnen keine größere Breite erfordern als ihre anschließenden freien Strecken. Diese Regelung führt zu einer Entlastung derjenigen Grundstücke, die von den Ortsdurchfahrten erschlossen werden, gegenüber Grundstücken an Straßen gleicher Abmessung, die nicht Ortsdurchfahrten sind[53].

---

50 S. unten, Abschnitt 3.4.2; s.a. Matschke/Hering 1998, S. 23.

51 Baden-Württemberg und Berlin verzichten auf ein Ausbaubeitragsrecht für die Gemeinden (Driehaus 1991, S. 7). Nur die Ablösesummen und die Verkäufe für Stellplätze (für Eigentümer (Ankauf) und Kunden/Besucher (Ablöse)) kamen als private Mittel ein. Sie deckten allerdings nur etwas mehr als ein Drittel der Kosten (Leo: Teil I). Daher war es der Stadt Leonberg sehr recht, daß die Parkkaverne als Zivilschutzeinrichtung vom Bund gefördert wurde (Naßmacher 1987, S. 262f.).

52 § 128 III BBauG/BauGB.

53 Bonczek u.a. 1973, S. 85.

Den nicht beitragsfähigen (weil im öffentlichen Interesse erforderlichen) Erschließungsaufwand (mindestens 10%) muß die Gemeinde selbst tragen.[54] Für die tatsächliche Veranlagung ist zu beachten, daß der gemeindliche Anteil am Erschließungsaufwand nicht nur von Art und Umfang der Maßnahme, sondern auch von politischen Entscheidungen am Ort, der Bereitschaft der Anlieger zur Beitragszahlung und dem geltenden Landesrecht (Landeszuschüsse) wesentlich beeinflußt wird. Die konkreten Maßstäbe der Beitragspflicht (z.B. Frontmeter, Grundstücksfläche, zulässige oder tatsächliche bauliche Nutzung) bilden eine fast unerschöpfliche Quelle für gerichtliche Auseinandersetzungen zwischen beitragspflichtigen Bürgern und ihrer Gemeinde.[55] Die Kommunalabgabengesetze der Länder sehen unterschiedliche Regelungen vor, die sich insbesondere auf den Anteil der Gemeinden an den Ausbaukosten (zwischen 10 und 75%) oder auf die Feststellung beziehen, daß Beiträge erhoben werden sollen (Nordrhein-Westfalen) bzw. zu erheben sind (Schleswig-Holstein).[56]

Auch die Erhebung von Beiträgen für die Unterhaltung von Straßen/Erschließungsanlagen wird unterschiedlich gehandhabt. Während verschiedene Gemeinden nur den Mindestanteil von 10% der Herstellungskosten selbst tragen, sehen sich andere Gemeinden gezwungen, diesen Satz erheblich zu überschreiten.[57] Einen Anlaß dafür bildet – wie in Leonberg – die Furcht vor Konflikten mit den zur Beitragszahlung heranzuziehenden Bürgern. Gerade bei der Einrichtung einer Fußgängerzone kann durchaus strittig sein, ob und in welchem Umfang die Anlieger zu einem Ausbaubeitrag herangezogen werden können. So wird u.a. die Auffassung vertreten, es käme allenfalls ein Umbaubeitrag in Betracht, da es sich nicht um eine Erschließungsmaßnahme handele. Nachdem die Beitragspflicht bei Fußgängerzonen jahrelang diskutiert und von einzelnen Städten unterschiedlich gehandhabt wurde, liegt dazu inzwischen ein Urteil des Verwaltungsgerichts Münster vor: Anlieger von Fußgängerbereichen dürfen mit bis zu 50% der Kosten belastet werden. Dabei bleiben allerdings Aufwendungen für gestalterische Maßnahmen (Zierlampen, Brunnen, Plastiken) und für Straßenverkehrszeichen außer Betracht.

---

54 § 129, I BauGB, s. unten, Abschnitt 3.4.
55 Marcus 1987, S. 102.
56 Bonczek u.a. 1973, S. 16.
57 Bonczek u.a. 1973, S. 20, 22.

Welche Bedeutung eine Einschränkung der den Gemeinden (durch gesetzliche Regelungen) zugewiesenen Entscheidungsmöglichkeiten durch gerichtliche Auseinandersetzungen erreichen kann, zeigt anschaulich das Beispiel einer (leider nicht genannten) großen deutschen Stadt. In den siebziger Jahren wurden dort bei 29 Beitragsverfahren gegen 292 von 621 Heranziehungsbescheiden Widerspruch eingelegt. Gegen 155 Widersprüche erhob die Stadt 123 Klagen. Davon haben mindestens 32 Klagen nach mehrjähriger Prozeßdauer dazu geführt, daß die Stadt die Heranziehungsbescheide aufheben mußte. Diese Stadt stellte daraufhin 260 anstehende Beitragsverfahren mit etwa 6.000 Heranziehungsbescheiden bis zur Klärung der strittigen Fragen zurück.[58]

Sieht man einmal von den Folgen für die Rechtssicherheit und die finanzielle Situation der betreffenden Stadt ab, dann ergibt sich aus derartigen Vorgängen vor allem die Gefahr, daß Städte und Gemeinden Auseinandersetzungen kommen sehen und – ähnlich wie bei der Festsetzung von Gebühren und Entgelten (wenn auch aus anderen Gründen) – auf die Erhebung angemessener Beiträge verzichten. Die Folge wäre, daß der wachsende öffentliche Anteil an Erschließungs-, Ausbau-, Umbau- und anderen Verbesserungsmaßnahmen aus den übrigen Einnahmen der Gemeinden bestritten werden muß, bei denen im Gegensatz zu Gebühren, Entgelten und Beiträgen kein unmittelbarer Zusammenhang zwischen gemeindlicher Leistung und persönlicher Zahlungspflicht[59] besteht. Hier ist zunächst an Steuereinnahmen zu denken.

3.2 Steuereinnahmen der Gemeinden

„Steuern dienen regelmäßig der Deckung des allgemeinen öffentlichen Finanzbedarfs."[60] Sie werden ohne Gegenleistung von allen erhoben, bei denen jener Tatbestand zutrifft, an den das jeweilige Steuergesetz eine Zahlungspflicht knüpft (z.B. Einkommen, Umsatz, Grundeigentum, Hundehaltung). Die konkrete Ausgestaltung eines Steuersystems ist stets ein politisches Optimierungsproblem. Dafür lassen sich unterschiedliche Ursachen benennen. Zunächst scheint die Bereit-

58 Hein 1977, S. 1060.

59 Ausnahme: Kraftfahrzeugsteuer, die auch als „Verwendungszwecksteuer" bezeichnet werden kann.

60 Wilke, in: Klein 1993, S. 5.

schaft der Bürger, Steuern zu zahlen, stark zurückzugehen: Die Steuerlast wird als zu hoch empfunden. Nicht ohne Grund zeigt Schmölders in einem Kapitel „Kunst der Besteuerung" die psychischen Grenzen der Besteuerung auf.[61] Allgemein kann gesagt werden, daß mit dem Wandel des Staates vom „Nachtwächterstaat" zum „Wohlfahrtsstaat" und der Tendenz, die Einkommens- und Vermögensverteilung zu modifizieren, die öffentliche Hand immer mehr auf Besteuerung angewiesen ist. So ist die Suche nach neuen Steuereinnahmen verständlich. Darüber hinaus kann allenfalls „ein System aufeinander abgestimmter Steuern zu einem befriedigenden Ergebnis führen." Kriterien dafür sind neben der bereits erwähnten Äquivalenz zwischen Belastung und Nutzen auch die Bindung des Aufkommens an das wirtschaftliche Wachstum ohne Abhängigkeit vom Konjunkturverlauf. Selbstverständlich sollte das Steueraufkommen dem Finanzbedarf entsprechen. Schließlich sollen möglichst viele Steuerzahler „einen fühlbaren Beitrag ... erbringen."[62]

Seit der Gemeindefinanzreform 1969 „stehen die Steuereinnahmen der Gemeinden gleichsam auf drei Säulen von ganz unterschiedlichem baulichen Zustand"[63] (s. Abb. 3.3): Die traditionell von den Gemeinden vereinnahmten *Realsteuern* (Grund- und Gewerbesteuern) haben an Bedeutung verloren. Die (im Austausch gegen einen Anteil an der Gewerbesteuer, „Gewerbesteuerumlage") von Bund und Ländern zugestandene unmittelbare *Beteiligung an der Einkommensteuer* (einschließlich Lohnsteuer) verschaffte den Gemeinden eine neue, an das Wirtschaftswachstum gekoppelte und regional gleichmäßiger verteilte Einnahmequelle. Ähnliche Wirkungen werden vom Gemeindeanteil an der Umsatzsteuer erwartet. Die örtlichen Verbrauch-, Aufwand- und Verkehrssteuern (sog. „*kleine Gemeindesteuern*"), deren Aufkommen allerdings nie das der Realsteuern erreichte, verlieren für die Gesamtheit der Gemeinden allmählich an Gewicht.[64]

---

61 Schmölders 1960, S. 144. Zu den Wirkungen der Steuer siehe ebenda, S. 145ff.

62 Zitate bei: Seiler 1988, S. 517; Musgrave u.a. (1978) nennen als Prinzipien einer gerechten und ökonomisch rationalen Steuerpolitik die Kategorien Allokation, Verteilung und Stabilität. Zu Grundsätzen einer rationalen Besteuerung s. a. Linscheidt/Truger 1997, S. 385.

63 Gleitze/Klein 1974, S. 125; zur Entwicklung der zwei wichtigsten Steuern s. Bundesministerium der Finanzen 1998, S. 246ff., insb. S. 254.

64 Art. 108, Abs. 4ff. GG.

Abb. 3.3: Zusammensetzung der kommunalen Steuereinnahmen in %

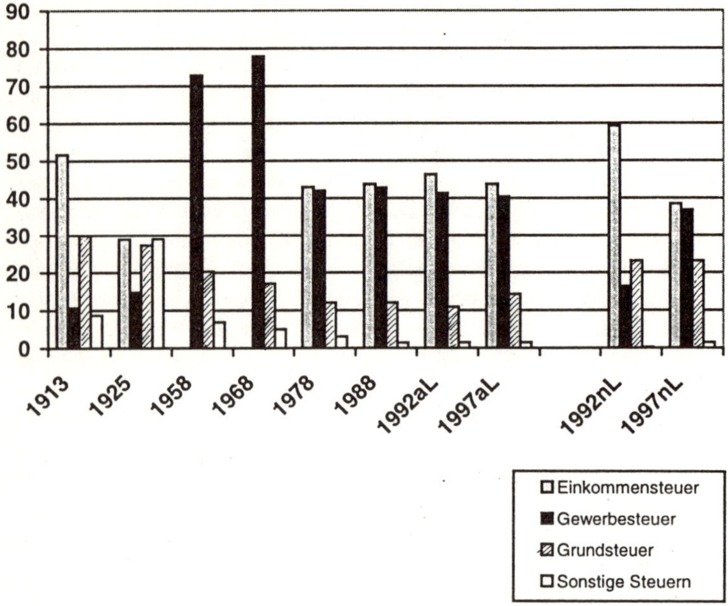

Quellen: Seiler 1988 (HdWW3), S. 516; Naßmacher/Naßmacher 1979, S. 80, Karrenberg/Münstermann 1990, S. 132; dieselben 1997, S. 202f. (eigene Berechnungen).

3.2.1 Kleine Gemeindesteuern

Zu den kleinen Gemeindesteuern gehören u.a. die Getränke- und die Speiseeissteuer (Verbrauchsteuern), die Vergnügungssteuer (z. B. auf Spielautomaten), Jagd-, Fischerei- und Hundesteuer (Aufwandsteuern), die Schankerlaubnissteuer und der gemeindliche Zuschlag zur Grunderwerbsteuer (Verkehrssteuern).[65] Ungeachtet ihrer insge-

65 Für eine Übersicht siehe Depiereux, in: Voigt 1984, S. 453f.; Bayer, in: Püttner 1985, S. 232-234; Matschke/Hering 1998, S. 58-61.

samt geringen Bedeutung[66] kann das Aufkommen der kleinen Steuern in manchen Gemeinden „ein beachtliches Volumen erreichen und zur Stärkung des ohnehin schwachen Gemeindesäckels unentbehrlich sein."[67] Als Beispiele lassen sich etwa die Fremdenverkehrsabgabe/Zweitwohnungssteuer,[68] – ursprünglich nur von ausgesprochenen Ferienorten, inzwischen aber auch von typischen „Arbeitsorten" mit Zweitwohnungen (Berlin, Hamburg, Bremen) erhoben – und die Getränkesteuer in Hamburg und München anführen. Eine beachtliche Aufwertung haben die kleinen Steuern seit den achtziger Jahren durch eine Vergnügungssteuer[69] auf Spielautomaten und eine Verpackungssteuer auf Einwegverpackungen (in Kassel seit 1992)[70] erfahren. Letztere wurde aber 1998 vom Bundesverfassungsgericht vom Zeitpunkt der Einführung an als nichtig erklärt.[71]

Der wichtigste Vorteil der kleinen Gemeindesteuern ist ihre „steuerliche Beweglichkeit", d.h. die finanzpolitische Möglichkeit, über alle Elemente, die sich auf das tatsächliche Steueraufkommen auswirken, selbst zu entscheiden. Nur bei kleinen Gemeindesteuern kann jede Gemeinde nicht nur den Steuersatz festlegen, sondern auch die Bemessungsgrundlage verändern sowie auch Einführung und Ab-

66 Vgl. Bayer, in: Püttner 1985, S. 157; Marcus 1987, S. 64.

67 Gittel, in: Rausch/Stammen 1972, S. 110.

68 Zur Konstanzer Zweitwohnungssteuer 1982 s. Eickmeyer, in: Mäding 1983, S. 65f. Zu Einzelheiten s. a. Bayer, in: Püttner, 1985, S. 207-212 bzw. 227-230. Inzwischen sind alle rechtlichen Bedenken gegen diese Steuer ausgeräumt. Bis auf Bayern, Saarland und Thüringen wurde sie in allen Ländern eingeführt. 1998 nahmen bundesweit über 300 Gemeinden etwa 100 Mio. DM ein und damit ist sie keine unbedeutende Einnahmequelle (Demo 3/1998, S. 4).

69 Für Einzelheiten s. Karrenberg/Münstermann 1989, S. 95f.; Brinkmeier 1990, S. 75ff. Die Vergnügungssteuer erbrachte 1997 in Burg 118.000 DM in Leichlingen 155.000 DM und in Leonberg 440.000 DM.

70 Urteil des BVerwG vom 19.8.1994. 1996 erwogen 161 Städte diese Steuer: 85 hatten sich aus Kostengründen dagegen entschieden (FAZ vom 2.5.1996). 153 Gemeinden wollten das Urteil abwarten (FAZ vom 8.5.1996). Von den erhebenden Gemeinden wird die Steuer als Verbrauchsteuer eingestuft (vgl. FAZ vom 17.12.1997).

71 Damit wurde den Kommunen nicht das Recht der Steuererhebung bestritten, vielmehr hätten sie gegen das „Prinzip der Widerspruchsfreiheit der Gesetzgebung" verstoßen. Die bundesrechtliche Konzeption im Umweltrecht hätte Beachtung finden müssen (FAZ vom 8.5.1998).

schaffung einer Steuerart selbst bestimmten.[72] In der finanzpolitischen Praxis werden diese grundsätzlichen Vorteile jedoch durch Nachteile aufgewogen.

Im allgemeinen steht den (relativ geringen) Einnahmen aus den kleinen Gemeindesteuern ein (insbesondere im personellen Bereich) beträchtlicher (evtl. sogar wachsender) Aufwand beim Einzug[73] gegenüber, so daß viele Gemeinden auf eine Erhebung dieser Steuern verzichten. Das Bestreben, das gesamte Steuersystem zu vereinheitlichen und zu vereinfachen, findet seit langem seinen Niederschlag in der Tendenz, die „Bagatellsteuern" abzuschaffen.[74] Sieht man von gewissen Ordnungsfunktionen bzw. verhaltenssteuernden Zielen[75] solcher Steuern (etwa der Hundesteuer) ab, dann sprechen vor allem finanzpsychologische Überlegungen gegen die Abschaffung: die Verteilung der Steuerlast auf verschiedene Quellen vermindert erfahrungsgemäß den Steuerwiderstand.[76]

„Ein Verzicht auf die kleinen Gemeindesteuern, der bei den Bürgern den Eindruck erwecken könnte, wachsende Leistungen der öffentlichen Hand seien mit gleichbleibenden oder sinkenden Steuerbelastungen vereinbar, wäre auch ein Verzicht der Kommune auf ein Stück Finanzautonomie."[77] Ein oft erwähntes „Steuerfindungsrecht"[78] der Gemeinden ist zunächst auf deren örtlichen Wirkungskreis begrenzt, hat aber für die gemeindliche Steuerpraxis ohnehin nur geringe Bedeutung: „Wirklich lohnende Quellen der Besteuerung lassen sich durch noch so originelle Ideen kaum noch erschließen."[79] Weitere Be-

72 Hansmeyer/Zimmermann 1993, S. 221. Wie eng der Handlungsspielraum ist, hat das Beispiel Verpackungssteuer erneut gezeigt.

73 Sander/Weiblen, in: Pfizer/Wehling 1991, S. 85. So wurde – wie zuvor bei anderen kleinen Steuern auch – vom Deutschen Städtetag (Gegner dieser Steuer) bei der Verpackungssteuer der Aufwand für den Einzug am Anfang als vier mal so hoch eingeschätzt wie die Einnahmen (FAZ vom 2.5.1996).

74 Gleitze/Klein 1974, S. 125; Voigt, in: Andersen 1987, S. 148f.

75 Laut Bundesverfassungsgericht „Lenkungsziele" (FAZ vom 29.3.1997).

76 Schmölders 1960, S. 113ff. – Anderer Ansicht: Bayer, in: Püttner 1985, S. 245.

77 Holler, in: Naßmacher 1977, S. 149; Gittel, in: Rausch/Stammen 1972, S. 109f.

78 Brinkmeier 1990, S. 6. Zur juristischen Diskussion s. Flach 1998, S. 145ff.

79 Schmölders, in: Peters 1959, S. 60; Giere 1965, S. 310; Petri 1977, S. 29. Daß die Gemeindevertreter dennoch solche Ideen haben, zeigt die Zweitwohnungssteuer und die neue Zielvorstellung, eine „Landschaftsbeeinträchtigungssteuer" zu erheben, die vor allem auf die Anlagen zur Wind-

grenzungen ergeben sich aus den Kommunalabgabengesetzen der Länder und bei der Genehmigung kommunaler Satzungen durch die Kommunalaufsicht, vor allem wenn landeseinheitliche Mustersatzungen zugrunde gelegt werden.

Aus einer eigenverantwortlichen Finanzierung kommunaler Aufgaben ergibt sich der Zwang für die Bürger, für eigene Aktivitäten, eigene Fehler und Belastungen der Allgemeinheit zahlen zu müssen. Erwartet wird, daß eine direkte „Kontrolle der Zahlungspflichtigen zu einem effizienteren Mitteleinsatz führen" kann.[80] Soll den Bürgern „durch die Belastung mit Gemeindesteuern bewußt werden, daß sie ... zur Erfüllung der Aufgaben ihrer Gemeinde" beitragen,[81] dann richtet sich der Blick vor allem auf Gewerbe- und Grundsteuer.

3.2.2 Grundsteuer A und B

Auch bei den ihrer alleinigen Steuerhoheit unterliegenden Realsteuern sind die finanzpolitischen Möglichkeiten der Gemeinden durch staatliche Rahmengesetze begrenzt. Diese regeln Besteuerungsgrundlage und Erhebungstechnik; der gemeindliche Entscheidungsbereich ist auf die Festlegung sogenannter Hebesätze beschränkt. Dieses Prinzip gilt gleichermaßen für Grund- und Gewerbesteuer. Beide setzen als „Realsteuern" nicht (wie etwa die Einkommensteuer) bei der wirtschaftlichen Leistungsfähigkeit einer Person, sondern bei der Ertragskraft bestimmter Einkommensquellen an.

Grundlage der Besteuerung ist die wirtschaftliche Tätigkeit am Ort: „Durch die Nutzung der in einem Gemeindegebiet liegenden Grundstücke zu Wohnungs-, Landwirtschafts- und Gewerbezwecken entstehen den Gemeinden erhebliche Aufwendungen und Folgelasten (Straßenbau, Schulen, Energieversorgung), so daß eine entsprechende Besteuerung gerechtfertigt erscheint."[82] Bereits zur Jahrhundertwende

---

energiegewinnung und deren Betreiber abzielt (Solinger Tageblatt vom 2.7.1998). „Eine Katzensteuer dürfte an administrativen Problemen scheitern." Bei Pferden wird wegen der insgesamt geringen Zahl kein Lenkungsbedürfnis gesehen (Matschke/Hering 1998, S. 59).

80 Zitate bei: Seiler 1988, S. 514.

81 Timm 1965, S. 303; ähnlich Giere 1965, S. 311.

82 Freiberg 1970, S. 72f.

nannte Schmoller die wichtigsten Gemeindeaufgaben, „von denen die meisten in einem unmittelbaren Zusammenhang mit der Nutzung von Grundstücken stehen, so z.B. die Regulierung des Trinkwassers, die Abfuhr der Fäkalien, das Wege- und Bebauungswesen, die Pflasterung und Beleuchtung.“ Im Einklang mit dieser Ausgangslage wird auch heute noch „das Grundeigentum besteuert, und zwar grundsätzlich unabhängig vom Ertrag des Grundbesitzes und von den persönlichen wie wirtschaftlichen Verhältnissen des Eigentümers.“[83] Solange Landwirtschaft, Handel, Handwerk, Kleinindustrie und Hausbesitz wesentliche Erwerbszweige der wahlberechtigten Bevölkerung waren, vermochten die Realsteuern durchaus alle durch Entgelte, Gebühren und Beiträge nicht abgedeckten finanziellen Lasten der Gemeinde auf ihre Bürger (in mehrfachem Sinne des Wortes) angemessen zu verteilen.[84] Ob auch heute eine ähnliche Anwendung des Äquivalenzprinzips bei den Realsteuern gelingen kann, muß zumindest fraglich erscheinen.

Die Grundsteuer erfaßt die land- und forstwirtschaftlich genutzten Flächen (Grundsteuer A) und die sonstigen (bebauten und unbebauten) Grundstücke (Grundsteuer B).[85] Zur Finanzierung gemeindlicher Tätigkeit gilt sie als besonders geeignet, „weil sicher die Bodenverbundenheit der Zahlungspflichtigen ein wesentliches Moment ihrer Einbeziehung in die Probleme der örtlichen Gemeinschaft darstellt.“[86] „Als Besteuerungsgrundlage dienen die vom Finanzamt nach den Vorschriften des Bewertungsgesetzes festgelegten Einheitswerte, zu denen durch Anwendung eines Tausendsatzes (Steuermeßzahl) die Steuermeßbeträge ermittelt werden. Die Grundsteuerschuld errechnen die Gemeindebehörden durch Anwendung der jährlich ... festzusetzenden Grundsteuerhebesätze auf die Grundsteuermeßbeträge. Die Veranlagung und Einziehung der Grundsteuern liegt in den Händen der Gemeinden.“[87] Das Berechnungsverfahren sei an einem Beispiel erläutert:

---

83 Zitate bei: Schöber 1991, S. 106 (unter Berufung auf Schmoller 1901, S. 315) bzw. 105.

84 Vgl. Köttgen 1968, S. 19.

85 Marcus 1987, S. 71; Hansmeyer 1988, S. 728f.; Thies, in: Klein 1993, S. 249.

86 Schmidt-Jortzig 1982, S. 257.

87 Vgl. auch Haverkamp, in: Püttner 1985, S. 123-125..

Einheitswert	(nach dem Bewertungsgesetz[88] vom zuständigen Finanzamt, einer Landesbehörde, ermittelt), z.B.	DM 58.400,--
Steuermeßzahl	(lt. Grundsteuergesetz des Bundes), im allgemeinen z.Zt. 3,5%,	
= Steuermeßbetrag	(wird der Gemeinde und dem Steuerflichtigen mitgeteilt)	DM 204,40
x Hebesatz	(von der Gemeinde[89] festgesetzt), z.B. 280%,	
= Grundsteuerschuld	(ist vom Steuerpflichtigen in vierteljährlichen Raten von DM 143,08 an die Gemeindekasse zu entrichten)	DM 572,32

Das Berechnungsbeispiel zeigt zwei Eingriffsmöglichkeiten für die Bundespolitik, das Bewertungsgesetz und das Grundsteuergesetz, die in der Vergangenheit häufig zu Steuerbefreiungen genutzt wurden. Schmidt-Jortzig betont zu Recht, daß der so gelockerte Steuerzugriff jede Satzungsentscheidung der Gemeinden als „Elementarstück ihrer finanzwirtschaftlichen Eigenverantwortung“ erheblich einschränkt und damit „die Grenzen der kommunalen Finanzhoheit deutlich sichtbar“ macht.[90]

Für die alljährliche Festsetzung der Hebesätze bildet die bisherige Höhe eine wichtige Vorgabe, von der nach oben oder unten nur im Ausnahmefall abgewichen wird.[91] Als Sperrklinke nach unten wirkt bereits die allgemeine Finanzlage der Gemeinden. Bremswirkungen gegenüber einer Erhöhung entfalteten jahrzehntelang die erforderliche Genehmigung (der Haushaltsatzung) durch die Kommunalaufsicht (Wer etwas ändert, gerät in Begründungszwang!), (in Agrargemeinden) die Rücksicht auf den vorherrschenden Wirtschaftszweig, (in Industriestädten) die Angst vor einer Überwälzung auf die Wohnungsmieten. Eine weitere Einschränkung der kommu-

88 §§ 19, 20, 33, 68 Bewertungsgesetz i.d.F. vom 20.12.1996 (BGBl. I S. 2049).

89 § 25 Grundsteuergesetz vom 1.12.1996 i.d.F. vom 19.10.1997 (BGBl. I S. 2590).

90 Schmidt-Jortzig 1982, S. 256f.

91 Die Hebesätze der Grundsteuer A und B waren in Westerstede von 1953 bis 1975 gleichlautend gewesen. „Eine Anhebung der Steuerhebesätze im Haushaltsjahr 1975 war Voraussetzung für die Gewährung einer eventuellen Bedarfszuweisung vom Land.“ (Stadt Westerstede: Haushaltssatzung und Haushaltsplan 1976, S. 21).

nalen Entscheidungsfreiheit ergibt sich in einzelnen Ländern aus spezifischen Koppelungsvorschriften und Obergrenzen für die Hebesätze.[92]

Neben den, früh und auf relativ niedrigem Niveau, weitgehend „erstarrten" Hebesätzen (insbesondere für landwirtschaftlich genutzte Grundstücke) waren bei der Grundsteuer auch andere Faktoren wirksam, die zu geringeren Einnahmen der Gemeinden aus dieser Steuer führten. Hier ist zunächst die erst mit der Steuerreform 1987 abgeschaffte,[93] auf jeweils 10 Jahre befristete Begünstigung (fast) aller Neubauwohnungen in bezug auf die Grundsteuer zu nennen. Dieser Einnahmeausfall traf vor allem relativ schnell wachsende Gemeinden (in der Ballungsrandzone), denen für den Ausbau der Infrastruktur keine Steuerzahlungen ihrer „Neubürger" zuflossen, deren Zuzug aber z.T. erhebliche Investitionen der Gemeinde verursacht hatte. Bis heute ist darüber hinaus auch das Auseinanderfallen der Wertentwicklung auf den Grundstücks-, Bau- und Wohnungsmärkten einerseits und die „überaus schonend"[94] vorgenommene Wertermittlung nach den Grundsätzen des Bewertungsgesetzes andererseits bemerkenswert und mit entsprechend geringeren Einnahmen der Gemeinden verbunden. Dies hat die Gemeinden inzwischen veranlaßt, die Hebesätze kontinuierlich zu erhöhen.[95] Für die beiden Arten der Grundsteuer (Grundsteuer A und B) können die Gemeinden grundsätzlich unterschiedliche Hebesätze festlegen. So erhob Leichlingen im Jahre 1977 die Grundsteuer A mit einem Hebesatz von 160%, die Grundsteuer B mit einem Hebesatz von 250%.[96] In Leonberg wurden im gleichen Jahr Hebesätze von 220 bzw. 210% zugrunde gelegt, in Westerstede galt ein einheitlicher Hebesatz von 260% für beide Steuerarten. Die Hebesätze der Grundsteuer A lagen in Leichlingen am Ende der neunziger Jahre bei 230% (A) und 400% (B), in Leonberg wurden 300% (A) bzw. 350% (B) erhoben. Mit Werten zwischen 600% (Berlin) und

92 Kunz, in: Gabriel 1989a, S. 67.

93 Karrenberg/Münstermann 1989, S. 97f.

94 Giere 1965, S. 311.

95 Für die Hebesatzpolitik in den kreisfreien Städten kommt Kunz (in: Mäding/Voigt 1998, S. 180) zu dem Ergebnis, daß der örtliche soziale Problemdruck für die Ausschöpfung der Steuerquellen maßgebend ist.

96 Das Statistische Jahrbuch (Statistisches Bundesamt 1980, S. 430) enthielt Informationen zur Streuung der Grundsteuerhebesätze, wobei sich als Median bei Grundsteuer A und Grundsteuer B jeweils 250% ergab.

375% (Ulm, Neumünster)[97] waren die Hebesätze der Grundsteuer B in größeren Städten deutlich höher.

Neben Finanzengpässen als Ursache für Erhöhungen muß auch der jahrelange Verzicht auf eine Neufestsetzung der Einheitswerte erwähnt werden. Diese für verschiedene Steuerarten einheitlich vorgeschriebenen Vermögenswerte werden nur in sehr großen Abständen („Hauptfeststellungen") neu bestimmt. Bis 1973 galten die Einheitswerte von 1935, erst seit 1974 gelten die Einheitswerte von 1964.[98] Eine neue Hauptfeststellung ist nach bisherigem Recht wegen des hohen Verwaltungsaufwandes nicht zu erwarten.[99] Die Einheitswerte sind „hoffnungslos veraltet. Daran hat auch der ... pauschale Zuschlag von 40 v.H. (§ 121a BewG) nichts ändern können."[100] Selbst diese (unzureichende) Neubewertung wird nur mit zeitlicher Verzögerung wirksam. Dabei könnte die Grundsteuer die wesentliche Einnahmequelle der Gemeinde sein und auch zu sparsamem Gebrauch von Boden im Sinne einer nachhaltigen Entwicklung anregen. Die Besteuerung des Grundbesitzes als Mittel zur Beseitigung des unverdienten Wertzuwachses an Grund und Boden (durch Bebaubarkeit und durch Infrastruktureinrichtungen) ist allerdings politisch nicht durchsetzbar. Deshalb bieten sich nur partielle Reformen an, die z.B. die jetzige, sehr aufwendige, Wertermittlung betreffen.[101]

In Ostdeutschland war die Erhebung der Grundsteuer durch fehlende bzw. lückenhafte Einheitsbewertung vor besondere Probleme gestellt. Zunächst wurden die Einheitswerte von 1935 zugrundegelegt. Sofern ein Einheitswert 1935 nicht vorhanden war, dienten einer vereinfachten und damit möglichst zügigen Erschließung der Steuer als

97 Karrenberg/Münstermann 1998, S. 159.

98 Marcus 1987, S. 73.

99 Linscheidt/Truger 1997, S. 391.

100 Thies, in: Klein 1993, S. 69. Nach dem BewG vom 20.12.1996 mußte das Ertragwertverfahren nach §78ff. angewandt werden. Die Finanzämter sind allerdings mit der Bewertung noch nicht nachgekommen. (Interview mit dem Finanzamt Leonberg im Mai 1998), so daß die Einheitswerte noch bis 2001 gelten. Nach dem Einheitswertverfahren ergibt sich der Grundstückswert durch Anwendung eines Vervielfältigers auf die Jahresrohmiete. Der Vervielfältiger wird für jede einzelne Grundstücksart festgelegt; er nimmt Werte zwischen 4,5 und 13,5 an (Jungkernheinrich 1991, S. 98f. und FN 275).

101 Zu Reformvorschlägen s. Linscheidt/Truger 1997, S. 392. Das Bundesverfassungsgericht hat in seinem „Einheitswerturteil" den Gesetzgeber zum Handeln gezwungen.

kommunale Einnahmequelle drei verschiedene Bemessungsgrundlagen:

- „Für die Betriebe der Land- und Forstwirtschaft wurden Ersatzwirtschaftswerte als Bemessungsgrundlage ermittelt.
- Für die gewerblich, freiberuflich oder öffentlich genutzten Grundstücke wurden die Einheitswerte des Reichsbewertungsgesetzes vom 2. Februar 1935 als Bemessungsgrundlage herangezogen.
- Für die Mietwohngrundstücke, Einfamlienhäuser und Eigentumswohnungen wurden Ersatzbemessungsgrundlagen erstellt."[102]

Eine neue Bewertung (Fortschreibung/Nachfeststellung) erfolgte erstmals 1991 (nicht aber für Mietwohngrundstücke und Einfamilienhäuser). Hier wird die Grundsteuer pauschal nach der Wohnfläche erhoben, wobei – je nach Quadratmeterzahl und Ausstattung – spezielle Beträge festgelegt wurden. Schließlich gilt für Gebäude, die nach 1980 bezogen wurden, eine 10-jährige Steuerbefreiung nach Bezugsfertigkeit.

Als Folge dieser vielfältigen Begrenzung ihrer fiskalischen Ergiebigkeit durch bundespolitische Entscheidungen, landesspezifische Verwaltungsverzögerung und jahrelange kommunalpolitische Nicht-Entscheidungen, blieben schon in Westdeutschland die Steuereinnahmen aus Grundstücken deutlich hinter der allgemeinen Wirtschaftsentwicklung zurück.[103] Als Einnahmequelle der Gemeinden hat die Grundsteuer im Vergleich zur Gewerbesteuer deutlich an Bedeutung eingebüßt (Abb. 3.3).[104] Während bei Beginn des Wiederaufbaus in Westdeutschland das Aufkommen aus Grund- und Gewerbesteuern noch annähernd gleich groß war, hat sich dieses Verhältnis „während der fünfziger Jahre aufgrund der außerordentlich günstigen Wirtschaftsentwicklung ... wesentlich zugunsten der Gewerbesteuer verschoben."[105]

102 Hansmeyer 1997, S. 202.
103 Hansmeyer 1988, S. 741.
104 Arend, in: Borgerding u.a. 1978, S. 398; Seiler 1988, S. 517.
105 Kunz, in: Gabriel 1989a, S. 68.

3.2.3 Gewerbesteuer

Grundsteuer und Gewerbesteuer sind als Realsteuern, die traditionell den Gemeinden zufließen,[106] auch in der Erhebungstechnik weitgehend ähnlich ausgestaltet. Wie bei der Grundsteuer wird auch bei der Gewerbesteuer die Steuermeßzahl[107] durch Bundesgesetz[108] festgelegt. Den Steuermeßbetrag ermitteln die Finanzämter (also Landesbehörden) „als Nebenprodukt ihrer Tätigkeit bei der Einkommen- und Körperschaftsteuer."[109] Wenn mehrere Betriebsstätten (Filialbetriebe) bestehen, erfolgt eine Aufteilung auf die verschiedenen Gemeinden (überwiegend im Verhältnis der Arbeitslöhne). Darin zeigt sich der Grundgedanke, die Gewerbesteuer als pauschale Gegenleistung für die Nutzung der gemeindlichen Infrastruktur durch Industrie, Handel und Handwerk zu erheben.[110] Immerhin schaffen die Gemeinden „erst die Voraussetzungen für erwerbswirtschaftliches Handeln", also für die private Kapitalverwertung.[111] Deshalb bestimmen die Gemeinden durch ihre Haushaltssatzung einen Hebesatz setzen dann die Steuerschuld fest und erheben die Steuer.

Bei der Berechnung des Steuermeßbetrages (aus den Werten der Vermögens- bzw. Einkommensteuerveranlagung) wurden der Besteuerung (bis 1997) folgende Werte zugrunde gelegt: Gewerbeertrag (5%) und Gewerbekapital (2‰) ergaben einen gemeinsamen Steuermeßbetrag für jeden Gewerbebetrieb.[112] Bis in die siebziger Jahre konnten (in einigen Ländern) Gemeinden ihr Steueraufkommen noch dadurch verbessern, daß auch die Lohnsumme der Betriebe (mit einem Steuermeßbetrag von 2‰) einer eigenen Gewerbesteuer, der Lohnsummensteuer, unterworfen wurde.[113] In Gewerbeertrag, Lohn-

106 Vgl. oben, Abschnitt 1.3.2.

107 Zur Problematik der Bewertung von Ertrag und Kapital s. Marcus 1987, S. 67ff.

108 § 6 Gewerbesteuergesetz i.d.F. vom 20.12.1996 (BGBl. I, S. 2049).

109 Giere 1965, S. 311.

110 Vgl. Milbradt, in: Püttner 1985, S. 134; Schmidt-Jortzig 1982, S. 257.

111 Schöber 1991, S. 107. Die Infrastrukturanbieter bzw. -einrichtungen Post, Bahn, Telekom, Krankenhäuser, Altenheime sind von der Gewerbesteuerzahlung befreit. Dies gilt auch für Kreditanstalten und Freiberufler (§ 3 Gewerbesteuergesetz).

112 Dettmer, in: Klein 1993, S. 238; Larisch, in: Klemisch u.a. 1994, S. 86f.; genauer §§ 11, 13 Gewerbesteuergesetz.

113 S. d. Hansmeyer 1988, S. 624f.

summe und Gewerbekapital (als Besteuerungsgrundlagen der Gewerbesteuer) fanden vor 1980 Umfang und Ergebnis wirtschaftlicher Aktivität unmittelbaren Ausdruck. Im Gegensatz zur eher statischen Entwicklung der Grundsteuer wurde die Gewerbesteuer in einer wachsenden Wirtschaft zum dynamischen Element der kommunalen Steuereinnahmen.

Durch zahlreiche, für die Gemeinden nur schwer kalkulierbare, Eingriffe des Bundes in die Gewerbesteuer,[114] haben sich jeweils unterschiedliche Einnahmeausfälle ergeben. Erhöhte Freigrenzen bei den jeweiligen Steuermeßbeträgen, machen die Gewerbesteuer zunehmend „zu einer reinen Großbetriebssteuer."[115] Der Wegfall der Lohnsummensteuer (ab 1.1.1980) bewirkte massive Steuerausfälle der Großstädte mit alter Industrie (insbesondere im Ruhrgebiet). Die Abschaffung der Gewerbekapitalsteuer[116] (zum 1.1.1998) entlastete kapitalintensive (Industrie-)Betriebe. Soweit der (neugeschaffene) Umsatzsteueranteil den Einnahmeverlust für einzelne Gemeinden nicht ausgleicht, müssen diese versuchen, die erforderlichen Mittel über einen höheren Hebesatz der (verbleibenden) Gewerbeertragsteuer hereinzuholen. Das wird vor allem ertragsstarke, rasch wachsende Dienstleistungsbetriebe (soweit vorhanden und steuerpflichtig) treffen.[117] Die Länder gehen in ihren Finanzausgleichsgesetzen davon aus, daß die Gemeinden ihren Betrieben eine bestimmte Belastung auferlegen können, die dann später für die Steuerkraftmeßzahl relevant wird.[118] Hier geht es vor allem darum, daß sich ei-

---

114 Für 1974 bis 1985 vgl. Karrenberg/Münstermann 1987, S. 72f.; s.a. Karrenberg 1985, S. 44f., 158f.

115 Schmidt-Jortzig 1982, S. 258; ähnlich Marcus 1987, S. 69; Karrenberg/Münstermann, in: Roth/Wollmann 1994, S. 196. Allein von 1979 auf 1980 sank der Anteil der Gewerbesteuerpflichtigen von fast der Hälfte auf gut ein Drittel aller Betriebe. Für 1996 mußten nur noch Unternehmen, deren Gewerbeertrag DM 48.000 bzw. Gewerbekapital DM 120.000 überstieg, eine Gewerbesteuererklärung abgeben (§ 25, 1 der Gewerbesteuerdurchführungsverordnung vom 20.2.1996).

116 Gesetz zur Fortsetzung der Unternehmenssteuerreform vom 29.10.1997. Der Deutsche Städtetag schätzt den Anteil der Gewerbekapitalsteuer am Aufkommen der Gewerbesteuer auf 30 bis 40%. Zu den neuen Bundesländern s. Matschke/Hering 1998, S. 55f.

117 In Leonberg ist zwar die Gewerbesteuer noch die wichtigste Einnahmequelle, sie war aber bereits 1997 gegenüber 1996 um etwa 6 Mio. DM geringer. 1998 wurden noch einmal 11,5 Mio. DM weniger erwartet (Stadt Leonberg, Haushaltsplan 1998, Einzelplan 9, S. 363).

118 Dies gilt auch für die Hebesätze der Grundsteuer.

ne Gemeinde nicht auf niedrige Hebesätze und Ausgleichszahlungen des Landes verlassen soll.[119] „Vertraulich gefragt wird ein Kämmerer gern zugeben, daß er mit Zuweisungen besser lebt als mit Einnahmen, die er vor den Bürgern zu vertreten hat."[120]

In unseren Beispielstädten galten für 1998 folgende Hebesätze: 415% (Leichlingen), 365% (Leonberg), 320% (Westerstede) und 300% (Burg); diese Sätze liegen z.T. höher, z.T. niedriger als der Durchschnitt für Städte mit 20-50.000 Einwohnern (1992 = 337%).[121]

Generell waren am Ende der neunziger Jahre die Hebesätze der Gewerbesteuer in Städten niedriger als jene der Grundsteuer B; Frankfurt/Main mit 515% und Wolfen mit 330% markieren die Spannweite.[122] Auffallend ist, daß Großstädte mit starkem und diversifiziertem Gewerbebesatz ihren Betrieben höhere Hebesätze zumuten können als kleinere Städte am Ballungsrand und im ländlichen Raum.[123] In diesem Zusammenhang stellt sich auch die Frage: Wann erhöht eine Gemeinde den Gewerbesteuerhebesatz? Eindrucksvoll ist hier das Beispiel der Stadt Konstanz, die im Jahre 1982 zunächst alle Ausgabenkürzungen, dann alle Gebührenerhöhungen und schließlich die neu eingeführte Zweitwohnungssteuer ausgeschöpft hatte, bevor sie den Gewerbesteuerhebesatz maßvoll von 320 auf 330% anhob.[124]

---

119 Dabei sind die Gemeinden einzelner Bundesländer in ihren Gestaltungsmöglichkeiten z.T. durch bestimmte Höchstwerte, z.T. durch vorgeschriebene Zahlenverhältnisse („Relationen") zwischen den einzelnen Hebesätzen eingeschränkt. In Baden-Württemberg und Niedersachsen gelten solche Relationen nicht, in Nordrhein-Westfalen wurden sie aufgehoben. S.d. Finanzausgleichsgesetze bzw. Gemeindefinanzierungsgesetze der Länder. In Niedersachsen und Sachsen-Anhalt wird ein Mittelwert bei der Berechnung der Steuerkraftmeßzahl zugrunde gelegt (§12 bzw. §8 des jeweiligen FAG der Länder). Für Sachsen-Anhalt liegt die Information aus dem Gesetz vom 31.12.1996 zugrunde.

120 Zimmermann, in: Ipsen 1995, S. 77.

121 Dill/Kanitz 1994, Heft 2, S. 50 (unter Bezug auf Statistisches Bundesamt 1992).

122 Karrenberg/Münstermann 1997, S. 139.

123 S. d. z.B. Institut für Finanzen und Steuern 1997, S. 38ff. und 44ff.; Jahresbericht der Oldenburgischen Industrie- und Handelskammer 1997, S. 85. Dies ist allerdings nur eine Tendenzaussage, denn die Hebesätze der Gemeinden deuten auf ein recht individuelles Verhalten (bedingt durch den Wirtschaftsbesatz?) hin. S. a. Statistisches Bundesamt (versch. Jahre).

124 Eickmeyer, in: Mäding 1983, S. 65f. Für kreisfreie Städte hat Kunz (in: Mäding/Voigt 1998, S. 180) auch für die Gewerbesteuer einen Zusammenhang mit dem sozialen Problemdruck nachgewiesen.

Die Diskussion darüber, ob nach einer Aushöhlung der Gewerbesteuer (durch immer höhere Freigrenzen) und angesichts der Pflicht zur Abführung eines Teils der Gewerbesteuer (gegen einen Anteil an der Einkommensteuer) die Gewerbesteuer ganz abzuschaffen sei, will seit Jahren nicht verstummen.[125] Kritiker verweisen darauf, daß die Gewerbesteuer ihre ursprüngliche Funktion nach mehrfacher Erhöhung der Freigrenzen sowie mit der Abzugsfähigkeit der Dauerschuldzinsen, die nicht mehr voll dem Gewerbeertrag zugerechnet werden brauchen, ohnehin nicht mehr wahrnehmen könne. Befürworter der Gewerbesteuer weisen zu Recht darauf hin, daß über die Gewerbesteuer ein Interesse der Gemeinden am Unternehmensbesatz erhalten bleibe. „Der erwerbswirtschaftlich tätige Bürger, der ausgiebig für seine wirtschaftlichen Ziele die Infrastruktur seiner Gemeinde in Anspruch nimmt, erkennt dann nicht mehr die spezielle Verpflichtung, für die vielfältigen Leistungen korrespondierende Gegenleistungen zu erbringen."[126] Deshalb werden Vorschläge aufgegriffen, den Kreis der Zahlungspflichtigen und die Besteuerungsgrundlage zu erweitern. So fordert der Städtetag seit 1987, daß auch Selbständige und öffentliche Betriebe eine entsprechende Abgabe zahlen sollen.[127]

Wer die Gewerbesteuer abschaffen will, betont immer wieder, daß eine Objektsteuer nicht mehr in das Steuersystem paßt. Seit Jahren sind die Wirtschaft und der Bund der Steuerzahler Gegner der Gewerbesteuer, weil es zu einer Mehrfachbelastung gewerblicher Einkünfte komme.[128] Wie die Grundsteuer sei auch die Gewerbesteuer überwälzbar, so daß ein Unterschied zwischen Arbeitnehmer- und Unternehmersteuer nicht zu verstehen sei. Die Einrichtungen der Stadt (Verbesserung der Infrastruktur/Verbesserung der Verkehrsverhältnisse) kämen nicht nur den Betrieben zugute. Wenn die Gewerbesteuer als Ausgleich der Bürger für die Belästigung durch Betriebe gesehen werden solle, so müsse sie zwischen den einzelnen Betrieben differieren: Manche Betriebe seien ja eher positiv zu bewerten. Zudem wird angeführt, daß im EU-Vergleich die Gewerbesteuer einmalig sei.

---

125 Zu aktuellen Reformvorschlägen s. Linscheidt/Truger 1997, S. 388ff.

126 Schöber 1991, S. 107.

127 Auch Seiler (1988, S. 518) unterstützt diese Fortentwicklung.

128 Durch Körperschafts- (= Einkommensteuer der Kapitalgesellschaften) und Gewerbeertragssteuer. Zusammenfassend bzw. Vorschläge zur Reform bei Spahn 1989, S. 71ff.; Bach 1997, S. 335.

Schließlich gilt die Gewerbesteuer als konjunktur- und strukturanfällig, sowie als eine Steuer, die die Wirtschaftstätigkeit unterschiedlich oder gar nicht belaste.[129]

Ein ernstes Problem für die einzelne Gemeinde ergibt sich, wenn die örtlichen Einnahmen aus der Gewerbesteuer ganz überwiegend von einem (meist zugleich besonders großen und häufig auch zeitweise oder zunächst schnell wachsenden) Unternehmen aufgebracht werden:[130] das (dominierende) Großunternehmen wird versuchen, durch Verhandlungen mit der Gemeinde eine Erhöhung des Hebesatzes zu vermeiden. Großzügige Zuwendungen für gemeindliche Vorhaben (etwa im sozialen Bereich) stehen dazu keineswegs im Widerspruch; sie sind geradezu als eine strategische Rückzugslinie zu deuten. Das betreffende Unternehmen versucht, mit Hilfe einer einmaligen Zahlung finanzielle Dauerbelastungen abzuwenden.

Sofern nicht ein einzelnes Unternehmen die wirtschaftliche Struktur seiner Gemeinde prägt, wie in Hameln, Leonberg, Leverkusen, Ludwigshafen, Rüsselsheim oder Wolfsburg[131], kann auch eine Vielzahl von Betrieben des gleichen Wirtschaftszweiges („Monostruktur"), etwa Lederwaren (Offenbach), Uhren- und Schmuckindustrie (Pforzheim), Schuhproduktion (Pirmasens) oder Schneidwaren (Solingen), für die Steuerpolitik der betreffenden Gemeinde zum Problem werden. Gerät der betreffende Wirtschaftszweig in eine Strukturkrise, vermindern sich die Steuereinnahmen der Gemeinden dramatisch. Hier wird die Abhängigkeit der Einnahmen von der Wirtschaftsentwicklung sehr deutlich. Eine Erhöhung der Hebesätze kommt in dieser Situation mit Rücksicht auf die Erhaltung von Arbeitsplätzen nicht in Betracht; eine arbeitsmarktpolitisch begründete Senkung der Hebesätze ist aber ohne erhebliche Einschränkungen des (gerade mit Hilfe der bisherigen Steuerkraft ausgebauten) kommunalen Leistungsangebotes nicht möglich.

Auch die Situation der Betriebe ist bedrohlich; bei ohnehin ertragsschwachen Unternehmen kann die Realsteuerlast den Ertrag

---

129 Vgl. Bach 1997, S. 334. Die Finanzrichter des Finanzgerichts Niedersachsen sehen einen Verstoß gegen den Gleichheitsgrundsatz und haben die Angelegenheit dem Bundesverfassungsgericht vorgelegt (FAZ vom 27.6.1998).

130 Auf die „Gefahr von Machtdisparitäten, d.h. den Einfluß großer Gewerbesteuerzahler auf die kommunale Politik", weist auch Hansmeyer (1988, S. 624) hin.

131 Hilterscheid 1970.

soweit reduzieren, daß die Fortsetzung des Betriebes unmöglich wird. Die gemeindliche Entscheidung über den Hebesatz der Gewerbesteuer läßt sich also nicht allein unter dem (fiskalpolitischen) Gesichtspunkt treffen, daß eine Gemeinde möglichst hohe Einnahmen erzielen will. Der Hebesatz kann in Krisenzeiten oder bei einseitigem Betriebsbesatz zu weitreichenden wirtschaftlichen Konsequenzen führen, die sich im voraus nur schwer abschätzen lassen. Die negativen Folgen einer Steuererhöhung werden von der Wirtschaft naturgemäß immer extrem dargestellt.[132] So wird auch darauf hingewiesen, daß die faktische „Großbetriebssteuer" vor allem international tätige Unternehmen belaste, die dadurch Nachteile hätten. Kritiker von internationalen Unternehmen mit verschiedenen Standorten vermuten, daß interne Verrechnungspreise Gewinne dort anfallen lassen, wo die Besteuerung am niedrigsten ist.[133] Verläßliche Aussagen über die tatsächlichen Folgen einer bestimmten Entscheidung (und ihrer Alternativen) stehen aber nirgendwo zur Verfügung.

Neben einer Analyse der örtlichen Wirtschaftsstruktur (im Hinblick auf Branchen und Ertragskraft) bietet auch das Vorgehen anderer Gemeinden mit unterschiedlich ertragsstarkem Gewerbebesatz eine Orientierungshilfe. Eine Gemeinde kann die örtliche Steuerbelastung um so stärker anspannen, je besser sich ihre allgemeine Standortqualität darstellt: „Wo die richtigen Kontakte bestehen, die Infrastruktur alle notwendigen Bedürfnisse befriedigt und ein interessanter Ruf der Stadt vor allem für leitendes Personal verlockend ist, gehört eine ganz schöne Steuerbelastung dazu, um einen Betrieb zu vertreiben oder Neuansiedlungen ... zu verhindern."[134] Dem attraktiven Erscheinungsbild versuchen die Städte heute mit Standortmarketing nachzuhelfen, um dadurch die Persistenz von Bevölkerung und Unternehmen oder die Anziehungskraft der Stadt zu erhöhen.[135] Die Grenzen der Besteuerung sind erreicht, wenn die örtliche Steuerlast einen Standort aus unternehmerischer Sicht so uninteressant macht, daß Erweiterungs- und Modernisierungsinvestitionen an anderen Plätzen vorgenommen werden.

---

132 Vgl. Adam 1979, S. 124-128.
133 Bach 1997, S. 335.
134 Neuffer 1973, S. 216.
135 S. unten, Abschnitt 5.2.3.

Als dynamisches Element im örtlichen Finanzsystem mußte die Gewerbesteuer zwei Folgewirkungen zeitigen, das Bestreben, Betriebe anzusiedeln, und eine Konkurrenz der Gemeinden um ansiedlungswillige Unternehmen. Die Gemeinden versuchten (zur Erhöhung ihrer Steuereinnahmen), durch kommunale Wirtschaftsförderung gewerbesteuerträchtige Betriebe anzulocken („Industrieansiedlung"), zu halten („Gewerbebestandspflege") oder weiter zu entwickeln.[136] Dadurch gerieten die Gemeinden untereinander in einen Wettbewerb, der für die Gesamtheit der Gemeinden schwerwiegende Nachteile zur Folge hat, ohne die finanzielle Situation der einzelnen Gemeinden wirkungsvoll zu verbessern.

Solange etwa 4/5 aller gemeindlichen Steuereinnahmen aus der Gewerbesteuer stammten, konnten nur Gemeinden mit entsprechendem Gewerbebesatz (und deshalb ausreichenden Steuereinnahmen) aus eigener Kraft eine Infrastruktur schaffen, die neue Gewerbeansiedlungen ermöglichte. Seit Inkrafttreten der Gemeindefinanzreform 1969 müssen die Gemeinden im Austausch gegen einen Anteil von z.Zt. 15% an der Einkommensteuer (einschließlich Lohnsteuer) einen Anteil ihrer Gewerbesteuereinnahmen[137] an Bund und Länder abführen („Gewerbesteuerumlage").[138] Durch die Gewerbesteuerumlage[139] werden die finanzpolitischen Gestaltungsmöglichkeiten der Gemeinden (insbesondere der wirtschaftlich starken) eingeschränkt. Der wichtigste Vorteil dieser Neuregelung liegt darin, daß den Gemeinden seit 1970 – unabhängig von der Art der Erwerbstätigkeit ihrer Bewohner – ein bestimmter Anteil an den aus dieser Erwerbstätigkeit resultierenden Steuereinnahmen von Land und Bund (Gemeinschaftssteuern) zufließt. Viele Gemeinden haben damit für ihre Steuereinnahmen den Anschluß an die allgemeine wirtschaftliche und gesell-

136 Vgl. unten, Abschnitt 5.2.1.

137 Zunächst etwa 40%, nach weiterer Aushöhlung der Gewerbesteuer durch Bundesgesetz wurde der Anteil inzwischen auf durchschnittlich 7,5% reduziert. Dazu kam für die westdeutschen Städte noch ein Anteil von 10% für die Aufstockung des Fonds Deutsche Einheit (Karrenberg/Münstermann, in: Roth/Wollmann 1994, S. 197). Der Gemeindefinanzbericht unterstellt einen Anteil von ca. 20% (Karrenberg/Münstermann 1997, S. 141).

138 Art. 106, Abs. 6, Satz 4 GG. Vervielfältiger (alte Länder) 120 v.H. (1970) und 78 v.H. (1997) bzw. (neue Länder) 28 v.H. (1993) und 38 v. H. (1997).

139 Die Berechnung erfolgt folgendermaßen:

$$\text{Grundbetrag} = \frac{\text{Ist-Aufkommen der Gewerbesteuer}}{\text{Hebesatz}} \times \text{Vervielfältiger.}$$

schaftliche Entwicklung gefunden, aber durch den Finanzverbund an steuerpolitischer Beweglichkeit verloren.[140]

3.2.4 Gemeindeanteil an der Einkommen- und Umsatzsteuer

Ziel dieser Erweiterung des öffentlichen Finanzverbundes war es, die aus der Gewerbesteuer resultierenden Unterschiede in der Steuerkraft (= Ist-Einnahmen aus Gemeindesteuern in DM pro Einwohner) und damit der finanziellen Leistungsfähigkeit der Gemeinden abzubauen.[141] Dies ist in gewissem Umfang durchaus gelungen. Als Beispiel mag der (ehemalige) baden-württembergische Landkreis Leonberg dienen. Betrug hier das Verhältnis der Steuerkraft zwischen der steuerstärksten (Leonberg) und der steuerschwächsten Gemeinde (Flacht bzw. Münklingen) im Haushaltsjahr 1961 noch 6:1, so lag es im Haushaltsjahr 1970 bereits bei 4:1. In vielen Städten ist die Bedeutung der Einkommensteuer (einschließlich Lohnsteuer) als Einnahmequelle sehr viel größer als die Gewerbesteuer, so beispielsweise in Leichlingen.[142] Für die kleinen Gemeinden wirkte sich die Finanzreform 1969 generell positiv aus: Der Einnahmeanteil aus der Einkommensteuer beträgt in den größten Städten nur 34,8% der gemeindlichen Steuereinnahmen, bei sinkender Gemeindegröße steigt dieser Anteil vollkommen kontinuierlich bis auf 54,1% an. Im Gegenzug sinkt die Bedeutung der Gewerbesteuer von 53,6% auf 31,7% der gemeindlichen Steuereinnahmen.[143] In den neuen Bundesländern ist der kommunale Anteil an der Einkommensteuer wesentliche Komponente des Steueraufkommens.[144] Ob die ost- und westdeutschen Gemeinden ihre Abhängigkeit von konjunkturellen Schwankungen verringert haben und ob ein immer stärkeres Auseinanderfallen der Einnahmenentwicklung bei Bund, Ländern und Gemeinden auf Dauer vermieden werden kann, wurde allerdings bezweifelt.[145] Ab 1992 hat der Gemeindeanteil an der

140 Hansmeyer/Zimmermann 1993, S. 222.
141 Schmidt 1970, S. 38.
142 Vgl. Einzelplan 9 im Verwaltungshaushalt 1998.
143 Karrenberg/Münstermann 1987, S. 74; zur Umverteilung beim Einkommensteueranteil in den alten Ländern s. Karrenberg/Münstermann, 1997, S. 145.
144 Renzsch, in: Wollmann u.a. 1997, S. 104.
145 Vgl. Karrenberg/Münstermann 1989, S. 94.

Einkommensteuer seine progressionsbedingte Dynamik verloren, z.B. durch Arbeitslosigkeit und „beispiellosen Verfall der veranlagten Einkommensteuer."[146]

Aus der Beteiligung der Gemeinden an der Einkommensteuer wird häufig geschlossen, daß es nunmehr verstärkt darauf ankomme, anstelle von Industriebetrieben einkommensstarke Bevölkerungsgruppen anzusiedeln, um die kommunalen Einnahmen zu erhöhen. Zumindest wurde ernsthaft diskutiert, ob dies eine Alternative zu der bisher betriebenen Strategie der Ansiedlung von Gewerbebetrieben sein könnte. So vereinfacht handelt es sich aber um einen Fehlschluß: Der kommunale Anteil an der Einkommensteuer wird nämlich seit 1972 länderweise so auf die Gemeinden verteilt, wie es dem örtlichen Anteil am Gesamtaufkommen aus der Proportionalzone (also dem Steueranteil der unteren Einkommensgruppen) entspricht.[147] Der Bezieher eines steuerpflichtigen Einkommens in Millionenhöhe bringt für die Gemeindekasse nicht mehr ein als ein lediger Arbeitnehmer, dessen steuerpflichtiges Einkommen DM 40.000 (bzw. ein Ehepaar, dessen steuerpflichtiges Einkommen DM 80.000) nicht überschreitet. Diese Höchstbeträge beim Einkommensteueranteil der Gemeinden gelten seit 1994.[148] Das Präsidium des Deutschen Städtetages hat bereits 1996 eine Erhöhung auf 50.000 bzw. 100.000 DM gefordert.[149] „In dreijährigen Abständen wird diese Steuerquelle zwischen den Städten und Gemeinden eines Landes auf der Basis einer neuen Statistik neu verteilt, wodurch regelmäßig die großen und größeren Städte zugunsten der Wohnortgemeinden im Umland Verluste erleiden."[150] Eine weitere Schwäche des Verteilungsverfahrens liegt darin, daß der zeitliche Abstand zwischen dem tatsächlichen Einkommensteueraufkommen „und einer kon-

---

146 Karrenberg/Münstermann 1997, S. 142f.; Der Spiegel (46/1997, S. 45) verweist auf den „Finanzkurort" Bad Homburg.

147 Änderungsgesetz zum Gemeindefinanzreformgesetz vom 27.12.1971 (BGBl. I, S. 2157). Zur Begründung vgl. Schriftlicher Bericht des Finanzausschusses des Deutschen Bundestages vom 8.11.1971, Drs. VI/2798 und zu VI/2798.

148 Die Verteilung der Steuern wird im Gesetz zur Änderung des Gemeindefinanzreformgesetzes vom 16.4.1997 (BGBl. 1997 I, Nr. 24 vom 22.4.1997) bezogen auf Gesetz zur Neuordnung der Gemeindefinanzen (Gemeindefinanzreformgesetz) vom 6.2.1996 festgelegt.

149 Karrenberg/Münstermann 1997, S. 148.

150 Karrenberg/Münstermann, in: Roth/Wollmann 1994, S. 198.

kreten Verteilung ... bis zu sieben Jahre betragen" kann.[151] Wie das Fehlen eines kommunalen Hebesatzrechtes trägt auch der zeitliche Abstand zur „Fühlbarkeit" der Einkommensteuer als Gemeindesteuer nicht bei.[152]

Insgesamt gesehen besteht auch nach der Gemeindefinanzreform ein erhebliches kommunales Eigeninteresse an einer Vergrößerung jener Merkmale, die als Besteuerungsgrundlage die Höhe des Steueraufkommens direkt beeinflussen: „Für die Gewerbesteuer ist das ... der Gewinn, für ... die Anteile an der Einkommensteuer ist es die Höhe des Erwerbseinkommens, für die Grundsteuer der Einheitswert,"[153] neuerdings die Anwendung des Ertragswertes. Auch wenn diese Formulierung den skizzierten Besonderheiten des Steuerverbundes zwischen Bund, Ländern und Gemeinden nicht vollständig Rechnung trägt, trifft sie doch den Kern des Problems. Nicht die Festlegung der Hebesätze, sondern die Ausweitung der Besteuerungsgrundlagen durch Wachstum sahen die Gemeinden jahrelang als wichtigstes Mittel der eigenen Steuerpolitik an.[154] Durch eine entsprechende Politik werden die Gemeinden jedoch immer stärker von den Standortentscheidungen der Unternehmen und Haushalte abhängig. Zusätzlich geraten Gemeinden immer mehr in die Schere von rasch wachsenden Aufgaben (mit entsprechend wachsendem Finanzbedarf) und wesentlich langsamer (und außerdem mit beachtlichen Verzögerungseffekten) wachsenden Steuereinnahmen.

Mit Abschaffung der Gewerbekapitalsteuer haben Bund und Länder den Gemeinden im Gegenzug einen Anteil von 2,2% am Aufkommen der Umsatzsteuer (allgemein bekannt unter der Bezeichnung „Mehrwertsteuer") zugebilligt. Als Ausgleich für einen erst im Jahre 2000 zu beziffernden Steuerausfall erhalten alle Gemeinden zusammen seit 1998 knapp 5 Mrd. DM aus dieser neuen Einnahmequelle.[155] Damit ist ein lange verfolgtes Ziel der kommunalen Spitzenverbände

151 Marcus 1987, S. 75.

152 Seiler 1988, S. 518.

153 Neuffer 1973, S. 215.

154 Vgl. Zimmermann, in: Ipsen 1995, S. 71; zu den Ursachen im örtlichen Entscheidungsprozeß, s. unten, Abschnitt 4.4.

155 Das Bundesministerium der Finanzen (1998, S. 245) erwartete aus der Mehrwertsteuer Gesamteinnahmen von 211,7 Mrd. DM. Die Stadt Leonberg (Haushaltsplan 1998, S. 363) veranschlagte seinen Anteil mit 2,5 Mio. DM und 11,5 Mio. DM Mindereinnahmen bei der Gewerbesteuer.

erreicht worden. Bereits in der Inflationszeit nach dem Ersten Weltkrieg hatten die Gemeinden erkannt, daß nur die Umsatzsteuer mit dem erhöhten Inflationstempo Schritt hielt. Sie forderten deshalb zunächst

- ein kommunales Zuschlagsrecht zur Umsatzsteuer (als Ersatz für den 1920 verlorenen Zuschlag zur Einkommen- und Körperschaftsteuer), ersatzweise
- eine Beteiligung am Umsatzsteueraufkommen.

Beide Vorschläge ließen sich nicht durchsetzen. Statt dessen wurde im Sommer 1923 in Preußen, dem weitaus größten Land des Deutschen Reiches, die Lohnsummensteuer (als drittes Element der Gewerbesteuer) eingeführt.[156] Im Jahre 1982 wurde eine Beteiligung der Gemeinden an der Umsatzsteuer erneut vorgeschlagen.[157]

In seiner Stellungnahme zur Debatte um die Beschränkung der Gewerbesteuer auf eine Besteuerung des Gewerbeertrages hat der Deutsche Städtetag als Interessenvertretung sowohl 1979 (Abschaffung der Lohnsummensteuer) als auch 1997 (Abschaffung der Gewerbekapitalsteuer) stets auf den zu erwartenden Einnahmeausfall abgehoben und sich mit Vorschlägen um einen Ausgleich bemüht. Als vorsorgliche Maßnahme für einen Schutz gegen willkürliche Eingriffe von Bund und Ländern wurde 1997 zusätzlich eine verfassungsrechtliche Absicherung gefordert[158] (und inzwischen durchgesetzt).

Auf das gemeinsame Strukturproblem des schrittweise verstärkten Steuerverbundes und damit der verminderten finanzpolitischen Gestaltungsmöglichkeiten und Ergebnisverantwortung der Gemeinden haben u.a. die Eberhard-Kommission (1971) und Hansmeyer/Zimmermann aufmerksam gemacht. In beiden Fällen bezog sich die Warnung nur auf einen gemeindlichen Einkommensteuer-Anteil ohne Hebesatzrecht. Auch der Umsatzsteueranteil der Gemeinden enthält keinen „Anreiz zur Pflege der Bemessungsgrundlage", und im „Endergebnis ... eine massive Verschlechterung in der Struktur des gemeindlichen Steuersystems."[159] Die Beteiligung der Gemeinden

---

156 Vgl. Upmeier, in: Hansmeyer 1973, S. 73-75.

157 Vgl. Milbradt, in: Püttner 1985, S. 139f.; Marcus 1987, S. 130, 145.

158 Karrenberg/Münstermann 1997, S. 188f., 191f.

159 Zimmermann, in: Ipsen 1995, S. 76.

am Aufkommen der Umsatzsteuer mag fiskalisch ergiebig sein, finanzpolitisch ist sie aber ein weiterer Schritt in die falsche Richtung: „Der einzelne Bürger weiß kaum, daß er überhaupt auf diese Weise zum Gemeindehaushalt beiträgt, und mit Sicherheit kann er auch bei Kenntnis des Tatbestandes nicht annähernd angeben, in welchem Ausmaß er dazu beiträgt. ... Die größere Merklichkeit einer Steuer führt in der Regel gleichzeitig zu einer stärkeren Einbindung der Bürger in die gemeindlichen Entscheidungen. ... Forderungen nach verstärkter Einbindung der Bürger und nach Intensivierung des Bewußtseins, daß über das eigene Geld politisch entschieden wird, werden offensichtlich in anderen Staaten, ..., mit größerem Nachdruck erhoben."[160] Das Fehlen solcher Anknüpfungspunkte stärkt unverantwortliches Handeln bei fordernden Bürgern wie bei aktiven Kommunalpolitikern.[161]

3.2.5 Bedeutung der Steuereinnahmen für die Kommunalfinanzen

Die Einnahmesituation der Gemeinden kann durch Vergleiche deutlicher gemacht werden. Erwartungsgemäß unterscheiden sich die Gemeinden in Ost- und Westdeutschland nicht nur in der Höhe des Steueraufkommens, sondern auch in seiner Zusammensetzung (s. Abb. 3.4a). Bereits in den siebziger Jahren stammte bei den westdeutschen Gemeinden (anders als bei Bund und Ländern) nur ein geringer Teil der Gesamteinnahmen aus eigenen Steuern: Bund 90%, Länder 70%, Gemeinden 30%. „Innerhalb der Gesamteinnahmen der Kommunen sank der Steueranteil von weit über 35% in den fünfziger Jahren auf weniger als 30% in den sechziger Jahren, während die Finanzzuweisungen von 20% auf 27% emporschnellten. 1968 hatten sie sogar die Höhe der Gemeindesteuern erreicht. Der Anteil der Gebühren und Beiträge ... erhöhte sich von etwa 14 auf 17%."[162] Diese Gewichtsverschiebungen haben sich nicht weiter

160 Hansmeyer/Zimmermann 1993, S. 225.

161 Es fällt auf, daß Reformvorschläge, wie die Direktwahl des Verwaltungschefs oder die dezentrale Ergebnisverantwortung im Neuen Steuerungsmodell, entweder beim Verwaltungspersonal oder bei den Kommunalausgaben ansetzen, die Einnahmenseite aber völlig außer acht lassen.

162 Boldt, in: Wehling 1975, S. 135.

fortgesetzt, so daß sich die Situation in den letzten Jahrzehnten weitgehend stabilisiert hat. „Steuern tragen im Durchschnitt rd. ein Drittel zur Finanzierung der westdeutschen Kommunalhaushalte bei.“[163] (Abb. 3.4b)

Auch innerhalb des Steueraufkommens fanden bemerkenswerte Veränderungen statt. Während Grundsteuer und Gewerbesteuer 1949 noch etwa gleiche Erträge abwarfen, sank der Grundsteueranteil bis Mitte der sechziger Jahre auf ca. 16% ab; der Gewerbesteueranteil stieg dagegen auf 80%. Die Gemeindefinanzreform 1969 hat zwar die einseitige Abhängigkeit der Gemeinden von der Gewerbesteuer beseitigt, aber keineswegs die wiederkehrenden Probleme der Gemeindefinanzen behoben. Gewerbesteuer und Gemeindeanteil an der Einkommensteuer sind jetzt etwa von gleichem Gewicht (Abb. 3.3), die Zuweisungen von Bund und Land quantitativ fast genauso bedeutend wie die Steuern. Hinzu kommt der deutliche Unterschied zwischen ost- und westdeutschen Gemeinden. Fast 10 Jahre nach der Vereinigung finanzieren die ostdeutschen Gemeinden sich noch immer zu mehr als 50% aus Investitionszuschüssen und allgemeinen Zuweisungen, letztlich also über den Finanzausgleich. Eigene Steuern und Gebühren machen bei den ostdeutschen Gemeinden etwa ein Viertel der Gesamteinnahmen aus. Bei den westdeutschen Gemeinden ist es etwa die Hälfte (s. Abb. 3.4).

Bis heute ist die Gewerbesteuer nicht nur die wesentliche Gemeindesteuer mit Hebesatzrecht (also einem Hebel für kommunale Steuerpolitik), sondern auch von allen Einnahmemöglichkeiten, die jede Gemeinde selbst gestalten kann, die wichtigste Finanzquelle für zusätzliche Maßnahmen. Das gilt nicht, wenn die Gemeinde durch Veräußerung vorhandenen Vermögens Finanzmittel beschaffen kann oder durch Aufnahme weiterer Darlehen für gemeindliche Investitionsvorhaben den Kreis der Zahlungspflichtigen (im Sinne eines erweiterten Äquivalenzprinzips) über die unmittelbaren Nutzer und alle gegenwärtig steuerpflichtigen Bürger der Gemeinde hinaus auf zukünftige Nutzer und Bürger ausdehnen will.

---

163 Karrenberg/Münstermann, in: Wollmann/Roth 1999, S. 439.

Abb. 3.4.a Kommunale Einnahmen (in Mrd. DM)

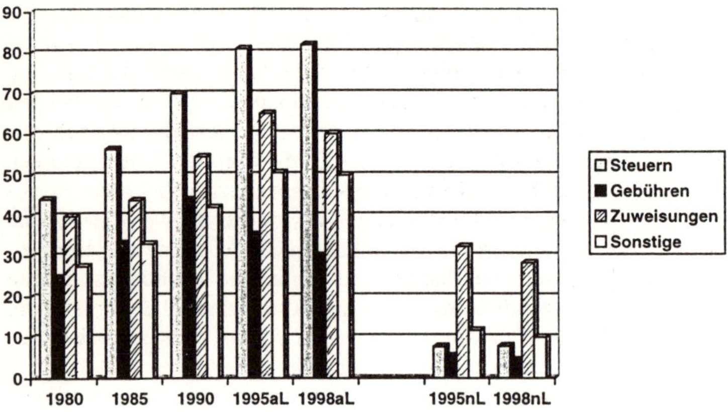

Abb. 3.4b: Kommunale Einnahmen (in %)

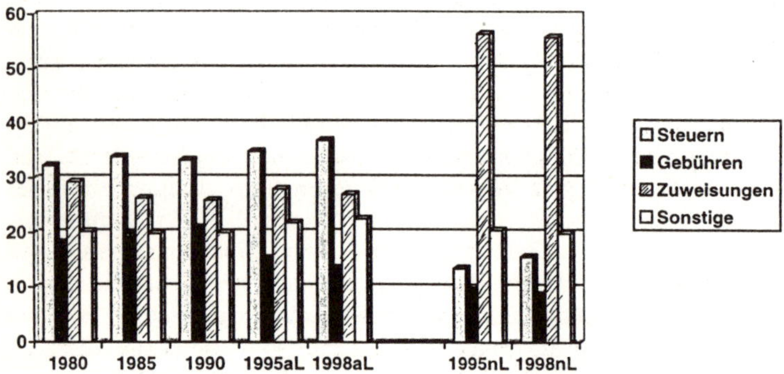

Quellen: Karrenberg/Münstermann 1979, S. 61; dieselben 1987, S. 49; dieselben 1991, S. 85; dieselben 1995, S. 116, 118; dieselben 1995, S. 146, 148 (eigene Berechnungen)

3.3 Vermögensumschichtung und Kreditaufnahme

Neben Entgelten, Gebühren, Beiträgen und Steuern erzielen die Gemeinden auch Einnahmen aus Bußgeldern für Ordnungswidrigkeiten (etwa falsches Parken, Nichtanmeldung eines Hundes) und Erlöse aus der Nutzung eigener Vermögenswerte, wie z.B. aus Grundstücken, (vermieteten) Wohnungen, eigenen Altenheimen und Parkhäusern, Beteiligungen an rentablen Wirtschaftsunternehmen (Aktienbesitz) oder der Verzinsung vorübergehend angelegter Geldbeträge (Rücklagen und allgemeine Kassenbestände). In den letzten hundert Jahren konnten in Deutschland nur wenige Gemeinden einen Großteil des gemeindlichen Aufwands aus Vermögenserträgen decken. Dabei „handelte es sich zumeist um ländliche Gemeinden, die über einen ausnahmsweise großen Waldbesitz mit alten Beständen verfügten."[164]

Auf einige Impulse aus der jüngsten Zeit wollen wir hinweisen, um die damit verbundenen Probleme zu verdeutlichen. Die Idee einzelner Städte, für Telefonzellen auf gemeindeeigenen Straßen und Plätzen von den Telefongesellschaften Mieten zu verlangen, bietet wenig Aussicht auf zusätzliche Einnahmen. In Zeiten des Mobilfunks und der häufigen Beschädigung dürften damit eher die Telefonzellen aus dem Stadtbild verschwinden. Eine weitere Möglichkeit wird in der Ausschöpfung des privaten Sponsoring gesehen. So können z.B. in Berlin Schulen für bestimmte Maßnahmen private Mittel oder Geschenke (z.B. Computer) einwerben und die Sponsoren auch benennen.[165] Zugleich stellt sich allerdings die Frage, ob die einwerbende Schule, z.B. eine Eliteschule, alle eingeworbenen Gelder behalten darf oder sich auf eine Umverteilung einlassen muß.

Auch der Verkauf von weiterhin durch die öffentliche Hand genutzten Gebäuden wird erwogen. Verwaltungsgebäude, Schulen, Stadthallen, Krankenhäuser, Kläranlagen und Kulturzentren würden dann von der Käuferin, einer entsprechenden Immobiliengesellschaft, geleast. Dies gilt als günstiger, als sie zu mieten, denn Mieten steigen beim Anstieg der Lebenshaltungskosten. Wirtschaftlich gesehen handelt es sich dabei um einen Kredit, bei dem das Investitionsobjekt Ei-

---

164 Sander/Weiblen, in: Pfizer/Wehling 1991, S. 90.
165 Nordwest Zeitung vom 1.12.1997.

gentum des Geldgebers wird oder bleibt. Rechtlich erwirbt der Leasingnehmer, z.B. eine Stadt, durch Vertrag die Möglichkeit, das Investitionsobjekt (z.B. Parkhaus, Schule oder Verwaltungsgebäude) für einen vereinbarten Zeitraum gegen Zahlung einer Leasingrate zu nutzen und bei Vertragsablauf u. U. zum Restwert zu erwerben. Während der Laufzeit des Leasingvertrages muß der Leasingnehmer die Unterhaltung der Sache sicherstellen.[166] Haushaltsrechtlich besteht für Gemeinden ein doppelter Vorteil: Die Leasingraten gehören in den Verwaltungshaushalt (belasten also nicht den ohnehin beengten Vermögenshaushalt); der Abschluß solcher Verträge ist formell keine Kreditaufnahme,[167] bedarf aber der Genehmigung durch die Kommunalaufsicht. Die Leasingrate enthält sowohl die Zinsaufwendungen des Vertragspartners die (wegen der Nutzung des Objekts) anfallenden Abschreibungen als auch (bei privaten Leasing-Firmen) einen Verwaltungskosten- und Gewinnzuschlag. Je nach Vertrag zahlt die Gemeinde für geleaste Objekte insgesamt mehr als für eigene, durch entsprechende Verschuldung finanzierte.[168] Geleaste Neubauten können jedoch gegenüber kreditfinanziertem Eigenbau günstiger sein, wenn der Leasinggeber Steuervorteile an den Leasingnehmer (also die Stadt) weitergeben kann und damit die Konditionen in der Regel unter dem Kommunalkredit liegen. Weiterhin werben die Anbieter mit mehr Flexibilität bei der Realisierung neuer Gebäude, z.B. kürzere Bauzeiten, Entlastung der Verwaltung, bessere Reaktionsmöglichkeiten bei Konjunkturschwankungen oder bei verändertem Bedarf (Kindergärten, Schule). Ob sich damit die Gemeinden einen Gefallen tun oder nur optisch ihre Situation verbessern, ist eine andere Frage. Leasing wird natürlich auch für den Kraftfahrzeugpark und die Computernutzung erwogen oder praktiziert.[169] Die gemeinsame Finanzierung öffentlicher Einrichtungen durch eine Partnerschaft mit Privaten, die alle unter der Bezeichnung Public-Private-Partnership (PPP) zusammenge-

---

166 Zu den unterschiedlichen Verträgen s. Matschke/Hering 1998, S. 165ff.

167 Dill/Kanitz 1994, Heft 6, S. 92.

168 So auch Dill/Kanitz (1994, Heft 6, S. 92) und Matschke/Hering (1998, S. 169). Bei privaten Leasingnehmern kommt als Vorteil hinzu, daß Leasingraten voll steuerlich abzugsfähig sind, ein Vorteil, der bei Gemeinden entfällt. Zu den Zinsaufwendungen s. Abb. 3.11, zum Schuldendienst Abb. 3.10.

169 Praktiker lehnen dies jedoch als unwirtschaftlich ab bzw. schlagen eine genaue Prüfung im Einzelfall vor (FAZ vom 22.9.1998).

faßt werden, erhält dadurch größere Aufmerksamkeit, daß private Investoren einen anteiligen Eigenkapitaleinsatz leisten.[170]

Die zuletzt genannten Möglichkeiten zur (optischen) Verbesserung der Finanzsituation sind allerdings weder von großer Bedeutung im Rahmen des Gesamthaushalts der betreffenden Gemeinden, noch allgemein verbreitet. Die meisten Gemeinden verfügen weder in nennenswertem Umfang über „freies" Vermögen, noch über anlagefähige Kassenbestände. Die Leasing-Variante scheint noch nicht allgemein genutzt zu werden. Verbreiteter ist die Aufnahme von Kassenkrediten zur Überbrückung finanzieller Engpässe, die entstehen, wenn Ausgaben vorgenommen werden müssen, bevor die dafür veranschlagten Deckungsmittel eingegangen sind.[171] Wegen ihres prinzipiell vorübergehenden Charakters werden Kassenkredite im Gegensatz zu längerfristig aufgenommenen Darlehen allerdings nicht der kommunalen Verschuldung zugerechnet.[172]

Sofern einer Gemeinde zur Finanzierung ihrer Investitionsvorhaben keine ausreichenden Mittel aus laufenden Einnahmen zur Verfügung stehen (und das ist heute fast immer der Fall), läßt sich eine Aufnahme von Darlehen nur vermeiden, wenn die Gemeinde aus dem vorhandenen Vermögen nicht-zweckgebundene Teile veräußert. Dabei kann es sich etwa um Grundstücke, die nicht als Vorratsflächen benötigt werden, Aktien von gemischtwirtschaftlichen Energieversorgungsunternehmen (wie RWE, Veba, Bayerngas, Badische Gas- und Elektrizitätsversorgung AG, VEW, Schleswag) oder Wohnhäuser, die weder sozialpolitischen Zwecken noch als Tauschobjekte für die Lie-

---

170 Uhlig 1990, S. 106ff.; Mayer, in: Roth/Wollmann 1994, S. 440f. Die Zusammensetzung der Akteure ist bei den einzelnen Partnerschaftsvorhaben jeweils verschieden. S. d. Heinz, in: Wollmann/Roth 1999, S. 555.

171 Vgl. Mühling 1973, S. 266f. So mußte Leichlingen 1974 wegen angespannter Kassenlage des öfteren und in erheblichem Umfange von Kassenkrediten zur Vorfinanzierung von Investitionsmaßnahmen Gebrauch machen (Stadt Leichlingen, Haushaltssatzung ... 1975, S. 14). Heute dienen Kassenkredite auch immer häufiger dazu, laufende Ausgaben (des Verwaltungshaushalts) längerfristig zu finanzieren (Karrenberg/Münstermann 1989, S. 136).

172 Als alarmierende Mitteilung kommt aus niedersächsischen Städten die Information, daß die Städte immer stärker bei der Bezahlung ihrer Bediensteten auf Kredite zurückgreifen müssen. Nur Wolfsburg sei noch in der Lage, die Verwaltungsausgaben mit den laufenden Einnahmen auszugleichen (FAZ vom 20.2.1998). Dies wäre vor Jahren noch als undenkbar empfunden worden.

genschaftspolitik dienen, handeln. Die Gemeinde erwirbt dann gewissermaßen neues (zweckgebundenes) Vermögen im Austausch gegen bisheriges (nicht zweckgebundenes), erreicht also eine betriebswirtschaftlich bessere Struktur ihrer langfristig festgelegten Mittel. So wurde z.B. 1971 der Eigenkapitalanteil für die Errichtung des Rathauses in Leichlingen aus dem Verkauf von städtischen Wohnhäusern aufgebracht.[173] Im Jahre 1998 rechnete die Stadt mit Einnahmen von 1,5 Mio. DM aus Grundstücksverkäufen.[174]

Im Zuge der jüngsten Welle von Maßnahmen zur Haushaltskonsolidierung haben sich Häufigkeit und Zielsetzung solcher Vermögensumschichtungen verändert. Fast zwei Drittel der großen Städte in Westdeutschland planten 1995 den Verkauf von Grundstücken, Gebäuden oder Aktien. Fast die Hälfte der befragten Mitglieder des Deutschen Städtetages führte solche Maßnahmen tatsächlich durch; etwa 40% hatten entsprechende Pläne für das Haushaltsjahr 1996.[175] Der wirtschaftlich vernünftige Verkauf nicht-betriebsnotwendiger Vermögenswerte stellt Kommunalpolitiker bisher vor eine besonders schwierige Aufgabe: „Will man sich einen Überblick über das gesamte Vermögen einer Gemeinde verschaffen, müßte eine Vielzahl unterschiedlicher ... Verzeichnisse eingesehen werden, da es keine Vorschriften gibt, die die Gemeinden zu einer Gesamtaufstellung vorhandenen Vermögens ... (Gesamtvermögensrechnung) oder gar zur Erstellung einer Bilanz ... zwingen.“[176] (vgl. Abb. 3.5) Im Rahmen der Implementation des „Neuen Steuerungsmodells“ soll auch dieser unhaltbare Zustand beendet werden. In verschiedenen Städten gibt es bereits ausgegliederte Vermögensbetriebe, die kommunale Vermögensbestände erfassen und bewirtschaften.

Immer schon sind dagegen die Gemeinden verpflichtet gewesen, zur Sicherung ihrer Zahlungsfähigkeit („Liquidität“), Vorsorge zu treffen. Jede Gemeinde muß Rücklagen bilden. Für die „Betriebsmittelrücklage“ (allgemeine Rücklage) wurden durch die jeweilige Gemeindehaushaltsverordnungen Mindestbeträge vorgeschrieben.[177] Eine

---

173 Rheinische Post, Ausgabe: Rhein-Wupper-Kreis, vom 21.10.1971.

174 Stadt Leichlingen: Haushaltsplan 1998, S. 1/18.

175 Karrenberg/Münstermann 1996, S. 206.

176 Beckhof, in: Püttner 1985, S. 559f.

177 „Zu diesem Zweck muß ein Betrag vorhanden sein, der sich in der Regel auf mindestens 1 vom Hundert der Ausgaben des Verwaltungshaushalts nach dem Durchschnitt der drei dem Haushaltsjahr vorangegangenen Jahre be-

Gemeinde kann darüber hinaus Rücklagen bilden und diese zur Finanzierung bestimmter Vorhaben künftiger Jahre ganz oder teilweise auflösen. In Leichlingen war die Rücklagenbildung früher ein bewährtes Mittel, um Geld für eine bestimmte Investition anzusammeln (Einzelrücklagen). Seit den siebziger Jahren überwiegen auch hier – wie bei anderen Gemeinden – allgemeine Rücklagen. Über deren Bildung und Auflösung bestimmen aber nach wie vor einzelwirtschaftliche Gesichtspunkte. Im allgemeinen bleibt jedoch das „Ansparen" finanzieller Mittel (Rücklagen als „Spardose" der Gemeinden) im Hinblick auf Investitionsvorhaben gegenüber der langfristigen Verschuldung durch Aufnahme neuer Darlehen deutlich zurück. Von allen Möglichkeiten der Geldbeschaffung durch „Finanzierungsvorgänge"[178] kommt der Neuverschuldung (Nettokreditaufnahme) der Gemeinden seit Jahrzehnten die größte Bedeutung zu.

Abb. 3.5: Schema einer gemeindlichen Vollbilanz

Aktiva	Mill. DM	Passiva	Mill. DM
Anlagevermögen		Anlagekapital	
Sachanlagen		Deckungskapital	
Finanzanlagen		Kredite	
Umlaufvermögen			
Geldanlagen,		Sonstige Passiva	
gewährte Darlehen		Rücklagen	
lfd. Forderungen		lfd. Verbindlichkeiten	
Haushaltseinnahmereste		Haushaltsausgabereste	
Bilanzsumme		Bilanzsumme	

Quelle: Vgl. Seiler 1988, S. 522.

Will oder kann eine Gemeinde Investitionsvorhaben weder durch Rückgriff auf Rücklagen oder vorhandenes Vermögen noch aus laufenden Einnahmen finanzieren, dann bleibt ihr nur die Möglichkeit, in entsprechendem Umfang langfristige Kredite (= Darlehen)[179] aufzunehmen, also sich bei Kapitalsammelstellen (Sozialversicherungsträgern, privaten Versicherungen) oder Kreditinstituten (Banken, Sparkassen, Hypothekenbanken, Bausparkassen) zu verschulden.[180] Zur Finanzierung von

läuft" (GemHVO Nds.); ähnliche Regelungen finden sich in den GemHVO anderer Bundesländer (s. Faiß, in: Püttner 1985, S. 611, Anm. 5).

178 Zielinski 1977, S. 46, 47, 60.

179 S.d. Matschke/Hering 1998, S. 158.

180 Vgl. Marcus 1987, S. 94f.

außerordentlichen Vorhaben dürfen bei unabweisbarem Bedarf Darlehen erst aufgenommen werden, wenn die sonstigen Einnahmen zur Deckung der Ausgaben nicht ausreichen.[181] Die Kunst bzw. professionelle Leistung eines kommunalen Kämmerers besteht darin, „das günstigste Verhältnis zwischen Zins- und Tilgungssatz, Laufzeit und Gesamtschuldendienst zu finden."[182] Dabei müssen nach dem geltenden Haushaltsrecht weder Rücklagen noch Kreditaufnahmen einzelnen Aufgaben zugeordnet werden. Beide können grundsätzlich zur Finanzierung aller Ausgaben im Vermögenshaushalt dienen (Gesamtdeckungs- statt Einzeldeckungsprinzip). Im Spannungsfeld zwischen allzu langsam wachsenden Steuereinnahmen und fehlenden disponiblen Vermögensbeständen einerseits sowie einem rasch wachsenden Bedarf an öffentlichen Dienstleistungen bzw. Investitionen und den daraus resultierenden Haushaltsanforderungen andererseits bot sich eine längerfristige Verschuldung fast allen Gemeinden immer wieder als Ausweg an.

Die Verschuldung ist insbesondere seit Ende der sechziger Jahre sprunghaft gewachsen.[183] Sie hat im Zeitraum zwischen 1960 und 1974 erheblich schneller zugenommen als im Bund und in den Ländern. Die Verschuldung der Gemeinden in den siebziger Jahren hing wesentlich mit der kommunalen Verwaltungs- und Gebietsreform, nämlich den dabei eingesetzten Überlebensstrategien zusammen.[184] Etwa gleichzeitig wurden die Gemeinden auch aufgefordert, sich zur Belebung der Konjunktur antizyklisch zu verhalten. Insofern sorgten Anreize des Bundes ebenfalls für eine höhere Verschuldung.[185] Im Zusammenhang mit der deutschen Einheit hat sich die Verteilung der öffentlichen Verschuldung auf Bund, Länder und Kommunen erneut verändert. Während 1980 auf die (westdeutschen) Kommunen etwa 1/5 der öffentlichen Schulden entfiel, war es 1995 nur noch etwas mehr als 1/10.[186] Bund und Länder weisen in diesem Zeitraum erheblich höhere Zuwachsraten der Verschuldung (246 bzw. 231%) auf; Gemeinden und Gemeindeverbände (in Westdeutschland) lagen mit einer um 60% höheren Verschuldung deutlich unter diesem Zuwachs.

---

181 Bzw. die anderweitige Deckung nicht sichergestellt oder unwirtschaftlich ist (Rakers 1979, S. 7f.).

182 Giere 1965, S. 311, 314.

183 Karrenberg/Münstermann 1996, S. 177.

184 Schäfer, in: von Arnim/Littmann 1984, S. 116, 130ff.

185 Eißel, in: Roemheld/Zielinski 1983, S. 201.

186 Ausgangsdaten nach Sarrazin, in: Ipsen 1995, S. 14.

Mit der Aufnahme von Darlehen sind für die Gemeinden Vor- und Nachteile verbunden. Einerseits verteilen Schulden die finanziellen Lasten einer Investition auf viele Jahre, belasten also auch künftige Nutzer und Steuerzahler.[187] Andererseits müssen die Gemeinden, weil „die eigentlich notwendigen Steuer- und Gebührenerhöhungen oder gar schmerzliche Ausgabeneinsparungen ... vermieden werden", einen wachsenden Anteil der laufenden Einnahmen für Verzinsung und Tilgung von Darlehen einsetzen und vermindern damit auf lange Sicht die „wirtschaftliche und politische Entscheidungsfreiheit" der nachfolgenden Generationen,[188] kurzfristig aber auch ihre eigenen finanzpolitischen Gestaltungsmöglichkeiten. Die Gemeinden nähern sich, wenn man den jeweiligen Beobachtern glauben darf, bereits seit Mitte der fünfziger Jahre der „Verschuldungsgrenze", also „der Grenze, von der an eine weitere Verschuldung nicht mehr tragbar ist."[189]

Zwar sind die Investitionen inzwischen stark rückläufig.[190] Wenn die Gemeinden aber bis heute weiter investieren und sich weiter verschulden, so zeigt das zunächst einmal, daß es eine objektiv festlegbare „Verschuldungsgrenze" nicht gibt.[191] „Sie hängt ab von der wirtschaftlichen Struktur und Leistungsfähigkeit der einzelnen Gemeinde und von dem für den Schuldendienst freien Raum in ihrem Haushalt."[192] Einen Versuch, die kommunale Verschuldungsgrenze allgemein zu bestimmen, enthalten die Gemeindeordnungen: Die Kreditverpflichtungen müssen „mit der dauernden Leistungsfähigkeit der Gemeinde im ... Einklang stehen."[193] Zur Finanzierung ihrer Investitionen dürfen die Gemeinden dann keine neuen Darlehen mehr aufnehmen, wenn „nach der voraussichtlichen Entwicklung der finanziellen Leistungsfähigkeit ... die Aufbringung des Schuldendienstes (Zinsen und Tilgung – d. Verf.) nicht mehr gewährleistet ist."[194] Gerade diese Formulierungen weisen darauf hin, daß die Verschuldungsgrenze bei jeder Gemeinde individuell zu

---

187 Vgl. Schwarting, in: Püttner 1985, S. 624.

188 Zitate bei: Eickmeyer, in: Mäding 1983, S. 59, 71.

189 Schmölders, in: Peters 1959, S. 66; zur finanzwissenschaftlichen Diskussion s. Fehr/Gottfried 1993, S. 324ff.

190 Karrenberg/Münstermann 1998, S. 186.

191 So auch Sander/Weiblen, in: Pfizer/Wehling 1991, S. 91f.

192 Giere, in: Peters 1959, S. 216. Vgl. auch Arend, in: Borgerding 1978, S. 419f.; Schwarting, in: Püttner 1985, S. 628f.

193 § 94 NGO; § 85, I GO NW; § 87 II GO Ba-Wü; § 100 II GO LSA.

194 Gittel, in: Rausch/Stammen 1972, S. 115.

ziehen ist, „weshalb auch interkommunale Schuldenvergleiche selbst unter Berücksichtigung der Gemeindeklassen (Größe und Verwaltungsstufe) nur immer sehr bedingt aussagekräftig sind.“[195]

Infolge rückläufiger Investitionen (von 18,7 Mrd. DM in 1992 auf 13,7 Mrd. DM in 1997) haben die ostdeutschen Gemeinden ihre Nettokreditaufnahme von fast 6 Mrd. DM auf 2 Mrd. DM reduziert. Umso überraschender ist es, daß sie in wenigen Jahren je Einwohner den gleichen Schuldenstand aufgebaut haben wie die westdeutschen Gemeinden in vier Jahrzehnten. Auch der Anteil der Zinsausgaben an den jeweiligen Haushalten hat sich 1997 mit 3,4% (West) und 3,5% (Ost) fast angeglichen.[196] Völlig im Einklang mit dieser Einschätzung steht, daß die Zinsausgaben der ostdeutschen Gemeinden von fast 600 Mio. DM in 1992 auf ca. 2 Mrd. DM in 1997 gestiegen sind.

Die Städte der neuen Bundesländer drückten vor allem Altschulden aufgrund des Buchungssystem der ehemaligen DDR, die vom Deutschen Städtetag nicht „als Forderungen im Sinne des deutschen Rechtssystems“ gesehen wurden und die die einzelnen Städte sehr unterschiedlich belasteten.[197] Anfang 1997 haben dann Bundestag und Bundesrat beschlossen, daß Bund und Länder sich die Altschulden teilen.[198] In unserer Beispielstadt Burg entwickelte sich die Verschuldung von DM 65 pro Einwohner (1991) auf DM 1.545 im Jahre 1998; sie wird voraussichtlich 1999 bei DM 1.795 pro Einwohner liegen.[199] Damit ist das Durchschnittsniveau für die Verschuldung in den neuen Bundesländern erreicht.[200]

Für die Anwendung der (in der Gemeindeordnung des jeweiligen Bundeslandes festgelegten) Grundsätze kommunaler Verschuldung bzw. die Beachtung der kommunalen Verschuldungsgrenze hat die Kommunalaufsicht zu sorgen,[201] die im Regelfall eine „Gesamtgenehmigung“ im Rahmen der Genehmigung der Haushaltssatzung erteilt. Wichtige Maßstäbe bei der Genehmigung der Haushaltssatzung

---

195 Müthling 1973, S. 404.

196 Karrenberg/Münstermann 1997, S. 184, 198, 201.

197 Karrenberg/Münstermann 1996, S. 180. Zur durchschnittlichen Belastung aller Städte in den jeweiligen neuen Bundesländern s. ebenda; für Sachsen-Anhalt ergab sich daraus eine Belastung von DM 761.

198 Karrenberg/Münstermann 1997, S. 186.

199 Stadt Burg: Haushaltsplan 1998, S. 349.

200 Karrenberg/Münstermann 1998, S. 20; s.a. dieselben 1996, S. 177.

201 Vgl. Schwarting, in: Püttner 1985, S. 629-631; Marcus 1987, S. 97f.

sind vor allem Vergleiche der Pro-Kopf-Verschuldung sowie des Verhältnisses zwischen dem Kapitaldienst (Zinsen und Tilgung) und den Einnahmen des Verwaltungshaushalts der betreffenden Gemeinde im Vergleich mit anderen.[202] In der Stadt Konstanz stieg die Pro-Kopf-Verschuldung in 32 Haushaltsjahren von 104 DM auf 1.763 DM, also fast auf das Siebzehnfache, an.[203] Von einem massiven Einschreiten der Kommunalaufsicht gegen diese Entwicklung ist nichts bekannt. Weitere Einwirkungsmöglichkeiten der Kommunalaufsicht, nämlich jene, die sich aus Beschränkungen der Kreditaufnahme nach § 19 StabG („Schuldendeckel")[204] ergeben und die die Gemeinden in Konjunkturdämpfungsmaßnahmen einbeziehen sollen, waren auch nicht wirksamer: Danach kann die Neuverschuldung für die Dauer eines Jahres auf einen Höchstbetrag begrenzt („plafondiert") werden, und zwar gesondert nach Kreditarten und unter speziellen Kreditbedingungen.[205] Diese Regelungen lassen es angemessen erscheinen, zumindest zeitweise von geringen Möglichkeiten für die Schuldenpolitik der Kommunen, von fehlender Verschuldungsautonomie der Gemeinden und Gemeindeverbände zu sprechen.[206] Die Wirkungen scheinen in ersten Interpretationen der Gesetzestexte überschätzt worden zu sein: Schon bald wurde den Schuldendeckelverordnungen „programmierte Unwirksamkeit" bescheinigt.[207]

Der durch Aufgabenumfang und Einnahmenstruktur bedingte Zwang zur Verschuldung bestimmt gewissermaßen die Untergrenze der gemeindlichen Darlehensaufnahme. Die laufende Kontrolle der Verschuldung durch die kommunale Aufsicht und gelegentliche „Schuldendekkel"-Verordnungen können als Obergrenzen betrachtet werden. Aller-

---

202 Verfügung eines nordrhein-westfälischen Regierungspräsidenten im Jahre 1977.

203 Eickmeyer, in: Mäding 1983, S. 59.

204 Gesetz zur Förderung der Stabilität und des Wachstums der Wirtschaft (Stabilitätsgesetz) vom 8. Juni 1967 (BGBl. I, S. 582); Rakers 1979, S. 11ff.

205 S.d. § 87 II GOBaWü; § 92 IV GONds; § 85 III GO NW; § 100 IV GO LSA.

206 Dieses Instrument (Schuldendeckelverordnung) wurde am 1. Juni 1973 eingesetzt. Der Deutsche Städtetag stellte dennoch fest, daß die Gemeinden ihren Kreditbedarf nur um 15% hatten einschränken müssen (Der Städtetag, 1974, S. 5). – Weitere Literatur bei Schwarting, in: Püttner 1985, S. 632.

207 Jahresgutachten 1973 des Sachverständigenrates zur Begutachtung der gesamtwirtschaftlichen Entwicklung, Tz 290 – zit. bei Faber 1982, S. 31. Inzwischen sind aber Haushaltskonsolidierungskonzepte die Regel. S. unten, Abschnitt 4.4.

dings stellte der damalige Konstanzer Verwaltungschef schon 1982 fest: „Gerade ... antizyklische Konjunkturpolitik hat ... dazu beigetragen, die Staatsverschuldung immer schneller in die Höhe zu treiben."[208]

Die zuweilen angeführten Schwierigkeiten der Geldbeschaffung als mögliche Folgen eines fehlenden direkten Zugangs zur Notenbank und eines weithin bestehenden Unvermögens, die hohen Emissionskosten für eigene Anleihen aufzubringen, erschienen ebenso überzeichnet wie die Auffassung, wachsende Verschuldung führe zur Abhängigkeit der Gemeinden von den Geldgebern, insbesondere den Banken. Solche Auffassungen sind nur durch geringe Kenntnis einiger Besonderheiten des deutschen Kreditwesens erklärbar: Die Kommunen verfügen mit den in kommunaler Trägerschaft betriebenen Sparkassen[209] über leistungsfähige Hausbanken[210] und über einen (zumindest indirekten) Einfluß auf verschiedene Landesbanken. Das Instrument der Kommunaldarlehen, die von Hypothekenbanken über öffentliche Pfandbriefe finanziert werden, verschafft auch kleinen Gemeinden einen (indirekten) Zugang zum Kapitalmarkt, dem die mittelständische Wirtschaft nur ansatzweise Vergleichbares gegenüberzustellen hat. Die wichtigsten Probleme der Verschuldung sind aber nicht die Genehmigung und Beschaffung von Krediten, sondern ihre Verzinsung und Tilgung. Die zeitliche Verschiebung der aus unzureichenden eigenen Einnahmen resultierenden Finanzierungslücke zwingt die Gemeinden immer stärker dazu, entweder einen höheren Anteil am Steuerverbund zu fordern oder von Bund und Ländern andere Zuweisungen zu beanspruchen, die eine finanzielle Mindestausstattung der Gemeinden sicherstellen.

3.4 Finanzzuweisungen von Land, Bund und EU

Bisher haben wir uns bei der Betrachtung der kommunalen Finanzsituation gewissermaßen innerhalb der Gemeindegrenzen bewegt: Für die Finanzierung gemeindlicher Aufgaben wurden nur Zahlungen für

---

208 Eickmeyer, in: Mäding 1983, S. 69.

209 Ausnahmen sind lediglich die von „philanthropischen" Gesellschaften getragenen Sparkassen in Bremen, Hamburg und Frankfurt sowie die Landessparkassen (bzw. deren Rechtsnachfolger) im Gebiet ehemaliger Kleinstaaten (Braunschweig, Nassau, Oldenburg, Württemberg).

210 Vgl. Oberbeckmann, in: Püttner 1984, S. 486.

kommunale Dienstleistungen, Steuerzahlungen der Bürger und Veräußerung einzelner Vermögensteile bzw. Aufnahme langfristiger Darlehen durch die Gemeinde herangezogen. Lediglich bei der Gewerbesteuerumlage und den Gemeindeanteilen an der Einkommen- und Umsatzsteuer wurden Austauschbeziehungen über die Gemeindegrenze hinweg erkennbar; der Steuerverbund zwischen Bund, Ländern und Gemeinden trat ins Blickfeld (s. Abb. 3.6).

Der Steuerverbund ist aber nur ein Teil des öffentlichen Finanzverbundes.[211] Bund und Länder nehmen auch darüber hinaus eine „Ausgleichsfunktion" wahr; ihre Zuweisungen werden immer wichtiger, ihr Anteil an den kommunalen Einnahmen ist gestiegen.[212] Die Steuereinnahmen von Bund, Ländern und Gemeinden entwickeln sich sowohl im Zeitablauf als auch im Verhältnis zu den Aufgaben der jeweiligen Organisationsebene der öffentlichen Verwaltung durchaus unterschiedlich. Aber nicht nur Vergleiche der drei Ebenen, sondern auch solche im Verhältnis zwischen den verschiedenen Ländern und den einzelnen Gemeinden fördern Unterschiede zutage.

Die wirtschaftliche Leistungsfähigkeit der Gemeinde kann relativ groß sein (z.B. in Orten mit hoher Steuerkraft, insbesondere aus der Gewerbesteuer) oder auch so gering, daß eine ordnungsgemäße Wahrnehmung von „Angelegenheiten der örtlichen Gemeinschaft" und staatlichen Aufgaben bedroht erscheint. Ein horizontaler Finanzausgleich (zwischen den Ländern) und ein vertikaler Finanzausgleich (zwischen Bund, Ländern und Gemeinden) sollen die vorhandenen Unterschiede so weit abmildern, daß ein gewisses Mindestmaß an administrativer Leistungsfähigkeit sichergestellt ist und Sonderbedarfe berücksichtigt werden. Auch bei dieser Umverteilung der öffentlichen Einnahmen auf die einzelnen Träger öffentlicher Aufgaben ergeben sich politische Konflikte. Bei der großen Vielfalt der Gemeinden mit ihrem sehr unterschiedlichen Bedarf werden objektive Maßstäbe für einen gerechten Finanzausgleich wohl kaum zu finden sein. Wie kann z.B. die Leistung einer Stadt mit zentral-örtlicher Funktion für ihr Umland berücksichtigt werden?

Das ist nicht nur ein Problem der (kreisfreien) Großstädte, auch bei den Kreisstädten ist die Belastung höher als bei anderen kreisangehö-

---

211 S. oben, Abschnitt 1.3.2. Zur Entwicklung des Finanzverbundes s. Renzsch 1986b, S. 499ff.

212 Zimmermann, in: Ipsen 1995, S. 67.

Abb. 3.6: Verteilung der Steuereinnahmen nach Art. 106 GG

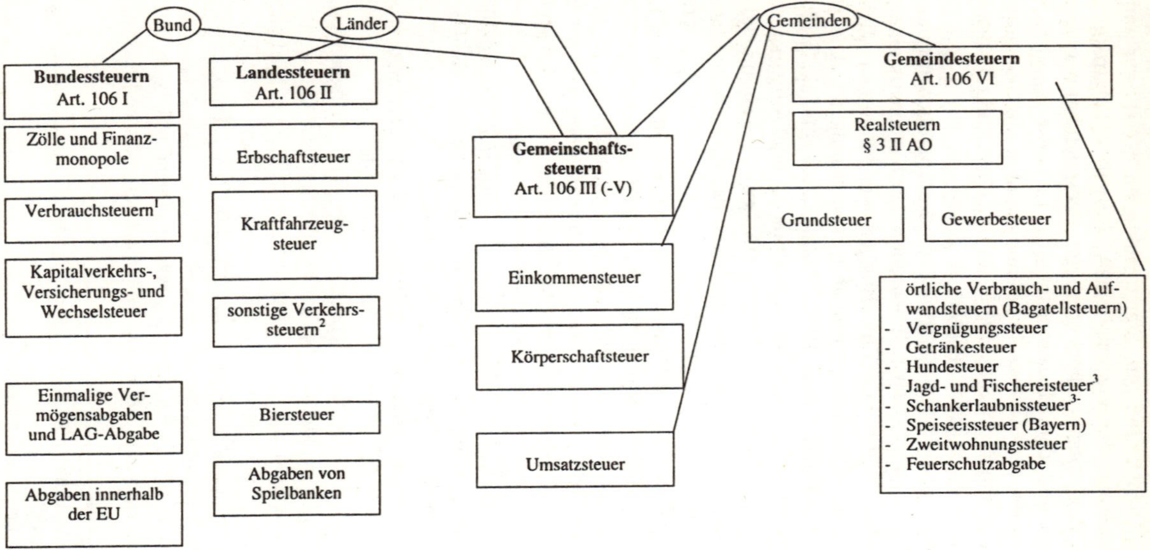

[1] Soweit sie nicht den Ländern, Bund und Ländern gemeinsam oder den Gemeinden zustehen.
[2] Hierunter fallen die Grunderwerbs-, die Feuerschutz, die Rennwett- und die Lotteriesteuer.
[3] Gelten als Kreissteuer (Stadt- und Landkreise).

Quelle: Schmidt-Jortzig 1982, S. 254 (von den Verfassern geringfügig bearbeitet und aktualisiert).

rigen Gemeinden.[213] Da Kreisstädte und andere zentrale Orte zahlreiche Einrichtungen (wie Schulen, Krankenhäuser, Altenheime) unterhalten, die teilweise auch von den Bürgern der umliegenden Gemeinden genutzt werden, teilweise in Konkurrenz zu entsprechenden Kreiseinrichtungen stehen, gelten diese kreisangehörigen Städte als doppelt belastet.[214] Aber nicht nur die besonderen Probleme der zentralen Orte werden herausgestellt, sondern auch die von ländlichen Regionen.[215] Mäding verweist zudem darauf, daß der ländliche Raum nicht als homogen betrachtet werden darf.[216] Wie alle kreisangehörigen Gemeinden müssen auch die Kreisstädte für die Finanzierung der Landkreise eine Kreisumlage zahlen, die jährlich vom Kreistag festgelegt wird und bei deren Berechnung die eigene Steuerkraft der jeweiligen Gemeinde und die allgemeine Zuweisung des Landes Berücksichtigung finden.[217] Ein Ausgleich der Lasten erscheint also unverzichtbar.

Die Übertragung von Bundes- und Landesmitteln in Form der allgemeinen und zweckgebundenen Finanzzuweisungen soll verschiedene, einander z.T. widerstreitende Zwecke erfüllen:

- Abbau regionaler und strukturbedingter Unterschiede zwischen Steuerkraft und gemeindlichen Aufgaben (allgemeine Finanzzuweisungen; „Schlüsselzuweisungen"),
- Erstattung von Aufwendungen für die Durchführung von Bundes- und Landesaufgaben (Auftragsangelegenheiten/Aufgaben des übertragenen Wirkungskreises),
- Anreiz zur Durchführung bestimmter Maßnahmen (insbesondere von Investitionsvorhaben; „Zweckzuweisungen").

Dabei werden allokative Effekte von zweckgebundenen, distributive von allgemeinen Zuweisungen ausgehen.[218]

Ähnlich unterschiedlich wie die mit den Zuweisungen verbundenen Zielvorstellungen bei Bund und Ländern ist der Zusammenhang zwischen der Bereitstellung entsprechender Mittel und der politischen

---

213 Mäding, in: Heinelt/Wollmann 1991, S. 100; s. oben, Abschnitt 2.3.3.

214 Vgl. hierzu Geißelmann 1975, S. 63.

215 Ganser 1979, S. 10f.

216 Mäding, in: Heinelt/Wollmann 1991, S. 100.

217 Zu den Kreisfinanzen bzw. Einzelheiten der Kreisumlage s. Wollmann/Roth 1999, S. 461ff. bzw. 473ff.

218 Marcus 1987, S. 81.

Einwirkung von Gemeinden darauf. Nicht zuletzt angesichts der erheblichen Bedeutung der Finanzzuweisungen für die Gemeindehaushalte (s. Abb. 3.4a und b) haben die Gemeinden sehr viel weniger Einfluß auf die eigene Finanzlage als Bund und Länder: So scheinen die Schlüsselzuweisungen dem Einfluß der Kommunen fast völlig entzogen.[219] Zweckzuweisungen folgen hingegen mittelbar oder unmittelbar kommunalen Entscheidungen zur Wahrnehmung bestimmter Aufgaben bzw. Vornahme bestimmter Investitionen. Voraussetzung für den Anspruch auf entsprechende zweckgebundenen Zuweisungen ist allerdings der Einsatz von kommunalen Eigenmitteln. Daraus ergibt sich auf die Dauer eine Beschränkung kommunaler Gestaltungsmöglichkeiten bei freiwilligen Aufgaben, die nicht förderungswürdig im Sinne der verschiedenen Zuwendungsrichtlinien, -maßnahmen oder -programme von Bund und Ländern sind. Im Gegensatz dazu bedeuten (nicht zweckgebundene) Finanzzuweisungen als „allgemeine Deckungsmittel" für die Gemeinden eine Stärkung der eigenen Finanzkraft.

3.4.1 Schlüsselzuweisungen und Ausgleichszahlungen

Nicht zweckgebundene Finanzzuweisungen, die „Schlüsselzuweisungen", stammen aus dem Länderanteil an den Gemeinschaftssteuern. Die innerhalb des Steuerverbundes anfallenden Gemeinschaftssteuern (Einkommen-, Körperschaft- und Umsatzsteuer) stehen Bund, Ländern und Gemeinden gemeinsam zu. Einkommen- und Körperschaftsteuer bekommen Bund und Länder je zur Hälfte, „soweit das Aufkommen der Einkommensteuer nicht ... den Gemeinden zugewiesen wird."[220] Die genaue Verteilung sowie die der Umsatzsteuer wird durch spezielle Gesetze vorgenommen.[221] Erst nachdem aufgrund der im Grundgesetz festgesetzten Prinzipien eine Konkretisierung im Gesetz erfolgt ist, kann der Finanzausgleich zwischen den Ländern stattfinden (horizontaler oder Länder-Finanzausgleich).

---

219 Fürst, in: Hesse/Wollmann 1983, S. 284ff.; s. unten, Abschnitt 4.2.3.

220 Genaueres dazu in Art. 106 III bzw. V GG (Anteil an der Einkommensteuer)

221 Art. 106 IV und 107 GG. Zur Entwicklung des Finanzausgleichs von 1970 bis 1990 s. Renzsch 1991, S. 261ff.

Die Verteilung erfolgt durch regelmäßige Verhandlungen zwischen Bund und Ländern, in letzter Konsequenz also ohne Beteiligung der Gemeinden selbst oder der kommunalen Spitzenverbände. Am Ende wird „unter Bündelung eines komplizierten Geflechts von Interessen, Abhängigkeiten und Sachzwängen politisch entschieden." Weil „operationale und verbindliche Kriterien" fehlen, ist die Entscheidung „immer das Ergebnis eines politisch-argumentativen Diskurses bzw. des politischen Kräftespiels."[222] Dabei treten die Länderegoismen intensiv zutage; zuletzt war es häufig einen „Aufstand der Starken".[223] Mit Konflikten über die Verteilung der Mittel zwischen finanzarmen und finanzstarken Ländern mußte sich schon mehrmals das Bundesverfassungsgericht beschäftigen. Denn umstritten ist bei den reichen Ländern, daß sie sich um arme Länder kümmern müssen, ohne daß diese einen Anreiz haben, sich selbst um eigene Einnahmen zu bemühen. Noch 1986 hatte das Bundesverfassungsgericht entschieden, daß der Länderfinanzausgleich nicht nur die Steuerkraft, sondern auch die Finanzkraft eines Landes[224] berücksichtigen müsse.

Bei der Verteilung der Mittel an die Gemeinden müssen sich die Länder in dem durch die Gemeindefinanzreform 1969 geschaffenen Rahmen bewegen: „Von dem Länderanteil am Gesamtaufkommen der Gemeinschaftssteuern fließt den Gemeinden und Gemeindeverbänden insgesamt ein von der Landesgesetzgebung zu bestimmender Hundertsatz zu."[225] Die aus diesem „Topf" den Gemeinden zufließenden Mittel heißen „Schlüsselzuweisungen", weil sie nach einem vom jeweiligen Land festgesetzten Schlüssel an alle Gemeinden in diesem Land verteilt werden. Den Schlüsselzuweisungen kommt die eigentliche Ausgleichsfunktion für die Gemeinden und Kreise eines Landes zu.[226] Schlüsselzuweisungen sollen die finanzielle Leistungskraft jeder

222 Zitate bei: Sarrazin, in: Ipsen 1995, S. 11, 12.

223 FAZ vom 14.1.1998 und 22.1.1998.

224 Diese schließt z.B. den Förderzins für Erdgas ein. S. d. Renzsch 1986, S. 27ff.

225 Art. 106 VII GG. Für das genaue Vorgehen bei der Verteilung s. Henneke 1994, S. 81, 113.

226 Nur für die Gemeinden besteht eine Pflicht des Landes zur Zahlung, „für die Kreise besteht keine entsprechende landesverfassungsrechtliche Pflicht: Ihre Einbeziehung im einfachen Finanzausgleichsgesetz ist aber zulässig." (Kirchhof, in: Kirchhof/Meyer 1996, S. 27).

Gemeinde auf ein Mindestmaß aufstocken, um damit unerwünschte Disparitäten zwischen den Gemeinden abzubauen.[227]

Das Finanzausgleichsgesetz des Landes (zuweilen auch Gemeindefinanzierungsgesetz genannt) bestimmt den beim Land verbleibenden Anteil aus dem Aufkommen der Gemeinschaftssteuern und die zur Ausschüttung an die Gemeinden (z.B. kreisfreie, kreisangehörige Gemeinden) und Gemeindeverbände (Kreise und sonstige Verbände) verfügbare Summe. Eine strikte Trennung zwischen allgemeinen und zweckgebundenen Zuweisungen ist nicht gegeben, die Mittel können auch zu genau festgelegten Zwecken vergeben werden. Einzelne Ressorts versuchen, zusätzliche Gelder zu bekommen. Diese sektoralen Transfers zersplittern durch Zahlungen für spezifische Lasten die allgemeinen Mittel. Hier können auch einzelne Gemeindegruppen lobbyieren. Die Entscheidungen laufen zwischen Sachpolitikern aus Kabinett und Landtag, den zuständigen Referenten aus dem Finanzministerium und den relevanten (auch kommunalen) Spitzenverbänden ab, die vereinbarte Beschlüsse „verkaufen" müssen.[228] Die Länder sind also Moderatoren unterschiedlicher Interessen und haben bei der Vergabe der Mittel an die Gemeinden gewisse Spielräume. „Länder können durch Gewährung bzw. Verweigerung kommunales Handeln lenken und durch Rückgriff auf Finanzausgleichsmittel eigene Haushaltsprobleme korrigieren oder zumindest versuchsweise kaschieren."[229] Außer dem Anteil an den Gemeinschaftssteuern können die Länder noch andere Steuern verteilen, z.B. den Landesanteil an der Gewerbesteuerumlage oder einzelne Landessteuern, wie die Kraftfahrzeugsteuer oder die Vermögenssteuer, müssen dies aber nicht.

Im Hinblick auf die ostdeutschen Länder stellte der Städtetag fest, daß sie ihren eigenen Finanzproblemen einen höheren Stellenwert einräumen, als dem Aufbau der kommunalen Selbstverwaltung.[230] Die Städte und Gemeinden der neuen Länder sind bisher in hohem Maße auf Transferzahlungen angewiesen. Die Gewerbekapitalsteuer wurde überhaupt nicht erhoben, die Gewerbeertragssteuer hatte wegen der geringen Ertragskraft der Unternehmen kaum Bedeutung. Besonders

227 Marcus 1987, S. 80.

228 Fürst, in: Hesse/Wollmann 1983, S. 286f.

229 Karrenberg/Münstermann 1997, S. 150. So kam es schon häufiger zu Klagen einzelner Städte oder Städtegruppen gegen einzelne Länder, die auch von Gerichten positiv beschieden wurden (s.d. Karrenberg/Münstermann 1998, S. 166).

230 Ebenda, S. 13.

wichtig war zunächst der „Fonds deutsche Einheit"; seit 1994 bleibt nur noch der Steuerverbund.[231]

Bei der Verteilung der Mittel versuchen die Länder, zwischen dem aufgabenbezogenen Finanzbedarf und der eigenen Finanzkraft der einzelnen Gemeinde einen gewissen Ausgleich zu schaffen.[232] Dabei wird davon ausgegangen, daß mehr Einwohner mehr Ausgaben verursachen, große Verwaltungen teurer sind und große Städte auch mehr Landesaufgaben wahrzunehmen haben.[233] Daher berücksichtigt die Verteilung der Mittel an Gemeinden und Gemeindeverbände als Berechnungsmerkmal (in allen Ländern in den Grundzügen gleich), vor allem die Einwohnerzahl.[234] Hinzu kommen Sonderbelastungen, z.B. bei Ober-, Mittel- und Unterzentren,[235] die von Land zu Land nach unterschiedlichen Kriterien bemessen werden, z.B. Zahl der Schulkinder, Bevölkerungszuwachs, Flächen, Straßenlänge und Arbeitslose[236] Besondere Ansätze gibt es auch für Bäder- und Grenzlandgemeinden. Aus der entsprechenden Be-

---

231 Karrenberg/Münstermann, in: Roth/Wollmann, S. 209; zu den quantitativen Dimensionen des West-Ost Transfers 1991-1997 s. Heilemann/Rappen 1997, S. 39; Kleinfeld u.a. 1996, S. 303; Matschke/Hering 1998, S. 126ff.

232 Ehrlicher 1988, S. 686; Henneke 1994, S. 114.

233 Brechtsches Gesetz von der positiven Korrelation zwischen Finanzbedarf und Einwohnerzahl (Marcus 1987, S. 82). Die These, daß die größeren Städte höhere Verwaltungsausgaben haben, wird inzwischen bestritten (Kirchhof, in: Kirchhof/Meyer 1996, S. 32).

234 In der Regel werden die Einwohnerzahlen „veredelt", indem sie für verschiedene Gemeindegrößenklassen mit einem entsprechenden Faktor multizipliert werden (Voigt, in: Mäding/Voigt 1998, S. 25).

235 Vgl. Larisch, in: Klemisch u.a. 1994, S. 89f.; zur Diskussion der Berücksichtigung von Zentralität in Nordrhein-Westfalen s. Voigt, in: Mäding/Voigt 1998, S. 35; Erbguth, in: Kirchhof/Meyer 1996, S. 63ff. Die Einwohnerzahl ist aber häufig nicht mit den zentralörtlichen Funktionen einer Stadt dekkungsgleich: Mittelstädte im ländlichen Raum haben oft oberzentrale Bedeutung, z.B. Emden in Ostfriesland und Weiden in Bayern.

236 S.d. die Finanzausgleichsgesetze oder Gemeindefinanzierungsgesetze der Länder. Z.B. kennt NRW (Gemeindefinanzierungsgesetz (GFG) vom 21.12.1994 (GVBl. NW, S. 1130)) den Schüleransatz (bei Gewichtung im Hinblick auf bestimmte Schularten) und den Arbeitslosenansatz, Sachsen-Anhalt (Finanzausgleichsgesetz (FAG) vom 31. Januar 1995 (GVBl. LSA, S. 41)) hat den Schülerbeförderungsansatz und den Flächenansatz. Baden-Württemberg sieht den Schülerlastenausgleich und den Verkehrslastenausgleich (Schmid 1991, S. 119) vor. Aber auch die Gemeindefinanzberichte (Karrenberg/Münstermann) vergleichen die Vorgehensweise der einzelnen Bundesländern bzw. Veränderungen in der Vorgehensweise.

Abb. 3.7: Kommunaler Finanzausgleich (Beispiel Baden-Württemberg)

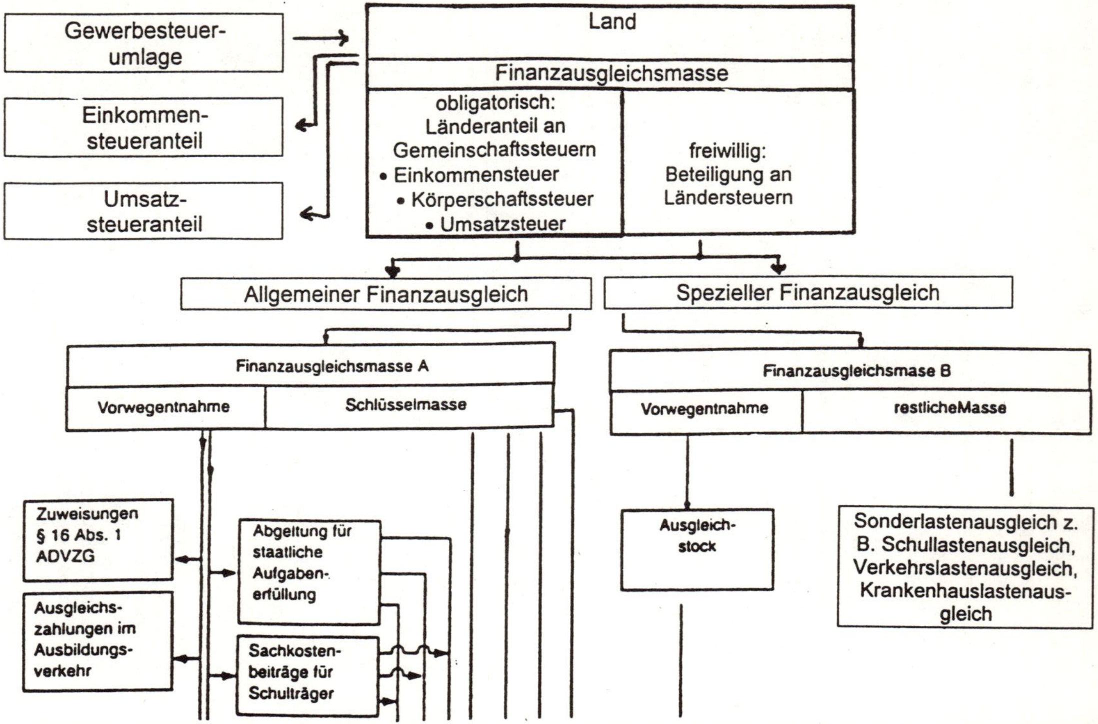

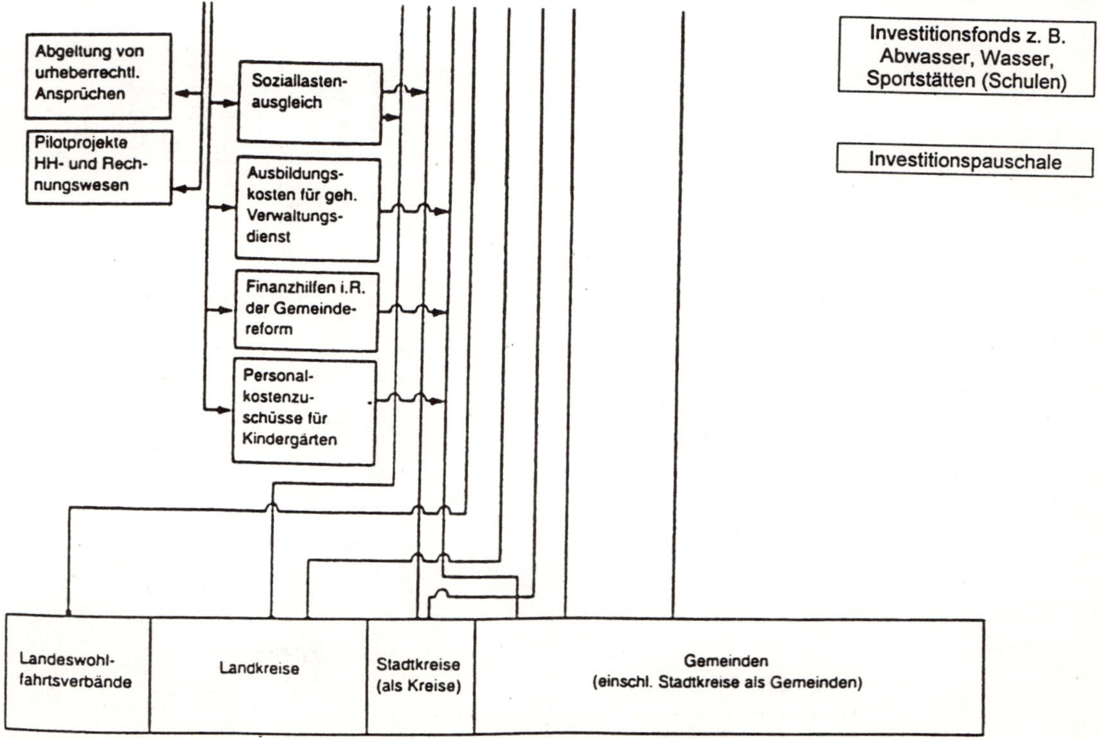

Quelle: Stadt Leonberg, Haushaltsplan 1998, S. 91 und Schmid 1991, S. 119 (vereinfacht bzw. bearbeitet).

rechnung leitet sich der „Schlüssel“ für einzelne Gemeinden ab. Da Unterschiede in der Finanzkraft verringert werden sollen, müssen zur Berechnung der Zuweisung neben dem Bedarf der Gemeinden (Bedarfsmeßzahl) auch deren eigene Steuereinnahmen herangezogen werden (Steuerkraftmeßzahl).

Die Steuerkraftmeßzahl einer Gemeinde ergibt sich aus ihren Einnahmen bei Grundsteuer, Gewerbesteuer, Einkommensteuer- und Umsatzsteueranteil. Der Überschuß der Bedarfsmeßzahl über die Steuerkraftmeßzahl bestimmt die Höhe der Schlüsselzuweisung; die verfügbaren Mittel werden im Verhältnis dieser Überschußbeträge auf die Gemeinden des Landes verteilt. Damit sich die Gemeinden nicht völlig auf diese Schlüsselzuweisungen verlassen und ihre eigenen Einwohner bei der Festsetzung von Hebesätzen für Grund- und Gewerbesteuer schonen, enthalten die Finanzausgleichsgesetze bestimmte Vorgaben („fiktive Werte“) bei den Hebesätzen, die die Gemeinden ausschöpfen müssen.[237] Niedrigere Hebesätze gehen zu Lasten der Gemeinden. Manche Bundesländer bestimmen auch eine bestimmte „Sockelgarantie“ oder „Mindestschlüsselzuweisung“.[238] Im Jahre 1998 rechneten unsere Beispielstädte mit DM 17.106.000 (Burg), DM 10.137.510 (Leichlingen), DM 628.000 (Leonberg) und DM 6.050.000 (Westerstede).[239] Dieser Betrag fällt bei Leonberg besonders gering aus, weil die Stadt über potente Gewerbesteuerzahler verfügt.

Bei der Verteilung der Schlüsselzuweisungen sind die Kriterien zur Ermittlung der Bedarfsmeßzahl zwischen den verschiedenen Gemeindetypen eines Landes naturgemäß umstritten. Die in den meisten Bundesländern gebräuchlichen Sonderansätze werden in der finanzwissenschaftlichen Literatur diskutiert, kritisiert und überwiegend abgelehnt.[240] Allerdings erscheint nach wie vor weitgehend das Konzept akzeptiert, einen Sonderansatz für diejenigen Gemeinden zu schaffen, die nach der Landesplanung zentrale Versorgungsaufgaben wahrnehmen. Daraus ergibt sich allerdings die Gefahr, daß nichtzentrale Orte bei allen staatlichen Förderungs- und Entwicklungsmaß-

237 Henneke 1994, S. 117; s. d. oben, Abschnitt 3.2.3.

238 Marcus 1987, S. 84.

239 Jeweils Einzelplan 9 des Verwaltungshaushaltes.

240 Petri 1977, S. 179, unter Bezug auf Ehrlicher (1967, S. 79) und Düker (1970, S. 63ff.).

nahmen benachteiligt werden.[241] Sofern Sonderansätze auf die Ausweisung in Raumordnung und Landesplanung abstellen, muß die einzelne Gemeinde bereits im Hinblick auf die Schlüsselzuweisungen und damit die eigene Finanzlage in der Zukunft auf eine entsprechende Ausweisung in überregionalen Programmen achten.

Damit die Landesregierung in Einzel- und Härtefällen je nach finanzieller Lage und Umfang der örtlichen Aufgaben eine Aufstokkung der recht schematisch verteilten Schlüsselzuweisungen vornehmen kann, steht ihr ein besonderer Fonds, der „Ausgleichsstock", zur Verfügung. Diese Mittel sind dazu bestimmt, eine Deckungslücke in den Verwaltungshaushalten zu schließen.[242] Besonders leistungsschwache Gemeinden können also nach dem Ermessen der jeweiligen Landesregierung weitere Zuschüsse („Bedarfszuweisungen")[243] „als flankierende Maßnahmen"[244] erhalten. Solche Zuschüsse sind ebenso wie die Schlüsselzuweisungen allgemeine Deckungsmittel; sie können von der Gemeinde wie eigene Steuereinnahmen ohne besondere Zweckbindung für gemeindliche Aufgaben „frei" verwendet werden.

Neben den allgemeinen Zuweisungen des Landes (Schlüsselzuweisungen, Zuschüsse aus dem Ausgleichsstock/Bedarfszuweisungen) erhalten die Gemeinden vom Land oder vom Bund auch zweckgebundene Mittel.[245] Während allgemeine Zuweisungen als wichtiges Element des öffentlichen Finanzverbundes weithin akzeptiert werden, stoßen Zweckzuweisungen in der kommunalen Verwaltungspraxis und in der Politikwissenschaft häufig auf Kritik: „Wer das Geld hat, nicht wer zuständig ist, bestimmt." Bei der Ausgestaltung ihrer Zuweisungen gehen die Länder sehr unterschiedlich vor. In den meisten Bundesländern trat seit den siebziger Jahren die Bedeutung der allgemeinen Zuweisungen hinter den zweckgebundenen Zuweisungen zurück. Die Gemeindefinanzberichte verfolgen diese Entwicklungen und

241 Geißelmann 1975, S. 107. Zur Diskussion s. Henneke 1994, S. 116; Brake 1997, S. 98ff.; Mäding 1995, S. 605ff.

242 Puls 1977, S. 4; z.B. § 12 Finanzausgleichsgesetz Sachsen-Anhalt.

243 Z.T. werden sie auch Fehlbetrags- oder Sonderbedarfszuweisungen genannt, s. d. Drehfahl, in: Kirchhof/Meyer 1996, S. 32.

244 Marcus 1987, S. 84; Matschke/Hering 1998, S. 122.

245 Zur Situation in Hessen Mitte der achtziger Jahre s. Marcus 1987, S. 88f. Die jeweils aktuelle Situation der Gemeinden insgesamt und der einzelnen Bundesländer sind in den Gemeindefinanzberichten festgehalten (s. Karrenberg/Münstermann, versch. Jahrgänge).

geben Einschätzungen zur Gewichtsverlagerung bei den Mittelzuweisungen. So wurde für Rheinland-Pfalz beispielsweise beklagt, daß Kürzungen des Landes fast vollständig zu Lasten der allgemeinen Zuweisungen gehen.[246] Renzsch/Schieren fordern pauschalierte Finanzmittel zur Wahrnehmung bestimmter Zwecke und nennen dafür Kriterien.[247]

Die zweckgebundenen Zahlungen haben einen sehr unterschiedlichen Charakter. Soweit sie als Anreiz für bestimmte Investitionsvorhaben dienen sollen, ist darauf (auch wegen der langfristigen Folgen für die gemeindlichen Haushalte) noch ausführlich einzugehen. Daneben gibt es aber auch Zuweisungen für laufende Zwecke (s. Abb. 3.8). Die wichtigsten sind die Erstattungen von Ausgaben für staatliche Aufgaben. Rein theoretisch können den Gemeinden neue Pflichten durch Bund oder Land nur dann auferlegt werden, wenn gleichzeitig die Aufbringung der Mittel sichergestellt ist.[248] Es handelt sich also um Verwaltungskostenerstattungen. Dabei lassen sich die aufgrund eines Bundesgesetzes (z.B. zum Wohngeld) auszuzahlenden Mittel noch von den Kosten für die verwaltungstechnische Abwicklung trennen. Gerade beim Wohngeld haben die Gemeinden eine angemessene Erstattung dieser Verwaltungskosten jahrzehntelang vergebens eingefordert.[249]

Als viel problematischer gelten Beschlüsse des Bundes, die sich direkt auf die Ausgaben der Kommunen auswirken. Die für Gemeinden wohl folgenschwerste Entscheidung war ihre Belastung durch die Sozialhilfe. Die dramatische Entwicklung der Sozialhilfe hatte 1961 bei deren Einführung im Zeitalter des Wirtschaftswunders keiner vorausgesehen, so daß die staatlichen Vorgaben aufgrund der erwarteten marginalen Bedeutung in keiner Weise abgesichert wurden. Wer den Anstieg der Sozialausgaben in den Haushalten der Gemeinden als besondere Bedrohung der gemeindlichen Finanzlage ansieht, muß jedoch

246 Karrenberg/Münstermann 1997, S. 160.

247 Renzsch/Schieren (in: Mäding/Voigt 1998, S. 83f., 87) stellen fest, daß die meisten alten Bundesländer bereits dazu übergegangen sind. Allerdings weisen sie auch darauf hin, daß dadurch die überörtlichen Entscheidungsträger auf Steuerungsmöglichkeiten verzichten.

248 Art. 106, III GG.

249 Auch von wissenschaftlicher Seite wird immer wieder betont, daß die Übertragung von Aufgaben ohne gleichzeitige Bereitstellung der Finanzen erfolgt (Schoch/Wieland 1995, S. 44).

Abb. 3.8: Systematik der Finanzzuweisungen an die Gemeinden

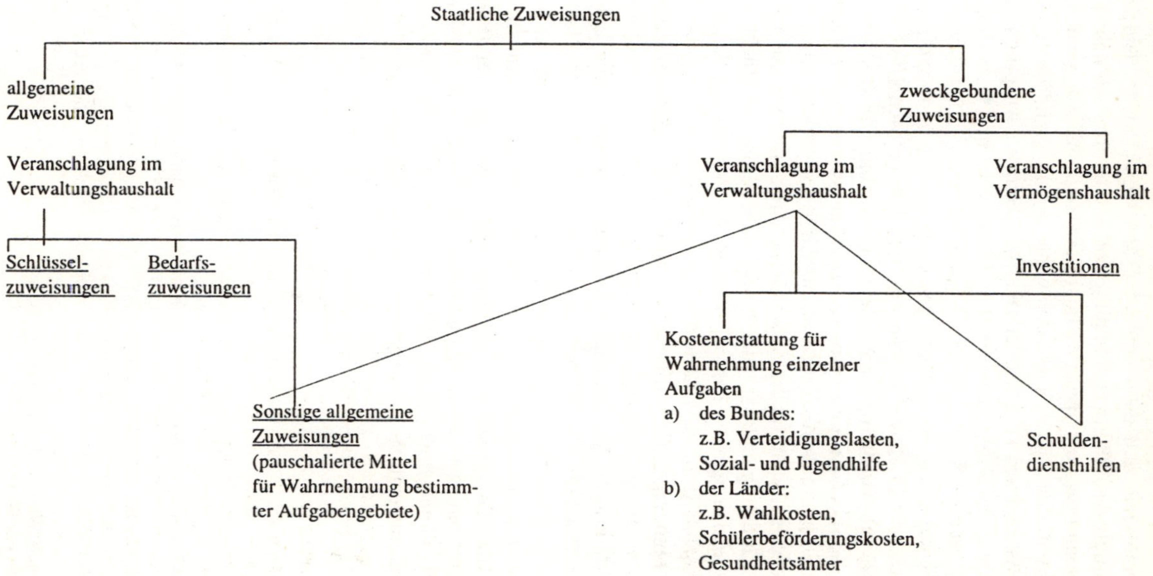

Quelle: Naßmacher/Naßmacher 1979, S. 99

berücksichtigen, daß die Gemeinden und Gemeindeverbände inzwischen durch die Pflegeversicherung Entlastung erfahren haben.[250] Allerdings sind diejenigen nach wie vor auf Sozialhilfe angewiesen, die aufgrund der restriktiven Einstufungen des medizinischen Dienstes der Krankenkassen keinen oder einen zu geringen Anspruch auf Leistungen aus der Pflegeversicherung haben, aber im Heim leben müssen.[251]

Hinzu kommen Beschlüsse des Bundes, die indirekt Ausgaben verursachen, z.B. durch Begrenzung der Arbeitslosenhilfe.[252] Ein anderes Beispiel ist die unzureichende Beteiligung von Bund und Ländern an den Kosten für Asylbewerber. Hier geht es um Verwaltungskosten und laufende Ausgaben für die Sicherung des Lebensunterhalts der Bewerber. Während die Ausländerbehörde zur Ausreise auffordert und Abschiebung androht, sind die Sozialbehörden verpflichtet, Geld- oder Sachleistungen zu zahlen, solange die Personen in Deutschland sind. Da sich Bund und Länder nicht auf die Verteilung der Kosten einigen konnten, müssen die Kommunen den Anteil des Bundes übernehmen.

Auch am aktuellen Beispiel – dem durch Bundes- und Landesgesetze geschaffenen Rechtsanspruch auf einen Kindergartenplatz – läßt sich die zusätzliche Belastung verdeutlichen. Aufgrund des Kinderbetreuungsgesetzes haben die Gemeinden in Sachsen-Anhalt für ihr Gebiet den Bedarf an Kindertageseinrichtungen und an Plätzen in Kindertageseinrichtungen zu ermitteln. Daraufhin muß der Kreis einen Bedarf- und Entwicklungsplan erarbeiten.[253] Diese Kosten sind im Haushalt noch nicht weiter ausgewiesen. Im Einzelplan 4 des Ver-

---

250 Diese wird allerdings von den Beispielstädten eher bestritten, z.B. in Burg. Nachdem sich die Soziallasten seit den achtziger Jahren in großen und größeren Städte mehr als verdreifacht hatten, sind sie nun erstmals etwas rückläufig. Auch die dämpfenden Wirkungen der Sozialhilferegelsätze und die Förderung der Arbeitsaufnahme werden als Ursachen gesehen (Karrenberg/Münstermann 1997, S. 131f.). Für 1997 konstatiert der Gemeindefinanzbericht 1998 einen Wiederanstieg der Sozialausgaben (Karrenberg/Münstermann 1998, S. 181f.).

251 So wird geschätzt, daß mehr als die Hälfte der Pflegebedürftigen in Heimen nach wie vor von der Sozialhilfe abhängig bleibt (FAZ vom 12.3.1996; FAZ vom 11.4.1995). Der Kriterienkatalog für die Eingruppierung in die Pflegestufen scheint den tatsächlichen Problemen nicht zu entsprechen (Karrenberg/Münstermann 1997, S. 165).

252 Schoch/Wieland 1995, S. 17.

253 Siehe oben, Abschnitt 2.2.1.

waltungshaushaltes der Stadt Burg weisen alle Kindertageseinrichtungen (städtische und sonstige) trotz der Landes- und Kreiszuschüsse einen hohen Zuschußbedarf der Gemeinde auf. In Nordrhein-Westfalen sollen die Kommunen mit 21% belastet werden, die Eltern 15% zu den Kosten beitragen.[254]

Die Zuweisungen für laufende Zwecke sind also einerseits eine Art pauschalierter Kostenersatz für die Erfüllung überörtlich beschlossener Aufgaben. Andererseits fördert das Land aber auch – aufgrund von Prioritäten der Landespolitik – laufend bestimmte Vorhaben, z.B. den Schulsport oder andere Maßnahmen der Jugend- und Familienförderung. Diese Beträge sind länderweise sehr unterschiedlich. Sie können nicht isoliert gesehen werden, sondern nur im Zusammenhang aller finanziellen Leistungen des Landes für seine Gemeinden. Ein Teil der entstehenden Kosten ist nämlich durch Schlüsselzuweisungen abgedeckt. Das Land Niedersachsen muß in seinem Finanzausgleichsgesetz den Kostenanteil der staatlichen Aufgaben an den Schlüsselzuweisungen gesetzlich festlegen (und damit für Kommunen und Gerichte nachprüfbar gestalten).[255]

Generell klagen die Städte und Gemeinden aber darüber, daß Aufgaben ohne entsprechende Ausgleichszahlungen verlagert werden. Häufig bleibt auch bei Zuweisungen für laufende Zwecke die Bereitstellung der Einrichtungen und des Personals Sache der Gemeinden.[256] Zuweisungen für laufende Zwecke haben insbesondere bei den Landkreisen erhebliche Bedeutung.[257] Die Deckungsquote dieser Mittel liegt aber auch hier selten bei 100%. Soweit die Kosten den Gemeinden nicht in angemessenem Umfang durch Zuweisungen erstattet werden, ergibt sich die Notwendigkeit, auf allgemeine Deckungsmittel, wie Schlüsselzuweisungen oder eigene Steuereinnahmen, zurückzugreifen.

---

254 Dies wurde zwischen dem Sozialminister des Landes und den wichtigsten Trägern, (Kirchen, Verbänden der freien Wohlfahrtspflege und Kommunen) durch einen Kontrakt abgesichert, nachdem ein Streit über die Finanzierung der Kindergartenplätze entbrannt war (FAZ vom 19.5.1998).

255 Urteil des Niedersächsischen Staatsgerichtshofs in Bückeburg vom 25.11.1997 (FAZ vom 26.11.1997).

256 Z.B. § 5, Abs. 4 NGO: „Die Gemeinden stellen die Dienstkräfte und Einrichtungen zur Verfügung, die für die Erfüllung der Aufgaben des übertragenen Wirkungskreises erforderlich sind. Ihnen fließen die mit diesen Aufgaben verbundenen Einnahmen zu."

257 Petri 1977, S. 68.

3.4.2 Zweckzuweisungen als „goldener Zügel"

Zweckgebundene Zuweisungen sind aber nicht nur die Folge staatlicher Auftragsverwaltung, sondern auch ein Mittel zur Steuerung kommunalpolitischer Einzelmaßnahmen im Interesse staatlicher Zielvorstellungen. Programme der EU werden zuweilen „aufgepfropft", können aber auch zusätzliche Fördermöglichkeiten eröffnen. Manchmal haben EU-Programme – wie in der Agrarpolitik – nationale Programme verdrängt. Zuschüsse an die Gemeinden, die objekt- oder projektgebunden gegeben werden, gelten oft als „goldene Zügel"[258] für die Kommunalpolitik, weil die Mittelvergabe kommunale Prioritäten beeinflußt: „In allen Politikfeldern erweisen sich die staatlichen Investitionszuweisungen als wichtigste Bestimmungsgröße (für kommunale Investitionen, d.V.)."[259] So haben etwa unsere Beispiele Hallenbad, Fußgängerzone und Stadtsanierung gezeigt, daß gerade zweckgebundene Zuweisungen Investitionsvorhaben ermöglichen können. Der überwiegende Teil der zweckgebundenen Zuweisungen (ca. die Hälfte bis fast zwei Drittel der Mittel) war in den siebziger Jahren für Investitionen bestimmt.[260] Dieser Anteil hat sich in den alten Bundesländern merklich reduziert. 1998 spielten Investitionszuweisungen nur noch in den neuen Ländern eine größere Rolle: hier machten sie ca. ein Drittel der Gesamtzuweisungen aus.[261]

Häufig wird betont, daß die Vergabepraxis für Zweckzuweisungen örtliche Investitionsprioritäten umgestoßen hat, wenn für einige Maßnahmen kurzfristig Zuweisungen verfügbar sind, für andere aber nicht.[262] Zumindest war dies in den siebziger Jahren der Fall.[263] Demgegenüber betont Hotz, daß in keinem Falle „der Impuls für das Vorhaben von der Fördermöglichkeit ausging." Wenn Bedarfsfragen grundsätzlich geklärt waren, erhöhten Fördermöglichkeiten die Durch-

---

258 Eickmeyer, in: Mäding 1983, S. 63; Marcus 1987, S. 33 nennt (ohne Belegstelle) Berkenhoff als Urheber dieser Bezeichnung.

259 Mäding, in: Gabriel/Voigt 1994, S. 119, unter Bezug auf Gabriel u.a. 1990. S.a. Gabriel u.a., in: Gabriel/Voigt 1994.

260 Zielinski 1977, S. 58; Reissert 1978, S. 2 (unveröffentlicht).

261 Karrenberg/Münstermann 1998, S. 148.

262 Vgl. Marcus 1987, S. 29, 31; ähnlich Gunlicks 1986, S. 185f.; Hotz 1987, S. 132f.; Renzsch/Schieren, in: Mäding/Voigt 1998, S. 81f.

263 Zur politikwissenschaftlichen Diskussion zusammenfassend Hotz 1987, S. 10ff., 32ff.

führungschancen förderfähiger Vorhaben.[264] Bewußt erfahren könnten eine Lenkung allerdings nur Gemeinden, die Prioritäten für Investitionsvorhaben entwickelt haben.[265] Zuweilen wird darauf hingewiesen, daß die Gemeinden Aufgaben kreieren, um in den Genuß der Mittel zu kommen.[266] Mäding bezweifelt die Wirksamkeit des goldenen Zügels und eine „wesentliche Beeinträchtigung der kommunalen Selbstverwaltung" durch staatliche Zuweisungen, hinter denen unterschiedliche, z.T. sogar widersprüchliche Ziele stehen (u.a. auch symbolische Politik).[267] Zudem verstehen es die Gemeinden durchaus, „an einem Zügelende zu ziehen."[268]

Wie empirische Untersuchungen aus Nordrhein-Westfalen zeigen, hat die Absicht der Landesregierung, eine Mittelvergabe nach genau festgelegten Kriterien vorzunehmen, wenig Wirkung gezeigt, so etwa der Versuch, die Vergabe der Fördermittel an Standortprogramme zu binden. Danach sollten im fußläufigen Einzugsbereich der Knotenpunkte des öffentlichen Nahverkehrs Stadtteilzentren entstehen, für die die Kommunen vorher Standortprogramme (die der landesplanerischen Billigung bedurften) aufstellen mußten. Zweckgebundene Landesmittel sollten nur auf der Basis der gebilligten Standortprogramme fließen. Die Städte wußten sich zu wehren. Um doch an mehr Mittel zu kommen, erfand die Stadt Dortmund ein multizentrales Raummodell. Das entscheidende aber war, daß die überwiegende Mehrzahl der Städte, insbesondere die großen, die Planungen einfach nicht vorlegten.[269]

Im Rahmen der Zukunftsinitiativen ZIM (Zukunftsinitiative Montanregionen) und ZIN (Zukunftsinitiative NRW, die ab 1989 die Förderung auf das ganze Land ausdehnte), ist beabsichtigt, die Mittelvergabe (EU-, Bundes- und Landesmittel) an regionale Entwicklungs-

---

264 Hotz 1987, S. 131. Dies betonten auch die Gesprächspartner in den Beispielstädten wieder. So wurde zwar 1994 in Leonberg die Sophie-Scholl-Schule mit Mitteln aus dem Schulhausbauförderungsprogramm saniert. Eine Sanierung hätte aber ohnehin erfolgen müssen. Das Freibad wurde 1990 ohne staatliche Zuschüsse für 22 Mio. DM fertiggestellt – quasi als Prestigeobjekt (Interview in Leonberg im Mai 1998).

265 Investitionsprogramme (als Anlagen zum Haushaltsplan) haben zuweilen eine recht vorläufige Prioritätensetzung.

266 Engelhardt u.a. 1983, S. 266f.

267 Mäding, in: Gabriel/Voigt 1994, S. 122 (unter Bezug auf Richter 1983); ähnlich Norton 1997, S. 261.

268 Faber 1982, S. 34.

269 Baestlein u.a., in: Wollmann 1980, S. 103ff., 114, 122f.

konzepte (REK) zu binden.[270] Während ZIM sich an den Arbeitsmarktregionen orientierte, ist ZIN auf IHK-Bezirke[271] ausgerichtet. Durch Regionalisierung und Selbstorganisation von Beratungsgremien (Regionalkonferenzen) als Bedingung für die Vergabe der Mittel sollten „Anreize für eine Transformation der Konkurrenz in Kooperationsbeziehungen“ geschaffen werden. Diese Strategie ging bisher nicht auf. Erwartet werden sogar vertiefte regionale Disparitäten, „wenn die Landesförderung die unterschiedliche Dialog- und Konsensbildungsfähigkeit in der nächsten Phase sanktionieren würde.“[272] Die regionalen Entwicklungskonzepte konnten zwar überall vorgelegt werden, sie enthalten aber wenig handhabbare Inhalte, weil sie kaum unterscheidbare Profile für die Regionen aufzeigen. Dies hat ein „Sammelsurium“ von Schubladenprojekten zur Folge, deren Strukturwirksamkeit nicht klar ersichtlich ist.[273] Nur wenige gemeinsame Projekte waren bis 1996 in Arbeit oder realisiert.[274] Über diese entscheidet zunächst der Regierungspräsident (RP), dann letztlich das Landeskabinett bzw. der Landtag. Aber der RP trifft die Vorauswahl.[275]

Generell wird bei den bereitstehenden Mitteln (auch der EU) über einen Mangel an Transparenz im Hinblick auf Ziele und Maßnahmenarten geklagt. Die Angaben über das Zusammenspiel mit anderen Finanzierungsmitteln, die Prioritäten der Fördermaßnahmen sowie „die Relation zwischen den einzusetzenden Mitteln und den erwarteten Ergebnissen sind meist vage definiert und teilweise nicht erkennbar.“ Da die Bezirksregierungen (RPs) nicht wissen, welche anderen Fördermittel noch in eine bestimmte Region oder an eine bestimmte Institution fließen, können sich Mittel unbemerkt kumulieren und andere Regionen vernachlässigt werden.[276] Die Initiativen der Antragsteller

---

270 Eichener u.a., in: Voigt 1995, S. 219. Die EU will durch die Art der Mittelvergabe die Regionsbildung fördern. So ist auch in anderen Teilen Deutschlands ein Informationsaustausch über Projekte zustandegekommen, z.B. in Ostfriesland (s. Kolck, in: Ridinger/Steinröx 1995, S. 174f.).

271 Waniek 1992, S. 19.

272 Waniek, in: Ridinger/Steinröx 1995, S. 225.

273 Krafft/Ulrich 1993, S. 36.

274 Naßmacher, in: Bellers u.a. 1997, S. 42ff.

275 Malachewitz, in: Bellers u.a. 1997, S. 233; Waniek, in: Ridinger/Steinröx 1995, S. 186ff.

276 Staeck, in: Heinelt 1996, S. 51, 96.

zählen also. Die Auswahl erfolgt – wenn der Antrag erst einmal vorliegt – nach formalen Kriterien.

Ähnliche Befunde ergaben sich bereits für die siebziger Jahre, nicht zuletzt für die Beispiele Fußgängerzone und Hallenbad.[277] Angesichts der allgemeinen wirtschaftlichen Entwicklung wurden staatliche Konjunkturprogramme mit einem Ausgabevolumen von insgesamt 23,5 Mrd. DM aufgelegt, auf deren kommunale Programmteile fast die Hälfte dieser Summe entfiel.[278] Das 1977 von der Bundesregierung aufgelegte Programm für Zunkunftsinvestitionen (ZIP) ließ Westerstede eine forcierte Ortskernerneuerung attraktiv erscheinen. Gefördert werden sollten u.a. Verbesserungen im Verkehrssystem und in der Wohnumwelt.[279] Aus der mittelfristigen Finanzplanung, insbesondere dem mittelfristigen Investitionsprogramm,[280] der Stadt Westerstede ergab sich nicht, daß eine Umgestaltung des Ortskerns vorgesehen war. Auch überörtlich gab es für Westerstede damals keine Orientierungsmöglichkeit über finanzielle Zuweisungen für diese Maßnahme. Weder aus dem Landesentwicklungsprogramm „Niedersachsen 1985" noch aus den mittelfristigen Plänen für das Land Niedersachsen (1975-79 und 1976-80)[281] konnte abgeleitet werden, daß Mittel für eine solche Maßnahme von überörtlichen Stellen (Bund/Land) bereitgestellt würden.[282] Wichtig erscheint nur, daß Investitionsvorhaben schnell Antragsreife erlangen können, wenn sich Finanzierungsmöglichkeiten ergeben.

Wollen die Gemeinden Mittel aus staatlichen Konjunkturprogrammen in Anspruch nehmen, müssen sie sich durch sogenannte „Schubladenpläne" ständig darauf vorbereiten. Solange konjunktur-, struktur- und wachstumspolitische Programme des Staates nicht mit den raumbezogenen Planungen abgestimmt werden, besteht die Gefahr, daß

277 Vgl. unten, Abschnitt 4.4.

278 Klein/Münstermann 1978, S. 7.

279 Bundesministerium der Finanzen 1978, S. 116.

280 § 10 GemHVO. Zur Finanzplanung s. Mäding, in: Roth/Wollmann 1994, S. 341ff. bzw. Kuban, in: Wollmann/Roth 1999, S. 479.

281 Der Niedersächsische Minister der Finanzen: Mittelfristige Planung. Niedersachsen 1975-1979 (beschlossen am 4. Mai 1976); ders.: Mittelfristige Planung. Niedersachsen 1976-1980 (beschlossen am 23.2.1977).

282 Die „mittelfristige Planung" des Landes Niedersachsen sollte Landesentwicklungsplanung und mittelfristige Finanzplanung des Landes unter raumbezogenen Gesichtspunkten zeitlich und finanziell konkretisieren (Petri 1977, S. 136).

solche kurzfristig aufgelegten und auf rasche Verausgabung der bereitgestellten Mittel angelegten Programme mit ihren Zuschüssen auch sorgfältig festgelegte kommunale Entwicklungsziele verbiegen.[283]

Nachdem es Westerstede nicht gelungen war, einen Anteil an den kurzfristig bereitgestellten ZIP-Mitteln zu erhalten, versuchte die Stadt mit Erfolg, Bundesmittel zur Verbesserung des innerstädtischen Verkehrssystems einzuwerben, die aufgrund des Gemeindeverkehrsfinanzierungsgesetzes zur Verfügung stehen. Gefördert werden z.B. innerörtliche Hauptverkehrsstraßen und verkehrswichtige Zubringerstraßen zum überörtlichen Verkehrsnetz. Voraussetzungen für die Förderung einzelner Maßnahmen waren u.a. ihre Dringlichkeit (Generalverkehrsplan) sowie die Finanzierung des kommunalen Eigenanteils.[284] Zur Aufstellung der Programme wird den Ländern alljährlich ein fester Anteil der aus dem Aufkommen der Mineralölsteuern bereitgestellten „Bundesmittel als finanzieller Rahmen zugeteilt, in den sie die bei ihnen anfallenden kommunalen Anträge einzupassen haben."[285] Die Bewilligung liegt zwar formal bei den Ministerien der Länder. Untersuchungen am Beispiel Baden-Württembergs zeigen aber, daß die Entscheidung auf der untersten Ebene fällt und das wichtigste Förderungskriterium der zeitliche Eingang eines „baureifen" Antrags ist.[286] Überhangprojekte werden in eine Warteliste verwiesen.

---

283 „Zu welchen Ergebnissen dies führt, läßt sich am Beispiel der Stadt Krefeld demonstrieren, die beim Bund für einige Investitionsvorhaben Mittel aus einem Konjunkturprogramm beantragt und erhalten hat. Gefördert wurde(n – d. Verf.) jedoch nicht das dringend benötigte Berufsschulzentrum, sondern eine Freizeitanlage und ein Großtierhaus im Zoo, die auf der Prioritätenliste auf den Plätzen 9 und 11 standen." (Schuster/Kux, in: Kevenhörster/Wollmann 1978, S. 271). Vgl. auch Marcus 1987, S. 32.

284 Scharpf u.a. 1976, S. 153 und § 3 Gemeindeverkehrsfinanzierungsgesetz vom 18.3.1971. Die Fördertatbestände wurden nach der Novellierung 1992 wesentlich erweitert und die Mittel erhöht. Die Länder können die Bundesfinanzhilfen auf der Grundlage des Gemeindeverkehrsfinanzierungsgesetzes nach den von ihnen festgesetzten Programmen im gesetzlich festgesetzten Finanzrahmen zur Finanzierung der förderfähigen Vorhaben je nach regionalen Erfordernissen flexibel einsetzen. Wesentlich mehr Beachtung findet der öffentliche Personennahverkehr, insbesondere der Schienenverkehr. Weiterhin geht es um Umgehungsstraßen und Radwege (zur aktuellen Entwicklung s. Kurnol 1995, S. 340; Müller, in: Dauwe u. a. 1995, S. 254).

285 § 6, Abs. 3 Gemeindeverkehrsfinanzierungsgesetz.

286 Scharpf u.a. 1976, S. 144f.

Die Länder gaben unterschiedliche Zuschüsse zu den Bundesmitteln,[287] so daß die Gemeinden zwischen 40% und 10% der Kosten selbst tragen. Die niedersächsischen Gemeinden mußten im Bundesvergleich den höchsten Eigenanteil aufbringen, da das Land keine Zuschüsse zu den bereitgestellten Bundesmitteln gewährte. Allerdings war das Land nach dem Niedersächsischen Finanzausgleichsgesetz (FAG) zur Leistung von zweckgebundenen Straßenbauzuweisungen in Höhe eines bestimmten Prozentsatzes der jährlichen Finanzausgleichsmasse verpflichtet.[288] Die Umgehungsstraße in Westerstede konnte erst Ende 1978 in die Liste der zu fördernden Projekte aufgenommen werden. Ob heute im Wettbewerb zwischen der Finanzierung von Straßenbau und Maßnahmen des öffentlichen Personennahverkehrs, bei eindeutiger Priorität des letzteren,[289] überhaupt eine Förderung erwartet werden könnte, muß offen bleiben.

Für die im Zusammenhang mit der Fußgängerzone geplante Neugestaltung des Ortskerns erwartete Westerstede 1978, nachdem sich die Stadt entschlossen hatte, bei der Ortskernerneuerung nach dem von 1971 bis 1986 geltenden Städtebauförderungsgesetz[290] vorzugehen, Finanzzuweisungen aus den für diesen Zweck bereitgestellten Mitteln. Auch Leonberg und Burg wurden in die entsprechenden Förderprogramme ihrer Länder aufgenommen. Die zweckgebundenen Zuweisungen sollen vor allem Bausubstanz- und Funktionsschwächen alter Stadtkerne beseitigen helfen. Im einzelnen können seit den siebziger Jahren Gelder für Planung und Vorbereitung einer Sanierung, für Ordnungsmaßnahmen zur Vorbereitung von Baumaßnahmen (z.B. für Grundstücksneuordnung, Abbrüche),[291] für Modernisierungen sowie für Gemeinbedarfs- und Folgeeinrichtungen beantragt werden. Auch für Baumaßnahmen an privaten Gebäuden erhalten die jeweiligen Grundstückseigentümer Fördermittel, z.B. für den Einbau und die

287 S.d. Kurnol 1995, S. 340f.

288 Niedersachsen kennt bei Schlüsselzuweisungen einen Ansatz nach Straßenkilometern. Die Beteiligung der Länder an Straßenbaumaßnahmen ist üblich (s. Matschke/Hering 1998, S. 130).

289 S. oben, Abschnitt 2.2.1. Diese Zielsetzung wird durch Art. 106a GG unterstrichen.

290 Das Städtebauförderungsgesetz ist inzwischen als besonderes Städtebaurecht im Baugesetzbuch aufgegangen. Dadurch haben sich die Entwicklungsziele nicht grundsätzlich geändert (s. sehr ausführlich § 136 BauGB).

291 Jetzt § 147 BauGB.

Erneuerung sanitärer Einrichtungen, die Verbesserung der Heizungsinstallation, die Schaffung von Wohnungsabschlüssen, die Erneuerung von Fenstern.[292] Zudem können Hauseigentümer billige Kredite erhalten.[293]

Die Beteiligung des Bundes zu einem Drittel wurde feste Praxis, ebenso ein Anteil der Länder in dieser Größenordnung. Finanzschwache Länder, z.B. das Saarland, machen hier eine Ausnahme.[294] Erst als das Städtebauförderungsgesetz in Kraft getreten war, wurden erhebliche Mittel der Länder für die Stadterneuerung bereitgestellt.[295] Der Bund hat also in diesem Bereich mit seinem „goldenen Zügel" sogar landespolitische Prioritäten beeinflußt. Die Mittelvergabe an die Gemeinden erfolgt auch hier über die Regierungspräsidien. Bis in die achtziger Jahre überstieg die Antragsflut die Förderungsmöglichkeiten, so daß die bereitgestellten Mittel zunehmend für Fortsetzungsmaßnahmen verwendet werden mußten.

Leonberg hat gleich zwei Nebenzentren der neuen Stadtmitte (neben dem Bereich alter Markt auch den Ortskern Eltingen) mit Hilfe dieser zweckgebundenen Zuweisungen für Stadtsanierung entwickeln können. Im ersten Schritt ging es beim alten Markt um den Bau eines Parkhauses, die altstadtgerechte Umgestaltung der Verkehrsflächen und um private (aber öffentlich) geförderte Modernisierungsanstrengungen. Hier konnten auch zusätzliche Mittel zum Denkmalschutz eingesetzt werden. Diese Phase wurde 1984/85 abgeschlossen. Damit hatte Leonberg gute Ausgangsbedingungen für die Förderung der zweiten Phase der Sanierung geschaffen, die Mitte der achtziger Jahre in Gang gesetzt wurde.[296] Die Parkkaverne unter dem Marktplatz wurde in zwei Bauabschnitten realisiert. Dabei konnten für jede Phase Bundesmittel (für Zivilschutz) eingeworben werden, ohne die die Parkkaverne wohl nicht realisiert worden wäre.

---

292 § 148 BauGB und Amtsblatt der Stadt Leonberg vom 27.10.1988, S. 7.

293 S.d. Fritz-Vietta, in: Dauwe u.a. 1995, S. 88ff.

294 Scharpf u.a. 1976, S. 165; zum Stand der Finanzierung s. Fritz-Vietta, in: Dauwe u.a. 1995, S. 94f. Bei finanzschwachen Gemeinden können sich die Länder auch mit einem höheren Anteil beteiligen.

295 Petri 1977, S. 140.

296 Das Regierungspräsidium hat mit Bescheid vom 17.4.1987 Leonberg in das Bund-Länder-Programm aufgenommen. Insgesamt wurde ein Fördervolumen von 11,7 Mio. DM vorgegeben. Für Teil I der Sanierung waren 18 Mio. DM öffentliche Mittel nach Leonberg geflossen.

Sonst kommen für Maßnahmen zur Erneuerung der Bausubstanz auch immer wieder Finanzhilfen aus Modernisierungsprogrammen des Bundes und der Länder in Frage. Als Beispiel für ein Bundesprogramm aus den siebziger Jahren kann das „Gesetz zur Förderung der Modernisierung von Wohnungen"[297] genannt werden. Es sah vor, den Wohnwert erhaltenswürdiger Wohnungen zu sichern oder zu erhöhen, um die städtebaulichen Funktionen vor allem älterer Stadtviertel zu erhalten oder Wohnung und Wohnumfeld zu verbessern, um damit das Abgleiten eines Wohngebietes in den Sanierungszustand zu verhindern. Ende der neunziger Jahre sind Fördermittel des Bundes zur Modernisierung und Instandsetzung im Westen nur noch erhältlich, wenn dabei Belegungsrechte für Wohnungen fixiert werden.[298] Weiterhin sind auch EU-Mittel in Erwägung zu ziehen, z.B. aus der Gemeinschaftsinitiative URBAN zur Förderung innovativer Projekte in Stadtregionen.[299] Während in Westerstede die Finanzierung der Fußgängerzone lange ungelöst erschien, war in Leichlingen eine überschaubare Investitionsmaßnahme, der Bau des Hallenbades, unter Inanspruchnahme von zweckgebundenen Finanzzuweisungen längst abgeschlossen, freilich mit beachtlichen Folgen für die finanzielle Lage der Gemeinde.

3.5 Perspektiven der Haushaltskonsolidierung

Zu den schwerwiegenden Folgen dieser Finanzierungsstrategie bemerkte ein süddeutscher Verwaltungschef bereits 1982: „Leider hat der goldene Zügel staatlicher Zuschüsse in der Vergangenheit wiederholt dazu geführt, daß neue Einrichtungen geschaffen wurden, deren

---

297 Wohnungsmodernisierungsgesetz – WoModG vom 23.8.1976. Richter 1976, S. 471. Ein weiteres Beispiel ist das Modernisierungs- und Energiespargesetz (ModEnG) vom 12.7.1978. S. d. (und zur weiteren Entwicklung der Programme des Bundes) Mayer 1998, S. 228ff. Eine Synopse für die Förderung von Wohnungsmodernisierung in Sanierungsgebieten der Länder enthält Echter u.a. 1994, S. 30ff.

298 Renzsch/Schieren, in: Mäding/Voigt 1998, S. 91. S. unten, Abschnitt 5.3.3.

299 Ridinger, in: Ridinger/Steinröx 1995, S. 42. Für die weitere Förderung bestehen vielfältige mittelbare Beziehungen zu EU-Programmen. S. d. Krautzberger, in: Wollmann/Roth 1999, S. 596.

staatlich nicht bezuschußte Folgelasten alljährlich wiederkehren."[300] Er illustrierte den Vorgang an drei städtischen Bädern (in Konstanz), von denen jedes damals etwa 1 Mio. Zuschuß aus allgemeinen Deckungsmitteln des städtischen Haushalts benötigte. Neben den Folgekosten des laufenden Betriebs einer von EU, Bund oder Land bezuschußten Investition ergeben sich meist auch Folgekosten aus der Finanzierung der kommunalen Eigenbeteiligung durch Kreditaufnahme. Spätere Zins- und Tilgungsleistungen bewirken ebenso wie die laufenden Betriebskosten einen „Rückzug aus Bereichen eigenverantwortlicher Aufgabenerfüllung bei gleichzeitig steigendem Engagement auf dem Gebiet staatlich mitbestimmter Aufgabenfelder."[301]

Unsere Beispielstädte[302] hätten die Stadterneuerungsmaßnahmen und den rasanten Ausbau ihrer Infrastruktur aus eigener Kraft auf absehbare Zeit nicht realisieren können. Die finanziellen Mittel aus Finanzhilfeprogrammen waren unverzichtbar. Die Bewilligungsbescheide enthielten aber keinen Hinweis auf eine Bevormundung. Die Auflagen beim Bau des Hallenbades waren eher formaler und technischer Natur;[303] sie betrafen nicht den Kern der Infrastrukturmaßnahme: Bau eines Hallenbades ohne Nachweis des langfristigen Bedarfs und ausreichende Prüfung der finanzwirtschaftlichen Folgen als Beitrag zur Erhaltung der Selbständigkeit um jeden Preis.

Angesichts dieser Praxis, die überraschende Gestaltungsfreiheit der örtlichen Politik erkennen läßt, schienen die niedersächsischen Förderrichtlinien für die Vergabe von Zweckzuweisungen präziser und ihre Anwendungsmöglichkeit wirksamer: „Anträge auf Zuwendungen müssen ... Angaben über die ... Dringlichkeit des zu fördernden Vorhabens ..., die erforderlichen Ausgaben einschließlich der Folgeausgaben und den voraussichtlichen Nutzen des Ergebnisses sowie einen Zeitplan" enthalten. „Auf Antrag der Bewilligungsbehörde sind zu-

300 Eickmeyer, in: Mäding 1983, S. 63.

301 Marcus 1987, S. 32.

302 S. oben, Abschnitt 3.1.1.

303 Solche technischen Details sind im Zuge von Verwaltungsvereinfachungen ins Visier der Reformer geraten. Daher wurde in den achtziger Jahren erwogen, das Kindergartengesetz im Rahmen der Verwaltungsvereinfachung in NRW abzuschaffen, weil es zu viele bürokratische Ausformulierungen von Einzelheiten zur Ausstattung enthielt (Ellwein, in: Mäding 1983, S. 46).

sätzliche Übersichten über das Vermögen und die Schulden sowie die voraussichtlich einzugehenden Verpflichtungen zu Lasten künftiger Jahre beizufügen."[304] Darin wird neben der Forderung nach einer Kosten-Nutzen-Analyse die Einbindung in das gesamte Dienstleistungsangebot der Gemeinden verlangt. Weiterhin wird neben der Bedeutung der kommunalen Verschuldung auch das in den Gemeinden bei der Entscheidung über Investitionsvorhaben nicht immer ausreichend beachtete Problem der Folgekosten hervorgehoben.

Investitionen scheitern bereits häufig an fehlenden Eigenmitteln, insbesondere in den neuen Bundesländern, so daß die Investitionen um 25% unter dem Niveau von 1992 liegen.[305] Im Gegensatz zu den Investitionskosten gibt es für die Folgekosten keine zweckgebundenen Zuweisungen; hohe Folgekosten können aber den Ausgleich des Verwaltungshaushalts durch Bedarfszuweisungen aus dem Ausgleichsstock[306] notwendig machen. Um die Folgen kommunaler Investitionsentscheidungen deutlich zu machen, werden die jährlichen Folgekosten ausgewählter Vorhaben zu deren gesamten Herstellungskosten in Beziehung gesetzt und damit den Gemeinden zumindest Schätzwerte an die Hand gegeben. Die jährlichen Folgekosten ausgewählter Investitionen belaufen sich dabei auf folgende Prozentsätze der jeweiligen Herstellungskosten:

Verkehrsanlagen	9,6
Sportplätze	13,5
Freibäder	15,5
Turn- und Sporthallen	16,5
Kläranlagen	19,5
Hallenbäder	20,5
Krankenhäuser	26,0
Kindergärten	31,0
Schulen	31,0.[307]

304 Vorläufige Verwaltungsvorschriften zu § 44 (Abs. 1) vom 26.6.1974, Nr. 3 Antragsverfahren. Abgedruckt bei Petri 1977, A II/3.

305 Karrenberg/Münstermann 1997, S. 134, 186.

306 Vgl. oben, Abschnitt 3.4.1.

307 Ministerium der Finanzen Rheinland-Pfalz (Hrsg.): Folgekosten öffentlicher Investitionen, Bad Ems 1975, S. 8; Marcus (1987, S. 49, Anm. 11) zitiert (ohne Quellenangabe) Berechnungen des Deutschen Städtetages, die für Kindergärten und Krankenhäuser zu den gleichen Sätzen, „für Freibäder auf 16-21%, für Turn- und Sporthallen auf etwa 27%" kommen.

Nur Schulen, Kindergärten und Krankenhäuser verursachen demnach höhere Folgekosten als das in Leichlingen gebaute Hallenbad.

Auf die Folgekosten wurde lange Zeit kaum geachtet. Angesichts eines als prinzipiell unbegrenzt angesehenen Bedarfs nahmen die Gemeinden an staatlichen Zuschüssen, was geboten wurde. Inzwischen drücken die Folgekosten (als fortdauernde Ausgaben im Verwaltungshaushalt) derart auf die Haushalte, daß der Raum für kommunale Investitionen immer weiter eingeengt wird. Ob sich tatsächlich „das Bewußtsein der Gemeinden bezüglich der Folgelasten aus investiven Aktivitäten verstärkt“ hat, wie Marcus[308] annimmt, erscheint zweifelhaft. Allenfalls ist bei manchen ein Bewußtsein verbreitet, daß – weil nichts mehr gebaut werden kann – auch keine Gestaltung auf der kommunalen Ebene mehr möglich ist. Andere versuchen, die Finanzierungsprobleme durch PPP oder neue Finanzierungsmodelle (z.B. Leasing) in den Griff zu bekommen. Innovative Akteure denken noch weiter; so erwägt Hamburg eine „Bodenwertabgabe“: Baugenehmigungen für größere Projekte sollen nur noch dann erteilt werden, wenn sich der Investor an den öffentlichen Infrastrukturkosten beteiligt. Dahinter steckt die Vorstellung, daß derjenige, der durch öffentliche Entscheidungen einen Planungswertgewinn erzielt hat, diesen Gewinn mit der öffentlichen Hand teilen soll.[309]

Die bedenkliche Entwicklung der Gemeindehaushalte zeigt sich besonders in der für die kommunale Eigenleistung bei Investitionsvorhaben maßgeblichen Zuführung vom Verwaltungshaushalt zum Vermögenshaushalt (vgl. Abb.3.9). Die Überschüsse im Verwaltungshaushalt, dessen Einzelausgaben wir bei der Diskussion um die kommunalen Aufgaben[310] schon erörtert haben, ergeben die Mittel, die als Eigenkapital für die Finanzierung von Instandsetzungs- oder Investitionsmaßnahmen verwendet werden können:

308 Marcus 1987, S. 36.

309 FAZ vom 17.4.1998. Auch ein Vorstoß des nordrhein-westfälischen Bauministeriums geht in diese Richtung. Kommunen sollen den Wertzuwachs, der durch die Planungsentscheidung, Ackerland zu Bauland zu machen, entsteht, bis zu einer Höhe von 70% abschöpfen können und damit Infrastruktureinrichtungen bezahlen (FAZ vom 27.6.1998).

310 S. oben, Abschnitt 2.2.2.

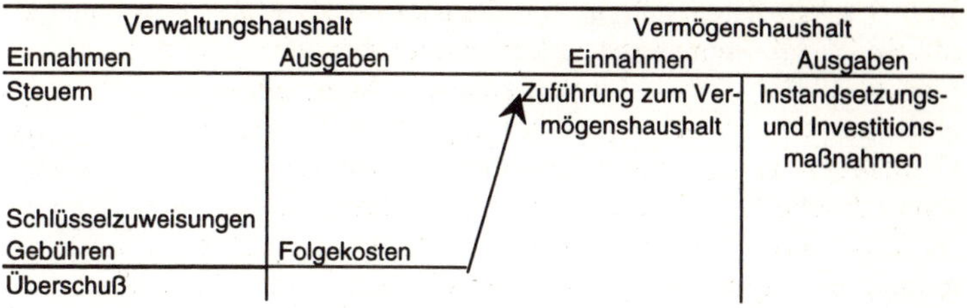

Die Zuführung vom Verwaltungshaushalt zum Vermögenshaushalt kann in vielen Städten nicht mehr erwirtschaftet werden.[311] Verwaltungshaushalte sind hochgradig defizitär. Dies gilt vor allem für die ostdeutschen Kommunen,[312] aber auch für Leichlingen (s. Abb. 2.4). Inwieweit sich die Kommunen inzwischen erfolgreich auf dem Konsolidierungspfad befinden, wird unterschiedlich eingeschätzt.[313] Die Zuführung vom Verwaltungshaushalt zum Vermögenshaushalt betrug 1997 in unseren Beispielgemeinden DM 2.371.900 (Burg); DM 1.372.590 (Leichlingen); DM 549.812 (Leonberg); DM 1.127.000 (Westerstede), im Durchschnitt aller Gemeinden 9,4% (1976) bzw. 4,9 % (1995).[314]

Wird die Zuführung zum Vermögenshaushalt kleiner, muß tendenziell die Kreditaufnahme wachsen. Der Zusammenhang zwischen Folgekosten und Verschuldung wird hier unmittelbar deutlich. Bereits 1976 konnten die Städte und Gemeinden nach Meinung des Deutschen Städtetages aus den Verwaltungshaushalten nicht einmal mehr die Schuldentilgung erwirtschaften.[315]

311 Zuweilen wurde in Städten vorübergehend sogar der laufende Haushalt aus Krediten finanziert, s.d. Karrenberg/Münstermann 1998, S. 185; dieselben 1997, S. 168. Während in NRW 1995 „nur" 49 Kommunen ein Haushaltssicherungskonzept aufstellen mußten, waren es 1996 bereits 74 Kommunen (Liebs, in: Mäding/Voigt 1998, S. 44). Es gibt sogar Kommunen in NRW, die ein Haushaltssicherungskonzept verweigern und auf zusätzliche Landesmittel hoffen (Holtkamp, in: Andersen 1998a, S. 249).

312 Karrenberg/Münstermann 1997, S. 129.

313 So lobte die Deutsche Bundesbank die Gebietskörperschaften in ihrem Monatsbericht vom Februar 1998, während der Deutsche Städtetag eine Verschlechterung der Finanzlage zum gleichen Zeitpunkt konstatiert (FAZ vom 19.2.1998 und FAZ vom 20.1.1998).

314 Klein/Münstermann 1978, S. 12 und Karrenberg/Münstermann 1995, S. 183ff. (eigene Berechnung).

315 Deutscher Städtetag, 7. Januar 1976. Nach § 22, Abs. 1, Satz 2 GemHVO (Nds.) muß „die Zuführung zum Vermögenshaushalt ... mindestens so hoch

Abb. 3.9: Einnahmen und Ausgaben der kommunalen Haushalte 1995 (alte und neue Länder)

Verwaltungshaushalt

Einnahmen	Mrd. DM	Ausgaben	*Mrd. DM*
		Personalausgaben	79,50
Gewerbesteuer (netto)	31,45	Sachaufwand	54,20
Einkommensteueranteil	44,10	Leistungen der Sozialhilfe	58,70
Grundsteuer und sonstige Steuern	13,20	Zahlungen an öffentlichen Bereich	14,50
		Zinsausgaben	12,60
		Sonstige Ausgaben	14,70
Steuern insgesamt	88,75		
Zahlungen von Bund und Land	77,65	Überschuß des Verwaltungshaushalts =	
Gebühren	40,90		
Sonstige Einnahmen	39,00	Zuführung zum Vermögenshaushalt	12,10
insgesamt	246,30	insgesamt	246,30

Vermögenshaushalt

Einnahmen	Mrd. DM	Ausgaben	*Mrd. DM*
Zuführung vom Verwaltungshaushalt	12,10		
Vermögensveräußerungserlöse	14,10	Erwerb von Sachvermögen	10,70
Investitionszuweisungen von Bund und Land	19,70	Baumaßnahmen	45,80
Beiträge und sonst. Einnahmen	9,20	Sonstige Ausgaben	10,50
Fehlbetrag = Nettokreditaufnahme	11,90		
insgesamt	67,00	insgesamt	67,00

Quelle: Seiler 1988, S. 521; Daten aus Karrenberg/Münstermann 1995, S. 183-188.

Hätte Leichlingen den u.a. auf Folgekosten und Verschuldung abstellenden niedersächsischen Bedingungen genügen müssen, erscheint nicht sicher, ob die Bewilligung von Landesmitteln für das Hallenbad erfolgt wäre. Allein im Haushaltsjahr 1970 stieg die Verschuldung der Stadt (bedingt durch außerordentliche Baumaßnahmen) von DM

sein, daß damit die Kreditbeschaffungskosten und die ordentliche Tilgung von Krediten gedeckt werden können", soweit dafür keine Einnahmen aus der Veränderung des Anlagevermögens, Entnahmen aus Rücklagen, Zuweisung und Zuschüsse für Investitionen und für die Förderung von Investitionen Dritter, Beiträge und ähnliche Entgelte zur Verfügung stehen (ebenso NRW).

7.393.538 auf DM 12.771.183. Dennoch entschloß sich Leichlingen später noch zum Bau eines neuen Rathauses (Mehrzweckgebäude mit Verwaltungsteil), einer weiteren Schule und des Hallenbades. Stand und Entwicklung der Verschuldung bildeten dabei ebensowenig ein Hindernis wie die grundsätzlichen Vorstellungen der Landesregierung. Wie hier wurden von vielen Gemeinden überörtliche Zweckzuweisungen als Möglichkeit genutzt, stagnierende (oder gar sinkende) Steuereinnahmen aufzufangen.

Seit die Finanzpolitik in Bund und Ländern regelmäßig „unerwartete Finanzlöcher" zu schließen hat, können die Gemeinden keine finanzwirtschaftlichen Erleichterungen mehr erwarten. Entsprechende „Hilferufe" („Rettet unsere Städte jetzt"),[316] die darauf abzielen, von Land und Bund zusätzliche Mittel zu beschaffen, haben zwar Tradition (z.B. Finanzreform 1969, Städtebauförderungsgesetz, Pflegeversicherung, Jahressteuergesetz 1997), müssen aber angesichts der Finanzlage in Bund und Ländern erfolglos bleiben. Auch in den Gemeinden dominiert der Sparzwang, d.h. die Suche nach Einsparungsmöglichkeiten bei den eigenen Ausgaben.

Ein süddeutscher Verwaltungschef meinte schon 1982: „Realistischer ist es, von einer Strukturkrise der öffentlichen Haushalte auszugehen, ... Das Gebot der Stunde heißt, ..., Sparen ..."[317] Soweit eine Erhöhung der Einnahmen durch kommunalpolitische Entscheidungen (angehobene Hebesätze, Mehrkostendeckung bei Gebühren, Verkauf von Vermögenswerten, Neuverschuldung) nicht möglich ist, sind verminderte Ausgaben zwingend erforderlich. Haushaltskonsolidierung ist das zentrale Problem deutscher Städte.[318] Damit rücken Struktur und Entwicklung der kommunalen Ausgaben in den Blick. Ein durchaus wohlmeinender ausländischer Beobachter hielt bereits die Mehrausgaben der siebziger Jahre für ein Ergebnis (zu) hoher und steigender Erwartungen sowohl der Bürger als auch der leitenden Kommunalbeamten im Hinblick auf Güte und Menge öffentlicher Leistungen.[319] Aber schon in den achtziger Jahren haben Kommunalpolitiker, die sich zu Einsparungen gezwungen

---

316 So der Deutsche Städtetag 1972. Die These von der öffentlichen Armut und dem privaten Reichtum machte Anfang der siebziger Jahre die Runde und wird jetzt wieder vertreten (Wewer, in: Andersen 1998c, S. 48).

317 Eickmeyer, in: Mäding 1983, S. 60.

318 S.d. die jährlichen Umfrageberichte des Deutschen Instituts für Urbanisitk (z.B. Difu-Berichte 2/1996, S. 2ff.).

319 Gunlicks 1986, S. 132.

sahen, „festgestellt, daß der weitaus größte Teil der Ausgaben in festen Blöcken besteht, die kaum bewegt werden können.“[320]

Die Größenordnung einzelner Aufgabenbereiche im Verhältnis zu anderen und deren Entwicklung im langfristigen Zeitverlauf erschließt eine zusammenfassende Übersicht für ausgewählte Jahre zwischen 1913 und heute (Abb. 3.10). Dabei zeigt sich, daß die Aufgabenfelder Bildung und Verkehr heute einen geringeren Teil der kommunalen Haushaltsmittel in Anspruch nehmen als damals. Die finanzielle Belastung der Gemeinden und Gemeindeverbände durch soziale Aufgaben und den Schuldendienst ist dagegen deutlich angestiegen.

Abb. 3.10: Zusammengefaßte Ausgaben der Kommunen nach Aufgabenbereichen

Aufgabenbereiche	1913	1925	1958	1968	1977	1998 (Leichlingen)
Allgemeine Verwaltung	10	10	9	6	9	7
Öffentliche Sicherheit und Ordnung	3	3	3	2	3	2
Schulen, Wissenschaft, Kulturpflege	31	20	15	12	14	12
Soziale Sicherung	18	29	25	12	16	21
Gesundheit, Sport, Erholung				10	13	2
Bau- und Wohnungswesen, Verkehr	20	27	20	17	11	9
Öffentliche Einrichtungen, Wirtschaftsförderung	16	10	23	17	13	19
Sonstige Ausgaben				15	11	
Schuldendienst	2	1	5	9	10	28
insgesamt	100	100	100	100	100	100

Quelle: Seiler 1988, S. 512; Stadt Leichlingen: Haushaltsplan 1997 (Haushaltsansatz 1998), S. 2,2.

Bei der Aufgabenerfüllung bilden die *Personalausgaben* den wichtigsten (und traditionell wachsenden) Ausgabenblock. In den Jahren 1975-1985 lag ihr Anteil an den Gesamtausgaben der Gemeinden und Gemeindeverbände (in Westdeutschland) eher über als unter 30%.[321] Nach Jahren der Haushaltskonsolidierung erfordern die Personalausgaben jetzt bei den westdeutschen Gemeinden (mit leicht steigender Tendenz) im Durchschnitt 26,4% (1997) des kommunalen Haushaltsvolumens (s. Abb. 3.11). Ungeachtet der kommunalen Finanznot in den achtziger Jahren ist die Zahl der Beschäftigen in den westdeut-

320 Eickmeyer, in: Mäding 1983, S. 64.

321 Konegen 1990, S. 267.

schen Kommunalverwaltungen von 1980-1993 um 18,5% angestiegen. In dieser Zahl ist der Nettoeffekt zahlreicher Ausgliederungen in Betriebe privater Rechtsform noch nicht berücksichtigt.[322] Der Wille zum Sparen konnte im Bereich der Jugendhilfe und der Kindergärten nicht eingelöst werden.[323] Dies gilt nicht für die ostdeutschen Bundesländer. Hier wurde besonders viel Personal in den Kindergärten und Kindertageseinrichtungen abgebaut. In Ostdeutschland war der Personalbestand in der öffentlichen Verwaltung aber besonders groß und mußte stark verringert werden. Innerhalb von fünf Jahren ließ sich eine Reduktion von 35% auf 24% in Städten und kreisangehörigen Gemeinden erreichen.[324] Die ostdeutschen Gemeinden geben im Durchschnitt 28,6% (1997) ihrer Haushaltsmittel (mit leicht sinkender Tendenz) für Personal aus. Wenn diese innerdeutsche Angleichung ein Stück Normalisierung enthält, wird auf absehbare Zeit mehr als ein Viertel aller Kommunalhaushalte für Personal eingesetzt, eine Größenordnung, die (weiterhin) zu Sparvorschlägen geradezu einlädt.

Einerseits sind die Personalkosten durch das Bundesbesoldungsgesetz, die (für West- und Ostdeutschland jeweils einheitlichen) Tarifverträge und den vom Land verordneten Stellenkegel weitgehend festgelegt.[325] Andererseits haben die meisten Gemeinden in den „üppigen“ siebziger Jahren alle Möglichkeiten für Beförderung und Höhergruppierung genutzt, die ihnen vom Land eröffnet wurden. Nicht nur die erhebliche Personalsteigerung der siebziger Jahre, sondern auch die Vielzahl von Gefälligkeitsbeförderungen (insbesondere vom gehobenen in den höheren Dienst)[326] ist mitverantwortlich für die heute als drückend empfundene Last der Personalkosten.

Der zweitgrößte Ausgabenblock in den ostdeutschen Gemeinden sind *Sachinvestitionen* mit durchschnittlich 24,2% (1997). Diese enthalten (wie bei den westdeutschen Gemeinden auch) vor allem Baumaßnahmen. Traditionell tätigen Gemeinden in Deutschland viele Investitionen. Die Situation verdeutlicht eine doppelte Zweidrittelregel: Von den Sachinvestitionen der öffentlichen Hand entfallen fast zwei Dritel auf die Kommunen;[327] von den Sachinvestitionen der Gemeinden

322 Sarrazin, in: Ipsen 1995, S. 19.
323 Karrenberg/Münstermann 1998, S. 183.
324 Karrenberg/Münstermann 1997, S. 183f.; s. a. Lorenz/Wegrich 1998, S. 34.
325 Vgl. Sander/Weiblen, in: Pfizer/Wehling 1991, S. 95.
326 Vgl. Gunlicks 1986, S. 139, 146f., 150.
327 Karrenberg/Münstermann 1997, S. 170.

Abb. 3.11: Ausgaben der (west-)deutschen Gemeinden (in Mio. DM)

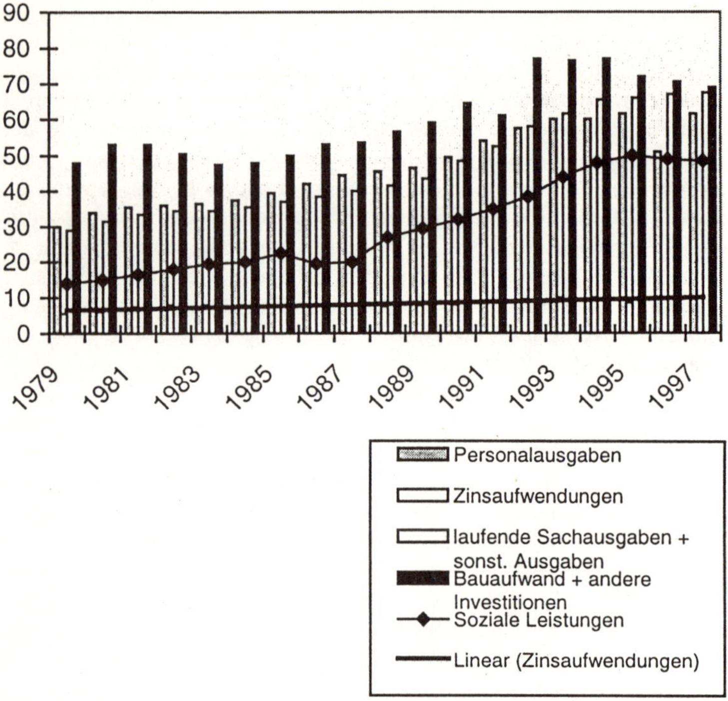

Quelle: Karrenberg/Münstermann, Jahrgänge 1997 bis 1998.

den und Gemeindeverbände entfallen Zweidrittel auf Baumaßnahmen, davon mehr als die Hälfte auf kreisangehörige Gemeinden.[328] Der Hauptstadtneubau, der Ausbau von Autobahn-, Schienen- und Telefonnetz haben diese Spitzenstellung allenfalls vorübergehend reduziert. Seit 1992 sind die Bauinvestitionen der westdeutschen Gemeinden jedoch deutlich rückläufig[329] (vgl. Abb. 3.11). Allein die stärkere

328 Marcus 1987, S. 36, 40, 46.

329 Über eine drastische Senkung der Investitionen berichtet bereits: Eickmeyer, in: Mäding 1983, S. 70.

Investitionstätigkeit der ostdeutschen Gemeinden (24,2% in 1997) im Vergleich zu den westdeutschen Kommunen (15,0% in 1997) erklärt den Unterschied im Niveau der durchschnittlichen Gesamtausgaben pro Kopf.

Bei langfristiger Betrachtung wird der Trend deutlicher. In den westdeutschen Gemeinden ging der Anteil der Investitionsausgaben am gesamten Haushaltsvolumen seit den sechziger Jahren „fast beständig zurück.“[330] Selbst wenn nach 50 Jahren Aufbau und Ausbau jetzt bedarfs- oder finanzbedingte Abstriche naheliegend erscheinen, bleibt die gesamtwirtschaftliche Wirkung stark verminderter Bautätigkeit unerwünscht. Investitionsschwäche in den Kommunen bedeutet Nachfrageausfall bei der Bauwirtschaft und damit zusätzliche Arbeitslose.[331] Ob die neue Vergabepraxis, die einen europa- bzw. weltweiten Wettbewerb vorsieht, wesentliche Einsparungen ermöglicht oder ob dies noch weitere negative Folgen für den Arbeitsmarkt mit sich bringt, wird kontrovers diskutiert. Der Rückzug aus der eigenen Investitionstätigkeit und die Zuflucht zu geleasten Gebäuden wurde bereits kritisch diskutiert.[332]

Das lenkt die Aufmerksamkeit kommunaler Sparpolitik auf die *Sozialausgaben.* Hier „sind insbesondere die Träger der Sozialhilfe,[333] kreisfreie Städte und Landkreise“, in den achtziger Jahren „zunehmend stärker beansprucht worden.“ In den einzelnen Städten Nordrhein-Westfalens war die „Sozialhilfe für Arbeitslosigkeit im Zeitraum von 1981 bis 1984 um über 300% angewachsen.“[334] Vor diesem Hintergrund ist zunächst mit Überraschung festzustellen, daß die Sozialausgaben mit DM 576 pro Kopf in den ostdeutschen Gemeinden deutlich unter dem Westniveau von DM 801 pro Kopf liegen. Die prozentualen Anteile für 1997 betrugen 14,5% der Gesamtausgaben in ostdeutschen Gemeinden und 21,1% der Gesamtausgaben in westdeutschen Gemeinden.[335] Die besondere Dramatik dieser Ausgabenposition liegt für die westdeutschen Gemeinden darin, daß sie seit den achtziger

330 Kunz, in: Gabriel 1989a, S. 85.

331 Vgl. Sander/Weiblen, in: Pfizer/Wehling 1991, S. 95f.

332 S. oben, Abschnitt 2.4.3.

333 Für Einzelheiten s. Wenzel/Leibfried, in: Voigt 1984, S. 394f.

334 Zitate bei: Marcus 1987, S. 38 und 49, Anm. 18 mit Verweis auf Karrenberg/Münstermann 1986, S. 87-90.

335 Alle Prozentangaben wurden errechnet aus den Daten von Karrenberg/Münstermann 1996, S. 130, 133.

Jahren allmählich, seit 1991 dann stärker und schließlich für die Jahre von 1992 bis 1998 um über 30% angestiegen ist (vgl. Abb. 3.12).[336]

Während der Schwerpunkt der sozialen Leistungen (in Ost- und Westdeutschland gleichermaßen) mit etwa 70% bei der Sozialhilfe liegt, überwog 1995/96 in westdeutschen Kommunen die Sozialhilfe an Personen außerhalb von Einrichtungen, in ostdeutschen Kommunen jene an Personen in Einrichtungen, obwohl es wegen der Arbeitsmarktlage genau umgekehrt zu erwarten wäre. Auf mögliche entlastende Wirkungen durch die Asylregelung und die Pflegeversicherung haben wir schon hingewiesen.[337] Dennoch besteht die Gefahr, daß sich eine „neue, ... bis in die achtziger Jahre ... nicht bekannte, breiter werdende und sich im Bestand verhärtende Unterschicht herausbildet“,[338] die auch für kleinere Städte eine Herausforderung wird. Diese sind dringend aufgefordert, mit den zu vergebenden Geldern mehr zu tun, als eine Personengruppe aus der Gesellschaft auszugrenzen oder ruhigzustellen.

Bisher trifft die stürmische Entwicklung der Sozialausgaben unsere Beispielstädte nur begrenzt. Zunächst einmal ist die individualisierte Lebenssituation in Großstädten und Ballungsräumen stärker verbreitet; in ländlichen Räumen fangen traditionelle Familienstrukturen einen Teil des Problemdrucks auf. Hinzu kommt, daß für kreisangehörige Gemeinden generell die Kreise Träger der Sozialhilfe sind. Dies gilt auch für die Große Kreisstadt Leonberg, die den finanziellen Druck der Sozialhilfe nur mittelbar spürt. Für die anderen Beispielstädte sind ebenso die Kreise Jerichower Land, Rheinisch-Bergischer Kreis bzw. Ammerland zuständig. Ausgabensteigerungen für diese Aufgabe machen sich wie in Leonberg auch in Burg, Leichlingen und Westerstede nur indirekt, nämlich durch einen Anstieg der Kreisumlage, bemerkbar.

Bedeutsam bleibt, daß kommunale Sozialleistungen sich letztlich aus der Auffangposition der Gemeinden und Gemeindeverbände am unteren Ende des sozialen Netzes ergeben: Langzeitarbeitslose, Alleinerziehende, Asylbewerber, Bürgerkriegsflüchtlinge und Patienten der stationären Altenpflege sind nach Ausschöpfung aller anderen Möglichkeiten auf die von Städten und Kreisen gewährte Sozialhilfe

---

336 So bereits frühzeitig: Karrenberg/Münstermann 1995, S. 123.

337 S. oben, Abschnitt 3.4.1; Karrenberg/Münstermann 1997, S. 112, 134, 164f.

338 Sarrazin, in: Ipsen 1995, S. 20.

Abb. 3.12: Kommunale Ausgaben in DM pro Einwohner (West)

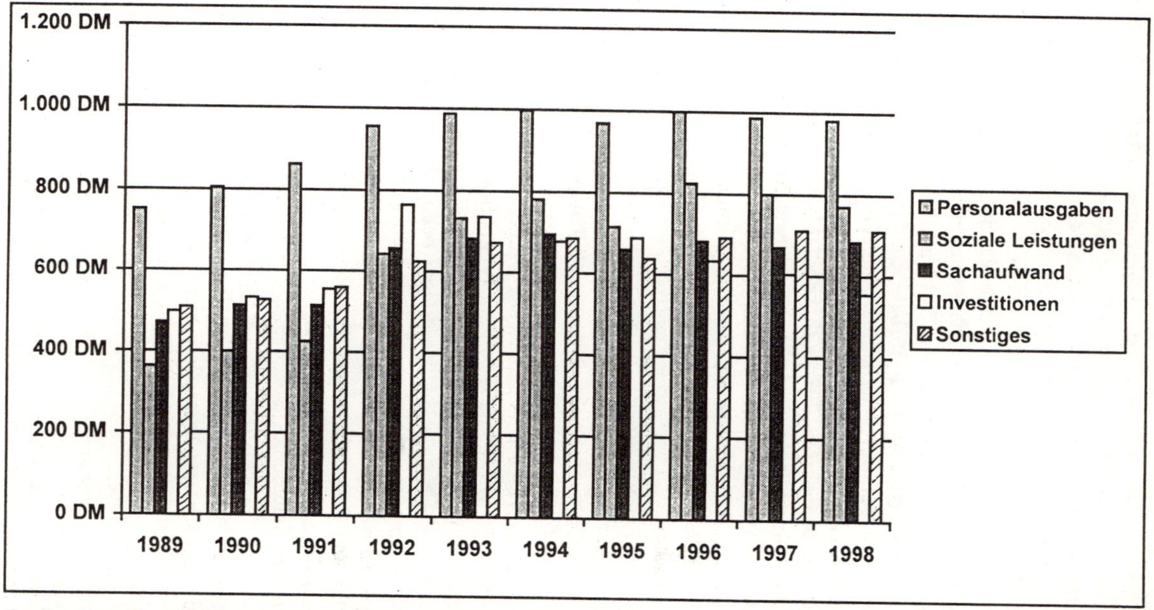

Quellen:Karrenberg/Münstermann, 1990, S. 83; 1991, S. 85; 1994, S. 137; 1995, S. 183; 1996, S. 125; 1997, S. 131; 1998, S. 151.

angewiesen. Das schließt allerdings nicht aus, daß die Gemeinden durch aktive Politik arbeitsfähige Sozialhilfeempfänger wieder dem Arbeitsmarkt zuführen können. Viele Städte haben sich hier seit den siebziger Jahren als Pioniere versucht und finden immer mehr Nachahmer.[339]

Im Gegensatz zu Bund und Ländern, wo Zinszahlung (und Tilgungsleistung) im letzten Jahrzehnt deutlich angestiegen sind, halten sich die *Zinsaufwendungen* der westdeutschen Gemeinden (vgl. Abb. 3.11) mit ca. 10 Mio. DM jährlich seit 1994 etwa auf der gleichen Höhe.[340] Die Nettokreditaufnahme lag 1996 und 1997 mit nur 4 Mio. DM sowohl im langjährigen Mittel (1980-97), als auch deutlich unter dem Rekordstand von 1993 (9,28 Mio. DM). In Ostdeutschland haben sich die kommunalen Zinsausgaben dagegen trotz sinkender Nettokreditaufnahme seit 1991 verzehnfacht (von 0,2 auf 2,0 Mio. DM).[341] Die Zinsen beanspruchten 1997 in den ostdeutschen Gemeinden durchschnittlich 10,5%, in westdeutschen Gemeinden 4,3% der Gesamtausgaben.

Während der *laufende Sachaufwand* in den Kommunen beider Landesteile auf dem gleichen Niveau stagniert (1997: 18,1% der Gesamtausgaben in westdeutschen und 18,3% in ostdeutschen Gemeinden),[342] sind die *sonstigen Verwaltungsausgaben* in westdeutschen Gemeinden von 3,0% im Jahre 1989 auf 6,2% des Haushaltsvolumens im Jahre 1997 deutlich angestiegen (vgl. Abb. 3.11). Sofern darin der Personalaufwand für ausgelagerte Leistungen oder Leasingraten für Anlagen und Gebäude enthalten sind, belegt diese Position, daß die frühere Dynamik bei Personal, Schulden und Zinsen nur scheinbar gebrochen ist. Dieser Befund steht im Einklang mit der Tatsache, daß sich bei den personalwirtschaftlichen Maßnahmen der Städte 1993-96 so etwas wie ein Standardkonzept (von etwa 50 Mitgliedsstädten des Deutschen Städtetages) abzeichnet. Dazu gehören: zeitweise Nichtbesetzung freiwerdender Stellen, Wegfall von Stellen, Vorruhestandsregelungen, Überprüfung von Überstunden bzw. Mehrarbeit und Abbau eigener Kapazitäten (vor allem in der Gebäudereinigung). Soweit die

339 Blanke u.a. 1986; Bullmann 1991; Benzler/Heinelt 1991.

340 Die Ursache liegt darin, daß Bund und Land wesentlich stärker verschuldet sind als die Gemeinden (Wewer 1998, S. 52; Hartwich 1997).

341 Karrenberg/Münstermann 1997, S. 196, 198.

342 Karrenberg/Münstermann 1997, S. 130, 133.

letzte Möglichkeit genutzt wird, erfolgt eine Vergabe der Leistungen an Dritte, also Firmen der Gebäudereinigungsbranche. Für Grünflächenpflege, Bauleitplanung und Bauleitung im Hoch- und Tiefbau wird ähnlich verfahren, allerdings nicht so häufig.[343]

Die notwendige Konsolidierung der Haushalte war in vielen Städten der Anlaß dafür, die Einführung des Neuen Steuerungsmodells zu forcieren. Bisherige Maßnahmen in Mittelstädten haben allerdings noch nicht die erhofften Folgen gezeigt. Dies konnte sicherlich so kurzfristig auch nicht erwartet werden. Städte, die die Reformen zügig angehen, die sogenannten „Reformkommunen“, konzentrieren sich jeweils auf Kosteneinsparungen und Rationalisierungen in der Verwaltung, wobei in der Regel das Haushalts- und Rechnungswesen im Vordergrund steht.[344] So soll die Kostenverantwortung jedes Akteurs durch bessere Managementstrukturen und Budgetierung verbessert werden.[345] Daneben sieht das Neue Steuerungsmodell vor, daß sich die Angebote der Verwaltung stärker an den Wünschen der Bevölkerung orientieren. Vergleiche der Ausgabenpräferenzen von Politikern und Bevölkerung zeigen aber, daß die Bürger weniger zukunftsbezogen denken als die Politiker. Während Politiker für öffentlichen Personennahverkehr, Abfallvermeidung und Wirtschaftsförderung optierten, sprachen sich die Bürger für Parkplätze, mehr Sicherheit („Polizei“) und Freizeiteinrichtungen aus. Die Untersuchung von Gabriel u.a. bestätigt damit den von Arzberger ermittelten Befund, „nach dem die Prioritätensetzungen der städtischen Parlamentarier ... kaum noch eine Ähnlichkeit mit dem ... durchschnittlichen Bürgerwillen aufweisen.“[346] Responsivität[347] bedeutet aber nicht, nur dem durchschnittlichen Bürgerwillen zu folgen. Vielmehr geht es auch um Handeln im wohlverstandenen Interesse der Repräsentierten.[348] Politiker sind aufgefordert, mit Hilfe der kontinuierlichen Tätigkeit der Verwaltung langfristige Perspektiven aufzuzeigen und entsprechende Möglichkeiten zu nutzen. Dies muß durch die institutionelle Struktur zur Kanalisierung von Entscheidungsprozessen möglich bleiben.

---

343 Karrenberg/Münstermann 1996, S. 206.

344 Difu-Berichte, 2/1998, S. 12.

345 S. unten, Abschnitt 4.4.

346 Gabriel u.a. 1993a, S. 36; Arzberger 1980, S. 147.

347 Uppendahl 1981, S. 123ff.

348 Schüttemeyer, in: Nohlen 1995, S. 549

4. Entscheidung über gemeindliche Aufgaben: Kommunale Selbstverwaltung oder Demokratie in überschaubaren Einheiten

Die Frage „Wie wird über Angelegenheiten einer Gemeinde entschieden?“ bildet den Kern einer politikwissenschaftlichen Gemeindeforschung. Rein juristisch wäre diese Frage durch einen Blick in die Gemeindeordnung des betreffenden Bundeslandes rasch zu beantworten.[1] Ein Vergleich der Gemeindeordnungen fördert aber eine erstaunliche Vielfalt zutage.

4.1 Konvergenz der Gemeindeordnungen?

Bis Mitte der neunziger Jahre ließen sich die Gemeindeordnungen weitgehend auf vier Gemeindeverfassungstypen zurückführen.[2] Die Gemeindeordnungen unterschieden sich

- in der Bestellung der Verwaltungsspitze
- (Direktwahl durch die Bevölkerung in Baden-Württemberg und Bayern oder Bestellung durch den Rat in Rheinland-Pfalz, Hessen, Nordrhein-Westfalen, Niedersachsen, Saarland und Schleswig-Holstein) sowie
- durch die Kompetenzen der Verwaltungsspitze:

1 Ergänzend wären für jede Stadt Hauptsatzung und Geschäftsordnung heranzuziehen.

2 Frey/Holler, in: Frey 1976a, S. 241ff.; Lang, in: Wehling 1975, S. 154ff.; vgl. die Darstellung der Kommunalverfassungssysteme bei Borchmann, in: Borchmann/Vesper 1976, S. 30ff.; Schmidt-Eichstaedt u.a.: 1975ff.; Schmidt-Eichstaedt, in: Gabriel 1989a, S. 17ff.; Holtmann 1990, S. 6f.; s.a. Wehling 1986, S. 70.

nur Leiter der Verwaltung neben einem ehrenamtlich tätigen, durch den Rat gewählten Repräsentanten (insb. Niedersachsen und Nordrhein-Westfalen) oder auch gleichzeitig Leiter/Mitglied des Rates und oberster Repräsentant der Gemeinde (Baden-Württemberg, Bayern und Rheinland-Pfalz). Damit ist die Unterscheidung zwischen Verknüpfung (Einköpfigkeit) oder Trennung (Zweiköpfigkeit) von Rats- und Verwaltungsspitze verbunden.
- Weiterhin gab es eine monokratische oder kollegiale (Hessen, größere Städte in Schleswig-Holstein) Form der Verwaltungsleitung.

In diesen Typen mischten sich landesspezifische Selbstverwaltungstraditionen (Süddeutsche Ratsverfassung in Bayern und Baden-Württemberg, Bürgermeisterverfassung in Rheinland-Pfalz und Saarland, Magistratsverfassung in Hessen und Schleswig-Holstein) mit Demokratisierungsimpulsen der britischen Besatzungsmacht[3] (Norddeutsche Ratsverfassung in Niedersachsen und Nordrhein-Westfalen).

Die Vielfalt der in den einzelnen Gemeindeverfassungstypen herrschenden institutionellen Rahmenbedingungen bot eher ein verwirrendes Bild als Einblick in den Ablauf kommunalpolitischer Prozesse. Zudem war in der sozialwissenschaftlichen Diskussion schon immer strittig, inwieweit die unterschiedlichen Gemeindeordnungen tatsächlich eine grundlegende Strukturierung der Entscheidungsprozesse bewirken könnten und nicht viel mehr – gerade in kleineren Gemeinden – andere Faktoren eine wichtigere Rolle spielen.[4] Derlien u.a. haben die begrenzte Bedeutung der Gemeindeordnungen für den Entscheidungsprozeß nachgewiesen.[5] Beim Vergleich von vier Mittelstädten in unterschiedlichen Bundesländern zeigte sich, daß in allen Städten und unabhängig vom Verfassungstyp generelle Muster im Entscheidungsprozeß existieren.[6] Demgegenüber hat Banner immer wieder die strukturierende Bedeutung der Gemeindeordnungen unabhängig von der Gemeindegröße und sonstigen sozio-ökonomischen Rahmenbedin-

---

3 S. oben, Abschnitt 1.2.3. Zur historischen Entwicklung der Norddeutschen Ratsverfassung s. Rudzio 1968.

4 Zusammenfassend dazu Naßmacher, in: Schimanke 1989, S. 62-83.

5 Derlien u.a. 1975.

6 Zu ähnlichen Ergebnissen bzw. Einschätzungen kommen Winkler-Haupt (in: Schimanke 1989, S. 154; zur Problematik der empirischen Basis s. Derlien, in: Gabriel/Voigt, 1994, S. 70); Schmidt-Eichstaedt (in: Gabriel 1989a, S. 18) und Voigt (in: Gabriel/Voigt 1994, S. 17).

gungen betont.[7] Neuerdings wird in der Öffentlichkeit vor allen Dingen eine Konvergenz der Gemeindeordnungen wahrgenommen.

Seit den frühen achtziger Jahren zeigt sich eine Präferenz zugunsten der Süddeutschen Ratsverfassung. In Hessen wurde 1991 die Direktwahl des Bürgermeisters/Landrates eingeführt, dabei aber die Zweiköpfigkeit und der kollegiale Magistrat beibehalten. In Nordrhein-Westfalen begann die Diskussion zur Direktwahl des Oberbürgermeisters 1991; diese fand aber erst 1994 eine politische Mehrheit, als die Opposition ein Volksbegehren hierzu androhte.[8] In den neuen Bundesländern war zunächst die Wahl des Bürgermeisters/Oberbürgermeisters durch den Rat vorgesehen, bald zeigte sich aber der gleiche Trend in Richtung Direktwahl des Bürgermeisters und Einköpfigkeit des Gemeindevorstandes.[9] Allerdings waren für diese Angleichung in Ost und West unterschiedliche Ursachen wichtig. In der ostdeutschen Diskussion wirkten basis- und direktdemokratische Wurzeln nach, die in der Wendezeit zu einer lokalen Aufbruchstimmung geführt hatten, während in der westdeutschen Debatte eher verwaltungspolitische Gründe, z.B. bessere Steuerbarkeit und höhere Verwaltungseffizienz der Kommunen eine Rolle spielten.[10]

Am auffälligsten ist nach den Novellierungen, daß der Chef der Verwaltung jetzt überall als oberster Repräsentant der Gemeinde fungiert und von der Bürgerschaft direkt gewählt wird.[11] Vorher waren häufig Orientierungsschwierigkeiten bei den Bürgern sowie Abstimmungsprobleme (Reibungs- und Effizienzverluste) zwischen dem ehrenamtlichen Repräsentanten (Ober-)Bürgermeister in Niedersachsen

7 Z.B. Banner 1983, S. 139ff.; ähnlich in der Tendenz auch Wehling, z.B. in: Schimanke 1989, S. 84-96. Auch Simon glaubt aufgrund der Ergebnisse seiner empirischen Studie in Großstädten mittlerer Größe, daß die Bedeutung der Gemeindeordnungen in der Literatur bisher unterschätzt wurde (Simon 1988, S. 13). Falsifizierend im Hinblick auf die Bedeutung für die Fiskalpolitik Kunz/Zapf-Schramm, in: Schimanke 1989, S. 161-189; für kleine Gemeinden Bußmann 1998, S. 238.

8 Zum Reformweg in Nordrhein-Westfalen s. Andersen, in: Andersen 1998a, S. 58ff. Ähnlicher politischer Druck führte in Niedersachsen zur Direktwahl des Bürgermeisters als Verwaltungschef.

9 Derlien, in: Henneke 1996, S. 26.

10 Wollmann, in: Kaase u.a. 1996, S. 108.

11 Für die Landkreise haben nur Baden-Württemberg und Brandenburg die Wahl durch den Kreistag beibehalten, sonst wurde überall die Volkswahl des Landrats/Oberkreisdirektors eingeführt. S.d. Henneke, in: Wollmann/Roth 1999, S. 140.

und Nordrhein-Westfalen und dem Verwaltungschef (Ober-/Stadtdirektor) beobachtet oder konstatiert worden.[12] Die Direktwahl und die Kompetenzen verleihen dem Amtsinhaber „eine andere Legitimation, Durchsetzungskraft, Integrationsfähigkeit und Unabhängigkeit."[13] Die niedersächsische Enquete-Kommission zur Überprüfung des Kommunalverfassungsrechts hat wohl mit Recht darauf hingewiesen, daß durch die Direktwahl die Balance zulasten des Rates auf die Verwaltung verschoben wird. Dies ist besonders dann gegeben, wenn der hauptamtliche Bürgermeister Mitglied des Rates ist, zugleich dem Rat vorsitzt,[14] seine Amtszeit unabhängig von der des Rates ist und länger als die Wahlperiode des Rates dauert.

Diese Voraussetzungen waren in Baden-Württemberg schon immer gegeben; Rheinland-Pfalz, Hessen, Sachsen und Thüringen folgten dem Beispiel. In Baden-Württemberg betrug die Amtszeit immer schon 8 Jahre, dies ist nun auch in Rheinland-Pfalz und Brandenburg der Fall.[15] Die Wahlzeit kann in Mecklenburg-Vorpommern am längsten ausgedehnt werden.[16] Dagegen ist die Amtszeit des Bürgermeisters in Niedersachsen und Nordrhein-Westfalen mit der des Rates identisch.[17] Selbst in Bayern (Amtszeit 6 Jahre) wird der Bürgermeister mit dem Rat gleichzeitig gewählt und nur für diesen Zeitraum. Die Leitung des Rates liegt z.B. in den Ländern Hessen, Niedersachsen und Sachsen-Anhalt nicht beim volksgewählten Bürgermeister.[18] In Thüringen kann die Hauptsatzung regeln, wer die Ratssitzungen

---

12 Z.B. Hillmann 1992, S. 41ff. Weitere Probleme bei Andersen, in: Andersen 1998a, S. 54.

13 Kleinfeld u.a. 1996, S. 154. Diese Vorteile sehen auch die ersten (74) hauptamtlichen Bürgermeister in Nordrhein-Westfalen (Oebbecke/Schulenburg 1997, S. 193).

14 Ellwein/Zoll 1982; Wehling/Siewert 1987.

15 GO RPf, § 52, Abs. 1; GO Brandenburg, § 62, ebenso im Saarland § 31, Abs. 2 GO. Für Sachsen-Anhalt beträgt die Amtszeit 7 Jahre (GO § 58, Abs. 1), ebenso in Sachsen (GO § 51, Abs. 3). In Thüringen und Hessen sind Amtszeiten von 6 Jahren vorgesehen (§ 28, Abs. 3 bzw. § 39, Abs. 3).

16 GO MV, § 38: 7 bis 9 Jahre.

17 GO NRW, § 65, Abs. 1. Bei den ersten hauptamtlichen Bürgermeistern stieß die kurze Amtszeit daher auch auf die vergleichsweise größte Ablehnung (Oebbecke/Schulenburg 1997, S. 194).

18 In Hessen ist der Oberbürgermeister/Bürgermeister nicht Mitglied des Rates; s.a. GO Sachsen-Anhalt, § 51, Abs. 4; Nds. GO § 43. Für die weiteren Bundesländer s. Knemeyer, in: Wollmann/Roth 1999, S. 115.

leitet.[19] Damit ist gleichzeitig der wesentliche Einfluß auf die Aufstellung der Tagesordnungen für Ratssitzungen und eine Prioritätensetzung für die Diskussionen im Gremium verbunden. Dies gilt natürlich entsprechend, wenn der hauptamtliche Bürgermeister die Ausschüsse leitet, wie dies in Baden-Württemberg und Rheinland-Pfalz prinzipiell vorgesehen ist.

Weiterhin unterscheiden sich die Gemeindeordnungen nach wie vor darin, daß einmal der Bürgermeister allein für die Verwaltungsleitung zuständig sein soll (wie in Baden-Württemberg und den neuen Bundesländern Sachsen, Sachsen-Anhalt und Thüringen) oder daß er in einen Gemeindevorstand aus nur hauptamtlichen (wie in Nordrhein-Westfalen) oder haupt- und nebenamtlichen Beigeordneten eingebunden ist (Stadtvorstand: Rheinland-Pfalz; Magistrat: Hessen, Schleswig-Holstein; Verwaltungsausschuß: Niedersachsen).[20] Die Dominanz des Bürgermeisters als Verwaltungschef kann durch Wahlbeamte als Dezernatsleiter eingeschränkt sein:[21] Diese sind durch ihre Kontakte zu den Fraktionen vom Chef unabhängiger,[22] so daß an die Stelle einer monokratischen Führung eher eine kollegiale Leitung tritt.[23]

Die Verselbständigungstendenz der vom Rat gewählten Beamten (Dezernenten) wurde bereits von Grauhan (1970) herausgearbeitet.[24] Weiterhin sind die Mehrheitsverhältnisse im Rat wesentlich für die Stellung des (Ober)Bürgermeisters, wie Thränhardt am Beispiel München gezeigt hat.[25]

---

19 GO Thüringen, § 23.

20 § 70 GO NW; § 57 GO RPf., § 65 HGO vom 12.9.1995; § 60 GO SchlH., GVBl. I, S. 462; § 56, 1 GO Nds. vom 9.9.1993; GVBl. S. 359; s. d. Schmidt-Eichstaedt 1985, S. 25ff.; Naßmacher 1988c, S. 304ff..

21 In Baden-Württemberg gibt es Beigeordnete nur für Gemeinden ab 10.000 Einwohner (Wehling, in: Schimanke 1989, S. 92).

22 Derlien u.a. 1975, S. 42, 46f., 60. Dies ist besonders dann zu erwarten, wenn die Amtszeit – wie z.B. in Nordrhein-Westfalen und Niedersachsen – wesentlich länger ist als die des Verwaltungschefs.

23 In Hessen kann die vorzeitige Abwahl von Beigeordneten in Städten über 50.000 EW zum Zwecke der Angleichung von Mehrheitsverhältnissen in Rat und Verwaltungsspitze vorgenommen werden.

24 Grauhan 1970, S. 252. Wehling glaubt, daß gerade in kleinen Städten der Bürgermeister, der gegenüber diesen Spitzenbeamten Weisungsrecht hat, diese in die Knie zwingen kann (Wehling, in: Schimanke 1989, S. 92). Der Erfahrungsbericht von Stüber (in: Andersen 1998a, S. 70) deutet auf die bessere Einbindung der Beigeordneten durch den Gemeindevorstand hin.

25 Thränhardt, in: Schimanke 1989, S. 22ff.

Die Machtposition des baden-württembergischen Bürgermeisters wird häufig am Eilentscheidungsrecht festgemacht.[26] Das Eilentscheidungsrecht ist in den anderen Gemeindeordnungen eingeschränkt. In Rheinland-Pfalz kann der Bürgermeister Eilentscheidungen im Benehmen mit den Beigeordneten treffen, der Gemeinderat die Entscheidung aber in der nächsten Sitzung wieder aufheben. In Niedersachsen steht dem Bürgermeister ein Eilentscheidungsrecht nur mit dem Vorsitzenden des Rates oder des Verwaltungsausschusses zu. In Nordrhein-Westfalen ist das Eilentscheidungsrecht auf den Bürgermeister und ein Ratsmitglied übertragen, die Entscheidung muß dem Gemeinderat aber in der nächsten Sitzung zur Genehmigung vorgelegt werden. Auch im Saarland kann der Gemeinderat die Entscheidungen des Bürgermeisters, der diese allein trifft, wieder aufheben.[27]

Schließlich ergibt sich die besondere Stellung des Bürgermeisters in Baden-Württemberg und Bayern auch daraus, daß während der Amtsdauer keine Abwahlmöglichkeit (recall) besteht, während in den meisten Bundesländern – dem Beispiel Hessens folgend – eine Abwahlregelung getroffen wurde.[28] In Hessen existiert für die Abwahl eine repräsentativ-demokratischen Hürde: das plebiszitär-demokratische Abwahlverfahren kann nur durch einen entsprechenden Beschluß der Gemeindevertretung ausgelöst werden. Diese Regelungen haben die meisten Bundesländer übernommen. Brandenburg und Sachsen wenden dagegen das plebiszitär-demokratische Verfahren unmittelbar an: das Abwahlverfahren läßt sich auch aus der Mitte der Bevölkerung über ein Bürgerbegehren einleiten.[29]

Die Betrachtung der Position des (Ober)Bürgermeisters nach den formalen Regeln der Gemeindeordnungen führt nicht unmittelbar zu angemessenen Ergebnissen, wenn nicht andere institutionelle Rah-

---

26 S. d. Ellwein/Zoll 1978; Wehling, in: Schimanke 1989, S. 87.

27 GO RPf., § 48; GO Nds., § 66; GO NW, § 60; GO Saarland, § 61.

28 Schefold/Neumann 1996, S. 50f.

29 Wollmann, in: Kaase u.a. 1996, S. 108. Von der Möglichkeit der Abwahl ist offenbar in Brandenburg besonders intensiv Gebrauch gemacht worden (Das Parlament vom 13.3.1998, S. 12; Wollmann, in: Wollmann/Roth 1999, S. 48). Besondere Aufmerksamkeit zog die Abwahl des Potsdamer Oberbürgermeisters mittels Bürgerbegehren und Bürgerentscheid auf sich (FAZ vom 16.5.1998). Das „Bürgermeisterkegeln" hat zu einer Novellierung der Abwahlmodalitäten veranlaßt. Zu Sachsen s. Das Parlament vom 13.2.1998. Hinzu kommen noch unterschiedliche Abwahlmöglichkeiten der hauptamtlichen Führungskräfte der Verwaltung, der Dezernenten.

menbedingungen mit einfließen. Hier sind insbesondere das personalisierte Wahlrecht für die Ratsmitglieder (s. Abb. 4.1) und der mögliche Bürgerentscheid über Sachfragen zu berücksichtigen. Sie zwingen nicht nur die Kommunalpolitik zu einem sehr konkreten Bürgerbezug,[30] sondern sie bewirken auch eine bestimmte Zusammensetzung der Gemeinderäte und ein besonderes Verhalten. So vertritt Wehling die These, daß das baden-württembergische Wahlrecht Gemeinderäte hervorbringt, die dem Bürgermeister die Möglichkeit verschaffen, die in der Gemeindeordnung vorgesehenen Ressourcen in vollem Umfange zu nutzen.[31] Durch drohende Bürgerbegehren mit möglichem Bürgerentscheid wird quasi die Bürgermeinung antizipierend vorweggenommen. Damit erweitert sich die Zahl der als relevant angesehenen institutionellen Faktoren also noch.

Die Unterschiede der Gemeindeordnungen und sonstige Besonderheiten können den Blick für die Gemeinsamkeiten in Entscheidungsprozessen verstellen. Auch läßt sich schon prognostizieren, daß die formalen Regeln aufgrund langjähriger Traditionen in den einzelnen Bundesländern nicht unmittelbar zu den gleichen Ergebnissen führen werden.[32] Unterschiede in Großstädten und Landgemeinden wurden schon immer vermutet bzw. empirisch belegt.[33] Die Bedeutung des Parteiensystems, der sozio-ökonomischen Situation und der siedlungsgeographischen Struktur der Stadt sowie der handelnden Personen konnte nachgewiesen werden.[34] Die Ausdifferenzierung der Städte, bedingt durch die kommunale Verwaltungs- und Gebietsreform, sowie die Stärkung der teilräumlichen Vertretungen machen es notwendig, auch diese Aspekte in den Blick zu nehmen. Zunächst waren Bezirksvertretungen nur als „Trostpflaster" gedacht,[35] um den Prozeß der kommunalen Gebietsreform abzufedern. Nur unter bestimmten Bedingungen (parochiale Strukturen, relevante Einzelmaßnahmen, „Ortsbürgermeister")[36] kam ihnen eine gewisse Bedeutung zu. Heute

---

30 Banner, in: Schimanke 1989, S. 57.
31 Wehling, in: Schimanke 1989, S. 95.
32 Zu geringen Determinationswirkungen einer neuen Gemeindeverfassung s. Hauschild, in: Blanke 1991, S. 229.
33 Naßmacher, in: Thränhardt/Uppendahl 1981, S. 43ff.
34 Naßmacher, in: Schimanke 1989, S. 62-83; Voigt, in: Gabriel/Voigt 1994, S. 17.
35 Hill (1987, S. 134) kritisiert, daß der Aspekt der Bürgernähe und der Integrationskraft bei der territorialen Gebietsreform zu kurz gekommen ist.
36 S. d. Kevenhörster u.a. 1980; Schäfer 1982.

Abb. 4.1: Das Kommunalwahlrecht

		Baden-Württemberg	Bayern	Brandenburg	Hessen	Mecklenburg-Vorpommern	Nieder-sachsen	Nordrhein-Westfalen	Rheinland-Pfalz	Saarland	Sachsen	Sachsen-Anhalt	Schleswig-Holstein	Thüringen
1.	*Wahlsystem*													
1.1	Mehrheitswahl:													
1.1.1	in Einerwahlkreisen	–	–	–	–	–	–		–	–	–	–	–	–
1.1.2	in Einer- o. Mehrmann-wahlkreisen	–	–	–	–	–	–	–	–	–	–	x	–	–
1.2	Verhältniswahl:													
1.2.1	mit freier Liste	x	x	x	–	x	x	–	x	–	x	x	–	x
1.2.2	mit starrer Liste	–	–	–	x	–	–	x	–	x	–	–	x	–
1.3	verfügbare Stimmenzah:													
1.3.1	1 Stimme	–	–	–	x	–	–	x	–	x	–	–	–	–
1.3.2	3 Stimmen	–	–	x	–	x	x	–	–	–	x	x	–	–
1.3.3	Anzahl der Stimmen = Anzahl der Mandate	x	x	–	–	–	–	–	x	–	–	–	(im Wahl-kreis)	(im Wahl-kreis)
1.4	Kumulieren2	x	x	x	–	x	x	–	x	–	x	x	–	x
1.5	Panaschieren3	x	x	x	–	x	x	–	x	–	x	x	–	x

2.	*Mandatsverteilung*													
2.1	Fünfprozentklausel	–	–	–	x	x	–	–	x	x	–	–	x	x
2.2	Wahlgebiet in Bezirken		–	–	–	–	–	x	x	x	x	x	x	x
2,3	Sitzverteilung:													
2.3.1	d'Hondt	x	x	–	–	–	–	x	–	x	x	–	x	x
2.3.2	Hare-Niemeyer	–	–	x	x	x	x	–	x	–	–	x	–	–
3.	*Wahlvorschläge:*													
3.1	Listenverbindungen	–	x	x	–	–	x	–	x	x	–	x	–	–
3.2	Neue Bewerber:													
3.2.1	Liste beim Wahlvorstand	–	x	–	–	–	–	–	x	x	x	–	–	x
3.2.2	Unterschriften	10-250	4 x so-viel wie Man-date	–	2 x so-viel wie Man-date	–	10-30	5-20	10-250	3 x so-viel wie Man-date	10-30	1% der Wahl-bew. max. 100	Sat-zung Pro-gramm	4 x so-viel wie Man-date
3.3	Einzelbewerber:													
3.3.1	zugelassen	–	–	x	–	x	x	x	–	–	–	x	–	–
3.3.2	mit Unterschriften	–	–	–	–	–	–	5-20	–	–	–	–	–	–

1 Fortschreibung und Ergänzung der Übersicht in Karl-Heinz Neser, Probleme im Kommunalwahlrecht, in: Gegenwartskunde, 30 (1981) 3, S. 367, mit Hilfe der Kommunalwahlgesetze der einzelnen Bundesländer.

2 Für einen Kandidaten können mehrere (Teil-)Stimmen abgegeben werden.

3 Es können Kandidaten aus verschiedenen Listen gewählt werden.

Quelle: Naßmacher, in: Gabriel u.a. 1997b, S. 434. (aktualisiert)

können Bezirksvertretungen, bedingt durch eingespielte Praxis[37] und (inzwischen auch in den Gemeindeordnungen abgesicherte) größere Kompetenzen, ihr Konkurrenzverhältnis zum Rat besser ausspielen.

Auch Wehling hat in der Debatte um die Übertragung der baden-württembergischen Gemeindeordnung auf die westdeutschen Bundesländer darauf hingewiesen, daß möglicherweise andere Wirkungen zu erwarten sind.[38] Bei Diskussionen um die Gemeindeordnungen für die neuen Bundesländer wurde von soziokulturellen „legacies" des DDR-Systems sowie einem soziokulturellen „luggage" gesprochen.[39] „Diese Situation schließt eine bloße einseitige Anpassung ... an die Strukturen des politischen und administrativen Systems der alten Bundesrepublik und eine bloße Imitation westdeutscher Muster der politischen Entscheidungsfindung aus. Die problematische Wirtschaftssituation in den neuen Bundesländern trägt zudem nicht zu einer schnellen Annäherung an die Einstellungs- und Verhaltensmuster der westdeutschen Bevölkerung bei."[40] Größere Unzufriedenheit könnte beispielsweise häufiger zur Abwahl von Amtsträgern führen. In abgeschwächter Form ist mit einer Hypothek der Vergangenheit auch in jenen Bundesländern zu rechnen, denen wesentliche Merkmale der Süddeutschen Ratsverfassung übergestülpt wurden, insbesondere in Nordrhein-Westfalen und Niedersachsen.[41] Hier läßt sich zudem (in der Phase der Einführung) noch kaum auf empirisches Material zurückgreifen.[42] Deshalb werden wir versuchen, von den Gemeinsam-

---

37 S. d. Beckord 1989, S. 495.

38 Wehling, in: Schimanke 1989, S. 95.

39 Eisen/Kaase, in: Kaase u.a. 1996, S. 44; zu den verschiedenen Phasen des Wandels – einschließlich der Veränderung der Wahrnehmungs- und Deutungsmuster – in der Kommunalverwaltung im Problembereich Wirtschaftsförderung s. Berg u.a. 1998, S. 216ff.

40 Eisen/Kaase, in: Kaase u.a. 1996, S. 44.

41 Z.B. einem wesentlich selbstbewußteren Gemeinderat als in Baden-Württemberg.

42 Oebbecke/Schulenburg 1997. Ein Unterschied mag sich nur für die Übergangsphase ergeben: Bisher scheinen in Nordrhein-Westfalen Politiker (allerdings noch vom Rat gewählte hauptamtliche Bürgermeister) zu dominieren. Diese Beobachtung kommt in der Befragung (Oebbecke/Schulenburg 1997, S. 189f.) nicht so deutlich heraus. Aber unter den ersten akademisch vorgebildeten hauptamtlichen Bürgermeistern sind die Lehrer besonders vertreten (S. 190). Die Frage ist, ob diese Politiker (zuweilen vorher Vorsitzende der jeweiligen Mehrheitsfraktion) bei den Direktwahlen 1999 einen Amtsbonus haben und somit den Politiker als Verwaltungschef in Nordrhein-Westfalen zur

keiten des kommunalen Entscheidungssystems ausgehend Besonderheiten zu diskutieren. Hier geht es zunächst um die Institutionen des kommunalen Entscheidungssystems, dann um ihr Zusammenwirken in kommunalpolitischen Entscheidungsprozessen und schließlich um konkrete Entscheidungsabläufe. Die beiden Entscheidungsgegenstände knüpfen an die Aufgliederung der gemeindlichen Aufgaben[43] an: Alle kommunalen Dienstleistungen finden ihren Niederschlag im Gemeindehaushalt; Bebauungspläne sind ein wichtiges Mittel zur kleinräumigen Steuerung der Umweltentwicklung. Beim Haushalt und beim Bebauungsplan handelt es sich um regelmäßig wiederkehrende Gegenstände im kommunalen Entscheidungsprozeß.

4.2 Kommunales Entscheidungssystem

Aus der Gemeindeordnung des jeweiligen Bundeslandes ergeben sich die wesentliche Akteure und wichtige normative Aussagen für deren Gewichtung. „Die Verwaltung der Gemeinden wird ausschließlich durch den Willen der Bürgerschaft bestimmt. Die Bürgerschaft wird durch den Rat und den Bürgermeister vertreten."[44] Rat, Bürgermeister, Verwaltung und Bürger bilden in allen Bundesländern wichtige Pole des kommunalen Entscheidungssystems. Ihr kommunalpolitisches Handeln vollzieht sich – wie wir schon gesehen haben – keineswegs autonom; das Geschehen in der Gemeinde ist auf vielfältige Weise mit der Entwicklung wirtschaftlicher Tätigkeit und sozialer Lagen sowie den Entscheidungen auf anderen Ebenen der öffentlichen Verwaltung oder in anderen Gemeinden verbunden (horizontale und vertikale „Politikverflechtung"[45]). Auch am Ort breitet sich zwischen den einzelnen

---

Regel machen. In Baden-Württemberg werden dagegen fast ausschließlich Fachleute für das Bürgermeisteramt gewählt: „83,7% der Bürgermeister haben zuvor einen Beruf in der Verwaltung ausgeübt." (Wehling 1989a, S. 117). Die meisten sind parteilos; sie treten erst im Hinblick auf ein Mandat im Kreistag in eine Partei ein. Es gibt wegen Parteizugehörigkeit aber keine durchweg negativen Sanktionen, zumal dann nicht, wenn die Parteizugehörigkeit ins Milieu paßt. „Erwartet wird aber eine Distanz zur Partei." (Ebenda, S. 118). S. d. auch den Erfahrungsbericht von Stüber, in: Andersen 1998a, S. 70f.

43 Vgl. oben, Abschnitte 2.2 und 2.3.

44 § 40, Abs. 1 und 2 GO NW.

45 Vgl. oben, Abschnitte 2.2.3, 3.4.2, 3.4.3.

Bürgern, dem von ihnen gewählten Bürgermeister, ihren Vertretern im Rat und der betreffenden Gemeindeverwaltung das vielfältige Gebilde „lokale Öffentlichkeit“ aus, das ebenso wie die rechtlich verfaßte kommunale Selbstverwaltung in Gestalt eigener Institutionen im kommunalpolitischen Entscheidungssystem wirksam wird.

4.2.1 Institutionen der kommunalen Selbstverwaltung

Die wichtigen Gemeinsamkeiten aller Gemeindeordnungen (Kommunalverfassungen) der Bundesländer sind eine in unmittelbaren, freien, gleichen und geheimen Wahlen bestellte Vertretung der Gemeindebürger, der Rat, und eine eigenständige Verwaltungsbehörde[46] der Gemeinde. Beide bilden die zentralen Institutionen der kommunalen Selbstverwaltung, wobei an der Spitze der Verwaltungsbehörde – nach der noch laufenden Übergangsphase – überall der von der Bevölkerung direkt gewählte Bürgermeister stehen wird.

Die kommunale Vertretungskörperschaft (in den einzelnen Gemeinden Rat, Gemeinderat, Stadtrat, Stadtverordnetenversammlung genannt) ist nach den (geschriebenen) Regeln der Gemeindeordnung grundsätzlich für alle Angelegenheiten der Gemeindeverwaltung zuständig, soweit es sich nicht um Geschäfte der laufenden Verwaltung handelt (die müßten im einzelnen beschrieben werden) oder Aufgaben dem Bürgermeister kraft Gesetzes vorbehalten sind.[47] Tatsächlich bildet der Rat zusammen mit der Spitze der betreffenden kommunalen Verwaltungsbehörde (Verwaltungschef und Dezernenten bzw. Referenten, Gemeindevorstand, Magistrat) das Tandem der gemeindeverfassungsrechtlich verankerten Institution kommunaler Selbstverwaltung: Rat und Verwaltung.[48] Für das Verhältnis von hauptamtlicher Verwaltungsspitze und ehrenamtlicher Vertretungskörperschaft in der politischen Willensbildung der Gemeinden haben die verschiedenen Gemeindeordnungen der Länder unterschiedliche formale Festlegun-

46 Vgl. Schmidt-Eichstaedt 1985, S. 21f.

47 S. oben, Abschnitt 2.4.1. Das dualistische Aufgabenverständnis, wobei der Verwaltungschef die Ausführung der Aufgaben des übertragenen Wirkungskreises für sich reserviert, ohne dabei Mitwirkungsmöglichkeiten des Rates zuzulassen, sorgt häufig für Friktionen und Reformen wären angesagt (s.d. Naßmacher 1989b; Wollmann, in: Heinelt/Mayer 1997, S. 238).

48 Vgl. Frey/Holler, in: Frey 1976a, S. 241ff.

gen getroffen. Gemeinsam ist ihnen jedoch die Orientierung an einem klassischen Modell politischer Verwaltungsführung (institutionelle Gewaltenteilung; „legislatorische Programmsteuerung“[49]), das zwischen Politik als Willensbildung und Verwaltung als Willensausführung unterscheidet. Der volksgewählte Bürgermeister als Verwaltungschef hatte in diesem Modell immer schon die Funktion eines „Grenzgängers“. Die klassische Vorstellung von den Funktionen des Gemeinderates wird durch die KGSt jetzt im Neuen Steuerungsmodell wieder belebt.[50]

Nach diesem Denkmodell liegt die Programmauswahl, also die wichtigste Steuerungsleistung, bei einem „parlamentarischen“ Gremium,[51] in der kommunalen Selbstverwaltung beim Gemeinderat. Dort gelten die (parlamentarischen) Prinzipien des Minderheitenschutzes, des Widerspruchsrechts, der Beratung und der Mehrheitsentscheidung. Minderheitenschutz und Widerspruchsrecht finden ihren Niederschlag in den Möglichkeiten, innerhalb des „parlamentarischen“ Gremiums Fraktionen zu organisieren und verschiedene Meinungen zu vertreten. Auf diese Weise können die in der politischen Auswahlsituation enthaltenen Alternativen ihre Fürsprecher erhalten und durch kontroverse Diskussionen profiliert werden. Zugleich lassen sich durch das Prinzip der Beratung die Kosten und Gewinne der anstehenden Programmalternativen klären und in ihrem Für und Wider ausdiskutieren. Das Prinzip der Mehrheitsentscheidung stellt sicher, daß als Ergebnis der politischen Auseinandersetzung genau *eine* der verfügbaren Optionen ausgewählt wird.[52]

---

49 Grauhan 1969a, S. 270.

50 KGSt 5/1993. Andere beziehen sich auf die amerikanische Debatte des „Principal-Agent“-Ansatzes, wobei die Politik als Auftraggeber (Principal) Ziele und Ressourcen an einen Beauftragten (Agent), hier die Verwaltung, delegiert, die sich dann zieladäquat verhalten soll (Lienau u.a., in: Budäus/Engelhardt 1996, S. 242).

51 Damit soll keinesfalls die These vertreten werden, kommunale Vertretungskörperschaften seien kommunale Parlamente. Angemessen erscheint allerdings die Feststellung, daß die Arbeitsweise staatlicher Parlamente und kommunaler Vertretungskörperschaften in vielen Punkten vergleichbar ist, so daß beide unter dem Begriff der parlamentarischen Gremien – für die Vertretungskörperschaft müßte es korrekt der parlamentsähnlich arbeitenden Gremien heißen – zusammengefaßt werden können. So auch Schmidt-Eichstaedt, in: Gabriel 1989a, S. 31. Zur Diskussion s. Wollmann, in: Wollmann/Roth 1999, S. 50ff.

52 Grauhan 1969a, S. 271.

Die Programmvollziehung wiederum wird als Aufgabe einer weisungsgebundenen Verwaltung gesehen, für die Beschlüsse einer Vertretungskörperschaft (Satzungen, Gesetze) als entscheidendes Führungsmittel dienen. Die hierarchisch-strukturierte, auf Einzelentscheidungen abgestellte Arbeitsweise der Verwaltung entspricht dem Gedanken der deduktiven Aufgabensetzung: Sie zielt darauf ab, die Rationalität und die Effizienz der programmgebundenen Entscheidungen zu sichern. Das Anweisungsrecht der Verwaltungsspitze garantierte bei dieser Konzeption die Ausführung des durch Gremienbeschluß vorgegebenen Programms. Im Unterschied zur hierarchisch orientierten Steuerungslogik wird nun angestrebt, daß sich diese nach den Vorschlägen des New Public Management in Richtung einer mehr anreiz- und ergebnisorientierten Steuerung verändert: Die Beschlüsse des Rates sollen sich auf Grundsätzliches beschränken und gleichzeitig auf Produkte des Verwaltungshandelns beziehen (Zielvereinbarungen, Kontraktmanagement). Der Rat müsse sich auf das „Was", die Verwaltung auf das „Wie" konzentrieren. Damit werden der Verwaltung als differenzierter Organisation mehr Entscheidungsmöglichkeiten eingeräumt. Die Mitarbeiter sollen eigenverantwortlicher und bürgernäher agieren können.[53] Eine eindeutige Rollentrennung zwischen Politik und Verwaltung wird propagiert, Hierarchie und Anweisungsbefugnis scheinen aufgegeben.

Allerdings konnten empirische Befunde zu kommunalen Entscheidungsprozessen die modellhaft skizzierte Arbeitsteilung zwischen Rat und Verwaltung nicht nachweisen. Danach müßte der Rat die zu lösenden politischen Probleme artikulieren (Artikulationsfunktion) und der Verwaltung die Aufgaben stellen (Initiativfunktion). Die Realität ist weit ernüchternder: Der Rat faßt meistens nur prozeßleitende oder Kulminations-Beschlüsse,[54] insgesamt läßt er sich häufig in die Rolle eines Ratifikationsorgans für Verwaltungsentscheidungen drängen. Beim Rat handelt es sich – wie bereits betont – auch nicht um einen einheitlich handelnden (korporativen) Akteur: Durch die einzelnen Fraktionen als Zusammenschlüsse von Vertretern einer Partei oder Gruppierung bzw. deren Untergliederungen stellt der Rat sich als

53 KGSt 1996a, S. 100.

54 Schmidt-Eichstaedt 1985, S. 22. Abweichend davon ist die Selbsteinschätzung der Tätigkeit von Ratsmitgliedern in Städten mittlerer Größe, die ihre Rolle in der Initiativphase als sehr bedeutend sehen (Simon 1988, S. 11f.).

höchst differenziertes und ebenfalls hierarchisch strukturiertes Gremium dar. Diese Struktur,[55] die sich mit wachsender Gemeindegröße stärker profiliert, ergibt sich aus dem Dilemma zwischen (formal) ehrenamtlicher Tätigkeit in der kommunalen Vertretungskörperschaft und dem dafür (tatsächlich) erforderlichen Zeitaufwand. In einer (kreisfreien) Großstadt des Landes Nordrhein-Westfalen[56] betrug bereits 1972 der Zeitbedarf eines Mandatsträgers allein für

- die Teilnahme an Rats-, Fraktions- und Ausschußsitzungen sowie
- die Vorbereitungen dieser Sitzungen durch die Bearbeitung von Vorlagen und persönliche Gespräche mit einzelnen Bürgern und Vertretern gesellschaftlicher Organisationen

insgesamt 60-80 Stunden pro Monat, also etwa 15-20 Stunden wöchentlich. Dabei ist noch gar nicht berücksichtigt, daß kommunale Mandatsträger oft auch örtliche Parteifunktionen bekleiden[57] und in anderen Bereichen des gesellschaftlichen Lebens am Ort (etwa im Vereinswesen)[58] aktiv mitwirken. Der Zeitaufwand hat sich seit 1972 eher erhöht. Jedoch kann davon ausgegangen werden, daß der Zeitbedarf in größeren Städten höher ist als in kleineren Gemeinden.[59] Für Städte mit 30.000 bis 50.000 Einwohnern wurden in den achtziger Jahren ca. 94 Stunden ermittelt, für Großstädte ca. 122 Stunden pro Monat.[60]

---

55 Es handelt sich dabei nicht um eine Besonderheit von Räten, sondern ähnliches findet sich in allen sozialen Zusammenhängen.

56 Naßmacher 1973; vgl. auch Berkemeier 1972; Berkemeier, in: Wollmann/Roth 1999, S. 67ff.

57 Vgl. Kaack 1971a, S. 28; Naßmacher, in: Gabriel 1997b, S. 428ff.

58 Siewert 1977, S. 503.

59 Dies ergab jedenfalls eine vergleichende Untersuchung in Nordrhein-Westfalen und Niedersachsen für die Jahre 1983/84 (Naßmacher, in: Kempf u.a. 1989, S. 31); auch Köser/Caspers-Merk, in: Schimanke 1989, S. 108; Simon (1988, S. 63) kommt dagegen nur auf 60 Std., wobei nicht alle Aktivitäten berücksichtigt wurden; ähnlich Gabriel u.a. 1984, S. 69-74.

60 Naßmacher, in: Kempf u.a. 1989, S. 31; weitere Angaben Naßmacher, in: Thränhardt/Uppendahl 1981, S. 57; zusammenfassend auch Simon 1988, S. 63f. mit internationalen Vergleichsdaten. Verschiedene Umfragen wurden durch die Kommunalpolitischen Blätter veröffentlicht. Ein Vergleich ist allerdings problematisch, weil die abgefragten Kategorien nicht immer vergleichbar sind (s. d. Kommunalpolitische Blätter 1/1977, S. 30, 1/1980, S. 25ff.; 3/1981, S. 162). Ronge (1994, S. 279) kommt aufgrund eines anderen methodischen Vorgehens auf einen Zeitaufwand bei Eliten (60,9 Std. pro Woche)

Die Berufsstruktur in den Räten entspricht keineswegs jener der Bevölkerung. Obwohl der Anteil der Selbständigen in Nordrhein-Westfalen nur 8,3% aller Erwerbstätigen ausmacht, sind sie in den Räten mit einem 21,7%-Anteil vertreten, der in Großstädten jedoch auf 5,1% zurückgeht. Der recht hohe Anteil ergibt sich für kleinere und mittlere Gemeinden aus den vielen Landwirten und Handwerkern auf dem Lande. 42,2% der im Erwerbsleben stehenden Ratsmitglieder sind im öffentlichen Dienst beschäftigt, während von der erwerbstätigen Gesamtbevölkerung nur 14,8% hier tätig sind. Von den im öffentlichen Dienst arbeitenden Mandatsträgern sind wiederum 35,4% Lehrer an Schulen und Hochschulen.[61]

Angesichts der zeitlichen Belastung der Mandatsträger hat in den Gemeinderäten – je nach Umfang des kommunalpolitischen Engagements[62] – eine „Professionalisierung" der Mandatsträger stattgefunden, deren Ausmaß sich wiederum in einer „Hierarchie" der kommunalpolitischen Einflußnahme abbildet: Diese ergibt sich durch Seniorität und soziale Ressourcen. Viele Ratsmitglieder scheiden schon nach kurzer Zeit wieder aus. Vor allen Dingen in den neuen Bundesländern ist die euphorische Bereitschaft zur Mitwirkung an der kommunalen Demokratie schnell gewichen. Nachrücker haben ihre Ämter oft nicht angetreten. Häufig waren private und berufliche Belastungen die Ursache.[63] Im Westen sind die Selektionsmechanismen der Parteien da-

---

und Hinterbänklern (27,5 Std. pro Woche). S.a. Fruth 1989; Dieckmann, in: Böhret/Nowack 1995, S. 112; Dieckmann, in: Schöneich 1996, S. 22. Ein Vergleich zwischen den Erhebungen von Naßmacher (1972) und Ronge (1994) ergab sogar eine Verdoppelung des Zeitbudgets. Dies deckt sich nicht mit den Ergebnissen von Schneider 1997, S. 294.

61 Ergebnisse der Umfrage im Auftrag des nordrhein-westfälischen Innenministers, zitiert nach Eildienst Landkreistag Nordrhein-Westfalen Nr. 10/1989, S. 161; die Prozent-Angaben basieren auf den sich an der Umfrage beteiligenden Mandatsträgern. Zu weiteren Angaben in kleinen Gemeinden s. Tabelle 6 in: Naßmacher/Naßmacher 1979, S. 113; s. a. Gau 1983, S. 56-57.

62 Erhebliche Schwankungen nach Funktionen zeigten sich schon bei Naßmacher 1973, S. 553.

63 Z.B. waren ein Drittel der Leipziger Ratsmitglieder bis zur Hälfte der Wahlperiode bereits wieder ausgeschieden, was als typisch angesehen werden kann (Becher 1997, S. 9; s. a. den Vergleich zwischen Jena und Frankfurt/Oder bei Hürtgen u.a., in: Naßmacher u.a. 1994, S. 17ff.). Zwei Drittel der 1990 gewählten Ratsmitglieder waren Neupolitiker, die nach der Wende erstmals ein politisches Amt übernahmen, aus privaten und beruflichen Gründen aus politischer Enttäuschung und Überforderung dieses Mandat wieder aufgaben. Auch

gegen schon so ausgeprägt, daß politische Erwartungen und Ressourcen zu einer Kandidatenauswahl führen, die eher Stabilität der Mandatsträgerschaft hervorbringt.[64] Der Ausstieg erfolgt meist erst nach der ersten Ratsperiode.[65]

Personen, die nicht durch eine genau festgelegte, fremdbestimmte Arbeitszeit gebunden sind und im Rahmen ihrer beruflichen Tätigkeit Techniken sozialer Kommunikation erlernt haben, verfügen bei der Auswahl des politischen Personals für kommunale Vertretungskörperschaften und innerhalb der Vertretungskörperschaften über entscheidende Startvorteile. Dazu gehören insbesondere leitende Angestellte privater Unternehmen; hauptamtliche Mitarbeiter von Parteien, Gewerkschaften und anderen Verbänden; Angehörige des öffentlichen Dienstes (u.a. Lehrer aller Schularten) und freigestellte Betriebsräte; Inhaber mittlerer Unternehmen, Architekten, aber auch Rentner, Pensionäre und Hausfrauen.[66] Aus diesen Gruppen rekrutieren sich die kommunalen (Teilzeit-) Berufspolitiker, die eine zentrale Stellung in den Ausschüssen und Fraktionen der Vertretungskörperschaften innehaben. Von Ehrenamtlichkeit kann also insbesondere bei Führungskräften des Rates de facto nicht gesprochen werden. Die Besonderheiten des Wahlrechts bewirken wiederum noch weitere Einschränkungen bei der Zusammensetzung der Räte, so daß Wehling für Ba-

---

in der zweiten Wahlperiode gab es noch eine erhebliche Elitenzirkulation, obgleich die Mandate durch die kommunale Gebietsreform um die Hälfte reduziert wurden (Wollmann, in: Kaase u.a. 1996, S. 111).

64 Becher 1997, S. 241.

65 S. d. Naßmacher 1972, S. 52f. In vielen Fällen wurde in Ostdeutschland eine hauptamtliche Position in der Stadtverwaltung übernommen, so daß Unzufriedenheit mit der Tätigkeit nicht Ursache des Austritts war, sondern die Möglichkeit, die politische Karriere anders weiterzuführen (Becher 1997, S. 244).

66 S.d. Naßmacher 1973 und Naßmacher/Naßmacher 1979, S. 115, Tab. 6. Dies entspricht auch den allgemeinen Erkenntnissen der Elitenforschung (s. zusammenfassend Kurp 1994, S. 42ff.; insbesondere S. 46). Diese Hinweise auf die soziale Struktur der kommunalen Vertretungskörperschaften, die von allen vorliegenden Untersuchungen bestätigt werden, widerlegen die Behauptung, „daß andere über die (kommunalen – d.V.) Steuern beschließen als diejenigen, die diese zu zahlen haben, ... Sind doch die Steuern, über deren Höhe die Gemeindevertretungen zu bestimmen haben, „...“ in erster Linie Steuern der sog. Besitzenden, des Grundbesitzes, und der Inhaber der Produktionsmittel ...“ (Schmölders, in: Peters, 1959, S. 37). Gerade diese Interessen sind aber in den kommunalen Vertretungskörperschaften keineswegs unter-, sondern als Folge der sozialen Selektion für Mandatsträger eher überrepräsentiert.

den-Württemberg von Honoratiorenparlamenten (mit Ärzten, Rechtsanwälten und sonstigen Akademikern) spricht.[67] Hier ist die Mitwirkungsmöglichkeit des Bürgers, sein „Wahlmenü", also die Zusammensetzung des Gemeinderats durch Kumulieren und Panaschieren zu bestimmen, besonders groß, während in anderen Bundesländern dem Wahlberechtigten maximal 3 Stimmen bei der Wahl der Gemeinderäte zur Verfügung stehen (Abb. 4.1).

Die wesentliche Aufgabe „der" Vertretungskörperschaften, die Struktur- oder Steuerungsentscheidungen zu fällen, ist also eher eine normative Zielorientierung. Einzelne Mitglieder sind dabei stärker engagiert und einflußreicher. Bei den Beschlüssen kommt es dagegen auf jede Stimme an. Denn die Entscheidungen des Rates haben erhebliches Gewicht, z.B. die Wahl (und z.T. Abwahl) der führenden Gemeindebeamten (Dezernenten, Amtsleiter/Bereichsleiter), die Konkretisierung der Gemeindeordnung für die Gemeinde (Hauptsatzung), die Festlegung der Grundstruktur der Verwaltungsorganisation und des Verfahrensablaufs bei der Beratungstätigkeit und Entscheidungsfindung in der Geschäftsordnung sowie die Beschlüsse über sonstige Satzungen, vor allem die Haushaltssatzung[68] und die Bebauungspläne.[69]

Personalentscheidungen für die Spitzenpositionen der Verwaltung sind in der Regel stark politisiert. Als Ausnahmefall wird nur Baden-Württemberg gesehen: hier treffen Bürgermeister und Rat diese Entscheidungen im Einvernehmen. Verweigert der Bürgermeister das Einvernehmen, kann der Rat mit zwei Drittel Mehrheit allein entscheiden. Da der Vorwurf, bei Beförderungen im Rathaus sei das Parteibuch ausschlaggebend, dem Bürgermeister bei der nächsten Wahl schaden könnte, mag er existentiell an einer Personalpolitik ohne Patronageelemente interessiert sein.[70] Die (partielle) Politisierung von Personalentscheidungen in den anderen Bundesländern bedeutet allerdings nicht, daß Sachkompetenz keine Rolle spielt. Allerdings wollen die Fraktionen sicherstellen, daß die Mitglieder der Führungsgruppe der Verwaltung auch die politische Meinung der Mehrheitsfraktion(en) teilen. Dies könnte bei langjährig dominanten Mehrheiten im Rat zu einer einseitigen politischen Färbung der Verwaltungsspitze

67 Wehling, in: Schimanke 1989, S. 89.
68 S. unten, Abschnitt 4.4.
69 S. unten, Abschnitt 4.5.
70 Vgl. Wehling/Siewert 1987, S. 28.

führen. Da diesem Vorwurf vorgebeugt werden sollte bzw. der Wunsch bestand, die Minderheit in die politische Verantwortung einzubinden, wurden den Minderheitsfraktionen auch von dauerhaften Mehrheiten häufig Spitzenpositionen in der Verwaltung zugestanden. Dies bewirkte dann einen institutionalisierten Proporz in der Führung der Verwaltung.[71] Inzwischen wird diese Vorgehensweise nicht mehr als einzig möglicher Weg gesehen.[72]

In Ostdeutschland führte ein gewisser „gesinnungsethischer Rigorismus" (gegenüber der DDR-Vergangenheit, potentiellem Stasi-Verdacht) zu offener (konkurrenzdemokratischer) Konfliktaustragung, die vor allen Dingen gegen die Repräsentanten der PDS gerichtet war.[73] Das Elitendefizit wurde durch Führungspersönlichkeiten aus der ehemaligen Blockpartei CDU – im eher technischen Bereich – und kurzfristig durch „Westimporte" bearbeitet. Bei der deutlichen Mehrheit der Dezernenten handelt es sich um Personen, die in der ehemaligen DDR keine öffentliche Funktion innehatten. Auch auf die Besetzung der Amtsleiterstellen wurde versucht, entsprechend der politischen Orientierung Einfluß zu nehmen, so daß die Muster der Stellenbesetzung mit denen für die Dezernenten weitgehend übereinstimmen. Die Qualifikation der gewählten Neupolitiker ist wesentlich höher als die der Westbeamten, da es sich überwiegend um Seiteneinsteiger handelt.[74]

Die Grundstruktur der Verwaltungsorganisation umfaßt Anzahl der Führungspositionen (Dezernate/Bereiche) und Zuordnung der Aufgabenschwerpunkte.[75] Überall zeichnet sich eine Reduzierung der Leitungspositionen und eine Abflachung der Führungsstrukturen ab, die mit einer Änderung des Führungsstils einhergehen soll.[76] Weiterhin

71 Gabriel u.a. 1984.

72 Naßmacher, in: Gabriel u.a. 1997, S. 440f.

73 Ansonsten wirkt in verschiedenen Politikfeldern, z.B. der Wirtschaftsförderung, noch die DDR-spezifische Sozialisation der Konfliktverdrängung nach. Die inhaltliche Konfliktaustragung zwischen den Parteien ist deshalb in den politischen Beziehungen noch nicht dominant (Berg u.a. 1998, S. 232).

74 Wollmann, in: Kaase u.a. 1996, S. 114, 126; Berg u.a. 1998, S. 120, 123f.

75 Natürlich sind bei diesen Beschlüssen auch Empfehlungen wichtig, wie sie beispielsweise von den kommunalen Spitzenverbänden und der KGSt gegeben werden.

76 Da diese Organisationsentwicklung zunächst mit dem vorhandenen Personal bewerkstelligt werden muß, sind Konflikte vorprogrammiert und eine Personalentwicklung ist dringend angesagt. Nach Einschätzung von Beobachtern

werden höchst wirksame Entlastungsmöglichkeiten[77] genutzt, die unter demokratietheoretischen Gesichtspunkten nicht gewollt sein können. Durch die formale und tatsächliche Privatisierung[78] von Aufgaben und die konsequente Beschränkung der Verwaltung auf die Kernaufgaben (schlanke Verwaltung) kann sich ein Rat weitgehend überflüssig machen.[79] Ziel ist es stets, komplizierte interne Abstimmungsprozesse zwischen Personalvertretung,[80] Gleichstellungsstelle, Fraktionen, Ausschüssen, Stadtrat, Bezirksvertretungen, Bürgerbeteiligung, Ausländerbeiräten, Seniorenbeiräten u.a. zu vermeiden.[81] Was bleibt, sind viele Aufgabenträger (z.T. auch in Non-Profit-Organisationen), die kaum kontrollierbar sind, (meist gut dotierte) Aufsichtsratspositionen für einzelne Ratsmitglieder und die noch erheblich größere Entscheidungsmacht der Verwaltung, der Geschäftsführungen bzw. Vorstände von GmbHs und AGs.[82]

Seit eh und je sind die teilprofessionalisierten Räte sehr auf die Verwaltung angewiesen. Sie wären kaum in der Lage, die weitreichenden Beschlüsse zu fassen, wenn sie nicht auf die Zuarbeit der Verwaltung zurückgreifen könnten.[83] Auch die organisatorischen Hilfen für die Fraktionsarbeit – in den einzelnen Bundesländern unterschiedlich großzügig ausgebaut, so daß sich schon fast eine „Gegenverwaltung" gebildet hat – reichen nicht aus.[84] Die Frage nach der In-

---

geht der Prozeß nur langsam voran (Bogumil/Kißler, in: Heinelt/Mayer 1997, S. 127, 132). Die gewachsene Verwaltungskultur läßt sich eben nur allmählich ändern.

77 Von der Wissenschaft wird dies im Rahmen der Institutional Choice-Debatte thematisiert (s. d. Badelt 1990, S. 53f.).

78 S. oben, Abschnitt 2.4.2 und 2.4.3.

79 Welche drastischen Folgen dies haben kann, zeigt Norlin (in: Riegler/ Naschold 1997, S. 72) auf: Der Rat trat in vier Monaten nur einmal zusammen.

80 S.d. Lorenz/Wollmann, in: Wollmann/Roth 1999, S. 493ff.

81 Löhe/Potthast, in: Schöneich 1996, S. 36.

82 Ein Beobachter meint sogar: „Die Eigengesellschaften der Städte ... sind heute vielfach zu Selbstbedienungsläden verkommen." (Berkemeier, in: Wollmann/ Roth 1999, S. 69)

83 Die Informationsanforderungen, denen die Verwaltung gegenüber dem Rat genügen muß, sind tendenziell weiter ausgebaut worden. Dies gilt für Akteneinsicht, Anfragen, regelmäßige Informationen über wichtige Gemeindeangelegenheiten.

84 Naßmacher, in: Gabriel 1989a, S. 190. Die wissenschaftlichen Dienste versuchen in Verbindung mit den kommunalpolitischen Vereinigungen der Parteien zwar den Initiativen und der Sachkompetenz der Fraktionen zum Durchbruch

itiative für Ratsbeschlüsse führt somit zu einem weiteren, in den Gemeindeordnungen angelegten Problem der kommunalen Selbstverwaltung. Die Gemeindeordnungen haben nämlich dem Verwaltungschef bzw. dem Magistrat u.a. die Aufgabe übertragen, Beschlüsse der Vertretungskörperschaft vorzubereiten. Das Ergebnis der Vorbereitungstätigkeit sind „beschlußreife" Entschließungsvorschläge oder Satzungstexte (sog. „Vorlagen") der Verwaltung. Diese Vorlagen können als Ausdruck einer „exekutiven Führerschaft"[85] in der politischen Willensbildung der Gemeinden interpretiert werden,[86] deren Träger keineswegs allein der jeweilige Verwaltungschef sein muß.

In größeren Städten wird der Verwaltungschef seine Aufgabe, die Beschlüsse der Ausschüsse und des Rates vorzubereiten, zum größten Teil praktisch auf die Dezernenten (Referenten, Beigeordneten) delegieren. Die tatsächliche Vorbereitungsarbeit für Verwaltungsvorlagen liegt auch in Gemeinden mittlerer Größe bereits bei den Amtsleitern oder bei den Leitern bestimmter Sachgebiete. Politische Verantwortung für den Inhalt der Vorlagen und deshalb auch die Endredaktion bleiben jedoch bei dem jeweils zuständigen Mitglied der Verwaltungsspitze (Verwaltungschef oder Dezernent, Ressortchef). In die Bearbeitung der Vorlagen fließen ebenso eigene Wertvorstellungen wie die aus überörtlichen und örtlichen Kontakten der Verwaltungsspitze resultierenden Sichtweisen ein. Dies sind Einschätzungen, die sich aus dem öffentlichen Aufgaben-, Planungs- und Finanzverbund ergeben. Hinzu kommen Anforderungen, die von den örtlichen Trägern gesellschaftlicher Interessen, Werthaltungen und Überzeugungen oder einzelnen Bürgern ständig an den Bürgermeister, die einzelnen Mitarbeiter der Verwaltung oder die kommunalen Mandatsträger herangetragen werden. Dieser Hinweis auf die Verbindung zu den am Ort wirksamen und auf den Ort wirkenden

---

zu verhelfen. Diese Möglichkeiten sind allerdings in Mittel- und Kleinstädten nicht vorhanden. Dort können Ratsmitglieder an diesen Prozessen nur durch Lesen entsprechender Fachaufsätze in den Publikationsorganen der Vereinigungen von SPD, CDU, FDP und Grünen (Demokratische Gemeinde, Kommunalpolitische Blätter, Das Rathaus, Alternative Kommunalpolitik) partizipieren. Ansonsten erfolgt in den kleineren Städten eher eine „Einschulung" durch die Verwaltung. Zu den kommunalpolitischen Vereinigungen der CDU und CSU (KPV) mit Vergleichen zu SGK und VLK s. Wilbers 1985.

85 Grauhan 1969a, S. 273.

86 Simon weist dagegen die These von der Ohnmacht des Rates zurück (Simon 1988, S. 13).

gesellschaftlichen Kräften erweitert bereits den Kreis der relevanten Akteure: das kommunalpolitische Entscheidungsfeld ist keineswegs – wie die Gemeindeverordnungen vermuten lassen – allein durch das Zusammenspiel von Rat und Verwaltung bestimmt. Vielmehr handelt es sich um ein höchst kompliziertes Politiknetzwerk[87] oder bezogen auf Einzelaufgaben (z.B. Wirtschaftsförderung, Wohnungspolitik)[88] um spezifische Politiknetzwerke oder Regime, in denen Institutitonen der öffentlichen Meinungsbildung immer wichtiger werden.

4.2.2 *Formen lokaler Öffentlichkeit*

Das repräsentative Demokratiekonzept der deutschen Gemeindeverfassungen legt eine politische Vermittlerrolle von Gemeinderatsmitgliedern und Bürgermeister zwischen Bevölkerung und Verwaltungen nahe. Nach anhaltender Diskussion über Politik-, Politiker- und Parteienverdrossenheit ist die plebiszitäre Komponente in allen Gemeindeordnungen ergänzt worden: In Bürgerbegehren und Bürgerentscheiden können Bürger verbindliche Entscheidungen unmittelbar gestalten.[89] Dadurch werden allerdings die lokalen Institutionen, die ständig als Vermittler (und zugleich Produzenten)[90] kommunaler Öffentlichkeit tätig sind, keineswegs in ihrer Bedeutung eingeschränkt: politische Parteien, lokale Organisationen und Bewegungen sowie örtlich orientierte Massenmedien. Letztere scheinen mit der Gemeindegröße an Bedeutung zu gewinnen. Ihre kommunalpolitische Aufgabe könnte es sein, einen wechselseitigen Austausch von Informationen zwischen der örtlichen Bevölkerung und den kommunalen Entscheidungsträgern zu organisieren.

---

87 Dabei wird Politiknetzwerk verstanden als eine durch „gegenseitige Relevanz abgegrenzte Anzahl gesellschaftlicher und staatlicher, korporativer Akteure und deren Beziehungen zueinander." (Kenis/Schneider 1991, S. 25ff.) Diese Akteure handeln nicht durch ein einheitliches Willens- und Aktionszentrum, sondern über eine Vielzahl von Knoten, die jeder für sich aber zugleich auch für das Netz kooperieren (Jansen, in: Jansen/Schubert 1995, S. 309).

88 S. unten, Abschnitt 5.2.2, 5.3.2.

89 Zur Geschichte direktdemokratischer Verfahren in den Gemeindeordnungen s. Wollmann, in: Wollmann/Roth 1999, S. 38ff.

90 Helmke/Naßmacher, in: Frey 1976a, S. 182ff.; vgl. Habermas 1973, S. 225.

Noch immer ist die lokale Tageszeitung[91] auch in kleineren Städten Hauptträger der Meinungsbildung und der Informationsübermittlung. Selbst im ländlichen Raum sind die meisten Vorgänge für den einzelnen Bürger nicht unmittelbar erfahrbar.[92] Neue Informationsmedien (Lokalradio, offene Fernsehkanäle, Anzeigenblätter, Informationsmaterialien sozialer Gruppen und die Präsentation im Internet) haben zwar neben der lokalen Tageszeitung einen festen Platz erobert, die oft hohen Erwartungen konnten sich allerdings bisher nicht erfüllen.[93] Vor allem die geringe Zahl der Veranstalter und die Abhängigkeit von der Werbung verhindern, daß z.B. das Lokalradio zu einer seriösen Konkurrenz auf dem Informationsmarkt werden kann.[94] Weil Lokalnachrichten bei den Zeitungslesern die größte Aufmerksamkeit finden, liegt es nahe, dem Lokalteil der Tageszeitung eine Mittlerfunktion zwischen Kommunalverwaltung und Bürgern zuzuweisen.[95] Als Problem ergibt sich allerdings, daß in den meisten Städten - selbst wenn es verschiedene Lokalzeitungen gibt - zwischen diesen keine Konkurrenz[96] herrscht. Meist dominiert ohnehin eine Zeitung.[97] Aber auch

---

91 Zusammenfassung von Angaben zur quantitativen Entwicklung s. Jonscher 1991, S. 25, S. 122ff. und Kurp 1994, S. 150ff.; zur Reichweite bzw. Mediennutzung in NRW s. Kurp 1994, S. 138ff.; zum Forschungsstand s. Brettschneider/Neller, in: Gabriel u.a. 1997.

92 Schneider 1991; Jarren, in: Wollmann/Roth 1999, S. 278f.

93 Zum Versuch der Lokalzeitungen u.a. in diesem Feld Fuß zu fassen, s. Mast 1986; Jonscher 1991, S. 40. Zur Entwicklung des Lokalradios ebenda, S. 32ff.; Jarren, in: Wollmann/Roth 1999, S. 286.

94 Jonscher 1991, S. 38; Jarren 1984, S. 296, 302; Jarren, in: Wollmann/Roth 1999, S. 287; allerdings betont Jarren für die lokale Rundfunkanstalt Dortmund eine „große ökonomische und politische Autonomie", die die lokale Kommunikation angeregt hat (Jarren, in: Blanke 1991, S. 436).

95 Zusammenfassend Jonscher 1991, S. 27; Kurp 1994, S. 144f. Die Leser - so eine jüngst abgeschlossene Untersuchung von 350 deutschen lokalen Zeitungen zwischen 1989 bis 1994 - wollen „kompetente und seriöse Berichterstattung" (FAZ vom 24.6.1998).

96 Dies ergab die Untersuchung von Rager (1982, S. 166) von vier Zeitungen der Region Mannheim-Heidelberg (inklusive des Lokalsenders Radio Kurpfalz).

97 S. d. Naßmacher 1987; Manns 1996; Rager 1982, S. 166; Begemann 1982. Nach der Wende gab es in den neuen Bundesländern zunächst einige alternative (Wochen-) Zeitungen der Bürgerrechtsbewegung, die sich jedoch gegenüber den ehemaligen Bezirkszeitungen, die von westdeutschen Unternehmern übernommen wurden, nicht behaupten konnten. Durch den Fortbestand der großflächigen Verbreitungsgebiete konnte sich keine Konkurrenz lokaler Zeitungen entwickeln. Neugegründete Tageszeitungen verschwanden schnell

eingefahrene Standards und Prinzipien publizistischer Praxis führen zu weitgehender Uniformität. Die Zeitungen gleichen sich wie ein Ei dem anderen.[98]

Als personelle Träger der Mittlerfunktion kommen insbesondere die Lokalredakteure in Betracht. Deren Handlungsmöglichkeiten sind freilich durch die allgemeinen Arbeitsbedingungen der Lokalredaktionen (z.B. wenig Redakteure vor Ort, viele freie Mitarbeiter und Mängel in der journalistischen Ausbildung) beschränkt.[99] 30 bis 80% der Arbeitszeit wird für das Blattmachen und Redigieren fremder Texte („Verlautbarungsjournalismus") verwendet.[100] Kritische Stellungnahmen unterbleiben weitgehend. Die Personallücke ist bei Einzeitungskreisen besonders deutlich.[101] Viele Lokalzeitungen bedienen zudem einen ganzen Kreis mit mehreren Gemeinden, so daß hier eine publizistische Versorgung der Bevölkerung nur annähernd gewährleistet werden kann. Die Teilausgaben für einzelne Gemeinden lassen sich nur durch Lehrer und Studenten mehr oder weniger nebenbei aufrechterhalten.[102] Problematisch ist weiterhin die besondere Nähe zum Nachrichten- und Anzeigenmarkt.[103] In den neuen Bundesländern wurde durch die Aktivitäten der Treuhandanstalt die „Bezirkspresse" quasi belassen und damit eine einmalige Machtkonzentration im Zeitungsbereich geschaffen.[104]

Diese Tendenzen[105] wurden bereits in einer empirischen Untersuchung der siebziger Jahre zutage gefördert. Die Untersuchung eines kleinstädtischen Zeitungsmarktes mit konkurrierenden Lokalzeitungen ergab beispielsweise, daß sich die Zeitungen bei 95% aller Meldungen

---

wieder vom Markt (Streul, in: Niedermayer 1996, S. 447, 448). Zur lokalen Medienlandschaft s.a. Jarren, in: Wollmann/Roth 1999, S. 280ff..

98 Rager 1982, S. 166. Zusammenfassend zu Rolle, Funktion und Qualität des lokalpolitischen Informationsangebots s. Jarren, in: Blanke 1991, S. 424.

99 Jarren 1985, S. 25; Jonscher 1991, S. 171ff; zusammenfassend Kurp 1994, S. 120ff., insb. S. 131, 231ff.

100 Rombach 1983, S. 186.

101 Benzinger 1980, S. 78; weitere Kriterien bei Jonscher 1989, S. 113 und 1991, S. 159f.

102 Jarren 1984, S. 300; Jarren 1985, S. 26; Jonscher 1991, S. 161ff.

103 Rückel 1975; Jarren 1984, S. 300 unter Bezug auf Wilking und Knoche.

104 Jarren 1984, S. 297-299; Kurp 1994, S. 150f.; Streul, in: Niedermayer 1996, S. 443ff.; s.a. Jonscher 1991, S. 131, 150.

105 Zusammenfassend Jarren, in: Blanke 1991, S. 424; Zusammenfassung empirischer Forschungsergebnisse bei Jonscher 1991, S. 98-118.

eigener Stellungnahmen enthalten und im wesentlichen die Mitteilungen Dritter abdrucken. Weniger als 1% aller lokalpolitischen Informationen beruhte auf eigenen Recherchen oder auf Agenturmeldungen. In einer stark personalisierenden Berichterstattung (im Stile von „Hofberichten") wies die Lokalpresse der örtlichen „Obrigkeit" im allgemeinen und einzelnen lokalen Autoritäten/Respektspersonen im besonderen die Rolle kommunaler Wohltäter zu. Kritische Kommentare waren sehr selten.[106] Auch andere Autoren kommen zu ähnlichen Ergebnissen. Als problematisch erscheint, daß die Zeitungsmacher selbst in das Geflecht der lokalen Elite eingebunden sind.[107] Jedenfalls haben deren Mitglieder die größte Chance, auf die Berichterstattung Einfluß zu nehmen. Die Printmedien bieten „Wirklichkeitskonstruktionen" an, die nur von Insidern angemessen interpretiert werden können und in vielen Fällen auch nur für die Eliten relevant sind.[108] Die übrigen Mandatsträger und die örtlichen Parteiorganisationen können zur wichtigen Zielscheibe der Medienkritik werden und damit die gefühlsmäßige Einstimmung der Bevölkerung gegen notwendige Erscheinungsformen der (lokalen) Parteiendemokratie herbeiführen.[109] Das kommt anderen organisierten Teilen der Bevölkerung zugute, die ihre Selbstdarstellung in der für sie überschaubaren lokalen Öffentlichkeit intensiv verfolgen.[110]

Unter den örtlichen Organisationen sind vor allem die Vereine, aber auch einzelne Verbände und Initiativen, ein wichtiger Faktor kommunaler Gemeinschaftsbildung. Sie werden zuweilen als Basis der Demokratie bezeichnet.[111] Zwischen 30 und 50% der Bevölkerung

---

106 Haenisch/Schröter 1971, S. 242-279; ähnlich Rager 1982; s.a. Rombach 1983, S. 186, 181. Auf jeden Fall ist eine starke Personalisierung festzustellen.

107 Jarren, in: Blanke 1991, S. 425.

108 Kurp 1994, S. 248. Auch die Mehrheit der Informanten gehört zur lokalen Elite (Grimme 1991, S. 106).

109 Vgl. Haenisch/Schröter 1971, S. 266. Vergleichende Untersuchungen (z.B. Rückel 1975, S. 154f.) kommen zu differenzierteren Ergebnissen. Jonscher (1991, S. 258) bestätigt die kritische Einstellung gegenüber Parteien nicht.

110 Vgl. Haenisch/Schröter 1971, S. 269ff., Rückel 1975, S. 64f., 79f. und Zoll u.a. 1974, S. 204ff.

111 Siewert, in: Wehling 1978, S. 78ff.; Zimmer (1996 und dies., in: Wollmann/Roth 1999, S. 247) verweist auf die Debatte der Kommunitaristen über die Potentiale der „Zivilgesellschaft". Zur Verbreitung der Vereine s. Zimmer 1996, S. 95f., 102f.; zur aktuellen Entwicklung in Nordrhein-Westfalen s. Gehne, in: Andersen 1998a, S. 203ff.

sind Mitglied in mindestens einem örtlichen Verein; die Mitgliedschaft nimmt allerdings mit zunehmender Ortsgröße ab.[112] Im ländlichen Raum können Vereine und Verbände durchaus mit den örtlichen Parteien konkurrieren oder ihnen den Rang ablaufen. Dies gilt insbesondere für die neuen Bundesländern und die kleinen Gemeinden. Politiker sehen in Vereinen und Verbänden Stimmenpotentiale, so daß die Repräsentanten dieser Organisationen zuweilen erheblichen Druck ausüben und somit Forderungen anmelden können, die auch befolgt werden.[113] Die Erwartung eines erheblichen Stimmenpotentials durch die Vereine trifft für Großstädte aber so nicht zu: „Vereine beeinflussen die Meinungsbildung ihrer Mitglieder so gut wie nicht. Vor allem die vertretene Ansicht, lokale Vereine würden ihre Mitglieder bei der Stimmabgabe zu politischen Wahlen beeinflussen, ließ sich nicht bestätigen."[114] Insofern müssen die Erwartungen der Politiker etwas reduziert werden.

Sicherlich tragen die Vereine (und immer häufiger auch Initiativen) durch die Pflege von Geselligkeit oder die Bearbeitung spezifischer Probleme (z.B. in Selbsthilfegruppen) in gewisser Weise zur Milieustabilisierung bei, Wirkungen, die früher aus den Aktivitäten der Kirchen resultierten. Bei der Verfolgung ihres speziellen Zwecks werden Vereine, Initiativen und Verbände auch zur Informationsquelle für Gemeinderatsmitglieder. Funktionsverknüpfungen erleichtern dies.[115] Das personelle Engagement oder die bloße Mitgliedschaft von Ratsmitgliedern in mehreren Vereinen sichert die Beachtung ihrer Ziele in der Ratsarbeit. Die Kontaktdichte mit Vereinen/Verbänden ist aber nicht so intensiv wie die mit der Fraktion, den Bürgern und der Verwaltung.[116]

Daher gelten die Kontakte der Vereine, Verbände und Initiativen zur Verwaltung inzwischen als wichtiger. „Ohne das Wirken der Ver-

---

112 Vgl. Dunckelmann 1975, S. 109, 224. Zimmer (in: Wollmann/Roth 1999, S. 248) geht davon aus, daß in den alten Ländern jeder Zweite Mitglied in einem Verein ist; für Ostdeutschland s. ebenda, S. 249f.; für Nordrhein-Westfalen s. Gehne, in: Andersen 1998a, S. 206.

113 Naßmacher/Rudzio, in: Wehling 1978; Bußmann 1998, S. 253; Kevenhörster u.a. 1980, S. 124; Helmke/Naßmacher in: Frey 1976a, S. 195; Kühr/Simon 1982; Siewert 1977.

114 Simon, in: Schuster/Dill 1992, S. 334.

115 Naßmacher 1987, S. 110ff.; Kühr/Simon 1982.

116 Mayntz 1959, S. 268f.; Luckmann 1970, S. 172; Kevenhörster u.a. 1980, S. 67; Ellwein/Zoll 1982, S. 78; Gau 1983, S. 87f.; Zender 1982, S. 134.

eine, welche die Erfüllung privatwirtschaftlich nicht zu befriedigender Bedürfnisse der Bevölkerung vor der Öffentlichkeit exemplarisch demonstrieren ..., würde die kommunale Selbstverwaltung entscheidende Orientierungspunkte für ihr Verwaltungshandeln verlieren. Sie bedient sich der Vereine ... als allgemeiner Indikatoren für die Vordringlichkeit bestimmter Bedürfnisse der Allgemeinheit."[117] Daneben beinhalten die Aktivitäten der Initiativen, Vereine und Verbände[118] auch eine starke öffentliche Komponente: Sie nehmen Aufgaben wahr (Pflege des Sports, des Brauchtums, von kulturellen Aktivitäten), die eine Verwaltung sonst in eigener Regie erfüllen müßte. Daneben treten sonstige private Träger des sogenannten Dritten Sektors[119] auf den Plan. Die entlastenden Wirkungen solcher Aktivitäten sind wichtig. Mayer sieht hier bereits eine Umstrukturierung des lokalen Wohlfahrtsstaates unter dem Motto „Dienstleistungen mit dem Bürger statt für den Bürger".[120]

Zu den wichtigen korporativen Akteuren gehören die Verbände im Sozialbereich, das „Wohlfahrtskartell"[121], sowie die halböffentlichen Institutionen (Kammern) im Rahmen der Wirtschaftspolitik. Hinzu kommen wirtschaftsspezifische Zusammenschlüsse. Erstaunlicherweise sind die Gewerkschaften in der kommunalen Politik als Organisationen nicht so stark präsent, wenngleich sie häufig in Wirtschaftsausschüssen Sitze innehaben.[122] Einflußnahme erfolgt eher über Personalverknüpfung mit Mitgliedern der SPD-Fraktion, wobei Kontroversen mit Betriebsräten nicht selten sind. Die Beteiligung (Kooperation) oder auch Einbindung der Akteure in konkrete Maßnahmen durch die Verwaltung soll Sachverstand und privates Engagement mobilisieren sowie gemeinsame, konsensfähige Perspektiven entwickeln helfen. Diese Einbindung (Korporatismus) scheint vor allen Dingen im Sozialbereich zu gelingen. Dagegen zeigen etwa Sportvereine zuweilen

117 Zimmer 1996, S. 97.

118 Neuerdings werden sie als Non-Profit-Organisationen (NPOs) oder Non-Governmental-Organizations (NGOs) bezeichnet.

119 Also Organisationen, die weder staatlich noch marktlich agieren (Seibel, in: Bauer 1992, S. 455ff.; Zimmer 1996, S. 84ff.).

120 Mayer, in: Blanke 1991, S. 87. Diese Aktivitäten werden auch unter dem Stichwort „neue Subsidiarität" zusammengefaßt (z.B. Heinze 1986).

121 Treutner, in: Voigt 1995, S. 267ff.

122 Storz 1980, S. 699; Naßmacher 1987, S. 110ff. Aus der Gewerkschaftsperspektive stellt sich die Bedeutung anders dar (s.d. Simon, in: Wollmann/Roth 1999, S. 243ff.).

eine problematische Kürzungsresistenz im Hinblick auf die Finanzierung von Aufgaben.[123]

Es bleibt aber als Problem, daß die untereinander oder mit der Verwaltung lose verkoppelten Organisationen oder Initiativen vor allem Interessen der bei ihnen engagierten oder vertretenen Klientel wahrnehmen. Jede Organisation (Verein, Initiative, Verband) bildet eine Interessenvertretung für ihre speziellen Tätigkeitsfelder, insbesondere im Kultur-, Sport-, Umwelt-, Sozialbereich und in der Wirtschaft. Damit verbindet sich allerdings zugleich die Gefahr einer selektiven Wahrnehmung (in doppeltem Sinne) öffentlicher Aufgaben: Bedürfnisse, die sich nicht in Vereinsform darstellen, werden nicht sichtbar und gelten als unwichtig.[124] Insgesamt werden durch die Einflußkanäle bzw. die Einbindung der Verbände Interessen überpointiert und Entscheidungsmöglichkeiten gewählter Gremien relativiert.[125]

Heute scheinen die eher lockeren oder sogar informellen Zusammenschlüsse (Bürgerinitiativen, Bewegungen einschl. Hausbesetzer- und Selbsthilfegruppen) mehr Zuspruch zu haben als die eher formal organisierten Vereine.[126] „Der gestiegene Individualismus in der deutschen Gesellschaft macht sich bemerkbar im sprunghaften Ansteigen von Initiativen, die nur ein Anliegen und dieses mit ganzer Kraft, mit Beredsamkeit und juristischen Kenntnissen verfolgen."[127] Die Zahl der Aktivisten wurde an der Schwelle der achtziger Jahre schon so hoch geschätzt wie die der Parteimitglieder.[128] Viele dieser spontanen Aktivitäten gewinnen erst durch überörtliche Unterstützung an Bedeutung.[129] Langfristig überleben Initiativen jedoch nur, wenn sie in eine

---

123 Karrenberg/Münstermann 1996, S. 209. Beispiele dafür, welche Arten der Förderung Vereine erhalten, bei Zimmer 1996, S. 133ff. Dabei nehmen die Zuschüsse für laufenden Zwecke den größten Anteil ein (ebenda, S. 138).

124 Zur Organisierbarkeit der Interessen s. Raschke 1978, S. 194; Offe 1972.

125 Thränhardt, in: Thränhardt/Uppendahl 1981, S. 5-33.

126 Selbsthilfsgruppen und ehrenamtliche Aktivitäten schätzen Beobachter als wachsend ein, nicht dagegen die ehrenamtliche Mitarbeit in etablierten Organisationen (Thiel, in: Wollmann/Roth 1999, S. 264).

127 Dieckmann, in: Schöneich 1996, S. 28f.; Roth, in: Wollmann/Roth 1999, S. 2f., 6.

128 Gabriel, in: Gabriel 1983, S. 271. Nach den von Roth (in: Wollmann/Roth 1999, S. 8f.) präsentierten Angaben hat sich die Zahl der Aktivisten noch erhöht. Umfrageergebnisse für Nordrhein-Westfalen kommen zu niedrigeren Werten (Gehne, in: Andersen 1998a, S. 208).

129 So kam ein Protest gegen die Erhöhung der Elternbeiträge für Kindergärten durch Unterstützung und Federführung des Deutschen Familienbundes in Gang (Solinger Tageblatt vom 31.12.1997).

formalere Organisation überführt und/oder durch öffentliche Gelder unterstützt werden. Manche Initiative mündete in Verbände ein. Ob sich bei den Initiativen ein Hang zu eher egoistischen Zielen abzeichnet, ist nicht unmittelbar zu prüfen. Manche Beobachtungen deuten sicherlich in diese Richtung.[130]

Dies war auch bei der Vielzahl von Vereinen und Verbänden so, die sich in der ehemaligen DDR im Zuge der Wende aus Oppositionsgruppen heraus bildeten. Nach der Vereinigung wurden auch auf der kommunalen Ebene die wesentlichen Vereine und Verbände der alten Bundesrepublik nachgeahmt oder es kam zur Expansion dieser nach Ostdeutschland. Bei der Formalisierung und Professionalisierung mögen auch die Mittel für Arbeitsbeschaffung (ABM) eine gewisse Rolle gespielt haben. Jedenfalls war ein Übergang zu Verbänden westlicher Prägung mit entsprechenden Funktionen zu beobachten.[131] Heute sind die Verbände der neuen Bundesländer auch wesentliche Mittler von Interessen und Akteure im Implementationsprozeß.

Insgesamt scheint die Bereitschaft zuzunehmen, sich an unkonventionellen Formen des Protests zu beteiligen. Dies gilt besonders für Beteiligungsformen, die sich vorübergehend eines bestimmten Problems annehmen.[132] Postmaterialistische Einstellungen (Gleichheits- und Selbstverwirklichungsziele) bringen eine Abkehr von Formen elitengesteuerter Partizipation durch Massenorganisationen mit sich.[133] Diesen Vorstellungen kommen auch Bürgerbegehren und Bürgerentscheide entgegen. Die Aktivitäten werden nur durch unterschiedliche Hürden (Quoren für die Beteiligung),[134] die Begrenzung auf bestimmte Angelegenheiten und eine Zulässigkeitsprüfung durch Gemeinderat (z.B. in Baden-Württemberg) oder Kommunalaufsicht (z.B. Schleswig-Holstein) gebremst. Nur in Bayern setzte sich zunächst eine Version ohne Zustimmungsquorum und thematische Beschränkung durch (Ausnahme ist nur die Verabschiedung des Haushaltsplans), die durch die Initiatoren eingebracht worden war. In den anderen Bundesländern, z.B. in Niedersachsen, gibt es demgegenüber seit den Novellierungen der Gemeindeordnungen eine weniger ausgeprägte Version,

---

130 Roth, in: Roth/Wollmann 1994, S. 231f.

131 Partiell eine andere Einschätzung dazu hat Roth (in: Wollmann/Roth 1999, S. 21f.).

132 Naßmacher 1998a, S. 24ff.

133 Inglehart 1998, S. 331; Klages/Herbert 1983, S. 45ff.

134 Knemeyer, in: Gabriel u.a. 1997a, S. 21.

die auch als „Mogelpackung“[135] eingeschätzt wurde. Viele Fragen sind dem Bürgerentscheid nicht zugänglich. Diese Restriktionen gelten teilweise auch für Baden-Württemberg, wo Bürgerbegehren und Bürgerentscheid seit 1955 in der Gemeindeordnung verankert sind. Dort zeichnete sich als Tendenz ab, daß der Gemeinderat – weil viele Fragen ausgeschlossen sind – häufig Bürgerentscheide aus formalen Gründen nicht zugelassen hat.[136]

Gerade bei der Vorbereitung plebiszitärer Entscheidungen in anonymisierten Lebenszusammenhängen ist politische Mobilisierung durch Medien oder gesellschaftliche Organisationen unverzichtbar, um die Instrumente Bürgerbegehren und Bürgerentscheid zur Wirkung zu bringen. Gut organisierte Gruppierungen treten hier in Konkurrenz zu anderen Institutionen gesellschaftlicher Interessenvertretung. Bei langfristiger Betrachtung ließ sich eine Tendenz zu einer verstärkteren Nutzung des Instruments erkennen. In kleineren Gemeinden ist es dabei eher möglich, die notwendige Unterstützung zu bekommen, in größeren Städten gelingt das nur, wenn sich etablierte Organisationen, u.a. auch Parteien, für oder gegen das thematisierte Problem engagieren. Waren die plebiszitären Möglichkeiten ursprünglich auch als Kampfansage gegen die Parteien gedacht, werden Parteien und andere Organisationen nun gezwungen, sich über längere Zeit für ein Thema zu engagieren, was u.U. die Prioritätensetzung in den Organisationen zufällig verändert und ein Nebenproblem überbetont. Äußerst selten kann sich durch Protestverhalten eine neue Initiativgruppe etablieren. Zuweilen nutzen aber auch etablierte Organisationen das Bürgerbegehren mit Blick auf den Bürgerentscheid, um eine Abstimmungsniederlage rückgängig zu machen.[137] Eine Aktivierung bisher wenig partizipationsbereiter Bevölkerungsschichten ist dabei kaum zu erwarten.[138]

Auch die Personalisierung der Politik soll dem veränderten Beteiligungsverhalten entgegenkommen. Die Direktwahl des Bürgermeisters

---

135 Naßmacher 1997a, S. 445f.

136 Diese Restriktion wollte Schleswig-Holstein vermeiden. Die Zuständigkeit für die Prüfung wurde deshalb den Gemeinderäten entzogen und bei der Kommunalaufsicht angesiedelt. Quantitative Angaben zur Nutzung des Instrumentariums bei Knemeyer, in: Gabriel u.a.. 1997a, S. 48.

137 Naßmacher, in: Gabriel u.a. 1997b, S. 427; Holtmann, in: Rüther 1996, S. 212 und Klein, in: Rüther 1996, S. 328.

138 Naßmacher 1997, S. 460.

war u.a. dazu gedacht, die Bevölkerung wieder mehr zur Beteiligung an öffentlichen Belangen zu motivieren und dabei die Parteien zu umgehen. Allerdings werden in Großstädten Parteien und sonstige Organisationen bei der Mobilisierung im Wahlkampf dringend gebraucht. Bei der Direktwahl von Oberbürgermeistern in Großstädten stehen sich häufig profilierte Repräsentanten der bundesweit tätigen Parteien gegenüber. So traten etwa bei Oberbürgermeisterwahlen in den Landeshauptstädten Hannover, Kiel, Mainz, München, Stuttgart und Wiesbaden prominente Parteivertreter als aussichtsreichste Bewerber an. In München und Stuttgart war das auch in den sechziger und siebziger Jahren schon so gewesen; die Namen Hans-Jochen Vogel und Manfred Rommel mögen als Illustration dienen. Allerdings zeigen auch einzelne Beispiele, daß Kandidaten gewählt wurden, die nicht der langjährigen Mehrheitspartei zuzuordnen waren. So hatten in größeren Städten Baden-Württembergs SPD-Kandidaten, in Hessen CDU-Kandidaten[139] und in kleineren baden-württembergischen Gemeinden FDP-Kandidaten eine Chance.[140] In kleinen und mittleren Städten Niedersachsens (mit traditionellen SPD-Mehrheiten) wurden vor allem Fachleute, oft von der CDU vorgeschlagen, gewählt.[141]

Abseits dieser Beobachtungen hätten die Erfahrungen mit der Direktwahl von Bürgermeistern in Baden-Württemberg und Bayern vor überzogenen Erwartungen warnen müssen:

- Die Wahlbeteiligung war in Bayern und Baden-Württemberg „bei den Direktwahlen oft recht niedrig."
- Das Amt des Bürgermeisters verliert in Baden-Württemberg „zunehmend an Attraktivität."[142]

Diese Tendenzen bestätigen sich bei den ersten Direktwahlen in anderen Bundesländern. Gleichwohl können hier keine generellen Aussa-

---

139 „In unseren vier Städten (untersucht wurden Mannheim, Heidelberg, Regensburg und Ludwigsburg von 1948 an, d.V.) hat man diese Ergebnisse der Oberbürgermeisterwahlen nicht erwartet und sie auch aus strukturellen Gründen für unmöglich gehalten." (Brückner 1962, S. 180). Auch in Hessen haben Wähler – zum Ärger der SPD – der CDU einen Serienerfolg möglich gemacht. „15 der 20 größten Städte Hessens, so rechnen die Christdemokraten gerne Sozialdemokraten vor, haben inzwischen ein CDU-Oberhaupt. Die CDU, ..., regiert die großen Städte." (FAZ vom 21. 1. 1998)

140 Ein Beispiel ist Horb in Baden-Württemberg (FAZ vom 1.12.1998).

141 Nordwest-Zeitung vom 10.3.1999.

142 Zitate aus: Blümel in: Böhret/Nowack 1995, S. 100f.

gen gemacht werden. Die Wahlbeteiligung schwankt in den einzelnen Bundesländern und Städten sehr stark. Sie ist auch nicht den Gemeindegrößen zuzuordnen. Intensive Forschungen wären notwendig, um die Ursachen für hohe oder niedrigere Wahlbeteiligung herauszufinden. So lag die Wahlbeteiligung bei der Bürgermeisterwahl in den großen Städten Sachsens 1994 zwischen 51,8% (Dresden) und 36,0% (Plauen), in den sonstigen Gemeinden bei maximal 79,6% (Gemeinden mit unter 1.000 Einwohnern); die niedrigste Wahlbeteiligung hatte eine Stadt mit 23.030 Einwohnern zu verzeichnen: 31,4%.[143]

Auch das Kumulieren und Panaschieren bei der Gemeinderatswahl zielt darauf ab, Entscheidungswünsche des Bürgers stärker zu berücksichtigen. Ob dadurch mehr Interesse an Beteiligung geweckt wird, ist allerdings völlig ungewiß. Jedenfalls galt Baden-Württemberg lange Zeit als das Bundesland mit der niedrigsten Wahlbeteiligung bei Kommunalwahlen, obwohl hier die größte Wahlmöglichkeit des Bürgers gegeben ist. Ohne Rücksicht auf solche Befunde wurde in Rheinland-Pfalz das Kommunalwahlrecht nach baden-württembergischen Muster verändert. In Nordrhein-Westfalen hatte die CDU einen ähnlichen Reformentwurf vorgelegt, der dem Bürger bei Kommunalwahlen zum Kumulieren und Panaschieren mit 3 Stimmen verhelfen sollte.[144] Offenbar versuchen die Parteien, eine vage diagnostizierte Politikverdrossenheit der Bürger mit diesem Mittel zu bearbeiten. Immerhin machen die Bürger in Baden-Württemberg häufig von den Möglichkeiten des Wahlsystems Gebrauch: Nur 3% der Listen blieben 1980 in der 42.000-Einwohner-Stadt Ravensburg unverändert.[145]

Parteien nehmen sich also unter dem Druck der öffentlichen Meinung selbst zurück. Dabei wären sie die einzigen Organisationen, die dem Defizit der auf bestimmte Zwecke und Interessen gerichteten örtlichen Organisationen und Aktionen entgegenwirken könnten. Dazu muß es ihnen aber gelingen, Interessenvertreter und Aktivisten in gemeinsame Zielvorgaben einzubinden bzw. politische Vorstellungen zu bündeln. Auch im ländlichen Raum sind Parteien auf dem Vormarsch, bei der Rekrutierung des Personals bleiben sie aber auf Vereine und

---

143 Amtliche Mitteilungen des Landes Sachsen von 1994. Auch in Karlsruhe lag die Wahlbeteiligung beim 1. Wahlgang nur bei 50,2% (FAZ vom 18.7.1998).

144 Diese Wahlrechtsänderung wurde inzwischen abgelehnt (Bovermann, in: Andersen 1998a, S. 166).

145 Löffler/Rogg 1985.

Verbände angewiesen.[146] Ob sich die Kandidaten auf die seit den siebziger Jahren für die kommunale Ebene entwickelten Programme der damaligen Bundestagsparteien festlegen lassen, ist eine offene Frage. Dazu bedürfte es sicherlich intensiver Austauschbeziehungen zwischen den Parteien und ihren Mandatsträgern. Im ländlichen Raum treten Ratskandidaten z.T. erst nach ihrer Aufstellung in die Partei ein; eher ist eine Einbindung der Ratsmitglieder in sonstige Organisationen der Gesellschaft gegeben. Dagegen sind Mandatsträger in großen Städten häufig nur formal Mitglied in einem Verein[147] und die gleichzeitige Mitgliedschaft in Vereinen ist rückläufig.[148] Bestimmte Verbände und Vereine ziehen vor allen Dingen CDU- und FDP-Mitglieder an.[149] Diese verfolgen aber eher Freizeitinteressen und tragen nicht zur programmatischen Orientierung bei. Dennoch gibt es Hinweise darauf, daß die Parteien auf der kommunalen Ebene tatsächlich unterschiedliche politische Zielvorstellungen repräsentieren.[150] In den Wahlprogrammen scheinen durchaus jene Ziele, die bei Verwendung der bundesweit üblichen Etiketten erwartet werden können, durch.[151] Die politischen Parteien sind allerdings durch die Prinzipien der freiwilligen Mitarbeit, durch die daraus resultierende soziale Struktur und Interessenlage ihrer aktiven Mitglieder sowie durch ihren organisationspolitischen Traditionalismus in ihren Gestaltungsmöglichkeiten stark eingeengt.

Im kommunalpolitischen Alltag konzentrieren sich die Parteien abseits ihrer Rekrutierungsaufgaben (neben Kandidaten für die kommunalen Vertretungskörperschaften stellen sie Personal für die

---

146 Naßmacher/Rudzio, in: Wehling 1978, S. 131f.; Gau 1983, S. 87; Köser/Caspers-Merk, in: Schimanke 1989, S. 104; Naßmacher, in: Gabriel u.a. 1997b, S. 431f.

147 Luckmann 1970, S. 172; Ellwein/Zoll 1982, S. 78; Kevenhörster u.a. 1980, S. 66.

148 Simon, in: Schuster/Dill 1992.

149 So waren in Köln vor allen Dingen CDU- und FDP-Mitglieder in Vereinen verankert, z.T. durch Mehrfachmitgliedschaften (S. d. Zender 1982, S. 134; Gau 1983, S. 80, 88).

150 Naßmacher, in: Gabriel u.a. 1997b, S. 428f. Die Parteipolitisierung scheint in der Kommunalpolitik zuzunehmen. Die Gemeindegröße spielt dabei natürlich eine Rolle (Wehling, in: Heinelt/Wollmann 1991, S. 150). Dies wurde in Fallstudien bisher allerdings selten bestätigt (Grüner u.a. 1988, S. 42ff.; Jaedicke u.a. 1991, S. 206f.; Gabriel u.a. 1992, S. 23ff., im Gegensatz zu Lamping, in: Heinelt/Mayer 1997, S. 64).

151 Naßmacher, in: Gabriel u.a. 1997b, S. 429.

Spitzenpositionen der Verwaltung bereit[152]) vor allem auf Mobilisierung durch ihre Öffentlichkeitsarbeit, um Unterstützung bei Wahlen zu erreichen. Da die örtlichen Parteiorganisationen auch Servicefunktionen für die Bundes- und Landesebene übernehmen müssen (Landtagswahlkampf, Bundestagswahlkampf), kommt die inhaltliche Arbeit in den örtlichen Gliederungen häufig zu kurz. Das hat aber mehr mit Zeitmangel des ehrenamtlichen Personals zu tun, als mit der immer wieder betonten zentralistischen Steuerung der Parteien.[153] Selbst bei „Angelegenheiten, die für die Parteien ein bestimmtes ideenpolitisches Interesse haben", sind Eingriffe der Landespartei oder gar der Bundespartei selten.[154] Als Ursache kann vielmehr eine Überforderung bei der Wahrnehmung unterschiedlicher Aufgaben gesehen werden. Da heute Parteiarbeit keinen hohen Prestigewert hat, ist es nicht verwunderlich, daß die Aktivisten ein Mandat oder ihre Wiederwahl anstreben. So herrscht in der Regel – zumindest in den alten Bundesländern – kein Kandidatenmangel.[155] Die mit mehr Informationen ausgestatteten Mandatsträger dominieren häufig in den örtlichen Parteigliederungen und wirken so einer offenen Diskussion entgegen. Selten müssen Parteien auf Personal zurückgreifen, das von außen kommt. Sie tun dies unter dem Druck der Parteienkritik und um hinreichend lange oder attraktive Listen präsentieren zu können.

Da das politische Handeln auf der kommunalen Ebene keineswegs so ausdifferenziert ist wie in Bund und Land, neigen die Parteien dazu, am Ort „ihre eigene Parteilichkeit zu verleugnen."[156] Konflikte werden nicht verdeutlicht, „Sachorientierung" wird betont. Diese Tendenz könnte sich durch die Debatte um Parteien-, Politiker- oder Politikver-

---

152 Naßmacher/Rudzio, in: Wehling 1978, S. 127ff.; Naßmacher, in: Gabriel u.a. 1997b, S. 427ff.

153 Scheuner 1973, S. 9. Auch für die Zeit nach 1945 geht die Behauptung zu weit (Ziebill 1971, S. 51 in Auseinandersetzung mit Weber 1951, S. 513).

154 Lintz 1973, S. 117.

155 Vgl. die Ausführungen zur Zusammensetzung der Gemeinderäte; siehe oben, Abschnitt 4.2.1.

156 Lehmbruch 1975, S. 7. Für die große Politik müssen die „janusköpfigen" Ortsparteien den Bürgern parteipolitische Kriterien für die Wahlentscheidung vermitteln. Die Betrachtung mag überspitzt erscheinen, sie betont aber in nachdrücklicher Weise Sachverhalte, die auch von Kaack (1971a, S. 29, 33 bzw. 1971b S. 474, 477) erwähnt wurden.

drossenheit noch verstärken[157] und langfristig kommunale Wählervereinigungen begünstigen. Bisher haben diese, die häufig eine gemeinwohlorientierte Sachpolitik propagieren und eher Bewertungen der CDU oder der FDP nahestanden, eine mehr oder weniger große Erfolgschance. Traditionell sind sie in Baden-Württemberg und Bayern besonders stark. Von zentraler Bedeutung für das Verhältnis von Wählervereinigungen und Parteien war die kommunale Neuordnung. Der Zusammenschluß von kleinen Gemeinden zu einer Großgemeinde förderte die Anonymität der Kommunikationsbeziehungen und die soziale Heterogenität der Gemeinde. Beides begünstigte die Etablierung der Parteien im ländlichen Raum und die parteipolitische Fraktionierung.[158] Die Bedingungen der Transformationsphase haben in Ostdeutschland zunächst zu einem gewissen Aufschwung der Rathausparteien geführt, der aber schnell abebbte, so daß sich die Bevölkerung hinter etablierten Parteietiketten (einschließlich der PDS) sammelte.[159]

Kommunale Wahlsysteme mit großen Entscheidungsmöglichkeiten für den Wähler (insbesondere das Baden-Württembergs)[160] sind dagegen eine Herausforderung für Parteien. Als Wirkungen des baden-württembergischen Wahlsystems wurden bereits die Begünstigung von Honoratioren und damit eher konservativer Parteien benannt, allerdings auch der Zwang zu ständiger Bürgernähe.[161] Demgegenüber glauben Kritiker des in Hessen und Nordrhein-Westfalen angewandten Kommunalwahlsystems (mit starren Parteilisten), daß die lokalen Parteiorganisationen Gefahr laufen, sich gegenüber der Bevölkerung abzukapseln. Die latente Spannung, zwischen Mobilisierungs- bzw. Rekrutierungsaufgaben und innerparteilichen Belangen (z.B. Mehrheiten in bestimmten Fragen zu erlangen und Eigeninteressen von Parteifunktionären zu befriedigen), mag durch die Wahlverfahren

157 Jedenfalls werden die Leistungen von Parteien am geringsten eingeschätzt (Cusack/Weßels 1996, S. 43).

158 Frey/Naßmacher 1975, S. 208; Engel, in: Gabriel 1989a, S. 163; Derlien/von Queiss 1986, S. 315; Naßmacher, in: Gabriel 1997, S. 438ff.; Bußmann 1998, S. 237. Nach Stolorz (1988, S. 141ff.) hat die Gebietsreform die CDU eher geschwächt, u.a. weil die CDU Mandatsträger, also Ämter, verloren hat sowie die Professionalisierung und Zentralisierung der Partei vorangeschritten sind.

159 Naßmacher, in: Niedermayer 1996, S. 189.

160 S. d. Woyke 1994, S. 153-183.

161 Wehling, in: Schimanke 1989, S. 89.

weiter verschärft werden. Wo die Parteien ihre Binnenorientierung zu weit treiben, laufen sie aber stets Gefahr, für die Wahlentscheidung an Bedeutung zu verlieren.

Wahlenthaltung wird als Zeichen dafür gesehen, daß die Prioritätensetzung der Parlamentarier und der durchschnittliche Bevölkerungswille nicht übereinstimmen. Je mehr sich die Bevölkerung an einzelnen Themen orientiert und die Parteibindung insgesamt abnimmt, um so mehr müssen Parteien und Politiker auf Responsivität achten. Hier scheinen sich die Politiker der großen Parteien stärker an dem zu orientieren, was sie als Präferenz der Bevölkerungsmehrheit ansehen, während die kleinen Parteien eher den Vorstellungen ihrer Klientel folgen.[162] Insgesamt pflegen Parteimitglieder im Gemeinderat aber einen flexiblen Repräsentationsstil, indem sie einmal als „Treuhänder", dann wieder als „Delegierte" agieren.[163] Keineswegs können Parteien von einem gleichartigen Wahlverhalten bei Kommunalwahlen und für die überörtlichen Ebenen ausgehen. Vielmehr scheinen ortsspezifische Faktoren, z.B. die Gemeindegröße und das Wahlsystem, von Bedeutung zu sein.[164] Mangelnde Responsivität der Parteien kann auch zur spontanen Selbstorganisation der Bevölkerung in neuen Parteien oder zunächst zu Bürgerinitiativen führen, die später selbst bei Wahlen erfolgreich sind.[165]

Weitere Anstöße für die Bildung örtlicher Bürgerinitiativen können die am Ort wirksam werdenden Ergebnisse überörtlicher Entscheidungen geben, etwa die Planung von regionalen Verkehrswegen oder Atomkraftwerken und neuerdings der Bau von Abfall- oder Abwasserbeseitigungsanlagen. Solche Vorhaben stellen fast immer die örtlichen Auswirkungen überörtlicher Investitionsentscheidungen privater und öffentlicher Institutionen dar.

---

162 Gabriel u.a. 1993, S. 30f.; auch Arzberger 1980.

163 Z.B. Engel 1990, S. 138ff., 162ff.

164 Naßmacher, in: Thränhardt/Uppendahl 1981. Im Gegensatz dazu vertreten Kevenhörster (u.a. 1976, S. 241ff.) und Czarnecki (1992, S. 29; für Rheinland-Pfalz) die These von der Angleichung des Wahlverhaltens. Auch Bovermann (in: Andersen 1998a, S. 171) geht (für Nordrhein-Westfalen) davon aus, daß sich ebenenspezifische Wahlentscheidungen verringern.

165 Naßmacher, in: Gabriel u.a. 1997b, S. 437. Zum Problem der Bürgerinitiativen s. Roth, in: Wollmann/Roth 1999, S. 3, 6ff.

Abb. 4.2: Kommunalpolitisches Entscheidungssystem

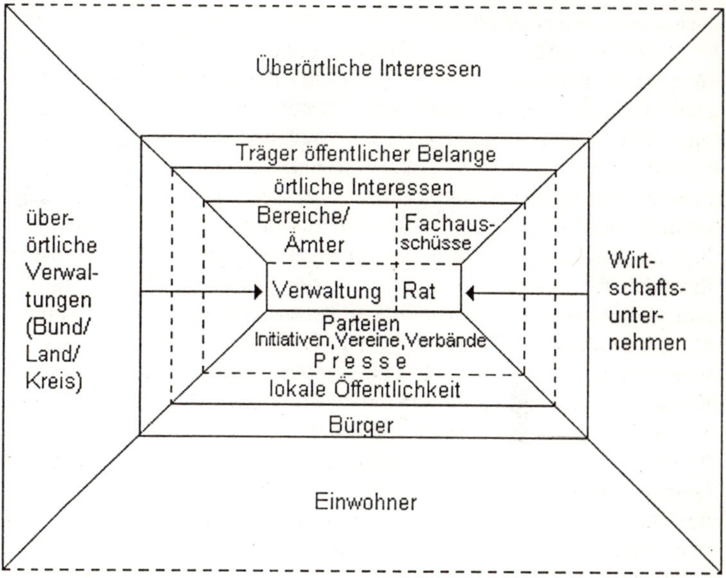

4.2.3 *Elemente der Politikverflechtung, horizontal und vertikal*

Das kommunalpolitische Geschehen vollzieht sich nicht nur in den Institutionen Rat und Verwaltung. Auch die Erweiterung des Entscheidungsfeldes um Lokalpresse, Vereine/Verbände/Initiativen und Ortsparteien reicht nicht aus, um politische Netzwerke befriedigend darzustellen. Die Ausdehnung von Verwaltungsaufgaben (insbesondere im Bereich der Daseinsvorsorge) hat zunächst eine zentralisierende Verlagerung von Handlungs- und Entscheidungskompetenzen bewirkt, die auf den lokalen Bereich zurückwirkt. Eine eindeutige Trennung von „örtlichen", d.h. originär kommunalen, und „überörtlicher", also staatlichen Aufgaben ist kaum möglich.[166] Die Einbeziehung der Gemeinden

166 S. oben, Abschnitte 2.4.1 und 3.4.

in den Aufgaben-, Planungs- und Finanzverbund des politisch-administrativen Systems schafft Rahmenbedingungen für das politische Handeln in der Gemeinde (vgl. Abb. 4.2). Selbst wenn man – auf der Grundlage unserer Beispielfälle – die Einschränkung der kommunalen Handlungsmöglichkeiten nicht als so durchschlagend ansieht, wie dies üblich geworden ist,[167] bleiben beachtliche Restriktionen durch ökonomische Lage, finanzwirtschaftliche Möglichkeiten und verwaltungstechnische Bindungen, die mit der globalen Vernetzung eher zunehmen.

Ganz allgemein setzen Bundes- und Landesgesetze (z.T. bedingt durch Richtlinien der EU) den Gemeinden einen Rahmen für ihre Tätigkeit. So verschafft erst das Baugesetzbuch (BauGB) ihnen die Zuständigkeiten für die Bauleitplanung. Andere Gesetze haben Entscheidungsmöglichkeiten begrenzt (z.B. Gesetze zur überörtlichen Planung), zu Aktivitäten herausfordert (z.B. die Richtlinien/Verordnungen der EU in der Energieversorgung bzw. im Verkehrsbereich)[168] oder den Aktionsradius erweitert (z.B. Maßnahmen der Funktionalreform bzw. Bemühungen der Deregulierung). Territoriale Neuordnung hat schließlich in allen Bundesländern die Selbständigkeit der kleinen Gemeinden im ländlichen Raum, aber auch vieler Gemeinden am Rande der Ballungsgebiete, beseitigt. Ungeachtet der Kritik, die einen Verlust an „Bürgernähe" konstatiert, schafft die Maßstabvergrößerung auch Voraussetzungen für effizienteres Handeln in der kommunalen Selbstverwaltung. Die Region kommt als Zielperspektive zukünftiger Aktivitäten in den Blick, weil u.a. die Netzwerke der Unternehmen enger werden (Vernetzung mit Zulieferern verschiedener Produktionsstufen zu Produktionskomplexen) und die Mobilität der Bevölkerung zugenommen hat. Zuweilen wird die Region bereits als Entscheidungsebene genutzt, z.B. bei Verkehrsverbünden, oder sie soll in Zukunft bedeutsamer werden, z.B. in der Wirtschaftsförderung. Trotz der nicht bezweifelten Stärkung der eigenen Verwaltungskraft (zumindest im ländlichen Raum) bleiben wichtige Beschränkungen für das politische Handeln der Gemeinden, ein Grund warum in den neuen Bundesländern ganz besonders sensibel agiert wurde und viele kleine Gemeinden bestehen blieben.

Hier ist zunächst einmal die Abhängigkeit kommunalpolitischen Handelns von örtlichen Wirtschaftsinteressen und der ökonomischen Entwicklung insgesamt zu beachten. Die wirtschaftliche Struktur einer

---

167 Für ein Beispiel s. bereits Reuter 1976, S. 11.

168 S. oben, Abschnitt 2.4.3.

Gemeinde, insbesondere ihr Besatz mit leistungsfähigen Industrie- und Dienstleistungsbetrieben, ist Voraussetzung dafür, Aufgaben überhaupt wahrnehmen zu können. Die Möglichkeiten der Gemeinde, sich ohne eine entsprechende wirtschaftliche Grundlage ausreichende Einnahmen zu beschaffen, sind relativ gering.[169] Dieser Zusammenhang bringt die Gemeinden in eine starke Abhängigkeit von der Privatwirtschaft: je stärker der Zwang zur kommunalen Wirtschaftsförderung ist (und das wird noch heute vor allem mit der Ansiedlung neuer Unternehmen verbunden)[170], um so mehr müssen sich finanzpolitische Maßnahmen und flächenbezogene Planungen der Gemeinden an den Standortentscheidungen von Unternehmen orientieren. Die Zusammenarbeit mit den verbliebenen Sonderbehörden (Gewerbeaufsichtsamt, Wasserwirtschaftsamt, Straßenbauamt), dem Arbeitsamt und den Kammern gewinnt an Bedeutung.

Nicht nur die Abhängigkeit von Entscheidungen der Unternehmen, die immer stärker im Hinblick auf weltweite Entwicklungen getroffen werden, sondern auch von jenen der Nachbargemeinden ist erheblich. Der regionale oder horizontale Politikverbund[171] müßte eine konkrete Gestalt erlangen,[172] wirkt bisher aber allenfalls informell.[173] Die regionale Zusammenarbeit ist nach anfänglicher Skepsis, „in den meisten Regionen einem pragmatischen Umgang mit der Regionalisierungspolitik gewichen. Die Regionen zeigen sich heute auch damit einverstanden, Entwicklungskonzepte in Zukunft zu aktualisieren bzw. im Hinblick auf bestimmte Sachthemen zu vertiefen."[174] „Bei jenen Maßnahmenvorschlägen der regionalen Entwicklungskonzepte, die sich nach ‚innen' richten, wird sich die Überführung ... in praktische Politik nur durch eine Verbesserung der interkommunalen Kooperation realisieren lassen."[175] Erkennbar ist bei Einzelprojekten allerdings, daß

---

169 Vgl. oben, Abschnitt 3.2.

170 S. unten, Abschnitt 5.2.

171 Benz u.a. 1992.

172 Vgl. Fürst, in: Blanke 1991, S. 93ff.; Heinze/Voelzkow, in: Blanke 1991, S. 461ff.; Kleger 1996, S. 105.

173 Interregionale Kooperation reicht in Nordrhein-Westfalen von bloßer Absichtserklärung bis zur institutionalisierten Zusammenarbeit (Bade/Theisen, in: Heinze/Voelzkow 1997, S. 251). Baden-Württemberg erprobt im Regionalverband Mittlerer Neckar eine neue Form der Zusammenarbeit mit direkt von der Bevölkerung gewählten Vertretern.

174 Bade/Theisen, in: Heinze/Voelzkow 1997, S. 255.

175 Ebenda, S. 263.

die kommunalen Eigeninteressen noch keineswegs zugunsten einer Stärkung der Regionen zurückgedrängt wurden.[176] Gleichwohl können Regionalverbände zuweilen als Moderatoren bei unterschiedlichen Interessen auftreten oder als Lobbyisten gegenüber Fachbehörden und Staat tätig werden.[177] Bei Ansiedlungsentscheidungen verfügen aber nicht die Regionalverbände und die zunehmend etablierten runden Tische aller privaten, halböffentlichen und öffentlichen Entscheidungsträger in der Region, sondern gerade die Kommunalverwaltungen in Abstimmung mit Fachverwaltungen und Kommunalaufsicht über die wesentlichen Entscheidungskompetenzen.

Der Zwang zur kommunalen Zusammenarbeit könnte sich über Infrastruktureinrichtungen verstärken, die im Zuge einer umweltgerechteren Entwicklung, als Folge der Globalisierung oder der Finanzknappheit entstehen.[178] Gemeinsames Vorgehen bei bereits vorhandenen Entsorgungseinrichtungen oder bei der Verkehrsanbindung (um nur zwei drängende Problembereiche zu nennen) bahnt sich an. Im ersten Fall bearbeitet dies Ungleichgewichte in der Versorgung (Überkapazitäten oder Unterversorgung) mit der Folge eines Mülltourismus. Empirische Fallstudien zeigen allerdings, daß Verbände ohne Kompetenzen im Politikbereich nur begrenzten Einfluß nehmen können.[179] Verkehrsverbünde müßten bei steigender Belastung durch den Autoverkehr mit noch mehr Nachdruck auf eine Optimierung ihrer Angebotsqualität und eine Vernetzung verschiedener Verkehrsträger hinarbeiten, um den öffentlichen Personennahverkehr attraktiver zu machen. Die Konkurrenz um Auslastung von öffentlichen Hallen (Kongreßzentren) ist bei Überkapazitäten wenig funktional und ein abgestimmtes Vorgehen in der Region oder zwischen einzelnen Städten (Städtenetze) möglicherweise die bessere Lösung. Die Finanzknappheit zwingt zu Vergleichen bei der Darbietung öffentlicher Leistun-

176 Naßmacher, in: Bellers u.a. 1997, S. 42ff.

177 Furth/Wohlfahrt, in: Heinze/Voelzkow 1997, S. 248; Fürst (1990, S. 129f.) arbeitet dies im Hinblick auf den Regionalverband Mittlerer Neckar heraus. Wesentliche Voraussetzungen sieht er in der Gestaltung der institutionellen Struktur und in der Form der Konfliktbearbeitung (S. 384f.), so daß die Interessenlage der Mitglieder langfristig homogener wird und Konflikte sich dämpfen lassen. Es gebe aber „keine Standardversion" (S. 101). In diesem Zusammenhang spricht Fürst (1990, S. 95) von „soft ware".

178 Zu den Vorteilen der übergemeindlichen Zusammenarbeit verweist Fürst (in: Blanke 1991, S. 95) auf amerikanische Studien.

179 Fürst 1990, S. 113.

gen. Entsprechende Arbeitskreise haben sich in vielen Bereichen schon herausgebildet; die Ergebnisse schaffen Orientierungen für die einzelnen Gemeinden. Zusammenarbeit oder Absprachen in informellen Gremien sind formell zwar unverbindlich, meist aber mit Selbstbindungen der Beteiligten verknüpft, die auf die kommunalen Entscheidungsträger und auf ihr Handeln zurückwirken. Im übernationalen Rahmen spricht man schon länger von Regimen.[180]

Damit ist zugleich die Gefahr verbunden, daß sich (auch bei der horizontalen Zusammenarbeit) Entscheidungen in Gremien verlagern, die nicht legitimiert sind. Bisher wurde eher das Demokratiedefizit der vertikalen Politikverflechtung betont. Dies gilt beispielsweise für die Kreation und die Vergabemodalitäten von zweckgebundenen Zuweisungen. Zunächst ist festzuhalten, daß die Verteilungspraxis zweckgebundener Zuweisungen sich sowohl bei den Geldgebern (Land, Bund, EU) als auch beim Zuwendungsempfänger (Gemeinde) weitgehend einer Kontrolle durch die jeweilige Vertretungskörperschaft entzieht. Darüber hinaus sind die Gemeinden (je kleiner, desto sicherer) über das reichhaltige Angebot an Zweckzuweisungen nur unzureichend informiert.[181]

Informelle Kontakte scheinen bei der Vergabe von besonderer Bedeutung, „da die ordnungsgemäße Antragstellung auf dem vorgeschriebenen Dienstweg offensichtlich häufig zum Erhalt der beantragten Zuweisungen nicht ausreicht."[182] Die Informationsgebung erweist sich als Machtmittel der Ministerialverwaltung; prämiiert wird bei der Vergabe von Zuweisungen (insbesondere gegen Ende des Haushaltsjahres) „der findige und mit den richtigen Beziehungen ausgestattete Kommunalbeamte" („Windhundverfahren").[183] Vertikale Kooperation, „Fachbruderschaften", „Seilschaften" oder „Ressortkumpanei" sind hilfreich.[184] Eine zentrale Rolle haben die Regierungspräsidi-

---

180 Naßmacher 1998a, S. 445ff.; für die regionale/kommunale Ebene s. Stoker/Mossberger 1994, S. 195ff.

181 Bereits die Untersuchung von Petri (1977) ergab, daß sich in Niedersachsen mehr als 30% der befragten Gemeinden schlecht informiert fühlten.

182 Petri 1977, AI/6.

183 Schöber 1991, S. 110; Petri 1977, S. 53; vgl. auch Marcus 1987, S. 29f. Die Entscheidungsmuster für die Vergabe der Mittel aus EG-Fonds werden von Praktikern als völlig gleichartig angesehen.

184 Zur Ressortkumpanei s. Wagener, in: Wagener 1980, S. 28f.; zur Förderpolitik der EU s. Waniek 1992, S. 78; Krafft/Urich 1993, S. 43; s. oben, Abschnitt 3.4.

en: Sie sind in der Regel für die Genehmigung von Fördergeldern zuständig. „Da Regierungspräsidien als einzige Landesbehörden in der Lage sind, den Mittelbedarf der Fortsetzungsmaßnahmen für das Programmjahr abzuschätzen, fällt ihnen auch die Aufgabe zu, den Anteil der für neue Maßnahmen verbleibenden Mittel zu bestimmen."[185] Bei der Mittelvergabe üben die Regierungspräsidien gleichzeitig eine Beratungs- und eine Selektionsfunktion aus; ein Zusammenwirken mit der Kommunalaufsicht kann einen größeren Antragsüberhang verhindern. Die Vergabe der Mittel durch Landesregierung und Landtag ist häufig reine Formalität. Spätestens zu diesem Zeitpunkt sind dann auch die Landespolitiker gefragt bzw. die natürlichen „Außenminister der Gemeinde" (Kämmerer oder Verwaltungschef).

Die Zuschußrichtlinien werden oft als Eingriff in die kommunale Selbstverwaltung gewertet: Wenn ein immer engeres Netz von Zuschußrichtlinien für Finanzzuweisungen geknüpft würde, könnte sich die überörtliche Instanz zu einer Fachplanungsbehörde aufschwingen.[186] Unsere Beispielfälle – insbesondere das Hallenbad – zeigen aber, daß die Genehmigungsinstanzen weder auf die Grundentscheidung (ob) noch auf die konkrete Ausgestaltung (wie) der geplanten Infrastruktureinrichtung wirklich Einfluß nehmen. Eine Bevormundung fand nicht statt. Der Regierungspräsident als Bewilligungsbehörde erwähnte im Bewilligungsbescheid an die Stadt Leichlingen lediglich die Empfehlung der Deutschen Gesellschaft für Badewesen.[187] Solche Empfehlungen gibt es auch für andere Bereiche kommunaler Politik, z.B. von der Deutschen Krankenhausgesellschaft. Die Genehmigungsbehörde forderte aber nicht, daß sich die Stadt Leichlingen daran halten müsse. Allerdings durfte das Hallenbad nicht als Ersatz für eine weggefallene Sportstätte geplant sein,[188] was bei einer Erstinvestition von vornherein nicht möglich war. Lediglich der Architekt wurde angewiesen, die Umkleidekabinen und das Untergeschoß sorgfältig zu belüften sowie den Schall-, Wärme-, Feuchtigkeits-, Blend- und Sonnenschutz zu beachten. Es handelte sich also um die Anmahnung technischer Aspekte.

Schon in den siebziger Jahren kamen verschiedene Autoren bei Untersuchungen über die Förderungs-, Planungs- und Verteilungspra-

---

185 Scharpf u.a. 1976, S. 172.
186 Vgl. Marcus 1987, S. 33.
187 Vgl. zu den Fachplanungen im Sportbereich Hübner 1994, S. 7f.
188 Bewilligungsbescheid des Regierungspräsidenten in Düsseldorf vom 27.11.1972.

xis in den verschiedenen Bundesländern zu dem Schluß, daß „Raumordnung, regionale Infrastrukturpolitik und regionale Wirtschaftspolitik ... bisher bestenfalls getrennt voneinander, größtenteils aber im Widerspruch zueinander betrieben worden sind und ein unübersehbares Dickicht isolierter Einzelmaßnahmen produziert haben, das sich durch die fehlende Koordination von Landes- und Bundesmaßnahmen noch potenziert."[189] Inzwischen ist die EU mit ihren Fördermitteln noch hinzugetreten. Die der Verbindung von Landesplanung und Finanzzuweisungen zugeschriebene Gefahr für die kommunale Selbstverwaltung ist zumindest solange ein Vorgriff auf denkbar Entwicklungen, bis staatliche Stellen ihre eigenen Absichten zu koordinieren vermögen. Die Schlußfolgerung von Petri aus den siebziger Jahren scheint nach wie vor richtig. Der von kommunaler Seite erhobene Vorwurf, die Kommunen seien in der Vergangenheit allein durch die Zweckzuweisungen immer stärker zu ausführenden Stellen der staatlichen Politik gemacht worden, läßt sich in dieser Pauschalität nicht aufrecht erhalten. Wahrscheinlich ist er sogar falsch. Selbst wenn den Gemeinden Zuschüsse unter Hinweis auf raumordnerische bzw. landesplanerische Zielsetzungen versagt werden, ist nicht auszuschließen, daß damit der Gemeinde eher eine plausible und schwer anfechtbare Begründung für die Ablehnung jener Anträge gegeben wird, denen die betreffende Landesbehörde – aus welchen Gründen auch immer – nicht entsprechen will. Immerhin findet sich dieses Argument bevorzugt bei kleineren Gemeinden, die in der Regel nicht über ausreichende Informationen zur Landes- und Regionalplanung und die nötigen Verwaltungskräfte verfügen, um unverzüglich zu agieren.[190] Große Städte – aber auch unsere Beispielgemeinden – zeigen, daß hinhaltender Widerstand (das schlichte Nichtstum, z.B. bei der Nutzung von verkehrsnahen Grünflächen für Wohnen) oder kreative Lösungen als Antwort (die überörtlich gewünschte Einzentrenlösung wurde in die städtische Innovation einer Mehrzentrenlösung umgewandelt) wirksam bleiben. Letzlich können die Städte darauf vertrauen, daß der Mittelabfluß auch eine wichtige Dimension überörtlicher Politik ist.

Viel zu wenig wird bisher die Rolle der Landespolitiker, gerade im Hinblick auf die allgemeine Finanzausstattung (durch Schlüsselzuwei-

---

189 Petri 1977, S. 75.

190 Zielinski (1977, S. 103, Anm. 149) verweist auf das Mißverhältnis in der Personalausstattung zwischen Verdichtungsräumen und ländlichen Räumen.

sungen, allgemeine Zuweisungen) und die überörtliche Ausweisung der Kommunen, beachtet. Beide können durch entsprechende Weichenstellungen für die Haushaltskonsolidierung auch die Entwicklungspotentiale einer Stadt vorausschauend festlegen. Je besser dies zugunsten der Städte insgesamt oder zugunsten einzelner Städte gelingt, umso weniger werden traditionelle Einflüsse einschränkende Wirkungen haben. Schließlich muß noch die Rolle der Gerichte erwähnt werden, deren Entscheidungen durch antizipierte Reaktionen die Handlungsfähigkeit von örtlichen Verwaltungen und Politikern einzuschränken scheinen. Immer häufiger gestalten Gerichte (insbesondere bei Infrastrukturmaßnahmen) den Rahmen von Entscheidungen und tragen zur Interessenabwägung zwischen den Kommunen bzw. zwischen ihnen und dem Land bei.[191]

Weiterhin sind auch eher traditionelle Einflüsse zu erwähnen. Vor dem Inkrafttreten aller gemeindlicher Satzungen (und damit sowohl der Haushalts- als auch der Bebauungspläne) ist die Genehmigung der Kommunalaufsicht[192] einzuholen. Die Kommunalaufsicht soll dabei zwar nur auf die Einhaltung bundes- und landesgesetzlicher Vorschriften achten, im Gegensatz zur Fachaufsicht bei Auftragsangelegenheiten.[193] In Wirklichkeit sind die kommunalen Aufgaben – wie wir auch an den Beispielen gezeigt haben – so verschränkt, daß Rechtsaufsicht (über Beratungsleistungen) zum Mittel der Durchsetzung politischer Zielvorstellungen werden kann, wo Fachaufsicht nicht zulässig ist.

Sowohl die Regelungen der Gemeindeordnung und der Gemeindehaushaltsverordnung als auch diejenigen des Baugesetzbuches bieten mit auslegungsbedürftigen Formulierungen Handhaben genug, die juristisch eindeutige Grenze zwischen Rechtsaufsicht und Fachaufsicht in der politisch-administrativen Wirklichkeit unterschiedlich festzulegen. Das Ausmaß der Unterschiede hängt sowohl vom Gegenstand der Aufsicht als auch von der Gemeindegröße ab: „In grober Zusammenfassung kann man etwa sagen, daß im Verhältnis zu Dörfern und an-

---

191 Nach einem Urteil des Oberverwaltungsgerichts Münster sollen Verbrauchermärkte auf der grünen Wiese nur dann zulässig sein, wenn sie nicht umfangreiche Kaufkraft für Waren des täglichen Bedarfs aus der Kernstadt abziehen (Nordwest-Zeitung vom 25.7.1998).

192 Bei kreisangehörigen Gemeinden des Kreises, bei nichtkreisangehörigen Städten des Regierungspräsidenten oder des Innenministeriums (soweit das Land auf eine Mittelbehörde verzichtet).

193 S. oben, Abschnitt 2.4.1.

deren kleinen Gemeinden ein Übergewicht der Kommunalaufsicht besteht, bei Kleinstädten und Mittelstädten ein partnerschaftliches Verhältnis zwischen (faktisch – d. Verf.) Gleichberechtigten, bei Großstädten ein Schwergewicht der Stadt, das von der Aufsichtsbehörde gelegentlich schon als ärgerlich empfunden wird."[194] Der Versuch, mit der Staatsaufsicht „die örtliche Verwaltung der Gemeinden eng an die jeweilige Landesverwaltung anzulehnen,"[195] muß antizipiert werden. Er läßt sich am ehesten von selbstbewußten Städten nutzbar machen oder zurückweisen. Auch in diesem Zusammenhang erhalten die Gerichte – wenn sie bei Bedarf herangezogen werden – eine wichtige Rolle. Dies gelingt selbst bei den Vorschriften zur Haushaltskonsolidierung.

Vertikale Politikverflechtung entwickelt sich jedenfalls nicht zwischen der Kommunalverwaltung und überörtlich agierenden Verwaltungen als geschlossenen Einheiten, sondern zwischen den für einen bestimmten Sektor der öffentlichen Aufgaben verantwortlichen (zuständigen) Teilen unterschiedlicher Segmente des politisch-administrativen Systems. Die bereits in den siebziger Jahren festgestellte vertikale Kooperation der verschiedenen Fachbehörden des Bundes, der Länder und der Gemeinden ist weiterhin als „dominante Grundstruktur" des deutschen bundesstaatlichen Systems einzuschätzen. Sie wird zunehmend durch horizontale Kooperation ergänzt, ohne daß diese neue Dimension bisher viele greifbare Ergebnisse hervorbringt. Zu den Rückwirkungen gehören die Stärkung aller in der Außenvertretung der Gemeinden Tätigen im örtlichen Entscheidungsprozeß und ein erhebliches Anwachsen der Koordinationsaufgaben in der staatlichen Verwaltung ebenso wie im gemeindlichen Entscheidungsprozeß.

4.3 Kommunaler Entscheidungsprozeß

In formaler Hinsicht läßt sich der kommunale Entscheidungsprozeß in die Aspekte „Vorbereitung einer Vorlage" und „Entscheidung über eine Vorlage" gliedern. Während die Vorbereitung möglichst weitge-

---

194 Glass 1967, insb. S. 84ff., 99ff., 125ff., 137ff.; ähnlich auch Leclaire, in: Rausch/Stammen 1972, S. 274. Die Frage, wie sich die Beziehungen zwischen Kommunalaufsicht und Stadtplanung ändern, seitdem nur noch eine Anzeigepflicht für manche Bebauungspläne besteht, kann noch nicht beantwortet werden.

195 Ellwein 1973, S. 53.

hend von der lokalen Öffentlichkeit abgeschirmt wird und allenfalls Teilöffentlichkeiten einbezieht (frühzeitige Bürgerbeteiligung, Korporatismus, Expertenbefragungen), verbindet sich die Entscheidung mit der Möglichkeit öffentlicher Diskussion. Gemeinsamer Gegenstand von Vorbereitung und Entscheidung sind – zumindest in größeren Gemeinden – die bereits genannten Vorlagen, an deren Stelle in kleineren Gemeinden mit geringerer Verwaltungskraft der mündliche Sachvortrag des Verwaltungschefs im Gemeinderat (oder einem seiner Ausschüsse) treten kann. Die Vorbereitung einer Vorlage ist Angelegenheit der Verwaltung; die Entscheidung über eine Vorlage ist Aufgabe des Rates. Die enge Fixierung auf die Vorlage kommt auch dadurch zum Ausdruck, daß Ratsmitglieder diese als ihre wichtigste Informationsquelle ansehen.[196] Die Verbindung zwischen beiden Bestandteilen des Entscheidungsprozesses vollzieht sich jedoch nicht nur über die Vorlage (bzw. den mündlichen Sachvortrag), sondern vor allem über einen besonderen Kommunikationsprozeß zwischen Rat und Verwaltung, in dem sogenannte „Vorentscheider"[197] eine zentrale Rolle spielen.

4.3.1 Vorbereitung und Beratung einer Vorlage

Der verwaltungstechnisch reibungslose Ablauf (Problem – Vorlage – Beschluß – Satzungsrecht)[198] wird im kommunalpolitischen Alltag in dieser Form nur ganz selten eingehalten. Vielmehr stellt Kommunalpolitik sich als eine Vielzahl von Einzelentscheidungen dar, die gleichzeitig vorangetrieben werden und sich zu unterschiedlichen Zeitpunkten zum Teil in verschiedenartigen Beschlüssen niederschlagen. Ihre Verknüpfung durch Evaluation früher getroffener Entscheidungen (controlling)[199] ist eher locker. Der formale Ablauf der Problembearbeitung (Initiativ-, Vorbereitungs-, Entscheidungs- und Ausführungsphase) läßt sich dabei nur idealtypisch erkennen (policy cycle).

Dies gilt selbst bei einzelnen abgrenzbaren Projekten. In Westerstede und Leonberg hatten seit Jahren anhaltende Diskussionen über

---

196 S.d. Naßmacher/Naßmacher 1982, S. 50; Schneider 1997.

197 Banner, in: Grauhan 1972, S. 166ff.

198 In der Policy-Forschung wird von agenda-setting und conversion gesprochen.

199 Damit ist die Überwachung der Implementation von „Produkten" und eine Einschätzung ihrer Wirkungen (outcome, impact) verbunden.

die Gestaltung des Ortskerns bzw. die Sanierung am Markt bereits mehrfach eine öffentliche Auslegung von Bebauungsplanentwürfen mit sich gebracht. Im oder nach dem Prozeß der baurechtlichen Absicherung mußten die anfallenden Aufwendungen (und Finanzzuweisungen) für die öffentlichen Investitionen in den Haushaltsplan eingestellt werden. Auch in Leichlingen erforderte die Absicht, ein Hallenbad zu bauen, die Beratung verschiedener Vorlagen, neben den Plänen für die bauliche Gestaltung des Bades, die Bedingungen für die Ausschreibung und die Auftragsvergabe an die ausführende Firma, einen Bebauungsplan für den Bereich des Hallenbadstandortes und die Haushaltspläne für die Jahre 1972 bis 1976, in denen die einzelnen Raten des Bauvorhabens veranschlagt werden mußten. Mit dem Auseinanderfallen von kommunalpolitischen Problemen (hier geringe Attraktivität eines Ortskerns bzw. Ergänzungsbedürftigkeit des Freizeitangebots), Problemlösungsmöglichkeiten (Fußgängerzone, Stadtsanierung oder Hallenbad) sowie verwaltungstechnischen Bearbeitungsmitteln (z.B. Vorlagen zu Vergaben, Haushaltsplänen und Bebauungsplänen) ist (schon wegen der Zuständigkeit verschiedener Ämter) die Gefahr verbunden, daß der ursprünglich bestehende Sachzusammenhang sich auflöst, in der kommunalpolitischen Willensbildung nicht beachtet wird oder zumindest der Stand der Beratung für die lokale Öffentlichkeit nur schwer auszumachen ist.

Am Anfang einer Vorbereitungstätigkeit steht die Initiative, ein bestimmtes Problem zum Gegenstand politischer Entscheidung zu machen. Dabei ist zu beachten, daß verschiedene gesellschaftliche Probleme stets miteinander konkurrieren. Daher wird ein gesellschaftliches Problem keineswegs automatisch Gegenstand politischer Entscheidungen. Vielmehr werden in der Phase der Problemformulierung unterschiedliche Interessen bewußt, Prioritäten werden bestimmt. Auch bleiben Probleme unbearbeitet; es finden Filtervorgänge statt. Eine Vielzahl von Aspekten des täglichen Lebens wird gerade dadurch geregelt, daß niemand sie zum Gegenstand politischer Erörterungen und bewußter Entscheidungen macht. Amerikanische Sozialwissenschaftler prägten für dieses Nicht-Infragestellen bestehender Zustände den anschaulichen Begriff der „Nicht-Entscheidung" („non-decision").[200]

Wer also in einer Gemeinde tatsächlich ablaufende Entscheidungsprozesse betrachtet, hat die Gegenstandsbereiche solcher „Nicht-

200 Bachrach/Baratz, in: Zoll 1972, S. 226, 230; Fürst 1975, S. 128, 131.

Entscheidungen“ (etwa einen Verzicht auf eine Steuererhöhung oder den Bebauungsplan für ein bestimmtes Stadtviertel) bereits ausgeblendet. Die Verwaltung muß aktiv werden, wenn wahrgenommener Problemdruck, verfügbarer Sachverstand, artikulierte Interessen und politischer Gestaltungswille zusammentreffen. Auslöser mag die Bearbeitung einer Vorlage für einen Bebauungsplan oder der Bauantrag eines Bauwilligen sein. Die Verwaltung kann selbst durch den Kontakt mit den Bürgern oder zu etablierten Verbänden und Initiativen Kenntnisse einbringen und selbst eine Problemlösung anregen (withinput).[201] Durch Bürgerbefragungen wollen innovative Verwaltungen diese Dimension noch intensivieren.[202] Die intermediären Kräfte (Verbände, Lokalpresse) können von Bedeutung sein, aber auch die teilräumlichen Repräsentanten (Bezirksvertretungen, Ortsräte, bestimmte Ratsmitglieder). Wenn Ratsmitglieder unmittelbar auf einzelne Verwaltungsmitarbeiter zugehen, sehen sie zuweilen ihre Aufgabe darin, den von Bürgern, Bekannten und Kollegen an sie herangetragenen Einzelinteressen Geltung zu verschaffen. Denn die Kontakte zum Bürger betrachten Gemeinderäte mit höchster Priorität. Aber ungeachtet dieser Wertschätzung für den direkten Bürgerkontakt, verwenden gewählte Repräsentanten darauf nur relativ wenig Zeit.[203] Daher gehen Initiativen zur Problemlösung häufig nicht von den Ratsmitgliedern aus,[204] es sei denn, jemand will sich im Wahlkreis/Wohnbezirk/Ortsteil profilieren oder hat sich quasi zum Experten in einem Problembereich herangebildet, auf den die Mitarbeiter eines Verwaltungsbereichs oder die eigene Fraktion hören.

Die Ausarbeitung von Verwaltungsvorlagen beginnt im jeweiligen Fachamt (Sachbereich). Normalerweise erstellen Sachbearbeiter und Amtsleiter (Bereichsleiter) die Verwaltungsvorlagen, wobei sie auch

201 Fürst 1975, S. 137.

202 Allgemein wird aber davor gewarnt, die Ergebnisse aus Umfragen einfach zu übernehmen (Klages 1993, S. 49f.), weil Verwaltungen so auch eigene Vorstellungen strategisch fundieren könnten.

203 Simon 1988, S. 34ff., 66f. Siehe auch die in Abschnitt 4.2.1 genannten Zeitbudgetuntersuchungen.

204 Ratsmitglieder selbst schätzen allerdings ihre Rolle anders ein. Sie betrachten die Initiative als Domäne des Rates (Simon 1988, S. 41). Unser Beispielfall Hallenbad zeigt, welche Bedeutung sogar die Initiative eines einzelnen Ratsmitgliedes haben kann, wenn sie zeitlich in die „politische Landschaft“ paßt. Zur Rolle der Räte in der Müllentsorgungsdebatte s. Lamping, in: Heinelt/Mayer 1992, S. 64.

eher informelle Außenkontakte zu Betroffenen oder privaten Implementationsträger nutzen, um problemadäquate Lösungen zu finden.[205] Bei Routineangelegenheiten sind Verwaltungsbereiche mehr oder weniger selbständig. Diese eigenverantwortlichen Handlungsmöglichkeiten sollen durch die aktuellen Reformüberlegungen noch erweitert werden. Für die eigenverantwortlichen Entscheidungen der Verwaltung ist allerdings zunächst ein Grundsatzbeschluß (über Leistungsauftrag und Ressourcenrahmen des „Produktes") beim Rat einzuholen. Für diesen „Kontrakt" wird es wiederum eine Vorlage geben.

Je nach Bedeutung des Gegenstandes und personeller Ausstattung der betreffenden Verwaltung werden in die Vorbereitung einer Vorlage auch formell externe Berater (Gutachter wie beim Westersteder Generalverkehrsplan; Verbände und Kirchen beim Kindergartenangebot) oder Bearbeiter (etwa Planungsbüros bei Bebauungsplänen) eingeschaltet. Das Ausarbeiten von Vorlagen größerer politischer Bedeutung erfolgt in direkter Absprache mit den zuständigen Führungskräften. Daß die Amtsleiter und Sachbearbeiter bisher weisungsabhängig waren, bedeutete nicht, daß sie bei *jeder* Vorlage nach Weisungen des Dezernenten vorgingen.[206] Hierarchische Steuerung findet allenfalls bei Vorlagen statt, die möglicherweise zu einer Auseinandersetzung in der Vertretungskörperschaft führen oder koordinierende Besprechungen innerhalb der Verwaltungsbehörde notwendig machen.[207]

Erst wenn diese Fragen verwaltungsintern vorgeklärt sind, etwa in formellen oder informellen Arbeitsgruppen, in einer Dienstbesprechung des Verwaltungschefs mit den anderen leitenden Beamten („Verwaltungskonferenz")[208] oder auf einer Sitzung des Magistrats/Stadtvorstands, erhalten die Vorlagen ihre endgültige Form. Somit können mögliche Konflikte antizipierend bearbeitet, vorschnelle Vorstöße einzelner Ressorts verhindert werden. Für alle Vorlagen gilt, daß sie erst dann als „entscheidungsreif" der jeweiligen Vertretungskörperschaft

205 Treutner, in: Voigt 1995, S. 284. So gibt es in der Sozialpolitik besonders enge Absprachen, die immer auch mit einer Steuerungsabsicht der Verwaltung verbunden sind (Korporatismus).

206 Das Sicherheitsstreben und die Angst vor Übernahme der Verantwortung hat manche Anweisung von oben provoziert. Zur Arbeitsweise der Verwaltung für den Bereich Wirtschaft im weitesten Sinne s. Naßmacher 1987, S. 66ff. und 174ff.

207 Vgl. Derlien u.a. 1975, S. 53ff., 64ff.

208 Neuerdings Verwaltungsvorstand.

vorgelegt werden, wenn die verwaltungsinterne Klärung abgeschlossen ist. Weil dabei vorstellbare Alternativen verworfen werden, ist sicher, daß Bewertungen der einzelnen Bearbeiter im Auswahlprozeß eine Rolle spielen. Trotzdem handelt es sich bei der Erstellung einer Vorlage formal lediglich um die Vorbereitung einer Entscheidung, die zu treffen ausschließlich die gewählten Vertreter der Bürger berufen sind.

Bei der Beratung aller kommunalpolitischen Angelegenheiten wäre die Versammlung aller Ratsmitglieder (das Ratsplenum) arbeitsmäßig überfordert. Daher hat sich auch bei den kommunalen Vertretungskörperschaften ein Ausschußsystem ausgebildet. Ausschüsse bereiten die Entscheidungen der Gemeindevertretung vor und sind beratend tätig, so daß man sagen kann, daß bei ihnen das Schwergewicht der kommunalen Willensbildung der gewählten Repräsentanten liegt.[209] Die Bildung von Ausschüssen wird durch gesetzliche Vorschriften[210] und lokale Traditionen (etwa die Ausschußstruktur in der vorigen Wahlperiode) weitgehend vorgeprägt. Wesentlichere Ursache für die Bildung von Ausschüssen ist das Bemühen um parlamentarische Arbeitsteilung. Das einzelne Ratsmitglied, das ehrenamtlich tätig ist, mit all den Aufgaben und Zuständigkeiten zu belasten, für die in der Verwaltung einer Großstadt Dutzende von Leuten ganztägig arbeiten, wäre mit Sicherheit eine Überforderung. Ob Arbeitsteilung durch Ausschußbildung dabei ein wirkungsvoller Ausweg ist, bleibt (auch im kommunalen Bereich) durchaus fragwürdig. Sie ist immer mit einer Fragmentierung der politischen Arbeit verbunden.[211] Es besteht auch die Gefahr, daß die Ausschüsse mit Unterstützung der Fachämter Fachpolitik konfliktträchtig aufladen[212] und damit gegen den Verwaltungschef Politik betreiben. Allerdings sind viele Politikfelder sogenannte Querschnittpolitiken, mit denen sich nach heutiger Organisationsstruktur mehrere Ausschüsse befassen; so ergeben sich Vernetzungen und eine Abschwächung von Egoismen.[213]

Die Ausschußarbeit bedeutet zunächst eine Spezialisierung der Tätigkeit und damit verbunden die Entwicklung von aufgabenspezifischem

209 Holler/Naßmacher, in: Frey 1976a, S. 156f.
210 Alle Gemeindeordnungen (außer Niedersachsen) lassen beschließende Ausschüsse zu. Manche Ausschüsse sind in Gesetzen vorgeschrieben, z.B. der Schulausschuß oder der Jugendhilfeausschuß.
211 Naßmacher, in: Gabriel 1989a, S. 179.
212 So die immer wieder geäußerte Befürchtung von Banner (z.B. 1984, S. 370).
213 Z.B. Naßmacher 1987, S. 98ff.

Sachverstand. Aus der Ausschußarbeit ergibt sich gewissermaßen zwangsläufig deren Besetzung mit oder die Heranbildung von Experten und für diese eine gewisse Profilierungschance. Dennoch ist die Durchschlagskraft entscheidungsreifer Verwaltungsvorlagen so stark, daß die meisten Verwaltungsvorlagen die Ausschüsse allenfalls mit marginalen Veränderungen passieren. Häufig kann sogar in den Ausschüssen keine große Auseinandersetzung über die Vorlagen mehr erwartet werden. Die wenigen empirischen Erhebungen, die dazu existieren, gehen davon aus, daß etwa 80 bis 90% der Vorlagen unverändert bleiben.[214] Dies ist z.T. auch dadurch bedingt, daß die Ortskenntnis der Ratsmitglieder bereits in mittleren Städten selten ausreicht, um alternative Lösungen oder wichtige Änderungen vorzuschlagen. Nur wo abgegrenzte teilräumliche Siedlungsstrukturen vorherrschen, können deren Repräsentanten der Verwaltung wesentliche Änderungen entgegensetzen. Der Lokalismus kann dort wichtiger sein als soziale Repräsentanz oder fachliche Kompetenz. In kleinen Städten, wie sie hier untersucht werden, sind solche Einflußnahmen noch möglich.[215] In großen Städten können sie durch die personelle Verflechtung von Mitgliedschaften in Bezirksvertretungen, Ortsräten und Stadtrat zur Wirkung gebracht werden. Dies ist natürlich nur dann möglich, wenn die Fraktionsarbeit Ortskenntnisse und Sachverstand entsprechend gewichtet.

Trotz dieser Befunde wird seit einiger Zeit mit großer Resonanz die These vertreten, daß die Bearbeitung von Vorlagen in einem ausdifferenzierten Ausschußsystem (vor allen Dingen in Großstädten vorzufinden) der Steuerungsfähigkeit von Politikprozessen entgegenwirkt. Ein solches Ausschußsystem wird vor allem der Profilierungssucht einzelner Ratsmitglieder zugeschrieben, die auf weitere Ausschüsse hinwirken, um deren Vorsitz zu übernehmen. Gegen diese Tendenzen habe die Norddeutsche Ratsverfassung (insbesondere die nordrhein-westfälische) keine Gegengewichte – ein Argument, das im Vorfeld der Novellierung eine Rolle spielte.[216] Dagegen sei diese Ausdifferen-

---

214 Berkemeier (in: Wollmann/Roth 1999, S. 71) schätzt, daß 90% der Vorlagen ohne Diskussion verabschiedet werden. Im Gegensatz dazu hat Kannen (1996) für eine kleine Stadt wachsende Diskussionsfreudigkeit und Nichteinstimmigkeit aufgezeigt.

215 Zur Situation in Großstädten s. z.B. Kevenhörster u.a. 1980, S. 177; Beckord 1989, S. 255ff., 496f.; Dieckmann (in: Böhret/Nowack 1995, S. 114) erwähnt einen zum Teil fehlenden Respekt vor der „Fachlichkeit."

216 Banner 1984, S. 366ff.; Richter, in: Hesse 1986, S. 156f.

zierung in Baden-Württemberg dadurch gehemmt, daß der Bürgermeister bzw. Oberbürgermeister die Leitung der Ausschüsse innehat und dadurch die Profilierungssucht einzelner Politiker bremsen kann.[217] Die Ausdifferenzierung der Ausschußstruktur wird letztlich auch für die Finanzmisere der Städte in Nordrhein-Westfalen verantwortlich gemacht,[218] weil Abstimmungsprozesse zwischen diesen Fachpolitikern und der Fachverwaltung der Koordination durch Steuerungspolitiker in Fraktionsspitzen und Verwaltungsspitze entgegenwirken.[219] Hier muß auf jeden Fall die Managementkapazität der Steuerungspolitiker mit ins Kalkül gezogen werden; bevor der Rat über Vorlagen beschließt, durchlaufen sie – je nach Bedeutung – neben Fachausschüssen auch Koordinationsgremien.

Wichtige Verwaltungsvorlagen werden bereits, bevor sie in die Ausschüsse und in das Plenum der Vertretungskörperschaft, also in den „parlamentarischen Raum" gelangen, in den Fraktionen beraten.[220] Fraktionen sind im allgemeinen selbständig handelnde, voneinander unabhängige, mit eigenen Zielvorstellungen versehene politische Gruppen in parlamentarischen Gremien.[221] Die Rolle von Fraktionen ist in der Kommunalpolitik zwar schwächer ausgeprägt als in der Landes-

---

217 Beim Vergleich einer niedersächsischen, einer nordrhein-westfälischen und einer baden-württembergischen Stadt konnte diese These nicht bestätigt werden. Vielmehr scheinen Mehrheitsverhältnisse, Stadtstruktur sowie Politikstil eine wesentliche Rolle zu spielen (Naßmacher 1987, S. 98, 293). Die These, daß die Anzahl der Ausschüsse mit der Stadtgröße zunimmt, scheint zwar plausibel (Grauhan 1970, S. 278, 292), ließ sich allerdings für die untersuchten Fälle nicht nachweisen. Mit einzelnen Beispielen s. Winkler-Haupt 1988, S. 109.

218 Banner, in: Schimanke 1989; Banner 1984, S. 366.

219 Diese These konnte durch empirische Forschungsergebnisse bisher nicht bestätigt werden. Einen Versuch dazu unternahm Winkler-Haupt (1988), indem er zwei baden-württembergische und zwei nordrhein-westfälische Mittelstädte untersuchte und zu dem Ergebnis kam, daß sich die These „im Kern bewährt" (Mäding, in: Mäding/Voigt 1998, S. 100). Hier stellt allerdings die Auswahl der Städte ein entscheidendes Problem dar. Dagegen konnten Kunz und Zapf-Schramm (in: Schimanke 1981, S. 161ff.) bei ihrer Untersuchung der Policy-Effekte von Kommunalverfassungen in 87 kreisfreien Städten der Flächenländer keine Bestätigung für die These finden.

220 Für Einzelheiten s. Derlien u.a. 1975, S. 185ff.; zu den juristischen Grundlagen der Fraktionsbildung s. Bick 1989, S. 66ff.; zu Finanzierung und Organisation s. ebenda, S. 98ff. und S. 155ff.

221 „Fraktionen (sind, d.V.) ... freiwillige Vereinigungen politisch im wesentlichen gleichgesinnter Mitglieder ..., die auf die Dauer einer Wahlperiode gebildet werden" (Jahndel 1990, S. 24).

oder Bundespolitik. Dies gilt aber vor allem für die kleinen Gemeinden,[222] weil es hier noch immer Probleme damit gibt, soziale und politische Konflikte offen auszutragen. Dies hängt auch damit zusammen, daß die soziale Distanz zwischen den Mitgliedern der Gemeindevertretung relativ gering ist. Kommunale Entscheidungsprozesse kreuzen somit häufig die fraktionspolitischen „Fronten". Die Verleugnung der Parteilichkeit (Sachlichkeitsideologie) führt zu einstimmigen Entscheidungen oder zu konkordanzdemokratischen Strukturen.[223] Allerdings scheint sich ein Wandlungsprozeß abzuzeichnen: Die Grünen haben in vielen Fällen zur stärkeren Profilierung der einzelnen Fraktionen beigetragen.[224] Fraktionsgeschäftsführer oder Mitarbeiter sorgen bereits in Städten mittlerer Größe für spezifische Standpunkte der Fraktionen. Auch der Fraktionsvorsitzende kann durch seinen politischen Stil die Fraktionsarbeit ganz entscheidend prägen.[225]

Die Meinungsbildung innerhalb der Fraktionen wird von den Ratsmitgliedern (neben den Vorlagen) als wichtigste Informationsquelle angesehen, wenn nicht Informationsgespräche mit der Verwaltung an der Spitze rangieren.[226] Diskussionen und Entscheidungen innerhalb der Fraktion wirken der Zersplitterung des politischen Willensbildungsprozesses durch das Ausschußsystem entgegen und stehen damit in einem gewissen Spannungsverhältnis zur gemeindeverfassungsrechtlichen Konstruktion des „frei"-entscheidenden Mandatsträgers. Ratsvertreter, die ihre Rolle politisch auffassen, entscheiden nicht als voneinander isolierte Einzelpersonen, sondern als Mitglieder einer Fraktion. Wenn diese Fraktion politisches Gewicht haben und sich durchsetzen will, muß sie auf ihre Mitglieder eine gewisse Integrationskraft ausüben („Fraktionsdisziplin"). Einheitliches Abstimmungsverhalten ist das Ergebnis eines Lernprozesses zur Durchsetzung von Entscheidungen. Das hat für den einzelnen Bürger unverständliche Folgen, wenn er die öffentliche Sitzung des Ratsplenums beobachtet. Wenn eine Vorlage das

---

222 Zoll 1974, S. 104ff.

223 Köser/Caspers-Merk, in: Schimanke 1989, S. 112.

224 So jedenfalls das Ergebnis einer Längsschnittuntersuchung (Vergleich von zwei Wahlperioden) in einer niedersächsischen Kleinstadt mit CDU-Dominanz (Cloppenburg; Kannen 1996).

225 Naßmacher, in: Kempf u.a. 1989, S. 127; Naßmacher, in: Gabriel u.a. 1997b, S. 439.

226 Naßmacher 1973, S. 551, 558; Schneider 1997, S. 295. Auch Simon (1987, S. 240; 1988, S. 51, 58) bestätigt die Binnenorientierung.

Ratsplenum erreicht, hat sie nicht nur die Fraktionen und die Fachausschüsse passiert, sondern auch einen weiteren Koordinationsausschuß, den Verwaltungsausschuß oder Hauptausschuß. Viele Ratsmitglieder sind also bereits zum dritten Mal mit der Vorlage befaßt, manchmal noch häufiger, weil der idealtypische Durchlauf nicht eingehalten wird, sondern es zum Wiederholen von Beratungsphasen kommt.

Es ist also durchaus verständlich, daß die kommunalen Vertretungskörperschaften zuweilen darauf verzichten, politische Konflikte in der Öffentlichkeit darzustellen. Der Bevölkerung wird dann nicht deutlich gemacht, daß es politische Meinungsverschiedenheiten zu kommunalpolitischen Fragen gibt, wo sie begründet liegen, wie sich die einzelnen Parteien zu diesen Konflikten stellen und warum ein von der Mehrheit akzeptierter Kompromiß als „brauchbare" (wenn auch nicht optimale) Lösung zur Abstimmung gelangt. Vielmehr erfüllt das Ratsplenum als Ratifikationsorgan vor allem die Aufgabe, beschlußreife Empfehlungen in verbindliche Entscheidungen zu überführen.[227]

Der politische Prozeß dient auch in der Gemeindevertretung zur Bildung eines Mehrheitskonsenses als Legitimationsgrundlage für Führungsentscheidungen. Selbst wenn das Setzen von Zielen, Festlegen von Prioritäten, Anregen politischer Innovationen und Wählen zwischen Programmalternativen, Aufzeigen von Kompromissen vielfach nach Vorgaben der örtlichen Verwaltungsbehörde erfolgt,[228] darf die Bedeutung des Rates in der Phase der rechtsgültigen Entscheidung doch nicht außer acht gelassen werden. Auch eine starke Verwaltung braucht Mehrheiten im Rat. Der Verwaltung genügt dabei die Zustimmung der Ratsmehrheit. Während früher einstimmige Beschlüsse an der Tagesordnung waren, sind heute Gegenstimmen durchaus üblich.[229] Zwar fallen viele Entscheidungen nach wie vor einstimmig, aber selbst in kleinen Gemeinden gibt es in einzelnen Politikbereichen (z.T. erheblich) unterschiedliche Meinungen der Fraktionen, was sich in Gegenstimmen ausdrückt.[230]

---

227 Ratsmitglieder selbst sehen dagegen die Aufgabe des Ratsplenums darin, Entscheidungen der Öffentlichkeit darzustellen (Simon 1988, S. 44).

228 Für Einzelheiten s. Holler/Naßmacher, in: Frey 1976a, S. 149ff. Zu einer anderen Einschätzung aufgrund des Selbstverständnisses der Ratsmitglieder kommt Simon 1988, S. 12f.

229 S. d. Naßmacher, in: Gabriel u.a. 1997b, S. 440f. Dies scheint auch stark mit den Mehrheitsverhältnissen in den Gemeinderäten zusammenzuhängen.

230 Kannen 1996.

Offenbar bewegt sich das Entscheidungsverhalten weg von Konkordanz- und hin zu Konkurrenzmustern. Aber beide existieren nach wie vor nebeneinander.[231] In großen Städten findet sich eine parteienstaatliche Konkurrenzdemokratie,[232] wobei Koalitionsvereinbarungen, eine mehr oder weniger intensive Zusammenarbeit oder gemeinsames Abstimmungsverhalten durchaus üblich sind.[233] Zwar erscheinen rotgrüne Koalitionen am naheliegendsten,[234] aber in Nordrhein-Westfalen gibt es auch schon Zweckgemeinschaften zwischen der CDU und den Grünen.[235] Dies gilt vor allen Dingen für die alten Bundesländer. In den neuen Bundesländern wirken dagegen offenbar die Runden Tische der Vereinigungsphase nach. Große Koalitionen mögen aber auch – zumindest in den ersten Jahren nach der Wende – eine Abgrenzungsstrategie gegenüber der PDS gewesen sein. Auch die traditionelle Gemeinwohlorientierung spielt sicher eine gewisse Rolle.[236].

Vorlagen werden (mit mehr oder weniger bedeutsamen Änderungen) durch Beschluß des Gemeinderates geltendes Ortsrecht, sofern die Kommunalaufsicht der betreffenden Satzung nicht ihre Genehmigung versagt. Eine derartige Betrachtung bleibt allerdings für das Verhältnis von Rat und Verwaltung allzu formal, übersieht sie doch die wichtige Rolle eines eher informellen „politischen Innovationszentrums“ aus Verwaltungsspitze und führenden Mandatsträgern, das als Gruppe der „Vorentscheider“ gekennzeichnet wurde und sich durch besonders enge Beziehungen im Informationsaustausch charakterisieren läßt.

4.3.2 „Vorentscheider“ als politische Manager

Verwaltungsvorlagen von einer gewissen politischen Tragweite werden im allgemeinen von der Verwaltung nicht unvermittelt in das formale Entscheidungssystem (Fachausschüsse, Rat) eingeleitet. „In der Praxis ist unübersehbar, daß kleinere Personengruppen über den

---

231 S. d. Gabriel, in: Oberndörfer/Schmitt 1991, S. 396.
232 Für Baden-Württemberg s. Köser/Caspers-Merk, in: Schimanke 1989, S. 113.
233 Naßmacher, in: Gabriel u.a. 1997b, S. 440f.
234 S. d. Berger 1995.
235 S. d. Hoffmann 1997.
236 Naßmacher, in: Naßmacher u.a. 1994, S. 12ff.; s.a. Holtmann, in: Wollmann/Roth 1999, S. 224f..

Inhalt solcher Vorlagen zumindest in den Grundzügen vorentscheiden." Zwischen den planenden Teilen der Verwaltung und den führenden Personen der Vertretungskörperschaften bestehen vielfältige informelle Beziehungen: „Der politisch einflußreiche Ratsvertreter braucht Information und findet sie in der Verwaltung. Der Verwaltungsmanager andererseits sucht den Kontakt, um sein Vorhaben rechtzeitig politisch abzusichern."[237] Aus diesem beiderseitigen Interesse entwickelt sich eine Gruppe von „Vorentscheidern". Diese von Banner ausformulierte Beobachtung für eine Großstadt in Nordrhein-Westfalen (Duisburg) konnte inzwischen auch unabhängig von der Gemeindeordnung empirisch nachgewiesen werden.[238]

Allgemeine Aussagen lassen sich darüber machen, wer potentiell zu diesen Führungspersönlichkeiten oder politischen Managern zu rechnen ist. Auf seiten des Rates gehören zu den Vorentscheidern die „Berufs-Politiker", die bei der Koordination unterschiedlicher Entscheidungsprozesse in Ausschüssen und Fraktionen wichtig sind, also die sogenannten „Steuerungspolitiker"; weiterhin können dazu die Spezialisten für bestimmte Sachgebiete zählen. Im einzelnen handelt es sich um Ratsvorsitzende, Ausschußvorsitzende, Fraktionsvorsitzende, Gewerkschafts- und Verbandfunktionäre, Architekten u.a. Typisch ist auch, daß es sich in der Regel um „Mehrfunktionsträger" handelt, die über wichtige Kontakte verfügen.[239] Im Verwaltungsbereich sind der Verwaltungschef, die Dezernenten (Referenten), die mit politischer Entscheidungsvorbereitung befaßten Amtsleiter (Sachbereichsleiter) am ehesten Vorentscheider. Gemeinsames Kennzeichen dieser kommunalen Manager ist, daß sie politisch agieren und deshalb als Gesprächspartner für die Spitzenpolitiker aus der Vertretungskörperschaft in Betracht kommen. (vgl. Abb. 4.3)

---

237 Zitate bei: Banner, in: Grauhan 1972, S. 166, 165.

238 Ellwein/Zoll 1982, S. 221ff., 290. 292; Winkler-Haupt 1988, S. 65, 70, 76, 89, 132, 137, 149, 156, 164, 170; Naßmacher, in: Thränhardt/Uppendahl 1981, S. 61f.; Simon 1988, S. 80f. Diese Kommunikationsbeziehungen in die Nähe des „Klüngels" zu rücken (Scheuch/Scheuch 1992), ist nur dann angemessen, wenn ein Wechsel bei den Entscheidungsträgern systematisch unterdrückt wird. Heute wird für den Sachverhalt häufig der Begriff „Meinungsführerkoalitionen" verwendet, möglicherweise weil die elitenzentrierte Betrachtung als nicht mehr zeitgemäß erscheint.

239 S. d. Arzberger 1980, S. 80, 46 und Kurp 1994, S. 46ff.

Abb. 4.3: Vorentscheider im Entscheidungsnetzwerk

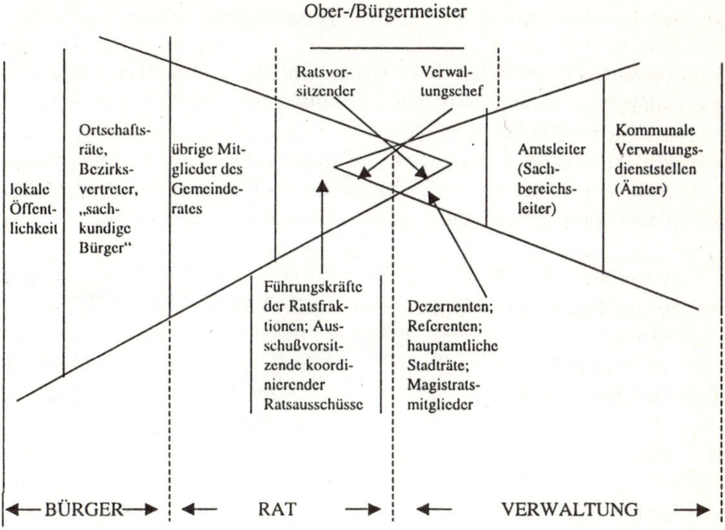

Zwischen den Vorentscheidern finden empirisch nachgewiesene, dichtere Kommunikationsprozesse statt.[240] Von ihnen geht im Einzelfall die Initiative aus. Daher suchen Verwaltungsmanager frühzeitig den Kontakt zu ihren ständigen Gesprächspartnern in der Vertretungskörperschaft, um die Entscheidungsalternativen unter den Gesichtspunkten des politisch Gewollten und fachlich Möglichen gemeinsam zu erörtern. Die Umstände, unter denen dieser Gedankenaustausch stattfindet, ändern sich ebenso wie der jeweils beteiligte Personenkreis. Die Fühlungnahmen sollen politische Entscheidungen auf der Grundlage einer Kombination von Fachwissen und politischem Sachverstand ermöglichen.

„Die Gruppe der Vorentscheider bildet somit den Transmissionsriemen zwischen der bürokratischen Vorbereitungsmaschinerie und dem politischen Entscheidungsorgan. Sie weist zweifellos Züge einer

240 Naßmacher, in: Thränhardt/Uppendahl 1981, S. 62f.; Pappi/Melbeck 1984, S. 567; Simon 1988, S. 81.

Oligarchie auf, ... die den subalternen Verwaltungsmitarbeiter ebenso wie den Hinterbänkler im Rat von größerem politischen Einfluß ausschließt."[241] Im kommunalpolitischen Entscheidungssystem

- reduziert die kommunalpolitische Führungsgruppe den zeitlichen Aufwand für die Vorbereitung politischer Einzelentscheidungen auf ein erträgliches Maß und
- als Kleingruppe vermag sie die Vorbereitungsarbeit so lange abzuschirmen, bis das entwickelte Konzept den Unwägbarkeiten der öffentlichen Diskussion standhalten kann.

Erst wenn die Vorentscheider ihrer politischen Absicht eine erste Formulierung gegeben haben, treten sie in die Ausarbeitung einer Vorlage für den Gemeinderat und in die Beratung mit den Fraktionen, also in ein gewisses Stadium von Öffentlichkeit, ein. Wichtig ist in diesem Zusammenhang auch, daß die einer Partei nahestehenden Fachkräfte (Wahlbeamte) der Verwaltung an den Fraktionssitzungen teilnehmen und dabei in die Lage versetzt werden, mehrheitsfähige Lösungen zu antizipieren aber auch mit der Fraktionsspitze für eine von den Vorentscheidern in Aussicht genommene Lösung zu werben.

Je nach Gemeindeordnung und agierenden Personen ergeben sich für die Art der Koordination Besonderheiten. Dabei können auch formale Koordinationsgremien eine Rolle spielen. Durch das Amt des ehrenamtlichen Stadtrates (der bayerischen Gemeindeordnung) sowie die ehrenamtlichen Mitglieder des Magistrats (in anderen Ländern) ist eine Kommunikation zwischen haupt- und ehrenamtlichen Kommunalpolitikern institutionalisiert. Allerdings besteht zwischen Gemeinderat und ehrenamtlichen Magistratsmitgliedern Inkompatibilität, so daß die Gesprächsbereitschaft von den Personen selbst ausgehen muß. Der niedersächsische Verwaltungsausschuß[242] und der Stadtvorstand kreisfreier Städte in Rheinland-Pfalz sind als Koordinationsgremien ähnlich konstruiert. Auch ohne institutionelle Vorkehrungen wurden entsprechende Kontakte in baden-württembergischen Kleinstädten und Dörfern festgestellt.[243] Zuweilen kann der Ältestenrat als Gremi-

241 Banner, in: Grauhan 1972, S. 167.

242 S. zur juristischen Dimension Wilkens 1992, S. 247ff.; zur Koordinationsfunktion ebenda, S. 278ff.; zur empirischen Dimension s. Naßmacher 1988c, S. 304ff.

243 S.d. Zoll 1974, S. 93ff.; Fürst 1975, S. 85ff.; Nelles 1977, S. 275.

um für die Vorbereitung der parlamentarischen Beratung in eine entsprechende Funktion hineinwachsen.[244]

Die Struktur des kommunalen Entscheidungsprozesses scheint also vom Typ der Gemeindeverfassung weitgehend unabhängig zu sein.[245] Einzelne Personen können offenbar die formalen Regeln einer Gemeindeordnung entsprechend profilieren. Den Meinungsführern der Fraktionen kommt zunächst einmal eine zentrale Stellung im Informationsfluß zwischen Vertretungskörperschaften und Verwaltung zu. Sie sollten mögliche Mehrheiten antizipieren oder dafür werben. Meist bilden sie zugleich die personelle Brücke zwischen den kommunalen Institutionen und der lokalen Öffentlichkeit. Das gilt zunächst für Personalunionen zwischen den Ratsfraktionen und den lokalen (Partei)Organisationen: kommunale Mandatsträger (z.T. sogar Angehörige der Verwaltungsspitze) sind zugleich Inhaber örtlicher Parteifunktionen (Orts- bzw. Kreisvorstandsmitglieder), zuweilen Mandatsträger auf der Bundes- und Landesebene und wichtige Repräsentanten in politikfeldspezifischen Organisationen. Dabei werden die mit bestimmten (beruflichen und ehrenamtlichen) Tätigkeiten verbundenen Startvorteile erneut wirksam: die „Vorentscheider“ verfügen über Zeit, soziale Techniken und Informationen. Diese „politischen Ressourcen“[246] setzen örtliche Spitzenpolitiker aus Rat und Verwaltung ein, um das Vertrauen ihrer Fraktionen, Parteien und darüber hinaus der lokalen Öffentlichkeit zu gewinnen und zu erhalten. Wichtig ist auch, daß das Zeitbudget der Vorentscheider sich von dem der anderen politischen Akteure in Rat und Verwaltung sehr stark unterscheidet.[247] Sie sind vor allem für die Steuerung, Koordination von Entscheidungen und deren politische Durchsetzung zuständig.

Voigt vertritt die These, daß die (jetzt abgeschaffte) Norddeutsche Ratsverfassung in Nordrhein-Westfalen ganz unterschiedliche Entscheidungsstrukturen hervorbrachte. Die besten Voraussetzun-

---

244 Dies ist in Gemeinden Baden-Württembergs häufig der Fall. S. d. Naßmacher 1987, S. 94; Winkler-Haupt 1988, S. 60ff. und 77; Simon 1988, S. 78.

245 Vgl. Luckmann 1970; Schneider 1977, S. 21ff.; Zoll u.a. 1974; Ellwein/Zoll 1982, S. 220ff.; Vogel (1972, S. 21f.) erwähnt unterschiedlich zusammengesetzte Vorentscheiderkreise. Hierbei spielt auch eine Rolle, welche Personen die herausragenden Positionen bekleiden und zwischen wem eine Zusammenarbeit möglich ist. S.d. Winkler-Haupt 1988, S. 86.

246 Vgl. Dahl 1961, S. 223ff.

247 Naßmacher, in: Thränhardt/Uppendahl 1981, S. 53; Simon 1988, S. 83.

gen, zu „zentralen Politikern" zu werden, hatten nach seinen Beobachtungen der Gemeindedirektor, der Bürgermeister und der Chef der Mehrheitsfraktion.[248] Daraus können sich drei Varianten ergeben: Im ländlichen Raum konnte der Gemeindedirektor stark dominieren, vergleichbar dem baden-württembergischen Bürgermeister. Das zweite Modell sieht den Bürgermeister als zentralen Steuerungspolitiker. In Nordrhein-Westfalen ist diese Situation dann möglich, wenn in einer Großstadt der SPD-Bürgermeister zugleich dem Landtag angehört. In einer CDU-dominierten Stadt mußte der Bürgermeister (bis 1998) gleichzeitig Mitglied des Bundestages mit Kontakten zur Bundesregierung sein. Der Bürgermeister sollte zudem über Popularität in der Bevölkerung verfügen. Die dritte Variante ist dann gegeben, wenn der Vorsitzende der stärksten Ratsfraktion zum zentralen Steuerungspolitiker wird.[249] Er gehört dann gleichzeitig dem Landtag oder Bundestag an. Klare politische Mehrheiten sind in diesem Falle wichtig.[250] Auch für Baden-Württemberg ergeben sich (möglicherweise noch nicht genügend erforschte) Unterschiede im Hinblick auf die zentrale Steuerungsfunktion. Winkler-Haupt hat z.B. festgestellt, daß selbst der Oberbürgermeister in Baden-Württemberg eher die Rolle eines Moderators haben kann.[251] Stellung und Rollenverständnis der mehr unter parteipolitischen Traditionen[252] wirkenden Bürgermeister in Baden müßten noch weiter ausgearbeitet werden. Jedenfalls weisen Köser/Caspers-Merk die These zurück, daß die Bürgermeister in Baden-Württemberg sich in allen Parteien ihre Mehrheiten suchen, daß also quasi eine Konkordanzdemokratie herrscht.[253] In Wertheim offenbarten sich 1968 und 1980 (bei unveränderter Gemeindeordnung) völlig unterschiedliche Machtstrukturen:[254]

---

248 Voigt 1992, S. 9 bzw. ders. in: Gabriel/Voigt 1994, S. 14. Dies Selbstbewußtsein der Ratsmitglieder mag dafür Ursache sein, daß bei Simon (1988, S. 79) der Oberbürgermeister als weit einflußreicher eingeschätzt wird als der Verwaltungschef.

249 Frey, in: Schimanke 1989, S. 130.

250 Voigt 1992, S. 10, auch Voigt, in: Gabriel/Voigt 1994, S. 15f.

251 Winkler-Haupt, in: Schimanke 1989, S. 150.

252 Die Besonderheiten der politischen Kultur im württembergischen und badischen Teil Baden-Württembergs werden immer wieder von Wehling (in: Pfizer/Wehling 1991, S. 170) betont. S. oben, Abschnitt 1.2.1.

253 Köser/Caspers-Merk, in: Schimanke 1989, S. 88.

254 Ellwein/Zoll 1982, S. 199ff.

- Innovative Dominanz des Bürgermeisters versus verwaltendes Duopol von Oberbürgermeister und Ratsmehrheit.
- Vorherrschender Wirtschaftszweig versus ausgewählte Vereine als Vertreter der eingemeindeten Teilorte.
- Gelenkte Harmonie versus parteilich/personell induzierter Konflikt.

Dennoch kann davon ausgegangen werden, daß der direkt gewählte Bürgermeister (mit Variationen im Hinblick auf Rollenverständnis und personelle Ressourcen) die besten Voraussetzungen hat, der zentrale Steuerungspolitiker zu sein. Dies gilt natürlich ganz besonders dann, wenn er während seiner Amtszeit nicht abwählbar ist. Er sitzt quasi wie eine Spinne im Netz (Abb. 4.4). Seine Ressourcen beziehen sich auf

- direkte Legitimation durch Volkswahl.
- Legitimitätssicherung durch Kontakte zur Bevölkerung, zu organisierten Interessen und zu den Medien.[255]
- Bündelung und Nutzung (als Chef der Verwaltungsbehörde und Leiter der Ratssitzungen) der wesentlichen Kommunikationsströme, die bei ihm zusammenlaufen.
- zusätzliche Informationen durch Teilnahme an Gesprächen in der Region und mit überörtlichen Behörden.[256]

Ein direkt gewählter Bürgermeister hat also die Chance, zentraler Motor der kommunalen Politik zu sein, weil er als einziger überall Zugang hat bzw. Kontrolle ausüben kann. Dies verlangt natürlich eine Persönlichkeit, die gleichzeitig Innovator und Moderator sein kann, einen politisch handelnden Manager, der auch mit entsprechenden Verwaltungsfachkenntnissen ausgestattet ist. Die bisherigen Bürgermeister in Baden-Württemberg haben unterschiedliche Potentiale eingebracht. Sie wußten sich jedenfalls – zuweilen unabhängig von den parteipolitischen Mehrheitsverhältnissen – in der lokalen Öffentlichkeit zu behaupten. Die meisten gaben an, parteilos zu sein.[257] Wichtiger als eine bestimmte parteipolitische Zugehörigkeit sind offenbar

255 Der Bürgermeister kann Flaschenhals/Gatekeeper oder „Chefredakteur" des Lokalteils der Zeitungen bzw. Statussymbol bei Vereinsfesten sein (s.a. Abb. 4.5).

256 So bereits Grauhan 1970, S. 90.

257 Wehling 1984, S. 33.

Ortskenntnisse.[258] Die Distanz zu den Parteien nimmt in kleinen Gemeinden sehr stark zu. Hier wird insbesondere das Etikett „Verwaltungsfachmann“ wichtig.[259]

Abb. 4.4: Machtpotentiale des direkt gewählten Bürgermeisters

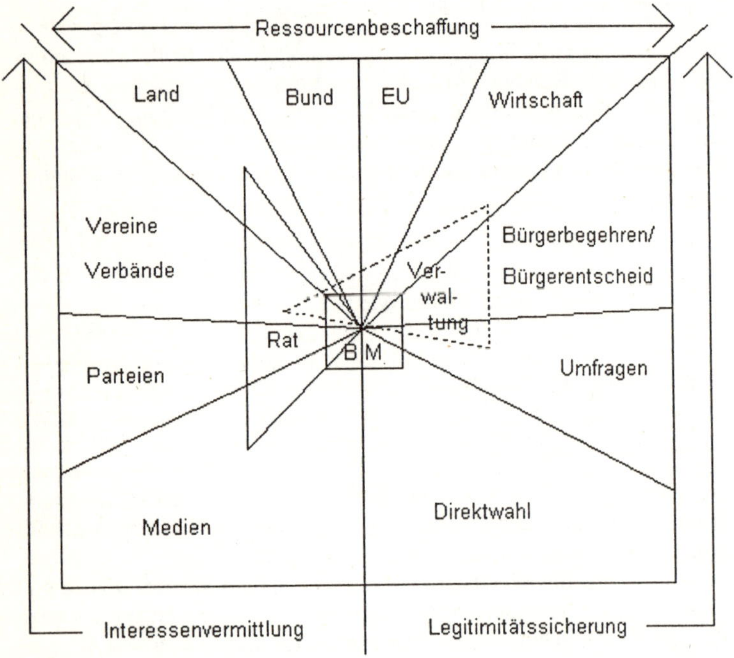

Jedes Element der Machtposition (s. Abb. 4.4) kann durch spezifische Faktoren unwirksam werden:

258 Grauhan (1970, S. 163f., 171 bzw. 139f.) verweist bereits auf die Bedeutung der Ortsansässigkeit bzw. Herkunft.

259 In den kleinen Gemeinde Baden-Württembergs haben die meisten Bürgermeister eine Inspektorenausbildung der Verwaltungsschulen bzw. jetzigen Fachhochschulen (Wehling/Siewert 1987, S. 64ff.).

- Legitimation: Die Volkswahl bringt noch keine Macht, sie ersetzt nicht die politische Absicherung von Initiativen bei Vorentscheidern,
- Verwaltungsführung durch zweipolige Spitze mit Parteibindung (Wertheim 1980),
- Tagesordnung und Sitzungsleitung durch unpolitische Handhabung,
- Außenministerfunktion durch geringe Offenheit gegenüber anregenden Zufällen.

Die Volkswahl ist also allein nicht hinreichend: Sie schafft Führungspotential, sichert aber noch nicht seine Nutzung. Steuerungsfähigkeit erfordert mehr. Die überragende Stellung des Bürgermeisters „impliziert nicht, daß er sich über Mehrheiten im Rat hinwegsetzen könnte oder sich nicht mit externen Restriktionen seiner Politik konfrontiert sähe. Es besagt lediglich, daß der Bürgermeister in dieser Konstellation mit größter Wahrscheinlichkeit ‚Herr des Verfahrens' in der kommunalen Politik, präziser: im Politics-Prozeß, ist."[260]

In Groß- und Kleinstädten sind die Vorentscheider (aus dem Bereich der Vertretungskörperschaft) sehr oft nicht nur die Meinungsführer ihrer Fraktionen und die Repräsentanten ihrer Parteiorganisationen. Durch ihre Funktionen in den Parteien haben die Vorentscheider Einfluß auf die Personalrekrutierung. Sie gehören länger dem Rat an, haben meist den Vorsitz in einem Ratsausschuß inne, verwenden mehr Zeit auf Kommunalpolitik und halten sich selbst eher für einflußreich. Ihre Kontakte zur Verwaltung sind häufig. Sie erhalten mehr Informationen durch Gespräche mit der Verwaltung als durch das Lesen von Vorlagen. Es handelt sich eher um Berufspolitiker (selbständige Gewerbetreibende oder im öffentlichen Dienst Tätige). Ihre Würdigung von Kommunalpolitik ist vorsichtiger; prononcierte Meinungen fehlen.[261] Weiterhin sind sie (ebenso wie die kommunalen Wahlbeamten) zugleich wichtige Informanten und Bezugspersonen der Lokalpresse sowie Funktionäre örtlicher Vereine, die mit dem Verlangen nach Subventionen an die Kommunalverwaltung herantreten[262] (s. Abb.

---

260 Derlien, in: Gabriel/Voigt 1994, S. 60.

261 Naßmacher, in: Thränhardt/Uppendahl 1981, S. 62f.

262 Eine Anwendung der Positionsmethode auf die Stadtverordneten einer nordrhein-westfälischen Großstadt ergab deutliche Unterschiede im Aufgabenprofil von Vorentscheidern und „Hinterbänklern" (s.d. Naßmacher, in: Kevenhörster/Wollmann 1978, S. 316ff.).

4.5). Ob ihnen der mit mehr Legitimation ausgestattete Bürgermeister oder die bürgernäher agierende Verwaltung den Rang ablaufen kann, bleibt abzuwarten. Durch die Direktwahl wird das kommunale politische System in Richtung präsidentielles System verändert.[263] Die unmittelbare Legitimation (Direktwahl) und die Entkoppelung der Gewalten im Präsidialsystem haben in den USA bewirkt, daß der Kongreß dem Druck der organisierten Interessen durch eine Vielzahl von Subventionsprogrammen entgegen gekommen ist. Insofern könnte der Bündelung und dem Legitimationszuwachs auf der Verwaltungsseite eine Zersplitterung auf der Seite des Rates folgen und insgesamt das lokale politische System an Entscheidungsfähigkeit verlieren.[264]

Abb. 4.5: Politische Ressourcen (Machtquellen) kommunaler „Vorentscheider“

Verwaltung	**Gemeinderat**
Informanten und Bezugspersonen der Lokalpresse	
– Verfügung über Informationsverarbeitungskapazität (Mitarbeiter)	– Verfügung über Legitimationspotential (Meinungsführer der Fraktionen)
– Kontakte zu den überörtlichen Verwaltungen (Finanzzuweisungen, Planungsverbund, Kommunalaufsicht)	– Kontrolle der Rekrutierungskanäle (Führungsgruppe der örtlichen Parteien)
– Kontakte zu den örtlichen Produktionsinteressen (Gewerbesteuer, Wohnungsbau)	– Artikulation der örtlichen Interessen (Repräsentanten der örtlichen Vereine, Initiativen, Verbände)

Die Steuerungspolitiker üben auf der kommunalen Ebene Macht aus. Die amerikanische Gemeindeforschung hat in den 50er und 60er Jahren mit einem erheblichen Arbeitsaufwand versucht, durch eine Vielzahl von Gemeindestudien der Analyse lokaler Machtstrukturen näher zu kommen. Auch wenn diese Arbeit durch einen zuweilen recht polemisch geführten „Methodenstreit“[265] belastet erscheint und die strukturellen Bedingungen kommunaler Politik sich (in den USA und in Deutschland) in wichtigen Punkten unterscheiden,[266] lassen sich daraus

263 Zur Zuordnung s. Derlien, in: Gabriel/Voigt 1994, S. 47; Wollmann, in: Wollmann/Roth 1999, S. 59.

264 Zum präsidentiellen System im Vergleich mit dem parlamentarischen s. Naßmacher 1998a, S. 158ff.

265 Ammon 1967, S. 54ff.; Zoll 1972, S. 129ff.

266 Hier sind insbesondere die Unterschiede der Parteistruktur (Amtspatronage- versus Mitgliederparteien), der örtlichen Verwaltungsbehörden (aufgabenspe-

gerade in bezug auf gesellschaftliche Stellung und örtliche Zusammensetzung der „Vorentscheider" methodisch und inhaltlich bedeutsame Schlußfolgerungen ableiten.

Den Zugang zur lokalen Elite erschließen drei Schlüsselfragen:

- Wer hat in der Gemeinde wichtige Funktionen inne? (Positionstechnik)[267]
- Wer gilt in der Gemeinde als politisch einflußreich? (Reputationstechnik)[268]
- Wer hat in der Gemeinde wichtige Entscheidungen wirksam mitgestaltet? (Entscheidungstechnik)[269]

Auf den ersten Blick könnte man annehmen, daß alle drei Fragen bzw. Techniken zum gleichen Ergebnis führen müssen. Tatsächlich sind aber mit jeder Untersuchungsmethode Auswahlentscheidungen des einzelnen Wissenschaftlers verbunden, die sich auf das Ergebnis auswirken: Welche Funktionen sind wirklich wichtig? Wer hat genügend Einblick in die tatsächliche Verteilung von Macht und Einfluß am Ort? Welche Entscheidungen sind repräsentativ für örtliche Entscheidungsprozesse? Darüber hinaus konnten der Inhalt des Begriffes Macht, das Verhältnis zwischen aktueller und potentieller Macht, die Relevanz von Position und Reputation für tatsächliche Entscheidungen sowie das Verhältnis von Entscheidungen und „Nicht-Entscheidungen" nicht befriedigend geklärt werden.[270]

Dennoch vermitteln die verschiedenen Methoden (am besten bei kombiniertem Einsatz) wichtige Annäherungen an den Kreis der „Vorentscheider" in einer Gemeinde. Während die Entscheidungstechnik die in einzelnen (vom jeweiligen Forscher ausgewählten) Fällen tatsächlich beteiligten Personen identifiziert (gewissermaßen die untere Grenze), ermittelt die Reputationstechnik alle Personen, die

---

zifische Einzelverwaltungen versus Tendenz zur Einheitsverwaltung) und der örtlichen Organisationen (Finanzierung durch private versus öffentliche Mittel) zu nennen. Ueltzhöffer (in: Wehling 1975) nennt darüber hinaus die größere Bedeutung formaler Organe, die stärkere Einbindung der Gemeinden in den Politikverbund und „die Vormachtstellung der Parteien in der Kommunalpolitik" (S. 109); zum internationalen Vergleich s. Norton 1997.

267 Drewe 1974, S. 166f.

268 Hunter 1953.

269 Dahl 1961.

270 Vgl. oben, Abschnitt 4.2.1.

(nach Meinung der befragten Experten) möglicherweise in Entscheidungen einbezogen werden (also eine obere Grenze). Die Positionstechnik erlaubt zumindest in größeren Städten eine erste, grobe Einschätzung des Vorentscheiderkreises: das System der kommunalen Rollenkumulation verbindet führende Mandatsträger (Ausschußvorsitzende, Fraktionsvorstandsmitglieder), wichtige Funktionsträger (vor allem in Parteien oder Vereinigungen) und Honoratioren der örtlichen Gesellschaft. Teilnehmende Beobachtungen in baden-württembergischen Gemeinden bestätigen die These, daß Vorentscheider (örtliche Meinungsführer) auch außerhalb von Rat und Verwaltung zu finden sind.[271] Diese müssen sich zuweilen gar nicht selbst einmischen; ihre Meinungen werden bereits antizipiert, z.B. Entscheidungen gegen den wichtigsten Arbeitgeber am Ort gar nicht erwogen. Auch Grundeigentümer („devoloper", „utility companies") kommen in den Blick.[272] Schließlich sind Repräsentanten des dominanten Wirtschaftszweiges schwer zu übergehen.[273] Die weitere Ausdifferenzierung der Entscheidungsprozesse durch die Analyse einzelner Aufgaben (policies) dürfte die potentielle Zugehörigkeit zum Vorentscheiderkreis offener erscheinen lassen.

Mit Hilfe der engen Kommunikationsbeziehungen im eher informellen Netzwerk, in dem Informationen, Expertise, Legitimation und Vertrauen (im zwischenmenschlichen Verstehen, im Hinblick auf Mehrheiten oder Unterstützung durch die Bevölkerung) ausgetauscht werden, schließt sich zugleich der Kreis zwischen dem scheinbaren Ressortegoismus in Kernverwaltung und angegliederten (formal selbständigen) Verwaltungseinheiten, der nach Ausschüssen gegliederten und in Fraktionen hierarchisierten Willensbildung der Vertretungskörperschaften sowie einer in Form von Initiativen, Vereinen und Verbänden sektoral organisierten lokalen Öffentlichkeit. Da jeder Bereich dazu tendiert, die Aufmerksamkeit nur auf seine Klientel zu beschränken, wird er die Probleme ihrer sozio-ökonomischen Umwelt und die

271 Für kleine Gemeinden Schneider, 1977, S. 24, Ellwein/Zoll 1982; für Städte mit einem dominanten Unternehmen z.B. Hilterscheid 1970.

272 Daher hat sich die Community-Power Forschung nach Meinung von Stoker (1998, S. 122) in Richtung auf die Erfassung des Einflusses bzw. der Vorteile von Entscheidungen entwickelt: Wer hat den größten Einfluß, warum und mit welchen Effekt?

273 Naßmacher/Naßmacher 1983, S. 32-36; für Städte mit einem traditionell dominanten Industriezweig s. Naßmacher 1987, S. 112.

jeweils als relevant eingeschätzten Umweltbezüge nur selektiv wahrnehmen („perzipieren"). Der Ressortegoismus erweist sich als Problem, wenn die Funktionseliten nicht durch Steuerungspolitiker in ein Gesamtkonzept einzubinden sind.

Im Umgang mit kommunalpolitisch relevanten Informationen werden die Mitglieder örtlicher Eliten (zuweilen als lokale Machtelite bezeichnet) je nach der eigenen Interessenlage, als „Förderband" oder als „Filter", stets aber als „Flaschenhals" („gatekeeper"[274]) tätig. Wird diese Rolle zu restriktiv wahrgenommen, werden die Informationskanäle zu stark gebündelt, können sich daneben weitere Kommunikationsstrukturen aufbauen. Sowohl auf der Verwaltungsseite als auch auf der Ratsseite zielen Reformüberlegungen auf straffere Organisation (Zusammenfassung der Ämter zu Bereichen, Reduzierung der Zahl der Ausschüsse). Dies mag der Zusammenführung der Kommunikationskanäle dienen. Dennoch bleibt der kommunalpolitische Entscheidungsprozeß in zentralen Bereichen segmentiert. Diese Dimension wurde durch Personalisierung im Kommunalwahlrecht, Bürgerbegehren und Bürgerentscheid wieder verstärkt. Vor allem hat die Verselbständigung (Fachdienste, Servicedienste, Regiebetriebe) bzw. Ausgliederung einzelner Verwaltungsbereiche (als Eigenbetriebe, Eigengesellschaften, städtische Beteiligungen an externen Organisationseinheiten u.a.) dazu beigetragen. In der Praxis kann das dazu führen, daß die Kernverwaltung mit den verbleibenden Ämtern (Bereichen) übersteuert wird, während die selbständigen Teileinheiten einzelne Politiker „vor ihren Karren" spannen und so den Ressortegoismus bei Politikprozessen wieder aufleben lassen.

4.3.3 Neue Herausforderungen an das Management

Die Ausdifferenzierung von Entscheidungsprozessen, verbunden mit einer Auslagerung der Aufgabenwahrnehmung, der die Bündelung der Koordinationsfunktion beim direkt gewählten Bürgermeister entgegengewirken soll, macht das Management bzw. die Steuerung (Governance)[275] nicht leichter. Macht, also die Fähigkeit, Ziele auch gegen Widerstand durchzusetzen, muß ersetzt werden durch Führerschaft (Vorbild) mit Überzeugungskraft und Moderationsgeschick. Es gilt

274 Fürst 1975, S. 128f.

275 Zur Problematik des Begriffs s. Schneider, in: König/Benz 1997, S. 249.

die unterschiedlichen Akteure zu motivieren, ihre Aufgaben engagiert wahrzunehmen und dabei ihre Ressourcen (Fähigkeiten und Möglichkeiten) einzubringen. Gezielte Information, Ermutigung und Anreiz sind also wesentliche Führungsinstrumente. Die auf informeller Basis zustande gekommenen, nur lose gekoppelten Kooperationen, befristeten Reformbündnisse oder langfristigen Koalitionen müssen ständig gepflegt werden, um sie zur selbständigen und qualifizierten Erledigung von Aufgaben zu ermutigen. Bei der Antwort auf die Frage, wie dies in der Praxis umgesetzt werden kann, wird den zentralen Führungspersönlichkeiten und ihren Fähigkeiten große Bedeutung zugemessen. Dies gilt auch für die Nutzung von Meinungsführerkoalitionen („advocacy coalitions"),[276] die gemeinsame Erwartungen, Einstellungen und „Problemlösungsphilosophien" in einzelnen Politikfeldern (z.B. der Wirtschaftspolitik)[277] herausbilden.[278]

Noch sind die Reformen weitgehend „konzeptionelle Absichtserklärungen".[279] Nicht verwunderlich ist, daß das Finanzmanagement unter den Eindruck der Haushaltskonsolidierungsprobleme in den Mittelpunkt der Überlegungen rückte. Dies ist allerdings eine „Engführung" des Ansatzes. Die wesentlichen Entwürfe zur Veränderung der Managementstruktur sind sehr stark rational und betriebswirtschaftlich auf mehr Effizienz und Leistungssteigerung ausgerichtet. Effizienz des Verwaltungshandelns meint die Verbesserung des Verhältnisses von Ressourceneinsatz und Ergebnis. Dabei muß eine angemessene Bearbeitung der Probleme Maßstab sein. Hier geht es nicht nur um den Einzelfall, sondern auch um Folgen für die gesellschaftliche Entwicklung. Dieser Aspekt wird bei der betriebswirtschaftlichen Betrachtung in der Regel vernachlässigt, da sie viel zu kurzfristig angelegt ist. Zwar gilt es, Verschwendung zu verhindern, aber auch Sparsamkeit kann auf Dauer teuer werden. Die Bewertungsfragen dürfen

276 Naschold, in: Naschold u.a. 1997, S. 43.

277 Berg u.a. 1998, S. 241, 263; siehe unten, Abschnitt 5.2.

278 Sabatier, in: Heritier 1993, S. 119, 127.

279 Naschold, in: Naschold u.a. 1997, S. 26; zu den Reformphasen s. Reichard, in: Naschold u.a. 1997, S. 52; zu Umfrageergebnissen und weiteren Einschätzungen s. ebenda, S. 53. Die KGSt nimmt an, daß sich „die Mehrheit der Teilnehmer mit dem Neuen Steuerungsmodell auseinandersetzt" und es vor allem um die Optimierung des Personal- und Mitteleinsatzes geht (KGSt-Mitgliederbefragung 1997, S. 7). Skeptischer zum Stand des Reformprozesses ist Bogumil (in: Andersen 1998a, S. 79ff.).

bei der Beurteilung von Leistungen oder alternativen Lösungswegen nicht vernachlässigt werden. Dies ist Aufgabe der Politiker.

Eine wichtige Rolle bei den Reformüberlegungen spielt die Steuerung auf Abstand. Die Kommunalpolitiker sollen dabei auf die Langfristperspektive festgelegt (Kontrakte über Produkte) und durch das Instrument des Controlling bessere Entscheidungsgrundlagen erhalten. Dem steht entgegen, daß Bürger sich mit Hilfe der neuen Beteiligungsmöglichkeiten verstärkt auf Einzelfälle und die Kurzfristdimension hin orientieren können. Einzelne Ratsmitglieder werden sich, ausgelöst durch unvorhersehbare Ereignisse (z.B. Konkurs eines wichtigen Unternehmens, Steuerausfälle) und das politische Alltagsgeschäft (z.B. Rückfragen von Bürgern oder Aktivisten in Vereinen, Verbänden und Parteien) nach wie vor um kurzfristige Krisenbewältigung und um Einzelprobleme kümmern müssen, weil Politiker für Weichenstellungen verantwortlich gemacht werden. Dabei geht es zuweilen auch um den Vollzug bestimmter Entscheidungen. Heranrückende Wahltermine verschärfen das Interesse der Politiker, Einzelinformationen an die Verwaltung weiterzugeben, sich Informationen zu beschaffen und Prozesse zielgerichtet zu beschleunigen. Neue Probleme verlangen ein flexibles Eingehen darauf. Ziele müssen also immer wieder zur Diskussion stehen können.[280] Es ist deshalb zu bezweifeln, ob sich die von der KGSt angeprangerte „Verantwortungsmischung zwischen Politik und Verwaltung“[281] oder die „organisierte Unverantwortlichkeit“[282] durch Kontraktmanagement und Controlling ausmerzen lassen.[283] Vielmehr deutet die Analyse tatsächlich ablaufender Politikprozesse auf ein interaktives Vorgehen mit ständiger Rückkopplung. Der Rat bzw. seine Führungskräfte werden eine Beschränkung nicht hinnehmen. Auch zeichnet sich die Gefahr ab, daß zeitraubende Festlegung von Produkten und überdetailliertes Berichtswesen beim Controlling[284] eine neue Bürokratisierung auslösen.

---

280 Dem Kontraktmanagement liegt ein mechanisches Denken aus der frühen Policy-Forschung zugrunde, das für analytische Zwecke, aber nicht für die praktische Gestaltung von Politik geeignet erscheint: Zieldefinition, Politikformulierung, Implementation, Evaluation.

281 KGSt 5/1993.

282 Banner 1991, S. 6.

283 Kritisch zur Trennung von Politik und Verwaltung auch Naschold, in: Naschold u.a. 1997, S. 321.

284 „Aus den Fachbereichsberichten entwickelt der Steuerungsdienst jeweils ‚Konzernberichte‘, die das Kollegium dem Rat präsentiert.“ (Kleinfeld u.a. 1996, S. 201) In den ersten drei Monaten nach Ablauf des Haushaltsjahres legt

Beim eigenverantwortlichen Handeln der Verwaltungseinheiten (Verwaltung bestimmt das „Wie") ist zu bedenken, daß sich im Laufe der Zeit etablierte Klientelbeziehungen[285] zwischen Fachämtern und Interessenorganisationen verfestigt haben: „Der Egoismus der Ressorts ist meist der Egoismus gesellschaftlicher Interessengruppen,"[286] also Ausdruck gesellschaftlicher Verteilungskonflikte. Bei Verselbständigung der einzelnen Bereiche und beim Übergang der Ressourcenverantwortung könnte die Kommunikation mit der lokalen (Teil-) Öffentlichkeit und im Rahmen der Politikverflechtung noch enger werden. „Unternehmerische" Bereiche werden möglicherweise – unterstützt durch Fachpolitiker mit überörtlichen Kontakten – durch eigene Erkundungen zu einer weiteren Sektoralisierung beitragen, indem sie z.B. versuchen, Kosten zu externalisieren, durch mehr Informationen ihren Politikbereich zu fördern oder sich selbst zu profilieren. Dies würde eine spezifische Lobbystruktur weiter verfestigen, wie sie bereits in alten Politikfeldern ausgeprägt ist, z.B. der Infrastruktur-, Bau-, Wirtschafts- und Sozialpolitik. Hier kommt es auch zum Hineinagieren der Klientel in die Fachverwaltung und zur Kumpanei zwischen Klienten und Fachverwaltung. Diese Kommunikationsbeziehungen werden gepflegt, um im Vorfeld „vertretbare" Lösungen für Einzelfälle zu suchen (z.B. Gewerbepolitik), auf die Verteilung von Vorteilen hinzuwirken (Infrastrukturmaßnahmen, Stadtsanierung) oder auch die jeweils erreichten Anteile bei der Mittelverteilung zu wahren (Sozialpolitik). Mitwirkungsansprüche von Parteien sowie deren Zusammenwirken mit einzelnen Bürgern, Teilen von Ratsfraktionen oder Bürgerinitiativen sorgen für Unberechenbarkeit.

---

jeder Bereich seinen Jahresbericht vor, der nach Prüfung durch den Steuerungsdienst und externe Prüfer in der entsprechenden Rechnungskommission des Rates diskutiert wird. Die Jahresberichte sollen dann wieder Grundlage für bedarfsgerechte Budgets für einzelne Produkte sein. (So wurde im Hinblick auf niederländische Erfahrungen bereits die These vertreten, daß „die Aussagekraft, Konsistenz und Qualität der zahlenmäßigen Unterbauung des Tilburger Haushaltsplans mit der eines kommunistischen Fünf-Jahres-Plan" zu vergleichen sei; Kleinfeld u.a. 1996, S. 31.) Durch laufende Information (mehrfach im Jahr) soll die Verwaltung im Rat entsprechende Vorschläge als Reaktion auf Planabweichungen unterbreiten.

285 Dieser unmittelbare Interessenbezug und nicht etwa eine besondere „Dynamik der parlamentarischen Willensbildung" (Schmölders, in: Peters 1959, S. 36f.) verursacht die Schwierigkeiten demokratischer Konfliktregelung.

286 Siebel 1974, S. 50.

Dies ist in neuen Politikfeldern, wie der Umweltpolitik, noch stärker ausgeprägt. Hier wirken Ansprüche neuer Gruppen, auf die politikfeldferne Akteure noch nicht eingestellt sind, verunsichernd, während die politikfeldnahen Akteure dazu tendieren, Mitwirkungsansprüche zu instrumentalisieren, also die Netzwerke der beteiligungsbereiten Gruppen für eine Verbesserung des eigenen Einflusses zu nutzen. Wie sich dann die konkrete Entscheidungsstruktur gestaltet, hängt von der Konfliktfähigkeit der mitwirkungsbereiten Gruppen und vom Managementpotential im Politikfeld ab.

Eine Steuerung auf Abstand – wie immer sie in neuen Steuerungsmodellen im einzelnen ausgestaltet sein mag – wird sich auf diese Ausdifferenzierung der Referenzsysteme einstellen und Vorkehrungen dagegen treffen müssen. Auf die zentralen Vorentscheider kommt also eine wesentlich schwierigere Koordinationsaufgabe zu. Ob sich durch die Zusammenfassung von Ämtern zu Bereichen und die Zusammenlegung von Ratsausschüssen die Governance-Probleme lösen lassen, so daß eine „Neubalancierung von Politik und Verwaltung“ möglich wird, bleibt fraglich.[287] Der Bürgermeister wird das Controlling als Führungsunterstützung dringend benötigen, aber nach wie vor auf spezifische informelle Koordination zwischen Rat und Verwaltung angewiesen sein. Ohne Eliten kann in der Demokratie nicht effizient entschieden werden. Wichtig ist nur, daß ein Austausch der Entscheidungsträger durch die Wähler möglich bleibt. Das plebiszitäre Verfahren scheint dieses Problem zumindest partiell zu bearbeiten, denn jede Führungskraft sucht sich – abseits formeller Positionen und festgefügter Mehrheiten im Rat – kraft Persönlichkeit und daraus resultierendem Politikstil die Personen aus, mit denen Zusammenarbeit möglich ist.

Elitenzentrierte Betrachtungen scheinen den Forderungen nach mehr Bürgernähe zuwider zu laufen. Dies ist aber nur dann der Fall, wenn sowohl die gewählten Repräsentanten als auch die Verwaltung nicht ständig Kontakt zum Bürger halten. Sicherlich ist der Zugang von Eliten zum Bürger vor allem medienvermittelt, während die nicht zu den Vorentscheidern zählenden Ratsmitglieder eher direkte Bür-

---

287 Erste Schritte in diese Richtung gibt es z.B. in Osnabrück. Hier wurde bereits der Sportausschuß zusätzlich mit Zuständigkeiten der Querschnittausschüsse (insbesondere Personal- und Bauausschuß) ausgestattet (König 1997, S. 64).

gerkontakte pflegen können.[288] Dies gilt auch für die nachgeordneten Verwaltungsmitarbeiter bei der Bewältigung ihrer normalen Dienstaufgaben. Weil die gewählten Repräsentanten in den Ratsfraktionen nicht genügend Responsivität[289] erkennen lassen (so zumindest die weitverbreitete Kritik), soll die Verwaltung auf mehr Bürgernähe eingeschworen werden.[290] Vielfach war es bislang so, daß Kenntnisse aus dem Verwaltungsvollzug bei hierarchischem Verwaltungsaufbau und entsprechender Steuerung nicht als wichtige Informationen berücksichtigt wurden. Andererseits bleibt natürlich zu fragen, ob der einzelne Verwaltungsmitarbeiter in seiner Ausbildung mit der genügenden Sensibilität ausgestattet wurde, um wichtige Entwicklungen wahrzunehmen, sie in sein Handeln einzubeziehen oder sie als führungsrelevante Informationen zur Verfügung zu stellen. Mehr Eigenverantwortung der einzelnen Bereiche bedingt spezifische Anstrengungen der Aus- und Fortbildung im Hinblick auf gesellschaftliche Entwicklungen.[291] Daneben ist der Kommunikationsfluß von unten nach oben zu verbessern. Für die Vorbereitung von Entscheidungen sollen auch Ergebnisse von Bürgerbefragungen[292] benutzt werden. Ratsmitglieder müssen darauf achten, daß hier nicht eine „Nachrüstung“ der Verwaltung mit Informationen stattfindet, die diese den gewählten Repräsentanten noch überlegener macht. Andere sehen in den Bürgerbefragungen gar eine „dritte Säule der Demokratie“, neben repräsentativen und direktdemokratischen Elementen.[293]

Auch Bürgerbegehren und Bürgerentscheid können tendenziell dazu beitragen, die Sensibilität für Anliegen der Bürger zu verbessern. Sie sind allerdings auch mit der Gefahr verbunden, die Sektoralisierung der Gemeindepolitik weiter voranzutreiben und die Gesamtkoordination zu erschweren. Jedenfalls konnte bei der Aufarbeitung von (bisherigen) Erfahrungen festgestellt werden, daß das politische Leben

---

288 Naßmacher, in: Thränhardt/Uppendahl 1981, S. 61f.; Ratsmitglieder selbst schätzen ihre Bürgerorientierung als wesentliche Dimension ihrer Tätigkeit ein (Simon 1988, S. 34).

289 Uppendahl 1981a, S. 189f.

290 Bürgerämter verleihen dem nur partiell Ausdruck, weil sie sich nur auf einzelne Leistungen der Verwaltung beziehen.

291 Zu den Problemen bisherigen Fortbildungsmaßnahmen s. Reichard, in: Wollmann/Roth 1999, S. 519ff.

292 Schon entdecken Meinungsforschungsinstitute diese neuen Dienstleistungen und bieten sie Städten an (Infas 1999, S. 15).

293 Kißler, in: Bogumil/Kißler 1997.

sich dadurch über einen größeren Zeitraum hinweg sehr stark auf einzelne Sachfragen konzentriert. Dies ist natürlich besonders dort der Fall, wo Bürgerbegehren ohne besondere Schwelle zu Bürgerentscheiden führen können, wie in Bayern. Eine verstärkte Nutzung erfuhr das Instrument in Baden-Württemberg erst seit 1977.[294] Bei längerfristiger Betrachtung zeichnen sich Themenkonjunkturen ab. Waren es in den siebziger Jahren vor allem kommunale Gebietsreform und Bebauungsplanung (einschließlich Sanierung), so sind es heute Investitionen, Straßenbau und Umweltschutz. In den neuen Bundesländern wiederholte sich Anfang der neunziger Jahre der Einstieg mit der Gebietsreform. Insgesamt gesehen wird das St. Florians- oder Nimby-Prinzip (not in my backyard) zuweilen als Anzeichen einer „Demokratie von unten" verklärt. Häufig nutzen Teile des Gemeinderates das Instrument zur eigenen Entlastung oder um als unterlegene Minderheit doch noch ihre Vorstellungen durchzusetzen (so in Bayern und Schleswig-Holstein beobachtet). Die Mobilisierung der Abstimmungsberechtigten wäre in Groß- und Mittelstädten kaum erfolgreich, wenn nicht etablierte Organisationen, Parteien oder Medien mit ihren Kommunikationsnetzen solche Initiativen unterstützen.[295] Hier müßte ein vorausschauendes Management antizipativ handeln, z.B. durch Überzeugung oder moderne Verfahren der Konfliktbearbeitung (Mediation).[296]

Die nach der kommunalen Verwaltungs- und Gebietsreform eingeführten und inzwischen etablierten Strukturen einer teilräumlichen Gliederung (Ortsräte, Bezirksvertretungen) sind bereits in Mittelstädten Ursache für eine andere Art von Sektoralisierung, nämlich der Verfestigung von Egoismen einzelner Stadtteile. Andererseits müssen die Ortsteilvertretungen aber auch als Einrichtungen gewürdigt werden, die Bürgernähe mit Legitimation koppeln. Wo teilräumliche Vertretungskörperschaften abgeschafft wurden, um komplexe Managementstrukturen zu vereinfachen, haben sich eher negative Auswirkungen gezeigt: Bürgerschaftliches Engagement in der Kommunalpolitik ging zurück.[297]

---

294 Vgl. Beilharz 1981, insbes. S. 180ff.; Ardelt/Seeger 1977, S. 91-119; Seeger 1988, S. 516-535.

295 Naßmacher 1997, S. 447ff..

296 S.d. Zilleßen u.a. 1993, sowie Zilleßen 1998a und 1998b; kritisch dazu Jansen 1997, S. 274ff..

297 Dies erwies sich vor allen Dingen als Problem für die Parteien, deren personelle Rekrutierungsbasis geschmälert wurde. Bezirksvertretungen sind auch

Die bisher dargelegten Befunde zu den Entscheidungsprozessen und jenen relativ dauerhaften Faktoren, die Entscheidungsfindung und Steuerung (Governance) bestimmen, lassen sich den politischen Rahmenbedingungen (polity) zuordnen. Dazu gehören die Gemeindeordnung, das Wahlsystem und teilräumliche Vertretungssysteme (Bezirksvertretungen, Ortsräte). Die Prozeß-Dimension (politics) darf aber nicht unterschätzt werden. Ihr sind zunächst die Mehrheitsverhältnisse, die Wirtschaftsstruktur (und damit die dominanten Interessen) sowie die Stadtstruktur (Ausdifferenzierung der Besiedlung in der Fläche) zuzuordnen. Letztere sorgt wahlweise für einen nicht in Frage gestellten Zentralismus oder die Dominanz parochialer Orientierungen. Dieser Aspekt leitet zur Bedeutung der politischen Kultur über, die in langfristig eingeübten Verhaltens- und Verfahrensweisen sowie Orientierungen ihren Niederschlag findet, z.B. dem Beibehalten von Allparteienabsprachen oder -koalitionen bzw. der Ausgrenzung bestimmter politischer Kräfte (wie anfangs der PDS in den neuen Bundesländern). Für polity und politics ist die Stadtgröße von Bedeutung. Größere Städte haben ausdifferenziertere, professionelle Entscheidungsstrukturen, so daß wahrscheinlich die Polity-Dimension wichtiger wird. Die Koordination ist schwieriger. Das Führungsvermögen und die politischen Stile der Eliten kommen in den Blick (Abb. 4.6).

Abb. 4.6: Determinanten kommunaler Entscheidungsstrukuren

polity	politics **Stadtgröße**	policy
– Gemeindeordnung	– Mehrheitsverhältnisse	
– Wahlsystem	– Wirtschaftsstruktur	– alte Politikfelder
– teilräumliche Vertretungs-systeme	– Stadtstruktur – Lage im Raum	– neue Politikfelder
– Traditionen	(politische	Kultur)
– **P o l i**	**t i k s t**	**i l e**

immer eine Möglichkeit für die hier vertretenen Repräsentanten, sich für ein höherwertiges Mandat zu empfehlen. Sie schaffen den Mitgliedern eine gewisse Reputation. Diese gesellschaftliche Anerkennung fehlt beim sonstigen ehrenamtlichen Engagement in Parteien (Naßmacher, in: Gabriel u.a. 1997b, S. 431). Insofern sind Bestrebungen in Hessen, die Kommunen zu ermächtigen, die Zahl der Ratsmandate zu reduzieren, Schritte in die falsche Richtung.

Bei der Analyse von durchaus komplexen Entscheidungsabläufen wurde deutlich, daß die Betrachtung der einzelnen Politikfelder in den verschiedenen Bearbeitungsphasen nur für analytische Zwecke benutzt werden kann. Tatsächlich sind Politikprozesse sehr viel komplizierter. Politikwissenschaftler haben sich daher an Überlegungen der Organisationstheorie orientiert und das sog. „Mülleimermodell"[298] übernommen. Mit diesem (garbage can) Modell wird die Vorstellung von programmgesteuerter Politik mit vorausgesetzter Abfolge von Entscheidungsstufen verlassen. Das Mülleimermodell betrachtet Entscheidungsvorgänge eher als „organisierte Anarchie". Dabei ist unklar, welche Lösungen zu welchem Problem passen, welche Probleme bei welcher Gelegenheit behandelt werden und welche Personen für die Entscheidung zuständig sind. Die Koppelung der Elemente ergibt sich aus dem jeweiligen Kontext des Entscheidungsprozesses, d. h. aus den gleichzeitigen Ereignissen innerhalb und außerhalb der Organisation.

Damit scheint die Realität von Entscheidungsprozessen aber auch nicht wirklichkeitsnah abgebildet. Viele Erkenntnisse zum Entscheidungsverhalten würden irrelevant werden. Denn es läßt sich nach der bisherigen Diskussion kaum übersehen, daß die Strukturierung keineswegs einer „organisierten Anarchie" entspricht. Wichtig ist allerdings, daß Entscheidungsgelegenheiten stärker in den Blick rücken, die zuweilen einem Zusammentreffen „glücklicher Zufälle" entspringen. Die Akteure müssen gleichzeitig in unterschiedlichen organisatorischen Teilsystemen an Regelungen arbeiten. Ob die Bearbeitung eines Problems vorangebracht werden kann, hängt auch davon ab, welche anderen Probleme gerade bearbeitet werden müssen, welche Lösungen sich aktuell anbieten, ob ein Problem zunächst unbearbeitet gelassen werden kann oder ob der Problemdruck so stark wird, daß eine Entscheidung – möglicherweise nur eine symbolische – nahezu zwingend erforderlich ist. Ob eine Problemlösung zustande kommt, ist durch situative Faktoren bedingt. Der „Entscheidungskorridor" (policy window) gestattet eine (wie immer geartete) vorläufige Regelung oder ein Ruhigstellen des Problems. Das Mülleimermodell betrachtet nur das „zufällige Zusammenfließen" von Entscheidungsproblemen und Lösungen mit dem zugehörigen mehr oder weniger lose oder fest verkoppelten Teilnehmern und den sich zufällig ergebenden Entschei-

298 Cohen u.a. 1972.

dungsgelegenheiten. Daraus ist zu entnehmen, daß ein Programm (der policy output) nur ausnahmsweise stromlinienförmig oder optimal sein kann.[299] Dies gilt auch für die Beratung des Gemeindehaushalts.

4.4 Beratung des Gemeindehaushalts

Die Erarbeitung des Haushaltsplans (der Budgetierungsprozeß) wird häufig als zentrales Element der Entscheidungsfindung von nichtmarktorientierten Organisationen gesehen. In diesem Sinne handelt es sich um den Kulminationspunkt des gesamten Entscheidungsspektrums.[300] Bei der Aufstellung des Haushaltsplans werden die Weichenstellungen für alle anderen politischen Entscheidungen vorbereitet. Im Gegensatz zu anderen Debatten haben die Auseinandersetzungen im Rat dazu in der Regel größeres Gewicht.

Prinzipiell unterscheidet sich die Arbeit der Gemeindeverwaltung und der Gemeindevertretung am Gemeindehaushalt nicht von ihrem Vorgehen bei der Beschäftigung mit anderen Vorlagen. Allenfalls erscheinen ein größerer Umfang des Gegenstandes (und der Unterlagen), eine relativ starke Formalisierung des Verfahrens (einschließlich einer zeitlichen Beschränkung) und der vorhersehbare Zeitpunkt der abschließenden Beratungen (alljährlich im Herbst) bemerkenswert. Da Abänderungen und Ergänzungen, die ein Entwurf in den Beratungen des Gemeinderates erfährt, den Voranschlag in der Regel nicht entscheidend umgestalten, geht ein wesentlicher Impuls von der jeweiligen Kommunalverwaltung aus. Für die Arbeit am Haushaltsplan hat sich ein Ritual ausgebildet, in das die Grundstrukturen kommunalpolitischer Entscheidung ebenso eingegangen sind wie einige durch den Gegenstand bedingte Besonderheiten. Aufstellung, Beratung und Inkrafttreten jedes Haushaltsplans liegt „ein langgestrecktes ... Zusammenspiel zwischen Verwaltung, Rat, Bürgerschaft und Aufsichtsbehörde“ zugrunde.[301]

---

299 Die Folgen für das Controlling sind absehbar.

300 Der Hauptausschuß des Deutschen Städtetages bezeichnet den Haushaltsplan als „Hauptkontrakt“ zwischen Politik und Verwaltung und weist ihm damit die Funktion des zentralen Planungs-, Steuerungs- und Kontrollinstruments zu (Der Städtetag 12/1998, S. 789).

301 Giere 1965, S. 315.

Bisher erfolgte die Haushaltsaufstellung in den großen Städten so: Die (verwaltungsinterne) Aufstellung des Haushaltsplans stellte sich als ein dreistufiges Verfahren zur Kontrolle der Bedarfsexplosion (Ausgabenbremse) dar (Abb. 4.7). Die erste Stufe bildete die Bedarfsermittlung der Ämter und Dezernate, die zweite die Abstimmung zwischen Fachämtern und Kämmerei, die dritte schließlich die abschließende Beratung der Verwaltungsspitze.[302] In kleinen Gemeinden konnte sich das Verfahren – bedingt durch ein geringeres Maß an verwaltungsinterner Arbeitsteilung – um eine Stufe vereinfachen. Das Grundproblem bei der Aufstellung des Entwurfs bleibt jedoch die Abstimmung zwischen Ausgabenwünschen und möglichen Einnahmen.

Spätestens im Frühsommer eines Jahres beginnen die Arbeiten am Haushaltsplan für das kommende Jahr. Dies lief bisher so ab, daß die einzelnen Ämter von der Kämmerei aufgefordert wurden, ihre Vorstellungen darzulegen und entsprechende Anforderungen für die einzelnen Haushaltstitel einzureichen. Die teilautonomen Akteure verfolgen dabei auch eigene Ziele: Viele konkurrierende Ämter wollen natürlich keinen Bedeutungsverlust erleiden. Sie haben wiederum Erwartungen ihrer Klientel und der Fachpolitiker zu berücksichtigen. Deshalb sind die Haushaltsansätze des Vorjahres die wichtigste Orientierung. Mehrbedarfsmeldungen, auf die in der Regel die meiste Aufmerksamkeit gerichtet wird, müssen Verteilungsprobleme auslösen, denn sie begrenzen bei knappen Kassen die Ressourcen anderer Ämter und sind also objektiv Umverteilungspolitik. Da der Koordinationsinstanz allerdings die Teilinformationen aus den Fachämtern fehlen, ist sie stark auf Kompromißfindung und Bargaining-Strategien angewiesen, um letztlich den Budgetierungsprozeß zu einem Gesamtentwurf zusammenführen zu können.[303] „Häufig wird die Meinung vertreten, man müsse bei den Anmeldungen zum Haushaltsplan das Doppelte fordern, um letztlich die Hälfte davon tatsächlich zu bekommen."[304] Zweifellos wurde vielfach nach dieser Methode vorgegangen. Es gab aber sicher auch immer Ämter, deren Haushaltsanforderungen ausschließlich auf Ansätzen beruhten, die sich am konkreten Bedarf orientierten, nicht von Taktik angeleitet waren und sich bis auf die letzte Mark gut begründen ließen. Während das eine Verfahren

302 Vgl. Pohl/Voigt, in: Klemisch u.a. 1994, S. 99.
303 Vgl. dazu Mäding, in: Mäding 1983, S. 21.
304 Schauerte 1975, S. 33.

pauschale Kürzungen vorsieht, zielt das andere darauf, ein auf Glaubwürdigkeit beruhendes Vertrauensverhältnis zwischen Fachamt und Koordinationsinstanz aufzubauen. Alljährlich mußte also das Dilemma zwischen Ressortegoismus und Deckungslücke bewältigt werden. Langwierige Verhandlungen mit den einzelnen Dezernaten waren die Folge, um so „die Positionen der Ausgabenseite den vorhandenen Mitteln anzupassen."[305]

In Zukunft sollen die Ausschüsse und Fachbereiche aufgrund der erwarteten Einnahmen ein Budget[306] für die Erstellung ihrer Produkte erhalten. Unter Budgetierung ist dabei eine prospektiv ausgerichtete monetäre Planung zu verstehen, die eine bedarfsgerechte Versorgung der dezentralen Einheiten mit entsprechenden Finanzmitteln gewährleistet. Wesentlich ist, daß diese Budgetierung als gemeinsame Aufgabe zwischen Führung und dezentralen Einheiten verstanden wird. Also nicht das jeweilige Amt meldet wie bisher seinen Bedarf an, sondern die Kämmerei ermittelt zunächst aufgrund der zu erwartenden Einnahmen den wahrscheinlich zur Verfügung stehenden Finanzrahmen, und gibt den Bereichen (nach Diskussion im Finanzausschuß) bekannt, mit welchem Budget für den jeweiligen Bereich zu rechnen ist. Nachdem feststeht, welchen Finanzrahmen die einzelnen Bereiche zur Verfügung haben, gehen diese (nach Beratung mit den Ausschüssen) daran, eine entsprechende Planung für die Verwendung vorzulegen.[307] Dabei müssen sie vorausdenken, daß alle anfallenden Ausgaben, auch die für Leistungen Dritter, aus diesen (auf den Bereich entfallenden) Finanzmitteln zu bezahlen sind. Die Verantwortung für den Finanzrahmen soll also von den bisherigen Querschnittämtern auf die Fachbereiche übergehen. Das bedeutet auch, daß aus dem Budget personelle und materielle Leistungen anderer Bereiche der Verwaltung beglichen werden müssen, einschließlich der Nutzung von Gebäuden. Dies soll das Bewußtsein für Vermögensbestände fördern. Die Flexibilität besteht darin, daß die Bereiche bei der Erstellung ihrer Produkte

305 Schmölders, in: Peters 1959, S. 44.

306 Zur Verbreitung der Budgetierung in Städten mit über 50.000 Einwohnern. Difu-Berichte 2/1996, S. 5. Es handelt sich um jenes Reformfeld, das am weitesten vorangeschritten ist. Zum konkreten Vorgehen in der Praxis s. beispielhaft Kuban, in: Wollmann/Roth 1999, S. 482; Winkler-Haupt 1988, S. 139, 140, 165, 166.

307 Nach Abb. 4.7 ist eine Einbindung der gewählten Repräsentanten in diese Debatte von der Verwaltungsseite her nicht vorgesehen.

die bereitgestellten Finanzmittel (das Budget) entweder für Personal und für Sachmittel (gegenseitige Deckungsfähigkeit) verwenden oder Leistungen von internen und externen Anbietern beziehen können. Auch soll nicht derjenige bestraft werden, der spart: Die Übertragbarkeit der Mittel ins nächste Jahr bleibt möglich. Bisher wurde der Stand jedes Titels vom Vorjahr als Nullniveau für das nächste Jahr verstanden. Dies hatte das „Dezemberfieber" zur Folge, also das Bemühen, den Haushaltsansatz vor dem Ende des Haushaltsjahres voll auszuschöpfen.[308]

Im Gesamtentwurf des Haushaltsplans (neuerdings zuweilen als „Haushaltsbuch" bezeichnet) müssen sich selbstverständlich ebenso alle „Produkte" wiederfinden, die die Verwaltung laufend anbietet, wie auch aktuelle Investitionsvorhaben, die traditionellerweise im Vermögenshaushalt ihren Niederschlag fanden, z.B. der Bau eines Kindergartens oder die Verkehrsberuhigung einer Straße. Mit Hilfe des Denkens in Produkten ist langfristig an eine Überwindung der Trennung von Verwaltungs- und Vermögenshaushalt gedacht.[309] Der Bezug auf unsere Beispielfälle zeigt bereits, daß die Vorbereitung eines Haushaltsplanentwurfs keineswegs auf Überlegungen innerhalb der Gemeindeverwaltung beschränkt bleibt.

Bei der Festlegung der Gesamteinnahmen spielt nämlich auch die Ausschöpfung finanzieller Spielräume am Ort eine Rolle. Jeder Kämmerer versucht, die Haushaltsberatungen im Rat und seinen Ausschüssen durch die Konzeption des Voranschlages und den Inhalt der „Vorbemerkungen" (in Zukunft ergänzt durch die Berichte der einzelnen Bereiche) in eine gewisse Richtung zu lenken.[310] Alle Steuerungspolitiker werden sich bemühen, die örtlichen Interessenstrukturen zu antizipieren (Möglichkeiten für Steuer- oder Gebührenerhöhung, Problemdruck bei einzelnen Maßnahmen) und ihnen auf der Einnahmen- und Ausgabenseite des Haushaltsentwurfs Rechnung tragen. Kein

---

308 Wagener, in: Wagener 1980, S. 29. Dieses flexible Vorgehen wurde durch eine Experimentierklausel ermöglicht. Danach kann das Innenministerium in begrenzten Ausnahmefällen von entsprechenden organisations- und haushaltsrechtlichen Vorschriften absehen (Kleinfeld u.a. 1996, S. 108; Budäus 1992, S. 31), die in Gemeindeordnung und Gemeindehaushaltsverordnung enthalten sind.

309 In Westerstede wurde beispielsweise Verwaltungs- und Vermögenshaushalt 1998 jedes Fachbereichs zu einem Budget zusammengefaßt.

310 Vgl. Schmölders, in: Peters 1959, S. 44.

Kämmerer wird (ohne Not) die Lokalpresse durch die vorgesehenen Steuer- und Gebührenfestsetzungen zu einer Kampagne gegen seinen Entwurf herausfordern. Angesichts der erheblichen Bedeutung des (gewerbe- und/oder grundsteuerpflichtigen) Mittelstandes in den und für die kommunalen Vertretungskörperschaften[311] und der Orientierung der Lokalpresse an den Interessen der örtlichen Honoratioren,[312] die in dieser Frage auch die persönlichen Interessen ihres Verlegers sind, erspart der Kämmerer sich so unnötige und aussichtslose Konfliktsituationen. Er nimmt allerdings auch im (tatsächlichen oder vermeintlichen) Interesse der Erhaltung von Arbeitsplätzen eine reduzierte finanzielle Leistungsfähigkeit der Gemeinde in Kauf. Die unmittelbare Verbindung zwischen etablierten kommunalen Interessen und Gemeindesteuerpflichtigen wirkt als Einnahmenbremse für die Gemeinde.

Zunächst einmal bringen politische Diskussionen am Ort oder in überörtlichen Zusammenhängen (wie kommunalen Spitzenverbänden, politischen Parteien, Fachzeitschriften für Kommunalverwaltung[313] und Kommunalpolitik[314] oder auch überörtliche Massenmedien) neue Themen, neue Aufgaben, neue Lösungsmöglichkeiten (kurz: politische Innovationen), die – soweit sie finanzwirksam sind – in den Gemeindehaushalt umgesetzt werden müssen. So griffen viele Gemeinden 1976 eine Anregung des Städtetages Baden-Württemberg sowie Erfahrungen der Arbeitsgemeinschaft kommunaler Schulämter auf, in allen Verwaltungsgebäuden vom Prinzip der täglichen Reinigung abzugehen und den Reinigungsdienst in Schulen privaten Reinigungsfirmen zu übertragen. 1998 ließ sich in allen Städten eine Aufstockung des Personals zumindest um eine Stelle zum Ingangsetzen des Prozesses der Lokalen Agenda 21 beobachten.[315]

Sehr viel massiver als politische Innovationen bewirken aktuelle Entwicklungen im Bereich der Bundes- und Landespolitik gemeindli-

---

311 Vgl. oben, Abschnitte 1.2.2, 3.2.1, 4.1.1.

312 Vgl. oben, Abschnitt 4.1.2.

313 Z.B. „Die Verwaltung“ und Verbandszeitschriften (z.B. des Städtetages, des Städte- und Gemeindebundes Landkreistages).

314 Kommunalpolitische Blätter (CDU), Demokratische Gemeinde (SPD), Alternative Kommunalpolitik (Grüne), Das Rathaus (FDP).

315 Kleinstädte, z.B. Leichlingen, begnügen sich mit einer Mitarbeiterin, die aus Mitteln für Arbeitsbeschaffung bezahlt wird (Solinger Tageblatt vom 19.2.1999).

chen Handlungsdruck oder -optionen. So haben etwa in Leichlingen und Westerstede die landespolitische Auseinandersetzung über die territoriale Neugliederung bzw. die bundespolitischen Maßnahmen zur Stabilisierung der Beschäftigungslage (Konjunkturprogramme) finanzwirksame Entscheidungsprozesse in beiden Orten erheblich beschleunigt. Typischerweise waren diese Ende der sechziger/Anfang der siebziger Jahre auf Infrastrukturmaßnahmen bezogen. Aber auch Programme der achtziger Jahre, z.B. zur Verkehrsberuhigung oder zur Förderung von Bädergemeinden, zeigen in vielen Gemeinden inzwischen ihre Wirkungen. Dies kann natürlich nur eintreten, wenn Akteure Möglichkeiten erkennen und nutzen. Dabei gilt es meistens, Ausdauer zu beweisen, denn die Vorschläge werden häufig erst nach mehreren Jahren konkret, wenn sie in die allgemeinpolitische Großwetterlage passen.

So hatte in Leichlingen bereits Anfang 1969 ein SPD-Ratsmitglied auf der Jahreshauptversammlung seiner Partei vorgeschlagen, für den Bau eines Hallenbades einen unabhängigen Förderverein ins Leben zu rufen, der bürgerliche Initiative wecken und die Stadt materiell unterstützen sollte. Auf diesem Wege war Leichlingen bereits in den Jahren 1953 bis 1956 zu einem Freibad gekommen.[316] Der Vorschlag griff den latenten Wunsch vieler Leichlinger nach einem Hallenbad auf. Auch andere Städte der Umgebung (z.B. Burscheid) hatten bereits mit Erfolg diesen Weg beschritten. Die Initiative wurde sogleich von einem CDU-Ratsmitglied unterstützt und vom Stadtverband für Leibesübungen begrüßt.[317] Die (bestehende) Freibadgesellschaft übernahm nach etwa zwei Monaten auch die neue Aufgabe; der Sportausschuß des Rates beauftragte die Verwaltung, die Fragen der Nutzung und des Standortes vorzuklären.[318] Obwohl eine Gebietsreform anstand, bei der die Selbständigkeit Leichlingens bedroht erschien, vertrat die Verwaltung noch Ende 1969 die Auffassung: „Eine Atempause (im Hinblick auf die angespannte Finanzsituation) ist dringend nötig“; das Hallenbad erschien, zumindest aus der Sicht der Verwaltung, als reine Zukunftsmusik.

---

316 Rheinische Post, Ausgabe: Rhein-Wupper-Kreis vom 5.3.1969.

317 Rheinische Post, Ausgabe: Rhein-Wupper-Kreis vom 7.3.1969. Dieses Vorgehen wird auch im süddeutschen Raum häufig praktiziert, wie Beispiele aus Gerlingen und Renningen zeigen, letztere Initiative allerdings ohne Erfolg. Prominentestes Beispiel einer privaten Initiative, die bald darauf faktisch zu einer öffentlichen Einrichtung wurde, ist das Festspielhaus in Baden-Baden.

318 Rheinische Post, Ausgabe: Rhein-Wupper-Kreis vom 9.7.1969.

Im Laufe des Jahres 1970 konnten namhafte Spenden, u.a. die Hälfte der Gewinnabführung der Sparkasse, eingeworben werden; auch das Barvermögen der (nach Übergabe des Freibades in städtische Regie[319]) überflüssigen Freibadgesellschaft wurde dem Fonds für den Hallenbadbau zugewiesen.[320] Rat und Verwaltung sahen jedoch den Neubau eines Rathauses und den Bau einer Hauptschule als vorrangig an und beschlossen im Herbst 1971 entsprechend. Der Baubeginn für das Hallenbad sollte allerdings zur Wahrung überörtlicher Interessen noch 1973 erfolgen[321] und deshalb wurden DM 200.000 im Haushaltsplan 1972 für vorbereitende Arbeiten bereitgestellt. Im Haushaltsplan 1973 waren dann 2,5 Mill. DM für den Hallenbadbau veranschlagt, in den folgenden Jahren, bedingt (durch Baufortschritt, konjunkturelle Entwicklung und Finanzsituation der Stadt) geringere Beträge. Der erste Spatenstich (finanziert aus Mitteln des Hallenbadfördervereins) erfolgte noch 1972, die Eröffnung im Herbst 1976. Dieser Fall ist keineswegs nur typisch für die siebziger Jahre. Ähnliche (durch politische oder private Initiative ausgelöste) Grundsatz- und Folgeentscheidungen können in Städten täglich erfolgen, z.B. durch die Schenkung einer Kunstsammlung, die den Bau eines Museums oder eine Erweiterung des vorhandenen Museums auslöst.

Die Rolle der zentralen Steuerungspolitiker in diesem Fall soll wieder aufgegriffen werden. In Westerstede trat sie deutlicher und in unmittelbarem Zusammenhang mit der Einwerbung zweckgebundener Finanzzuweisungen zutage: Ein zweifacher Personenwechsel im Amt des Ratsvorsitzenden (Bürgermeister) und des Verwaltungschefs (Stadtdirektor) bewirkte, daß die Gemeinde Anfang 1977 ein Konjunkturprogramm des Bundes (das ZIP) als Möglichkeit nutzen wollte, die Erneuerung des Ortskerns über ein schnell antragsfähiges Projekt (Fußgängerzone) in Angriff zu nehmen.[322] Als besonders günstig erwies sich zudem, daß die neue Führungsmannschaft besonders frühzeitig davon erfahren hatte. Finanzwirksam wurden die Planungen (nach dem Ausbleiben der ZIP-Zuweisung) zunächst allerdings nicht; die betroffenen Ämter (hier insbesondere das städtische Bauamt) brauchten dieses Vorhaben bei ihren Bedarfsmeldungen zunächst nicht zu berücksichtigen.

---

319 S. oben, Abschnitt 3.1.1.

320 Rheinische Post, Ausgabe: Rhein-Wupper-Kreis vom 14.9.1970.

321 Rheinische Post, Ausgabe: Rhein-Wupper-Kreis vom 15.12.1971.

322 Vgl. oben, Abschnitt 3.4.

Angesichts dieser empirischen Befunde (innovative Idee mit zwangsläufigen Folgeentscheidungen; kurzfristige Reaktionsnotwendigkeit auf Handlungsoptionen) erscheint es ziemlich utopisch, daß nach den Kommunalwahlen der Rat ein politisches Arbeitsprogramm aufstellen soll und daraus der Steuerungsdienst im Vorfeld der jährlichen Etatberatungen eine „Jahresprojektion" erstellen kann, die dann frühzeitig dem Rat bzw. seinen Ausschüssen mit den einzelnen Budgets der Fachbereiche zugeleitet wird.[323] Die neue Praxis wird also darauf hinauslaufen, daß die Jahresprojektion dem bisherigen Haushaltsentwurf relativ ähnlich ist, mit dem Unterschied, daß die Ausschüsse bei der Diskussion zur Verwendung der Budgets früher als bisher und auch formell eingeschaltet werden müssen.[324] In Anknüpfung an die „Jahresprojektion" werden dann im ersten Teil „Leitlinien" erarbeitet (bisher Haushaltsübersicht) und politikfeldbezogene Sachstandsinformationen gegeben, z.B. eine Darstellung der Betriebsführung und der Personalpolitik, ein Überblick über die Finanzentwicklung mit Vorschlägen zur Steuer-, Gebühren- und Investitionspolitik sowie eine Zusammenfassung der Budgets. „Der nach Diensten gegliederte Teil 2 ‚Produkte' umfaßt neben den für die einzelnen Fachbereiche konkretisierten Darstellungen des Teils 1 die einzelnen Produktinformationen."[325] Die Zusammenfassung dieser Informationen zum Entwurf für den „Konzernhaushalt" muß dem Rat und seinen Ausschüssen vorgelegt werden.

Bei diesem Schritt hat der Kämmerer durch seine gesetzlich vorgeschriebene Aufgabenstellung „Haushaltsausgleich" nach wie vor eine starke Stellung. Fachliche Informationen (über sachliche Notwendigkeit und interessenpolitische Einwirkung), die meist nur den einzelnen Abteilungsleitern (Dezernenten, Referenten) zur Verfügung standen, werden durch das Controlling ein Stück weit objektiviert. Auch bisher räumte der Kämmerer allerdings jedem Aufgabenbereich ein bestimmtes Ausgabenvolumen ein und verwies damit einen Teil der Koordinationsarbeit in die Abteilungen (Ämter/Dezernate) zurück. Die verwaltungsinterne Willensbildung über den Haushaltsentwurf fand ihren Abschluß in einer Zusammenkunft der Verwaltungsspitze (Stadtvorstand,

323 So jedenfalls die Vorgehensweise in Tilburg. S.d. Kleinfeld u.a. 1996, S. 200, unter Bezug auf Krähmer 1992, S. 32.

324 Kuban berichtet, daß nur einige Städte die Räte im Stadium der Festlegung der Budgets einbeziehen (Kuban, in: Wollmann/Roth 1999, S. 483).

325 Kleinfeld u.a. 1996, S. 200.

Magistrat, Dezernentenkonferenz). Diese Koordinationsleistung muß vorgezogen werden, da Kompromisse oder Kompensationslösungen bei der Festlegung der Budgets frühzeitiger zu suchen sind.

Das Ergebnis dieser Rückkopplungsprozesse wird im Herbst eines jeden Jahres (nach formeller „Feststellung") als Verwaltungsvorlage durch die Etatreden des Verwaltungschefs und des Kämmerers in der kommunalen Vertretungskörperschaft eingebracht. Anläßlich der Haushaltsberatungen bietet sich dem Gemeinderat die Möglichkeit, die gesamte Kommunalverwaltung sowohl im Hinblick auf die zu erfüllenden Aufgaben als auch hinsichtlich ihrer Finanzierung ebenso einer grundsätzlichen wie einer detaillierten Kritik zu unterziehen. Dennoch bleibt in der kommunalpolitischen Praxis diese Möglichkeit meistens ungenutzt.

Der Rahmen ist nach wie vor natürlich wesentlich von den erwarteten Steuereinnahmen und Finanzzuweisungen bzw. einer Prognose der Personalkostensteigerung vorgegeben, sowie von der Möglichkeit, die Bürger bei der (Mit-) Finanzierung zu belasten. Wie bisher fällt dem Kämmerer durch die Notwendigkeit des Haushaltsausgleichs und die Möglichkeit, einen Rahmen für das Ausgabevolumen abzustecken, die Koordinationsleistung zu. Diese wird auch in Zukunft letztlich schwer kontrollierbar sein, weil die Fachämter (Bereiche) Einnahmemöglichkeiten weniger überblicken und das Controlling vor allen Dingen die Ausgabenseite und die Bedarfe objektivierbar macht. Allerdings wird die traditionelle Strategie des Kämmerers, nämlich „die Kunst, Enttäuschungen gleichmäßig zu verteilen",[326] bei Produktorientierung nicht mehr so leicht anwendbar sein. Dieses „lineare Sparen" diente der Minimalisierung von Konflikten und Entscheidungskosten. Dabei wurden allerdings unterschiedliche Dringlichkeiten ebensowenig berücksichtigt wie die Tatsache, daß gut gepolsterte Etats solche Kürzungen leichter verkraften konnten, als diejenigen, die knapp kalkuliert waren. Zu befürchten war bislang, daß die freiwilligen Aufgaben (Selbstverwaltungsaufgaben) stärker dem Sparzwang zum Opfer fielen. Aufgaben, die mit Hilfe externer Zuschüsse („vertikal verflochtene Aufgaben"[327]) finanziert werden, blieben dagegen eher unangetastet. Klienten und ihre Wünsche brachten durch Antizipation eine „Sperrklinke nach unten" mit sich. Diese Probleme werden

326 Müthling 1973, S. 254, S. 254.
327 Mäding, in: Mäding 1983, S. 24.

nun bearbeitet: Das Instrument des Haushaltsausgleichs soll „produktgerechter" zur Anwendung kommen und frühzeitiger (in Konsultationen der Bereiche mit der Koordinationsstelle der Kämmerei) angewandt werden.

Wichtig ist, daß diese Beratung in den Entscheidungsgremien durch das Controlling informierter geschehen soll. Dadurch wird ein umfassendes Berichtswesen über die Verwendung der bereitgestellten Mittel (Budgets) notwendig. Der Grundgedanke des Controlling im engeren Sinne ist es, dafür zu sorgen, daß ein geplanter Realisationsgrad für ein Produkt erreicht wird[328] und Abweichungen so früh wie möglich entdeckt werden, um rechtzeitige Zielkorrekturen vornehmen zu können.[329] Die Analysen zum Entscheidungsprozeß stellen diese Grundorientierungen bereits in Frage.[330] Die weiteren Überlegungen sind daher als rein betriebswirtschaftlich zu qualifizieren: Die innerhalb des Berichtswesens notwendigen Einzelberichte müssen sich am Aufbau des Produkt- bzw. Haushaltsplans orientieren. Ihre Inhalte sollen zeitliche, finanzielle und leistungsbezogene Abweichungen bei der Produkterstellung aufzeigen. Weiterhin müssen sie deren Ursachen ergründen und auf Anpassungsmöglichkeiten hinweisen. Schließlich gilt es, eine Prognose bis zum Jahresende zu erstellen und Aussagen zu erwarteten Rechnungsergebnissen zu machen. Das Messen der Ziele ist allerdings nur dann möglich, wenn Indikatoren oder Kennzahlen entwickelt werden, die nicht nur quantitative sondern auch qualitative Leistungsziele im Hinblick auf die Produkte vorgeben und kontrollieren können. Die besondere Schwierigkeit dieser Festlegung wurde bereits bei der Diskussion kommunaler Aufgaben besprochen.[331]

Die öffentliche Beratung des Haushaltsentwurfs im Rat (und seinen Ausschüssen) könnte nach Verständigung und Beschluß über die Produkte und Entscheidungen über die Budgetierung (am Beginn der Haushaltsplanaufstellung) recht schlank ausfallen, so daß in den Gremien informelle Einflüsse gruppendynamischer Art (persönliche

---

328 Brüggemeier 1997, S. 25f.

329 Bildlich gesprochen entspräche das Verhältnis von Controlling zur Verwaltungsführung dem vom Navigator zum Steuermann. Der Navigator (=Controlling) unterstützt den Steuermann (=Verwaltungsführung) eines Schiffes (=Verwaltung) (KGSt-Bericht B 15/1994, S. 16).

330 S. oben, Abschnitt 4.3.3.

331 S. oben, Kap. 2. Zur Kunst der Leistungsmessung s. Osborne/Gaebler 1997, S. 279ff., insb. S. 284.

Wertschätzung, Erfahrungen aus der bisherigen Zusammenarbeit) und die Artikulation oder Durchsetzung von Interessen in dieser Phase der Beratung erheblich an Bedeutung verlieren.[332] Haushaltswirksame Forderungen, von den örtlichen Interessengruppen (im Ernstfall auch öffentlich) mit Nachdruck erhoben, wären früher (bei der Formulierung und Budgetierung von Produkten) anzumelden. Da die einzelnen Abteilungen der Gemeindeverwaltung bei der Verwendung der Budgets flexibel sein sollen, werden die örtlichen Interessenvertreter wahrscheinlich den Kontakt zu den einzelnen Fachbereichen der Verwaltung intensivieren, um bei der Verwendung der Budgets Einfluß zu nehmen. Politiknetzwerke zwischen Verwaltungen und korporativen oder privaten Akteuren von außerhalb der Verwaltung könnten enger geknüpft werden. Eine stärkere Sektoralisierung der Politik dürfte die Folge sein.[333]

In der heutigen Haushaltssituation scheint die Bedeutung der Kommunalaufsicht immer wichtiger zu werden. Da der Haushaltsausgleich vielen Städten nicht mehr gelingt, muß schon im Vorfeld sondiert werden, unter welchen Bedingungen der Haushalt genehmigungsfähig ist. Die Städte werden nicht nur zur Vorlage eines Haushaltssicherungskonzepts gezwungen, das als Anlage dem Haushaltsplan beizufügen ist und mitgenehmigt werden muß, sondern es gibt auch immer mehr Städte, deren Haushalte nicht genehmigt werden.[334] Allerdings ist die Aufsicht auf die Mitarbeit der Gemeinden angewiesen, da sonst juristische Auseinandersetzungen die Folge sein können. Schließlich handelt es sich um einen Eingriff in die kommunale Selbstverwaltung.[335] Manche Städte antizipieren zukünftige Probleme mit dem Haushaltsausgleich. So wurde in Leonberg ein Konzept zur

332 Da sich aber zeigt, daß der Rat nach wie vor erst nach Fertigstellung des Entwurfs eingeschaltet wird, ist das nicht zu erwarten.

333 Damit wird das fachpolitische Übergewicht, das Banner für die bisherigen Haushaltsplanberatungen feststellt, nicht bearbeitet (Banner, in: Schimanke 1989, S. 45). Die Verlagerung des Drucks von den Fachausschußmitgliedern auf die Verwaltung kann nicht zu einer angemessenen Regelung führen.

334 Holtkamp, in: Andersen 1998a, S. 250f. Die Folgen sind: Vorläufige Haushaltsführung mit Restriktionen bei der Kreditaufnahme und jeweilige Einzelgenehmigungen. Die Entsendung eines Sparkommissars, also eine zweite Sanktionsmaßnahme der Aufsichtsbehörde, wurde bisher in Nordrhein-Westfalen noch nicht genutzt.

335 Zur nordrhein-westfälischen Praxis s. Holtkamp, in: Andersen 1998a, S. 252.

Haushaltskonsolidierung bereits in die Wege geleitet, als die Zuführung zum Vermögenshaushalt sich ab 1995 negativ entwickelte.[336]

Abb. 4.7: Haushaltsplanverfahren im Vergleich

Phase	Neues Verfahren	Phase	Altes Verfahren
1	Vorausschätzung der allgemeinen Deckungsmittel, der vorab zu dotierenden Positionen und der verbleibenden Finanzmasse durch 20	1	Haushaltsanmeldung durch die Fachämter
		2	Erstellung des Rohentwurfs durch 20
2	Chefgespräche zur Aufteilung der verbleibenden Finanzmasse auf die Fachbereiche und Vorgabe der Budgets für die Fachbereiche	3	Feststellung des Fehlbetrags, Entscheidung über Kürzungsvolumen, Kürzungsvorschläge durch II/20
3	Erstellung der Fachbereichshaushalte durch die Fachbereiche	4.1	Abgleichverhandlungen zwischen II/20 und Fachämtern
		4.2	Entscheidung über Dissense durch Verwaltungsführung
4	Zusammenstellung der Entwürfe der Fachbereiche zum Gesamtentwurf durch 20	5	Erstellung des Entwurfs durch 20
5	(Einbringung)	6	(Einbringung)
6	(Fraktionsberatung)	7	(Fraktionsberatung)
7	Beratung der Fachbereichshaushalte in den Fachausschüssen	8	Beratung in den Fachausschüssen
8	Abschlußberatungen (z.B. im Haupt- und Finanzausschuß und im Rat)	9	Abschlußberatungen (z.B. im Haupt- und Finanzausschuß und im Rat)

Quelle: Meyer-Pries, in: Schöneich 1996, S. unter Bezug auf KGSt-Bericht Nr. 6/1993, Köln 1993, S. 9.

Werden die Festsetzungen des vom Gemeinderat beschlossenen Haushaltsplans mit Haushaltssatzung in Einzelheiten beanstandet (die Aufsichtsbehörde ist nur zu einer Rechtsprüfung befugt), muß die Haushaltsberatung von neuem aufgenommen werden. Angesichts des

336 Leonberg, Haushaltsplan 1998, S. 7.

stets vorhandenen Bedarfsüberhangs und der großen Bedeutung staatlicher Mittelzuweisungen läßt sich aber auch bei Verabschiedung eines Haushalts das baldige Eintreten einer Situation voraussehen, in der (verwaltungstechnisch) die Notwendigkeit und (damit politisch) die Möglichkeit eines Nachtragshaushalts besteht. Der Nachtragshaushalt war bisher das politische Instrument des Kämmerers. Er konnte den Aufstellungsprozeß selbst dann noch steuern, wenn sein Haushaltsentwurf und die „Vorbemerkungen" im kommunalpolitischen Alltag „verschlissen" waren. Allerdings löste diese Entwicklung den im öffentlichen Haushaltsrecht vorgesehenen strengen Zusammenhang zwischen Haushaltsjahr und Haushaltsplan in gewissem Umfang auf. Damit nähert sich die Planung des kommunalen Finanzgebarens in mancher Hinsicht der örtlichen Bauleitplanung an.

4.5 Entscheidung über einen Bebauungsplan

Während das kommunale Haushaltsrecht die Gemeinden verpflichtet, regelmäßig Haushaltspläne aufzustellen, sind Maßnahmen der Bauleitplanung nicht periodengebunden. Bebauungspläne werden von den Gemeinden bei Bedarf aufgestellt (Abb. 4.8). Die Gemeinde ist formal frei in der Festlegung des Planungsbereichs wie des Planungszeitpunktes. Tatsächlich wird eine Gemeinde jedoch immer dann ein Bebauungsplanverfahren einleiten müssen, wenn sie auf die bauliche Entwicklung in einem bestimmten Bereich einwirken will. Da sich dies als sehr langwierig herausgestellt hat,[337] sind auch Entscheidungen getroffen worden, um das Verfahren zu beschleunigen. Die Novelle zum Baugesetzbuch, die am 1.1.98 in Kraft trat, bildet einen vorläufigen Abschluß.

Der Anstoß zu einem Bebauungsplan kann von einzelnen Bürgern und Institutionen jeglicher Art ausgehen. Oft genügt die Bauanfrage eines Grundstückseigentümers. Aber auch gemeindliche Investitions-

---

337 Zur Dauer von Bebauungsplanverfahren s. Schäfer/Schmidt-Eichstaedt 1984, S. 85, 99, 100ff. Die These, daß sich die Verfahrensdauer immer mehr verlängert hat, konnte durch einen Zeitvergleich zwischen 1961 bis 1976 und 1977 bis 1982 nicht bestätigt werden. Vielmehr ist die Verfahrensdauer sehr unterschiedlich. Sie liegt zwischen ein paar Monaten und mehr als 5 Jahren, im Extremfall bei über 10 Jahren.

vorhaben wie das Hallenbad in Leichlingen, die Lösung städtebaulicher Probleme (z.B. Ortsdurchfahrt Westerstede, Sanierung Leonberg und Burg) oder die Erschließung eines neuen Wohngebiets für Einzelbebauung können die Aufstellung eines Bebauungsplans auslösen. Zuweilen legen Bauwillige, etwa große Baugesellschaften, die größere Flächen bebauen oder sanieren wollen, der Gemeinde bereits einen Vorschlag für den Bebauungsplan vor.[338] Auch wenn der sachliche Zusammenhang zwischen Bebauungsplan und Maßnahmenplanung eindeutig ist, läßt sich keine allgemeingültige zeitliche Reihenfolge angeben. In Leichlingen wurde die Änderung des Bebauungsplanes für den Bereich Büscherhöfen-Nord (Gelände für Freibad und Hallenbad) eingeleitet, nachdem der Standort für das Hallenbad vom Rat festgelegt war.[339] In Westerstede liefen die Arbeiten am Bebauungsplan 14 für den Ortskern bereits seit Jahren als durch die Aussicht auf ZIP-Mittel die konkrete Planung für eine Fußgängerzone beschleunigt wurde.[340] In Leonberg erstreckte sich die Sanierungsplanung auf ca. 10 Jahre, wobei die überörtlich bereitgestellten Mittel im Rahmen der Städtebauförderung den Anstoß für Planungsüberlegungen gaben.

Im formellen Bebauungsplanverfahren sind mindestens drei Beschlüsse der kommunalen Vertretungskörperschaft, also auch mindestens drei Beschlußvorlagen, erforderlich. Der Gemeinderat berät und beschließt (wie beim Haushaltsplan) schließlich über eine örtliche Satzung, den betreffenden Bebauungsplan (Satzungsbeschluß). Bevor es zu diesem Beschluß kommt, muß aber ein Entwurf öffentlich ausgelegt werden (Auslegungsbeschluß).[341] Ganz am Anfang des Verfahrens ist ein weiterer Beschluß erforderlich, der Aufstellungsbeschluß: Auf Anregung von „Vorentscheidern" oder aus eigener Initiative leitet das für die Bauplanung zuständige Amt (Planungsamt, Bauamt, Fachbereich) dem entsprechenden Ratsausschuß (Bauausschuß, Planungsausschuß, Technischer Ausschuß) eine Vorlage zu, die in der Regel nur eine Festlegung des zu beplanenden Gebietes, u.U. auch Anregungen für die inhaltliche Konzeption enthält. Nach Beratung im Aus-

---

338 Die Land-Developer haben in der amerikanischen Kommunal- bzw. Stadtentwicklungspolitik jedoch mehr Gewicht als in Deutschland (vgl. dazu Rohr-Zänker 1996, S. 196ff.).

339 Vgl. oben, Abschnitt 2.2.

340 Stadt Westerstede: Bürgerinformationen der Kreisstadt Westerstede, Westerstede o.J. (1977).

341 § 3, Abs. 2 BauGB.

schuß beschließt der Gemeinderat dann zunächst die Aufstellung eines Bebauungsplans. Daraufhin leitet die Bauverwaltung die Ausarbeitung eines Bebauungsplanentwurfs ein.

Abb. 4.8: Verfahren zur Aufstellung und Änderung von Bauleitplänen

	• Vorbereitungsphase, Datenanalyse, Erarbeitung von Konzepten	Alternative Plankonzepte
	• Aufstellungsbeschluß der Gemeindevertretung Evtl. Erlaß einer Veränderungssperre (bei Bebauungsplan) Mitteilung der Planungsabsicht an die Landesplanungsbehörde (in den neuen Ländern)	
Bürgerbeteiligung	• Frühzeitige Bürgerbeteiligung mit Erörterung der Planungen	
Beteiligung TÖB	• Beteiligung der Träger öffentlicher Belange und der Nachbargemeinden	
	• Vorläufige Abwägung aller Argumente Erstellung eines Planentwurfs	Planentwurf
	• Beschluß des Planentwurfs und Auslegungsbeschluß der Gemeindevertretung	
Bürgerbeteiligung	• Öffentliche Auslegung des Planentwurfs (4 Wochen) Information der Träger öffentlicher Belange Möglichkeit der Bürger, Bedenken und Anregungen vorbringen zu können • Endgültige Abwägung aller Argumente Evtl. Auslegung eines neuen Planentwurfs (bei grundlegenden Änderungen)	
	• Erstellung eines endgültigen Plans	
	• Satzungsbeschluß des Bebauungsplans bzw. Beschluß des Flächennutzungsplans	
	• Genehmigungs- oder Anzeigeverfahren bei der höheren Behörde (Ministerium, Verwaltungsamt oder Regierungsbezirk)	Plan
	• Bekanntmachung der Genehmigung oder der Durchführung des Anzeigeverfahrens evtl. vorhandene Veränderungssperre tritt außer Kraft	Rechtsgültigkeit des Plans

Quelle: Fritz-Vietta, in: Dauwe u.a. 1995, S. 72 (geringfügig bearbeitet).

Nach dem Baugesetzbuch sollen bereits in dieser frühen Phase (Erarbeitung der ersten Konzeption) die Bürger in den Planungsprozeß einbezogen werden: „Die Bürger sind möglichst frühzeitig über die allgemeinen Ziele und Zwecke der Planung, sich wesentlich unterscheidende Lösungen, die für die Neugestaltung oder Entwicklung eines Gebietes in Betracht kommen, und die voraussichtlichen Auswirkungen der Planung öffentlich zu unterrichten; ihnen ist Gelegenheit zur Äußerung und Erörterung zu geben."[342] Meist wissen die Bürger eines Ortsteils besser als die Verwaltung und die (u.U. ortsfremden) Planer, wo es an Spielplätzen, Geschäften oder auch Haltestellen für den öffentlichen Nahverkehr fehlt. Selbst die Ratsmitglieder haben oft keine genaue Kenntnis über die spezifischen Probleme und Möglichkeiten kleinräumiger Zusammenhänge. Gerade weil die Bürger mit ihrem Lebensraum so gut vertraut sind, ist es ihnen oft möglich, den Planern bessere Lösungen vorzuschlagen. Schon deshalb erscheint es außerordentlich sinnvoll, daß das Baugesetzbuch die Bürgerbeteiligung in der Phase der Sammlung von Lösungsvorschlägen den Gemeinden zur Pflicht gemacht hat. Die Gestaltung der Einzelheiten, insbesondere die Wahl des Verfahrens, bleibt freilich den Gemeinden überlassen. Gerade dies wird aber von vielen Gemeinden als zusätzliches Hindernis – als ein mit erheblichem Zeitaufwand verbundener Zwischenschritt – auf dem Weg zu einem rechtskräftigen Bebauungsplan empfunden. Der Interessenausgleich zwischen betroffenen Bürgern erweist sich oft als schwierig. Zur Beschleunigung des Verfahrens können neuerdings daher auch „Dritte" mit einbezogen werden; so sollen Mediatoren dafür sorgen, daß Konflikte bearbeitet werden.[343] Wird der Flächennutzungsplan in den Grundzügen nicht berührt oder das Plangebiet nur unwesentlich verändert, können Gemeinden auch auf Unterrichtung und Erörterung verzichten.[344]

Hier scheint allerdings ein sensibles Vorgehen angebracht zu sein. Das ist vor allem durch Unsicherheit im Verhältnis von planender Verwaltung und betroffenen Bürgern, örtlichen Politikern und zuständiger Kommunalaufsicht begründet. Die im Gesetzestext enthaltenen „unbestimmten Rechtsbegriffe" tragen – bei allzu ängstlicher Ausle-

342 § 3, Abs. 1 BauGB.

343 § 4b BauGB; Difu-Berichte 2/1998; zu Mediationsverfahren s. Zilleßen, in: Zilleßen 1998b, insb. S. 184ff.; Jansen 1997, S. 279ff.

344 § 3, Abs. 1, 1-2 BauGB.

gung – dazu bei, diese Unsicherheit zu verstärken. Das gilt allerdings nur, solange unter Bürgerbeteiligung die Anwendung eines einheitlichen Verfahrens für alle Arten von Bebauungsplänen verstanden und ein (gesetzlich zulässiger) Verzicht auf Bürgerbeteiligung (etwa in Bagatellfällen) nicht in Erwägung gezogen wird. Schon seit den siebziger Jahren werden daher Verfahren vorgeschlagen, die je nach Inhalt des Bebauungsplans unterschiedlich intensive Formen der Beteiligung praktizieren.[345] Diese Vorschläge sollen ermöglichen, das Beteiligungsverfahren sowohl der Bedeutung des Bebauungsplans als auch den Besonderheiten der betroffenen Bevölkerung angemessen zu gestalten. Auf diese Weise können die bereits genannten Vorteile der Bürgerbeteiligung genutzt werden, ohne den Anwender zum leichtfertigen Opfer von Unwägbarkeiten zu machen und dadurch zu einer unnötigen Verzögerung beizutragen.

Üblich ist die Einberufung einer Bürgerversammlung im zu überplanenden Gebiet und eine Ankündigung in der Presse. Wirksamer sind u.U. Sprechstunden der Verwaltung im entsprechenden Stadtteil, die durch Postwurfsendungen angekündigt werden.[346] Westerstede begnügte sich (wie andere Städte auch) 1976 (also vor Inkrafttreten des novellierten Baugesetzbuches) für Teilpläne des Bebauungsplans 14 noch mit der öffentlichen Auslegung der fertigen Bebauungsplanentwürfe im Rathaus. Allerdings standen in Westerstede der Bürgermeister und der Vorsitzende des Planungsausschusses bei einer während der Auslegungsfrist (mitten im Kommunalwahlkampf) auf Initiative des Ortsbürgervereins, des Verkehrsvereins und des Motorclubs einberufenen Bürgerversammlung den recht zahlreich erschienenen Bürgern Rede und Antwort.[347] In Leonberg wurde eine Sanierungsbeauftragte eingestellt, die jederzeit bereit war, die Pläne mit Interessenten zu diskutieren.

Immer wieder kann während des komplexen Planungsprozesses eine Verschiebung des Interesses der Öffentlichkeit beobachtet werden. Zunächst ging es in Westerstede hauptsächlich um die geplante Entlastungsstraße. Später wurden Vor- und Nachteile der Fußgängerzone erwogen. In Leonberg stand zunächst die Lösung der Parkprobleme

345 Difu-Arbeitsblätter 1977. Das Difu hat inzwischen eine neue Arbeitshilfe herausgebracht (Difu-Berichte 2/1996, S. 7).

346 Solche aufwendigen Verfahren werden meist nur bei beabsichtigten Sanierungsmaßnahmen erwogen.

347 Vgl. Nordwest-Zeitung, Ausgabe: Der Ammerländer vom 11.9.1976.

im Mittelpunkt der Diskussion; die Verkehrsberuhigung des Marktplatzes erregte die Öffentlichkeit weniger. Bebauungspläne bzw. ihre spezifischen Teilpläne erstrecken sich (korrekter formuliert) auf verschiedene Probleme, stoßen folglich auf den Widerstand unterschiedlicher Teilöffentlichkeiten: Während in Westerstede die Anlieger der Wohnstraßen von der Entlastungsstraße betroffen waren, lehnte eine im Zeitablauf wechselnde Zahl von Geschäftsleuten im Ortskern die Fußgängerzone ab.[348] Auch in Leonberg waren die Geschäftsleute Kritiker einer Verkehrsberuhigung, die Parkkaverne weckte aber Ängste bei breiten Kreisen potentieller Nutzer. Beide Gruppen schalteten sich zu unterschiedlichen Zeiten in den Entscheidungsprozeß ein. Es gibt keinen Anhaltspunkt für die Auffassung, in Westerstede sei der Widerstand beider Teilöffentlichkeiten gegen Teilpläne des Bebauungsplans 14 durch das Instrument der Bürgerbeteiligung entstanden. Vielmehr ist anzunehmen, daß Bürgerbeteiligung für Rat und Verwaltung ein „Frühwarnsystem" bei Planungen darstellen kann, das gleichermaßen Planungsfehler verhindern und Loyalitätsverluste vermeiden hilft.[349] Ein Mediationsverfahren, wie es heute weite Verbreitung findet, hätte die unterschiedlichen Interessen berücksichtigen und gezielt auf einen Ausgleich hinarbeiten können.

Bei Beteiligungsmöglichkeiten ist zunächst daran zu denken, daß eine persönliche Vorsprache bei der Kommunalverwaltung voraussetzt, daß der betroffene Bürger über entsprechende Zeit verfügt. Darüber hinaus darf er nicht durch eine Überschneidung seiner Arbeitszeit mit den Dienststunden der Verwaltung darin gehindert werden, Kontakt aufzunehmen. Schließlich kann auch eine „Schwellenangst" gegenüber anonymen Verwaltungsapparaten bestehen, die als mögliches Hindernis zu beachten ist. Derartige Probleme werden durch Mediatoren, ortsnahe Bürgerämter oder Sanierungsbüros im Plangebiet bearbeitet. Ein sehr viel schwieriger zu lösendes Problem ist die schriftliche Kommunikation einzelner Bürger mit der Verwaltung, ausgelöst durch fehlende Übung im Umgang mit der Schriftform. Viele Kommunalverwaltungen sind deshalb gerne bereit, wenn die bisher genannten Beteiligungsschranken überwunden sind, bei der schriftlichen

348 Interviews mit dem Leiter der Bauverwaltung am 31.3.1978 und 28.9.1978.

349 Daß auch ohne formalisierte Bürgerbeteiligung Bebauungspläne am Widerstand der Betroffenen scheitern können, belegt die Fallstudie von Schäfers 1970, S. 167ff.

Abfassung einer Eingabe zu helfen und insoweit eine mögliche Schranke aufzuheben. Selbst wenn die Verwaltung Hilfestellung leistet, fehlt aber häufig die Verständigungsmöglichkeit; die Übersetzung ins Amtsdeutsch scheitert. Politische Teilhabe an der kommunalen Selbstverwaltung im Bereich des Bauwesens kann nicht so attraktiv werden, daß eine allgemeine Inanspruchnahme zu erwarten ist.

Dennoch ist nicht zu bestreiten, daß die Erweiterung formaler Beteiligungsrechte auch die Aussichten auf eine Durchsetzung von Einzel- und Teilinteressen zu Lasten der Allgemeinheit verbessert. Interessenten, die über Zeit, Geld und Bildung verfügen, können das berechtigte Verlangen nach Bürgerbeteiligung dazu mißbrauchen, Entscheidungen zu verzögern oder gar zu verhindern. So wurde etwa in Westerstede von der Lokalpresse und von der Verwaltung bezweifelt, daß unter den Geschäftsleuten der Widerstand gegen die Fußgängerzone so groß war, wie ihre Öffentlichkeitswirksamkeit vermuten ließ. Bürgerbeteiligung und verantwortliche politische Führung bedingen einander. Die Last der öffentlichen Verantwortung und Entscheidung tragen Rat und Verwaltung.

Neben den betroffenen Bürgern sind auch andere (von der gemeindlichen Planung betroffene) Institutionen zu hören; die Gemeinde muß sogenannte Träger öffentlicher Belange[350] frühzeitig unterrichten und ihnen Gelegenheit zur Stellungnahme geben.[351] Diese soll innerhalb eines Monats abgegeben werden und darf sich nur auf den jeweiligen Aufgabenbereich des Trägers beziehen.[352] Von den Gemeinden erhalten bestimmte Institutionen (z.B. die untere Naturschutzbehörde, das Gesundheitsamt, die Kammern, das Gewerbeaufsichtsamt, die Bauaufsicht, das Amt für Denkmalspflege, die Kirchen) routinemäßig die Entwürfe aller Bebauungspläne. Mit wichtigen Trägern öffentlicher Belange, deren Einspruch bei der nachträglichen Genehmigung Gewicht haben könnte, erfolgt eine Frühkoordination, z.B. wenn unterschiedliche Planungsinteressen des Regionalverbandes oder des Kreises zu erkennen sind.[353] Üblicherweise stimmen sich auch Nachbargemeinden ab. Solche

350 § 4 BauGB.

351 Das Verfahren kann gleichzeitig mit der Bürgerbeteiligung (§ 3 BauGB) durchgeführt werden.

352 § 3, Abs. 2, Satz 3 BauGB.

353 Scherer 1994, S. 109. Die in Westerstede um eine Stellungnahme gebetenen Institutionen waren: Bezirksregierung, Bundesvermögensstelle, Staatshochbauamt, Gewerbeaufsichtsamt, Landwirtschaftskammer, Deutsche Bundes-

Vorabklärungen durch Gespräche wurden in Westerstede mit der IHK, dem Gewerbeaufsichtsamt, der Landwirtschaftskammer, der Handwerkskammer und dem Landkreis durchgeführt.

Die Stellungnahmen der Träger öffentlicher Belange werden ebenso wie die Ergebnisse der Bürgerbeteiligung in die Überarbeitung des Entwurfs einbezogen. Der überarbeitete Plan wird dann dem zuständigen Ratsausschuß vorgelegt. Soweit Änderungswünsche bei der Überarbeitung berücksichtigt wurden, ist damit ein Teil des potentiellen örtlichen und überörtlichen Widerstandes ausgeräumt. Die nicht berücksichtigten örtlichen Interessen haben in der Ausschußberatung eine Möglichkeit, ihre Vorstellungen „politisch aufzuladen" (also auf besonders schutzwürdige Interessen wie die private Initiative, soziale Bedürfnisse oder städtebauliche Konzepte zu verweisen) und damit erneut vorzubringen. Dies gelingt besonders wirksam, wenn die Betroffenen in der (öffentlichen) Sitzung persönlich anwesend sind und so Druck auf die Ratsmitglieder ausüben.[354] Die Tatsache, daß den Bau- bzw. Planungsausschüssen der Gemeinderäte häufig Architekten, Bauunternehmer, Grundstücksmakler, Vertreter von Wohnungsbaugesellschaften und ähnliche „Sachverständige" angehören, kann sich für einzelne Interessenten als hilfreich, aber auch als hinderlich erweisen. Letzteres gilt vor allem, wenn sich die Vorstellungen partiell widersprechen und gegenseitig blockieren. Die unterschiedlichen Interessen werden in der Regel dadurch befriedigt, daß ihre Vertreter auf Teilbereiche der Vorhaben besonderen Einfluß nehmen dürfen, indem sie z.B. die Detailplanung für ein Teilquartier zur Stadtsanierung vorlegen.[355]

---

bahn, Deutsche Bundespost, Wasserwirtschaftsamt, Industrie- und Handelskammer, Energieversorgung Weser-Ems AG., Ammerländer Wasseracht, Wehrbereichsverwaltung, Straßenbauamt Oldenburg-West, Nordwestdeutsche Kraftwerke AG., Landkreis Ammerland – Straßenverkehrsabteilung, Landkreis Ammerland als untere Wasser- und Naturschutzbehörde, Landkreis Ammerland – Bauaufsicht, Landkreis Ammerland – Gesundheitsamt, Gewerkschaft Brigitta, Oldenburgisch-Ostfriesischer Wasserverband, Ferngasversorgung Weser-Ems, Ev.-luth. Kirchengemeinde, Kath. Kirchengemeinde, Schulrat (Akteneinsicht im Planungsamt in Westerstede am 31.3.1978).

354 Bußmann (1998, S. 241ff.) stellt bei kommunalpolitisch Engagierten in Dörfern die Orientierung an persönlichen Interessen heraus. Dies wird besonders deutlich, wenn es um Eigenheimbau (mit Baulandausweisung) geht.

355 Zur Rolle von Mitgliedern des Bauausschusses und speziell von Architekten s. Naßmacher 1987, S. 103ff., 259ff.

Aber auch von den einzelnen Fraktionen des Gemeinderates können eigenständige Impulse zur Änderung des Entwurfs ausgehen. So versuchte etwa in Westerstede die SPD-Fraktion im Sommer 1976 eine andere Trassenführung für die Entlastungsstraße durchzusetzen,[356] fand jedoch dafür keine Mehrheit. Soweit die vorgelegte Fassung des Bebauungsplanentwurfs sich in der Ausschußsitzung als „beschlußreif" erweist, ohne daß Änderungen nötig sind, kann der Rat ihn als Satzung beschließen. Dies gilt auch für geringfügige Änderungen.[357] Erweist sich der Bebauungsplanentwurf nicht als beschlußreif, findet eine weitere Überarbeitung statt. Dann muß der Entwurf noch einmal ausgelegt werden, mit der bereits beschriebenen Bürgerbeteiligung und einen erneuten Kontakt zu den Trägern öffentlicher Belange. Diese Erörterung und Auslegung kann sich jedoch nur auf die „geänderten und ergänzten Teile" beziehen.

Jeder vom Rat beschlossene Bebauungsplan mußte früher – wie jede kommunale Satzung – der Kommunalaufsicht zur Genehmigung vorgelegt werden. Dies gilt jetzt nur noch für solche Pläne, die gleichzeitig eine Flächennutzungsplanänderung erforderlich machen.[358] Da bei vielen Bebauungsplänen allerdings auch eine Änderung des Flächennutzungsplans nötig ist, wird sich der Ablauf nur selten ändern.[359] Die bisherige Genehmigungspraxis führte zur Einmischung und zuweilen zu Verzögerungen, weil die Aufsichtsbehörde unter „dem Deckmantel der Rechtsaufsicht" eine eigenständige Planungspolitik betreiben und die rechtliche Kontrollfunktion mit der fachlichen Beratungsfunktion vermischen konnte.[360] So waren in Westerstede 1970/-71 bereits Teilpläne des Bebauungsplans 14 als Satzung beschlossen. Der Verwaltungspräsident in Oldenburg (Bezirksregierung) verlangte aber die Verabschiedung eines Generalverkehrsplans, so daß die weitere Planung sich um Jahre verzögerte und das Verfahren z.T. von vorn beginnen mußte. Das gesetzliche Erfordernis einer Genehmigung

---

356 Nordwest-Zeitung, Ausgabe: Der Ammerländer vom 15.5.1976.

357 § 3, Abs. 3 BauGB.

358 Für Bebauungspläne, die aus einem rechtswirksamen Flächennutzungsplan entwickelt werden, wurde dieses Erfordernis in den alten Bundesländern zunächst in eine Anzeigepflicht umgewandelt. Inzwischen sind Anzeige- und Genehmigungspflicht (in den neuen Bundesländern) abgeschafft worden (durch das am 1.1.1998 in Kraft getretene novellierte Baugesetzbuch).

359 Kritisch zur neuen Praxis s. Bunzel 1997, S. 259ff.

360 Bunzel 1997, S. 259, insbes. FN 25.

durch die höhere Verwaltungsbehörde[361] führt dazu, daß sich Städte im Stadium der Planerstellung schon auf die von der Kommunalaufsicht vertretenen Auffassungen hin orientieren,[362] allerdings in unterschiedlicher Weise. In Westerstede schien diese Orientierung (möglicherweise aufgrund der bisherigen Erfahrungen) recht stark ausgeprägt zu sein. So wurde z.B. mit Mitarbeitern des Verwaltungspräsidiums ein Planungskonzept der Gemeinde frühzeitig besprochen, um bestimmte Möglichkeiten und Folgen von Planungen abzuklären. Es ging dabei u.a. um die Ausweisung einer bestimmten Bauhöhe, die u.U. eine Änderung der Grundstücksgrößen, also ein Umlegungsverfahren, erforderlich gemacht hätte.[363] Andere Stadtverwaltungen versuchen durch eine „wasserdichte" Begründung, die Genehmigung sicherzustellen.[364]

Im Zusammenspiel von Aufsichtsbehörde und örtlicher Verwaltung bei der Gestaltung von Bebauungsplänen kam es durchaus vor, daß die örtliche Verwaltungsspitze sich von der Aufsichtsbehörde beraten ließ, um die eigene Position gegenüber dem Gemeinderat durchzusetzen. Aber auch von Seiten einzelner Ratsmitglieder wird ein interessenbezogenes Vorgehen gewählt. Der Fall, daß wichtige Mitglieder eines Gemeinderates bestimmte Ortsteile als Baufläche ausweisen wollen, um den Wert ihrer dort gelegenen Grundstücke zu erhöhen, ist weder hypothetisch noch durch das Auslaufen der allgemeinen Baukonjunktur in den letzten Jahren oder die Bildung größerer Gemeinden im Zusammenhang mit der territorialen Neuordnung gänzlich unwahrscheinlich geworden. In einem derartigen Fall kann die örtliche Verwaltungsspitze durch Zusammenspiel mit der Kommunalaufsicht allgemeine Interessen gegen Einzelinteressen politisch wichtiger Bürger durchsetzen.

Die Rolle mancher Regierungspräsidenten im Hinblick auf nachhaltige Entwicklung (Verhinderung von Zersiedlung, Abwehr von großflächigen Zentren auf der grünen Wiese) sind der Öffentlichkeit durch Zeitungsberichterstattung bekannt geworden. Da die Regierungspräsidenten nicht nur Kommunalaufsichtsbehörde, sondern auch „Vorentscheidungsinstanz" bei der Vergabe zweckgebundener Finanzzuwei-

---

361 § 10 BBauG.

362 Dies gilt natürlich auch für Flächennutzungspläne.

363 Nordwest-Zeitung, Ausgabe: Der Ammerländer vom 23.4.1969.

364 Manche Mitarbeiter beklagten sich, daß die Begründung immer umfänglicher würde („Deutschaufsatz") (Schäfer/Schmidt-Eichstaedt 1984, S. 155). Zur aktuellen Genehmigungspraxis s. Schmidt-Eichstaedt 1996, S. 35f., 41, 55f.

sungen sind, mag die einvernehmliche Gestaltung von Bebauungsplänen im Einzelfall Hilfestellung für die Erlangung von Landesmitteln leisten.[365] Dies gipfelte auch in einer Aktivierung des Gegenstromprinzips: Die Bauministerin in NRW will Mittel zur Förderung der Stadtentwicklung nicht mehr vergeben, wenn die Stadt die Zersiedlung der Landschaft vorantreibt.

Zur Akzeptanz der Planungen – auch durch die Aufsichtsbehörde – tut die Gemeinde sicherlich gut daran, mit der Aufsicht ein kooperatives Verhältnis aufzubauen.[366] Aus einzelnen Gemeinden ist bekannt, daß Probleme mit der Kommunalaufsicht in Planungsfragen auch in andere Bereiche (z.B. in den Finanzbereich) ausstrahlen können. Zur Umsetzung der planerischen Überlegungen[367] ist die Gemeinde gut beraten, wenn sie nicht nur die Durchsetzungsinstrumente des BauGB in Erwägung zieht, sondern auch durch Verhandlungen oder entsprechende Verträge mit den Begünstigten (Grundstückseigentümer) die Verwirklichung von Planungen sicherstellt, z.B. durch Erschließungsverträge, Vereinbarungen über Umlegungen.[368]

Auch diese Überlegungen zeigen, daß eine pauschale Beurteilung der kommunalen Gestaltungsmöglichkeiten aufgrund von Rechtsvorschriften, finanzieller Mangelsituation oder administrativer „Bevormundung“ nicht möglich ist. Gerade die vielfältige Verflechtung der Gemeinde mit unterschiedlichen Lebensbereichen und Institutionen schafft im Einzelfall Gestaltungsmöglichkeiten und Entscheidungsfreiheit. Kommunale Autonomie im Sinne völliger Freiheit des örtlichen Verwaltungshandelns von fremden Einflüssen, Bindungen und Regelungen ist in entwickelten Industriegesellschaften schlechterdings unvorstellbar. Völlige Bevormundung der Gemeinden durch staatliche Verwaltungsapparate, die ihre meist heterogenen Vorstellungen durch Planungsvorgaben, zweckgebundene Zuweisungen und Anordnungen

---

365 Glass 1967, S. 45. S. oben, Abschnitte 3.4.2 und 3.4.3. Das gute Einvernehmen mit der Aufsicht strahlt auf andere Bereiche aus.

366 Die Ergebnisse der Rechtstatsachenuntersuchung weisen in diese Richtung; „nur 1% der Befragten bezeichneten das Klima zwischen Gemeinde und höherer Verwaltungsbehörde als zerstritten, immerhin 60% demgegenüber als kooperativ-freundlich und 30% als unbelastet-neutral“ (Schmidt-Eichstaedt 1996, S. 35f.). Allerdings ist der Anteil der beanstandeten Pläne mit etwa 80% in den neuen und etwa 30% in den alten Ländern ganz erheblich (Ebenda, S. 41).

367 S. oben, Abschnitt 2.3.2.

368 S. d. Busse, in: Voigt 1995, S. 133ff.

der Kommunalaufsicht durchsetzen, gehört – wie unsere Beispiele gezeigt haben – in die Vorstellungswelt von „Verschwörungstheorien“.

Die Gemeinden in Deutschland stehen in einem vielfältigen Beziehungsgeflecht mit wirtschaftlichen Entwicklungen, gesellschaftlichen Anforderungen und politischen Entscheidungen, bei denen die verschiedenen Ebenen des politisch-administrativen Systems im Rahmen eines Finanz-, Planungs- und Politikverbundes zusammenwirken und die Ergebnisse von Entscheidungsprozessen sich in keinem Falle der „Macht“ einer einzelnen Institution zurechnen lassen. Kommunalpolitik bedarf des Willens zur politischen Verantwortung und der Bereitschaft zum politischen Engagement. Daß sich dies lohnt, soll an zwei Politikfeldern verdeutlicht werden.

5. Handlungsfelder kommunaler Politik: Wohnungen und Wirtschaft als Beispiele

Bereits im ersten Kapitel hatten wir dem Politikbegriff drei Dimensionen zugeordnet, nämlich Rahmenbedingungen (polity), Gegenstände (policies) und Abläufe (politics). Während Abläufe und Rahmenbedingungen kommunaler Politik jetzt als hinreichend geklärt gelten können, sehen wir weiteren Informationsbedarf für konkrete Gegenstände kommunalpolitischen Handelns. Seit einiger Zeit hat die Politikwissenschaft den Schwerpunkt ihrer Aufmerksamkeit auf die Gestaltung politischer Inhalte in einzelnen Bereichen verlagert.[1] Die Untersuchung von Politikfeldern (Politikfeldanalyse/policy analysis) schien den inhaltlichen Gegenstand der wissenschaftlichen Bearbeitung, die Politik, in eine unbegrenzte Fülle beliebig abgegrenzter Teilpolitiken aufzulösen. Gleichzeitig versprach dieses Vorgehen einen neuen Zugriff auf konkrete Gegenstände und Ergebnisse politischen Handelns. Voraussetzung dafür ist allerdings, für den einzelnen Ausschnitt des politischen Handlungsfeldes, die jeweilige Politikarena,[2] wesentliche Gegenstandsbereiche auszuwählen. Diese müssen dann adressatengerecht unter Beachtung wissenschaftlicher Forschungsergebnisse optimal bearbeitet werden.

5.1 Auswahl der Handlungsfelder

Durch Kommunalpolitik läßt sich die Entwicklung von Gemeinden steuern. Dabei ist die Baupolitik von besonderer Bedeutung. Die Ge-

1 Für die Analyse kommunaler Politik vgl. Wehling 1989b, S. 199f.; Kleinfeld u.a. 1996, S. 28f., 34.

2 S. dazu Naßmacher 1998a, S. 118.

meinden sind Träger der für alle Bauvorhaben relevanten Planungshoheit. Als Auftraggeber für die Masse aller öffentlichen Investitionen veranlassen kommunale Verwaltungen (kreisfreie Städte, Gemeinden und Gemeindeverbände) die meisten Vorhaben der öffentlichen Hand im Hoch- und Tiefbau. Zwar läßt sich kommunale Politik nicht auf die Gestaltung öffentlicher und die Regulierung privater Bauvorhaben reduzieren, aber die kommunale Baupolitik (im weitesten Sinne) wirkt sich in erheblichem Umfang auf die örtlichen Lebensbedingungen – insbesondere die Stadtentwicklung – aus. Arbeiten und Wohnen als wichtige Bereiche im menschlichen Leben sind standortgebunden, finden also in einer Gemeinde statt, wenn auch nicht notwendig in der gleichen. Bildung als Voraussetzung einer eigenverantwortlichen Lebensbewältigung und Erholung (Rekreation) in der Freizeit sind mehr oder weniger unmittelbar darauf bezogen. Kommunalpolitische Entscheidungen betreffen fast immer einen dieser Aspekte des gemeindlichen Zusammenlebens. Wohnungs- und Wirtschaftspolitik sind also wesentliche Handlungsfelder.

Für Auswahl, Bezeichnung und Abgrenzung von Politikfeldern haben sich keine festen Regeln entwickelt. So könnten wir ohne weiteres davon ausgehen, daß alle Aspekte einer kommunalen Finanzpolitik bereits abgehandelt sind.[3] Ähnliches ließe sich zumindest für die Grundlagen jeder kommunalen Baupolitik behaupten.[4] Genauer betrachtet würden beide in alle vier von uns genannten Lebensbereiche hineinwirken, könnten also nicht zur angemessenen Abgrenzung eines Politikfeldes dienen. Die Bezeichnung von Politikfeldern nach Elementen der Behördenorganisation (in Bund und Land also der Ministerien) ist durchaus verbreitet. Für die Kommunalpolitik kämen entsprechend die (unterschiedlich ausdifferenzierten) Ämter bzw. Bereiche einer Stadtverwaltung[5] in Betracht.

Dabei darf allerdings nicht aus dem Blick geraten, daß die Verwaltungsorganisation nicht Selbstzweck, sondern Mittel zum Zweck ist. Spezifischer Gegenstand von Kommunalpolitik ist die „Gestaltung des Alltagslebens von Menschen."[6] Deshalb müssen Politikfelder oder kommunale Aufgaben von menschlichen Alltagsbedürfnissen her de-

---

3 Vgl. oben, Abschnitt 1.3.2, Kapitel 3 und Abschnitt 4.3.
4 Vgl. oben, Abschnitte 2.2, 2.3 und 4.4.
5 Vgl. oben, Abschnitt 2.2.1, insb. Abb. 2 und 3.
6 von Saldern, in: von Saldern 1989, S. 308.

finiert werden, d.h. von den beabsichtigten Politikergebnissen. Die Bereitstellung von Wohnungen und Arbeitsplätzen für eine aufgrund unterschiedlicher Lebensstile ausdifferenzierte Bevölkerung ist bleibende Aufgabe jeder kommunalpolitischen Daseinsvorsorge. Damit sind gleichermaßen unverzichtbare Voraussetzungen menschlicher Existenz und Entwicklungschancen gesellschaftlichen Zusammenlebens verbunden.[7] Daneben haben im Zuge politischer Themenkonjunkturen der letzten Jahre die Sicherung einer gesunden Umwelt (auch für die nachfolgenden Generationen) sowie das private und öffentliche Angebot an Einrichtungen für eine tendenziell wachsende Freizeit an Bedeutung gewonnen. Dagegen spielte die Verantwortung der Kommunen in der Bildungspolitik (der inzwischen allgemein akzeptierten Notwendigkeit des lebenslangen Lernens)[8] lange Zeit eine Randrolle.[9] Alle angesprochenen Politikfelder haben mehr oder weniger lange Traditionen.

Kommunale Umweltpolitik zielt auf den nachhaltigen Schutz menschlichen Lebens. Seuchenbekämpfung und Stadtreinigung gehörten bereits im Mittelalter zu den als notwendig erkannten Maßnahmen städtischer Daseinsvorsorge. Moderne Zugriffe, zuletzt etwa die Lokale Agenda 21, haben das Handlungsfeld wesentlich erweitert. Die angestrebte „Nachhaltigkeit", also eine Entwicklung, die künftige Generationen nicht belastet oder beschränkt, soll alle Lebensbereiche erfassen. Unübersehbar ist, daß die Umweltpolitik heute deutlicher als früher mit der Wirtschaftspolitik konkurriert. Die Debatte darüber, ob *Umweltschutz* und Wirtschaftstätigkeit Gegensätze seien, ist noch im Gange. Einerseits können kurzfristig erzielte private Gewinne langfristig von der Gesellschaft zu bezahlende Schäden verursachen, andererseits lassen sich um Luftreinhaltung, Schadstoffbekämpfung, Gewässerschutz und Abfallwirtschaft wachstumsträchtige Industrien gruppieren. Vom einzelnen Unternehmen her betrachtet sieht das Problem jedoch anders aus: „Administrative Umweltschutzmaßnahmen widersprechen prinzipiell dem betriebswirtschaftlichen Gebot der Kosten-

---

7 Dauwe u.a. (1995, S. 13) haben für ihren Leitfaden als wichtigste Handlungsfelder die „Infrastrukturbereiche" Wohnen, Verkehr und Energie ausgewählt.

8 Naßmacher 1976, S. 148-192.

9 Erst intensive Diskussionen über die Gesamtschule in einzelnen Bundesländern (Nordrhein-Westfalen und Niedersachsen), über die Kleinkindererziehung oder über die Qualifikation von Sozialhilfeempfängern haben Bildungspolitik wieder stärker in den Blick gerückt.

minimierung";[10] Wirtschaftsförderung und Umweltschutz bleiben konfliktträchtige Politikbereiche. Politische Steuerungsversuche des administrativen Systems sind ein Balanceakt zwischen gegensätzlichen gesellschaftlichen Interessen.

Auch bei *Bildung* läßt sich eine enge Verbundenheit der Städte mit den Schulen über längere Zeiträume zurückverfolgen. „Im öffentlichen Bildungswesen gibt es kaum eine Innovation, die nicht auf zukunftsweisende städtische Initiativen zurückgeht."[11] So entstanden im 19. Jahrhundert auf kommunale Initiative hin das Realgymnasium, die Realschule, berufsbildende Schulformen, die Sonderschulen und Schulkindergärten.[12] Auch im 20. Jahrhundert haben die Gemeinden im Schulwesen neue Formen entwickelt und den schulischen Rahmen erweitert. Wenn heute politische Gestaltungsräume nur auf der Landesebene gesehen werden, so ist dies sicherlich eine Verengung: Die Bürger betrachten die Schule als Teil gemeindlicher Aufgabenerfüllung und überschätzen dabei zuweilen das Handlungspotential der Städte. Es bleiben aber wichtige Gestaltungsmöglichkeiten.[13] Jedenfalls ist es problematisch, Bildungspolitik nur im Rahmen der Kulturpolitik zu sehen, um sie dann möglicherweise den verschiedenen Freizeitangeboten unterzuordnen.

Der Bereich *Freizeit* bildet kein homogenes, eindeutig abgrenzbares Politikfeld.[14] Dennoch bezeichnen Aspekte wie Kultur, Theater und Sport eingeführte Handlungsfelder der Kommunen. Maßnahmen in diesen Bereichen gehören zur Daseinsvorsorge im weitesten Sinne und tragen dazu bei, spätere Belastungen der Gemeinden (etwa durch Abwanderung oder Vandalismus) zu vermeiden. Seit der Antike haben Brot und Spiele zu den klassischen Aufgaben volkstümlicher Herrschaft gehört. Es wäre wenig überzeugend, die Gemeinden in einer Demokratie auf private Angebote wie Gastwirtschaften, Diskotheken, Spielhallen, Bowlingbahnen und Tennishallen zu beschränken. Anläßlich der Überlegungen zu den kommunalen Aufgaben (in Leichlingen) waren weitere Angebote bereits erwähnt worden. Für die allgemeine Entwicklung zur Dienstleistungsgesellschaft erschließen sich gerade im Freizeitbereich neue Tätigkeitsfelder für private An-

---

10 Hartwich 1984, S. 15.

11 Manns 1996, S. 12.

12 Pfizer, in: Pfizer/Wehling 1991, S. 291f.

13 S.d. Manns 1996, S. 19ff.

14 Vgl. Görgmeier, in: Voigt 1984, S. 172.

bieter. Sie sind für Gemeinden nicht nur als Steuerquelle (bei Gewerbe-, Umsatz- und evtl. Einkommensteuereinnahmen) von Belang, sie erschließen u.U. auch zusätzliche Arbeitsplätze.

In jedem Falle beeinflußt ein sparsames oder ausgebautes Freizeitangebot das *Wohnen* in einer Gemeinde. Die Magnetfunktion (durch Großkinos, Shopping-Center, Badeland) kann die Wohnqualität belasten und so dauernde oder kurzfristige Wanderungen heraufbeschwören. Unterversorgung mit Freizeiteinrichtungen mag Abwanderungstendenzen (z.B. auf dem Lande) verstärken. Im Gegensatz zum Wohnumfeld, das im wesentlichen durch öffentliche Maßnahmen gestaltet wird, ist die Bereitstellung von Wohnraum für Haushalte unterschiedlicher Größe und Zusammensetzung prinzipiell dem Wohnungsmarkt überlassen. Dort werden Eigenheime und Mietwohnungen unterschiedlicher Preisklassen überwiegend durch private Bauträger oder Vermieter angeboten. Makler vermitteln zwischen Eigentümern und potentiellen Nutzern. Dennoch gibt es Möglichkeiten kommunalpolitischer Einwirkung: Ausweisung und Erschließung von Bauland betreiben die Gemeinden ebenso wie die Sanierung heruntergekommener Quartiere. Die Gemeinden sind oft auch Eigentümer von Grundstükken und Gebäuden oder von Wohnungsgesellschaften. Wohnungsämter erteilen Berechtigungsscheine für Sozialwohnungen und zahlen das (durch Bundesgesetz festgelegte) Wohngeld aus. Die Bereitstellung angemessener Wohnungen für alle wird als politische Forderung an Bund, Länder und Gemeinden gerichtet.

Durch den Gemeindeanteil an der Einkommensteuer ihrer Bewohner und die Grundsteuer auf alle in ihrem Gebiet gelegenen Wohngrundstücke hat jede Gemeinde ein unmittelbares Interesse. Jede neue Wohnung im Gemeindegebiet begründet gemeindliche Ansprüche auf zusätzliche Einnahmen, aber auch solche der Neubürger auf Leistungen der Gemeinde. Will eine Gemeinde den Umfang ihrer Soziallasten vermindern, muß sie daran interessiert sein, daß jeder Einwohner (auf dem eigenen Gebiet oder in einer Nachbargemeinde) eine Erwerbsmöglichkeit, d.h. also einen Arbeitsplatz, findet. Auch die Aussicht auf Einnahmen aus der Gewerbesteuer oder die Absicht, größere Einnahmenausfälle zu vermeiden, begründen ein eigenes Handlungsfeld, die kommunale Wirtschaftspolitik.[15]

15 Zu den Entwicklungslinien der kommunalen Wirtschaftspolitik s. Schiefer 1989, S. 20ff.

Die wirtschaftliche Tätigkeit von Handwerk und Industrie, Handel und anderen Dienstleistungsbetrieben ist (fast immer) standortgebunden. Die Standorte von Produktionsstätten, Verteilungsstützpunkten und Verwaltungsbüros stellen eine räumliche Verbindung zwischen wirtschaftlichen Betrieben und kommunalen Gebietskörperschaften her. In der Kommunalpolitik finden Fragen der örtlichen *Wirtschaft* immer dann geringes Interesse, wenn wirtschaftliches Wachstum den Wohlstand sichert und der Strukturwandel die jeweilige Region unbeeinflußt läßt. Lediglich die Kernstädte der großen Ballungsräume haben durch abwandernde Betriebe ständig Verluste an Wirtschaftskraft zu befürchten; dort bleibt das Thema „Wirtschaft" permanent auf der politischen Tagesordnung (agenda). In den siebziger Jahren holten viele Großstädte durch umfangreiche Eingemeindungen abgewanderte Betriebe wieder zurück. Wichtige Ausnahmen waren hierbei allerdings die Stadtstaaten Berlin, Bremen, Hamburg, die Landeshauptstädte Kiel, Hannover, Stuttgart und München sowie die Finanzmetropole Frankfurt. In Deutschland hat die Gemeindefinanzreform, die den Kommunen einen eigenen Anteil an der Einkommensteuer bescherte, die fiskalische Abhängigkeit vom wirtschaftlichen Erfolg des örtlichen Gewerbes vermindert und damit das Interesse an der kommunalen Wirtschaftspolitik erheblich reduziert.

Ausgangspunkt für die Rückkehr der örtlichen Wirtschaft auf die Tagesordnung der Kommunalpolitik ist eine gesamtwirtschaftliche Entwicklung mit gravierenden örtlichen Folgen.[16] Der Strukturwandel und das Ende des Wirtschaftswachstums bescherten den Städten stagnierende Einnahmen und damit verbunden die Einsicht, daß nicht nur die kommunalen Einnahmen und die Arbeitsplätze, sondern letztlich auch der Einwohnerbestand gefährdet sind. Hohe Dauerarbeitslosigkeit ist regional unterschiedlich verteilt, betrifft also einzelne Städte besonders deutlich. Die Stillegung großer Betriebe und die Gefährdung ganzer Branchen schärft das Problembewußtsein. Sobald Arbeitslosigkeit nicht mehr vorübergehend, sondern dauerhaft auftritt, muß die jeweilige Stadt bzw. der betreffende Kreis zusätzliche Sozialleistungen aus öffentlichen Kassen erbringen. Die kommunalpolitische Sorge um die örtlichen Folgen der Massenarbeitslosigkeit und die Aussicht auf zusätzliche Steuereinnahmen verdichten sich im Interesse an der Schaffung und Sicherung von Arbeitsplätzen.

---

16 Grabow/Henckel, in: Wollmann/Roth 1999, S. 618f.

In keiner Gemeinde wird die Zahl der Arbeitsplätze derjenigen der erwerbsfähigen Einwohner entsprechen. Mittelstädte im Ballungsraum und Kleinstädte im ländlichen Raum haben traditionell einen Auspendlerüberschuß. In den Großstädten des Ballungskerns überwiegen die Einpendler. Dennoch besteht in allen Gemeinden ein spezifisch kommunalpolitisches Interesse an Arbeitsplätzen, wenn auch nur in der Nachbargemeinde oder in der Region. Jede Investitionsentscheidung betrifft irgendeine Gemeinde, weil (nach der kommunalen Gebietsreform) „jedes Stück Boden auf dem Territorium einer Gemeinde liegt."[17] Aber gibt es Arbeitsplätze wirklich nur bei privater Güterproduktion und -verteilung sowie bei sonstigen Dienstleistern? Wer dies nicht glaubt, befindet sich gedanklich sehr schnell auf dem „zweiten" Arbeitsmarkt.[18] Die Aufgabe lautet jetzt nicht mehr Wirtschaftsförderung, sondern kommunale Beschäftigungspolitik. Die Gemeinde wird nicht nur als wirtschaftspolitischer Akteur gesehen, sondern auch als Träger sozialpolitischer Verantwortung.

Wo kommunale Beschäftigungspolitik nur dem Einzelnen die Folgen der Arbeitslosigkeit und dem Gemeindehaushalt einen Teil der Sozialhilfeaufwendungen erspart, handelt sie zu wenig zukunftsweisend. Wo eine durch kommunale Politik geschaffene Beschäftigung dabei hilft, Arbeitskräfte zu qualifizieren, bereitet sie den Übergang der Programmadressaten in den eigentlichen, den „ersten" Arbeitsmarkt vor. Aus der Sicht eines privaten Arbeitgebers erhöht dies die Einstellungschancen von Arbeitnehmern, verbessert das Qualifikationsprofil der Arbeitskraft. Denn der Faktor Arbeitskraft ist regional nur begrenzt mobil. Auch höhere Löhne oder offene Stellen in München, Frankfurt/Main und Stuttgart bewirken keine Entvölkerung in Ostfriesland, an der Ostseeküste oder im Bayerischen Wald. Die individuellen Kosten der Mobilität sind heute höher als während der industriellen Revolution. In Berlin allerdings bewirkt das Lohngefälle die massenhafte Beschäftigung polnischer Wanderarbeiter auf den Großbaustellen der deutschen Hauptstadt. Es gibt dort offenbar hochmobile Arbeitskräfte. Die einzelne Gemeinde agiert als Standort wirtschaftlicher Leistungserstellung in globalen, kontinentalen, nationalen und regionalen Zusammenhängen. In der kommunalen Wirtschaftspolitik

---

17 Wehling 1989b, S. 201.
18 Blanke u.a. 1986; Gallas, in: Andersen 1998a, S. 268, 273-276, 282-286.

kann die Gemeinde allerdings nicht nur „Reparaturbetrieb" kapitalistischer Entwicklung sein.

5.2 *Kommunale Wirtschaftspolitik*

Ganz allgemein bezeichnet *Wirtschaftspolitik* ein klassisches Politikfeld, nämlich die Einwirkung öffentlicher Politik auf den Bereich Wirtschaft (oder seine Teilaspekte). In der Europäischen Union gestalten Ministerrat, Kommission, Bundesregierung und Europäische Zentralbank durch Wettbewerbs-, Außenhandels-, Finanz- und Geldpolitik die allgemeinen Bedingungen für jede betriebliche Produktion von Waren und Dienstleistungen in Deutschland. Die Länder wirken für ihren Bereich durch zusätzliche Regional-, Industrie- und Technologiepolitik (Strukturpolitik) auf die nachholende Entwicklung einzelner Regionen, die Stützung von Krisenbranchen und die Stärkung entwicklungsfähiger Wirtschaftszweige ein. Fast scheint es, daß für kommunale Wirtschaftspolitik weder Handlungsbedarf noch Gestaltungspotential bleibt. Neben der Fülle von EU- und Bundesaktivitäten oder Länderinitiativen finden sich aber auch kommunale Maßnahmen, die einzelnen Unternehmen optimale Ausgangsbedingungen verschaffen sollen.

Der Versuch, eine eigenständige Wirtschaftspolitik der Gemeinden inhaltlich zu bestimmen, stößt rasch auf eingrenzende Denkschablonen: *Industrieansiedlung* könnte die Wirtschafts- und Finanzkraft einer Gemeinde wesentlich stärken.[19] Kommunale Wirtschaftsförderung soll eine Abwanderung von Unternehmen und Arbeitskräften verhindern bzw. für deren Ansiedlung attraktive Bedingungen schaffen;[20] vom Aufbau einer hohen Wohn- und Freizeitattraktivität wird ein günstiges Ansiedlungsklima erwartet. Für stagnierende (oder gar rückläufige) Bevölkerungsentwicklung, De-Industrialisierung und einen erheblichen Sockel an Langzeitarbeitslosigkeit ist in dieser Sichtweise der wirtschaftlichen Probleme einer Gemeinde wenig Raum. Der kommunalpolitische Alltag vieler Gemeinden in Ost- und Westdeutschland wird deshalb durch solche Zugriffe nicht beschrieben.

---

19 Vgl. Hanusch/Rauscher 1988, S. 503.
20 Schübel 1996, S. 55f.

Dem aktiven Kommunalpolitiker ist der Begriff *Wirtschaftsförderung* durchaus vertraut. Er hebt vor allem auf eine Subventionspraxis ab, in deren Mittelpunkt „geldwerte Leistungen ... für neu anzusiedelnde Industriebetriebe" standen.[21] Die übergroße Aufmerksamkeit für solche Maßnahmen verstellt jedoch den Blick auf einzelbetriebliche Entwicklungshemmnisse, die durch öffentliches Tun oder Unterlassen entstehen. Um auch diese Probleme zu beachten, wurde bereits vor Jahren Gewerbepolitik als neuer Begriff in die wissenschaftliche Diskussion eingeführt; damit sind zusätzlich weitere Branchen, kleinere Betriebe und andere Instrumente der Gemeinden in die Erörterung einbezogen. Kommunale *Gewerbepolitik* meint alle Maßnahmen, mit denen eine Gemeinde die wirtschaftliche Entwicklung von Betrieben und Standorten im Gemeindegebiet begleitet oder gestaltet.[22]

5.2.1 Aufgaben und Ziele

Bei der kommunalen Wirtschaftsförderung geht es um die Verbesserung der Lebens- und Arbeitsbedingungen für Bevölkerung und Betriebe.[23] Aus der Sicht einer Gemeindespitze gelten nach wie vor maximale Gewerbesteuereinnahmen und genügend *Arbeitsplätze* als Ziel.[24] Jede Gemeinde, die von wenigen Großbetrieben oder einer dominanten Branche abhängig ist,[25] muß eine möglichst krisenfeste, also nach Branchen diversifizierte, Wirtschaft anstreben.

Im Zeitablauf hat sich das Ziel Schaffung von Arbeitsplätzen weiter nach vorn geschoben. Die Sicherung der *Güterversorgung* bei Waren und Dienstleistungen des täglichen Bedarfs einschließlich der gängigen Handwerksleistungen gerät leicht als Aufgabe aus dem

---

21 Bullinger, in: Voigt 1984, S. 196; ähnlich Ettelbrück 1984, S. 248. – Für weitergehende Definitionen s. Mayntz 1981, S. 11; Lehner u.a., in: Andersen 1987, S. 180.

22 Naßmacher, in: Haubner 1982, S. 115; Naßmacher 1987, S. 18.

23 Diesem Oberziel lassen sich bevölkerungsbezogene, betriebsbezogene und verwaltungsbezogene Einzelziele zuordnen (Bullinger, in: Voigt 1984, S. 196).

24 Biermann/Ziegner (1991, S. 208) sehen seit den siebziger Jahren eine Veränderung zu Lasten der Wirtschaft, bedingt durch die Aushöhlung der Gewerbesteuer.

25 Dies trifft besonders häufig für Mittelstädte zu (Vgl. Naßmacher/Naßmacher 1983, S. 35f.).

Blick. Sie stellt sich allerdings regelmäßig für die Gemeinde insgesamt, in Mittel- und Großstädten aber auch für einzelne Stadtquartiere und die Region (Ober-/Mittelzentren).

Generell müssen Städte und Gemeinden darauf bedacht sein, die Entwicklung im Gemeindegebiet so zu beeinflussen, daß die eigenen wirtschaftlichen Möglichkeiten ausgeschöpft und andere Entwicklungsaufgaben (wie Wohnqualität und Freizeitwert) nicht beeinträchtigt werden. Es geht also darum, die richtige Zahl von Betrieben mit ausreichender *Steuerkraft* und größtmöglicher Branchenvielfalt bei optimaler Auslastung von Arbeitskräften[26] und Flächen mit einer ausreichenden Versorgung der Bevölkerung durch betriebliche Leistungen und minimalen Umweltproblemen zu verknüpfen.[27]

Für eine erfolgreiche Bearbeitung von Problemen sind oft die Ausgangsbedingungen entscheidend: die räumliche Lage der Gemeinde (Ballungskern, Ballungsrandzone, ländlicher Raum), ihre Topographie sowie die groß- und kleinräumige Verkehrsanbindung. Die lokalen Akteure finden eine langfristig (z.T. über Jahrhunderte) gewachsene *Wirtschaftsstruktur* vor. Hierzu gehören dominante Branchen, örtliche Großbetriebe,[28] Betriebe unterschiedlicher Größe und Branchen ebenso wie die Verteilung der Betriebsstandorte auf Quartiere mit spezifischer Nutzungszuweisung (MI, GE, GI oder Gebiete nach §34 BauGB). Die Summe aller in der Vergangenheit getroffenen Entscheidungen zur betrieblichen Standortwahl prägt die räumliche Struktur eines Gebietes; die wirtschaftlichen Möglichkeiten und Probleme einer Kommune resultieren aus ihrem Betriebsbesatz. Im Rahmen ihrer Möglichkeiten sind alle Gemeinden bestrebt, den Betriebsbesatz quantitativ und qualitativ zu verbessern, die Wettbewerbsfähigkeit der lokalen Wirtschaft zu stärken und den wirtschaftlichen Strukturwandel am Ort zu fördern.[29]

Gesamtwirtschaftliches Wachstum ist immer nur der Durchschnitt aus wachsenden, stagnierenden und schrumpfenden Branchen und Betrieben. Beschäftigung ergibt sich als Saldo zwischen abgebauten und neugeschaffenen Arbeitsplätzen, neu ins Arbeitsleben eintretenden und ausscheidenden Menschen. Wichtigster Träger dieser Verän-

---

26 Feuerstein 1981, S. 190-193; ähnlich Icks/Kayser 1994, S. 81-83.

27 Naßmacher 1987, S. 26; Naßmacher, in: Gabriel 1989a, S. 338.

28 Dies trifft besonders häufig für Mittelstädte zu (vgl. Naßmacher/Naßmacher 1983, S. 35f.).

29 Vgl. Grabow/Henckel, in: Wollmann/Roth 1999, S. 616f.

derungen sind die einzelnen Betriebe, deren Absatzpotential mit der Entwicklung ihrer Märkte wächst, stagniert oder schrumpft. Die Situation der Betriebe hat Auswirkungen auf die Flächennutzung an den betrieblichen Standorten (Standortwechsel, Nutzungsverdichtung, Brachfallen) sowie die Auslastung des örtlichen Arbeitskräftepotentials. Aus diesen Überlegungen folgt als generelle Aufgabe kommunaler Wirtschaftspolitik die *„Begleitung betrieblicher Entwicklungsprozesse.*"[30]

Die wirtschaftliche Dynamik der entwickelten Gesellschaften beruht auf kontinuierlicher Kapitalbildung und „schöpferischer Zerstörung". Dies ist mit dem Auf- und Abstieg ganzer Gebiete verbunden.[31] Die in einer Epoche dominanten Industrien entwickeln sich an den für sie wirtschaftsgeographisch günstigen Standorten; besonders deutlich ist dies im Falle von Bodenschätzen. Der ökonomische Aufstieg der entsprechenden Region und ihr späterer Abstieg sind klar vorauszusehen. Beginn, Dauer oder Reichweite der Kapital- und Arbeitsplatzvernichtung in einzelnen Branchen lassen sich jedoch nicht im vorhinein abschätzen. Die „langen Wellen"[32] kapitalistischer Entwicklung haben regionalwirtschaftliche Folgen: Mit den innovativen, rasch wachsenden Branchen (heute vor allem Datentechnik) stiegen auch ihre Standortregionen auf, später jedoch wieder ab. Der Aufstieg Stuttgarts mit dem Produkt Auto sowie den Unternehmen Daimler und Bosch (im dritten Innovationszyklus) illustriert diesen Prozeß ebenso wie das Schicksal der Textilregionen (erster Zyklus) und der Kohlereviere (zweiter Zyklus).[33]

Im Verlaufe der wirtschaftlichen Entwicklung gewinnen neue Produkte an Bedeutung, wie z.B. Kohle und Stahl (am Anfang der Industrialisierung), Elektrizität und Chemie (um 1900), Autos und Öl (nach 1945), Computer und neue Medien (seit maximal zwei Jahrzehnten). Dieser gesamtwirtschaftliche Prozeß des Auf- und Abstiegs ganzer Branchen ist abhängig von Produktionsmöglichkeiten und Nachfragemengen. Aus dem Absatzpotential von Produkten (*Produktzyklen)* ergeben sich *Unternehmenszyklen:* Jeder Betrieb weist eine eigene „Lebensgeschichte" (von nicht vorhersehbarer Dauer) auf; er

30 Naßmacher 1982a, S. 196; vgl. auch Heuer 1985, S. 151-158; Naßmacher 1987, S. 168-170.

31 Hall 1981.

32 Sie wurden nach ihrem Entdecker Kondratieff-Zyklen benannt.

33 Gschwind/Henckel 1984, S. 993f. bzw. 135f.

durchläuft zwischen Gründung und Schließung verschiedene Entwicklungsphasen, in denen jeweils spezifische Probleme auftreten und unterschiedliche Hilfen der Standortgemeinde erforderlich sind. Ziemlich deutlich lassen sich Experimentier-, Expansions-, Ausreifungs- und Rückbildungsphasen unterscheiden.[34] Der örtliche Betriebsbesatz wiederum erzeugt *Flächenzyklen*. Einzelne Gebiete durchlaufen die Phasen Erschließung, Aufsiedlung, Volllaufen und schließlich Umnutzung. Ein anschauliches Beispiel bietet die Stadt Leonberg mit Produktionsstandorten (Gewerbegebieten), deren planmäßige Aufsiedlung jeweils in etwa 12 Jahren erfolgte.[35]

Eine reibungslose Abwicklung zyklischer Flächennutzung ließe sich von einer engen Zusammenarbeit zwischen örtlicher Wirtschaft und kommunaler Verwaltung erwarten. Diese Vorstellung übersieht jedoch, daß kapitalistische Produktion und wirtschaftliche Entwicklung auf privatem Eigentum und betrieblicher Autonomie beruhen. Alle Maßnahmen öffentlicher Politik, insbesondere auch die Bauleitplanung, finden ihre Grenze an der Mitwirkungs- und Informationsbereitschaft privater Grundstückseigentümer und Unternehmensleiter.[36] Zusätzlich neigen öffentliche Verwaltungen generell zu „weitgehend unabgestimmtem, einzelfallbezogenem Handeln."[37]

Aus diesen Bedingungen ergeben sich für kommunale Wirtschaftspolitik unterschiedliche *Zieloptionen*: „Bestandspflege bereits ortsansässiger Betriebe, ... Unterstützung von ansiedlungswilligen Unternehmen und Erschließung von regionalem Gründungspotential."[38] Traditionelles Ziel der Gemeinden ist es, neue Unternehmen mit hohem Ertrag zur *Ansiedlung* zu bewegen („anzulocken").[39] Dieses Ziel wollen Gemeinden mit geringem Mitteleinsatz oder sogar unter Schonung der eigenen Finanzen realisieren. Unternehmen versuchen, ihr langfristiges Überleben durch geringe Kosten zu sichern; dies kann

---

34 Naßmacher 1982a, S. 196ff.; Bullinger/Naßmacher 1984, S. 133-138; Naßmacher/Schmidt, in: Afheldt u.a. 1987a, S. 276-285.

35 Vgl. Naßmacher 1981, S. 214f. Im einzelnen handelt es sich um die Gebiete Mühlpfad/Stiefel (nach 1949), Ramtel (1960-1973) und Hertich (1971-1985). Derzeit wird der Gewerbepark LEO3 entwickelt (vgl. http.//www.-leonberg.de/wirt/wistand).

36 Vgl. oben, Abschnitt 2.3.2.

37 Bullinger, in: Voigt 1984, S. 197.

38 Icks/Kayser 1994, S. 84.

39 Vgl. Schübel 1996, S. 55f.

auch durch kommunale Sonderleistungen oder staatliche Fördermittel erreicht werden.[40] Die (oft verzweifelte) Hoffnung mancher Gemeinde auf den großen Ansiedlungserfolg löst bei den Betrieben regelmäßig Mitnahmeeffekte aus. Das finanzielle Entgegenkommen der Gemeinden erfordert erhebliche Mittel, die für andere Verwendungen fehlen. Außerdem bindet die „Bürgermeisterkonkurrenz" um verlagerungsbereite Betriebe viel Zeit des kommunalen Führungspersonals. Mehr Aufmerksamkeit der Städte und Gemeinden müßte daher den bereits ansässigen Betrieben, der am Ort vorhandenen wirtschaftlichen Substanz, zukommen.[41]

Bestandspflege muß gezielt auf Entwicklungsprobleme der Unternehmen abstellen. Das erfordert „detaillierte und differenzierte Informationen über die relevanten Probleme."[42] Jeder Bestandspflege geht es um „Erhaltung und Verbesserung der ... Entwicklungsbedingungen" für die im Gemeindegebiet ansässigen Betriebe.[43] Systematisch gesehen hat jede Gemeinde auf ihrem Gebiet alte und neue Betriebe, alte und neue Gewerbeflächen (GI, GE und MI, MK), alte und neue Qualifikationen von Arbeitskräften. Dabei müssen Klein- und Mittelbetriebe ganz besonders beachtet werden. 80% aller Betriebe in Westdeutschland haben weniger als 10 Beschäftigte.[44] Sie stellen heute rund 2/3 bis 3/4 aller Arbeitsplätze und 80% der Ausbildungsplätze. Klein- und Mittelbetriebe sind der Motor des Strukturwandels und der Innovation.[45] Daraus ergeben sich (im Rahmen einer Marktwirtschaft) öffentliche Aktivitäten zur „Absicherung der betrieblichen Entwicklungsfähigkeit", zur Weiterqualifikation der ortsansässigen Arbeitskräfte, zur „Erhaltung der Versorgungsstruktur" am Ort, sowie zur „Einpassung betrieblicher Flächenbedarfe in die kommunale Entwicklungsplanung".[46]

Die anspruchsvollste Form von Gewerbebestandspflege, eine Politik der Bestandsentwicklung (*endogene Entwicklung*), zielt auf die Ausschöpfung örtlicher Potentiale durch die kreative Suche nach Anknüpfungspunkten für ein „Innovationsmilieu".[47] Entwicklungspoten-

---

40 Naßmacher, in: Gabriel 1989a, S. 338.

41 Zill, in: Mayntz 1981, S. 76; Naßmacher, in: Bellers u.a. 1997, S. 42f.

42 Lehner u.a., in: Andersen 1987, S. 183.

43 Bullinger, in: Voigt 1984, S. 196.

44 Informationsdienst des Instituts der deutschen Wirtschaft, Nr. 15/1997, S. 6.

45 Landesregierung Nordrhein-Westfalen 1994, S. 55.

46 Zitate bei: Bullinger, in: Voigt 1984, S. 198f.

47 Camagni 1991, S. 121ff.; Häußermann, in: Häußermann 1992, S. 17, 20.

tiale in alten Industrieregionen und ländlichen Räumen können nur genutzt werden, wenn sich Innovationsdefizite und Modernisierungsrückstände durch Diversifizierung der Produktpalette und Erschließung neuer Märkte beseitigen lassen. Dies ist vor allem Aufgabe ortsansässiger Betriebe. Unternehmen können durch Beziehungen untereinander gemeinsame Lösungen suchen, die einem Unternehmen allein nicht möglich sind. Die räumliche Nähe scheint eine wichtige Voraussetzung für das Ausnutzen synergetischer Effekte und für eine innovative Zusammenarbeit. „Eingespielte Kooperation und vertrauensvolle Beziehungen bilden das ‚Milieu', also eine komplexe Organisation aus ökonomisch-technischen Beziehungen."[48] Die Unternehmen bedürfen dabei aber oft fremder Hilfe. Für eine Gemeinde, die ihre Wirtschaft entwickeln oder deren Zukunft absichern will, ist die Analyse der vorhandenen wirtschaftlichen Potentiale unverzichtbar (Stärken-Schwächen-Analyse). Initiativen müssen bei den verfügbaren Standortpotentialen ansetzen, an das Innovationspotential von Betrieben anknüpfen und gemeinsam zur Gewerbebestandsentwicklung beitragen.

Die funktionsfähige Vernetzung des vorhandenen Betriebsbesatzes (einschließlich der wissenschaftlichen Einrichtungen wie Hochschulen und Forschungszentren) mit Zulieferern oder Abnehmern sowie der Austausch von Wissen werden immer wichtiger.[49] Dieses Netz ist Teil des Standortpotentials für jeden Neuankömmling (auf dem örtlichen Arbeits- und Gewerbeflächenmarkt). Neuankömmling kann sowohl die Niederlassung eines internationalen Konzerns als auch ein ortsansässiger Existenzgründer sein. Der eine schafft auf der Suche nach neuen Märkten neue Arbeitsplätze am Ort, gestützt auf Leistungsangebot und Kapitalkraft der Muttergesellschaft. Der andere versucht seinen Markteintritt in einer spezifischen Marktnische, gestützt auf eine unternehmerische Idee und potentielle Abnehmer, geeignete Räume und wenige Mitarbeiter. Selbst die Weltfirmen Bosch, Siemens und Zeiss sind so entstanden. Neue Firmen (wie SAP, Aixtron, Intershop und Lintec) beweisen, daß nicht alles von IBM oder Microsoft entwickelt wird. Der erfolgreiche Existenzgründer, der zunächst klein anfängt, aber sich am regionalen, nationalen oder internationalen Markt

48 Häußermann, in: Häußermann 1992, S. 17; s.a. Beck 1997, S. 54.

49 Dörsam/Icks 1997, S. 17ff.; s.a. Stember 1997, S. 59f. Zuweilen wird anstelle der Globalisierungsthese eine Regionalisierungsthese vertreten.

durchsetzt, verkörpert auch einen Teil des Wachstumspotentials[50] seiner Standortgemeinde. Besondere Entwicklungspotentiale werden von hochrangigen Dienstleistungen erwartet. Bei der anhaltenden Entwicklung zur Dienstleistungsgesellschaft hat jede Gemeinde eigene Gestaltungsmöglichkeiten.

5.2.2 Handlungspotentiale

Die Vielfalt der lokalpolitischen *Akteure*[51] reduziert sich für Maßnahmen der Wirtschaftspolitik dramatisch, dafür nehmen überörtlich Agierende an Bedeutung zu. Örtlichen Interessengruppen, Lokalzeitungen und Bürgerinitiativen gelingt es mit spektakulärem Einsatz zuweilen, meist durch ortsnahe Zuspitzung des Konflikts zwischen Ökologie und Ökonomie, einzelne Großvorhaben der kommunalen Wirtschaftsförderung zu verhindern.[52] Für die Erhaltung von Betrieben war in der ostdeutschen Umbruchsituation auch die Rolle der Gewerkschaften begrenzt.[53] Im Regelfall sind die genannten Akteure (ebenso wie die Ortsparteien) bestenfalls Resonanzboden der von anderen aktiv gestalteten Wirtschaftspolitik vor Ort. In kommunalen Wahlprogrammen findet sich Wirtschaftspolitik meist in allgemeiner Form; konkrete Vorhaben werden nur ganz selten aus einer parteipolitischen Perspektive entwickelt. Natürlich bedürfen alle Entscheidungen von einiger Tragweite, generelle Regelungen ebenso wie Verträge mit einzelnen Firmen oder Zugeständnisse an örtliche Unternehmen, der Zustimmung des Gemeinderates.

Für die Mobilisierung von Entwicklungspotentialen durch „kommunale Informations-, Beratungs- und Vermittlungsleistungen" fehlten den Städten, Kreisen und Regionen bereits in den achtziger Jahren sowohl die institutionellen und materiellen Voraussetzungen als auch „die notwendige *Informationsbasis* und das erforderliche *Kooperationsnetz*."[54] Daran scheint sich im letzten Jahrzehnt wenig geändert zu

---

50 Auf die regionalwirtschaftliche Debatte um die Bedeutung von Wachstumspolen oder Absatzmärkten (Export-Basis-Theorie) soll hier nur verwiesen werden. (s. z.B. Hoffmann, in: Stauder 1991, S. 18ff.).

51 S. oben, Abschnitt 4.1 (insbesondere Abb. 2).

52 Für ein Beispiel aus Leonberg s. Naßmacher 1981, S. 213.

53 Naßmacher, in: Naßmacher 1994, S. 5.

54 Zitate bei: Lehner u.a., in: Andersen 1987, S. 186f.

haben.[55] Mittel- und Großstädte haben zwar eigene Einrichtungen geschaffen und setzen eigenes Personal ein. Kleinere Gemeinden bleiben häufig auf die Tätigkeit ihrer Kreisverwaltung angewiesen, soweit sie nicht durch Zweckverbände innovative Lösungen suchen. Eine Vielzahl von Sonderbehörden wirkt – je nach Einzelfall – mit. Besonders wichtig ist aber die Entscheidungsvorbereitung bzw. die Koordinationsfunktion durch die zuständige Verwaltungseinheit bei konkreten Einzelfällen. Daran sind weder die lokale Öffentlichkeit noch die Gremien des Rates beteiligt. Fast immer reduziert sich die Mitwirkung politischer Institutionen auf den Verwaltungschef, ggfs. eine besondere Wirtschaftsförderungsdienststelle,[56] das für Grundstücksgeschäfte zuständige Liegenschaftsamt bzw. die Kämmerei und das Stadtplanungsamt bzw. Bauamt für die Abstimmung von Bauanträgen mit der Bauleitplanung, ggfs. die Vorbereitung eines Bebauungsplanes.[57] Sofern die Stadt selbst die Baugenehmigungen erteilt, kommt das Baurechts-/Bauordnungsamt hinzu.

Bei (kleineren) kreisangehörigen Gemeinden muß die entsprechende Dienststelle der Kreisverwaltung eingeschaltet werden. Hier zeigt sich bereits, daß für konkrete Einzelmaßnahmen neben der eher pauschalen Akzeptanz bei lokalen Institutionen und Organisationen vor allem die Zusammenarbeit der örtlichen Verwaltung mit überörtlichen Behörden von Bedeutung ist. Neben dem Bauordnungsamt des Kreises (bei kreisangehörigen Gemeinden) kommen Fach- und Sonderbehörden des Landes in Betracht. Bei Ansiedlungsvorhaben sind dies vor allem Straßenbauämter, Kommunalaufsicht und Regionalplanung. In der Bestandspflege kommt den Umweltbehörden (einschließlich Wasserwirtschaft) und der Gewerbeaufsicht[58] besondere Bedeutung zu.

Schließlich sind Initiativen einer lokalen Beschäftigungspolitik und Qualifizierungsmaßnahmen (Umschulung, Weiterbildung) ohne Mitwirkung der Arbeitsverwaltung nicht denkbar. Gerade im Hinblick

---

55 Vgl. Deutsches Institut für Urbanistik, Ergebnisse einer Umfrage bei 191 Städten, März 1995.

56 Zu verbreiteten Organisationsformen je nach Stadtgröße s. Hollbach-Grömig 1996, S. 20f., 23; Schübel 1996, S. 129-132. Die meisten Städte haben ein eigenes Amt. Die Zuständigkeiten von Kämmerei, Amt für Stadtentwicklung oder Liegenschaftsamt ist seltener (Grabow u.a. 1990, S. 28). Zur personellen Ausstattung s. Grabow u.a. 1990, S. 35; Kühn/Floeting 1995, S. 45ff.

57 Feuerstein 1981, S. 176-178.

58 S.d. Graf, in: Voigt 1984, S. 193f.; Naßmacher 1987, S. 128-132.

darauf, daß lebenslanges Lernen, Berufswechsel und Umschulung zum Normalfall in einer dynamischen Wirtschaft werden müssen, rückt das Arbeitsamt ins Blickfeld. Seine Vernetzung mit Anbietern auf dem Bildungsmarkt, den Unternehmen und ggfs. auch Kooperation mit dem Sozialamt sind Voraussetzungen für erfolgreiches Handeln. Bereits in den siebziger Jahren wurde die Facharbeiterlücke beklagt und auf Defizite bei der Bearbeitung hingewiesen.[59] Trotz wachsender Arbeitslosigkeit und bundesweit bereitgestellter Programme, insbesondere nach dem Arbeitsförderungsgesetz (AFG, 1969), ist hier noch keineswegs Abhilfe geschaffen.[60] Als halb-öffentliche Interessenorganisationen der Wirtschaft werden die Kammern (Industrie- und Handelskammer, Handwerkskammer) wegen ihres räumlich ausgedehnten Wirkungsfeldes oft überschätzt.[61] Sie sind zwar im Bebauungsplanverfahren als Träger öffentlicher Belange stets einbezogen. Weiterhin bieten sie vielfältige Beratungsleistungen an. Bei einer Erhöhung des Gewerbesteuerhebesatzes geht es mit fast routinemäßigen Argumenten eher um symbolische Bedenken.[62]

Wesentlich wirksamer und von den Beteiligten nicht zu konterkarieren sind Einflüsse, die sich aus Urteilen der Verwaltungsgerichte,[63] insbesondere zur örtlichen Bauleitplanung, ergeben. Durch Einzelfallentscheidungen können kommunale Satzungen (also auch B-Pläne) wegen Formfehlern für nichtig erklärt werden. Durch Präzedenzfälle beeinflußt ein Gericht mit fast automatischer Bindungswirkung – weithin unbemerkt – spätere ähnliche Fälle so lange, bis durch ein neues Verfahren oder eine gesetzliche Neuregelung ein anderer Ausweg gewiesen wird. Das gilt vor allem für Probleme des Bestandsschutzes in Stadtquartieren mit Konflikten zwischen Wohnnutzung und „störendem" Gewerbe, das viel Lärm- oder Geruchsbelästigung (Immissionen) verursacht (sog. Gemengelagen). Als vorsorgliche Gegenwehr versuchen Gemeinden deshalb, baurechtliche Einzelmaßnahmen ihrer Bestandspflegepolitik „gerichtsfest" zu gestalten.

Insgesamt sind die meisten Produktionsfaktoren (Arbeit, Boden, Kapital, Betriebsführung)[64] einer kommunalen Hilfestellung nur indi-

---

59 Naßmacher 1983, S. 294f., 312.

60 Henckel/Hollbach 1991, S.. 145; Gallas, in: Andersen 1998a, S. 282f.

61 S.d. Stember 1992, S. 164-168.

62 Adam 1979, S. 120-128.

63 Vgl. Naßmacher 1987, S. 147-150.

64 Afheldt 1987a, S. 68-82; Naßmacher 1987, S. 242-261, 232-241.

rekt zugänglich. Dies gilt ganz besonders für eine betriebswirtschaftliche Nachschulung der Unternehmensleiter (zum Bearbeiten von Managementfehlern). Technologieorientierte Wirtschaftsförderung muß aber unternehmer- bzw. führungskräfteorientiert sein. Allenfalls kann sich die Stadt durch Inszenierung formeller oder informeller Treffen um eine stärkere Kooperation zwischen den Akteuren bemühen und deren Vertrauen zueinander fördern. Weiterhin bieten spezielle Angebote von Hochschulen oder ein Erfahrungsaustausch im Rahmen der Kammern gewisse Anknüpfungsmöglichkeiten. Zur endogenen Entwicklung gehört aber nicht nur die ständige Weiterqualifikation des Managements. Auch eine hochqualifizierte und sich ständig weiterbildende Arbeitnehmerschaft ist Voraussetzung für endogene Entwicklung.[65] Zweifellos müssen Produkt- und Prozeßinnovationen auf aufnahmebereite Entscheidungsträger und Arbeitnehmer in den Unternehmen stoßen. Die Verfügbarkeit von Facharbeitern rangiert bei Befragungen immer sehr hoch, z.T. als der wichtigste Standortfaktor.[66] Bei der Bereitstellung von Fachkräften ist die Zusammenarbeit von Akteuren mit unterschiedlichen Instrumenten gefordert und bislang keineswegs eng genug: Arbeitsamt[67] (AFG), Stadt (Kenntnis der Problemfälle); IHK/Handwerkskammer (Wirtschaftsnähe, Beratungspotential), stadtspezifische Initiativen im zweiten Arbeitsmarkt.[68] Bei Innovationsberatung verlassen sich Städte eher auf die Kammern, bei Technologietransfer auf die Universitäten.[69] Jede Modernisierungsstrategie in alten Industriegebieten oder Entwicklungskonzeption für vorwiegend ländliche Räume muß flexible Interaktionsnetzwerke zwischen privaten und öffentlichen, wirtschaftlichen und politischen Akteuren anstreben. Die Gemeinde kann zugleich Initiator neuer Aktivitäten, Unterstützer bei möglichen Engpässen und Moderator für Diskussions-

65 Naßmacher, in: Bellers u.a. 1997, S. 43.

66 Clemens/Tengler 1983, S. 118; Henckel/Hollbach 1991, S. 117, 118; Pieper 1994, S. 117.

67 Insbesondere die Kontakthäufigkeit zum Arbeitsamt läßt noch zu wünschen übrig (Hollbach-Grömig 1996, S. 34).

68 Benzler/Heinelt 1991. Neuere Beispiele zur Verzahnung von Arbeitsmarktpolitik (Beschäftigungspolitik) und Wirtschaftsförderung bei Freidinger, in: Dieckmann/König 1994, S. 138ff.; für das Heidelberger Beispiel s. Dill/Kanitz 1994, Heft 6, S. 3f.

69 Zu den Erfolgsfaktoren beim Wissenschafts- und Technologietransfer s. Sternberg u.a. 1996, S. 184ff. Die „lernende“ Region rückt in den Blick (S. d. Sturm 1998, S. 220ff.).

prozesse sein.[70] Bei der Beschaffung von Wagniskapital (venture capital als seed-money oder Start-up-Finanzierung) müßten die örtlichen Sparkassen oder Genossenschaftsbanken gewonnen werden.[71]

Das Handlungspotential ergibt sich für die ortsnahe Verwaltungseinheit (Stadt, Gemeinde, Kreis) vor allem als Träger der Planungshoheit bzw. als Baugenehmigungsbehörde. Sie ist Anlaufstelle für alle betrieblichen Standortprobleme und die dabei anfallenden Informationen. Damit mag eine einseitige Orientierung der Kommunalpolitik auf grundstücksbezogene Engpaßfaktoren der Unternehmen verbunden sein. Diese Schwerpunktsetzung ist aber sachlich berechtigt. Wer kommunale Wirtschaftspolitik nur als dezentrale Implementation zentraler Förderprogramme deutet,[72] übersieht leicht die Bedeutung der Grundstücksnutzung für die betriebliche Entwicklung.

Neun Standortfaktoren entscheiden aus betrieblicher Sicht über die Eignung eines konkreten Grundstücks: die Nähe zu Kunden, das Parkplatzangebot, die Zufahrtsmöglichkeit zu Kunden und Lieferanten, die Bedienung durch öffentlichen Nahverkehr, die Nähe zu Lieferanten, der spezifische Arbeitsmarkt, die Flächenreserven und der Preis des Grundstücks. Der ideale Standort ist mit dem Auto und durch öffentlichen Nahverkehr gut zu erreichen, keinen beschränkenden Bau- oder Umweltschutz- (Immissions-) Auflagen unterworfen, groß genug für den aktuellen Bedarf und eine spätere Betriebserweiterung sowie gegenüber einer angrenzenden Wohnnutzung verschlossen.[73] Dementsprechend nennt Bullinger als erfolgversprechende Parameter kommunaler Gewerbepolitik: Flächenplanung/Bodenpolitik, Infrastruktur, Koordination/Beratung,[74] also mindestens drei „grundstücksbezogene" Instrumente.[75]

In der Vergangenheit haben Städte und Gemeinden durchweg die günstige Bereitstellung gewerblich nutzbarer Bauflächen und einen

---

70 Grabow/Henckel, in: Roth/Wollmann 1994, S. 427.

71 Zur Bedeutung von örtlichen Venture Capital-Gebern s. Campbell 1990, S. 130f., 142f. Sparkassen sehen sich selbst in der Rolle derjenigen, die den örtlichen Strukturwandel unterstützen wollen (Heitmüller 1996, S. 308).

72 So Lehner u.a., in: Andersen 1987, S. 180.

73 Schanz 1987, S. 46. Vgl. auch Grabow u.a. 1990, S. 157, 215; Sachse, in: Ehlers 1990, S. 39ff.; Kirchhoff/Müller-Godeffroy 1991, S. 26.

74 Bullinger, in: Voigt 1984, S. 197.

75 Stember stellt ebenfalls fest, daß die Erfolge der kommunalen Wirtschaftsförderung ganz wesentlich auf Standort- und Flächenpolitik zurückzuführen sind (Stember 1992, S. 226).

attraktiven Hebesatz bei der Gewerbesteuer in den Mittelpunkt ihrer Bemühungen gestellt, neue Betriebe zu gewinnen. „Die Ausweisung und Erschließung von Gewerbeflächen sowie die Verfügung über Liegenschaften" galten als „die wichtigsten ... *Instrumente* der kommunalen Wirtschaftsförderungspolitik."[76] Heute gehören zu den Maßnahmen, mit denen eine Gemeinde die Entwicklung der Betriebe auf ihrer Gemarkung begleiten kann,

- Ausweisung, Erschließung und Aufsiedlung von *Gewerbeflächen* für die Verlagerung ortsansässiger Betriebe mit Erweiterungs- und Umweltproblemen,
- *Interessenausgleich* zwischen Betrieb und Bevölkerung bei Nutzungskonflikten in Misch- und Gemengelagen,
- Pflege von Kontakten zwischen Betrieben und Verwaltung zur Vorbereitung von *Einzelfallhilfen.*

Beinahe klassische Instrumente im „Werkzeugkasten" kommunaler Wirtschaftspolitik sind neben der Bauleitplanung, der Baugenehmigungspraxis und der Liegenschaftspolitik, die Steuer- und Tarifpolitik sowie auch Finanzhilfen.[77] Direkte *Finanzhilfen* sollen Standortnachteile wirtschaftlich schwacher Regionen nachhaltig kompensieren.[78] Da die Fördertatbestände zu diffus, die Programme kaum diskriminierend, die Förderung zu wenig konzentriert und selektiv sind,[79] bleiben verlorene Zuschüsse, Darlehen oder Bürgschaften in der Literatur umstritten. Von den einen wird vor allem die rechtliche Zulässigkeit[80] bezweifelt, von anderen besonders auf wettbewerbsverzerrende Wirkungen und die zu erwartenden Mitnahmeeffekte verwiesen. So ist es nicht verwunderlich, daß schon 1980, aber auch 1995 nur eine Minderheit der befragten Mittel- und Großstädte (u.a. bei Neuansiedlungen) dieses Instrument einsetzte. Etwas häufiger war die Durchleitung von Zuschüssen aus Bundesmitteln für die innerörtliche Verlagerung

---

76 Zitate bei: Schumacher, in: Mayntz 1981, S. 149.

77 Grabow/Henckel (in: Wollmann/Roth 1999, S. 624) sprechen von einem „Baukasten" der wirtschaftspolitischen Instrumente.

78 Im Einzelfall können sie insbesondere bei kapitalintensiven Arbeitsplätzen die entscheidende Rolle spielen (Hahne, in: Ridinger/Steinröx 1995, S. 17).

79 Lehner u.a., in: Andersen 1987, S. 178. – Für eine exemplarische Übersicht s. Kirchhoff/Müller-Godeffroy 1991, S. 40-43; zur Kritik der Förderpraxis der EU s. Ridinger, in: Ridinger/Steinröx 1995, S. 44 ff.

80 S.d. Ettelbrück 1984, S. 57-68.

störender Gewerbebetriebe oder die Abräumung von Sanierungsflächen. Bei Erweiterungsinvestitionen am alten Standort oder Liquiditätsengpässen ortsansässiger Betriebe versuchen die Standortgemeinden häufig durch Vermittlung von Landesbürgschaften zu helfen.[81]

Anstelle solcher Finanzhilfen können auch Gemeindesteuern gestundet, ermäßigt oder gar erlassen werden. Die Mehrheit der deutschen Städte, im Osten häufiger als im Westen, hat bereits Steuern gestundet, während nur eine Minderheit auch zu einem Steuernachlaß bereit war. Stundung, Ermäßigung und Erlaß sind auch für Müll- oder Wassergebühren, Erschließungsbeiträge und (bei rein kommunalen Versorgungsbetrieben) für die Strompreise möglich, aber seltener.[82] Geläufig sind (gerade beim Strom) jedoch Sondertarife für Großabnehmer. Als wichtigstes Instrument der *Steuer- und Tarifpolitik* gilt weithin, insbesondere bei Praktikern der Kommunalverwaltung, die Festsetzung des Gewerbesteuerhebesatzes:[83] In „der Gemeinde tätige Betriebe dürfen nicht zur Abwanderung veranlaßt und potentielle Zuwanderer sollten zur Ansiedlung ermuntert werden."[84] Die Bedeutung des Hebesatzes wird jedoch vielfach überschätzt. Bei Ansiedlungsverhandlungen dient er traditionell als wichtiges Argument, aber sonst kommt ihm eher symbolische Bedeutung für ein „wirtschaftsfreundliches Klima" zu.[85]

Materiell interessanter für das Standortverhalten von Betrieben ist die Infrastruktur. Sie bestimmt das Standortpotential eines Raumes (einer Stadt und ihrer Region, eines Kreises und seiner Gemeinden). Durch *Infrastrukturpolitik* werden (vor allem von der öffentlichen Hand) materiell-technische Grundlagen privatwirtschaftlich organisierter Erzeugung von Gütern und Dienstleistungen bereitgestellt. Als notwendige Ergänzung der üblichen (durch Bund und Land vorgehaltenen) Verkehrsanlagen, insbesondere Straßen- und Schienennetze, aber auch Wasserwege und Flugplätze, dienen kommunale Investitionen für Parkplätze, Einrichtungen der Energie- und Wasserversorgung, der Abwasser- und Abfallbeseitigung.[86]

---

81 Heuer 1985, S. 55f.; Hollbach-Grömig 1996, S. 57f.

82 Heuer 1985, S. 57, Hollbach-Grömig 1996, S. 49f.

83 Für ein Beispiel s. Stember 1992, S. 186.

84 Tiepelmann 1984, S. 422.

85 Naßmacher 1981, S. 211; Schanz 1987, S. 46; Hollbach-Grömig 1996, S. 46f.; Grabow/Henckel, in: Wollmann/Roth 1999, S. 625.

86 Vgl. auch oben, Abschnitt 2.4.3.

Die uneingeschränkte Verfügbarkeit und günstige Lage bestimmter Flächen im Stadtgebiet und zu den überörtlichen Verkehrsnetzen[87] waren schon immer wichtige Elemente kommunaler Wirtschaftsförderung. Die Versorgung mit Wasser und Energie ebenso wie die Entsorgung von Abwasser und Sondermüll stellen neben der Verkehrsanbindung überall notwendige Vorleistungen der gemeindlichen Infrastrukturpolitik dar. Eisenbahn-, Autobahn- und möglichst auch Wasserstraßenanschluß oder gar ein Regionalflughafen für neu entwickelte GE-/GI-Gebiete gehören seit langem zum Standard. Ohne Vorleistungen bei der Infrastruktur waren Ansiedlungserfolge nicht zu erzielen oder aussichtsreiche „Bleibeverhandlungen" nicht zu führen. Daß bei diesem einseitig technischem Verständnis von Infrastruktur die Wirtschaftsförderer der Städte und Kreise immer öfter mit großen Verbraucher- und Möbelmärkten oder Betrieben des Güterumschlags (Auslieferungslager, Speditionen) verhandelten, ist lange Zeit unbemerkt geblieben. Sonst wäre die einseitige Fixierung auf große ebene Flächen mit erstklassiger Verkehrsanbindung beim Neuaufbau der wirtschaftlichen Infrastruktur in Ostdeutschland nicht massenhaft praktiziert worden.

Die Verbesserung der wirtschaftsnahen Infrastruktur hielt etwa die Hälfte der 1995 befragten Mittel- und Großstädte für sehr wichtig; ihre Wirtschaftsförderer widmeten dieser Aufgabe fast soviel Zeit wie dem Stadtmarketing.[88] Neuerdings kommt dem ÖPNV mit Bussen und Schnellbahnen neben dem traditionellen Gleisanschluß wieder erhebliche Bedeutung zu. Das Zwillingspaar Ortsumgehung und Fußgängerzone trägt wesentlich zur Standortsicherung der innerörtlichen Ladengeschäfte bei.[89] Industriepark und Gewerbehof, Handwerkerhaus oder Güterverkehrszentrum[90] sind Ausdruck einer weitgefaßten Infrastrukturpolitik, die eine Gemeinde selbst im verschärften regionalen und überregionalen Standortwettbewerb um fast jeden Preis konkurrenzfähig machen soll. Forscher und Praktiker, die nur auf die „weichen" Infrastrukturfaktoren (Wohnqualität, Einrichtungen für Bildung und Freizeit)[91] sowie ein wirtschaftsfreundliches Klima[92] abheben,

87 Pieper 1994, S. 198, 117; Sternberg u.a. 1996, S. 118.
88 Hollbach-Grömig 1996, S. 38, 40.
89 Vgl. oben (Leonberg, Westerstede) und unten, Abschnitt 5.2.5.
90 Vgl. Grabow/Henckel, in: Roth/Wollmann 1994, S. 433.
91 Zusammenstellung der „weichen" Infrastrukturfaktoren bei Hahne, in: Ridinger/Steinröx 1995, S. 15.

übersehen die empirischen Befunde. Wissenschaftler und Unternehmer betonen seit Jahren, daß im Hinblick auf angemessene Informationen, Kontaktpflege, Beratung und Interessenausgleich (auch zur Nutzung der „harten" Standortfaktoren) verstärkte Anstrengungen nötig sind.[93]

Zudem verweisen die Medienzentren Hamburg und München, das Bankenzentrum Frankfurt und das Standortvorbild Silicon Valley in den USA auf ein erweitertes Verständnis von Infrastruktur. Wenn das Leistungsprofil eines Ortes oder einer Region (als Folge des vorhandenen Betriebsbesatzes) zur Vorleistungsnachfrage und/oder dem Leistungsangebot des neuen Betriebes paßt, hat die Gemeinde im Standortwettbewerb einen Vorteil gegenüber anderen.[94] Netzwerkbeziehungen sind insbesondere für die Dienstleistungsbranche bedeutsam.[95] Dieses Potential kann allerdings nur sehr viel langfristiger (aufgrund der sehr langfristig gewachsenen Wirtschaftsstruktur) beeinflußt werden als die traditionelle Infrastruktur. Dennoch setzen Standorte mit tradierter Wirtschaftsstruktur bewußt auf Zukunftsbranchen (Multimedia, High Tech) und deren Bedarf an „Fühlungsvorteilen".

Entwicklungsimpulse müssen in Zukunft stärker von der richtigen Einschätzung und Bearbeitung kleinräumiger Problemlagen ausgehen. Verbesserung der kleinteiligen Verkehrsanbindung, der Parksituation oder der Stadtbildgestaltung sind wichtige Aufgaben einer kommunalen Infrastrukturpolitik. Voraussetzung dafür ist allerdings, daß den Städten für solche Maßnahmen ausreichende Eigenmittel zur Verfügung stehen.[96] Private Investitionen bzw. Public-Private-Partnership (PPP) können Defizite nur partiell kompensieren.[97] Dennoch läßt sich nicht übersehen, daß (zumindest viele westdeutsche) Kommunen inzwischen ein so hohes Niveau ihrer Infrastrukturausstattung erreicht haben, daß vor allen Dingen durch gezielte strategische Ergänzungen ein Impuls für unternehmerische Entscheidungen ausgeht. Die ost-

---

92 von Ameln, in: Ehlers 1990, S. 21; dagegen Henckel/Hollbach (1991, S. 128), die beim Vergleich alter und neuer Befragungsergebnisse nur einen geringen Bedeutungszuwachs der „weichen" Standortfaktoren erkannten.

93 Naßmacher u.a., in: Afheldt 1987a, S. 275.

94 Zusammenfassend zur Bedeutung von Netzwerken s. Sydow 1992, S. 83ff.; Dörsam/Icks 1997.

95 Grabow 1996a, S. 185ff.; insb. S. 187; s.a. Stember 1997, S. 131.

96 Vgl. oben, Abschnitt 3.4.2.

97 S. oben, Abschnitte 2.4.3 und 3.3.

deutschen Kommunen haben dagegen noch Nachholbedarf. Bei der Liegenschaftspolitik scheint dies noch immer anders zu sein.[98]

Die Vermittlung von gewerblich nutzbaren Grundstücken zwischen privaten Käufern und Verkäufern gehört zu den wirtschaftspolitischen Routinetätigkeiten der Gemeinden. Alle 170 im Jahre 1995 befragten Groß- und Mittelstädte setzen dieses Instrument ein, davon 40% häufig, die übrigen – vor allem im Osten – seltener. Auch der Verkauf von gemeindeeigenen Gewerbeflächen ist in Groß- und Mittelstädten üblich; bei über 80% sogar nicht nur gelegentlich, sondern häufig.[99] Zuweilen wird sogar eine Verengung der kommunalen Wirtschaftsförderung auf *Liegenschaftspolitik* konstatiert.[100] Einige Städte sind bestrebt, das Grundstücksangebot bei gewerblichen Bauflächen so zu verbessern, daß jederzeit kleinere und größere Grundstücke in voll erschlossenem Zustand zu günstigen Konditionen kurzfristig (für Neuansiedlungen und innerstädtischen Verlagerungsbedarf) zur Verfügung stehen. „Seit 1990 wurden in den neuen Bundesländern mehr Hektar Gewerbeflächen ausgewiesen als in Westdeutschland seit 1950."[101] Andere Städte bedauern das Fehlen größerer zusammenhängender Flächen, unternehmen aber keine besonderen Anstrengungen, um selbst gewerblich nutzbare Grundstücke zu kaufen.

Da bei Aufsiedlungsprozessen die Städte nur dann Einfluß auf die Entwicklung eines Gebietes haben, wenn eine kommunale Institution über die Grundstücke verfügen kann, müssen Städte, Gemeinden und Kreise frühzeitig Bodenvorratspolitik betreiben und nicht nur symbolische Haushaltsansätze dafür vorsehen. Zudem wird – so eine ältere Untersuchung – bei Vorratskäufen nicht nach künftiger Nutzung differenziert. Je kleiner die Stadt, desto größer waren die Vorratsflächen und dementsprechend die Bereitschaft, sowohl beim Grundstückspreis als auch „bei der Grundstücksgröße Zugeständnisse zu machen."[102] Bleiben Flächen zu lange ungenutzt, dann entsteht daraus Handlungsdruck auf die Kommunalpolitiker; irgendeine Nutzung ist nach einigen Jahren politisch besser als gar keine. Der Einfluß des Grundstückspreises auf die unternehmerische Standortentscheidung wird von den kommunalen Akteuren offenbar immer noch überschätzt. Beim Ver-

98 Pieper 1994, S. 198.
99 Hollbach-Grömig 1996, S. 41f., 44.
100 Bauer u.a. 1987, S. 18; Schübel 1996, S. 57, 59.
101 McGovern 1997.
102 Heuer 1985, S. 67; für Einzelheiten s. ebenda, S. 62-69, 73.

kauf von städtischen Grundstücken an private Wirtschaftsbetriebe wurden schon 1980 fast überall durch vertragliche Vereinbarungen (allerdings ohne wirksame Sanktionen)[103] oder den Bebauungsplan differenzierte Nutzungsanforderungen festgelegt.

Die kommunale *Bauleitplanung* (Flächennutzungsplan und Bebauungspläne[104]) hatte in den achtziger Jahren zu wenig Flächen für emittierende Betriebe verfügbar gemacht. Gefordert wurde „eine stärkere Berücksichtigung von GI-Flächen (Industriegebiet) im Rahmen der Bauleitplanung."[105] Heute sind bei „einem weiter steigenden Anteil von Bürobeschäftigten, der ... entsprechenden Flächenverbrauch nach sich zieht," vor allem in Großstädten, Büroflächenkonzepte wichtiger geworden.[106] Bei der (nachholenden) Überplanung alter Standorte agieren Gemeinden eher zurückhaltend. Fast immer wurde und wird in solchen Fällen auf Bebauungspläne verzichtet, weil im hochformalisierten und langwierigen Verfahren latente Nutzungskonflikte (insbesondere zwischen Wohnen und Gewerbe) aufbrechen können und Entschädigungsansprüche drohen. Nur ausnahmsweise haben Gemeinden in solchen Fällen für einzelne Betriebsstandorte mühsam eine Sanierung der Rechtslage (allerdings ohne Entwicklungsperspektive für den betroffenen Betrieb) zustande gebracht.[107]

Die Modernisierung des Baurechts (seit den siebziger Jahren) hat den Gemeinden mit den planungsrechtlichen Geboten (nur scheinbar wirksame) Instrumente zur Durchsetzung eines politischen Gestaltungswillens an die Hand gegeben. Ein Baugebot für Baulücken in überplanten Gewerbegebieten mag schon deswegen nicht sinnvoll sein, weil gerade in weitgehend belegten Quartieren Flächenpuffer ohnehin knapp sind. Ein Nutzungs-, Instandsetzungs- oder Abrißgebot für brachgefallene Betriebsgrundstücke scheitert entweder am Fehlen eines rechtskräftigen Bebauungsplans oder am entsprechenden politischen Willen der Gemeinde. Soweit Betriebsstandorte in MI- oder §34-BauGB-Gebieten liegen, ergibt sich ein Verzicht auf steuernde Vorgaben. Die Betriebe sind auf den gesetzlichen Bestandsschutz verwiesen, die Kommunalverwaltung sorgt ggfs. durch großzügige Ausnahmen und Befreiungen bei Baugenehmigungen für eine Atempause.

---

103 Ausnahmen gibt es natürlich (S. z.B. Naßmacher/Naßmacher 1983, S. 44).

104 Siehe oben, Abschnitt 2.3.2.

105 Heuer 1985, S. 75.

106 Hollbach-Grömig 1996, S. 71.

107 Für ein Beispiel s. Naßmacher 1981, S. 216f.

Aufgabe der Bauordnungsämter, die sich als Vollzugsorgane staatlicher Ordnungsverwaltung verstehen, ist die (durchaus bürgerfreundlich gedachte) Anwendung von orts-, landes- und bundesrechtlichen Regelungen, insbesondere Bebauungsplan, Landesbauordnung und BauGB. In einem Verfahren der vorurteilslosen, möglichst anonymen Einzelfallprüfung wird ermittelt, ob das geplante Vorhaben den einschlägigen Vorschriften entspricht. Wirtschaftliche Aspekte spielen in der *Baugenehmigungspraxis* nur insoweit eine Rolle, als die Ämter sich ständig mit Anträgen konfrontiert sehen, die das zulässige Maß der Nutzung überschreiten. Auch hier sind die Behörden überwiegend bemüht, dem bauwilligen Investor zu helfen und keine Bauanträge abzulehnen.

Als bedrohlich empfinden die Mitarbeiter der Baugenehmigungsbehörden einerseits die Rechts- und Zweckmäßigkeitskontrolle durch Kommunalaufsicht und Verwaltungsgerichte, andererseits die zusätzliche Belastung bei komplizierten (meist einmaligen, fast immer gewerblichen) Bauvorhaben: Wegen besonderer Anforderungen der gewerblichen Produktion an „Brandschutz, Heizungs- und Feuerungsanlagen, Brennstofflagerung, Lüftung, Belichtung und Beleuchtung, Lage und Ausstattung von Aufenthaltsräumen, Entsorgungsfragen“ ist eine Fülle von „Behörden zu beteiligen, von deren Zustimmung, Einvernehmen, Genehmigung oder Erlaubnis die Baugenehmigung abhängt.“[108] Schon deshalb dauern Genehmigungsverfahren bei gewerblichen Bauvorhaben länger und sind mit höheren Risiken (im Hinblick auf Rechtsmängel) behaftet. Als bedeutsam erwiesen sich in diesen Fällen regelmäßig Auflagen der Gewerbeaufsicht und Maßnahmen zur Sicherheit des Straßenverkehrs. Werden durch städtische Dienstanweisungen oder vorsorgliche Einzelintervention auch noch das Planungsamt und die Wirtschaftsförderung eingeschaltet, droht die Abweichung von einer Verwaltungsroutine, die durch ein entsprechendes Raster angeleitet, alle einschlägigen (dem beantragten Bauvorhaben möglicherweise entgegenstehenden) Vorschriften abfragt. Andererseits sind gerade wenig spezifizierte MI-Ausweisungen im Bebauungsplan oder Quartiere, auf die §34 BauGB anzuwenden ist, für Wirtschaftsförderer und Stadtplaner im Hinblick auf Gestaltungsmöglichkeiten besonders wichtig. Durch Einzelfallentscheidung in diesen Bereichen droht allerdings eine allein vom Grundstückspreis gesteu-

108 Zitate bei: Naßmacher 1987, S. 89.

erte Stadtentwicklung, zu deren „natürlichen" Folgen unerwünschte Nutzungskonflikte und Gewerbeverdrängung gehören.[109]

Ungeachtet vieler Unterschiede im Einzelfall lassen sich die meisten Probleme, mit denen sich die Wirtschaftspolitik von Städten und Gemeinden auseinandersetzen muß, typisieren. Zunächst einmal gibt es in jeder Gemeinde alte Produktions- und Dienstleistungsstandorte, deren weitere Entwicklung eine Steuerungsaufgabe darstellt. Sind Produktionsbetriebe schon seit Jahrzehnten am gleichen Standort oder in wirtschaftlichen Schwierigkeiten, muß sich die Gemeinde bei Verlagerung oder Stillegung des Betriebes um die weitere Nutzung der Fläche (Flächenrecycling, Nutzungssukzession) kümmern. Das gleiche Problem ist jetzt auch im Hinblick auf ehemalige Standorte für Landesverteidigung anzugehen (Konversion). Weitere Probleme ergeben sich im Zusammenhang mit einer ausreichenden örtlichen Versorgung, bei der Betreuung von Existenzgründern und (im Westen noch seltener als im Osten) bei der Ansiedlung neuer Betriebe als Ergebnis eines erfolgreichen Standortmarketings. In der Regel befindet sich mindestens ein Gebiet (meist für GE, seltener für GI ausgewiesen) im Prozeß der Ausweisung, Erschließung oder Aufsiedlung.

5.2.3 Ansiedlung und Aufsiedlung (neue Betriebe und neue Standorte)

In keinem Handlungsfeld der kommunalen Wirtschaftspolitik klaffen Ausgangslage und Instrumenteneinsatz weiter auseinander als bei der *Ansiedlung neuer Betriebe*. Dem Ziel Ansiedlungserfolg (mit nationaler oder gar internationaler Reputation) ordnen führende Kommunalpolitiker normalerweise Liegenschaftspolitik, Flächenausweisung und auch die Festsetzung von Abgaben unter. Zusätzlich versuchen die Städte (durch ihre überörtlichen Repräsentanten oder in Verbindung mit ihren Verbänden) günstige Bedingungen für das vom Staat geschaffene Umfeld (einschließlich der Förderkulisse) zu bewirken.[110] Wenn nationale Grenzen durchlässiger werden (z.B. mit dem EU-

---

109 Siehe unten, Abschnitt 5.2.4.

110 Insbesondere in den neuen Bundesländern wurde ganz auf Ansiedlung gesetzt (Kühn/Floeting 1995, S. 26).

Binnenmarkt), geht es auch um die Besteuerung von Unternehmen und die Sozialleistungssysteme.

Durch Ansiedlungspolitik wird die betreffende Stadt zum Anbieter auf internationalen, nationalen und regionalen „Standortmärkten". Erfahrungsgemäß können ansiedlungswillige Unternehmen zwischen Angeboten mit unterschiedlicher Infrastruktur,[111] verschiedenen Förderbedingungen und spezifischen Arbeitskräftepotentialen wählen. Die Städte agieren – auch in wirtschaftlich günstigen Zeiten – auf einem „Käufermarkt". Üblich ist eine Betreuung des gesamten Ansiedlungsvorhabens durch kommunale Wirtschaftsförderungs-Dienststellen oder (privatrechtliche) Wirtschaftsförderungsgesellschaften. Solche Institutionen vermitteln dem ansiedlungswilligen Betrieb alle notwendigen Kontakte am Ort, aber auch die Vergabe öffentlicher Finanzhilfen. Bei großen Ansiedlungen wird das Vorhaben zwangsläufig zur Chefsache.[112] Der umfassende Service durch Projektmanagement endet meist bei Inbetriebnahme der neuen Fertigungsstätte.[113] Vor allem bei der Festlegung von Grundstückspreisen unter dem Verkehrswert und der Stundung von Erschließungsbeiträgen kommen die Städte fast immer den Betrieben weit entgegen. Ob finanzielle Vorleistungen der Stadt einer nachträglich durchgeführten Kosten-Nutzen-Analyse standhalten, muß vielfach bezweifelt werden.[114] Die ökologischen und stadtwirtschaftlichen Grenzen dieser Politik wurden erst allmählich erkennbar.

Die Entwicklung in den ostdeutschen Ländern hat gezeigt, daß der Versuch, den wirtschaftlichen Niedergang durch Neuansiedlung aufzufangen,[115] den Städten große Risiken beschert. Auch die Absicht, sich aus der wirtschaftlichen Abhängigkeit von großen Gewerbesteuerzahlern, Arbeitgebern oder einer dominanten Branche zu lösen, ist mit erheblichen Schwierigkeiten verbunden. Große Arbeit-

---

111 Die These, daß die Infrastrukturausstattung als ubiquitär zu bezeichnen ist, wurde bereits im Kap. 2 zurückgewiesen.

112 Dies war z.B. bei der Ansiedlung des Großversandhauses Quelle in Leipzig der Fall, wo die planerischen Grundlagen und Erschließungsmaßnahmen in Rekordzeit von einem Jahr bis zur Grundsteinlegung erledigt wurden (McGovern 1997).

113 Vgl. Heuer/Roesler, in: Afheldt u.a. 1987a, S. 166.

114 Naßmacher, in: Blanke 1991, S. 444. Für Beispiele mißlungener Ansiedlungen s. Naßmacher 1981, S. 213; Naßmacher/Naßmacher 1983, S. 37.

115 Zu den besonderen Ausgangsbedingungen in Ostdeutschland s. Pieper 1994, S. 119f.

geber üben auf die vorhandenen Arbeitskräfte eine hohe Anziehungskraft aus, so daß qualifizierte Kräfte kaum noch zur Verfügung stehen. Dominante Branchen haben das Arbeitskräftepotential in eine spezifische Qualifikation gelenkt. Schließlich sind die Verflechtungsbeziehungen ganz auf die vorhandenen Betriebe ausgerichtet.[116] Das Angebot von Flächen kann also nur Teilprobleme bearbeiten. Der durch niedrige Bodenpreise verstärkte leichtfertige Umgang mit gewerblich nutzbaren Flächen (ungenutzte Flächenvorräte, Ausdehnung in die freie Landschaft, Billigbauweise, große Parkflächen) schränkt bei wachsendem Umweltbewußtsein die Handlungsmöglichkeiten vieler Städte unnötig ein. Gemeinden mit großen Flächenvorräten geraten unter fiskalischen und politischen Druck, diese entsprechend zu nutzen.

Selbst hohe Risikobereitschaft und ein beträchtlicher Einsatz von Geld und Personal können nur zum Erfolg führen, wenn eine Kommune Ansiedlungsinteressenten aufspüren und mit ihnen in Kontakt treten kann. Städte machen traditionell keine Absatzforschung, überlegen also selten, für welche Unternehmen ihr Standort besonders gut geeignet ist. Erst neuerdings, soweit das Standortmarketing mit Stärken-Schwächen-Analyse richtig betrieben wird, bahnt sich hier ein Wandel an. Allerdings dominiert immer noch – wie bereits in den achtziger Jahren – bei der Anwerbung von Neuansiedlungen die ortsbezogene Imagewerbung in Zeitungen und Zeitschriften, auf Ausstellungen und Messen oder gar durch großflächige Plakatierung.[117] Auch z.T. aufwendig gestaltete Standortbroschüren gehören nach wie vor routinemäßig zu den Akquisitionsinstrumenten fast aller Wirtschaftsförderer – in Ostdeutschland noch häufiger als im Westen.[118] Werbung für bestimmte Aufsiedlungsobjekte (neue Gewerbegebiete) durch unmittelbaren Kontakt mit möglichen Einzelinteressenten oder Einschaltung von regionalbezogenen Vermittlern (Medien, Kammern, Verbänden und Unternehmensberatern), also ein gezieltes Standortmarketing, wird nur gelegentlich praktiziert. Soweit ein (lokaler bzw.) regionaler Standort- oder Gewerbeatlas erarbeitet wird, enthält dieser weniger In-

---

116 Grabher 1993, S. 749f.; Boss, in: Dieckmann/König 1994, S. 45.

117 Zill, in: Mayntz 1981, S. 106f.; Heuer/Roesler, in: Afheldt u.a. 1987a, S. 167f.; Naßmacher, in: Blanke 1991, S. 443; Pieper 1994, S. 205; Iglhaut, in: Iglhaut 1994, S. 56. Für Ostdeutschland s. Kühn/Floeting 1995, S. 95, unter Bezug auf die Difu-Umfrage 1993.

118 Hollbach-Grömig 1996, S. 52-55.

formationen als für betriebliche Standortentscheidungen notwendig sind.[119]

Selbst wo innovative Werbemittel und neue Kommunikationsmedien (direct mail, Internet) eingesetzt werden, sind die Zielgruppen nicht präzise bestimmt und/oder die „Informationen zu wenig auf die Bedürfnisse der ... Zielgruppe abgestimmt.“[120] Die Hilfe professioneller Werbeagenturen und eine selbstkritische Stärken-Schwächen-Analyse können nur dann nützen, wenn die Gemeinde nicht nur allgemeine quantitative Strukturdaten erhebt[121] und fortschreibt, sondern für vorhandene Standorte deren Eignung testet. Standortmarketing als Teil des Stadtmarketing soll auch deshalb mehr sein als Standortwerbung, weil nicht nur die (tatsächlichen oder vermeintlichen) Vorzüge zu vermarkten sind, sondern gleichzeitig die angebotenen „Produkte“ weiterentwickelt werden müssen.[122] Dies gilt nicht nur für Flächen, wo die Nutzung der Datentechnik beim Standortmarketing z.T. schon verwirklicht ist, sondern auch für alle anderen Standortpotentiale.[123] Nach flexibler Beobachtung des Marktes sind potentielle Investoren für vorhandene Standorte direkt anzusprechen.[124] Noch wichtiger bleibt aber das tatsächliche Geschehen auf den nationalen und regionalen Standortmärkten.

Tatsächlich sind seit geraumer Zeit Ansiedlungsaktivitäten (zumindest der westdeutschen Städte) immer weniger von sichtbarem Erfolg begleitet. Auch in der kommunalen Wirtschaftsförderung prägen die Erfahrungen der Vergangenheit die Erwartungen an die Zukunft. „Wirtschaftsförderer ... reagierten oftmals zunächst überrascht, daß für

---

119 Diese seit Jahren verfügbaren Instrumente haben sich kaum geändert.

120 Mahnke 1998, S. 120.

121 Kriterien für eine Stärken-Schwächen-Analyse liefern Dill/Kanitz 1994, Heft 6, S. 15-18; auch Lugan 1997. Die hier gegebenen Kategorien erscheinen aber viel zu unpräzise.

122 Grabow/Henckel, in: Roth/Wollmann 1994, S. 433; s. a. Simon (1995, S. 148), deren Vorschläge allerdings noch viel zu allgemein ausfallen.

123 Schübel 1996, S. 62ff. So lassen sich die Potentiale vorhandener Standorte in einer regionalen Datenbank für Gewerbeflächen dokumentieren und den absehbaren Anforderungen entsprechend marktgerecht gestalten. Zum Standortinformationssystem s. Stember 1992, S. 241.

124 Maier/Schübel, in: Maier 1994, S. 5; Iglhaut, in: Iglhaut 1994, S. 138. „Es genügt heute nicht mehr, eine Vielzahl von Instrumenten nutzen zu können. Wichtig ist vielmehr, daß innerhalb der Stadt Voraussetzungen geschaffen werden, auf die potentielle Zielgruppen positiv reagieren.“ (Joseph 1996, S. 358).

die jeweilige Region in den fünf Jahren des Untersuchungszeitraums nur ein bis maximal drei Betriebe, in vielen Fällen aber auch keine interregionale Ansiedlung erfaßt wurde."[125] Nur in den Wachstumsjahren der (west)deutschen Wirtschaft gelang die Ansiedlung von (neuen, auswärtigen) Unternehmen. In den fünfziger und sechziger Jahren führten Wiederaufbau, Erweiterung und Modernisierung der Industrie dazu, daß Betriebe des produzierenden Gewerbes massenhaft neue Standorte suchten und fanden. In einer wachsenden Wirtschaft erweitern Betriebe den Umfang ihrer Geschäftstätigkeit. Dazu benötigen sie zusätzliche Flächen, die entweder durch Standortwechsel (Verlagerung) oder Standortteilung (Teilverlagerung) beschafft werden. Betriebsansiedlung ist die massenhaft auftretende Folge wirtschaftlichen Wachstums.

Betriebe, die an ihrem bisherigen Standort nicht erweitern konnten, realisierten das vom Absatz her mögliche Wachstumspotential durch „Umzug" an einen neuen Standort, innerhalb ihrer Standortgemeinde oder in einer Nachbargemeinde.[126] Soweit betrieblich möglich, kam als „kleine Lösung" auch die Teilung des Betriebsstandortes durch Errichtung von Zweigwerken in Betracht. Solche Zweigwerke fanden ihren Standort entweder in der Nähe eines wichtigen Rohstoffes, von Zulieferern oder Kunden, schließlich als verlängerte Werkbank dort, wo noch freie Arbeitskräfte verfügbar waren.[127] Aus diesen regionalen Wirkungen des gesamtwirtschaftlichen Wachstumsprozesses ergaben sich für Gemeinden in fast allen Teilen (West-) Deutschlands positive Impulse. Wo die naturwüchsige Dezentralisierung nicht ausreichte, wurden die Gemeinden durch die Finanzreform 1969 vom Erfolgsdruck entlastet[128] und durch Finanzhilfen aus der Gemeinschaftsaufgabe „Förderung der regionalen Wirtschaftsstruktur" unterstützt. Ansiedlungswillige Unternehmen bestimmten dabei die Konditionen fast beliebig. Die Gemeinden halfen zusätzlich.

Die „Ölkrise" (1973/1974) markierte einen wirtschaftlichen Wendepunkt der westlichen Industriegesellschaften. In Deutschland be-

---

125 Pieper 1994, S. 195.

126 Ettelbrück (1984, S. 128) unterscheidet zwei Formen von betrieblichem Standortwechsel: Umsiedlung (innerhalb Gemeindegrenze) und Verlagerung (über eine Gemeindegrenze hinweg).

127 Hier stoßen wir erneut auf die Bedeutung der Arbeitskraft für die Standortqualität und damit das wirtschaftliche Entwicklungspotential einer Gemeinde.

128 S. oben, Abschnitt 3.2.4.

gann sehr bald ein bis heute anhaltender Prozeß der De-Industrialisierung, oder anders formuliert: der Wandel zur (postindustriellen) Dienstleistungsgesellschaft. In traditionsreichen Industriezweigen (Textil, Bergbau, Stahlerzeugung, Schiffbau, Metallverarbeitung einschließlich Elektrogeräte) wurden mehr Arbeitsplätze wegrationalisiert oder ins Ausland verlagert als bei „neuen" Branchen, insbesondere Dienstleistungen, wo zusätzliche Arbeitskräfte gebraucht werden. Im Jahre 1970 bezogen in Deutschland noch fast 700 Betriebe mit 43.000 Beschäftigen einen neuen Standort; bereits 1980 waren es weniger als 200 Betriebe mit höchstens 10.000 Beschäftigten. Um 1995 suchten und fanden in ganz Westdeutschland jährlich 40 Industriebetriebe (mit mehr als 30 Beschäftigten) einen neuen Standort, der mehr als 30 Kilometer vom alten entfernt lag.[129] Für diese 40 Betriebe kommen fast 15.000 Gemeinden (davon etwa 3.000 mit mehr als 5.000 Einwohnern) als Partner in Betracht. Gewisse Hoffnungen auf Neuansiedlungen ergaben sich in den letzten Jahren aus politischen Veränderungen: Der EU-Binnenmarkt, die deutsche Vereinigung und die Öffnung Osteuropas versprachen eine neue Beweglichkeit bei Betriebsstandorten.[130] Dennoch macht das bloße Zahlenverhältnis deutlich, daß unter solchen Bedingungen der Ansiedlungserfolg eher zufällig zustande kommt. In einem hochentwickelten Land, dessen industrieller Kern an wirtschaftlicher Bedeutung verliert, wird sich an diesen Proportionen auch in Zukunft wenig ändern.

Durch Einsatz von viel Zeit und mehr Geld für geschickte Standortwerbung oder professionelles Stadtmarketing kann das Ergebnis der „Bürgermeisterkonkurrenz" auf diesem „Käufermarkt" mit minimaler Nachfrage nicht entscheidend beeinflußt werden.[131] Gesamtwirtschaftlich gesehen konkurrieren die Städte miteinander nach Art eines Null-Summen-Spiels: Der Ansiedlungserfolg einer Stadt ist der Wachstumsverlust einer anderen. Von daher fordern Wissenschafter seit langem eine verstärkte Kooperation der Städte untereinander.[132]

---

129 Schliebe 1982, S. 77; Hahne, in: Ridinger/Steinröx 1995, S. 19; Mahnke 1998, S. 19f.

130 Henckel/Hollbach 1991, S. 65; Grabow/Henckel, in: Wollmann/Roth 1999, S. 619.

131 Um die neue Teststrecke der Automobilfirma Daimler-Benz bewarben sich nicht weniger als 149 Regionen (Hahne, in: Ridinger/Steinröx 1995, S. 20).

132 Zum Stand der Praxis der Zusammenarbeit in Nordrhein-Westfalen s. Naßmacher, in: Bellers u.a. 1997, S. 49f. In der Region Stuttgart soll der Regional-

Die meisten Verlagerungen erfolgen von den Kernstädten der Ballungsräume (Berlin, Frankfurt, Hamburg, München, Stuttgart) ins Umland. Der neue Standort liegt im gleichen Sektor der Region und im Nahbereich des alten Standorts, weil so die Stammbelegschaft ebenso wie die bisherigen Liefer- und Absatzbeziehungen erhalten bleiben.[133] Falls Kommunen nicht an Überschwappeffekten eines benachbarten Ballungszentrums partizipieren können, wie beispielsweise Klein- und Mittelstädte in Verdichtungsräumen, fehlen häufig geeignete Ansiedlungsinteressenten. Allenfalls lohnt es sich für Städte, Kreise und Gemeinden (besonderes in Ostdeutschland) auf den „Glücksfall" einer ernsthaften Anfrage eines ansiedlungswilligen Unternehmens angemessen vorbereitet zu sein.

Alle entwickelten Gesellschaften sind in einen De-Industrialisierungsprozeß eingetreten. Soweit Betriebe heute noch einen (ersten oder neuen) Standort suchen, gehören sie ganz selten zur Industrie. Dort spielen häufig betriebswirtschaftliche Überlegungen zur Verschlankung der Betriebsabläufe (verbunden mit Outsourcing und Just-in-time-Anlieferung) eine Rolle: Zulieferer oder belieferte Betriebe müssen in der Nähe und besser erreichbar sein. Die Entwicklung zur Dienstleistungsgesellschaft, manche sprechen sogar schon von einer Informationsgesellschaft, schreitet voran. Das real verfügbare Ansiedlungspotential stammt eher aus Dienstleistungsbranchen, besteht aus kleineren Betrieben und sucht vorrangig Räume für Büronutzung. Neben Betriebsverlagerungen im Umkreis von weniger als 50 Kilometer, zur Hälfte sogar innerhalb der Stadtgrenze, handelt es sich um Neugründungen oder innerdeutsche Zweigbetriebe.[134] Lediglich der ungebrochene Strukturwandel im Handel und die Expansion der Freizeitwirtschaft bieten noch gewisse Aussichten auf vorzeigbare Ansiedlungserfolge: Verbrauchermärkte[135] und Diskotheken auf sonst jahrelang brachliegenden Gewerbeflächen. Kommunale Wirtschafts-

---

verband eine ganz neue gemeinsame Vorgehensweise initiieren. Auch Wirtschaftsförderungsgesellschaften der Kreise tendieren seit Jahren in diese Richtung.

133 Heuer (1985, S. 26, 28, 61) kommt auf 20 Kilometer Wanderungsentfernung; für individuelle Verlagerungen ermittelt Pieper (1994, S. 194) selten über 30 Kilometer.

134 Mahnke 1998, S. 120f.

135 Die potentiell innenstadtzerstörerischen Tendenzen wurden in Ostdeutschland viel zu spät erkannt.

politik hat sich noch nicht überall auf diese veränderten Rahmenbedingungen umgestellt.

Weil großräumige Standortbewegungen seit Jahren immer mehr zurückgegangen sind, können Entwicklungsmöglichkeiten der örtlichen Wirtschaft nicht mehr in der Ansiedlung liegen.[136] Allenfalls durch kleinräumige Wanderung von Unternehmen über die Stadtgrenzen hinweg sind vereinzelte Ansiedlungserfolge zu erwarten. Wenn es sich um einen maßgebenden Gewerbesteuerzahler und Arbeitsplatzanbieter handelte, haben Städte seit Jahren zunehmend versucht, Betriebsverlagerungen über die Stadtgrenze hinweg zu verhindern. Zur Abwehr der betrieblichen Stadtflucht bilden Standortsanierung, enger Kontakt zu den Betrieben, dynamischer Bestandsschutz und Teilverlagerung die Gegenstrategien der alten Industriestädte.[137]

Nicht nur für neue Betriebe von außen, sondern auch für innerörtliche Verlagerungen entwickeln fast alle Gemeinden neue Standorte.[138] Deren Ausweisung gilt (selbst am Rande des Gemeindegebietes) zunehmend als unerwünschter Landschaftsverbrauch, gegen den Umweltschützer, Regionalplaner und Genehmigungsbehörden getrennt oder gemeinsam vorgehen. In fast allen Ballungsräumen sind Natur- und Landschaftsschutz wichtige Handlungsgrenzen; die Regierungspräsidenten wachen über die zu erwartenden Belastungen. Die Eigentümer bislang landwirtschaftlich genutzter Grundstücke sehen sich durch eine Umwidmung von Flächen in ihrer beruflichen Existenz bedroht. Weil viele Grundstücke in der Vergangenheit zu billig verkauft wurden und eine Ausweisung als Wohngebiet stets rentabler ist, kommt zu Marktpreisen keine Verkaufsbereitschaft auf.[139]

Jeder Aufsiedlung eines neuen GE- oder GI-Gebietes müssen Bauleitplanung und Erschließung vorangehen. Die Planung beginnt mit der Auswahl geeigneter Flächen im Gemeindegebiet. Es liegt nahe, derart grundsätzliche Erwägungen in die Aufstellung oder Überarbeitung des Flächennutzungsplanes einzubeziehen.[140] Dabei lassen sich

---

136 Feuerstein 1981, S. 10f., 18f., 44-46, 49; Tiepelmann 1984, S. 423f.; Heuer 1985, S. 24-26, 100-105; Lehner u.a., in: Andersen 1987, S. 178; Grabow/Henckel, in: Wollmann/Roth 1999, S. 625.

137 Naßmacher 1987, S. 252f.

138 Nach einer Umfrage des Deutschen Instituts für Urbanistik von 1993 befassen sich 1/3 der Betriebe mit Standortentscheidungen (Difu 1994, S. 4).

139 Heuer u.a., in: Afheldt u.a. 1987a, S. 136.

140 Biermann/Ziegner 1991, S. 204.

auch langfristige Nutzungskonflikte vorhersehen und die Flächenbevorratung optimieren. Dem Erwerb von Verfügungsrechten über die betreffenden Flächen (am besten: Ankauf durch die Gemeinde) könnte dann die Entwicklung von Nutzungskonzept und Bebauungsplan folgen. Durch Neuparzellierung (Umlegung) und innere Erschließung (Infrastrukturausbau) wird die aufzusiedelnde Fläche bebaubar gemacht. Bei der Grundstücksvergabe ist darauf zu achten, daß eine Nutzung der zugewiesenen Fläche für den (auswärtigen oder einheimischen) Betrieb technisch und wirtschaftlich möglich ist (Produktionsverfahren, Kundennähe). Im Gegenzug sollte die Gemeinde eine rasche und angemessene Nutzung vertraglich absichern.

Die Aufsiedlung bzw. Entwicklung neuer Standorte läßt sich nur als ein Prozeß betrachten, bei dem die Aufmerksamkeit der Beteiligten sehr stark wechselt. Damit ist zugleich die Gefahr eines unkoordinierten Vorgehens verbunden. Wenn (staatliche) Sonderbehörden berührt sind, die untereinander kaum Kontakt haben, muß die Kommunalverwaltung als Vermittler tätig werden. Die Koordination fällt je nach Bearbeitungsstand und Vorgehensweise unterschiedlichen Ämtern der Gemeindeverwaltung zu. Aber selbst zwischen den einzelnen Bereichen (insbesondere einer ausgebauten Stadtverwaltung) ist die Aufgabe nur schwer zu lösen, notfalls durch Dienstanweisung. Um für Investoren eine schnelle Nutzung zu ermöglichen, versuchen die kommunalen Verwaltungen, schwierige Sonderinteressen durch entsprechenden Zuschnitt des Planungsgebietes auszugrenzen oder die beabsichtigte Investition so zu beschränken, daß sich Mitspracherechte (etwa bei Verbrauchermärkten oder Immissionen) reduzieren. Zuweilen kann die Bedeutung einer Sonderbehörde (Naturschutz, Wasserwirtschaft, Gewerbeaufsicht, Straßenbauamt) stark durchschlagen.[141] Dann muß der Regierungspräsident als Schlichter fungieren, der zuweilen selbst ein Interesse an der Entwicklung des neuen Standortes und einer Beschleunigung des Verfahrens hat, um den zügigen Abfluß von Fördermitteln sicherzustellen.

Einflüsse von Trägern öffentlicher Belange kann die örtliche Verwaltung relativ gut voraussehen. Schwerer sind Repräsentanten organisierter Sonderinteressen (z.B. des Naturschutzes) einzuschätzen. Einzelne Bürger und Bürgerinitiativen werden als Risikofaktoren von der Verwaltung nicht immer genügend beachtet. Versuche,

141 S.d. Schäfer/Schmidt-Eichstaedt 1984, S. 118ff.

durch bewußte Umgehung von Mitwirkungsansprüchen eine Entscheidung „durchzuziehen“, gefährden die Glaubwürdigkeit für spätere Entscheidungen.[142] Andererseits kann ein mühsam erzielter Kompromiß mit Sonderinteressen (etwa der Verzicht auf eine GI-Ausweisung von Teilflächen) die Nutzungsmöglichkeiten erheblich beschränken.

Neben der Verfügbarkeit neuer Flächen wird auch deren Eignung häufig vernachlässigt. Weil moderne Betriebe ebenes Gelände bevorzugen, ist die Suche nach topographisch geeigneten Flächen ein besonderes Problem aller Gemeinden, die nicht im Flachland oder auf einer Hochebene liegen. Im Hinblick auf diese Standorte fällt es wiederum schwer, eingeschossige Billighallen durch entsprechende Ausweisung zu vermeiden. Geschoßbau wird zuweilen nur in der städtebaulich nicht wünschenswerten Form des Hochregallagers in Erwägung gezogen.[143] Da der Anschluß an das Fernstraßennetz die Standortqualität stark beeinflußt, werden Industrie- und Gewerbeflächen zwar in der Nähe entsprechender Auffahrten ausgewiesen, eine gute Anbindung der Stadt an das überörtliche Verkehrsnetz ist dadurch allerdings noch nicht gegeben. Die innerörtliche Verkehrsanbindung und damit die äußere Erschließung der Gewerbeflächen vollzieht sich in der Praxis oft mit erheblicher Verzögerung, weil konkrete Maßnahmen über Jahre in der Schwebe gehalten werden. Meist ist das Gebiet bei endgültiger Fertigstellung der Erschließungsstraße schon völlig bebaut.

Nach der Ausweisung im Bebauungsplan und einer (zumindest rudimentären) Erschließung sehen die Kommunen kaum Einflußmöglichkeiten auf die weitere Entwicklung eines neuen Standortes (GI- oder GE-Gebietes). Dies ergibt sich aus dem Grundproblem der lokalen Planungshoheit: Jeder Bebauungsplan, auch der für neue gewerbliche Standorte, ist ein Anreizprogramm. Die Gemeinde kann den künftigen Bedarf für gewerbliche Bauflächen zwar vorausschätzen, baurechtlich zulässige Vorhaben im neuen Gebiet durch ihre Planung aber nur anregen und die Umsetzung ihrer wirtschaftspolitischen Entwicklungsziele nicht erzwingen. Schon die Diskrepanz zwischen dem Zeitbedarf für öffentliche Planungen (mindestens zwei Jahre) und dem Handlungsdruck bei betrieblichen Entscheidungen legt eine „be-

142 Naßmacher 1987, S. 185ff.
143 Naßmacher/Naßmacher 1983, S. 40.

schleunigte Flächenbereitstellung“[144] als vorlaufendes und vorausschauendes Handeln der Gemeinden dringend nahe.

Oft gehen die ersten Bauanträge schon beim Baurechts-/Bauordnungsamt ein, bevor der Bebauungsplan rechtskräftig ist und die Erschließungsarbeiten abgeschlossen sind. Damit sich sichtbare Ansiedlungserfolge möglichst schnell abzeichnen, sind die Verwaltungen bereit, den Investoren entgegenzukommen und deren Bauwünsche vorab zu bearbeiten. Solche Weichenstellungen verstärken eine ohnehin investorenorientierte Gestaltung von Aufsiedlungsprozessen. Durch isolierte Betrachtung einzelner Bauanträge gerät im Laufe der Jahre das ursprüngliche Konzept für einen „neuen“ Standort aus dem Wahrnehmungsfeld.

Gemeinden, die im neuen Gewerbe- oder Industriegebiet über eigene Flächen verfügen, können die Aufsiedlung besser steuern. Beim Verkauf der Grundstücke lassen sich wirtschaftspolitische Ziele vertraglich absichern, z.B. die Vergabe an einen interessanten Investor, ein schneller Baubeginn, die Konditionen eines eventuellen Rückkaufs. Dennoch führt auch dieses Vorgehen nicht immer zum Erfolg; vertragliche Vereinbarungen, die als Steuerungsmöglichkeit gedacht waren, geraten leicht in Vergessenheit. Eine von der Gemeinde gewünschte Verlagerung erfordert häufig erhebliche Zugeständnisse. Meist müssen aus unterschiedlichen Förderprogrammen des Bundes und des Landes Subventionen fließen. Der zügige Mittelabfluß ist nur schwer zu koordinieren. In dieser Situation bleibt die Androhung, ein bereits vergebenes Grundstück zurückzukaufen, wegen des Verzichts auf umfangreiche Fördermittel ziemlich wirkungslos.

So können sich unbemerkt von den Akteuren, die jeweils mit verschiedenen Einzelfällen befaßt sind, allmählich Fehlentwicklungen einstellen, die letztlich einen Gewerbestandort entwerten. Dazu gehören übertriebene Vorratshaltung und Kümmernutzung ebenso wie drangvolle Enge bei besonders schnell gewachsenen Unternehmen. Das wichtigste Problem ist jedoch die partielle Nutzung durch Wohnungen, deren Häufung fast immer den Einstieg in eine Nutzungsmischung markiert, die auf lange Sicht zum Verlust von gewerblichen Bauflächen führt. Ein anderes Problem bildet die Häufung von Transportbetrieben, Material- und Gerätelagern, Bauhöfen, Groß- und Einzelhandelsbetrieben mit hohem Flächenbedarf bzw. geringer

144 Mahnke 1998, S. 121.

Arbeitsplatzdichte. Zu beobachten ist, daß sich immer häufiger Verbrauchermärkte (unterhalb der nur im Sondergebiet zulässigen Größenordnung) in Gewerbegebiete einschleichen. Auch Tennishallen, Bowlingbahnen und Diskotheken bieten der Gemeinde keine optimale Nutzung wertvoller Gewerbeflächen. Ähnliches gilt für die „vorübergehende" Nutzung von Pufferzonen/Vorratsflächen als Parkraum.

Als Zeithorizont zwischen der ersten Planungsidee und der vollen Aufsiedlung des neuen Gebietes sind über 10, eher 15 Jahre anzusetzen. Aus der Sicht von Unternehmen ist problematisch, daß die einzelbetriebliche Entwicklung (nach erfolgter Verlagerung oder Ansiedlung) keine Aufmerksamkeit bei Wirtschaftsförderern und lokalen Politikern mehr findet.[145] Tatsächlich erfordert die frühzeitige Bearbeitung der, auch in Gewerbequartieren fortlaufend entstehenden, Nutzungsprobleme kontinuierliche Nachkontakte zu den ansässigen Betrieben. Oft gehen die Verantwortlichen der Gemeinde davon aus, daß mit Grundstücksvergabe und Baugenehmigung eine Absicherung der örtlichen Wirtschaft auf Dauer erreicht sei. Aber nicht neue Technologie im Produktionsprozeß, sondern nur ein marktfähiges Produkt sichert das Überleben des Unternehmens. Allzu leicht wird übersehen, daß der für den Neubau von Betriebsgebäuden notwendige Aufwand bei kleinen und mittleren Unternehmen mit verbreitetem Kapitalmangel zu erheblichen Belastungen führt. Diese Probleme können selbst durch öffentliche Förderung nicht völlig beseitigt werden, so daß innerörtliche Verlagerungen keineswegs eine Modernisierung der Wirtschaft garantieren. Die Probleme am neuen Standort können – bedingt durch Nachbarnutzung und Verkehrsanbindung – bald denen am alten Standort durchaus ähnlich sein.

Die lokalen Akteure gehen meist davon aus, daß sich örtliche Interessenten für ein neues Gewerbegebiet (bei Bedarf) schon melden werden. Manchem Unternehmen ist jedoch mit dem Angebot eines neuen Standorts nicht gedient, weil es sich am alten Standort bereits verfestigt hat. Dies bezieht sich überwiegend auf den Kapitaleinsatz (Investitionen in Gebäuden und Anlagen), aber auch auf Kundenkontakte und Lieferbeziehungen im Nahbereich sowie die Wege der Arbeitnehmer zum Arbeitsplatz. Bei hohen Investitionen ist eine Verlagerung nur möglich, wenn der Betrieb das Grundstück am alten Standort

145 Naßmacher 1987, S. 202-204.

angemessen verwerten kann und erhebliche öffentliche Investitionshilfen hinzukommen.

Schrumpfendes Ansiedlungs- und Verlagerungspotential lenkt die Aufmerksamkeit der Gemeinden auf andere Problemlagen der Betriebs- und Stadtentwicklung. Dazu gehören vor allem die Folgenutzung brachgefallener Gewerbestandorte (Flächenrecycling, Nutzungssukzession, Konversion) und Nachbarschaftskonflikte aus dem Nebeneinander von Wohnen und Gewerbe.

5.2.4 Gemengelagen und Flächenrecycling (Standortsicherung als Aufgabe)

An alten Produktionsstandorten[146] mischen sich traditionell verschiedene Nutzungsarten in vielfältiger Weise („Gemengelagen"). Die Nähe von Wohnen und Arbeiten war in der Vergangenheit durchaus üblich und gewollt, weil geeignete Verkehrssysteme fehlten.[147] Eine Durchmischung von Wohnnutzung und gewerblicher Nutzung (MI-Gebiet im Sinne des Baurechts) kann sich auch allmählich als Fehlentwicklung einstellen: Genehmigt die Kommune im Laufe von Jahren eine Fülle von Bauanträgen, wegen der diskontinuierlichen Rahmenbedingungen sogar auf unterschiedlichen Rechtsgrundlagen, besteht für Betriebe die Gefahr einer Verfestigung am (falschen) Standort. Je stärker der Betrieb ist, um so eher wird es ihm gelingen, Nachbarnutzungen (andere Gewerbebetriebe, Wohngebäude) zu vereinnahmen. Dieser Verdrängungsprozeß ermöglicht ein Verbleiben des Betriebes am Standort, ohne Probleme des Betriebsablaufs (Produktionslärm, Luftverunreinigung, Verkehrslärm) zu beseitigen. Eine objektiv notwendige Entscheidung wird so jahrzehntelang hinausgeschoben, bis die Verlagerung schließlich für das Unternehmen undurchführbar geworden ist. Der Betrieb genießt Bestandsschutz, aber keine Entwicklungsgarantie.[148] Die Gemeinde kann zwar zugunsten des Betriebes die

146 Naßmacher, in: Gabriel 1989a, S. 342-345.

147 Erst neuerdings wird die Nutzungsmischung unter der Zielvorstellung einer nachhaltigen Entwicklung (Vermeidung von Verkehrsströmen) wieder in Erwägung gezogen. S.d. Jessen 1995, S. 391ff. und 1996, S. 1ff.

148 Für Einzelheiten s. Bullinger/Schäfer, in: Afheldt u.a. 1987a, S. 210-212,

Rechtslage am Standort sanieren, die Nachbarschaftskonflikte, insbesondere mit Wohnnutzern, jedoch nicht beseitigen.[149]

Typisch für alte Standorte ist, daß sich nebeneinander Betriebe unterschiedlicher Entwicklungsphasen finden. Betriebsneugründungen erfolgen häufig zur Risikominderung oder aus Kapitalmangel an provisorischen Standorten. Solange die räumlichen Bedingungen dort die wirtschaftliche Entwicklung des Betriebs nicht behindern, wird darin niemand ein Problem sehen. Zuweilen vergrößern die Betriebe selbst das Konfliktpotential, z.B. wenn sie neue Produktionsverfahren einführen und dabei im Vorgriff auf Genehmigungen (nach BauGB und BImSchG) oder stillschweigend die Betriebstätigkeit verändern. Unlösbare Gemengelagen in gemischten Nutzungsstrukturen können sich nicht nur aus Entscheidungen des Betriebes, sondern auch durch falsche Standortpolitik der Gemeinden ergeben. Häufig hat ein Betrieb irgendwann unter Mithilfe der Kommunalverwaltung einen geeigneten Standort bezogen, dieser wird aber im Laufe der Zeit immer stärker durch Wohnbebauung eingekreist.[150] Schließlich befindet sich der Betrieb objektiv nicht mehr an einem „richtigen" Standort und muß mit einem latenten Konflikt leben. Nachbarn, Öffentlichkeit und kommunale Akteure begreifen den Betrieb aus ihrer subjektiven Sicht irgendwann nur noch als „Störer" in einem allgemeinen Wohngebiet und behandeln ihn entsprechend.

Das für Gemengelagen typische Problem „störender Betrieb" ist keineswegs ein objektiv vorhandener Tatbestand.[151] Es kann sowohl durch betriebliche Veränderungen (neues Produktionsverfahren, betriebsbedingtes Verkehrsaufkommen) als auch durch Wandel der Maßstäbe oder Wechsel der Nachbarn bzw. lokaler Akteure verursacht werden. Neue Grenzwerte im Umweltrecht, andere Bearbeiter in der Kommunalverwaltung oder beim Gewerbeaufsichtsamt, die nachgewachsene Generation in einer Werkssiedlung sind mögliche Auslöser für die Wahrnehmung des Betriebes als Störfaktor. Damit der Fall politisch bearbeitet wird, muß jemand den Konflikt zwischen Betrieb und Nachbarschaft öffentlich oder wenigstens „aktenkundig" machen. Kommunale Verwaltungen neigen dazu, bei „störenden" Betrieben möglichst lange wegzusehen. So wird die allmähliche Entwicklung

149 Für einige Beispiele s. Naßmacher 1981, S. 216f.; Schanz 1987, S. 58-68.
150 Naßmacher 1987, S. 213, 215, 220.
151 Bullinger/Schäfer, in: Afheldt u.a. 1987a, S. 196, 201.

von kleinräumigen Problemen nicht ausreichend wahrgenommen, eine Problemlösung zu spät gesucht. Wächst der Problemdruck, etwa bei Lärmbelästigung, versuchen Politiker und Verwaltung eine Moderatorenrolle zwischen den Konfliktparteien einzunehmen, obwohl öffentliche Politik durch Tun oder Unterlassen, den Störfall überhaupt erst geschaffen hat. Läßt sich die Durchsetzung bestimmter Normen (gegen den „störenden" Betrieb) nicht vermeiden, so stehen drei Strategien zur Verfügung:

- Zunächst wird die Kommunalverwaltung versuchen, durch informelle Absprachen (Überzeugungsstrategie) den Betrieb zu umweltpolitischen Zugeständnissen zu bewegen.[152]
- Läßt sich der Einsatz von Geboten, Verboten und Strafandrohungen nicht vermeiden, so wird die Gemeindeverwaltung solche Maßnahmen gern einer Sonderbehörde, insbesondere dem Gewerbeaufsichtsamt, überlassen.
- Bringt auch dies keinen Erfolg, bleibt nur die dauerhafte Sanierung des Problemquartiers durch eine „Verlagerung um jeden Preis". Dabei muß dem Betrieb für die Verlagerungskosten ein erheblicher finanzieller Anreiz geboten werden. Städte und Gemeinden versuchen in solchen Fällen, bei der Vergabe von Subventionen die eigenen Mittel zu schonen und auf passende Landesprogramme auszuweichen.[153]

Im Gegensatz zur Bearbeitung von Problemen mit störenden Betrieben wird die für Baugenehmigungen zuständige Stadt- oder Kreisverwaltung bei Erneuerungs-, Modernisierungs- oder Erweiterungsinvestitionen durch Bauvoranfragen und Bauanträge für Betriebe in Gemengelagen zu konkreten Entscheidungen in einer angemessenen Frist gezwungen. Die Unternehmen spielen zuweilen ihr Potential als Steuerzahler und Arbeitgeber voll aus, sind aber in dieser Situation eher kooperationsbereit, weil sie an einer schnellen Abwicklung des Genehmigungsverfahrens interessiert sind. Probleme ergeben sich, wenn die zu beurteilende Baumaßnahme an einem Standort verwirklicht werden soll, der oft schleichend an eine Belastungsgrenze geführt wurde: Die Verschärfung der Situation, die erst im konkreten Einzel-

152 Hucke/Bohne, in: Wollmann 1980, S. 1980, S. 183, 193; Hucke/Ullmann, in: Mayntz 1980, S. 106, 109, 115.

153 Naßmacher 1987, S. 224-226, 229f.

fall bewußt wird, ist häufig durch ältere Vorhaben bedingt, deren Zulässigkeit nach § 34 BauBG beurteilt wurde und die den Charakter des Gebietes längst verändert haben.[154] Das Problembewußtsein dafür, wie Wohnbebauung betriebliche Entwicklung behindern kann, muß sich erst noch durchsetzen.

Sofern Investitionen in beplanten Gebieten anstehen, spielen Befreiungen und Ausnahmen von inzwischen veralteten Planungsgrundlagen eine bedeutende Rolle. So spricht manches für die These, die eigentliche Gewerbebestandspflege finde über Befreiungen im Baurechtsamt statt. Fallstudien zeigen, daß Kommunalverwaltungen mit Hilfskonstruktionen bis an die Grenze des eben noch Vertretbaren nach Lösungen suchen. Zuweilen sind Befreiungen als Gefälligkeit für einen Betrieb, gedacht, dem gar nicht bewußt wird, daß sein Standort auf Dauer nicht zu halten ist.[155] Irgendwann ist rasche Hilfe unmöglich, weil vom Instrument der Befreiungen und Ausnahmen im gleichen Quartier schon vorher ausgiebig Gebrauch gemacht wurde. Andererseits ist eine Runderneuerung unter Einsatz modernster Technologie dort nicht mehr zu verwirklichen, weil genehmigungspflichtige Anlagen nach den geltenden Immissionsschutzwerten zu beurteilen sind. Das Baurecht bietet sicher keinen Anreiz zum Einsatz innovativer Technologie.

Um Strukturveränderungen an alten Standorten einzuleiten, muß die Standortsituation großflächig überdacht werden. Dazu fehlt den städtischen Planern aber ein unmittelbarer Anreiz, weil sie fürchten müssen, durch ihre Planung „schlafende Hunde zu wecken". Auch die Einstellung der Kammern zur Überplanung alter Standorte ist eher ambivalent: Einerseits wünschen die Kammern Klarheit und Rechtssicherheit, andererseits befürchten sie eingeschränkte Entwicklungsmöglichkeiten der Betriebe. Die kommunalpolitische Erfahrung zeigt, daß jeder Bebauungsplan für solche Quartiere in der Gefahr schwebt, wegen Verfahrensfehlern und Abwägungsmängeln beim Verwaltungsgericht mit Erfolg angefochten zu werden. Das Ausweichen der Kommunalpolitik in eine Entflechtung durch Verlagerung wird durch Bemühungen um ein besseres Stadtbild und entsprechende Förderprogramme von Bund und Land noch verstärkt. Das durch Verlagerung freigesetzte Betriebsgebäude braucht dann eine Folgenutzung.

---

154 Vgl. Naßmacher 1987, S. 231-233.

155 Bullinger/Schäfer, in: Afheldt u.a. 1987a, S. 213.

Der Blick in alte oder gar mittelalterliche Städte, wie Lübeck, Wismar und Stralsund, Dillingen, Dinkelsbühl oder Rothenburg o.T., offenbart zweierlei: Neben erhaltener, bereits restaurierter und erhaltenswerter Bausubstanz bestimmen auch Abriß und Neubau die dynamische Entwicklung einer Gemeinde. Gerade in einer sich wandelnden Wirtschaft ist wechselnde Nutzung innerstädtischer Flächen in Betracht zu ziehen. Technologische Entwicklungen und öffentliche Maßnahmen gefährden langfristig die kontinuierliche Nutzung von Standorten.[156] Durch betriebliche Veränderungen (Betriebsaufgabe, Konkurs oder Verlagerung) werden immer wieder gewerblich genutzte Flächen (und Gebäude) freigesetzt: Es entstehen Gewerbebrachen. Bei ungestörtem Wirtschaftswachstum liefert der Grundstücksmarkt zügig und problemlos eine angemessene Neubelegung durch Folgenutzer: Nachbarbetriebe auf der Suche nach Erweiterungsflächen, Zweigbetriebe von Firmen aus einer anderen Region oder junge Betriebe am Ort, die einen angemessenen Standort suchen. In den letzten Jahren stoßen Städte mit „alter" Industrie bei der Wiedernutzung allerdings auf erhebliche Schwierigkeiten.[157] Gemeinden mit Entwicklungspotential droht die Umnutzung ehemaliger Gewerbestandorte durch Dienstleistungsbetriebe oder Mietwohnungsbau.

Unbeabsichtigtes Nicht-Handeln der öffentlichen Hand und planvolles Handeln privater Akteure bewirken langfristig eine Umwertung von Standorten. Die geringsten Probleme für eine marktwirtschaftliche Wiedernutzung werfen Büroräume und Verkaufsflächen auf. Bei handwerklich oder industriell genutzten Gebäuden werden die Schwierigkeiten um so größer, je weniger die Betriebsanlagen standardisiert sind bzw. je mehr der Boden mit ökologischen Altlasten behaftet ist.[158] So lassen sich die durch Strukturwandel brachgefallenen Flächen der „Rostgürtel"-Städte (auch durch Dienstleistungsexpansion) nicht problemlos einer Folgenutzung zuführen, weil erhebliche Altlasten einer Wiedernutzung entgegenstehen. Im Grenzfall schafft die marktwirt-

156 Naßmacher 1987, S. 272.

157 Sie müssen sich im Standortangebot auch noch gegenüber solchen mit Sonderprogrammen behaupten, z.B. für stark verunreinigte Flächen in Nordrhein-Westfalen oder Konversionsstandorte, für die eine Folgenutzung besonders attraktiv gemacht werden soll (Henckel/Hollbach 1991).

158 Naßmacher 1987, S. 277f. ; Henckel/Hollbach (1991, S. 11f.) rechnen daher damit, daß trotz zunehmender Überlegungen zum Flächenrecycling der Freiflächenverbrauch noch weitergehen wird.

schaftliche Lösung Handlungsdruck für die öffentlichen Akteure. Kommunaler Handlungsbedarf entsteht, wenn sich das Flächenrecycling (Wiedernutzung) jahrelang verzögert (Kümmernutzung, Leerstand). Typisch sind Übergangsnutzungen, wie Lager oder Spedition, aber auch Gemeinschaftseinrichtungen (Kommunikationszentrum, VHS) und Einzelhandel. Handlungsbedarf besteht auch, wenn eine Verdrängung von Industrie und Gewerbe durch wirtschaftlich stärkere Nutzungen (Umnutzung) droht.[159] Im Zeitablauf ergibt sich für Quartiere am Rande des Ortskerns eine über den Bodenpreis gesteuerte „Fruchtfolge“: Ackerbau, produzierendes Gewerbe, Wohnen, Dienstleistungen.[160]

Heute müßten die Städte zur Sicherung des örtlichen Gewerbebestandes dieser typischen Nutzungssukzession[161] entgegensteuern, um gewerbliche Tätigkeit nicht aus alten Standorten zu verbannen. Bebauungspläne können nicht mehr den ökonomischen Interessen einzelner Investoren (meist aus dem Wohnungsbau) folgen, sie müssen zur langfristigen Sicherung von Arbeitsplätzen in der Gemeinde beitragen. Solange neue Gewerbeflächen zur Verfügung standen, war es unproblematisch, brachgefallene Flächen einer handwerklichen oder industriellen Nutzungen zu entziehen und einer Wohn- oder Dienstleistungsnutzung zuzuführen. Leerstehende Industriegebäude fielen der Abrißbirne anheim und wurden mit Wohn- oder Bürohäusern neu bebaut. Der „Marktmechanismus“ löste (von der Gemeinde nur durch zügige Bauleitplanung unterstützt) (bei deutlich steigenden Grundstückspreisen) alle aus wirtschaftlicher Veränderung resultierenden Flächenprobleme. Sobald die Topographie einer Gemeinde (wie z.B. in Leonberg oder Leichlingen) diesem Prozeß ein natürliches Ende setzt oder umweltbewußte Bürger weiterem „Landschaftsverbrauch“ widersprechen[162] und deshalb die Sicherung der gewerblichen Flächen angezeigt ist, wird die Wiedernutzung brachgefallener GI- und GE-Flächen zum wirtschaftspolitischen Problem der Gemeinde.

Der Verkauf ungenutzter Vorratsflächen für Wohnzwecke ermöglichte früher so manchem örtlichen Betrieb ein Überleben. Im Konkursfalle realisierten Gläubigerbanken einen größeren Teil ihrer For-

---

159 Bullinger/Henckel, in: Afheldt u.a. 1987a, S. 218f., 231.

160 Bullinger/Naßmacher 1984, S. 134; Naßmacher 1987, S. 272; Bullinger/Henckel, in: Afheldt u.a. 1987a, S. 220.

161 Henckel 1982, S. 240, 247; Naßmacher 1987, S. 272ff.

162 Für ein Beispiel s. Naßmacher 1981, S. 213.

derungen durch Umnutzung. Die Finanzierung von (städtebaulich erwünschten) Verlagerungen erfolgte durch öffentliche Finanzhilfen (aus Bundes- und Landesprogrammen) und Bodenwertsteigerungen aus einer wohnungswirtschaftlichen Verwertung des alten Standortes.[163] In allen drei Fällen wurden die notwendigen Baugenehmigungen unter großzügiger Auslegung von §34 BauGB erteilt; notfalls waren Höherzonungen über entsprechende B-Pläne durchzusetzen oder durch Abriß „bei Nacht und Nebel" vollendete Tatsachen zu schaffen. Die öffentliche „Geburtshelferfunktion" bei privatwirtschaftlicher Umnutzung ist freilich immer ein Verzicht auf politische Steuerungsversuche gegen die Verwertungsinteressen von Grundstückseigentümern und die Automatik des Immobilienmarktes. Da solche Gebiete meist ohnehin an Wohnnutzung grenzen, wäre eine Wiedernutzung durch produzierende Betriebe nur mit wesentlichen Einschränkungen möglich. Sorge bereitet manchen Städten auch die Aussicht auf eine „Industrieruine", nachdem Stadt und Eigentümer jahrelang vergeblich einen Folgenutzer gesucht haben.

Wie schnell ein traditioneller Gewerbestandort brachfallen kann, zeigen Beispiele aus Leonberg und Leichlingen. Leichlingen konnte durch wohnungswirtschaftliche Umnutzung einer großen Industriefläche im Ortskern (nach dem Konkurs der Spinnerei Simons & Frowein) seinen Charakter als Wohn- und Schlafstadt zwischen Leverkusen, Solingen und Düsseldorf verstärken. In Leonberg mußte das Gipswerk, dessen Vorkommen in den sechziger Jahren erschöpft waren, stillgelegt werden. Die Stadt ließ auf dem ältesten Gewerbestandort größeren Ausmaßes durch die Neue Heimat eine neue Stadtmitte mit vorwiegend privaten Dienstleistungen und Wohnungen errichten und vermochte so den Kaufkraftabfluß nach Stuttgart, Ludwigsburg und Böblingen zu stoppen.

Die Probleme älterer Gewerbegebiete sind durchaus vorhersehbar: An dem damals aktuellen Verkehrssystem (der Schiene) entstanden, sind sie heute in der Regel nur über Stadtstraßen erreichbar. Überall sind diese Standorte inzwischen durch Wohnnutzung eingeholt oder mit Mischnutzung durchsetzt. Die Städte haben nie mit besonderem Nachdruck Flächen für eine gewerbliche Nutzung gesichert. Ein nachahmenswertes Gegenbeispiel bietet die Stadt Leonberg. An der Römerstraße, der innerstädtischen Achse von der neuen Stadtmitte zur S-

---

163 Naßmacher 1987, S. 276, 278, 281f., 286.

Bahn-Station, waren durch Konkurs in den siebziger Jahren bzw. Verlagerung in den achtziger Jahren die Flächen der beiden großen, seit den dreißiger Jahren auf unterschiedlichen Straßenseiten ansässigen, Industriebetriebe brachgefallen.[164] Heute findet sich auf den früher industriell genutzten Flächen (neben einem gewissen Anteil von Wohnnutzung) vor allem eine Tertiärnutzung durch große und kleine Handelsbetriebe sowie Büroräume. Die Büroarbeitsplätze in Bahnhofsnähe sichern in Verbindung mit den erweiterten Einkaufsmöglichkeiten (Neue Stadtmitte plus Römerstraße) der Stadt Leonberg ein Minimum an mittelzentraler Funktion.

Der Leerstand gewerblicher Flächen und Anlagen erweist sich regelmäßig als Schnittstelle marktwirtschaftlicher Allokationsprozesse (Investitionsentscheidungen privater Unternehmer/Grundstückseigentümer) und öffentlicher Steuerungsmaßnahmen. Ein klares, wirtschaftlich realisierbares Nutzungskonzept der Gemeinde und seine planungsrechtliche Absicherung in einem rechtskräftigen Bebauungsplan (auf keinen Fall mit MI-Ausweisung) sind die Voraussetzungen. Hinzukommen muß die politische Entschlossenheit der kommunalen Akteure, durch Nutzungsgebote, den Ankauf von Industriebrachen, die Wiederaufbereitung von Flächen (Abriß von Gebäuden) oder die Vermittlung zwischen Grundstückseigentümern und Investoren aktiv steuernd in die Folgenutzung einzugreifen.[165] Beides ist für den Erfolg jeder gewerblichen Wiedernutzung unverzichtbar. Guter Wille der Akteure reicht nicht aus; die politische Absicht, den Verwertungsinteressen der Eigentümer entgegenzuwirken, erfordert eine Strategie der Stadtentwicklung.[166] Sie wird bislang durch entscheidende Informationsmängel verhindert. Es fehlen die laufende Beobachtung betrieblicher Standortveränderungen und ein angemessenes Frühwarnsystem[167] ebenso wie eine detaillierte Kenntnis der einzusetzenden Instrumente. Erst damit lassen sich die interessenbedingten Unterschiede in der Problemwahrnehmung von Stadtplanungs-, Bauordnungs- und Liegenschaftsämtern überwinden.[168] Zuweilen ergibt sich beim Flächenrecycling durch sozialen Gewerbebau bzw. Standortgemeinschaften für Gewerbe, Büros oder Einzelhandel eine Verknüpfung mit anderen Entwicklungsmaßnahmen.

164 Naßmacher, in: Afheldt u.a. 1987a, S. 341f.

165 Naßmacher 1987, S. 274, 284, 291.

166 S. oben, Abschnitt 2.3.1.

167 Naßmacher/Schmidt, in: Afheldt u.a. 1987a, S. 285ff.

168 Bullinger/Henckel, in: Afheldt u.a. 1987a, S. 231, 233, 235.

5.2.5 Dienstleistungsstandorte und Gewerbehöfe (Standortentwicklung als Chance)

Bei der gewerbepolitischen Betreuung von Dienstleistungsstandorten stehen die Gemeinden vor zwei unterschiedlichen Aufgaben: Einerseits brauchen Wohnbevölkerung (und produzierendes Gewerbe) die *ortsnahe Versorgung* mit einer Fülle von Dienstleistungen, deren Sortiment zu optimieren ist. Andererseits entfalten Dienstleistungsbetriebe, die inzwischen zu wesentlichen Trägern des gesamtwirtschaftlichen Wachstums geworden sind, eine steigende *Nachfrage nach neuen* (z.T. anspruchsvollen) *Standorten*, deren Erschließung und Entwicklung die Gemeinde nicht allein den Marktkräften mit der jeweils höchsten Kaufkraft (z.B. von Versicherungen, Spielhallen oder Sexshops) überlassen kann.

Im Mittelpunkt der Überlegungen zur besonderen Entwicklung von Betrieben des Dienstleistungsbereichs steht die Tertiarisierung der Innenstädte: Banken, Versicherungen, Hauptverwaltungen großer Unternehmen und andere Anbieter von Büroarbeitsplätzen finden ihren Standort traditionell in den Zentren der großen Städte. Die Entwicklung der Bodenpreise in Verbindung mit weitgehend sternförmig angelegten Verkehrssystemen hat dazu geführt, die entsprechenden Arbeitsplätze in Etagen übereinander zu „stapeln". Hochhäuser scheinen die angemessene Lösung für eine wirtschaftliche Nutzung der knappen Ressource „Boden" im Innenstadtbereich. Die verbleibenden Probleme werden meist auf die Bewältigung des anfallenden Verkehrs (Transport von Mitarbeitern und Besuchern in den Bereich der Bürotürme) reduziert und als Alternative zwischen Individualverkehr (Parkhäuser) und öffentlichem Verkehr (Schnellbahn-Haltestellen) bearbeitet.[169]

Inzwischen sind die Mieten für Büros im Kernbereich der Großstädte kaum noch tragbar und in den wichtigsten Ballungszentren zeichnet sich schon ein Trend in Richtung Büroarbeitsplätze auf der „grünen Wiese" ab (z.B. Düsseldorf, Frankfurt, Hamburg, München). Für die kleineren Städte in den Ballungsrandzonen bietet sich eine ähnliche Chance wie bei der Massenabwanderung von Produktionsbetrieben in den sechziger Jahren: Die rasch wachsenden Dienstleistungsbetriebe brauchen Büroflächen mit akzeptablen Mieten. Verkehrsgünstig gelegene Standorte

---

169 Naßmacher, in: Blanke 1991, S. 446f.

(an Ausfallstraßen mit ausreichenden Parkflächen oder in unmittelbarer Nähe einer Schnellbahn-Haltestelle) lassen sich für Bürogebäude nutzen. Die Bauten in der Nähe von Großflughäfen oder großen Funkhäusern (Köln, Mainz) verdeutlichen die Entwicklungsrichtung. Langfristig werden auch die Dienstleistungsarbeitsplätze zur Entvölkerung und zum Attraktivitätsverlust der (meisten) Kernstädte beitragen, der bereits durch das Standortverhalten der Handelsbetriebe vorgezeichnet ist.

Seit Jahren ist die Entwicklung des Handels durch Konkurrenz zwischen Standorten in der Innenstadt und Einkaufszentren auf der „grünen Wiese" gekennzeichnet. Während die Einkaufszentren aufgrund ihrer Lage keinen Mangel an Parkplätzen kennen, ist die Existenz von Betrieben in der Innenstadt bedroht. Sie geraten in die Schere zwischen nachlassender Attraktivität (nicht zuletzt wegen der Anfahrts- und Parkprobleme) und steigenden Flächenkosten (nicht zuletzt wegen der Konkurrenz durch Büroarbeitsplätze). Dabei kann die Versorgung der Bevölkerung mit Gütern des täglichen Bedarfs und alltäglichen Handwerks- oder Dienstleistungen zum Problem werden.[170]

Das am Autofahrer orientierte Ladennetz am Stadtrand oder auf der „grünen Wiese" muß sich seinen Kundenzustrom (durch niedrige Preise, großzügige Warenpräsentation, intensive Werbung und kostenlose Parkplätze) selbst schaffen. Dennoch wird erwartet, daß sein Umsatzanteil (durch Einbeziehung von Fachgeschäften, Abrundung des Sortiments und Verbindung mit kommerziellen Freizeiteinrichtungen) zu Lasten der Innenstädte und Quartierszentren weiter steigen kann.[171] Die Folgen dieser Entwicklung für die Innenstädte zeichnen sich bereits ab: In alten Ortskernen gibt es zunehmend ungenutzte Ladenlokale. Aber auch die vorläufigen Sieger im Standortwettbewerb des Einzelhandels (Einkaufszentren und Fußgängerzonen) stehen schon wieder unter Wettbewerbsdruck. Der Umbau von Bahnhöfen zu Einkaufspassagen (z.B. Stuttgart, Leipzig, Augsburg, Wilhelmshaven) und der Aufbau von Fabrikverkaufszentren (factory outlets) verändern Handelswege, Einkaufsgewohnheiten und Versorgungssituation in den Großstädten. Für die ostdeutschen Städte war in den neunziger Jahren eine explosionsartige Ausbreitung großflächiger Einzelhandelsbetriebe auf der „grünen Wiese" zu konstatieren.[172] Die Entwicklung des

170 Vgl. Grabow 1996b.
171 Tietz/Rothaar 1991, S. 166f, 177.
172 Güttler u.a. 1995, S. 3, 6.

Einzelhandels in den Innenstädten wurde durch Beiträge zur Stellplatzablöse, Denkmalschutzauflagen und kommunale Gestaltungssatzungen zusätzlich belastet.[173] „Viele ostdeutsche Innenstädte haben ... (so – d. Verf.) ihre Funktion als wichtigster Ort des Handels ... gar nicht erst gewinnen können."[174]

Die Einrichtung von Fußgängerzonen als Strategie kommunaler Stadtentwicklung hat in vielen westdeutschen Städten zur Wiederbelebung der Innenstädte beigetragen. Leonberg hat die „neue Stadtmitte" mit Hochhäusern und Geschäftszentrum (Karstadt-Warenhaus, SB-Markt und etwa 60 Fachgeschäften) konsequent abgesichert. Da konkurrierende große Einkaufszentren („Breuningerland" in Ludwigsburg und Sindelfingen) die Funktion des Leo-Centers für den Mittelbereich Leonberg genauso auszuhöhlen drohten, wie die von Gemeinden des Umlandes entwickelten Versorgungszentren,[175] gab es entsprechende Interventionen: Auf der eigenen Gemarkung wie auch in Nachbargemeinden hat die Stadt Leonberg mit allen ihr zur Verfügung stehenden Mitteln Kaufkraftabflüssen auf die „grüne Wiese" entgegengewirkt.[176] Andere Mittelstädte vermochten die Standortqualität und Versorgungsleistung ihres zentralen Einkaufsbereichs (in der Regel einer gewachsenen Stadtmitte) nicht ausreichend zu schützen. Besonders problematisch erscheint diese Entwicklung, wenn die Attraktivität der Innenstadt nicht ausgeprägt, die Kaufkraft der Bürger relativ gering und kein Kaufkraftzufluß aus dem Umland zu erwarten ist. Zusätzlich stellen kommerzielle Vergnügungsangebote (Spielhallen) eine gefährliche, weil zahlungskräftige, Konkurrenz für die Betreiber von Ladengeschäften in gemieteten Räumen dar.

Die Zentralisierung zahlreicher Dienstleistungen, die Konzentrationsbewegung im Einzelhandel und der Trend zu Verbrauchermärkten

---

173 Franz u.a. 1996, S. 31, 109.

174 Grabow 1996a, S. 176.

175 Naßmacher/Naßmacher 1983, S. 40f. Existenz und Entwicklung der neuen Stadtmitte in Leonberg haben jedoch dazu beigetragen, die Sanierung am historischen Marktplatz zu erschweren. Vgl. oben, Abschnitt 2.3.1.

176 In den neuen Bundesländern wurden einzelne Projekte dadurch bekämpft, daß eine Stadt – z.B. Leipzig – Klage gegen die Planungsverfahren erhob. Außerdem gab es Absprachen mit dem für Regionalplanung und Genehmigungen zuständigen Regierungspräsidium. Kontakte mit der Region Halle sollten dazu dienen, die Agglomeration zwischen Halle und Leipzig gemeinsam planerisch zu gestalten (McGovern 1997). Zur interkommunalen Zusammenarbeit bei großflächigen Einkaufszentren s. Hatzfeld 1989.

gefährden die quartierspezifische Versorgung. Der tägliche Bedarf läßt sich in Stadtquartieren immer seltener fußläufig decken. Zugleich besteht das Problem der Ladenhandwerke, der Ärztehäuser oder der regelmäßig nachgefragten Reparaturdienste. So wird auch die Versorgung von Haushalten und Betrieben mit ortsnahen Handwerksleistungen und Produkten für den täglichen Bedarf zu einer Aufgabe der kommunalen Wirtschaftspolitik. Sie kann nicht mehr davon ausgehen, daß in gewachsenen Quartieren Handelsbetriebe und Dienstleistungsangebote erhalten bleiben oder daß sich in neuen Wohngebieten (mit einer gewissen Verzögerung) Einzelhandels- und Dienstleistungsbetriebe automatisch ansiedeln, weil Absatzpotential vorhanden ist. Warenangebot und Dienstleistungen (einschließlich der über den täglichen Bedarf hinausgehenden) sind ein generelles Problem der Stadtentwicklung in hochentwikkelten, marktwirtschaftlich organisierten Gesellschaften.

Die in vielen nordamerikanischen Städten praktizierten privatwirtschaftlichen Lösungen einer Verbindung von Freizeitgestaltung und Einkaufsvergnügen für die ganze Familie weisen wichtige Gemeinsamkeiten auf, aus denen eine akzeptable Strategie zur wirtschaftlichen (und nicht nur baulichen) Sanierung der Innenstädte entwickelt werden kann. Zunächst einmal erscheint die vollständige Abkopplung des Einkaufserlebnisses von den aktuellen Witterungsbedingungen als gemeinsame Errungenschaft moderner Einkaufszentren. Das wichtigste Element ist jedoch die Verknüpfung von Einkauf und Erholung. Für Erwachsene und Kinder sind viele Freizeitangebote vorhanden: Essen und Trinken, Kinos, Theater, Eislaufen, Badezentrum, Minigolf.[177] Auch deutsche Städte wollen ihre zentralen Geschäftslagen durch kommunale (oder kommunal-koordinierte) Unterhaltungsangebote (Kirmes, Stadtfeste oder Kultursommer) attraktiv machen. Die Schwäche dieser Angebote scheint vor allem in ihrer Diskontinuität zu liegen. Eine sektoralisierte Kommunalpolitik, die ohne interne Abstimmung für angemessene Lösungen des Verkehrsproblems oder ausreichende Freizeitangebote (Programmkino oder Badeanstalt, Jugendzentrum oder Altentreff) sorgt, verfehlt planmäßig die Möglichkeiten einer koordinierten Organisation von Einkaufs- und Vergnügungserlebnissen für alle Altersstufen.

Auch Handelsbetriebe profitieren davon, wenn Eltern in Ruhe einkaufen können, während sich ihre Kinder mit den Freizeitangeboten

---

177 Naßmacher, in: Blanke 1991, S. 447-449.

eines Einkaufszentrums „amüsieren". Um die Erfahrungen mit großräumigen Einkaufszentren für die wirtschaftliche Rettung der Innenstädte zu nutzen, ist ein durchgängiger Betrieb von Unterhaltungsangeboten auf kommerzieller oder nichtkommerzieller Basis sicherzustellen. Einkaufen unter Glas im Erlebnisraum City erfordert systematische Koordination und Kontinuität des Angebots sowie ein zentrales Management (City-Management)[178] für den Branchenmix (einschließlich der Sortimentsgestaltung), das Unterhaltungsprogramm (Kultur- und Freizeitangebot für unterschiedliche Adressatengruppen) sowie Pflege des Stadtbildes. Erst eine Kombination aus privater Initiative, genossenschaftlicher Aktivität (aller am Standort tätigen Betriebe) und öffentlicher Politik ermöglicht eine optimale Entfaltung des wirtschaftlichen Potentials zur Sanierung, Stabilisierung und Weiterentwicklung der Innenstädte.

City-Management kann als Public-Private-Partnership alle an der Aufwertung einer Innenstadt interessierten Kräfte zusammenführen, ihre Interessen aufeinander abstimmen und ihre Aktivitäten koordinieren. Erst nach einer Bestandsaufnahme läßt sich für die jeweilige Stadt ein konkretes Bündel aus kommunalen Maßnahmen und Aktivitäten der örtlichen Betriebe entwickeln. Dieses Maßnahmenbündel ist im Detail zu planen, seine Umsetzung konsequent zu überwachen. Der City-Manager muß als Spezialist unabhängig agieren, professionelle Erfahrung mitbringen und in der Stadt präsent sein.[179] Während ein City-Manager vor allem für die Erhaltung des innerstädtischen Gewerbes arbeitet, muß der kommunale Wirtschaftsförderer seine Aufmerksamkeit in erheblichem Umfang dem sich entwickelnden Potential zuwenden.

Betriebe mit weniger als 10 Beschäftigten haben nicht erst in den neunziger Jahren und nicht nur in Deutschland die meisten Arbeitsplätze geschaffen. Hierzu zählen auch die jungen Unternehmen. Der auffallende Kontrast zu den arbeitskräftesparenden Rationalisierungsmaßnahmen der industriellen Großbetriebe[180] verschafft jungen,

---

178 Wienand, in: Maier 1994, S. 65f.

179 Heimann und Rathmayer, in: Grabow/Löhr 1991, S. 71, 74-77, 79, 81.

180 So auch Burgess, in: Maier 1994, S. 14; Dahremöller (1987, S. 129) mit Daten für die siebziger und achtziger Jahre. Steinröx (in: Ridinger/Steinröx 1995, S. 95) konstatiert, daß zwischen 1980 und 1990 die Zahl der Beschäftigten in Großunternehmen (mit über 500 Beschäftigten) um durchschnittlich 2% stieg, in Betrieben mit weniger als 20 Beschäftigten je nach Branche jeweils zwischen 8 bis 12%. Falls die These vom Ende der Massenproduktion (Pio-

im Aufbau befindlichen Unternehmen (Existenzgründern) endlich jene Aufmerksamkeit bei Politik und Medien, die sie als unverzichtbares Element einer sich wandelnden Wirtschaft längst verdienen. „Kommunalpolitiker und Gemeindeverwaltungen sollten Existenzgründer als Entwicklungspotential stärker ins Blickfeld nehmen.“[181] Bereits in den achtziger Jahren fanden 50% aller Neugründungen im Dienstleistungsbereich statt. Existenzgründer liefern nicht nur neue Beschäftigungsmöglichkeiten für anderswo freigesetzte Arbeitskräfte,[182] sie sind auch Motor des Strukturwandels. Die Förderung innovativer Existenzgründungen und junger Unternehmen ermöglicht also eine zukunftsorientierte Entwicklung der örtlichen Wirtschaftsstruktur. Dazu muß sich die Kommunalverwaltung aber mit den spezifischen Problemen junger Betriebe vertraut machen.

Viele Existenzgründungen finden in traditionellen Branchen statt. Hier kann es u.U. auch zu Betriebsübernahmen mit oder ohne Nutzung des bisherigen Standortes kommen. Die Nachfolgefrage für die aus Altersgründen ausscheidenden Unternehmer scheint im kommenden Jahrzehnt ein sehr wichtiges Problem. Der Übergang zwischen Unternehmensübernahme und Existenzgründung ist durchaus fließend.[183] Die Bereitschaft, den Schritt in die Selbständigkeit zu wagen, erfordert eine Marktlücke für ein Produkt oder eine Dienstleistung (Geschäftsidee), ein Mindestmaß an Berufserfahrung, Branchenkenntnis und Unternehmerqualifikation, Kontakte für Informationsaustausch sowie ausreichendes Kapital für die erste Phase des Gründungsprozesses (Wagniskapital).[184]

Eine Geschäftsidee zu entwickeln, ist die wichtigste kreative Leistung des Existenzgründers. Hilfe kann er erst für die Einschätzung der Marktreife seines „Produkts“ und die Entwicklung eines Geschäftsplans sowie die Vermittlung von Kontakten erwarten. Ersteres

---

re/Sabel 1989) zutrifft, dürfte der Bedeutungszuwachs langfristig noch größer sein.

181 Heuer/Roesler, in: Afheldt u.a. 1987a, S. 170.

182 Dahremöller 1987, S. 130, 140.

183 Existenzgründung und Bestandsentwicklung bezeichnen deshalb zuweilen den gleichen Sachverhalt.

184 Über die Relevanz der verschiedenen Faktoren wird gestritten. So sehen Wissenschaftler die Bereitstellung von Wagniskapital für die Entwicklung in Oberitalien nicht als zentral an. Eher gelten das Know How, der Einsatz von Arbeitskraft und der Informationsaustausch als relevant (Cooke, in: Campbell 1990, S. 40).

erfolgt im Zusammenhang mit der Kapitalbeschaffung und deshalb gilt es als natürliche Aufgabe eines Eigenkapitalgebers (Wagnisfinanziers) oder der Hausbank, die auch den Weg zu öffentlichen Finanzhilfen des Bundes und des jeweiligen Landes erschließen. Der andere „natürliche Helfer" eines Kleinbetriebes, sein Steuerberater, kann erst nach einer gewissen Dauer der Betriebstätigkeit in Aktion treten. Aus ihrer Berufstätigkeit bringen Existenzgründer (ganz überwiegend jünger als 40 Jahre) fachliche Qualifikationen in Handwerk, Handel oder Dienstleistungen mit.[185] Die üblichen Schwächen in der Unternehmerqualifikation, insbesondere bei Marketing und Management, versuchen die großen Standesorganisationen (Industrie- und Handelskammer bzw. Handwerkskammer) durch Beratungsangebote und Möglichkeiten zum Erfahrungsaustausch zu bearbeiten.

Der Einstieg in den Aufbau eines Unternehmens scheint wohlgeordnet. Dennoch scheidet etwa die Hälfte aller Existenzgründer nach den ersten Jahren des Bestehens wieder aus dem Markt aus.[186] Für die kommunale Wirtschaftsförderung wäre es wichtig zu wissen, welche Hälfte der jungen Betriebe überlebt, denn nur durch diese kann eine Gemeinde neue Arbeitsplätze schaffen und von ihnen künftige Gewerbesteuereinnahmen erwarten, kurz: den eigenen Betriebsbesatz entwickeln. Die Unsicherheit der Gemeinden bezieht sich zunächst auf die Auswahl (kommunalpolitisch gesehen) förderungswürdiger Existenzgründer. Wenn alle Weichenstellungen bereits erfolgt sind, kann die Gemeinde (ebenso wie der Unternehmer) nur noch auf ein Überleben hoffen. Die formelle Gewerbeanmeldung erfolgt zwar beim Ordnungsamt, zieht den Kreis der „Betreuungsfälle" jedoch viel zu weit. Ähnliches gilt für einen Zugriff der Gemeinde über die Zwangsmitgliedschaft bei der Industrie- und Handelskammer bzw. der Handwerkskammer.[187] Die Eintragung ins Handelsregister wiederum erfaßt nur eine Minderheit (ca. 1/3) der Existenzgründer. Auch der optimale Zeitpunkt für eine Kontaktaufnahme zwischen dem jungen Unternehmen und dem kommunalen Wirtschaftsförderer läßt sich nicht allgemein festlegen.

Von zentraler Bedeutung ist, daß bei Existenzgründern die natürliche Verknüpfung zwischen Betrieb und Gemeinde fehlt. Die Wahl des

---

185 Bodenstedt u.a. 1982, S. 77.

186 Die Angaben für unterschiedliche Zeiträume schwanken zwischen einem Drittel und zwei Dritteln. Dahremöller 1987, S. 139; Heuer/Roesler, in: Afheldt u.a. 1987a, S. 154.

187 Heuer/Roesler, in: Afheldt u.a. 1987a, S. 161, 152.

ersten Betriebsstandortes gilt dem Existenzgründer (und seinen Beratern) als nebensächlich. Kapital ist knapp, der Betrieb klein; Kundenbeziehungen sind erst aufzubauen, Arbeitnehmer kaum vorhanden. Der provisorische Standort soll das wirtschaftliche Risiko mindern helfen:[188] das eigene Wohnzimmer, ein Abstellraum, eine Garage, ein Keller oder ein anderer zufällig verfügbarer, gerade leerstehender Raum, fast immer in Wohngebieten. Dennoch kann kommunale Wirtschaftsförderung gerade hier ansetzen.[189] Gemeindeverwaltungen kennen Gewerbebrachen, können also Gebrauchtstandorte (alte Industriegebäude), ggfs. nach Aufteilung, Umbau und Qualitätsverbesserung, einer (vorübergehenden) Nutzung durch junge Betriebe zuführen. Selbstverständlich muß keine Gemeinde für solche Initiativen auf das Brachfallen geeigneter Gebäude warten; entsprechende Gebäude können auch eigens für junge Unternehmen errichtet werden.

Bei Technologieparks und Gründerzentren[190] ist keineswegs sichergestellt, daß dort Existenzgründer aus innovativen Branchen zur positiven Wirtschaftsentwicklung ihrer Gemeinde beitragen. Durch Gewerbehöfe oder Handwerkerhäuser werden vorrangig Betriebe aus traditionellen Branchen angesprochen, die an ihrem bisherigen Standort nicht weiterarbeiten können. In Wissenschaftsparks können Kommunen den Trägern hochqualifizierten Humankapitals (Hochschulabsolventen, High-Tech-Unternehmen, Existenzgründern) durch Nähe zu Forschungseinrichtungen einen „Brutkasten" für den Aufbau neuer Betriebe schaffen[191] und den schnellen Transfer von der Wissenschaft in die Praxis sichern. Stets sind die Kommunen – neben den Kammern – in Konzeption und Finanzierung sowie die Akquisition von Nutzern eingeschaltet.[192] Häufig stellen die Gemeinden auch materielle und personelle Infrastruktur bereit. In diesen Zentren werden den Unternehmen kostengünstige Flächen, Gemeinschaftseinrichtungen und Serviceleistungen angeboten. Dazu gehören Empfang, Fax- und Telefonservice, Kopierer, Schreibarbeiten, gemeinschaftlich genutzter Besprechungsraum, Teeküche und ggfs. auch Kantine sowie die Vermittlung von Finanzierungsquellen und Beratungsleistungen. Begin-

---

188 Bodenstedt u.a. 1982, S. 82; Heuer/Roesler, in: Afheldt u.a. 1987a, S. 155, 157, 159; Naßmacher 1987, S. 275.

189 Diesen Aspekt übergehen Grabow/Henckel, in: Wollmann/Roth 1999, S. 627.

190 Zur Abgrenzung s. Sternberg, in: Ridinger/Steinröx 1995, S. 203.

191 Maier/Schübel, in: Maier 1994, S. 6f.

192 Grabow u.a. 1990, S. 8; Kirchhoff/Müller-Godeffroy 1991, S. 49.

nend mit dem Berliner Innovations- und Gründerzentrum im November 1983 erreichte die Gründungswelle der Technologiezentren schon 1985 einen ersten Höhepunkt; der Mediapark Köln ist das wohl anspruchsvollste Vorhaben.[193] Immer handelt es sich um Standortgemeinschaften von relativ jungen Unternehmen, deren betriebliche Tätigkeit vorwiegend in der Entwicklung, Erzeugung und Vermarktung neuer Produkte und Dienstleistungen liegt.

Für die erfolgreiche Entwicklung von Gründerzentren und Gewerbehöfen lassen sich aus den bisherigen Erfahrungen einige Empfehlungen ableiten:[194]

- Wenn die betriebliche Tätigkeit vorwiegend in der Entwicklung technologisch neuer Produkte und Verfahren liegt (innovative Technologiebetriebe), sind Technologieberatung und Kommunikationsnetzwerke („Innovationsmilieus") unverzichtbar; ein wirksamer Technologietransfer muß kleinen und mittleren Unternehmen bei Produkt- und Prozeßinnovationen helfen.
- Kammern, Wirtschaftsverbände und Kreditinstitute sollten mit der Kommune gemeinsam das Gründerzentrum betreiben und den hohen Beratungsbedarf (Finanzierungs-, Management-, Marketingberatung) angemessen bearbeiten; dabei kann ein Beirat, in dem Hochschulen und Kammern vertreten sind, Anknüpfungsmöglichkeiten sichern.
- Der örtliche Träger (meist eine GmbH) muß nicht nur die Belegung des Gebäudes organisieren, sondern auch gemeinsame Bürodienste und Serviceleistungen für die Mieter anbieten sowie den Zugang zu weiteren Beratungsleistungen vermitteln.
- Bei der Belegung ist nicht nur auf kontinuierlichen Wechsel der Nutzer, sondern auch auf eine Mischung aus normalen Gründern, innovativen Technologiebetrieben und halbwegs etablierten Kleinunternehmen zu achten.[195]

Die Gemeinde sollte vom Gründerzentrum im Hinblick auf die örtliche Wirtschaftsstruktur und den lokalen Arbeitsmarkt keine Wunder erwarten. Die Existenzgründung ist weder ein Königsweg aus der in-

---

193 Uhlig 1990, S. 107-109; Kirchhoff/Müller-Godeffroy 1991, S. 44, 46, 48; Sternberg, in: Ridinger/Steinröx 1995, S. 205.

194 Vgl. Heuer 1985, S. 165-169.

195 Vgl. Burgess und Kiera, in: Maier 1994, S. 20 bzw. 45; Sternber 1997, S. 59f.; Mahnke 1998, S. 121.

dividuellen Arbeitslosigkeit noch ein Wundermittel für die wirtschaftliche Entwicklung von Gemeinden oder Regionen. Ein normaler Gewerbehof kann schon eine wichtige Hilfe sein.[196] Bei diesen Zentren geht es vor allen Dingen um die Senkung der Fixkosten als wesentlichem Standortvorteil.[197] Natürlich muß bei niedrig angesetzten oder zeitlich gestaffelten Mieten auch auf Mitnahmeeffekte geachtet werden. Die meisten Unternehmensgründer hätten ohne dieses Angebot den Schritt in die Selbständigkeit vollzogen.

Da betriebliches Wachstum weder im zeitlichen Ablauf noch im künftigen Flächenbedarf planbar ist, kann räumliche Flexibilität für jeden Existenzgründer zum besonders wichtigen Vorteil der „Standortgemeinschaft" werden.[198] Für die Aufteilung der (vermietbaren) Nutzfläche bietet der Wissenschaftspark Münster wichtige Anhaltspunkte. Dort entfallen auf Büros 45%, auf Labors 40%, auf Werkstätten und Produktion zusammen 10% und auf Lager etwa 5% der Gesamtfläche. Daneben werden Cafeteria und Besprechungsräume vorgehalten.[199] Schließlich bildet die „Möglichkeit informeller Kontakte und Geschäftsbeziehungen mit anderen Betrieben im Zentrum" („Brutkasten-Atmosphäre") einen nur schwer abschätzbaren Beitrag der kommunalen Wirtschaftsförderung.[200] Die regionalwissenschaftliche Diskussion betont die Bedeutung sehr stark, während sie bei den befragten Unternehmern eher eine nachrangige Rolle zu haben schien. Die Einbindung in ein lokales oder regionales Netzwerk ist allerdings für die regionale Bindung des Unternehmens von Bedeutung.[201] Beim Standortwechsel legen Betriebe besonderen Wert auf infrastrukturell gut erschlossene Gebäude und Grundstücke.

Für weitergehende Hilfen gegenüber Existenzgründern ist die Aufgabenstellung seit Jahren bekannt; es fehlen aber realistische Perspektiven einer angemessenen Bearbeitung der Probleme:

Als typische Entwicklungsprobleme von mittelständischen Unternehmen gelten: Absatz (insbesondere Marktanalyse, Informations-

---

196 Heuer 1985, S. 169; Grabow/Henckel, in: Wollmann/Roth 1999, S. 627.

197 Sternberg u.a. 1996, S. 115; Kühn/Floeting 1995, S. 101.

198 Mieträume (Verfügbarkeit, Preis und Flexibilität) sind in mehr als 80% der Fälle der entscheidende Standortvorteil (Sternberg u.a. 1996, S. 117, 119).

199 Kirchhoff/Müller-Godeffroy 1991, S. 66.

200 Zitate bei: Heuer 1985, S. 166 bzw. Heuer/Roesler, in: Afheldt u.a. 1987a, S. 171.

201 Sternberg u.a. 1996, S. 118, 119 u. 181.

dichte bei Forschung und Entwicklung), Finanzierung (vor allem unzureichende Eigenkapitalausstattung) und Personal (wegen der durch traditionelle Industrie geprägten Qualifikationsprofile).[202]

Staatliche Förderprogramme und verfügbare Beratungsleistungen sind unzureichend koordiniert; die von Existenzgründern gewünschte Beratung „aus einer Hand“ ist nicht in Sicht;[203] die unternehmerische Qualifikation wird bislang vor allem durch Versuch und Irrtum geschult und bleibt eine deutliche Schwachstelle.[204]

- Das „behördenähnliche Erscheinungsbild“ der Kammern verhindert, daß deren Hilfsangebote zur Entwicklung der Unternehmerqualifikation (nicht zuletzt in Personalführung und Arbeitsrecht) und bei der Bewältigung von „Behördenkram“ (insbesondere der Vielfalt von Zuständigkeiten) angenommen und nutzbar gemacht werden.
- Die (kostenbedingte) Standardisierung des Massengeschäfts bei allen Banken und Sparkassen hat gerade für Kreditrisiken jenseits von Dispokredit und Anschaffungsdarlehen ein Absicherungsbedürfnis erzeugt, das von Existenzgründern als übersteigert erfahren wird.[205]

Jedes dieser Probleme bildet für Kommunen und Gesamtwirtschaft gleichermaßen eine höchst unerwünschte Wachstumsbremse. Dennoch ist nicht vorstellbar, wie Städte, Kreise und Gemeinden bei deren Beseitigung wirksam eingreifen könnten. Diese Verschränkung zwischen Bundes-, Landes- und Kommunalpolitik zeigt sich auch bei der politischen Bearbeitung von Wohnungsproblemen.

5.3 Kommunale Wohnungspolitik

Für die Versorgung der Bevölkerung mit angemessenem Wohnraum ist Wohnungspolitik nur deshalb nötig, weil die Selbststeuerungskräfte des Wohnungsmarktes versagen: während preisgünstiger Wohnraum

202 Lehner u.a., in: Andersen 1987, S. 184f.; vgl. auch ebenda, S. 179f.

203 So klagen kleine Betriebe über eine Informationsflut; die Programme stellen zuweilen „eine Quelle der Verunsicherung dar“ (Staudt/Schmeisser, in: Staudt 1986, S. 186, 191). Hier könnten die Wirtschaftsförderer durch gut vorbereitete Betriebsbesuche einen wesentlichen Beitrag leisten (Kühn/Floeting 1995, S. 98). S.a. Grabow/Henckel, in: Roth/Wollmann 1994, S. 434.

204 Naßmacher 1987, S. 167f.

205 Heuer/Roesler, in: Afheldt u.a. 1987a, S. 159f., 164f., 170.

nicht in ausreichender Menge bereitzustellen ist und erhalten werden kann,[206] stehen teure Eigentumswohnungen und zum Teil auch Mietwohnungen leer. „Wohnungspolitik ist nur dort und nur soweit nötig, wie Ungleichheit und Not den staatlichen Eingriff erforderlich machen.“[207] Die häufige Wiederkehr bzw. alarmierende Entdeckung der „neuen Wohnungsnot“ deutet auf dieses Marktversagen hin. Ineffizienter und unberechtigter Einsatz öffentlicher Mittel führt ebenso regelmäßig zur Forderung nach mehr Markt.[208]

Die Eingriffe der Städte und Kreise in den Wohnungsmarkt haben eine lange Tradition.[209] Kommunale Aktivität löste Initiativen ab, die im vorigen Jahrhundert von wohlhabenden Konservativen, Philanthropen und Liberalen aus sozialer und christlicher Verantwortung[210] unternommen, aber auch von revisionistisch orientierten Sozialdemokraten[211] befürwortet wurden. Der heutige Wohnungsmangel ist keineswegs vergleichbar mit dem in früheren Phasen der Entwicklung. Statistisch gesehen war die Versorgung mit Wohnfläche je Person noch nie größer als heute.[212] Im Durchschnitt verfügt jeder über 36,5 qm (alte Bundesländer) bzw. 28,1 qm (neue Bundesländer), [213] 60% der Haushalte mit fünf und mehr Personen haben mehr als 100 qm zur Verfügung. Wohnungspolitik darf aber nicht nur als Wohnflächenpolitik gesehen werden. Vielmehr geht es auch um den Preis, die Qualität (insbesondere in den neuen Bundesländern)[214] und die Lage der

206 1991 belief sich der Fehlbestand nach groben Schätzungen auf 2,8 Mio. Einheiten (Neumann/Rohmahn, in: Neumann 1994, S. 11).

207 Siebel, in: Afheldt u.a. 1987b, S. 10.

208 S.d. Neumann/Romahn, in: Neumann 1994, S. 9ff. Besonderheiten des Wirtschaftsgutes Wohnung sind, daß es nicht beliebig vermehrbar, immobil und nicht ersetzbar durch andere Güter ist (ebenda, S. 13f.).

209 Siehe dazu Wollmann, in: Evers u.a. 1983, S. 92ff.

210 Reschl, in: Pfizer/Wehling 1991, S. 251; Groß-Wilde, in: Neumann 1994, S. 99ff.; zum Werkswohnungsbau, der ab 1923 deutlich zurückging, s. ebenda, S. 104.

211 Hirsch 1920; Brecht 1952, S. 81ff.

212 Vergleichszahlen für den Anfang des Jahrhunderts bei Häußermann/Siebel 1996, S. 66.

213 Heinz u.a., in: Klemisch u.a. 1994, S. 162. Inzwischen hat sich nach Angaben des Bonner ifs-Instituts die Wohnflächendifferenz zwischen Ost und West auf 5 qm reduziert. Dies ist vor allem durch den Zuwachs an durchschnittlicher Wohnfläche in den neuen Bundesländern bedingt (FAZ vom 6.3.1998). Zur Datenlage s. Häußermann/Siebel 1996, S. 181ff.

214 Vgl. dazu Bachmann, in: Neumann 1994, S. 77.

Wohnungen. Familien mit normaler Haushaltsgröße (zwei Erwachsene und zwei Kinder) können im Ballungsraum in „neue“ Wohnungsnot geraten. Ansonsten sind vor allem stigmatisierte Personen betroffen: Alte, Ausländer, Auszubildende, Arbeitslose, Alleinstehende, Alleinerziehende (die sogenannten A-Gruppen).[215]

5.3.1 Aufgaben und Ziele

Die Planungshoheit der Gemeinden bedingt, daß sie Marktprozesse begleiten müssen. Es geht darum, neue Flächen für den Wohnungsbau auszuweisen, durch Maßnahmen des Baurechts eine verdichtete Bebauung sicherzustellen sowie die Umnutzung oder Zweckentfremdung von Wohnraum zu verhindern. Durch finanzielle Anreize müssen Eigentümer und Investoren dazu veranlaßt werden, den Wohnungsbestand zu erhalten, zu verbessern oder neuen Wohnraum zu schaffen.

Die Kommunen sind in verschiedenen Phasen der historischen Entwicklung weit über diese Aktivitäten hinausgegangen. Besonders in Zeiten übergroßer Wohnungsnot, beim Ansteigen der Baukosten und beim Rückzug des Privatkapitals aus dem Wohnungsbau wurden die Städte selber zu Bauherrn.[216] Die großzügige Subventionierung des Wohnungsbaus ist ein Novum der Weimarer Zeit: Sie ist die Geburtsstunde des sozialen Wohnungsbaus.[217] Dies galt allgemein – vor allem aber bei den Sozialdemokraten – als „ein großer sozialer Fortschritt.“[218] Die Kommunen waren der Mittelpunkt der gesamten Wohnungsbaupolitik,[219] und diese gehörte zu ihren wichtigsten Betätigungsfeldern.[220] Wenn die Städte nicht selbst bauten oder dies gemeinnützigen Gesellschaften überließen, an denen sie finanziell beteiligt waren, so bestimmten die Kommunen, unter welchen Bedingungen Bauträger

---

215 Reschl, in: Pfizer/Wehling 1991, S. 242; Heinz u.a., in: Klemisch u.a. 1994, S. 161.

216 Zur Geschichte s. Häußermann/Siebel 1996, S. 92f.

217 Wollmann, in: Evers u.a. 1983, S. 96ff; von Saldern 1985, S. 183.

218 Zur parteiprogrammatischen Entwicklung der Wohnungspolitik siehe von Saldern 1985, S. 187ff.

219 Eine andere Gewichtung nimmt Reschl (in: Pfizer/Wehling 1991, S. 246) vor: „Es gibt keine originär kommunale Wohnungspolitik. Die Kommunen bleiben eingebunden in ein staatliches Handlungssystem, sowohl rechtlich als auch finanziell.“ Aber sie nutzen „die ganze Palette einer aktiven Wohnungspolitik.“

220 von Saldern 1987, S. 87.

(vor allem Genossenschaften, gemeinnützige Kapitalgesellschaften) öffentliche Mittel erhalten sollten.[221]

Wesentlich war auch, daß in der Weimarer Zeit Formen gesellschaftlicher Selbsthilfe stärker an Bedeutung gewannen (Genossenschaften als Bauträger, Bauhütten im Bereich der Bauproduktion). Voraussetzung war die Einführung der beschränkten Haftpflicht im Genossenschaftsgesetz (ab 1889), ohne die Vermögen durch Fördermitglieder nicht zu gewinnen gewesen wäre. Genossenschaften hätten allerdings ohne staatliche Hilfe nicht florieren können. Grundidee war, „im Austausch gegen ... staatliche Subventionen ein ‚öffentliches Gut' zu produzieren, nämlich gute, bezahlbare und sichere Wohnungen für diejenigen Schichten der Bevölkerung, die sich dies aufgrund ihres geringen Einkommens auf dem privatkapitalistischen Wohnungsmarkt nicht leisten" konnten.[222] Kennzeichen der gemeinnützigen Wohnungsunternehmen waren der Verzicht auf erwerbswirtschaftliches Gewinnstreben, Vermietung und Veräußerung von Wohnungen zu kostendeckenden Mieten und Streben nach bestmöglicher Wohnungsversorgung. Den Mietern wurde durch Dauerwohnrechte an Wohnungen eine ähnliche Wohnsicherheit wie den Eigentümern gewährt.[223] Der Nationalsozialismus vernichtete diese Initiativen,[224] indem er die Zentralisierung in einem einheitlichen Verband erzwang. Die Grundsätze der Gemeinnützigkeit wurden 1940 im Wohnungs-Gemeinnützigkeitsgesetz kodifiziert, das die Gesellschaften verpflichtete, ihre Gewinnausschüttung zu begrenzen und ihre Erträge in den Wohnungsbau zu reinvestieren.[225] Diese und andere (von den Nationalsozialisten eingeführte) Ausgangsbedingungen bildeten die wesentliche Grundlage für die Gesetzgebung der Bundesrepublik.[226]

Der Zweite Weltkrieg hatte einen extremen Wohnungsmangel hervorgerufen: Zerstörungen des Vorkriegsbestandes (in den Westzonen

221 Ebenda, S. 87f. Zur Geschichte der Gemeinnützigkeit s.a. Jenkis 1991, S. 309ff.; s.a. Häußermann/Siebel 1996, S. 108f., 112f., 153.

222 Häußermann/Siebel 1996, S. 150f., 92; Krätke (in: Borst u.a. 1990, S. 271) sieht diese Initiativen kritisch im Hinblick auf die „Entwicklung von Grundformen einer fordistischen Gesellschaftsformation."

223 Jenkis 1991, S. 278.

224 Evers, in: Voigt 1984, S. 507; Krätke (in: Borst u.a. 1990, S. 283) betont demgegenüber, daß die Art der Wohnungsproduktion keine „Gegenökonomie" herausgebildet hat.

225 Schmoll, in: Borst u.a. 1990, S. 294.

226 S.d. Jenkis 1991, S. 80-82.

21%, in der Ostzone ca. 10%) und Zuwachs der Wohnbevölkerung durch Ausgewiesene und Flüchtlinge, vor allen Dingen in den Westzonen, waren die wesentlichen Ursachen. Sie bedingten ein intensives Engagement der öffentlichen Hand. Im Westen wurde die von den Nationalsozialisten eingeführte Wohnraumbewirtschaftung durch die Besatzungsmächte und auch in der Bundesrepublik beibehalten. Den kommunalen Wohnungsämtern war die Aufgabe der Wohnraumerfassung und Wohnraumverteilung zugewiesen. Aber auch der Um- und Ausbau mußte sichergestellt werden.[227] Weil keine kostendeckenden Mieten erhoben werden konnten, gelang es nicht, genügend privates Kapital für den freien Mietwohnungsbau zu mobilisieren. Die Städte waren überfordert, Länder und Bund mußten sich finanziell engagieren. Beispielhaft können das Erste Gesetz über finanzielle Maßnahmen zur Förderung des Wiederaufbaus und zur Wohnraumbewirtschaftung des Landes Württemberg-Baden vom 8. Oktober 1947 und wohnungspolitische Sonderprogramme desselben Landes für schwer zerstörte Städte genannt werden.[228] Die Wiederaufbaumaßnahmen waren allerdings so kostenträchtig, daß die Maßnahmen der Länder nicht ausreichten.[229] Dies führte zum finanziellen Engagement des Bundes in der Wohnungspolitik. 1950 wurde das erste, 1956 das zweite Wohnungsbaugesetz vom Bund verabschiedet.[230] Ersteres war auf die Versorgung breiter Schichten mit Wohnungen gerichtet.[231] Das zweite Wohnungsbaugesetz hatte bei einer Kombination von Steuervergünstigungen und (geringeren) staatlichen Zuschüssen die Eigenheimförderung im Blick.[232] Die Geset-

---

227 Reschl 1987, S. 269.

228 Reschl 1987, S. 269, 270.

229 Zu den gesetzgeberischen Aktivitäten auf der Bundesebene im einzelnen Jenkis 1991, S. 80ff.

230 I. WoBauG und II. WoBauG; zu den verschiedenen Phasen der Bundespolitik in der Wohnungsbauförderung s. Mayer 1998, S. 169ff.

231 Das I. WoBauG unterscheidet zwischen öffentlich geförderten, steuerbegünstigtem und frei finanziertem Wohnungsbau. Förderungsmaßnahmen sind insbesondere der Einsatz öffentlicher Mittel für den sozialen Wohnungsbau sowie Steuervergünstigungen ohne weitere Einsetzung öffentlicher Mittel für einkommenstärkere Wohnungssuchende und die Übernahme von Bürgschaften und Bereitstellung von Bauland durch Bund, Länder und Gemeinden. Die Bauherren mußten bei Entgegennahme der Subvention Belegungen, Miethöhen und Ausstattungsstandards hinnehmen bzw. realisieren. Die Länder beschlossen in Wohnungsbindungsgesetzen weitere Regeln.

232 Das II. WoBauG behielt die Dreiteilung in den öffentlich geförderten Sozialwohnungsbau, den steuerbegünstigten und den frei finanzierten Wohnungsbau

ze enthielten eine Vielzahl von Handlungsmöglichkeiten und sahen die Kommunen als wesentliche Handlungsträger vor.[233] Als eigentliche Bauherren fungierten vor allem die Wohnungsbaugenossenschaften und gemeinnützige Wohnungsbauunternehmen, die eng mit den Kommunen zusammenarbeiteten.[234]

Die von der CDU dominierte gesamtstaatliche Politik zielte als Deregulierungspolitik zum Abbau der Wohnungszwangswirtschaft auf eine Rückführung der Wohnungsversorgung in den Markt. Einen unmittelbaren kommunalen Bezug hatte das Gesetz über den Abbau der Wohnungszwangswirtschaft und über ein soziales Miet- und Wohnrecht von 1960.[235] Die Preisbindung wurde in allen Gemeinden, in denen das Defizit zwischen Angebot und Nachfrage weniger als 3% betrug (weiße Kreise), ab 1963 aufgehoben; bei sonstigen Gebieten (den schwarzen Kreisen) erst ab 1966.[236] Die sozialliberale Koalition hat in den 70er Jahren einen Kompromiß zwischen Markt und Regulierung gesucht. Die Städte und Gemeinden blieben nach wie vor auch in der gemeinnützigen Wohnungswirtschaft engagiert. Von den im Jahre 1980 existierenden Unternehmen waren 18% Kapitalgesellschaften mit überwiegender Beteiligung der Kommunen. Statistisch standen 327 kreisfreien Städten 329 gemeinnützige Wohnungsunternehmen gegenüber. Der Schluß, daß jede kreisfreie Stadt über ein eigenes kommunales Wohnungsunternehmen verfügt, ist aber kaum zutreffend, denn gerade in Großstädten gibt es häufig mehrere solcher Unternehmen.[237]

Den Kommunen fiel bei allen Impulsen von der Bundes- und Länderebene her die Aufgabe einer Implementationsinstanz zu. Städte und Kreise müssen die öffentlichen Mittel im sozialen Wohnungsbau bzw. für die Modernisierung von Wohnungen vergeben und schließlich

---

bei. Daneben wurde aber erstmals die bevorzugte Förderung für Familien mit geringem Einkommen, für schwer Kriegsbehinderte und für kinderreiche Familien angesteuert. Die Förderung einer breiten Eigentumsbildung im Wohnungsbau wurde erheblich verstärkt. Der Neubau von Familienheimen (Eigenheimen) erhielt beim Einsatz öffentlicher Mittel Vorrang (Schmoll, in: Borst u.a. 1990, S. 294).

233 S.d. Reschl, in: Pfizer/Wehling 1991, S. 253.

234 Zu den verschiedenen Bauherrengruppen s. Jenkis 1991, S. 280.

235 Mayer 1998, S. 185f.

236 Heinz/Kiehle, in: Andersen/Woyke 1997, S. 635. Diese nach dem damaligen Wohnungsbauminister benannte Strategie, der sogenannte Lücke-Plan, konnte erst 1977 voll realisiert werden.

237 Naßmacher, in: Naßmacher 1985, S. 5.

(seit 1965) das Wohngeld[238] auszahlen. Die großen gemeinnützigen Wohnungsbauunternehmen haben zwar schnell dafür gesorgt, daß die Probleme auf dem Wohnungsmarkt durch Neubau von Geschoßwohnungen zügig bearbeitet wurden. Die Monotonie der Großsiedlungen auf der grünen Wiese, die die gemeinnützigen Bauträger, z.B. die gewerkschaftseigene „Neue Heimat",[239] errichteten, sorgte aber auch für heftige Kritik.[240] Mitte der 80er Jahre kürzte der Bund die Mittel im sozialen Wohnungsbau stark und schaffte nach der „Neue Heimat"-Affäre die Gemeinnützigkeit ab.[241] Das Ergebnis war ein „dramatischer Rückgang" des sozialen Wohnungsbaus[242]

In der ehemaligen DDR bildete die Wohnungsversorgung einen wesentlichen Aspekt der sozialistischen Gesellschaftspolitik. Das Recht auf Wohnung wurde in der Verfassung verankert. Aufbau der Städte und Wohnraumverteilung waren Teil der staatlichen Planwirtschaft, Träger des Mietwohnungsbaus vorwiegend Wohnungsunternehmen im Volkseigentum und Wohnungsbaugenossenschaften. Die Wohnungsversorgung sollte vor allen Dingen durch große Neubaugebiete auf der grünen Wiese sichergestellt werden. Dabei entwickelte sich die Plattenbauweise zum vorherrschenden Bautyp. Tatsächlich konnte die Belegungsdichte pro Wohnung wesentlich vermindert werden, die Qualität (Ausstattung mit Bad und Dusche bei 82% der Wohnungen) erhöhte sich spürbar. Die Konzentration auf randstädtische Neubaugebiete hatte aber gravierende Folgen für die Innenstädte: der Wohnungsbestand dort verfiel und der Sanierungsbedarf nach der Wende war enorm.[243] Sanierungsbedarf besteht allerdings nicht nur für die historische Bausubstanz in Ostdeutschland, sondern auch für die maroden Plattenbausiedlungen.[244]

Diese Probleme traten im Westen nur in gemäßigter Form auf. Obwohl auch hier anfangs die Wohnflächenversorgung mit Bauten auf der grünen Wiese bearbeitet worden war, wurde aber immerhin 20 Jahre früher als im Osten eine Sanierung des Altbaubestandes eingeleitet. Mit dem Städtebauförderungsgesetz (1971) und weiteren auf

---

238 Neumann/Romahn, in: Neumann 1994, S. 25ff.

239 Fuhrich u.a. 1983.

240 Reschl, in: Pfizer/Wehling 1991, S. 250.

241 Großmann, in: Neumann 1994, S. 212; Jenkis 1991, S. 218.

242 Jenkis 1991, S. 286, 289 und 280.

243 Heinz/Kiehle, in: Andersen/Woyke 1997, S. 633.

244 Zum Bau- und Erhaltungsbedarf in den neuen Bundesländern s. Mayer 1998, S. 338ff.

Sanierung hin zielenden Gesetzen (Modernisierungs- und Energieeinspargesetz, Sonderprogramme) erhielten die Kommunen der alten Bundesrepublik Anfang der siebziger Jahre mehr planungs- und bodenrechtliche Kompetenzen sowie besondere Fördermittel des Bundes und der Länder, um die Stadtsanierung voranzutreiben.[245] Neben dem Geschoßwohnungsbau entwickelte sich im Westen allerdings der Eigenheimbau und dessen Förderung zu einem Problem, das aber erst neuerdings im Zuge der Diskussion über die nachhaltige Stadtentwicklung erkannt wird. Die Stadtflucht aus den Ballungszentren und damit verbunden die Zersiedlung der Landschaft im Umland sowie wachsende Verkehrsprobleme durch Pendler werden thematisiert. Wegen der geringeren Grundstückspreise sind von der Bautätigkeit vor allen Dingen Mittel- und Kleinstädte betroffen.

Nachlassende Wohnungsproduktion und veränderte Wohnungsnachfrage bedingen Ungleichgewichte in der Wohnungsversorgung. Erstere wird verursacht durch die Entwicklung der Boden-, Bau- und Finanzierungskosten sowie Restriktionen und Schwerpunktsetzungen staatlicher Wohnungspolitik (Verringerung der Fördermittel für den sozialen Wohnungsbau und damit den Geschoß- bzw. Mietwohnungsbau, Finanzierung und steuerliche Förderung der Eigentumsbildung). Bei der Wohnungsnachfrage machen sich Wanderungsbewegungen, geburtenstarke Jahrgänge, steigende Zahl kleinerer Haushalte (durch Singles, Scheidungsfolgen und alleinlebende Alte), Vergrößerung der Pro-Kopf-Flächen-Ansprüche, geringere Mobilität von Bewohnern billiger Wohnungen und verminderte Zahlungsmöglichkeiten (z.B. durch Arbeitslosigkeit) bemerkbar.[246] Die Zahl der fehlenden Wohnungen wird vom Deutschen Mieterbund auf 2,5 Mio. (davon 1 Mio. in den neuen Bundesländern) geschätzt. Das Deutsche Institut für Wirtschaftsforschung (DIW) verdeutlicht mit seinen Bedarfsprognosen, daß sich die Wohnungsfehlbestände alljährlich erhöhen. Auch der Aufwand für Miete ist extrem unterschiedlich verteilt. Während Bezieher von Einkommen im oberen Einkommensfünftel nur ein Achtel des Einkommens für das Wohnen ausgeben, werden Bezieher von Einkommen im unteren Einkommensfünftel mit Mieten belastet, die ihre Einkommen zur Hälfte festlegen. Nach wie vor müssen sich die

---

245 Heuer 1982, S. 48ff.

246 Zu den Besonderheiten des Wohnungsmarktes s. Jenkis 1991, S. 22ff., 332; zu den Wohnungsteilmärkten s. Bison 1992, S. 108ff.

Kommunen in die Pflicht nehmen lassen, weil wohnungssuchende Bürger zunächst Kommunalpolitiker und kommunale Verwaltungen auf diesen Mangel ansprechen.[247] Auch eine steigende Zahl von Obdachlosen können die Kommunen nicht hinnehmen.

5.3.2 Handlungspotentiale

Der Bund schafft die wesentlichen Rahmenbedingungen durch das Baurecht, das Mietrecht und das Steuerrecht. Insbesondere regeln Bundesgesetze den Schutz der Mieter sowie den Anspruch auf Sozialwohnungen und Wohngeld. Bei den finanziellen Fördermöglichkeiten lassen sich Subjektförderung (Wohngeld) und Objektförderung (für Wohnungsneubau und Pflege des Bestandes) unterscheiden. Während letztere deshalb kritisiert wird, weil dadurch ein „abgespaltener (Miet-) Wohnungsmarkt" entstehe, der „vielfältiger Regulierungen und Kontrollen bedarf und der Marktsteuerung nicht mehr zugänglich ist", erfährt die „Subjektförderung" mehr Zustimmung. Als Problem wird allerdings gesehen, daß durch allgemeine Subventionierung der Nachfrage auf angespannten Märkten nicht gewährleistet werden kann, daß gerade für die zu versorgenden Gruppen ein zusätzliches Wohnungsangebot entsteht. Bei der Subjektförderung müssen wettbewerbsverzerrende Wirkungen befürchtet werden; Vermieter können sich veranlaßt sehen, ihre Preise darauf einzurichten.[248] Bei der Objektförderung besteht die Möglichkeit, das Angebot direkter zu beeinflussen.

Als klassische Förderinstrumente der Kommunen zugunsten von Bauträgern werden nicht nur zusätzliche Darlehen („Spitzenfinanzierung"), sondern auch die Herausgabe von Baugelände zu Preisen unter dem Marktwert oder im Erbbaurecht, die Übernahme von Bürgschaften sowie Erlaß, Stundung oder Ermäßigung von Straßenbaulasten, Grundsteuer und Gewerbesteuer genannt.[249] Die Ausgangsbedingungen in den alten Bundesländern waren Mitte der 90er Jahre dadurch gekennzeichnet, daß preiswerter Wohnraum fehlt und daß die Mietpreise für einfach ausgestatteten Wohnraum seit langem schneller steigen als alle anderen Mieten. Vor allem sozial schwächere Bevölke-

---

247 Zimmermann, in: Schäfers/Wewer 1996, S. 105, 268.
248 Zitate bei: Neumann/Romahn, in: Neumann 1994, S. 18; vgl. ebenda, S. 18f.
249 Kröning/Mühlich, in: Evers u.a. 1982, S. 47, 6.

rungsgruppen in Ballungsräumen haben trotz Wohngeld Schwierigkeiten, eine bezahlbare Wohnung zu finden, die nicht mehr als ein Viertel des Einkommens an Mietaufwand erfordert.[250] Hier hilft der Wohnungsneubau nur partiell weiter, obwohl die Einkommensgrenzen für den Anspruch auf Sozialwohnungen deutlich nach oben verändert wurden. „Der jährliche Anteil neugebauter Wohnungen am Gesamtbestand beträgt seit den 80er Jahren im Durchschnitt rund 1,2%.“[251] Wohnungsneubau wird daher nicht mehr als wesentliche Handlungsoption der Akteure gesehen. Vielmehr geht es um die Pflege des Wohnungsbestandes, eine bessere Transparenz über das Wohnungsangebot und die optimale Nutzung der vorhandenen Wohnungen.

Während der Bund und die Länder die Instrumente bereitstellen, beeinflussen die überregionalen Verbände, insbesondere der Gesamtverband der Wohnungswirtschaft e.V. (GdW)[252] und der Deutsche Mieterbund[253] (DMB), diese Bereitstellung. Die Kommunen sind in vielfältiger Weise an Wohnungsunternehmen beteiligt und Implementationsträger. Sie schaffen vor Ort die Voraussetzungen für den Einsatz der Instrumente. Innerhalb der Stadtverwaltungen entfalten das Wohnungsamt (für die Subventionsvergabe und die Wohnungsvermittlung), das Sozialamt (für die Mietschuldenübernahme) sowie Planungsamt/Stadtentwicklungsamt und Liegenschaftsamt mit den entsprechenden Ratsausschüssen die wichtigsten Aktivitäten. War früher die Wohnungspolitik eine Domäne linker Kommunalpolitik, so scheint heute eher der Problemdruck – insbesondere in Ballungsräumen – ausschlaggebend zu sein. Alle Fraktionen befürworten Aktivi-

---

250 Immer wieder wird auch darauf hingewiesen, daß sich die Wohnnebenkosten (Gebühren für Müllabfuhr, Abwasser und Wasserversorgung) zu einer zweiten Miete entwickelt hätten (zu quantitativen Aspekten s. FAZ vom 18.1.1998).

251 Thiemer/Thiemer, in: Friederichs 1997, S. 258. 1997 – so der Bundesverband Freier Wohnungsunternehmen – blieb das Neubauvolumen erstmals unter dem jährlichen Ersatzbedarf (FAZ vom 26.9.1997). Nun wirft der Verband den Kommunen auch vor, durch „Nichtausweisung neuen Baulandes“ Neubau unnötig zu verteuern (FAZ vom 2.10.1997).

252 Diesem Zusammenschluß gehören Wohnungsunternehmen unterschiedlicher Rechtsformen (z.B. Genossenschaften, Aktiengesellschaften oder Gesellschaften mit beschränkter Haftung) und unterschiedlicher Träger an. Gemeinnützige Wohnungsunternehmen werden von den Gemeinden und der gewerblichen Wirtschaft, von natürlichen und juristischen Personen, von gesellschaftlichen Organisationen und Kirchen sowie vom Bund getragen.

253 Zur Mieterorganisation s. Wanders 1984.

täten in der Wohnungspolitik, weil bestimmte Bevölkerungsgruppen nicht durch Fördermaßnahmen erreicht werden.[254]

Darüber hinaus gibt es natürlich klare Profile in der Programmatik und der Handlungsorientierung der Parteien. Bei CDU und F.D.P. steht eindeutig die Eigentums- bzw. Eigenheimförderung im Vordergrund. Vor allem die F.D.P. betont die Bedeutung des Marktes auch in diesem Politikfeld.[255] Bei der CDU spielen daneben seit jeher sozialpolitische Erwägungen (Förderung des Eigenheimbaus für Kinderreiche) eine Rolle. Die SPD befürwortet eher eine Bereitstellung und Pflege des Mietwohnungsbaus (u.U. durch kommunales Engagement).[256] Städtische Wohnungsunternehmen und Genossenschaften sind führen sozialdemokratische Traditionen fort. Vorsorge durch frühzeitigen Eintritt in die Wohnungsgenossenschaft (um den Anspruch auf eine Wohnung zu erwerben) war das Ziel der Arbeiterelite.

Die Genossenschaften erlebten Ende der 70er Jahre eine Renaissance.[257] Sowohl in Deutschland als auch im internationalen Raum, insbesondere in Skandinavien, ist mit verschiedenen Formen gemeinschaftlichen Wohneigentums experimentiert worden. Hier waren Projekte kleinerer Gruppen, die alternative Wohn- oder Bauformen (z.B. ökologisches Bauen) anvisierten, zu unterscheiden von quartierbezogenen Projekten, die darauf abzielten, bestehende Altbausiedlungen zu erhalten. Diese Projekte konnten meist von einer professionalisierten Elite (z.B. Architekten und Stadtplanern) zum Erfolg geführt werden.[258] Der Selbsthilfegedanke (die Bewohner der Häuser von Genossenschaften sind nicht nur Mieter, sondern auch Mitglieder) wurde inzwischen durch Bundesgesetze ausgehöhlt. Im Gegensatz zur Eigeninitiative beim Ansparen eines Eigenheims, das dann mit öffentlichem Geld gefördert wird (Bausparen, Steuerbegünstigung), müssen Genos-

254 Grüner u.a. 1988, S. 54f.; ähnlich im Hinblick auf andere Politikbreiche: Gabriel u.a. 1989b, S. 25f.

255 Die F.D.P. hat sich inzwischen für eine Abkehr von der Objektförderung ausgesprochen. Für Bedürftige sollen auf dem freien Wohnungsmarkt Wohnungen angemietet und nicht gebaut werden. Die Kommunen würden auf dem Markt Wohnungen billiger bekommen als sonstige Mieter, weil das Mietausfallrisiko wegfalle (FAZ vom 13.11.1996).

256 Winnemöller, in: Naßmacher 1985, S. 73ff.; s.a. Grüner u.a. 1988, S. 45.

257 Zur Geschichte siehe Novy/Uhlig 1982, S. 1474ff.; Novy 1982, S. 1496ff.; Knacke, in: Naßmacher 1985, S. 119ff; Jenkis, in: Neumann 1994, S. 117ff.

258 Eichener/Heinze, in: Neumann 1994, S. 190f.

senschaften beim Einsatz von öffentlichen Mitteln Belegungen durch das Wohnungsamt hinnehmen.[259]

In den neuen Bundesländern kamen durch den Einigungsvertrag die volkseigenen Wohnungsbestände und die dazugehörigen Grundstücke an die Kommunen. So haben die Kommunen durch mehr eigene Wohnungen und Genossenschaften eine wesentlich stärkere Position als die privaten Eigentümer.[260] Besonders in den Städten war der Anteil an Wohnungen im Eigentum und in der Verwaltung der Kommunen noch größer. Im Einigungsvertrag wurde als Zielsetzung nur festgelegt, daß die Kommunen den Wohnungsbestand in eine marktwirtschaftliche Wohnungswirtschaft überführen und dabei auch individuelles Wohneigentum fördern sollten.[261] Damit hatten die Kommunen einen relativ großen Handlungsspielraum. Sie richteten ihr Interesse jedoch stärker auf die Wirtschaftsförderung. Zwar rangierte das Ziel Bau- und Wohnungspolitik in der Prioritätensetzung der Parteien hochrangig, aber die Wohnungsversorgung sollte doch eher dem Spiel der freien Kräfte überlassen bleiben. Vor dem Erfahrungshintergrund der Trabantensiedlungen in Plattenbauweise herrschten starke Vorbehalte gegen jeglichen staatlich subventionierten Wohnungsbau. Dadurch kam es nicht zu einer strategischen Zusammenarbeit der Akteure in der kommunalen Wohnungspolitik. Die Eigeninteressen einzelner Ressorts der Stadtverwaltung überwogen. Von den kommunalen Wohnungsunternehmen und Genossenschaften der neuen Bundesländer waren flexible und schnelle Reaktionen bei verkrusteter Verwaltungsstruktur, gepaart mit Unsicherheiten über den eigenen Bestand und dessen Zustand, nicht zu erwarten. Die Akquisition von staatlichen Fördergeldern wurde nicht zügig angegangen.[262] Anfänglich belasteten Altschulden die Städte, bis hierfür 1994 eine Lösung gefunden wurde.[263]

---

259 Zur Diskussion dieser Problematik s. Zimmer, in: Naßmacher 1985, S. 144.

260 1990 befanden sich 32,4% der Wohnungen im kommunalen Eigentum, 15,3% waren genossenschaftlich (Bardelmann/Steinert, in: Benzler u.a. 1995, S. 144, unter Bezug auf Statistisches Landesamt Thüringen 1993, S. 385). Bachmann (in: Neumann 1994, S. 76) nennt folgende Eigentumsverhältnisse: ca. 41% in Privateigentum, 17% Genossenschaftswohnungen und ca. 42% Volkseigentum. Die Wohnungen im Privateigentum verteilen sich zu rund 30% auf Mehrfamilienhäuser und zu 70% auf Ein- und Zweifamilienhäuser.

261 Wielgohs 1995, S. 194ff.; Mayer 1998, S. 336f.

262 Holtmann/Meisel 1995, S. 169, 177, 182.

263 S. oben, Kapitel 3.

Vergleicht man die Situation der Akteure in den neuen Bundesländern mit jener in den alten, so läßt sich bei letzteren eher eine hohe Professionalität konstatieren. Dies gilt vor allem für Routineentscheidungen, insbesondere für die Genehmigung von Investitionsvorhaben privater Bauträger für Neubauwohnungen und sonstige Häuser sowie für die Beantragung von Fördergeldern. Weitere Instrumente sind dagegen nur in wenigen Städten erprobt worden. Da die Interessen der Mieter sehr heterogen sind, scheint der Problemdruck in kleineren und mittleren Städten Westdeutschlands nicht besonders ausgeprägt. Dagegen dürfte die Homogenität der Mieterinteressen in Ostdeutschland größer sein. Deshalb lassen sich dort gewisse Mobilisierungserfolge von Mieterorganisationen verzeichnen.[264] SPD und PDS suchten Kontakte zu den Mietervereinen,[265] sehen also Wohnungspolitik eher in einer Eingrenzung sozialer Härten.

Noch immer sind die Instrumente der kommunalen Wohnungspolitik sehr stark auf Wohnungsbau ausgerichtet. Private Investoren stehen aber nicht in ausreichender Zahl zur Verfügung und auch die öffentliche Hand (einschließlich der Städte) hat sich weitgehend aus dem Mietwohnungsbau zurückgezogen.[266] Bei der Fixierung auf den Eigenheimbau und dessen Förderung werden die Sicker-Effekte (Filtering-Theorie)[267] überschätzt. So ist es nicht verwunderlich, daß die verschiedenen Programme der gesamtstaatlichen Ebene die aktuellen Probleme der Wohnungsversorgung nur unzureichend bearbeiten können. Ein zusätzlicher Problemdruck entstand, als Mitte der 90er Jahre Mietpreis- und Belegungsbindungen entfielen.[268] Hier sind die kommunalen Akteure gefordert. Gerade wenn Arbeitslosigkeit bei Personen eintritt, die ihre finanziellen Möglichkeiten zur Befriedigung ihrer Ansprüche voll ausgereizt hatten, können leicht Mietrückstände oder Überschuldung (Versteigerung des Eigenheims) zur Obdachlosigkeit führen. Der Appell an die

264 Wielgohs 1995, S. 223.

265 Gothe u.a. 1996, S. 91, 95.

266 In der ersten Hälfte der 80er Jahre konnte die Nachfrage der sozialwohnungsberechtigten Haushalte nicht mehr befriedigt werden; die Anfang der 90er Jahre wieder aufgenommenen Förderung des sozialen Wohnungsbaus läßt vorwiegend Bindungen nur von kurzer Dauer zu (Heinz u.a., in: Klemisch 1994, S. 161).

267 Die Hoffnung, daß durch Neubautätigkeit billigere Wohnungen frei werden (Häußermann/Siebel 1996, S. 148f.); Darstellung der Theorie bei Mayer 1998, S. 44ff.

268 Heinz u.a., in: Klemisch u.a. 1994, S. 161.

Selbsthilfe des Einzelnen ist dann nicht mehr wirksam: Er kommt zu spät. Beim Wohnungsamt sind in der Regel nur kinderreiche Familien, Ausländer und Arbeitslose als Problemfälle registriert. Die Wohnprobleme einer Facharbeiterfamilie mit zwei bis drei Kindern bleiben dagegen häufig unterhalb der Wahrnehmungsschwelle.[269] Durch die akuten Fälle und deren Bearbeitung fehlt Zeit, auch für diese Personengruppe eine Lösung zu finden. In den Sozialwohnungen stellen die Anspruchsberechtigten eine Mischung der A-Gruppen dar, was sogenannte „schlechte Adressen" bzw. „überforderte Nachbarschaften"[270] erzeugt. Steuerungsinstrumente ergeben sich durch Kombination von finanziellen Anreizen und Überzeugungsstrategien. Konkrete Veränderungsvorschläge setzen die Analyse des Status quo voraus. Bei jeder Problembearbeitung ist Prophylaxe besser als Therapie.

5.3.3 Bearbeitung typischer Probleme

Wie bei der Wirtschaftsförderung kann zwischen den Handlungsmöglichkeiten im Hinblick auf Wohnungsneubau und neue Wohngebiete sowie einer Pflege- und Nutzungspolitik von Altbausubstanz unterschieden werden.

Die kommunalen Akteure sind beim *Neubau* von Mietwohnungen nach wie vor sehr stark auf große Bauträger hin orientiert. Da für Mietwohnungen im sozialen Wohnungsbau nur selten private Bauherrn zu finden sind, konzentrieren sich die Aktivitäten und Erwartungen auf die Baugesellschaften der Städte und auf Genossenschaften. Ihnen muß zunächst Baugelände verschafft und die entsprechende Ausweisung gesichert werden. So konnten viele Kommunen, oftmals mit hohen finanziellen Opfern, die Grundlagen für den sozialen Wohnungsbau schaffen. Unter Einsatz großer Summen an Steuergeldern und Fremdmitteln haben die Gemeinden Baugelände neu erschlossen. Oft dienten dabei die seit Generationen von den Kommunen erworbenen Grundstücke als

269 Facharbeiter bzw. Angestellte in niedrigen Einkommensklassen fallen wegen der Einkommensgrenzen spätestens seit 1980 nicht unter die zu fördernden Gruppen, sind also keine Nutznießer des sozialen Wohnungsbaus mehr (Kornemann bzw. Meyer, in: Neumann 1994, S. 51 bzw. 41).

270 Nach den Ergebnissen des Bonner Forschungsinstituts Empirica (im Auftrag des GdW) leben eine halbe Million Menschen in „überforderten Nachbarschaften" (FAZ vom 31.7.1998).

Tauschobjekte.[271] Ob eine Stadt im Bereich des Wohnungsbaus erfolgreich war, entschied sich letztlich daran, ob der stadteigenen Wohnungsbaugesellschaft oder den anderen (gemeinnützigen) Unternehmen am Ort geeignetes Bauland bereitgestellt werden konnte. Schon immer gab es Kommunen, die „von der Hand in den Mund" gelebt haben, während andere sich in der Bodenvorratspolitik engagierten.

Infolge finanzieller Engpässe fällt es Städten, Kreisen und Gemeinden immer schwerer, rechtzeitig Bodenbevorratung zu betreiben. Die Kommunen sind heute kaum noch in der Lage, in dieses Geschäft einzusteigen. Vielmehr müssen sie darauf warten, daß zufällig Grundstücke frei werden, z.B. durch Konkurs von Gewerbebetrieben oder Abzug der Bundeswehr. Auch bei den Vergabemodalitäten zur Bereitstellung des Bodens gibt es Einschränkungen. Früher wurden Grundstücke verbilligt oder im Erbbaurecht zur Verfügung gestellt. Hinzu kamen zuweilen noch direkte Finanzhilfen (sogenannte Spitzenfinanzierung), z.B. als Zinszuschüsse, Wohnungsbaudarlehen, Baukostenzuschüsse. Grundstückspreise oder die Erschließungskosten wurden gestundet. Wichtig war auch, daß die enge Verknüpfung der Wohnungsunternehmen mit den Städten als direktes Instrument zur Marktbeeinflussung diente. Handlungsfähig sind heute nur noch Städte, deren „nahestehende" Wohnungsunternehmen Baulandreserven erschließen können.

Die Bereitstellung geeigneter Bauflächen entscheidet auch wesentlich darüber, ob Mittel aus der überörtlichen Wohnbauförderung in die Gemeinde fließen. Beim ersten Förderweg gelten enge Einkommensgrenzen für die Wohnberechtigten bei starker Bindung an die „Kostenmiete". Die mit relativ hohem Subventionsaufwand erkauften Belegungsrechte erstreckten sich – je nach Rückzahlung der gewährten Darlehen – auf Fristen von 30 bis 40 Jahren. Seit ca. 1969 kam mit den Möglichkeiten des zweiten Wohnungsbaugesetzes ein zweiter Förderweg hinzu, auf dem einkommensstärkere Haushalte – es gelten höhere Einkommensgrenzen und Wohnflächen – staatliche Hilfen durch steuerliche Förderung (befristete Grundsteuerermäßigung) und Annuitätszuschüsse nutzen können. Hier wird im wesentlichen weniger subventioniert, die Bindungen laufen aber auch bereits nach 16 Jahren aus. 1989 wurde mit einem zusätzlichen dritten Förderweg, der einmalige Zuschüsse zur Bauförderung mit ca. 10jährigen Bindungsfristen und mit Obergrenzen vorsieht, eine noch geringere öffentliche

271 Naßmacher, in: Naßmacher 1985, S. 6.

Förderung eingerichtet.[272] Seit der verstärkten Förderung nach dem zweiten Förderweg „kam es so zu einem fortlaufenden Abbau des Bestands an langfristigen Bindungen."[273]

„1980 waren rund 4 Mio. Sozialwohnungen vorhanden, das waren rund 20% des gesamten Wohnungsbestandes. Bis zum Jahr 2000 wird sich diese Zahl durch Rückzahlung öffentlicher Mittel und ... Auslaufen der Sozialbindung halbieren. Ohne massiven Neubau wird es fünf Jahre danach in den alten Bundesländern vermutlich nur noch eine Million Sozialwohnungen geben."[274] Die geringen Bestände an Sozialwohnungen führen zwangsläufig zur Konzentration der Problemfälle.

Große private Bauträger, u.a. Versicherungsgesellschaften, sind aber eher am Bau von Eigenheimen oder Eigentumswohnungen interessiert.[275] Mit der Förderung des Wohneigentums wird privates Kapital zur Wohnungsversorgung mobilisiert und dadurch dem Subsidiaritätsprinzip Rechnung getragen.[276] Die Städte am Ballungsrand erschließen große Freiflächen für den Eigenheimbau, zielen damit auf höhere Einkommengruppen und die zukünftigen Anteile an der Einkommensteuer.[277] Umlandgemeinden konkurrieren dabei mit den Kernstädten, die natürlich auch alles daransetzen, diese Bevölkerung zu halten, aber in der Regel wenig Erfolg haben. Das hat zum Teil in den Kernstädten drastische Folgen, die sich u.a. in den Schulen zeigen. So befinden sich in manchen Grundschulklassen nur noch drei deutsche neben bis zu 30 ausländischen Kindern. Die Hoffnung, daß Besserverdienende beim Hausbau ihre preiswerten Wohnungen freimachen, erfüllt sich zuweilen nicht. Häufig kommt es eher zu einer Unterbelegung der freiwerdenden, preiswerten Wohnungen. Für Bezieher mittlerer und geringerer Einkommen bleibt der Erwerb eines Eigenheims wegen hoher anfänglicher Belastung bei geringem Eigenkapital meist Wunschvorstellung.[278] Die Grundstückszuweisung im

---

272 Neumann/Romahn, in: Neumann 1994, S. 21f.

273 Ebenda, S. 24; zu den einzelnen Förderwegen s.a. Mayer 1998, S. 231ff.

274 So der GdW (FAZ vom 31.7.1998).

275 Naßmacher 1985, S. 4; Schmoll, in: Borst u.a. 1990, S. 294. Zur Entwicklung des Wohneigentums s. Neumann/Romahn, in: Neumann 1994, S. 152.

276 Neumann/Romahn, in: Neumann 1994, S. 149.

277 Zur Problematik der Einkommensteuer s. oben, Abschnitt 3.2.4.

278 Ein gewisser Erfolg wird dem „Eigenheimzulagengesetz" zugeordnet, dessen Kernpunkte die einkommenunabhängige Förderung und die Anhebung des Baukindergeldes sind (FAZ vom 4.7.1997).

Erbbaurecht (nur etwa 3%), die heute wieder als Alternative zum Kauf von Grundstücken erwogen wird, kann die Probleme auch nur teilweise bearbeiten. Das Ziel, ein eigenes Haus zu haben, ist bei vielen Menschen aber doch dominant.[279] So war in den 70er und 80er Jahren in Baden-Württemberg vor allem der zweite Förderweg vorherrschend.

Nicht nur in Baden-Württemberg, sondern im ganzen (alten) Bundesgebiet flossen insgesamt mehr öffentliche Mittel in Ein- und Zweifamilienhäuser.[280] Die Frage, ob Selbsthilfe im Eigenheimbau gefördert werden sollte, wird allerdings kontrovers diskutiert. Eigenheimbau mit viel Eigenleistungen und Nachbarschaftshilfe wird für einige Bevölkerungsgruppen zum Mobilitätshemmnis und zum Risiko beim Verlust des Arbeitsplatzes. Dennoch ist diese Form der „Vorsorge“ in manchen Gegenden – z.B. in Ostfriesland – weit verbreitet. Die negativen Folgen sind allerdings bekannt: Entweder müssen außerordentlich lange Wege zum Arbeitsplatz oder dauernde Arbeitslosigkeit in Kauf genommen werden. Das Problem der durch das Eigenheim provozierten Persistenz der Bewohner steht allerdings weniger im Mittelpunkt als das der Nachhaltigkeit.

Nicht erst seit der Diskussion über die Lokale Agenda 21 stößt der Landschaftsverbrauch (auch für Wohnzwecke) immer mehr auf Kritik. Von daher wird als Priorität statt der Neuausweisung von Bauland die Mobilisierung baureifer Wohngrundstücke (Aktivierung von Baulükken, Nachverdichtung) empfohlen. Dies scheitert aber häufig an Eigentümern, die ihre Grundstücke nicht selber bebauen wollen aber auch einen Verkauf ihres Eigentums nicht wünschen. Das rechtlich mögliche Baugebot,[281] das für solche erschlossenen Grundstücke verhängt werden könnte, wird nicht erwogen, weil die Gemeinde im Konfliktfall und beim Nichtvorhandensein anderer Kaufinteressenten das Grundstück selber erwerben müßte. „Durch die Anwendung des Baugebots ergeben sich jedoch keine höheren Belastungen der Gemeinde, als dies bei der gleichen Bebauung des Grundstücks ohne Baugebot der Fall gewesen wäre.“[282] Entscheidend ist nur, ob ein geeigneter Bauträger vorhanden ist. Die objektive Wirtschaftlichkeit der Bebauung läßt sich durch öffentliche Fördermittel sicherstellen. Zur städte-

279 Häußermann/Siebel 1996, S. 232, 240.
280 Luther, in: Afheldt u.a. 1987b, S. 41.
281 Früher § 39b BBauG; heute § 176 BauGB.
282 Wolf 1981, S. 5

baulichen Begründung, die bei jeder Anwendung eines Baugebots vorhanden sein muß, reicht die Wohnungsnot aus.[283]

Inzwischen werden in vielen Gemeinden – wahrscheinlich auch ohne Anwendung des Baugebots – schnell Baulücken geschlossen.[284] Am Beispiel von Darmstadt konnte nachgewiesen werden, daß genügend stadtintegrierte Baulandreserven für einen ausreichenden Wohnungsneubau vorhanden sind und dafür auch kaufkräftige Nachfrage besteht. In allen Regionen, und dort vor allem in den älteren Gewerbegebieten, gibt es immer wieder brachfallende Flächen, für die sogar ein Umnutzungsdruck in Richtung Wohnen[285] besteht. Schrumpfende Betriebe wollen ihre Vorrats- oder Freiflächen für Wohnen verwerten (und damit höhere Verkaufserlöse erzielen). Bei Konkursen sind Makler oder Banken daran interessiert. Insofern werden sich stadtinterne Bauflächen im Zuge der Deindustrialisierung eher noch vermehren. „Ein intensivierter stadtintegrierter Wohnungsneubau wird aber durch ein Preisdumping der Anbieter im freifinanzierten Wohnungsbestand beeinträchtigt. Eine Strategie der Angebotsvermehrung durch Wohnungsneubau ist deshalb zu ergänzen um eine Strategie der Nachfragerestriktionen im freifinanzierten Wohnungsbestand."[286]

In den neuen Bundesländern hatte der Wohnungsneubau – wie bereits erwähnt – zunächst unter der Konkurrenz zur Wirtschaftsförderung zu leiden. Bei Grundstücken auf den grünen Wiese fiel die Vergabe in der Regel zugunsten von Wirtschaft und Gewerbe und gegen den Wohnungsbau aus.[287] Nicht nur die Verwaltung, sondern auch die Parteien und Fraktionen unterstützten diese Vorgehensweise.[288] Beim Mietwohnungsneubau präferierten die Entscheidungsträger vor allen Dingen Lückenbebauung, z.B. in Dresden. Ob dies eine durchgängige Tendenz ist, läßt sich aber aufgrund der nur spärlich vorliegenden Fallstudien nicht beantworten. Als weiteres Problem in den neuen Bundesländern erwies sich die Kapitalknappheit, unter der sowohl Wohnungsbauunternehmen als auch private Bauherren litten. Mögli-

---

283 Wolf, in: Naßmacher 1985, S. 105ff.

284 Ob dazu das Fehlen von Flächen auf der grünen Wiese („Blockade gegen neues Bauland") beiträgt – wie der Bundesverband der Freien Wohnungsunternehmen vermutet – bleibt dahingestellt (FAZ vom 2.10.1997).

285 S. oben, Abschnitt 5.2.4.

286 Wolf, in: Naßmacher 1985, S. 105ff.

287 Holtmann/Meisel 1995, S. 177.

288 S.d. Gothe u.a. 1996.

cherweise war das aber eine Anfangshürde und die ungeklärten Eigentumsverhältnisse eher das herausragende Problem beim Wohnungsneubau.[289] Hinzu kam die hohe Verschuldung der Gesellschaften und Genossenschaften als Einschränkung der Handlungsfähigkeit. Ihnen waren die Staatsschulden aus DDR-Zeiten, u.a. entstanden durch Subventionierung der Mieten, auferlegt worden. Bis zu einer vorläufigen Regelung des Problems (1994) beeinflußte diese Belastung natürlich auch die Sicherung des Wohnungsbestandes.

Neue Sozialwohnungen haben zum Teil Anfangsmieten, die trotz der beschlossenen Erhöhung der Einkommensgrenzen für Berechtigte öffentlich geförderter Wohnungen von diesen nicht zu bezahlen sind. Maßnahmen, die auf die Nutzung und Pflege des *Wohnungsbestandes* zielen, erschienen im Hinblick auf die Bearbeitung der „neuen" Wohnungsnot daher als wirksamer.[290] Leerstand, Umnutzungsdruck, Verfall, Unter- oder Überbelegung von Wohnungen können am ehesten durch Akteure vor Ort aufgespürt und in räumlicher Nähe beseitigt werden. Die Belegungsmaßnahmen waren bis in die 60er Jahre eine Domäne sozialdemokratischer Kommunalpolitik. Ein Problem bei der Versorgung von Personen mit geringem Einkommen ist das Auslaufen von Belegungsbindungen im Sozialwohnungsbestand, die beim zweiten und dritten Förderweg besonders rasch enden. Nach einer Berechnung des Bauministeriums NRW ist zwar der dritte Förderweg hinsichtlich der Subventionshöhe pro Wohneinheit der günstigste, „rechnet man jedoch diese Subvention pro Jahr der Bindung, so ist dieser Weg der teuerste für die öffentliche Hand."[291] Der Ankauf von Belegungsrechten im Bestand wird inzwischen bei gravierenden Engpässen überall erwogen, damit bestehende Mietverhältnisse gesichert werden können.

Die Belegungspolitik müßte allerdings in Zukunft mit Blick auf die Zusammensetzung der Bevölkerung in den Mehrfamilienhäusern und Quartieren sensibler vorgehen, damit „überforderte" Nachbarschaften durch öffentliche Maßnahmen nicht provoziert werden. Daher ist auch die sogenannte „Fehlbelegung" entsprechend zu handhaben. Beim

---

289 Holtmann/Meisel 1995, S. 175, 119f.

290 Eine andere Strategie wäre, alles dafür zu tun, damit die Baukosten wirksam gesenkt werden. Vorschläge dazu bei Häußermann/Siebel 1996, S. 106. Die Interessen der Bauwirtschaft und des Baunebengewerbes können allerdings einer Kostensenkung sehr stark entgegenstehen.

291 Neumann/Romahn, in: Neumann 1994, S. 23, unter Bezug auf Ministerium für Bauen und Wohnen des Landes NRW 1992.

Abbau der Fehlbelegung von Sozialwohnungen sind die kommunalen Akteure noch nicht wesentlich vorangekommen. Bereits seit den späten 60er Jahren ist das Problem erkannt, daß Mieter aus Sozialwohnungen „herauswachsen“ und durch die Einkommensgrenzen zu „Fehlbelegern“ werden, die den Sozialwohnungsbestand zu Unrecht beanspruchen. Es bestand ein breiter Konsens darüber, daß Berechtigte für Sozialwohnungen nicht auf neue und damit teurere Sozialwohnungen verwiesen werden dürften. Schon in den 80er Jahren wurden die Handhaben als ausreichend empfunden, eine Belegung der öffentlich geförderten Wohnungen strenger nach Bedürftigkeitskriterien vorzunehmen.[292] Fehlbelegte Wohnungen konnten z.B. auch durch Umzugsprämien freigemacht werden. Tatsächlich haben einzelne Vermieter größerer Wohnungsbestände (städtische Wohnungsbauunternehmen, Genossenschaften) solche Umzugsketten organisiert. Ob damit auch ein Transfer aus dem alten Sozialwohnungsbestand (mit deutlich niedrigeren Mieten) in neue Wohnungen erreicht wurde, ist fraglich. Inzwischen wird auch daran gezweifelt, ob nicht durch eine in diese Richtung wirkende Fehlbelegungsabgabe die soziale Situation in den Quartieren noch verschärft wird, weil dann nur noch Problemgruppen in den geförderten Wohnungen verbleiben. Die Verfolgung von Fehlbelegungen übersieht nämlich die Vorteile der sozialen Mischung unterschiedlicher Schichten und damit die stabilisierende Wirkung von Nachbarschaften.[293] So haben erste Städte die als Gerechtigkeitsmaßnahme gedachte Fehlbelegungsabgabe eingeschränkt oder aufgehoben, um die Verelendung ganzer Quartiere zu bremsen. Inzwischen gilt das von den Ländern eingeräumte Recht, Fehlbelegungsabgaben zu erheben, als nur wenig effizientes Instrument zur Vermeidung und Korrektur von Fehlsteuerungen.[294]

Von daher scheint es sehr wichtig, den Bestand an belegungsgebundenen Wohnungen wieder aufzufüllen, ja angesichts zunehmender Arbeitslosigkeit und Bedürftigkeit sogar noch zu erhöhen. Dies ist natürlich vor allen Dingen ein Problem der alten Bundesländer, während in den neuen Bundesländern erhebliche kommunale Wohnungsbestände vorhanden sind. Besser als der Ankauf von Belegungsbindungen, der zudem einer doppelten Subventionierung gleich käme, erscheinen Verträge mit Wohnungsunternehmen. Solche Verträge kön-

---

292 Wolf 1981, S. 8.

293 Häußermann/Siebel 1996, S. 155.

294 Neumann/Romahn, in: Neumann 1994, S. 22.

nen als Voraussetzung für die Vergabe von Fördermitteln die Bedingung enthalten, daß die Belegung aller Sozialwohnungen durch kommunale Wohnungsvermittlungsstellen erfolgt.[295]

Für die vorhandenen Häuser geht es um intensivere Nutzung. Umzugsprämienprogramme von Wohnungsunternehmen oder Städten[296] beseitigen durch Umzugsketten die Unterbelegung von familiengerechten Wohnungen, z.B. durch ältere einzelne Personen. Auch durch Umbau, z.B. Ausbau von Dachgeschossen oder Umwandlung von großen in mehrere kleinere Wohnungen, lassen sich bessere Nutzungen erzielen. Um diese Ziele zu erreichen, können Fördermittel zur Modernisierung und zum Energiesparen zum Einsatz gebracht werden.

Bei wachsenden finanziellen Problemen haben die Kommunen sowohl der alten als auch der neuen Bundesländer im Politikfeld Wohnen die Privatisierung als Strategie entdeckt. Sie wurden dabei von der bürgerlich-liberalen Koalition im Bund seit den neunziger Jahren unterstützt. „Mehr Wohnungseigentum in Mieterhand" heißt dabei das maßgebende Ziel.[297] Befürworter von Wohnungsverkäufen betonen, daß sich so auch andere Probleme, z.B. Fehlbelegung und einseitige Sozialstruktur, bearbeiten lassen. Da die Wohnungen ohnehin aus der Sozialbindung herausfallen, würden sie den Gemeinden als Manövriermasse auch nicht entzogen. Niedrige Zinsen und die neue Wohneigentumsförderung machen es angeblich in zahlreichen Fällen möglich, daß selbst eine alleinerziehende Mutter mit Kind beim Kauf einer Wohnung nicht mehr als die Mietbelastung zu tragen hätte. Bei weiteren Mitteln vom Land decke die staatliche Förderung für eine kleinere Wohnung sogar mehrere Jahre lang den überwiegenden Teil der Finanzierungskosten ab.[298] Neben der Frage, ob sich Mieter einen Kauf überhaupt leisten können, ergibt sich das Problem, ob der städtische Wohnungsbestand für die Nutzer als Eigentum attraktiv ist. In den westdeutschen Kommunen ballen sich in den der öffentlichen Hand gehörenden Gebäuden fast immer die A-Gruppen. Auch bei den Wohnungsunternehmen mit städtischer (Mehrheits-) Beteiligung gibt es viele „soziale Brennpunkte", die für eine Privatisierung kaum in Frage kommen. Schließlich macht die Qualität der Wohnungen den Verkauf

---

295 Klein u.a., in: Klemisch u.a. 1994, S. 166.

296 Ein Umzugsprämienprogramm gibt es beispielsweise in Baden-Württemberg. S.d. Reschl, in: Pfizer/Wehling 1991, S. 254.

297 Vogel, in: FAZ vom 10.7.1998.

298 FAZ vom 27.6.1997.

nicht einfach. Dies gilt natürlich vor allen Dingen für die Wohnungen in mehrgeschossigen Bauten bzw. im Plattenbau.[299]

Der Verkauf an Investoren ist mit dem Problem der Modernisierung (unter Umständen bei Vertreibung der bisherigen Mieter) verbunden. Dies gilt auch für die Rückgabe an die Alteigentümer. Alle Informationen verweisen bisher auf ein sehr langsames Voranschreiten beim Verkauf an bisherige Mieter. Der Verkauf kompletter Mietwohnungsbestände an kommerzielle Investoren scheiterte am Bauzustand, an der Altschuldenbelastung[300] und an den geringen Mieterhöhungsspielräumen. Sie machen den Wohnungsbestand nicht zu einer rentablen Kapitalanlage für Investoren ohne Eigennutzungsinteresse. Auch die Privatisierung zugunsten von Genossenschaften als neuen Eigentümern war mit vielfältigen Problemen verbunden. Einmal konnten die Genossenschaften den finanziellen Forderungen der Kommunen nicht entsprechen; Grundstücke hätten weit unter Wert abgegeben werden müssen. Andererseits hatten auch die Stadtparlamente Vorbehalte gegenüber einer Eigentumsübertragung, weil sie den Zugriff auf die Wohnungen nicht völlig verlieren wollten.[301] Im Hinblick auf die Mieten im Altbaubestand zeichnet sich seit Sommer 1998 eine gewisse Flexibilisierung ab: Mieterhöhungen wurden erleichtert.

Wenn Wohnungen sich in einem alten Stadtquartier befinden, muß vor allen Dingen darauf geachtet werden, daß sie langfristig dem Wohnen zur Verfügung stehen. Wenn die Wohnverhältnisse als überaltert gelten,[302] sollten Sanierungsmaßnahmen erwogen werden. Allerdings hat der konsequente Einsatz von Fördermitteln, die sich auf den Wohnungsbestand beziehen, zum Teil zur Verschärfung der Wohnungsprobleme geführt. Dies gilt nicht nur beim Abriß ganzer Quartiere. Auch durch Luxusmodernisierung wurden die ursprünglichen Mieter zugunsten zahlungskräftigerer verdrängt („Gentrification").[303] Häufig

---

299 Die Privatisierungsverpflichtung, in Ostdeutschland mit der Altschuldenregelung gekoppelt, ist inzwischen unter bestimmten Bedingungen wieder aufgehoben worden. Die Kommunen sind also nicht mehr um jeden Preis verpflichtet, im Rahmen des Altschuldengesetzes (AHG) Wohnungen zu verkaufen (FAZ vom 6.2.1998).

300 Im Zuge des Solidarpaktes 1993 wurde eine geregelte Übernahme vereinbart (Neumann/Romahn, in: Neumann 1994, S. 31).

301 Siehe dazu Wielgohs 1995, S. 241; Holtmann/Meisel 1995, S. 120; Bardelmann/Steiner, in: Benzler u.a. 1995, S. 147f.

302 Harth/Herlyn, in: Herlyn/Hunger 1994, S. 303.

303 Friedrichs/Kecskes 1996.

war auch eine Umnutzung von Wohnraum für Dienstleistungsbetriebe (Kanzleien von Rechtsanwälten und Notaren oder Versicherungsagenturen) zu verzeichnen. Die konsequente Anwendung der Sozialplanung – im Rahmen der städtebaulichen Erneuerung seit den 70er Jahren vorgesehen[304] – und u.U. des Milieuschutzes wären hier angesagt.[305]

In Gebieten für die rechtskräftige Bebauungspläne existieren, können Nutzungsgebote eine Umnutzung verhindern und die Zweckentfremdung von Wohnraum unterbinden, soweit sie nicht der Festsetzung des Bebauungsplans entspricht. Leerstände lassen sich mit einer Erhaltungssatzung bearbeiten.[306] Wenn Wohnungen leerstehen, ist es möglicherweise aber besser, mit Vermietungsprämien wirksame Anreize zu schaffen.[307] Gegen eine Umwandlung von Mietwohnungen in Eigentumswohnungen läßt sich das Vorkaufsrecht zur Sicherung städtebaulicher Erhaltungsziele vorbeugend anwenden.[308] Inzwischen ist eine konsequentere Nutzung des bauplanungsrechtlichen und des bauordnungsrechtlichen Instrumentariums sowie der Wohnungsaufsicht in Verbindung mit der gezielten Vergabe von Fördermitteln zu beobachten – vor allem in Großstädten.

In manchen Bereichen wird allerdings schon der Einsatz dieser Instrumente kritisiert. Dies gilt insbesondere für die Festlegung von Erhaltungsgebieten (nach § 172 BBauG), die für den Wohnungsmarkt als wichtiges Instrument gelten, um die Zusammensetzung der Wohnbevölkerung zu sichern. Nachdem einige Gemeinden, z.B. München, gleich 80% des inneren Stadtgebietes zu Erhaltungsgebieten erklärt haben und die Ergänzung der gesetzlichen Vorschriften um einen Milieuschutz (§ 172 BauGB) die Rechte von Eigentümern eingeschränkt hat, scheint sich dies ins Gegenteil zu verkehren: Investitionsbereitschaft könnte so entfallen.[309]

---

304 Damals im Städtebauförderungsgesetz, heute im besonderen Baurecht (§§136ff., insb. §§137-141 BauGB).

305 Hunger, in: Herlyn/Hunger 1994, S. 309.

306 Gemeinden können auch durch Verordnung bestimmen, in welchen Gebieten die Zweckentfremdung von Wohnraum genehmigungspflichtig ist. Sie können die Genehmigung auch die Bereitstellung von Ersatzwohnraum knüpfen (Heinz u.a., in: Klemisch u.a. 1994, S. 166); § 172 BauGB.

307 Nur in Baden-Württemberg, s.d. Reschl, in: Pfizer/Wehling, S. 254.

308 Gütter, in: Evers u.a. 1983, S. 203, 212f.

309 FAZ vom 26.6.1998.

Zunächst gilt es, den schleichenden Verfall von Wohnungen zu verhindern. Dies müßte durch Wohnungsaufsicht geschehen und, wenn keine anderen Mittel einer „verhandelnden Verwaltung" greifen, mit einem Modernisierungs- und Instandsetzungsgebot. Beide können Eigentümer[310] dazu zwingen, Mängel zu beseitigen. „Durch die Wohnungsaufsichtsgesetze der Länder sind die Gemeinden in der Lage, Mindestanforderungen in Hinsicht auf die bauliche Beschaffenheit von Wohnraum durchzusetzen und eine ordnungsgemäße Instandhaltung und die Anpassung an zeitgemäße Standards sicherzustellen."[311] Die ersten quantitativen Forschungsergebnisse zur Anwendung dieser Instrumente haben gezeigt, daß die städtischen Akteure vor dem Einsatz eher zurückschrecken. Insbesondere dem Gemeinderat wird vorgeworfen, daß er unübersehbare finanzielle Belastungen befürchte, die möglicherweise auf die Stadt zukommen könnten, wenn sich Eigentümer außerstande erklären, die Maßnahme durchzuführen, und deshalb den Einsatz verzögern.[312] Daher wurde vorgeschlagen, die Gebote in Verbindung mit überörtlichen finanziellen Anreizprogrammen, z.B. Fördermöglichkeiten nach dem Wohnungsmodernisierungs- bzw. Energiespargesetz, zu nutzen, wobei allerdings die Gefahr der Vertreibung ursprünglicher Bewohner besteht. Die Maßnahmen können deshalb nicht nur als technische Angelegenheit „durchgezogen" werden.

Instandsetzungsgebote sind sicher nur eine letzte Möglichkeit, der unmittelbare Kontakt zu den Eigentümern ist wesentlich. Die Eigentümer müssen für die Sanierung ihrer Wohnungen gewonnen werden.[313] Dies erwies sich in den neuen Bundesländern zuweilen als sehr schwierig; das wichtigste Investitionshemmnis bildete der Grundsatz „Rückgabe vor Entschädigung". Rund 90% der Sanierungsobjekte waren z.B. in Halle mit mehrfachen Rückübertragungsansprüchen belegt. Solange die endgültige Entscheidung über den Kauf des Objekts ausstand, konnten weder die nötigen grundbuchtechnischen Angelegenheiten geklärt, noch konkrete und kostenintensive Planungsunterlagen erstellt werden.[314] Erst die rechtliche Regelung des Investitionsvorrangs vor der Rückgabe brachte hier eine Verbesserung.[315] Von diesen

310 Nach § 177 BauGB.

311 Heinz u.a., in: Klemisch u.a. 1994, S. 166.

312 Schäfer/Schmidt-Eichstädt 1984, S. 166f.

313 Die Maßnahmen sind vorher mit allen Betroffenen zu erörtern (§ 175 BauGB).

314 Holtmann/Meisel 1995, S. 13.

315 Neumann/Romahn, in: Neumann, 1994. S. 30f.

Problemen waren auch die Wohnungsunternehmen betroffen – in geringerem Umfang die Wohnungsgenossenschaften. Nur letztere verfügen über einen hohen Anteil an restitutionsfreien Beständen. Dies hatte aber zur Folge, daß sich manche Genossenschaften bedenklich verschuldeten, weil sie ja 80% der Mittel selbst aufbringen mußten. Modernisierungsmaßnahmen wurden vor allem für Neubauten aus der unmittelbaren Nachkriegszeit in die Wege geleitet.[316]

In den neuen Bundesländern wirkte sich auch negativ aus, daß zu DDR-Zeiten eine Trennung zwischen Eigentum an Grundstücken und Gebäuden üblich war. Zunächst mußte also der zu den Wohngebäuden gehörende Grund und Boden auf die Wohnungsunternehmen übertragen werden. Stadtverordnetenversammlungen haben sich hier zum Teil verweigert, z.B. in Halle. Auch die komplette Neuvermessung war sehr langwierig und dadurch eine Beleihbarkeit zunächst nicht gegeben.[317] Obwohl das Problem der Renovierung von Altbausubstanz in den neuen Bundesländern im Vordergrund stand, gab es zunächst weit mehr finanzielle Mittel für den Wohnungsneubau. Dies änderte sich erst allmählich.[318]

Vielfach wurde erwartet, daß durch eine bessere Wohnungsaufsicht Mißbräuche (z.B. Zweckentfremdung, Entmietung und Verfall billigen Wohnraums) zu beseitigen seien, wenn dafür ein entsprechendes Informationssystem aufgebaut würde.[319] Sicherlich hat das Problem der Zweckentfremdung inzwischen mehr Aufmerksamkeit erlangt. Vor allen Dingen die Nutzung von Wohnungen für Dienstleistungszwecke wird von vielen Städten intensiv verfolgt.[320] Oft erweisen sich aber die Sanktionen der Verwaltung als wenig wirksam: Bußgelder werden von Hauseigentümern, die ihre Gebäude lukrativ an Dienstleistungsanbieter vermieten können (z.B. Anwaltskanzleien, Werbeagenturen), in Kauf genommen. In diesem Falle wäre die Schaffung von

---

316 Holtmann/Meisel 1995, S. 112, 125.

317 Holtmann/Meisel 1995, S. 112, 120.

318 Siehe dazu Naßmacher, in: Niedermayer 1996, S. 413ff.

319 Ein Informationssystem über die Situation des Wohnungsbestandes forderte bereits Hirsch 1906, S. 61f. Es sollte in der Verantwortung des Wohnungsamtes geführt werden.

320 Dabei spielen dann die Folgen für die Wirtschaftsentwicklung häufig keine Rolle. Junge Unternehmer, die sich zunächst in ihren Privatwohnungen etablieren, werden dadurch entmutigt, daß man ihnen einen Umzug auferlegt, ohne ihnen eine preiswerte Mietalternative in einem Gewerbehof/Gewerbepark anzubieten (s. Wirtschaft).

Ersatzwohnraum[321] wirksamer. Hier muß also von den Städten dringend ein sensibles Vorgehen praktiziert und eine fallgerechte Lösung gesucht werden.

Bei den Mieten haben die Gemeinden eine ordnungspolitische „Reserve-"Funktion, die möglicherweise durch die angesprochene Regelung an Relevanz gewinnt: Gemeinden können beispielsweise gegen überhöhte Mietpreise (in Extremfällen Mietwucher) vorgehen. „Mietpreisüberhöhungen liegen vor, wenn die gezahlte Miete um mehr als 20% über der ortsüblichen Vergleichsmiete liegt."[322] Gerade für größere Gemeinden ist die Aufstellung von Mietspiegeln sinnvoll. Dies ist aber ein Tätigkeitsfeld, das Gemeinden gern der Selbstregulierung überantworten: Mietervereine bzw. Haus- und Grundbesitzervereine sind für Konfliktfälle zuständig, aber auch für die Erstellung von Mietspiegeln. Die dabei zugrunde gelegten Mietpreise sind jedoch häufig nicht repräsentativ. Hauseigentümer bemängeln, daß die Mieterschutzgesetze eine marktgerechte Mietanhebung bei den aus der Sozialbindung herausgefallenen Wohnungen verhindern. Auch die lange Dauer der meisten Mietverhältnisse zwingt zu Beschränkungen, die nach Meinung der Vermieter einer sinnvollen Bestandserhaltung zuwider laufen.[323] Darüber hinaus wird den Städten vorgeworfen, daß sie durch ihre Gebührenpolitik und damit die Erhöhung der Mietnebenkosten die eigentlichen Verursacher der stark angestiegenen Mietkostenbelastung sind.[324]

5.4 Perspektiven

Die Handlungsfähigkeit der Kommunen ist in den beiden hier ausführlich erörterten Politikfeldern dann besonders groß, wenn durch Bodenvorratspolitik preiswerte Flächen zur Verfügung stehen. Heute gilt aktive Bodenpolitik jedoch als weitgehend unmöglich. Zum einen verfügen die Gemeinden nicht über ausreichende finanzielle Mittel, um Grundstückskäufe zu tätigen. Zum anderen wird bezweifelt, ob die Gemeinden wirksame Befugnisse haben, um eine aktive Bodenpolitik zu betreiben. Vor allen Dingen tun sich Kommunalpolitiker und Ver-

---

321 § 179 BauGB.
322 Wullkopf/Behr, in: Dauwe u.a. 1996, S. 192.
323 FAZ vom 24.11.1995.
324 FAZ vom 12.6.1998.

waltungen bei regulativer Politik schwer.[325] Möglicherweise gelten Gebote und Verbote in einer auf Verhandlung ausgerichteten Verwaltung als überholt oder ein Einsatz dieser Instrumente wird zu lange hinausgezögert. Ohnehin erscheinen solche Instrumente nur einsetzbar, um größere Mißstände zu beseitigen.

Ob statt dessen eine Strategie des Verhandelns oder der Kooperation gewählt wird, ist allerdings kaum abzuschätzen. Jedenfalls läßt sich bei den vom Baugesetzbuch zur Verfügung gestellten Instrumenten nach wie vor ein Vollzugsdefizit feststellen. Zur Belegung von Grundstücken im Zusammenhang bebauter Ortsteile oder entsprechend dem Bebauungsplan bebaubarer Grundstücke wären spezifische Maßnahmen geboten, um die vorhandenen Infrastruktureinrichtungen besser auszunutzen. In kleineren Gemeinden gehen Kommunalpolitiker die Baulandausweisung für Gewerbe und Sozialwohnungen eher restriktiv an, weil optische Emissionen durch Betriebsgebäude oder Probleme mit den neuen Mitbürgern erwartet werden. Dies gilt besonders für den Geschoßwohnungsbau. Hier verlassen sich die Akteure gern auf entsprechende Maßnahmen der Kernstadt, externalisieren also die eigenen Probleme.[326]

Eine aktive bzw. aktivierende Politik müßte sich mehr auf spezielle Adressatengruppen richten und auch Vorsorge in den Blick rücken. Nur so könnten die Kommunen aus ihrer „Lückenbüßerfunktion“ herauskommen, die es nur gestattet, Probleme der kapitalistischen Wirtschaftsentwicklung im Nachhinein zu mildern. Die Verwaltungskapazität reicht jedoch schon jetzt nicht aus, absehbare Schwierigkeiten mit einschlägig bekannten Problemgruppen frühzeitig zu dokumentieren, geschweige denn, in Verhandlungen mit Eigentümern von Grundstücken, Wohnungen oder Betrieben beizeiten gangbare Lösungswege zu suchen.

Hier stellt sich die Frage, ob die Qualität der Verwaltungsleistungen bei „schlanker Verwaltung“ langfristig gewährleistet oder gar verbessert werden kann. Weniger Abbau, als vielmehr Umbau der Verwaltung halten wir für das Gebot der Stunde. Die Zusammenfassung der Wohnungspolitik als Querschnittaufgabe ist – wie in anderen Bereichen der Verwaltung – im Rahmen der Verwaltungsreform noch nicht geglückt; operationale Zielvorgaben der Gemeinderäte fehlen noch.[327] Bei der Wirtschaftsförderung wird oft die (nur partiell zu-

---

325 Z.B. §§ 85, 87 BauGB.
326 Petri, in: Afheldt u.a. 1987b, S. 100.
327 Hintzsche, in: Wollmann/Roth 1999, S. 808.

kunftsträchtige) Auslagerung von Teilaufgaben in selbständige Wirtschaftseinheiten gewählt. In der Rechtsform GmbH läßt sich zwar nicht nur eine Public-Private-Partnership mit Banken, Kammern oder Unternehmen, sondern auch die Zusammenarbeit von Gemeinden und Städten einer Region organisieren. In administrativer Hinsicht ist diese Lösung aber zwangsläufig mit mehr Problemferne verbunden, wenn nicht ein geeignetes Informationssystem[328] aufgebaut und kommunale Kompetenzen auf den neuen Handlungsträger verlagert werden.

Vielleicht könnte in der Diskussion über Verwaltungsreformen durch mehr Klarheit über die „Produkte" auch für komplexe Verwaltungsleistungen (Querschnittaufgaben) und durch Zuordnung der Instrumente zur Problemlösung etwas erreicht werden. Bisher sind die Reformüberlegungen zu sehr auf einfache Dienstleistungen der kommunalen Verwaltung konzentriert. So konkurrieren in den Bereichen Wohnen und Wirtschaft Verwaltungen darum, wer besonders schnell Baugenehmigungen erteilt. Auch die zügige Vergabe von billigem Bauland (Wer kommt auf baureifen Flächen am schnellsten zum Zuge?) reicht nicht aus. Beide Bearbeitungsstrategien erscheinen als effizient. Sie können aber Folgeprobleme verursachen, wenn nicht geprüft wird, ob quartier-, stadtteil-, stadtspezifische bzw. gesamtgesellschaftliche Probleme und Chancen beachtet werden, die durch eine Einzelentscheidung oder durch das Unterlassen einer Entscheidung entstehen können. Das Motto „global denken, lokal handeln" ist nicht nur eine Phrase, es eignet sich auch als Gütesiegel.

Um die bereitgehaltenen Kontingente finanzieller Mittel besser auszuschöpfen, sind durchaus aktive Maßnahmen der Implementation üblich. So richteten z.B. die Akteure in Halle zwei Arbeitsgruppen ein, die leerstehende Objekte in ein Leerstandskataster aufnahmen. Darin erfaßte Objekte wurden dann gesichtet und potentiellen Investoren angeboten. Unter den Investorenkonzepten wählte die ämterübergreifende Arbeitsgruppe diejenigen aus, die den Vorstellungen der Stadtentwicklung am ehesten entsprachen. Diese wurden dann (je nach Wert) dem Liegenschaftsausschuß oder der Stadtverordnetenversammlung zur Entscheidung vorgelegt.[329] Wichtig für die Implementation waren neben kleinräumigen Informationen zur Situation in den Quartieren stets enge Kontakte zwischen den Geschäftsführern von

328 Zu den Problemen des Informationsaustausches s. Naßmacher 1989a.
329 Holtmann/Meisel 1995, S. 183.

Wohnungsunternehmen und -genossenschaften sowie den kommunalen Akteuren bzw. den Unternehmen und den Wirtschaftsförderern.

Wie wir dargestellt haben, hat eine Familie mit geringem oder sogar mittlerem Einkommen in Ballungsräumen kaum eine Chance, sich den Traum vom Eigenheim zu erfüllen. Hier helfen die steuerlichen Vorteile (Bausparen, Eigenheimzulage) und die Bauförderung, z.B. für Kinderreiche, nur partiell weiter. Dennoch können auf der kommunalen Ebene durch entsprechende Bebauungspläne für verdichtetes Wohnen im Eigenheim Vorleistungen erbracht werden. Modelle dazu und für kostensparendes Bauen fanden sich zunächst in den Niederlanden. Darüber hinaus geht es aber auch darum, Vorsorge für bezahlbare Mietwohnungen (für normalverdienende Singles und junge Familien) zu treffen. Die Wiederbelebung der Genossenschaften ist zu erwägen.[330] Dies hätte bei entsprechenden Hilfen durch die Gemeinden auch den Vorteil, daß Gemeinschaftseinrichtungen (wie z.B. Kinder- und Altenbetreuung) von den Betroffenen stärker selbst organisiert und damit die Gemeinden partiell entlastet würden. Welche Erwartungen daran zu knüpfen sind, bleibt allerdings kontrovers. Erfahrungen zeigen bereits, daß zu intensive Nachbarschaftskontakte als Problem empfunden werden. Dies deutet darauf hin, daß sich gemeinschaftliche Aktivitäten in einer Gesellschaft mit zunehmender Individualisierung in eine andere – eher freizeit-/spaß-orientierte – Richtung bewegen. Dennoch sollten Siedlungsprojekte als „Chancen für die Intensivierung bestehender Selbst- und Nachbarschaftshilfenetzwerke" genutzt werden.[331]

Vielleicht können auch Akteure in den Städten darauf hinwirken, bei der Bevölkerung das Bewußtsein dafür zu schärfen, daß Wohnungen nicht nur der Grundversorgung dienen, sondern bei wachsenden Flächenansprüchen in vielen Fällen auch ein teures Konsumgut sind, für das jeder Nutzer einen Preis zahlen muß. Dieser Preis kann sich an ökologischen Zielvorstellungen im Sinne einer nachhaltigen Entwicklung orientieren. Das Wertbewußtsein für Wohnen als wesentlicher Teil der Lebensqualität wäre auch wichtig für die Investitionsbereitschaft in Wohnungen. Mehr Eigenverantwortung könnte der Überalterung von Wohnungen oder Verslumung von Wohngebieten entgegenwirken. Die Ghettoisierung bestimmter Bevölkerungsgruppen läßt

330 Siehe dazu Jenkis bzw. Eichener/Heinze, in: Neumann 1994, S. 116 bzw. S. 178f.;

331 Eichener/Heinze, in: Neumann 1994, S. 192f.; eher verhalten kritisch Bauer, in: Schmals/Heinelt 1997, S. 149f.

sich nicht nur durch veränderte Fördermöglichkeiten bearbeiten, sondern sie muß auch von der Bevölkerung selbst verhindert werden: durch die Bereitschaft, in sozial gemischten Quartieren zu wohnen, nachbarschaftliche Probleme in Eigenverantwortung zu lösen und dadurch auf die Wohnqualität einzuwirken.

Sollen nicht Gebiete mit ähnlichen Zielgruppen entstehen (z. B. Einfamilienhausgebiete mit überwiegend alten Bewohnerinnen; Wohnsiedlungen mit überforderten Nachbarschaften; Ghettos für Ausländer), muß die Stadtplanung darauf hinwirken, daß sich bei der Sanierung alter Quartiere und beim Bau neuer Wohnviertel unterschiedliche Wohnformen entwickeln, die zumindest die Perspektive eröffnen, daß sie von Bevölkerung in verschiedener sozialer Lage und Lebensphase angenommen werden. Solche quartierspezifische Betrachtung (das Quartier als Produkt) ist auch im Hinblick auf die Förderung der Wirtschaft angemessen. Alte und neue Gewerbestandorte bedürfen spezifischer Hilfen beim problemlosen Nebeneinander und bei der Einzelfallregelung für Betriebe.

Gerade im Bereich der Wirtschaftsförderung sind langfristige Strategien von erheblicher Bedeutung. Sie betreffen insbesondere die Qualifikation von (jungen) Unternehmern und deren Mitarbeitern. Investitionen in Bildung sind die wichtigste Voraussetzungen dafür. Da die erste Berufsqualifikation nicht lebenslange Berufsfähigkeit sichert, müssen sich die Städte mehr als bisher in Qualifikationsmaßnahmen einschalten, die eine zweite oder dritte Berufstätigkeit mit unterschiedlichem Schwerpunkt ermöglichen. Ansätze dafür sind vorhanden (das Engagement unterschiedlicher Akteure im zweiten Arbeitsmarkt), diese sollten aber aus der „Lückenbüßerfunktion" herausgeführt werden.

Eine Gesellschaft, in der wachsende Wirtschaftsleistung mit immer weniger Arbeitskräften erreicht wird, aber der Markt für einfache Dienstleistungen nicht ausreichend als Auffangbecken funktioniert, muß neue Lösungswege beschreiten. Im Hinblick auf das Arbeiten bzw. die Arbeitsfähigkeit und damit auf eine verantwortliche Lebensbewältigung ist dafür zu sorgen, daß (Weiter-) Bildung als massenhafte Freizeitbeschäftigung anstelle von Unterhaltung und Vergnügen entdeckt wird. Vielleicht weisen die Möglichkeiten des Internet bereits in die richtige Richtung. Die Rahmenbedingungen sind aber durch wertorientierte Entscheidungen ortsnah zu gestalten. Kommunalpolitik ist also nicht nur möglich, sondern auch nötig!

Literaturverzeichnis

Beiträge in Sammelwerken sind nur dann einzeln aufgeführt, wenn nur diese aus einem Sammelwerk für die hier bearbeitete Thematik relevant sind. Bei nicht einzeln aufgeführten Aufsätzen wird in den Fußnoten jeweils auf den Herausgeber des Sammelbandes hingewiesen, in dem der einzelne Beitrag zu finden ist.

Adam, Hermann: Der Einfluß der Industrie- und Handelskammern auf politische Entscheidungsprozesse, Frankfurt 1979

Adamaschek, Bernd (Hrsg.): Interkommunaler Leistungsvergleich. 3 Bde. (Abgabenwesen, Ausländerwesen, Grünflächenwesen), Gütersloh 1997

Afheldt, Heik u.a. (Hrsg.): Gewerbeentwicklung und Gewerbepolitik in der Großstadtregion, Gerlingen 1987a

Afheldt, Heik u.a. (Hrsg.): Wohnungsversorgung und Wohnungspolitik in der Großstadtregion, Gerlingen 1987b

Aich, Prodosh (Hrsg.): Wie demokratisch ist Kommunalpolitik?, Reinbek 1977

Akademie für Raumforschung und Landesplanung (Hrsg.): Grundriß der Raumordnung, Hannover 1982

Albers, Gerd: Was wird aus der Stadt?, München 1972

Albers, Gerd: Zur Entwicklung der Stadtplanung in Europa. Begegnungen und Einflüsse, in: AfK, 35 (1996) 2, S. 250-267

Albertin, Lothar u.a.: Die Zukunft der Gemeinden in der Hand ihrer Reformer. Geplante Erfolge und politische Kosten der kommunalen Neugliederung. Fallstudien in Ostwestfalen-Lippe, Opladen 1982

Ambrosius, Gerold: Die öffentliche Wirtschaft in der Weimarer Republik. Kommunale Versorgungsunternehmen als Instrumente der Wirtschaftspolitik, Baden-Baden 1984

Ammon, Alf: Eliten und Entscheidungen in Stadtgemeinden. Die amerikanische „Community Power" Forschung und das Problem ihrer Rezeption in Deutschland, Berlin 1967

Andersen, Uwe: Kommunalpolitik als Experimentierfeld für Reformen. Eine Einführung, in: Politische Bildung, 31 (1998) 1, S. 5-18

Andersen, Uwe (Hrsg.): Kommunale Selbstverwaltung und Kommunalpolitik in Nordrhein-Westfalen, Köln u.a. 1987

Andersen, Uwe (Hrsg.): Kommunalpolitik in Nordrhein-Westfalen im Umbruch, Köln u.a. 1998a

Andersen, Uwe (Hrsg.): Gemeinden im Reformprozeß, Schwalbach /Ts. 1998b

Andersen, Uwe/Woyke, Wichard (Hrsg.): Handwörterbuch des politischen Systems der Bundesrepublik Deutschland, 3. Aufl., Opladen 1997

Ardelt, Alfred/Seeger, Richard: Bürgerentscheid, Bürgerbegehren und -anregung („Bürgerantrag") in Baden-Württemberg, in: Kühne, Jörg-Detlef/Meißner, Friedrich (Hrsg.): Züge unmittelbarer Demokratie in der Gemeindeverfassung, Göttingen o. J. (1977), S. 91-119

Arndt, Helmut/Swatek, Dieter (Hrsg.): Grundfragen der Infrastruktur für wachsende Wirtschaften, Berlin 1971

Arndt, Rudi: Das kommunalpolitische Grundsatzprogramm der Sozialdemokraten, in: Neue Gesellschaft, 21 (1974) 9, S. 708-714

von Arnim, Hans Herbert: Gemeindliche Selbstverwaltung und Demokratie, in: Archiv des öffentlichen Rechts, 113 (1988), S. 1-30

von Arnim, Hans Herbert: Möglichkeiten unmittelbarer Demokratie auf Gemeindeebene, in: Die Öffentliche Verwaltung, 43 (1990) 3, S. 85-97

von Arnim, Hans Herbert: Staat ohne Diener. Was schert die Politiker das Wohl des Volkes?, 2. Aufl., München 1995

von Arnim, Hans Herbert /Littmann, Konrad (Hrsg.): Finanzpolitik im Umbruch. Zur Konsolidierung öffentlicher Haushalte, Berlin 1984

Arzberger, Klaus: Bürger und Eliten in der Kommunalpolitik, Stuttgart 1980

Arzberger, Klaus u.a.: Die Bürger. Bedürfnisse-Einstellungen-Verhalten, Königstein 1979

Auge, Michael/Schroers, Harald G.: Sparkassen und Kommunen – Partnerschaft unter veränderten Rahmenbedingungen, in: Zeitschrift für das gesamte Kreditwesen, 50 (1997) 10, S. 455-459

Bach, Stefan: Reform der Unternehmensbesteuerung, in: Vierteljahreshefte zur Wirtschaftsforschung, 66 (1997) 3/3, S. 329-351

Backhaus-Maul, Holger/Olk, Thomas: Von der „staatssozialistischen" zur kommunalen Sozialpolitik. Gestaltungsspielräume und -probleme bei der Entwicklung der Sozial-, Alten- und Jugendhilfe in den neuen Bundesländern, in: AfK, 32 (1993) 2, S. 300-330

Badelt, Christoph: Institutional Choice and the Nonprofit Sector, in: Anheier, Helmut K./Seibel, Wolfgang (Hrsg.): The Third Sector. Comparative Studies of Nonprofit Organizations, Berlin u.a. 1990, S. 53-63

Bätz, Klaus: Administrative Preispolitik öffentlicher Unternehmen. Gebühren und Tarife als Mittel zur Lenkung der Nachfrage nach öffentlichen Leistungen, Baden-Baden 1979

Banner, Gerhard: Politisch-administrative Steuerung in den Kommunen, in: AfK, 21 (1982) 1, S. 26-47

Banner, Gerhard: Zur politisch-administrativen Steuerung in der Kommune, in: von Lölhöffel, Dieter/Schimanke, Dieter (Hrsg.): Kommunalplanung vor neuen Herausforderungen. Bausteine für die Verwaltungspraxis der 80er Jahre, Basel u.a. 1983, S. 139-164

Banner, Gerhard: Kommunale Steuerung zwischen Gemeindeordnung und Parteipolitik – am Beispiel der Haushaltspolitik, in: Die Öffentliche Verwaltung, 37 (1984) 9, S. 364-372

Banner, Gerhard: Haushaltssteuerung und Haushaltskonsolidierung auf kommunaler Ebene. Ein politisches Problem, in: Zeitschrift für Kommunalfinanzen, 37 (1987) 3, S. 50-56

Banner, Gerhard: Modernisierung und Rationalisierung der Kommunalverwaltung aus politischer Sicht, in: Zeitschrift für Kommunalfinanzen, 39 (1989) 6, S. 122-127

Banner, Gerhard: Von der Behörde zum Dienstleistungsunternehmen, in: Verwaltungsführung, Organisation, Personal, 13 (1991) 1, S. 6-11

Banner, Gerhard: Neue Trends im kommunalen Management, in: Verwaltungsführung, Organisation, Personal, 16 (1994) 1, S. 5-12

Banner, Gerhard: Kommunale Dienstleistungen zwischen Gemeinwohlauftrag, Bürgerschaft und Markt, in: Nierhaus, Michael (Hrsg.): Kommunale Selbstverwaltung. Europäische und nationale Aspekte, Berlin 1996, S. 81-106

Banner, Gerhard: Kommunale Verwaltungsreform und staatlicher Modernisierungsrückstand, in: Politische Bildung, 31 (1998) 1, S. 34-46

Banner, Gerhard/Reichard, Christoph (Hrsg.): Kommunale Managementkonzepte in Europa. Anregungen für die deutsche Reformdiskussion, Köln 1993

Barthel, Christian: Innovationsmanagement für die Verwaltungsreform in der Stadtverwaltung Offenbach, in: Die Verwaltung, 27 (1994) 4, S. 546-556

Batley, Richard/Stoker, Gerry (Hrsg.): Local Government in Europe. Trends and Developments, London 1991

Batzill, Roland/Zuck, Holger: Personenbeförderungsrecht im Spannungsfeld von Bahnstrukturreform, PBef-Recht, ÖPNV-Recht der Länder und EG-Recht, Baden-Baden 1997

Bauer, Martin u.a.: Wechselwirkungen zwischen Wirtschaftsentwicklung und Stadtentwicklung in Solingen, Solingen 1978

Bauer, Martin u.a.: Struktur und Wirkung der kommunalen Wirtschaftsförderung in Solingen, in: RaumPlanung, 54 (1987) 36, S. 16-23

Baumheier, Ralph u.a.: Regionalisierung raumwirksamer Bundesmittel. Sachstand und Bewertung aus Sicht der Bundesraumordnung, in: Informationen zur Raumentwicklung, 45 (1995) 4/5, S. 241-252

Bayer, Hermann Winfried (Hrsg.): Die Zweitwohnungssteuer. Eine Dokumentation, Stuttgart 1982

Becher, Kathrin Susann: Mandatsniederlegungen auf kommunaler Ebene, Opladen 1997

Beck, Joachim: Netzwerke in der transnationalen Regionalpolitik. Rahmenbedingungen, Funktionsweisen, Folgen, Baden-Baden 1997

Becker, Bernd: Öffentliche Verwaltung. Lehrbuch für Wissenschaft und Praxis, Percha u.a. 1989

Beckord, Wilhelm: Innerstädtische Dezentralisierung am Beispiel Dortmunds, Münster 1989

Beckord, Wilhelm (Hrsg.): Die Kommunen und die Einheit Deutschlands, Münster 1993
Begemann, Marianne: Zur politischen Funktion der Lokalpresse. Ein gemischt normativ-empirischer Erklärungsansatz, Diss. Münster 1982
Beger, Bernhard: Handbuch der kommunalen Sitzungspraxis, Köln 1991
Beilharz, Günter: Politische Partizipation im Rahmen des §21 der Gemeindeordnung von Baden-Württemberg, Tübingen 1981
Bellers, Jürgen u.a. (Hrsg.): Interkommunale Zusammenarbeit, Münster 1997 (= Jahrbuch Nordrhein-Westfalen, Bd. 1)
Benz, Arthur: Föderalismus als dynamisches System. Zentralisierung und Dezentralisierung im föderativen Staat, Opladen 1985
Benz, Arthur: Kooperative Verwaltung. Funktionen, Voraussetzungen, Folgen, Baden-Baden 1992
Benz, Arthur u.a.: Horizontale Politikverflechtung. Zur Theorie von Verhandlungssystemen, Frankfurt u.a. 1992
Benzinger, Josef-Paul: Lokalpresse und Macht in der Gemeinde, Nürnberg 1980
Benzler, Susanne u.a. (Hrsg.): Deutschland-Ost vor Ort. Anfänge der lokalen Politik in den neuen Bundesländern, Opladen 1995
Benzler, Susanne/Heinelt, Hubert: Stadt und Arbeitslosigkeit. Örtliche Arbeitsmarktpolitik im Vergleich, Opladen 1991
Berg, Frank u.a.: Regionale Akteursnetze. Wirtschaftsförderung in einem ostdeutschen Landkreis, Baden-Baden 1998
Berger, Rainer: SPD und Grüne. Eine vergleichende Studie ihrer kommunalen Politik: Sozialstrukturelle Basis – programmatische Ziele – Verhältnis zueinander, Opladen 1995
Bergmann, Eckhard u.a.: Nachhaltige Stadtentwicklung. Herausforderungen an einen ressourcenschonenden und umweltverträglichen Städtebau, in: Informationen zur Raumentwicklung, 46 (1996) 2/3, S. 71-97
Berkemeier, Karl-H.: Das kommunale Schein-Parlament: Ausgeschaltet aus dem Entscheidungsprozeß, in: ZParl, 3 (1972) 2, S. 202-208
Berkenhoff, Hans Albert/Wenig, Siegfried: Das Haushaltswesen der Gemeinden, Herford 1986
Bertram, Jürgen: Die Planung und der Prozeß der wechselseitigen Abstimmung von Staats- und Kommunalpolitik, in: PVS, 7 (1966) 3, S. 377-391
Bertram, Jürgen: Staatspolitik und Kommunalpolitik. Notwendigkeit und Grenzen ihrer Koordinierung, Stuttgart u.a. 1967
Beyer, Hans-Joachim/Koesling, Fritjoff: Ostdeutsche Kommunen im Ringen um den Wirtschaftsaufschwung – Erfahrungsbericht anhand der Stadt Eberswalde-Finow, Köln u.a. 1992
Beyer, Lothar/Brinckmann, Hans: Kommunalverwaltung im Umbruch, Köln 1990
Bick, Ulrike: Die Ratsfraktion, Berlin 1989
Biege, Hans-Peter u.a.: Zwischen Persönlichkeitswahl und Parteientscheidung, Königstein 1978

Biermann, Martin/Ziegner, Gerd: Die kommunale Wirtschaftspolitik, in: Petzold, Siegfried/von der Heide, Jürgen (Hrsg.): Handbuch zur kommunalen Selbstverwaltung. Praxisnahe Informationen, Arbeitshilfe und Beratung, Regensburg u.a. 1991, S. 200-222

Bischoff, Detlef/Nikusch, Karl-Otto (Hrsg.): Privatisierung öffentlicher Aufgaben, Berlin u.a. 1977

Bison, Jutta: Die Regulierung des Mietwohnungsmarktes in der Bundesrepublik Deutschland. Frankfurt u.a. 1992

Blanke, Bernhard u.a.: Die zweite Stadt. Neue Formen lokaler Arbeits- und Sozialpolitik, Opladen 1986 (= Leviathan-Sonderheft 7)

Blanke, Bernhard u.a.: Großstadt und Arbeitslosigkeit. Ein Problem im Netz lokaler Sozialpolitik, Opladen 1987

Blanke, Bernhard (Hrsg.): Staat und Stadt. Systematische, vergleichende und problemorientierte Analysen „dezentraler" Politik, Opladen 1991 (= PVS-Sonderheft 22)

Blanke, Bernhard u.a. (Hrsg.): Handbuch zur Verwaltungsreform, Opladen 1998

Blasius, Jörg/Dangschat, Jens S. (Hrsg.): Gentrification: Die Aufwertung innenstadtnaher Wohnviertel, Frankfurt/M. 1990

Bodenstedt, Walter u.a.: Auswertung der Erstinterviews von „Existenzgründern", in: Bodenstedt, Walter u.a.: Gewerbepolitik im Verdichtungsraum. Akteure und Instrumente im regionalen Wirtschaftsgeschehen, Stuttgart 1982, S. 71-114

Böhm, Monika u.a.: Müllvermeidung, Müllverwertung. Möglichkeiten und Grenzen kommunalen Handelns, Heidelberg 1992

Böhn, Siegfried/Liese, Hans-Jürgen: Die sozialen Aufgaben der Kommunen und Landkreise, Regensburg 1991

Böhret, Carl: Aktionen gegen die „kalte Sozialisierung" 1926-1930. Ein Beitrag zum Wirken ökonomischer Einflußverbände in der Weimarer Republik, Berlin 1966

Böhret, Carl: Handlungsspielräume und Steuerungspotentiale der regionalen Wirtschaftsförderung in Baden-Württemberg, Baden-Baden 1982

Böhret, Carl/Nowack, Matthias (Hrsg.): Gesellschaftlich denken – kommunal handeln. Festschrift für Dr. Christian Rosskopf zum 65. Geburtstag, Mainz 1995

Börner, Achim-Rüdiger: Der Energiemarkt und die geschlossenen Versorgungsgebiete der Strom- und Gaswirtschaft im Übergang zum Wettbewerb, Baden-Baden 1996

Bogumil, Jörg/Kißler, Leo: Vom Untertan zum Kunden? Möglichkeiten und Grenzen von Kundenorientierung in der Kommunalverwaltung, Berlin 1995

Bogumil, Jörg/Kißler, Leo (Hrsg.): Verwaltungsmodernisierung und lokale Demokratie. Risiken und Chancen der Einführung eines neuen Steuerungsmodells für die lokale Demokratie, Baden-Baden 1997

Bogumil, Jörg/Kißler, Leo (Hrsg.): Stillstand auf der „Baustelle"? Barrieren der kommunalen Verwaltungsmodernisierung und Schritte zu ihrer Überwindung, Baden-Baden 1998

Bonczek, Willi u.a.: Vorschläge zur Fortentwicklung des Beitragsrechts für städtebauliche Aufschließungsmaßnahmen, Bonn-Bad Godesberg 1973
Borchmann, Michael/Vesper, Emil: Reformprobleme im Kommunalverfassungsrecht, Stuttgart u.a. 1976
Borell, Ralf/Schlemmel, Lothar (Karl-Bräuer-Institut des Bundes der Steuerzahler): Zur Reform der Gemeindesteuern, Bad Wörishofen 1975
Borgerding, Albert u.a.: Kommunale Politik, Bonn 1978.
von Borris, Volker u.a.: Siedlungssoziologie. Wohnung, Gemeinde, Umwelt, München 1978
Borsdorf-Ruhl, Barbara: Bürgerinitiativen im Ruhrgebiet, Essen 1973
Borst, Renate u.a. (Hrsg.): Das neue Gesicht der Städte. Theoretische Ansätze und empirische Befunde aus einer internationalen Debatte, Basel u.a. 1990
Bothe, Klaus: Wie liest man den Haushaltsplan einer Gemeinde?, Göttingen 1991
Bovermann, Rainer: Das „rote" Rathaus. Die Sozialdemokratisierung des Ruhrgebiets am Beispiel Dortmund 1945-1964, Essen 1995
Boyer, Robert: The Eighties – The Search for Alternatives to Fordism, in: Jessop, Bob u.a. (Hrsg.): The Politics of Flexibility. Restructuring State and Industry in Britain, Germany and Scandinavia, Aldershot 1991, S. 106-132
Bräuer, Wolfgang: Wettbewerb in der Versorgungswirtschaft und seine Auswirkungen auf kommunale Querverbundunternehmen, Baden-Baden 1997
Brake, Klaus: Städtevernetzung. Aspekte eines aktuellen Konzepts regionaler Kooperation und Raumentwicklung, in: Geographische Zeitschrift, 84 (1996) 1, S. 16-26
Brake, Klaus: Städtenetze – ein neuer Ansatz interkommunaler Kooperation, in: AfK, 36 (1997) 1, S. 98-115
Brand, Karl-Werner (Hrsg.): Nachhaltige Entwicklung. Eine Herausforderung an die Soziologie, Opladen 1997
Braubach, Max: Von der Französischen Revolution bis zum Wiener Kongreß, 9. Aufl., Stuttgart 1990
Brecht, Julius: Selbsthilfe und Staatshilfe am Beispiel der Wohnungsbaugenossenschaft, in: Zeitschrift für das gesamte Genossenschaftswesen, 2 (1952) 1, S. 81-101
Brede, Helmut (Hrsg.): Privatisierung und die Zukunft der öffentlichen Wirtschaft, Baden-Baden 1988
Bretschneider, Michael/Bick, Wolfgang: Kommunale Umfrageforschung. Erfahrungsberichte aus zehn Städten, Berlin 1989
Bretschneider, Michael/Göbel, Barbara: Kommunalpolitische Grundsatzprogramme der Parteien (Textsammlung und Synopse), Berlin 1976
Bretzinger, Otto N.: Kommunalverfassung, in: Bretzinger, Otto N./Buechner-Uhder, Willi (Hrsg.): Handbuch für die kommunale Praxis in den neuen Bundesländern, Baden-Baden 1991, S. 103-129
Breuer, Günter: Sportstättenbedarf und Sportstättenbau. Eine Betrachtung der Entwicklung in Deutschland (West) 1945-1990, Köln 1997
Brinkmeier, Hermann Josef: Kommunale Finanzwirtschaft, 5. Aufl., Köln 1990

Brockmann, Gerd/Rosenfeld, Martin: Auswirkungen der Gebietsreform im Bereich der Ausgabenpolitik der Gemeinden. Empirische Untersuchung am Beispiel des Landes Niedersachsen, Baden-Baden 1984

Brückner, Heinz: Personen und Parteieneinfluß in süddeutschen Oberbürgermeisterwahlen – eine vergleichende Analyse am Beispiel Mannheims 1955, Heidelbergs 1958, Regensburgs 1959/60 und Ludwigsburgs 1960, phil. Diss. Heidelberg 1962

Brüggemeier, Martin: Controlling in der öffentlichen Verwaltung, 2. Aufl., München u.a. 1997

Budäus, Dietrich: Controlling in der öffentlichen Verwaltung. Voraussetzungen eines effizienten Verwaltungsmanagements auf kommunaler Ebene, Hamburg 1992

Budäus, Dietrich: Privatwirtschaftliche Finanzierungsmodelle für kommunale Infrastrukturinvestitionen, in: Verwaltungsführung, Organisation, Personal, 15 (1993a) 6, S. 379-384

Budäus, Dietrich: Controlling in der öffentlichen Verwaltung. Voraussetzungen eines effizienten Verwaltungsmanagements, in: AfK, 32 (1993b) 1, S. 134-162

Budäus, Dietrich: Public Management. Konzepte und Verfahren zur Modernisierung öffentlicher Verwaltungen, Berlin 1994

Budäus, Dietrich: Stand und Perspektiven des Modernisierungsprozesses kommunaler Verwaltungen, Hamburg 1997

Budäus, Dietrich/Engelhardt, Gunther (Hrsg.): Großstädtische Aufgabenerfüllung im Wandel, Baden-Baden 1996

Bullinger, Dieter/Naßmacher, Hiltrud: Entscheidungen und Prozesse in der kommunalen und regionalen Gewerbepolitik. Anwendungsmöglichkeiten von Verlaufsmusterkonzepten, in: Afheldt, Heik u.a. (Hrsg.): Werkzeuge qualitativer Stadtforschung, Gerlingen 1984, S. 125-150

Bullmann, Udo: Kommunale Strategien gegen Massenarbeitslosigkeit. Ein Einstieg in die sozialökologische Erneuerung, Opladen 1991

Bullmann, Udo: Regionen im Integrationsprozeß der Europäischen Union, in: Bullmann, Udo (Hrsg.): Die Politik der dritten Ebene. Regionen im Europa der Union, Baden-Baden 1994, S. 15-41

Bullmann, Udo/Eißel, Dieter: „Europa der Regionen". Entwicklung und Perspektiven, in: APuZ, B20-21/1993, S. 3-15

Bullmann, Udo/Gitschmann, Peter (Hrsg.): Kommune als Gegenmacht. Alternative Politik in Städten und Gemeinden, Hamburg 1985

Bundesministerium der Finanzen (Hrsg.): Finanzbericht 1977, Bonn 1978

Bundesministerium der Finanzen (Hrsg.): Finanzbericht 1998. Die volkswirtschaftlichen Grundlagen und die wichtigsten finanzwirtschaftlichen Probleme des Bundeshaushaltsplans für das Haushaltsjahr 1998, Bonn 1997

Bundesministerium für Raumordnung, Bauwesen und Städtebau (Hrsg.): Raumordnungsprogramm für die großräumige Entwicklung des Bundesgebietes (Bundesraumordnungsprogramm), Bonn-Bad Godesberg 1975

Bundesministerium für Raumordnung, Bauwesen und Städtebau (Hrsg.): Raumordnungsbericht 1990, Bonn 1990

Bundesministerium für Raumordnung, Bauwesen und Städtebau (Hrsg.): Raumordnungsbericht 1991, Bonn 1991
Bundesministerium für Raumordnung, Bauwesen und Städtebau (Hrsg.): Raumordnungsbericht 1993, Bonn 1993
Bunz, Axel R. (Hrsg.): EU-Kommunal. Handbuch zu europäischen Themen für Kommunalpolitik und lokale Medien, 3. Aufl., Bonn 1995
Bunzel, Arno: Die Baugesetzbuch-Novelle auf dem kommunalen Prüfstand?, in: AfK, 36 (1997) 2, S. 254-281
Buse, Michael: Bevölkerungsentwicklung und Kommunalpolitik. Umfang und Ursachen des Bevölkerungsrückgangs und seine Auswirkungen auf die Kommunalpolitik, Baden-Baden 1979
Busse, Jürgen: Kooperatives Recht im Bauplanungsrecht, in: Dose, Nicolai/Voigt, Rüdiger (Hrsg.): Kooperatives Recht. Krisenbewältigung durch Verhandlungen, Baden-Baden 1995, S. 131-148
Bußmann, Frank Erwin: Dorfbewohner und Kommunalpolitik, Bonn 1998
Camagni, Roberto: Local „Milieu", Uncertainty and Innovation Networks: towards a New Theory of Economic Space, in: Camagni, Roberto (Hrsg.): Innovation Networks. Spatial Perspektives, London, New York 1991, S. 121-144
Campbell, Mike (Hrsg.): Local Economic Policy, London 1990
Cattacin, Sandro: Stadtentwicklungspolitik zwischen Demokratie und Komplexität. Zur politischen Organisation der Stadtentwicklung. Florenz, Wien und Zürich im Vergleich, Frankfurt u.a. 1994
CDU/CSU: Kommunalpolitisches Grundsatzprogramm, beschlossen auf der Bundesvertreterversammlung der kommunalpolitischen Vereinigung der CDU und der CSU Deutschlands vom 21. und 22. November 1975 in Stuttgart
Chandler, J.A. (Hrsg.): Local Government in Liberal Democracies. An Introductory Survey, London u.a. 1993
Clark, Terry N. (Hrsg.): Comparative Community Politics, New York u.a. 1974
Claval, Paul: New Industrial Spaces. Realities, Theories and Doctrines, in: Benko, Georges/Dunford, Mick (Hrsg.): Industrial Change und Regional Development. The Transformation of New Industrial Spaces, London u.a. 1991, S. 275-285
Clemens, Reinhard/Tengler, Hermann: Standortprobleme von Industrieunternehmen in Ballungsräumen. Eine empirische Untersuchung im IHK-Bezirk Dortmund unter besonderer Berücksichtigung der Unternehmensgröße, Göttingen 1983
Cohen, Michael J. u.a.: A Garbadge Can Model of Organizational Choice, in: Administrative Science Quarterly, 1972, 17, S. 1-19
Commerzbank AG. Zentraler Stab Kommunikation (Hrsg.): Wer gehört zu wem. Beteiligungsverhältnisse in Deutschland, 19. Aufl., o.O. (Frankfurt) 1997
Corte, Christiane: Die Übernahme kommunaler Aufgaben durch private Unternehmen und Freie Berufe. Eine Untersuchung der Zusammenarbeit von Privaten und Kommunen, Stuttgart 1991

Crecine, John P.: Governmental Problem-Solving. A Computer Simulation of Municipal Budgeting, Chicago, IL 1969
Cronauge, Ulrich: Kommunale Unternehmen. Eigenbetriebe – Kapitalgesellschaften – Zweckverbände, Bielefeld 1992
Croon, Helmuth u.a.: Kommunale Selbstverwaltung im Zeitalter der Industrialisierung, Stuttgart u.a. 1971
Cusack, Thomas R./Weßels, Bernhard: Problemreich und konfliktgeladen: Lokale Demokratie in Deutschland fünf Jahre nach der Vereinigung, Berlin 1996
Czarnecki, Thomas: Kommunales Wahlverhalten. Die Existenz und Bedeutsamkeit kommunaler Determinanten für das Wahlverhalten. Eine empirische Untersuchung am Beispiel Rheinland-Pfalz, München 1992
Dahl, Robert A.: Who Governs? Democracy and Power in an American City, New Haven, CT u.a. 1961
Dahl, Robert A.: The City in the Future of Democracy, in: American Political Science Review, 61 (1967) 4, S. 953-970
Dahremöller, Axel: Existenzgründungsstatistik. Nutzung amtlicher Datenquellen zur Erfassung des Gründungsgeschehens, Stuttgart 1987
Dase, Martina u.a. (Hrsg.): Stadterneuerung im Wandel – Erfahrungen aus Ost und West, Basel u.a. 1989
Dauwe, Elisabeth u.a.: Kommunalpolitik. Leitfaden für die Praxis, Opladen 1995
Denzler, Günther: Der Einfluß alternativer Zeitungen auf die Kommunalpolitik. Eine empirische Untersuchung aus der Sicht städtischer Pressestellen, dargestellt vor dem Hintergrund der geschichtlichen und begrifflichen Entwicklung der Alternativzeitungen und des kommunalen Kommunikationsraumes, Diss. Bamberg 1988
Derlien, Hans Ulrich u.a.: Kommunalverfassung und kommunales Entscheidungssystem. Eine vergleichende Untersuchung in vier Gemeinden, Meisenheim 1975
Derlien, Hans-Ulrich/von Queis, Dyprand: Kommunalpolitik im geplanten Wandel. Auswirkungen der Gebietsreform auf das kommunale Entscheidungssystem, Baden-Baden 1986
Dettmer, Harald u.a.: Kommunales Haushalts- und Kassenrecht, 2. Aufl., Bad Homburg 1993
Deubert, Michael: Kommunale Kompetenzen im Bereich der Abfallwirtschaft, Köln 1992
Deutscher Städtetag (Hrsg.): Privatisierung öffentlicher Aufgaben, Köln 1976, abgedruckt in: ÖTV: Zur Privatisierung öffentlicher Dienstleistungen, 4: Materialsammlung: Stellungnahmen von Parteien und politischen Institutionen, Wissenschaftliche Beiträge, Presseberichte, Stuttgart 1977, S. 44ff.
Deutscher Städtetag (Hrsg.): Möglichkeiten und Grenzen der Privatisierung öffentlicher Aufgaben, Köln 1986
Deutscher Städtetag (Hrsg.): Für eine starke kommunale Selbstverwaltung. Eine Informationsschrift für die Städte in der DDR, Köln 1990

Deutscher Städtetag (Hrsg.): Statistisches Jahrbuch Deutscher Gemeinden, Köln/Berlin 1995
Deutsches Institut für Urbanistik (Hrsg.) Arbeitsblätter zum novellierten Bundesbaugesetz, Berlin 1977
Dieckmann, Jochen/König, Eva Maria (Hrsg.): Kommunale Wirtschaftsförderung. Handbuch für Standortsicherung und -entwicklung in Stadt, Gemeinde und Kreis, Köln 1994
Dill, Günter/Kanitz, Horst (Hrsg.): Grundlagen praktischer Kommunalpolitik, Heft 1: Bürger & Gemeinde, Sankt Augustin 1994
Dill, Günter/Kanitz, Horst (Hrsg.): Grundlagen praktischer Kommunalpolitik, Heft 2: Haushalt & Finanzen, Sankt Augustin 1994
Dill, Günter/Kanitz, Horst (Hrsg.): Grundlagen praktischer Kommunalpolitik, Heft 3: Planen, Bauen, Umwelt & Verkehr (I), Sankt Augustin 1994
Dill, Günter/Kanitz, Horst (Hrsg.): Grundlagen praktischer Kommunalpolitik, Heft 4: Planen, Bauen, Umwelt & Verkehr (II), Sankt Augustin 1994
Dill, Günter/Kanitz, Horst (Hrsg.): Grundlagen praktischer Kommunalpolitik, Heft 5: Soziales, Gesundheit & Jugendhilfe, Sankt Augustin 1994
Dill, Günter/Kanitz, Horst (Hrsg.): Grundlagen praktischer Kommunalpolitik, Heft 6: Wirtschaft & Arbeit, Sankt Augustin 1994
Dill, Günter/Kanitz, Horst (Hrsg.): Grundlagen praktischer Kommunalpolitik, Heft 7: Schule, Kultur, Sport & Freizeit, Sankt Augustin 1994
Dörsam, Pia/Icks, Annette: Vom Einzelunternehmen zum regionalen Netzwerk. Eine Option für mittelständische Unternehmen, Stuttgart 1997
Donges, Juergen B. u.a.: Reform der öffentlichen Verwaltung. Mehr Wirtschaftlichkeit beim Management staatlicher Einrichtungen, Bad Homburg 1991
Dose, Nicolai/Drexler, Alexander (Hrsg.): Technologieparks. Voraussetzungen, Bestandsaufnahme und Kritik, Opladen 1988
Drewe, Paul: Techniken zur Identifizierung lokaler Eliten, in: Kölner Zeitschrift für Soziologie und Sozialpsychologie, 19 (1967) 4, S. 722-735
Drewe, Paul: Ein Beitrag der Sozialforschung zur Regional und Stadtplanung, Meisenheim 1968
Drewe, Paul: Methoden zur Identifizierung von Eliten, in: Koolwijk, Jürgen von/Wieken-Mayser, Maria (Hrsg.): Techniken der empirischen Sozialforschung, Bd. 4, München/Wien 1974, S. 162-179
Driehaus, Hans-Joachim: Erschließungs- und Ausbaubeiträge, 3. Aufl., München 1991
Duckworth, Robert P. u.a.: Die Stadt als Unternehmer, Stuttgart 1987
Düker, Rudi: Das Problem einer bedarfsgerechten Verteilung der Finanzzuweisungen an die Gemeinden, Diss. Freiburg 1970
Dunckelmann, Henning: Lokale Öffentlichkeit, Stuttgart u.a. 1975
Echter, Claus Peter u.a.: Wohnungsmodernisierung in Sanierungsgebieten, Berlin 1994
Echter, Claus Peter/Brühl, Hasso: Kommunale Belegungspolitik, Berlin 1984

Eckey, Hans-Friedrich: Formale und effektive Inzidenz von Verkehrsinfrastrukturinvestitionen, in: Informationen zur Raumentwicklung, 45 (1995) 4/5, S. 267-282
Eckhardt, Albrecht/Schmidt, Heinrich (Hrsg.); Geschichte des Landes Oldenburg, 4. Aufl., Oldenburg 1993
Egeln, Jürgen/Seitz, Helmut (Hrsg.): Städte vor neuen Herausforderungen, Baden-Baden 1996
Ehlers, Dirk (Hrsg.): Kommunale Wirtschaftsförderung, Köln 1990
Ehrlicher, Werner: Kommunaler Finanzausgleich und Raumordnung, Hannover 1967
Ehrlicher, Werner: Finanzausgleich (III): Der Finanzausgleich in der Bunderepublik Deutschland, in: Handwörterbuch der Wirtschaftswissenschaften (HdWW), Band 2, Stuttgart u.a. 1988, S. 662-689
Ellwein, Thomas: Politische Parteien und kommunale Öffentlichkeit, in: AfK, 10 (1971) 1, S. 11-25
Ellwein, Thomas: Zur Entwicklung der öffentlichen Aufgaben, in: Die öffentliche Verwaltung, 25 (1972) 1/2, S. 13-16
Ellwein, Thomas: Das Regierungssystem der Bundesrepublik Deutschland, 1. Aufl., Köln/Opladen 1973
Ellwein, Thomas/Zimpel, Gisela: Wertheim I. Fragen an eine Stadt, München 1969
Ellwein, Thomas/Zoll, Ralf: Wertheim. Politik und Machtstruktur einer deutschen Stadt, München 1982
Elsner, Hermann: Das Gemeindefinanzsystem. Geschichte, Ideen, Grundlagen, Stuttgart u.a. 1979
Emenlauer, Rainer u.a.: Die Kommune in der Staatsorganisation, Frankfurt 1974
Engel, Andreas: Wählerkontext und Handlungsdispositionen lokaler Parteiakteure, in: Schmitt, Karl (Hrsg.): Wahlen, Parteieliten, politische Einstellungen: neuere Forschungsergebnisse, Frankfurt u.a. 1990, S. 135-175
Engelhardt, Gunther u.a.: Kommunale Aufgabendezentralisierung und bezirkliches Finanzsystem, in: AfK, 22 (1983) 2, S. 260-274
Engeli, Christian (Hrsg.): Probleme der Stadtgeschichte, Berlin 1981
Eppe, Claus: Lokale Politik in Stadtbezirken. Am Beispiel der Großstädte in Baden-Württemberg, Diss. Tübingen 1989
Erichsen, Hans-Uwe: Zur Verfassungswidrigkeit der Abwahl kommunaler Wahlbeamter, in: DVBl., 95 (1980) 17/18, S. 723-730
Ettelbrück, Ursula M. J.: Wirkungsanalyse kommunaler Wirtschaftsförderung, Diss. Speyer 1984
Evers, Adalbert/Lehmann, Michael: Politisch-ökonomische Determinanten für Planung und Politik in den Kommunen der Bundesrepublik, Offenbach 1972
Evers, Adalbert/Selle, Klaus (Hrsg.): Wohnungsnöte. Anregungen zur Initiative an Ort und Stelle: Neue Wege in der Wohnungspolitik, Frankfurt 1982
Evers, Adalbert u.a. (Hrsg.): Kommunale Wohnungspolitik, Basel u.a. 1983
Faber, Heiko: Die Macht der Gemeinden, Bielefeld 1982
Faber, Heiko: Kommunalrecht, in: Faber, Heiko/Schneider, Hans-Peter (Hrsg.): Niedersächsisches Staats- und Verwaltungsrecht, Frankfurt 1985, S. 225-277

Falk, Wilhelm: Wohnen im Lebenslauf. Die Wirkungen der deutschen Wohnungspolitik, Amsterdam 1998

Fehr, Hans/Gottfried, Peter: Optimale Verschuldungspolitik und öffentliche Investitionen, in: Finanzarchiv, 50 (1993) 3, S. 324-343

Feindt, Peter Henning: Kommunale Demokratie in der Umweltpolitik. Neue Beteiligungsmodelle, in: APuZ, B27/1997, S. 39-46

Feser, Hans-Dieter/Hauff, Michael (Hrsg.): Kommunale Umweltpolitik, Regensburg 1996

Fettig, Wolfgang/Späth, Lothar (Hrsg.): Privatisierung kommunaler Aufgaben, Baden-Baden 1997

Feuerstein, Stefan: Aufgabenfelder und Informationsbedarf kommunaler Wirtschaftsförderungspolitik, München 1981

Finke, Lothar u.a.: Zukunft Stadt 2000. Stand und Perspektiven der Stadtentwicklung, Stuttgart 1993

Fischer, Ralf Joachim u.a.: Siedlungsstrategien und kommunale Einnahmen. Auswirkungen siedlungsstruktureller und finanzpolitischer Maßnahmen auf die Einnahmenverteilung von Kernstadt und Umland, Bonn 1980

Fischer-Menshausen, Herbert: Finanzausgleich II: Grundzüge des Finanzausgleichsrechts, in: Handwörterbuch der Wirtschaftswissenschaften (HdWW), Band 2, Stuttgart u.a. 1988, S. 636-662

Flach, Christian: Kommunales Steuerfindungsrecht und Kommunalaufsicht, Frankfurt u.a. 1998

Florstedt-Borowski, Gisela: Kommunale Entscheidungsverläufe im Spannungsfeld zwischen Vertretungskörperschaft und Verwaltung, Frankfurt u.a. 1996

Forsthoff, Ernst: Die Krise der Gemeindeverwaltung im heutigen Staat, Berlin 1932

Franz, Peter: Stadtteilentwicklung von unten. Zur Dynamik und Beeinflußbarkeit ungeplanter Veränderungsprozesse auf Stadtteilebene, Basel u.a. 1989

Franz, Peter u.a.: Suburbanisierung von Handel und Dienstleistungen. Ostdeutsche Innenstädte zwischen erfolgreicher Revitalisierung und drohendem Verfall, Berlin 1996

Freiberg, Werner: Grundfragen der Kommunalpolitik, Mainz 1970

Freis, Guido: Die Reform der Gemeindeverfassung in Nordrhein-Westfalen, Frankfurt u.a. 1998

Frenzel, Albrecht: Die Eigendynamik ostdeutscher Kreisgebietsreformen. Eine Untersuchung landesspezifischer Verlaufsmuster in Brandenburg und Sachsen, Baden-Baden 1995

Frey, Rainer (Hrsg.): Kommunale Demokratie. Beiträge für die Praxis der kommunalen Selbstverwaltung, Bonn-Bad Godesberg 1976a

Frey, Rainer (Hrsg.): Kommunalpolitik zwischen Krise und Reform. Festschrift für Lothar Voit, Köln 1976b

Frey, Rainer/Naßmacher, Karl-Heinz: Parlamentarisierung der Kommunalpolitik?, in: AfK, 14 (1975) 2, S. 195-212

Frey, René, L.: Infrastruktur. Grundlagen der Planung öffentlicher Investitionen, Tübingen u.a. 1970
Fried, Robert C: Party and Politics in West German Cities, in: American Political Science Review, 70 (1976) 1, S. 11-24
Friedrichs, Jürgen (Hrsg.): Die Städte in den 90er Jahren, Opladen 1997
Friedrichs, Jürgen u.a. (Hrsg.): Süd-Nord-Gefälle in der Bundesrepublik, Opladen 1986
Friedrichs, Jürgen/Kecskes, Robert (Hrsg.): Gentrification. Theorie und Forschungsergebnisse, Opladen 1996
Friend, John K./Jessop, W. Neil: Entscheidungsstrategie in Stadtplanung und Verwaltung, Düsseldorf 1973
Fromme, Jochen-Konrad: Kommunalreform verfehlt sämtliche Ziele, in: Kommunalpolitische Blätter, 48 (1996) 4, S. 262-264
Fruth, Hanno: Sind unsere ehrenamtlichen Stadträte überfordert? Kommentar zu einer in Ansbach, Bamberg, Erlangen, Fürth, München und Nürnberg durchgeführten Untersuchung, München 1989
Fürst, Dietrich: Kommunale Entscheidungsprozesse, Baden-Baden 1975
Fürst, Dietrich: Nachhaltige Entwicklung und kommunalpolitische Gestaltungsspielräume, in: Ritter, Ernst-Hasso (Hrsg.): Stadtökologie, Berlin 1995, S. 59-72
Fürst, Dietrich u.a.: Stadt und Staat. Verdichtungsräume im Prozeß der föderalistischen Problemverarbeitung, Baden-Baden 1984
Fürst, Dietrich u.a.: Umwelt-Raum-Politik. Ansätze zu einer Integration von Umweltschutz, Raumplanung und regionaler Entwicklungspolitik, Berlin 1986
Fürst, Dietrich u.a.: Regionalverbände im Vergleich: Entwicklungssteuerung in Verdichtungsräumen, Baden-Baden 1990
Fürst, Dietrich/Ritter, Ernst-Hasso: Landesentwicklungsplanung und Regionalplanung, 2. Aufl., Düsseldorf 1993
Fuhrich, Manfred u.a.: Neue Heimat. Gewerkschaften und Wohnungspolitik, Hamburg 1983
Funke, Rainer: Organisationsstrukturen planender Verwaltungen, dargestellt am Beispiel von Kommunalverwaltungen und Stadtplanungsämtern, Bonn-Bad Godesberg 1974
Funke, Ursula: Vom Stadtmarketing zur Stadtkonzeption, Stuttgart u.a. 1994
Gabriel, Oscar W.: Das lokale Parteiensystem zwischen Wettbewerbs- und Konsensdemokratie. Eine empirische Analyse am Beispiel von 49 Städten in Rheinland-Pfalz, in: Oberndörfer, Dieter/Schmitt, Karl (Hrsg.): Parteien und regionale politische Traditionen in der Bundesrepublik Deutschland, Berlin 1991, S. 371-396
Gabriel, Oscar W. u.a.: Opposition in Großstadtparlamenten, Melle 1984
Gabriel, Oscar W. u.a.: Parteiideologien und Problemverarbeitung in der kommunalen Infrastrukturpolitik, in : APuZ, B30-31/1989b, S. 14-26
Gabriel, Oscar W. u.a.: Bestimmungsfaktoren des kommunalen Investitionsverhaltens: eine empirische Untersuchung der Investitionsausgaben rheinland-pfälzischer Städte auf den Gebieten Kultur, Sport/Erholung und Verkehr in den Jahren 1978-1985, München 1990

Gabriel, Oscar W. u.a.: Neue Prioritäten für die kommunale Finanzpolitik? Ergebnisse einer vergleichenden Städtestudie, in: APuZ, B22-23/1992, S. 23-35
Gabriel, Oscar W. u.a.: Responsivität bundesdeutscher Kommunalpolitiker, in: PVS, 34 (1993) 1, S. 29-46
Gabriel, Oscar W. u.a.: Neue Formen politischer Partizipation – Bürgerbegehren und Bürgerentscheid, Sankt Augustin 1997a
Gabriel, Oscar W. u.a.: Politische Kultur und Wahlverhalten in einer Großstadt, Opladen 1997
Gabriel, Oscar W./Holtmann, Everhard: Kommunale Demokratie, in: Graf von Westphalen, Raban (Hrsg.): Parlamentslehre. Das parlamentarische Regierungssystem im technischen Zeitalter, München u.a. 1993, S. 471-488
Gabriel, Oscar W. (Hrsg.): Kommunalpolitik im Wandel der Gesellschaft. Eine Einführung in Probleme der politischen Willensbildung in der Gemeinde, Königstein 1979
Gabriel, Oscar W. (Hrsg.): Bürgerbeteiligung und kommunale Demokratie, München 1983
Gabriel, Oscar W. (Hrsg.): Kommunale Demokratie zwischen Politik und Verwaltung, München 1989a
Gabriel, Oscar W. u.a. (Hrsg.): Parteiendemokratie in Deutschland, Opladen 1997b
Gabriel, Oscar W./Voigt, Rüdiger (Hrsg.): Kommunalwissenschaftliche Analysen, Bochum 1994
Ganser, Karl: Kommunales Finanzsystem im Widerspruch zu Stadtentwicklung und Raumordnung?, in: Die Öffentliche Verwaltung, 32 (1979) 1/2 , S. 8-17
Garlichs, Dietrich: Grenzen staatlicher Infrastrukturpolitik, Königstein 1980
Garlichs, Dietrich u.a. (Hrsg.): Regionalisierte Arbeitsmarkt- und Beschäftigungspolitik, Frankfurt u.a. 1983
Gassner, Edmund u.a.: Entwicklung ländlicher Räume, Bonn 1974
Gau, Doris: Politische Führungsgruppen auf kommunaler Ebene. Eine empirische Untersuchung zum Sozialprofil und den politischen Karrieren der Mitglieder des Rates der Stadt Köln, München 1983
Gawel, Erik: Die kommunalen Gebühren. Ökonomische, ökologische und rechtliche Ansätze einer gesamtwirtschaftlichen Neuorientierung, Berlin 1995
Geiser, Klaus: Kommunalverfassung der Länder Mecklenburg-Vorpommern, Brandenburg, Sachsen-Anhalt, Sachsen, Thüringen. Textsammlung und Einführung, Regensburg 1990
Geißelmann, Friedrich: Die kommunalen Spitzenverbände, Berlin 1975
Gerhardt, Kurt/Maier, Wolfgang: Der kommunale Finanzausgleich in Baden-Württemberg, Stuttgart 1991
Gerlach, Jürgen/Reinkober, Norbert: Regionalisierung und Nahverkehrsplan. Eine Chance für kommunale Gebietskörperschaften, in: Internationales Verkehrswesen, 48 (1996) 4, S. 17-25
Gewerkschaft öffentliche Dienste, Transport und Verkehr (ÖTV): Zur Privatisierung öffentlicher Dienstleistungen, Band I bis VI, Stuttgart 1977-1978

Giere, Gustav: Gemeindefinanzen (II): Empirischer Überblick, in: Handwörterbuch der Sozialwissenschaften (HdSW), 4. Band, Stuttgart u.a. 1965, S. 308-319

Giesen, Karl: Kostenrechnung in der kommunalen Haushaltswirtschaft. Handbuch für Praxis und Studium, Köln 1994

Glaser, Hermann: Kommunale Kulturpolitik. Bürgernahe Kultur in der Gemeinde, Bonn 1985

Glass, Claus-Peter: Die Realität der Kommunalaufsicht, Köln u.a. 1967

Gleitze, Jörg M./Klein, Richard R.: Grundlagen kommunaler Finanzpolitik. Das System der kommunalen Einnahmen (I + II), in: Das Wirtschaftstudium (WISU), 3 (1974) 3, S. 123-127; 4, S. 179-183

Glickman, Norman J. (Hrsg.) The Urban Impacts of Federal Policies, Baltimore, MD u.a. 1980

Glotz-Richter, Michael u.a. (Hrsg.): Lokale Demokratie auf dem Prüfstand. Stadtstaaten und Stadtteilvertretungen im europäischen Vergleich, Bremen 1994

Glück, Horst: Parteien, Wahlen und politische Kultur in einer württembergischen Industrieregion, Diss. Tübingen 1990

Göb, Rüdiger: Kommunale Wirtschaftspolitik, in: AfK, 26 (1987) 1, S. 66-87

Göb, Rüdiger: Neue Möglichkeiten und Grenzen der Stadtentwicklungsplanung, in: Die Öffentliche Verwaltung, 43 (1990) 14, S. 582-601

Göb, Rüdiger/Helle, Horst-Jürgen u.a.: Stadtentwicklung – Von der Krise zur Reform, Bonn 1973

Gothe, Heiko u. a.: Organisation, Politik und Vernetzung der Politik auf Kreisebene in den fünf neuen Bundesländern, Berlin 1996

Grabher, Gernot: De-Industrialisierung oder Neo-Industrialisierung? Innovationspolitik und Innovationsprozesse in traditionellen Industrieregionen, Berlin 1988

Grabher, Gernot: Wachstumskoalitionen und Verhinderungsallianzen, in: Informationen zur Raumentwicklung, 43 (1993) 11, S. 749-758

Grabow, Busso: Standorttendenzen und kommunale Standortpolitik im Dienstleistungssektor, in: AfK, 35 (1996a) 1, S. 173-195

Grabow, Busso u.a.: Lokale Innovations- und Technologiepolitik. Ergebnisse einer bundesweiten Erhebung, Berlin 1990

Grabow, Busso/Henckel, Dietrich: Produktionstechnologien und Raumentwicklung, Berlin 1986

Grabow, Busso (Hrsg.): Die Zukunft des Dienstleistungssektors in der Stadt. Dokumentation eines Workshops, Berlin 1996b

Grabow, Busso/Löhr, Rolf-Peter (Hrsg.): Einzelhandel und Stadtentwicklung. Vorträge und Ergebnisse einer Fachtagung, Berlin 1991

Gräber, Heinrich u.a.: Externe Kontrolle und regionale Wirtschaftspolitik, 2 Bde., Berlin 1987

Graf, Gerhard: Die finanzwirtschaftliche Bedeutung der deutschen Grundsteuer, in: Der Gemeindehaushalt, 86 (1985) 9, S. 208-210

Grauhan, Rolf-Richard: Die Wahl ansässiger und auswärtiger Bewerber zu Oberbürgermeistern, in: AfK, 1 (1962) 1, S.93-105

Grauhan, Rolf-Richard: Zur politischen Theorie der Stadt, in: AfK, 4 (1965a) 1, S. 87-111
Grauhan, Rolf-Richard: Der Oberbürgermeister als Verwaltungschef, in: PVS, 7 (1965b) 3, S. 302-324
Grauhan, Rolf-Richard: Stadtplanung und Politik, in: PVS, 8 (1966) 3, S. 392-406 (nachgedruckt in: Grauhan 1972, S. 181-198)
Grauhan, Rolf-Richard: Modelle politischer Verwaltungsführung, in: PVS, 10 (1969a) 2/3, S. 269-284
Grauhan, Rolf-Richard: Zur Struktur der planenden Verwaltung, in: Stadtbauwelt, 60 (1969b) 22, S. 132-137
Grauhan, Rolf-Richard: Politische Verwaltung. Auswahl und Stellung der Oberbürgermeister als Verwaltungschefs deutscher Großstädte, Freiburg 1970
Grauhan, Rolf-Richard: Der politische Willensbildungsprozeß in der Gemeinde. Kommunalpolitik in verengten Entscheidungsräumen, in: Der Bürger im Staat, 21 (1971) 3, S. 108-111 (nachgedruckt unter dem Titel: Der politische Willensbildungsprozeß in der Großstadt, in: Grauhan 1972, S. 145-162)
Grauhan, Rolf-Richard: Strukturwandlungen planender Verwaltung, Das Beispiel der Münchener Stadtentwicklungsplanung, in: Schäfers, Bernhard (Hrsg.): Gesellschaftliche Planung, Stuttgart 1973, S. 231-252
Grauhan, Rolf-Richard u.a.: Politikanalyse am Beispiel des Verstädterungsproblems, in: PVS, 12 (1971) 3, S. 413-451
Grauhan, Rolf-Richard/Linder, Wolf: Politik der Verstädterung, Frankfurt 1974
Grauhan, Rolf-Richard (Hrsg.): Großstadt-Politik. Texte zur Analyse und Kritik lokaler Demokratie, Gütersloh 1972
Grauhan, Rolf-Richard (Hrsg.): Lokale Politikforschung 1 und 2, Frankfurt u.a. 1975
Grawert, Rolf: Die Kommunen im Länderfinanzausgleich, Berlin 1989
Greenstone, J. David/Peterson, Paul E.: Race and Authority in Urban Politics. Community Participation and the War on Poverty, New York 1973
Grimme, Eduard W. P.: Zwischen Routine und Recherche. Eine Studie über Lokaljournalisten und ihre Informanten, Opladen 1991
Gröttrup, Hendrik: Die kommunale Leistungsverwaltung, 2. Aufl., Stuttgart 1976
Groser, Manfred: Das Privatisierungsthema in der politischen Willensbildung, in: APuZ, B14/1980, S. 3-15
Groser, Manfred: Soziallehren, in: Nohlen, Dieter (Hrsg.): Lexikon der Politik, Band 1: Politische Theorien, München 1995, S. 581-584
Groser, Manfred: Subsidiarität, in: Nohlen, Dieter (Hrsg.): Lexikon der Politik, Band 1: Politische Theorien, München 1995, S. 622-625
Große Siemer, Stephan: Die kommunale Wirtschaftsförderung und die Regionalpolitik der europäischen Gemeinschaften. Eine Untersuchung der Stellung der Kommunen in der Regionalpolitik der europäischen Gemeinschaften und der Grenzen der kommunalen Wirtschaftsförderung, Köln 1993
Großhans, Hartmut: Öffentlichkeit und Stadtentwicklungsplanung. Möglichkeiten der Partizipation, Düsseldorf 1972

Grottian, Peter/Nelles, Wilfried (Hrsg.): Großstadt und neue soziale Bewegungen, Basel u.a. 1983
Grüner, Hans u.a.: Die wohnungspolitischen Ausgaben der Kommunen 1975-1982, in: Bauwelt, 74 (1983), S. 456-457
Grüner, Hans u.a.: Rote Politik im schwarzen Rathaus? Bestimmungsfaktoren der wohnungspolitischen Ausgaben bundesdeutscher Großstädte, in: PVS, 29 (1988) 1, S. 42-57
Grunow, Dieter: Bürgernahe Verwaltung. Theorie, Empirie, Praxismodelle, Frankfurt u.a. 1988
Grunow, Dieter: Constitutional Reform of Local Government in Germany: The Case of North Rhine-Westphalia (NRW), in: Local Government Studies, 18 (1992) 1, S. 44-59
Grunow, Dieter/Wollmann, Hellmut (Hrsg.): Lokale Verwaltungsreform in Aktion: Fortschritte und Fallstricke, Basel u.a. 1998
Grzywatz, Berthold: Staat und Gemeinde im 19. Jahrhundert. Zum Verhältnis von kommunaler Selbstverwaltung und staatlichen Gemeindeaufgaben in Preußen, in: AfK, 34 (1995) 1, S. 30-54
Gschwind, Friedemann/Henckel, Dietrich: Innovationszyklen der Industrie – Lebenszyklen der Städte, in: Stadtbauwelt, 82 (1984) 24, S. 134-137
Güßefeldt, Jörg: Zentrale Orte – ein Zukunftskonzept für die Raumplanung!, in: Raumforschung und Raumordnung, 55 (1997) 4/5, S. 327-336
Güttler, Helmuth u.a.: Großflächige Einzelhandelseinrichtungen in den neuen Ländern, Bonn 1995
Gunlicks, Arthur B.: Local Government in the German Federal System, Durham, MA 1986
Haasis, Hans-Arthur: Kommunalpolitik und Machtstruktur. Eine Sekundäranalyse deutscher empirischer Gemeindestudien, Frankfurt 1978
Haasis, Hans-Arthur: Bodenpreise, Bodenmarkt und Stadtentwicklung, München 1987
Haasis, Hans-Arthur: Industriestädte im Wandel: Der Fall Mannheim, Baden-Baden 1990
Haass, Heinrich: Sport und kommunale Entwicklungsplanung am Beispiel der Sportstättenplanung. Eine Untersuchung planungssoziologischer Determinanten für die Sportstättenleitplanung, Münster u.a. 1990
Habermas, Jürgen: Strukturwandel der Öffentlichkeit, Frankfurt 1973
Haenisch, Horst/Schröter, Klaus: Zum politischen Potential der Lokalpresse, in: Zoll, Ralf (Hrsg.): Manipulation der Meinungsbildung, Opladen 1971, S. 242-279
Häßler, Susanne: Lokale Agenda 21 – Zukunftsbeständigkeit als kommunales Handlungsprogramm, in: Die Gemeinde. Kommunalzeitschrift des Gemeindetags Baden-Württemberg (BWGZ), 120 (1997) 4, S. 101-105
Häußermann, Hartmut (Hrsg.): Ökonomie und Politik in alten Industrieregionen Europas. Probleme der Stadt- und Regionalentwicklung in Deutschland, Frankreich, Großbritannien und Italien, Basel u.a. 1992

Häußermann, Hartmut/Siebel, Walter: Neue Formen der Stadt- und Regionalpolitik, in: AfK, 33 (1994) 1, S. 32-45

Häußermann, Hartmut/Siebel, Walter: Soziologie des Wohnens. Eine Einführung in Wandel und Ausdifferenzierung des Wohnens, Weinheim 1996

Häußermann, Hartmut/Siebel, Walter (Hrsg.): Festivalisierung der Stadtpolitik. Stadterneuerung durch große Projekte, Opladen 1993

Hall, Peter: The Geographie of the Fifth Kondratieff Cycle, in: New Society, 55 (1981) 3, S. 535-537

Hamberger, Wolfgang: Motive und Wirkungen des Kommunalwahlverhaltens in Baden-Württemberg, Diss. Heidelberg 1966

Hanesch, Walter (Hrsg.): Überlebt die soziale Stadt? Konzeption, Krise und Perspektiven kommunaler Sozialstaatlichkeit, Opladen 1996

Hansmeyer, Karl-Heinrich: Gewerbesteuer, in: Handwörterbuch der Wirtschaftswissenschaft (HdWW), 3. Band, Stuttgart u.a. 1988, S. 617-633

Hansmeyer, Karl-Heinrich: Finanzprobleme der Gemeinden, in: AfK, 36 (1997) 2, S. 193-209

Hansmeyer, Karl-Heinrich (Hrsg.): Kommunale Finanzpolitik in der Weimarer Republik, Stuttgart u.a. 1973

Hansmeyer, Karl-Heinrich/Zimmermann, Horst: Möglichkeiten der Einführung eines Hebesatzrechts beim gemeindlichen Einkommensteueranteil, in: AfK, 32 (1993) 2, S. 221-244

Hanusch, Horst/Rauscher, Gerhard: Gemeinden II: Kommunale Wirtschafts- und Sozialpolitik, in: Handwörterbuch der Wirtschaftswissenschaft (HdWW), 3. Band, Stuttgart u.a. 1988, S. 495-507

Hartwich, Hans Hermann: Sozialstaatspostulat und gesellschaftlicher Status quo, Köln u.a. 1970

Hartwich, Hans Hermann: Die Entwicklung der deutschen Staatsverschuldung seit der Wiedervereinigung, in: Gegenwartskunde, 46 (1997) 2, S. 325-354

Hartwich, Hans Hermann (Hrsg.): Vollzug und Wirkungen regionaler Umweltpolitik, Opladen 1984

Hatzfeld, Ulrich: Interkommunale Zusammenarbeit bei der Ansiedlung und Entwicklung großflächiger Einzelhandelseinrichtungen, in: Raumforschung und Raumordnung, 47 (1989) 5/6, S. 307-318

Haus, Wolfgang (Hrsg.): Kommunalwissenschaftliche Forschung, Stuttgart u.a. 1966

Haus, Wolfgang u.a. (Hrsg.): Wie funktioniert das? Städte, Kreise und Gemeinden, Mannheim u.a. 1986

Heffter, Heinrich: Die deutsche Selbstverwaltung im 19. Jahrhundert, Geschichte der Ideen und Institutionen, 2. Aufl., Stuttgart 1969

Heidt, Elisabeth: Staatstheorien. Politische Herrschaft und bürgerliche Gesellschaft, in: Neumann, Franz (Hrsg.): Politische Theorien und Ideologien, Band 1, 2. Aufl., Opladen 1998, S. 381-446

Heilemann, Ullrich/Rappen, Hermann: Sieben Jahre deutsche Einheit: Rückblick und Perspektiven in fiskalischer Sicht, in: APuZ, B40-41/1997, S. 38-46

Hein, Edgar: Künftig weniger Ärger bei Erschließungen?, in: Demokratische Gemeinde 29, (1977) 12, S. 1060ff.
Heinelt, Hubert (Hrsg.): Politiknetzwerke und europäische Strukturfondsförderung. Ein Vergleich zwischen EU-Mitgliedstaaten, Opladen 1996
Heinelt, Hubert/Mayer, Margit (Hrsg.): Politik in europäischen Städten. Fallstudien zur Bedeutung lokaler Politik, Basel u.a. 1992
Heinelt, Hubert/Mayer, Margit (Hrsg.): Modernisierung der Kommunalpolitik. Neue Wege zur Ressourcenmobilisierung, Opladen 1997
Heinelt, Hubert/Wollmann, Hellmut (Hrsg.): Brennpunkt Stadt. Stadtpolitik und lokale Politikforschung in den 80er und 90er Jahren, Basel u.a. 1991
Heinze, Rolf G. (Hrsg.): Neue Subsidiarität. Leitidee für eine zukünftige Sozialpolitik, Opladen 1986
Heinze, Rolf G. u.a.: Arbeit und Umwelt in der Kommunalpolitik, in: APuZ, B46-47/1986, S. 14-28
Heinze, Rolf G. u.a.: Integrierte Umwelt- und Beschäftigungspolitik als Perspektive für alte Industrieregionen, in: Jahrbuch Arbeit und Technik in Nordrhein-Westfalen 1987, S. 353-373
Heinze, Rolf G./Voelzkow, Helmut (Hrsg.): Regionalisierung der Strukturpolitik in Nordrhein-Westfalen, Opladen 1997
Heitmüller, Hans-Michael: „Standort": hier – eine Initiative der deutschen Sparkassenorganisation, in: Sparkasse, 113 (1996)7, S. 304-309
Helbrecht, Ilse: „Stadtmarketing". Konturen einer kommunikativen Stadtentwicklungspolitik, Basel u.a. 1994
Hellstern, Gerd-Michael u.a. (Hrsg.): Applied Urban Research, 3 Bde., Bonn-Bad Godesberg 1982
Hellstern, Gerd-Michael/Wollmann, Hellmut: Perspektiven einer praxisnahen lokalen Politikforschung, in: Bermbach, Udo (Hrsg.): Politische Wissenschaft und politische Praxis, Opladen 1978, S. 316-342 (= PVS-Sonderheft 9)
Hellstern, Gerd-Michael/Wollmann, Hellmut (Hrsg.): Evaluierung und Erfolgskontrolle in Kommunalpolitik und -verwaltung, Basel u.a. 1984
Henckel, Dietrich: Recycling von Gewerbeflächen, in: AfK, 21 (1982) 2, S. 236-255
Henckel, Dietrich u.a.: Informationstechnologie und Stadtentwicklung, Stuttgart 1984
Henckel, Dietrich/Hollbach, Beate: Neue Techniken auf alten Flächen. Der Beitrag technikintensiver Betriebe zur Revitalisierung des Ruhrgebiets, Berlin 1991
Henneke, Hans-Günter: Die Kommunen in der Finanzverfassung des Bundes und der Länder, Wiesbaden 1994
Henneke, Hans-Günter u.a.: Die Kreise im Bundesstaat. Zum Standort der Kreise im Verhältnis zu Bund, Ländern und Gemeinden, Baden-Baden 1994
Henneke, Hans-Günter (Hrsg.): Aktuelle Entwicklungen der inneren Kommunalverfassung: zur künftigen Austarierung des Verhältnisses von effizienter Verwaltung, steuernder Vertretungskörperschaft und verstärkter Bürgerbeteiligung, Stuttgart u.a. 1996

Henning, Max: Geschäftsordnungslexikon für Gemeindevertreter, Bonn-Bad Godesberg 1969
Hennis, Wilhelm u.a. (Hrsg.): Regierbarkeit. Studien zu ihrer Problematisierung, Band 1, Stuttgart 1977
Hennis, Wilhelm u.a. (Hrsg.): Regierbarkeit. Studien zu ihrer Problematisierung, Band 2, Stuttgart 1979
Hensel, Horst (Hrsg.): Republique en miniature. Eine Schrift für Alfred Gleisner, Köln 1974
Herlyn, Ulfert/Hunger, Bernd (Hrsg.): Ostdeutsche Wohnmilieus im Wandel. Eine Untersuchung ausgewählter Stadtgebiete als sozialplanerischer Beitrag zur Stadterneuerung, Basel u.a. 1994
Hermens, Ferdinand A.: Verfassungslehre, 2. Aufl., Köln u.a. 1968
Hesse, Joachim Jens: Stadtentwicklungsplanung. Zielfindungsprozeß und Zielvorstellung, Stuttgart u.a. 1972
Hesse, Joachim Jens: Politische Planung im Kommunalbereich, in: Die Verwaltung, 7 (1974) 3, S. 273-304
Hesse, Joachim Jens: Kommunale Entwicklungsplanung. Zum Stand der Kunst, in: AfK, 14 (1975) 2, S. 279-294
Hesse, Joachim Jens: Organisation kommunaler Entwicklungsplanung. Anspruch, Inhalt und Reichweite von Reorganisationsvorstellungen für das kommunale politisch-administrative System, Stuttgart u.a. 1976
Hesse, Joachim Jens (Hrsg.): Politikverflechtung im föderativen Staat. Studien zum Planungs- und Finanzierungsverbund zwischen Bund, Ländern und Gemeinden, Baden-Baden 1978
Hesse, Joachim Jens (Hrsg.): Erneuerung der Politik „von unten"? Stadtpolitik und kommunale Selbstverwaltung im Umbruch, Opladen 1986
Hesse, Joachim Jens (Hrsg.): Zur Situation der kommunalen Selbstverwaltung heute. Stadtpolitik und kommunale Selbstverwaltung im Umbruch, Baden-Baden 1987
Hesse, Joachim Jens (Hrsg.): Kommunalwissenschaften in der Bundesrepublik Deutschland, Baden-Baden 1989
Hesse, Joachim Jens u.a. (Hrsg.): Staat und Gemeinden zwischen Konflikt und Kooperation, Baden-Baden 1983
Hesse, Joachim Jens/Ellwein, Thomas: Das Regierungssystem der Bundesrepublik Deutschland. Band 1: Text, 7. Aufl., Opladen 1992
Hesse, Joachim Jens/Wollmann, Hellmut (Hrsg.): Probleme der Stadtpolitik in den 80er Jahren, Frankfurt u.a. 1983
Heuer, Hans: Sozialökonomische Bestimmungsfaktoren der Stadtentwicklung, Stuttgart u.a. 1975
Heuer, Hans: Wohnungspolitik, in: AfK, 21 (1982) 1, S. 48-68
Heuer, Hans: Instrumente kommunaler Gewerbepolitik. Ergebnisse empirischer Erhebungen, Stuttgart u.a. 1985
Heuer, Hans/Schäfer, Rudolf: Stadtflucht, Stuttgart u.a. 1978
Heuß, Theodor: Demokratie und Selbstverwaltung, Berlin 1921

Hill, Hermann: Die politisch-demokratische Funktion der kommunalen Selbstverwaltung nach der Reform, Baden-Baden 1987
Hill, Hermann: Ziele der Verwaltungsmodernisierung, in: Der Landkreis, 65 (1995) 8-9, S. 357-360
Hill, Hermann: Verwaltung im Umbruch, Speyer 1997
Hill, Hermann (Hrsg.): Die begreifbare Stadt, Heidelberg 1994
Hill, Hermann/Klages, Helmut (Hrsg.): Qualitäts- und erfolgsorientiertes Verwaltungsmanagement. Aktuelle Tendenzen und Entwürfe, Berlin 1993
Hillmann, Gert: Bemerkungen zu einer Kommunalverfassungsreform in Niedersachsen und Nordrhein-Westfalen, in: Die Öffentliche Verwaltung, 45 (1992) 2, S. 41-49
Hilterscheid, Hermann: Industrie und Gemeinde. Die Beziehungen zwischen der Stadt Wolfsburg und dem Volkswagenwerk und ihre Auswirkungen auf die kommunale Selbstverwaltung, Berlin 1970
Hirsch, Paul: Kommunale Wohnungspolitik, Berlin 1906
Hirsch, Paul: Kommunalpolitische Probleme, Leipzig 1920
Hoffmann, Gert: Die sogenannte Zweigleisigkeit der Niedersächsischen Kommunalverfassung. Ein Beitrag zur aktuellen Reformdiskussion, Gifhorn 1987
Hoffmann, Gert: Die Abwahl kommunaler Wahlbeamter als Konsequenz ihrer Einbindung in die Politik, in: Die Öffentliche Verwaltung, 43 (1990) 8, S. 320-325
Hoffmann, Jürgen: Schwarz-grüne Bündnisse in der Kommunalpolitik – Gründe, Erfahrungen, Folgerungen, Sankt Augustin 1997
Hoffmann, Pierre/Patellis, Nikitas: Demokratie als Nebenprodukt. Versuch einer öffentlichen Planung, München 1971
Hofmann, Wolfgang: Zwischen Rathaus und Reichskanzlei. Die Oberbürgermeister in der Kommunal- und Staatspolitik des Deutschen Reiches von 1890 bis 1933, Stuttgart u.a. 1974
Hollbach-Grömig, Beate: Kommunale Wirtschaftsförderung in den 90er Jahren. Ergebnise einer Umfrage, Berlin 1996
Holler, Wolfgang/Naßmacher, Karl-Heinz: Rat und Verwaltung im Prozeß kommunalpolitischer Willensbildung, in: APuZ, B4/1976, S. 3-31 (nachgedruckt in: Frey 1976a, S. 141-181; Borgerding u.a. 1978, S. 223-263 und Köser 1979, S. 275-319)
Holst-Glöss, Peter u.a.: Wirtschaftsförderung. Anforderungen an eine offensive Strategie, in: RaumPlanung, 59 (1992) 3, S. 209-214
Holtmann, Everhard: Kommunalpolitik im politischen System der Bundesrepublik, in: APuZ, B25/1990, S. 3-14
Holtmann, Everhard u.a.: Wohnen und Wohnungspolitik in der Großstadt. Eine empirische Untersuchung über Wohnformen, Wohnwünsche und kommunalpolitische Steuerung, Opladen 1996
Holtmann, Everhard/Killisch, Winfried: Gemeindegebietreform und politische Partizipation. Einstellungen in der fränkischen „Rebellengemeinde" Ermershausen, in: APuZ, B30-31/1989, S. 27-39

Grabow, Busso/Löhr, Rolf-Peter (Hrsg.): Einzelhandel und Stadtentwicklung. Vorträge und Ergebnisse einer Fachtagung, Berlin 1991
Gräber, Heinrich u.a.: Externe Kontrolle und regionale Wirtschaftspolitik, 2 Bde., Berlin 1987
Graf, Gerhard: Die finanzwirtschaftliche Bedeutung der deutschen Grundsteuer, in: Der Gemeindehaushalt, 86 (1985) 9, S. 208-210
Grauhan, Rolf-Richard: Die Wahl ansässiger und auswärtiger Bewerber zu Oberbürgermeistern, in: AfK, 1 (1962) 1, S.93-105
Grauhan, Rolf-Richard: Zur politischen Theorie der Stadt, in: AfK, 4 (1965a) 1, S. 87-111
Grauhan, Rolf-Richard: Der Oberbürgermeister als Verwaltungschef, in: PVS, 7 (1965b) 3, S. 302-324
Grauhan, Rolf-Richard: Stadtplanung und Politik, in: PVS, 8 (1966) 3, S. 392-406 (nachgedruckt in: Grauhan 1972, S. 181-198)
Grauhan, Rolf-Richard: Modelle politischer Verwaltungsführung, in: PVS, 10 (1969a) 2/3, S. 269-284
Grauhan, Rolf-Richard: Zur Struktur der planenden Verwaltung, in: Stadtbauwelt, 60 (1969b) 22, S. 132-137
Grauhan, Rolf-Richard: Politische Verwaltung. Auswahl und Stellung der Oberbürgermeister als Verwaltungschefs deutscher Großstädte, Freiburg 1970
Grauhan, Rolf-Richard: Der politische Willensbildungsprozeß in der Gemeinde. Kommunalpolitik in verengten Entscheidungsräumen, in: Der Bürger im Staat, 21 (1971) 3, S. 108-111 (nachgedruckt unter dem Titel: Der politische Willensbildungsprozeß in der Großstadt, in: Grauhan 1972, S. 145-162)
Grauhan, Rolf-Richard: Strukturwandlungen planender Verwaltung, Das Beispiel der Münchener Stadtentwicklungsplanung, in: Schäfers, Bernhard (Hrsg.): Gesellschaftliche Planung, Stuttgart 1973, S. 231-252
Grauhan, Rolf-Richard u.a.: Politikanalyse am Beispiel des Verstädterungsproblems, in: PVS, 12 (1971) 3, S. 413-451
Grauhan, Rolf-Richard/Linder, Wolf: Politik der Verstädterung, Frankfurt 1974
Grauhan, Rolf-Richard (Hrsg.): Großstadt-Politik. Texte zur Analyse und Kritik lokaler Demokratie, Gütersloh 1972
Grauhan, Rolf-Richard (Hrsg.): Lokale Politikforschung 1 und 2, Frankfurt u.a. 1975
Grawert, Rolf: Die Kommunen im Länderfinanzausgleich, Berlin 1989
Greenstone, J. David/Peterson, Paul E.: Race and Authority in Urban Politics. Community Participation and the War on Poverty, New York 1973
Grimme, Eduard W. P.: Zwischen Routine und Recherche. Eine Studie über Lokaljournalisten und ihre Informanten, Opladen 1991
Gröttrup, Hendrik: Die kommunale Leistungsverwaltung, 2. Aufl., Stuttgart 1976
Groser, Manfred: Das Privatisierungsthema in der politischen Willensbildung, in: APuZ, B14/1980, S. 3-15

Innenministerium Baden-Württemberg (Stabsstelle Verwaltungsstruktur, Information und Kommunikation): Leitfaden Aufgabenanalyse, Stuttgart 1991

Innenministerium Baden-Württemberg (Hrsg.): Kommunaler Produktplan Baden-Württemberg, Stuttgart 1996

Innenminister des Landes Nordrhein-Westfalen: Umfrage zu den Bedingungen der Kommunalpolitik in Nordrhein-Westfalen, Düsseldorf 1989

Innenministerium des Landes Nordrhein-Westfalen: Reform der Kommunalverfassung in Nordrhein-Westfalen, Düsseldorf 1991

Institut „Finanzen und Steuern" e.V.: Zur Verkoppelung und Begrenzung der Realsteuerhebesätze, Bonn 1975

Institut Wohnen und Umwelt (IWU): Kommunale Wohnungspolitik. Ergebnisse einer Untersuchung in 15 Großstädten, Darmstadt 1982

Ipsen, Jörn (Hrsg.): Kontinuität oder Reform. Die Gemeindeverfassung auf dem Prüfstand, Köln u.a. 1990

Ipsen, Jörn (Hrsg.): Kommunale Aufgabenerfüllung im Zeichen der Finanzkrise, 5. Bad Iburger Gespräche, Baden-Baden 1995

Jaedicke, Wolfgang (Hrsg.): Kommunale Aktionsverwaltung für Stadterneuerung und Umweltschutz, Köln 1990

Jaedicke, Wolfgang (Hrsg.): Lokale Politik im Wohlfahrtsstaat. Zur Sozialpolitik der Gemeinden und ihrer Verbände in der Beschäftigungskrise, Opladen 1991

Jaedicke, Wolfgang/Wollmann, Hellmut: Wohnungspolitik zwischen Staatsintervention und Markt, in: von Beyme, Klaus/Schmidt, Manfred G. (Hrsg.): Politik in der Bundesrepublik Deutschland, Opladen 1990, S. 203-226

Jahndel, Katrin: Kommunale Fraktionen, Stuttgart u.a. 1990

Janning, Hermann (Hrsg.): Das Modell Soest. Der Umbau der Kommunalverwaltung auf Kreisebene, Stuttgart 1994

Jansen, Dorothea: Mediationsverfahren in der Umweltpolitik, in: PVS, 38 (1997) 2, S. 274-297

Jansen, Dorothea/Schubert, Klaus (Hrsg.): Netzwerk und Politikproduktion. Konzepte, Methoden, Perspektiven, Marburg 1995

Jarren, Otfried: Kommunale Kommunikation. Eine theoretische und empirische Untersuchung kommunaler Kommunikationsstrukturen unter besonderer Berücksichtigung lokaler und sublokaler Medien, München 1984

Jarren, Otfried: Kommunikationsstrukturen und Lokalmedien auf dem Lande, in: APuZ, B35/1985, S. 19-29

Jauch, Dieter: Auswirkungen der Verwaltungsreform in ländlichen Gemeinden, dargestellt an 14 Gemeinden in Baden Württemberg, Stuttgart 1975

Jenkis, Helmut W. (Hrsg.): Kompendium der Wohnungswirtschaft, München u.a. 1991

Jessen, Johann: Nutzungsmischung im Städtebau. Trends und Gegentrends, in: Informationen zur Raumentwicklung, 45 (1995) 6/7, S. 391-404

Jessen, Johann: Der Weg zur Stadt der kurzen Wege – versperrt oder nur zu lang? Zur Attraktivität eines Leitbildes, in: AfK, 46 (1996) 1, S. 1-19

Joachim, Peter/Tank, Hannes: Dienstleistungssektor und kommunale Wirtschaftsförderung. Notwendigkeit und Möglichkeiten einer Erweiterung der Wirtschaftsförderung im Strukturwandel, Opladen 1983

Jonscher, Norbert: Inhalte und Defizite des lokalen Teils in der deutschen Tagespresse, Diss. Göttingen 1989

Jonscher, Norbert: Einführung in die lokale Publizistik. Theorie und Praxis der örtlichen Berichterstattung von Rundfunk, Tagespresse und Alternativmedien. Inhaltliche Defizite, ihre Ursachen und neue Konzeptionen, Opladen 1991

Joseph, Matthias: Die Bedeutung des Standortmarketing für die Wirtschaftsförderung der Kommunen, in: Sparkasse, 113 (1996) 8, S. 353-359

Jung, Otmar: Direkte Demokratie in der Weimarer Republik. Die Fälle „Aufwertung“, „Fürstenenteignung“, „Panzerkreuzerverbot“ und „Youngplan“, Frankfurt u.a. 1989

Jung, Otmar: Daten zu Volksentscheiden in Deutschland auf Landesebene (1946-1992), in: ZParl, 24 (1993) 1, S. 5-13

Junkernheinrich, Martin: Gemeindefinanzen. Theoretische und methodische Grundlagen ihrer Analyse, Berlin 1991

Kaack, Heino: Die Basis der Parteien. Struktur und Funktionen der Ortsvereine, in: ZParl, 2 (1971a) 1, S. 23-38

Kaack, Heino: Geschichte und Struktur des deutschen Parteiensystems, Köln und Opladen 1971b

Kaase, Max u.a. (Hrsg.): Politisches System, Opladen 1996

Kaltefleiter, Werner: Die Produktivität ist miserabel, in: Wirtschaftswoche, 37/1975, S. 42-48

Kanitz, Horst u.a.: Grundlagen der Kommunalpolitik, Recklinghausen 1980

Kannen, Irmtraut: Und das soll Demokratie gewesen sein? Konflikte und Harmonie im Gemeinderat am Beispiel der Stadt Cloppenburg 1981-1991, Oldenburg 1996

Karrenberg, Hanns: Die Bedeutung der Gewerbesteuer für die Städte, Köln 1985

Karrenberg, Hanns: Die Finanzausstattung der Kommunen in den neuen Bundesländern, in: Seibel, Wolfgang/Benz, Arthur (Hrsg.): Verwaltungsreform und Verwaltungspolitik im Prozeß der deutschen Einigung, Baden-Baden 1993, S. 288-308

Karrenberg, Hanns/Münstermann, Engelbert: Gemeindefinanzbericht 1982, in: Der Städtetag, 35 (1982) 2, S. 97-130

Karrenberg, Hanns/Münstermann, Engelbert: Gemeindefinanzbericht 1983, in: Der Städtetag, 36 (1983) 2, S. 69-108

Karrenberg, Hanns/Münstermann, Engelbert: Gemeindefinanzbericht 1984, in: Der Städtetag, 37 (1984) 2, S. 81-119

Karrenberg, Hanns/Münstermann, Engelbert: Gemeindefinanzbericht 1985, in: Der Städtetag, 38 (1985) 2, S. 72-117

Karrenberg, Hanns/Münstermann, Engelbert: Gemeindefinanzbericht 1986, in: Der Städtetag, 39 (1986) 2, S. 75-123

Karrenberg, Hanns/Münstermann, Engelbert: Gemeindefinanzbericht 1987, in: Der Städtetag, 40 (1987) 2, S. 48-97

Karrenberg, Hanns/Münstermann, Engelbert: Gemeindefinanzbericht 1988, in: Der Städtetag, 41 (1988) 2, S. 63-114
Karrenberg, Hanns/Münstermann, Engelbert: Gemeindefinanzbericht 1989, in: Der Städtetag, 42 (1989) 2, S. 86-129
Karrenberg, Hanns/Münstermann, Engelbert: Gemeindefinanzbericht 1990, in: Der Städtetag, 43 (1990) 2, S. 82-135
Karrenberg, Hanns/Münstermann, Engelbert: Gemeindefinanzbericht 1991, in: Der Städtetag, 44 (1991) 2, S. 80-140
Karrenberg, Hanns/Münstermann, Engelbert: Gemeindefinanzbericht 1992, in: Der Städtetag, 45 (1992) 2, S. 58-131
Karrenberg, Hanns/Münstermann, Engelbert: Gemeindefinanzbericht 1993, in: Der Städtetag, 46 (1993) 2, S. 60-153
Karrenberg, Hanns/Münstermann, Engelbert: Gemeindefinanzbericht 1994, in: Der Städtetag, 47 (1994) 3, S. 134-219
Karrenberg, Hanns/Münstermann, Engelbert: Gemeindefinanzbericht 1995, in: Der Städtetag, 48 (1995) 3, S. 115-193
Karrenberg, Hanns/Münstermann, Engelbert: Gemeindefinanzbericht 1996, in: Der Städtetag, 49 (1996) 3, S. 119-211
Karrenberg, Hanns/Münstermann, Engelbert: Gemeindefinanzbericht 1997, in: Der Städtetag, 50 (1997) 3, S. 129-209
Karrenberg, Hanns/Münstermann, Engelbert: Gemeindefinanzbericht 1998, in: Der Städtetag, 51 (1998) 3, S. 143-214
Kaufmann, Franz-Xaver (Hrsg.): Bürgernahe Gestaltung der sozialen Umwelt. Probleme und theoretische Perspektiven eines Forschungsverbundes, Meisenheim 1977
Kempf, Thomas u.a.: Die Arbeitssituation von Ratsmitgliedern. Verbesserungsmöglichkeiten durch Fortbildung, Organisation der Fraktionsarbeit und Einrichtung von Stadtteilvertretungen, Berlin 1989
Kenis, Patrick/Schneider, Volker: Policy-Networks and Policy-Analysis. Scrutinizing a New Analytical Toolbox, in: Marin, Bernd/Mayntz, Renate (Hrsg.): Policy Networks, Frankfurt 1991, S. 25-62
Kenis, Patrick/Schneider, Volker (Hrsg.): Organisation und Netzwerk. Institutionelle Steuerung in Wirtschaft und Politik, Frankfurt u.a. 1996
Kevenhörster, Paul: Politikwissenschaft, Band 1: Entscheidungen und Strukturen der Politik, Opladen 1997
Kevenhörster, Paul u.a.: Kommunales Wahlverhalten, Bonn 1976
Kevenhörster, Paul u.a.: Politik in einer neuen Großstadt. Entscheidungen im Spannungsfeld von City und Stadtbezirken, Opladen 1980
Kevenhörster, Paul (Hrsg.): Lokale Politik unter exekutiver Führerschaft, Meisenheim 1977
Kevenhörster, Paul/Uppendahl, Herbert: Gemeindedemokratie in Gefahr? Zentralisierung und Dezentralisierung als Herausforderungen lokaler Demokratie in Japan und der Bundesrepublik Deutschland, Baden-Baden 1987
Kevenhörster, Paul/Wollmann, Helmut (Hrsg.): Kommunalpolitische Praxis und lokale Politikforschung, Berlin 1978

KGSt: s. Kommunale Gemeinschaftsstelle für Verwaltungsvereinfachung
Kieser, Alfred (Hrsg.): Organisationstheorien, Stuttgart u.a. 1993
Kießler, Otfried/Korte, Hermann: Soziale Stadtplanung. Das Städtebauförderungsgesetz, Sozialwissenschaftliche Analysen, Sozialpolitische Forderungen, Düsseldorf 1975
King, Desmond S./Pierre, Jon (Hrsg.): Challenges to Local Government, London u.a. 1990
Kirchgässner, Bernhard/Schadt, Jörg (Hrsg.): Kommunale Selbstverwaltung. Idee und Wirklichkeit, Sigmaringen 1983
Kirchhof, Ferdinand: Die Rechtsmaßstäbe der Kreisumlage. Zu den Aufgaben der Kreise und den Wirkungen rechtswidriger Aufgabenwahrnehmung auf die Festsetzung von Kreisumlagen, Baden-Baden 1995
Kirchhof, Ferdinand/Meyer, Hubert (Hrsg.): Kommunaler Finanzausgleich im Flächenbundesland, Baden-Baden 1996
Kirchhoff, Ulrich/Müller-Godeffroy, Heinrich: Lokale Wirtschafts- und Innovationsförderung. Ansatzpunkte, Instrumente und Fallbeispiele aus der Sicht der Sparkassen und Landesbanken, Stuttgart 1991
Kistenmacher, Hans u.a.: Regionalisierung in der kommunalen Wirtschaftsförderung, Köln 1994
Klages, Helmut: Häutungen der Demokratie, Zürich 1993
Klages, Helmut: Wie sieht die Verwaltung der Zukunft aus?, in: Verwaltungsrundschau, 41 (1995) 1, S. 1-7
Klages, Helmut/Herbert, Willi: Wertorientierung und Staatsbezug. Untersuchungen zur politischen Kultur in der Bundesrepublik Deutschland, Frankfurt/Main 1983
Klee-Kruse, Gudrun/Lenk, Klaus: BürgerBüros als innovative kommunale Serviceagenturen, Heidelberg 1995
Kleger, Heinz: Metropolitane Transformation durch urbane Regime. Berlin-Brandenburg auf dem Weg zu regionaler Handlungsfähigkeit, Amsterdam 1996
Klein, Ansgar/Schmalz-Bruns, Rainer (Hrsg.): Politische Beteiligung und Bürgerengagement in Deutschland. Möglichkeiten und Grenzen, Bonn 1997
Klein, Franz (Hrsg.): Steuer- und Finanzrecht, 2. Aufl., Neuwied 1993
Klein, Richard R.: Gemeindefinanzbericht 1976, in: Der Städtetag, 29 (1976) 1, S. 2-14
Klein, Richard R./Gleitze, Jörg M.: Gemeindefinanzbericht 1975, in: Der Städtetag, 28 (1975) 1, S. 2-15
Klein, Richard R./Münstermann, Engelbert: Gemeindefinanzbericht 1977, in: Der Städtetag, 30 (1977) 1, S. 2-16
Klein, Richard R./Münstermann, Engelbert: Gemeindefinanzbericht 1978, in: Der Städtetag, 31 (1978) 1, S. 2-22
Klein, Richard R./Münstermann, Engelbert: Gemeindefinanzbericht 1979, in: Der Städtetag, 32 (1979) 2, S. 56-84
Kleinfeld, Ralf u.a.: Kommunalpolitik. Eine problemorientierte Einführung, Opladen 1996

Klemisch, Herbert u.a. (Hrsg.): Handbuch für alternative Kommunalpolitik, Bielefeld 1994
Klimecki, Rüdiger u.a.: Entwicklungsorientiertes Management, Stuttgart 1994
Klüber, Hans: Handbuch der Kommunalpolitik, Göttingen 1971
Klümper, Bernd u.a.: Kommunale Kosten- und Wirtschaftlichkeitsrechnung, Witten 1996
Knemeyer, Franz-Ludwig: Bürgerbeteiligung und Kommunalpolitik. Mitwirkungsrechte von Bürgern auf kommunaler Ebene, 2. Aufl., München 1997
Knemeyer, Franz-Ludwig u.a.: Kommunale Wirtschaftsförderung. Möglichkeiten der Gemeinden und Kreise, Wünsche der Wirtschaft, Stuttgart 1981
Knemeyer, Franz-Ludwig (Hrsg.): Aufbau kommunaler Selbstverwaltung in der DDR. Grundsatzfragen und Dokumentation zur Entstehung einer Kommunalverfassung, Baden-Baden 1990
Knemeyer, Franz-Ludwig/Jahndel, Katrin: Parteien in der kommunalen Selbstverwaltung, Stuttgart u.a. 1991
Knieling, Jörg: Städtenetze und Konzeptionen der Raumordnung. Wirkungszusammenhänge und Maßnahmen zur Optimierung der instrumentellen Ergänzungsfunktion, in: Raumforschung und Raumordnung, 55 (1997) 3, S. 165-175
Knüfermann, Markus: Die regionalpolitische Instrumentalfunktion der Sparkassen, in: Sparkasse, 113 (1996) 6, S. 279-283
von Kodolitsch, Paul: Gemeindeverwaltungen und Bürgerinitiativen, in: AfK, 14 (1975) 2, S. 264-278
Köhler, Gabriele/Schäfers, Bernhard: Leitbilder der Stadtentwicklung in der Bundesrepublik Deutschland, in: APuZ, B46-47/1986, S. 29-39
König, Klaus (unter Mitarbeit von Joachim Beck): Modernisierung von Staat und Verwaltung. Zum Neuen Öffentlichen Management, Baden-Baden 1997
König, Klaus/Benz, Angelika (Hrsg.): Privatisierung und staatliche Regulierung: Bahn, Post und Telekommunikation, Rundfunk, Baden-Baden 1997
König, Klaus/Siedentopf, Heinrich (Hrsg.): Öffentliche Verwaltung in Deutschland, Baden-Baden 1997
König, René,: Grundformen der Gesellschaft: Die Gemeinde, Hamburg 1958
Köser, Helmut (Hrsg.): Der Bürger in der Gemeinde. Kommunalpolitik und politische Bildung, Bonn 1979
Köttgen, Arnold: Die Gemeinde und der Bundesgesetzgeber, Stuttgart 1967
Köttgen, Arnold: Kommunale Selbstverwaltung zwischen Krise und Reform, Stuttgart u.a. 1968
Kommunale Gemeinschaftsstelle für Verwaltungsvereinfachung (Hrsg.): Verwaltungsorganisation der Gemeinden, Teil I, Aufgabengliederungsplan, Köln 1967
Kommunale Gemeinschaftsstelle für Verwaltungsvereinfachung (Hrsg.): Grundlagen der Verwaltungsorganisation, Köln 1978
Kommunale Gemeinschaftsstelle für Verwaltungsvereinfachung (Hrsg.): Aufgabengliederungsplan, Verwaltungsgliederungsplan, Köln 1979

Kommunale Gemeinschaftsstelle für Verwaltungsvereinfachung (Hrsg.): Verwaltungsorganisation der Kreise: Aufgabengliederungsplan, Verwaltungsgliederungsplan, Köln 1982
Kommunale Gemeinschaftsstelle für Verwaltungsvereinfachung (Hrsg.): Wege zum Dienstleistungsunternehmen Kommunalverwaltung – Fallstudie Tilburg, KGSt-Bericht Nr. 19, Köln 1992
Kommunale Gemeinschaftsstelle für Verwaltungsvereinfachung (Hrsg.): Das Neue Steuerungsmodell. Begründung, Konturen, Umsetzung, KGSt-Bericht Nr. 5, Köln 1993
Kommunale Gemeinschaftsstelle für Verwaltungsvereinfachung (Hrsg.): Budgetierung: Ein neues Verfahren zur Steuerung kommunaler Haushalte, KGSt-Bericht Nr. 6, Köln 1993
Kommunale Gemeinschaftsstelle für Verwaltungsvereinfachung (Hrsg.): Das Neue Steuerungsmodell. Erste Zwischenbilanz, KGSt-Bericht 10, Köln 1995
Kommunale Gemeinschaftsstelle für Verwaltungsvereinfachung (Hrsg.): KGSt Politikerhandbuch zur Verwaltungsreform, Köln (KGSt) 1996a
Kommunale Gemeinschaftsstelle für Verwaltungsvereinfachung (Hrsg.): Das Verhältnis von Politik und Verwaltung im Neuen Steuerungsmodell, KGSt-Bericht 10, Köln 1996 b
Kommunale Gemeinschaftsstelle für Verwaltungsvereinfachung (Hrsg.): KGSt-Produktbuch für Gemeinden, Städte und Kreise, Bericht Nr. 5/1997
Kommunale Gemeinschaftsstelle für Verwaltungsvereinfachung (Hrsg.): Auf dem Weg in das Ressourcenverbrauchskonzept: die Kommunale Bilanz. Erste Überlegungen und Empfehlungen, KGSt-Bericht Nr. 7, Köln 1997
Kommunale Gemeinschaftsstelle für Verwaltungsvereinfachung (Hrsg.): KGSt-Mitgliederbefragung 1997: Verwaltungsmodernisierung und Einsatz von Informations- und Kommunikationstechnologie (TuI): Neues Steuerungsmodell und TuI-Einsatz, KGSt-Bericht Nr. 10, Köln 1998
Konegen, Norbert: Kommunale Finanzpolitik, in: Gerlach, Irene/Robert, Rüdiger (Hrsg.): Politikwissenschaft II: Innenpolitik der Bundesrepublik Deutschland, Münster 1990, S. 257-284
Konukiewitz, Manfred: Die Implementation räumlicher Politik, Opladen 1985
Konukiewitz, Manfred/Mühlich-Klinger, Ilona: Kommunale Wohnungspolitik – Stand und Perspektiven, in: Bauwelt, 74 (1983), S. 446-449
Korte, Hermann (Hrsg.): Zur Politisierung der Stadtplanung, Düsseldorf 1971
Kostede, Norbert (Hrsg.): Die Zukunft der Städte. Soziale Bewegungen vor Ort, Reinbek 1983
Krabbe, Wolfgang R.: Kommunalpolitik und Industrialisierung. Die Entfaltung der städtischen Leistungsverwaltung im 19. und frühen 20. Jahrhundert. Fallstudien zu Dortmund und Münster, Stuttgart u.a. 1985
Krähmer, Rolf: Das Tilburger Modell der Verwaltungsorganisation und Verwaltungsführung, Düsseldorf 1992 (= SGK-Argumente Nr. 8)
Krätke, Stefan: Stadt – Raum – Ökonomie. Einführung in aktuelle Problemfelder der Stadtökonomie und Wirtschaftsgeographie, Basel u.a. 1995

Krätke, Stefan u.a.: Zwischen Selbsthilfe und Staatsbürokratie. Neue Wege für die kommunale Wohnungspolitik, Hamburg 1984

Krafft, Alexander/Ulrich, Günter: Chancen und Risiken regionaler Selbstorganisation. Erfahrungen mit der Regionalisierung der Wirtschaftspolitik in Nordrhein-Westfalen und Niedersachsen, Opladen 1993

Krauledat, Helmut/Schneider, Johannes: Sachgebiet Kooperation im ÖPNV. Aufbereitung von Ergebnissen der Stadtverkehrsforschung, Hof 1987

Krischmann, Helmut: Der Einfluß staatlicher Raumplanung auf die kommunale Planungshoheit. Die Regionalplanung Nordhessens im Verhältnis zu den Bauleitplanungen der Städte Kassel und Baunatal, München 1983

Kronisch, Joachim: Aufgabenverlagerung und gemeindliche Aufgabengarantie, Baden-Baden 1993

Krüger, Jürgen/Pankoke, Eckart (Hrsg.); Kommunale Sozialpolitik, München 1985

Kruse, Heinz: Reform durch Regionalisierung. Eine politische Antwort auf die Umstrukturierng der Wirtschaft, Frankfurt/Main u.a. 1990

Kübler, Hartmut: Organisation und Führung in Behörden, Bd. 1: Organisatorische Grundlagen, Bd. 2: Personalwesen, Stuttgart 1980

Kühn, Dietrich: Kommunale Sozialplanung, Stuttgart 1975

Kühn, Gerd: Steuerungsmöglichkeiten der Einzelhandelsentwicklung in den neuen Bundesländern, Berlin 1992

Kühn, Gerd/Floeting, Holger: Kommunale Wirtschaftsförderung in Ostdeutschland, Berlin 1995

Kühne, Armin: Regimewandel durch Großprojekte. Auf der Suche nach lokaler Handlungsfähigkeit in Zürich und Wien, Amsterdam 1996

Kühr, Herbert: Kommunalpolitik im föderativen Verfassungsstaat, Stuttgart 1983

Kühr, Herbert/Simon, Klaus: Lokalpartei und vorpolitischer Raum, Melle 1982

Kurnol, Jens: Finanzhilfen im Ortsverkehr. Wo wurden sie für welche Verkehrsarten ausgegeben?, in: Informationen zur Raumentwicklung, 45 (1995) 4/5, S. 339-350

Kurp, Matthias: Lokale Medien und kommunale Eliten. Partizipatorische Potentiale des Lokaljournalismus bei Printmedien und Hörfunk in Nordrhein-Westfalen, Opladen 1994

Lachner, Josef u.a.: Ergebnisse des Transformationsprozesses im Handel der neuen Bundesländer, München 1997

Landesplanungsgemeinschaft Rheinland: Gebietsentwicklungsplan, Teilabschnitt Bergisches Land. Entwurf, Düsseldorf 1970

Landesregierung Nordrhein-Westfalen: Nordrhein-Westfalen-Programm 1975, Düsseldorf 1975

Landesregierung Nordrhein-Westfalen: Halbzeitbericht Nordrhein-Westfalen-Programm 1975, Düsseldorf 1975

Landesregierung Nordrhein-Westfalen (Hrsg.): Landesentwicklungsbericht Nordrhein-Westfalen. Der Stand der Dinge: Initiativen und Projekte in der ersten Hälfte der neunziger Jahre, Düsseldorf 1994

Lange, Rolf-Peter (Hrsg.): Zur Rolle und Funktion von Bürgerinitiativen in der Bundesrepublik und West-Berlin. Analyse von 61 Bürgerinitiativen. Bericht einer Forschungsgruppe an der Freien Universität Berlin, in: ZParl, 4 (1973) 2, S. 247-286

Lauritzen, Lauritz (Hrsg.): Mehr Demokratie im Städtebau. Beiträge zur Beteiligung der Bürger an Planungsentscheidungen, Hannover 1972

Laux, Eberhard: Kommunale Selbstverwaltung im Staat der siebziger Jahre, in: AfK, 9 (1970) 2, S. 215-239

Laux, Eberhard: Die kommunale Gebietsreform. Ein Literaturbericht, in: AfK, 12 (1973) 2, S. 231-256

Laux, Eberhard: Unternehmen Stadt?, in: Die Öffentliche Verwaltung, 43 (1993) 12, S. 523-524

Lee, Ki-Wu: Kommunalaufsicht in der Bundesrepublik Deutschland und in Korea, Berlin 1990

Lehmbruch, Gerhard: Der Januskopf der Ortsparteien, in: Der Bürger im Staat, 25 (1975) 1, S. 3-8 (nachgedruckt in: Köser 1979, S. 320-334)

Lehner, Franz: Grenzen des Regierens, Königstein 1979

Leibholz, Gerhard: Strukturprobleme der modernen Demokratie, 2. Aufl., Karlsruhe 1967

Lenk, Klaus: Neue Informationsdienste im Verhältnis von Bürger und Verwaltung, Heidelberg 1990

Lenk, Klaus: Innovative kommunale Serviceagentur, in: Office Management, 44 (1996) 6, S. 40-42

Lenz, Dieter: Haushaltsanalyse 1973, in: Der Städtetag, 26 (1973) 1, S. 3-11

Lenz, Dieter: Haushaltsanalyse 1974, in: Der Städtetag, 27 (1974) 1, S. 4-14

Linscheidt, Bodo/Truger, Achim: Reform des Kommunalsteuersystems, in: Vierteljahreshefte für Wirtschaftsforschung, 66 (1997) 3-4, S. 382-394

Lintz, Gerd: Die politischen Parteien im Bereich der kommunalen Selbstverwaltung, Baden-Baden 1973

Löffler, Berthold/Rogg, Walter: Determinanten kommunalen Wahlverhaltens in Baden-Württemberg, dargestellt am Beispiel der Stadt Ravensburg, Diss. Tübingen 1985

von Loesch, Achim: Privatisierung öffentlicher Unternehmen. Ein Überblick über Argumente, Baden-Baden 1983

Lorenz, Sabine/Wegrich, Kai: Lokale Ebene im Umbruch: Aufbau und Modernisierung der Kommunalverwaltung in Ostdeutschland, in: APuZ, B5/1998, S. 29-38

Luckmann, Benita: Politik in einer deutschen Kleinstadt, Stuttgart 1970

Lugan, Andrea: Marketing der kommunalen Wirtschaftsförderung, Wiesbaden 1997

Lutze, Armin/Heuer, Bernd: Stadtentwicklung als unternehmerische Herausforderung und Aufgabe, in: Der Städtetag, 41 (1988) 12, S. 799-801

Mäding, Heinrich: Infrastrukturplanung im Verkehrs- und Bildungssektor, Baden-Baden 1978

Mäding, Heinrich: Überlegungen zur Eignung des kommunalen Finanzausgleichs zur Förderung raumordnungspolitischer Konzepte, in: Informationen zur Raumentwicklung, 45 (1995) 8-9, S. 605-618
Mäding, Heinrich (Hrsg.): Sparpolitik. Ökonomische Zwänge und politische Spielräume, Opladen 1983
Mäding, Heinrich/Voigt, Rüdiger (Hrsg.): Kommunalfinanzen im Umbruch, Opladen 1998
Mahnke, Lothar: Neue Anforderungen an die kommunale Wirtschaftsförderung, in: Kommunalzeitschrift des Gemeindetages Baden-Württemberg (BWGZ), 121 (1998) 4, S. 119-121
Maier, Hans E./Wollmann, Hellmut (Hrsg.): Lokale Beschäftigungspolitik, Basel u.a. 1986
Maier, Jörg (Hrsg.): Neuere Ansätze von Strategien kommunaler Wirtschaftspolitik in Großbritannien und Deutschland, Bayreuth 1994
Majerczik, Wilhelm: Kommunale gewerbliche Unternehmen als Kampfmittel gegen die finanzielle Notlage der deutschen Städte, Berlin 1919
Manns, Ernst Ludwig: Handlungsmöglichkeiten in der kommunalen Schulpolitik – am Beispiel der nordrhein-westfälischen Städte Krefeld und Mönchengladbach, Diss. Oldenburg 1996
Marcus, Paul: Das kommunale Finanzsystem der Bundesrepublik Deutschland, Darmstadt 1987
Mast, Claudia: Tageszeitung und Neue Medien. Zum Engagement der Presse im elektronischen Umfeld, Konstanz 1986
Matschke, Manfred Jürgen/Hering, Thomas: Kommunale Finanzierung, München u.a. 1998
Matthiesen, Ulf: Milieus in Transformationen. Positionen und Anschlüsse, in: Matthiesen, Ulf (Hrsg.): Die Räume der Milieus. Neue Tendenzen in der sozial- und raumwissenschaftlichen Milieuforschung in der Stadt- und Raumplanung, Berlin 1998, S. 17-79
Matzerath, Horst: Nationalsozialismus und kommunale Selbstverwaltung, Stuttgart u.a. 1970
Mayer, Annette: Theorie und Politik des Wohnungsmarktes. Eine Analyse der Wohnungspolitik in Deutschland unter besonderer Berücksichtigung der ökonomischen Theorie der Politik, Berlin 1998
Mayntz, Renate: Parteigruppen in der Großstadt. Untersuchungen in einem Berliner Kreisverband der CDU, Köln u.a. 1959
Mayntz, Renate (Hrsg.): Implementation politischer Programme, Kronstein 1980
Mayntz, Renate (Hrsg.): Kommunale Wirtschaftsförderung. Ein Vergleich Bundesrepublik Deutschland – Großbritannien, Stuttgart u.a. 1981
Mayntz, Renate (Hrsg.): Implementation politischer Programme (II), Opladen 1983
Mayntz, Renate/Schneider, Volker: Die Entwicklung technischer Infrastruktursysteme zwischen Steuerung und Selbstorganisation, in: Mayntz, Renate/Scharpf, Fritz W. (Hrsg.): Gesellschaftliche Selbstregulierung und politische Steuerung, Köln 1995, S. 73-100

McGovern, Karsten: Wirtschaftsförderung und Kommunalpolitik. Koordination und Kooperation, Opladen 1997

Meisel, Dirk: Kommunale Selbstverwaltung im Umbruch. Entscheidungsprozesse in einer ostdeutschen Stadt nach der Wende, Bornheim-Roisdorf 1995

Mengert, Friedrich: Kommunalhaushalt in Stichworten. Systematische Darstellung der Haushaltsplangliederung und -gruppierung mit einem Schlagwortkatalog und Erläuterungen zur Finanzstatistik, 6. Aufl., Köln 1994

Menke, Rudolf: Stadtverkehrsplanung, Stuttgart 1975

Meyer, Gert: Beschlüsse kommunaler Vertretungskörperschaften. Analyse einer am Demokratieprinzip orientierten Handlungsform der Verwaltung, Marburg 1990

Ministerium der Finanzen Rheinland-Pfalz (Hrsg.): Folgekosten öffentlicher Investitionen, Bad Ems 1975

Ministerium für Umwelt, Raumordnung und Landwirtschaft des Landes Nordrhein-Westfalen: Landesentwicklungsplan, Teil A, Düsseldorf 1995

Möller, Thomas: Die kommunalen Wählergemeinschaften in der Bundesrepublik Deutschland, München 1981

Monheim, Heiner: Verkehrsberuhigung und Stadtverkehr. Textsammlung zu einem städtebaulichen Verkehrskonzept, Bonn 1985

Monheim, Heiner: Neue Orts- und Stadtbausysteme. Eine ermutigende Entwicklung, in: Bus & Bahn, 27 (1993) 5, S. 10-11

Monheim, Rolf: Fußgängerbereiche. Bestand und Entwicklung. Eine Dokumentation, Köln 1975

Moore, Chris/Pierre, Jon: Partnership or Privatisation? The political economy of local economic restructuring, in: Policy and Politics, 16 (1989) 3, S. 169-178

Müller, Udo: Controlling als Steuerungsinstrument der öffentlichen Verwaltung, in: APuZ, B5/1995, S. 11-19

Müthling, Hans: Haushaltslexikon des Gemeindevertreters, Bonn-Bad Godesberg 1973

Musgrave, Richard A. u.a.: Die öffentlichen Finanzen in Theorie und Praxis (Bd. 1-4), 2. Aufl., Tübingen 1978

Muthesius, Thomas: Die gesetzlichen Regelungen für den regionalisierten Nahverkehr. Ein Überblick, in: Püttner, Günter (Hrsg.): Der regionalisierte Nahverkehr, Baden-Baden 1997, S. 71-88

Napp, Hans-Georg: Kommunale Finanzautonomie und ihre Bedeutung für eine effiziente lokale Finanzwirtschaft, Frankfurt 1994

Naschold, Frieder: Modernisierung des Staates. Zur Ordnungs- und Innovationspolitik des öffentlichen Sektors, Berlin 1993

Naschold, Frieder u.a.: Neue Städte braucht das Land. Public Governance. Strukturen, Prozesse und Wirkungen kommunaler Innovationsstrategien in Europa, Berlin 1994

Naschold, Frieder u.a. (Hrsg.): Innovative Kommunen. Internationale Trends und deutsche Erfahrungen, Stuttgart u.a. 1997

Naßmacher, Hiltrud: Bildungsurlaub und Berufsbildung. Eine wirtschaftspädagogische Studie zur Relevanz einer gesellschaftspolitischen Forderung für die Berufsbildung, rer. pol. Diss. Köln 1976

Naßmacher, Hiltrud: Entwicklungsphasen im Unternehmen – Orientierung für Wirtschaftsförderung, in: Demokratische Gemeinde, 34 (1982a) 3, S. 196-199

Naßmacher, Hiltrud: Renaissance der Kommunalpolitik. Analyse einer politischen und wissenschaftlichen Entwicklung der letzten fünfzehn Jahre, in: Politische Bildung, 15 (1982b) 3, S. 3-22

Naßmacher, Hiltrud: Unternehmerische Anpassungsstrategien bei Steuerungsdefiziten auf dem örtlichen Arbeitsmarkt, in: Zeitschrift für Betriebswirtschaft, 53 (1983) 4, S. 291-313

Naßmacher, Hiltrud: Kommunale Wissenschaft und Praxis, in: Journal für Sozialforschung, 24 (1984) 3, S. 381-387

Naßmacher, Hiltrud: Informationsprobleme in der kommunalen Wirtschaftsförderung, in: Reinermann, Heinrich u.a. (Hrsg.): Öffentliche Verwaltung und Informationstechnik. Neue Möglichkeiten, neue Probleme, neue Perspektiven, Berlin u.a. 1985, S. 144-163

Naßmacher, Hiltrud: Wirtschaftspolitik „von unten". Ansätze und Praxis der kommunalen Gewerbebestandspflege und Wirtschaftsförderung, Basel u.a. 1987

Naßmacher, Hiltrud: Entwicklungstendenzen in der politikwissenschaftlichen Forschung. Anmerkungen zum Paradigmenwechsel, Oldenburg 1988a

Naßmacher, Hiltrud: Kommunale Gewerbepolitik, in: APuZ, B23/1988b, S. 1-9 (nachgedruckt in: Gabriel 1989a, S. 337-349)

Naßmacher, Hiltrud: Der Verwaltungsausschuß – eine Spezialität der niedersächsischen Gemeindeordnung?, in: Niedersächsischer Städtetag, 16 (1988c) 11, S. 304-308

Naßmacher, Hiltrud: Befunde und Entwicklungstendenzen zum Informationsmanagement in der Kommunalverwaltung, in: Die Verwaltung, 22 (1989a) 4, S. 419-513

Naßmacher, Hiltrud: Aufgabenwahrnehmung auf der kommunalen Ebene als Führungsproblem, in: Niedersächsischer Städtetag, 17 (1989b) 9, S. 304-308

Naßmacher, Hiltrud: Keine Erneuerung der Demokratie „von unten". Zur Bedeutung direktdemokratischer Beteiligungsverfahren, in: ZParl, 28 (1997) 3, S. 445-460

Naßmacher, Hiltrud: Politikwissenschaft, 3. Aufl., München u.a. 1998a

Naßmacher, Hiltrud: Mehr Bürgernähe durch neue Beteiligungsmöglichkeiten?, in: Politische Bildung, 31 (1998b) 1, S. 62-75

Naßmacher, Hiltrud (Hrsg.): Wohnen und kommunale Politik, München 1985

Naßmacher, Hiltrud u.a. (Hrsg.): Politische Strukturen im Umbruch, Berlin 1994

Naßmacher, Hiltrud/Naßmacher, Karl-Heinz: Kommunalpolitik in der Bundesrepublik. Möglichkeiten und Grenzen, Opladen 1979

Naßmacher, Hiltrud/Naßmacher, Karl-Heinz: Lokale Eliten in der Gewerbepolitik, in: Bodenstedt, Walter u.a.: Gewerbepolitik im Verdichtungsraum. Akteure und Instrumente im regionalen Wirtschaftsgeschehen, Stuttgart 1982, S. 15-70

Naßmacher, Hiltrud/Naßmacher, Karl-Heinz: Kommunale Gewerbepolitik in Mittelstädten, in: AfK, 22 (1983) 1, S. 28-49

Naßmacher, Karl-Heinz: Parteien im kommunalpolitischen Zielbildungsprozeß, in: Österreichische Zeitschrift für Politikwissenschaft, 1 (1972) 4, S. 41-65

Naßmacher, Karl-Heinz: Funktionen politischen Personals in lokalen Vertretungskörperschaften (Kommunalparlamenten), in: ZParl, 4 (1973) 4, S. 550-566

Naßmacher, Karl-Heinz: Kommunale Gewerbepolitik, in: Der Bürger im Staat, 31 (1981) 3, S. 211-217 (nachgedruckt in: Haubner, Karl u.a.: Raumordnungspolitik, Stuttgart u.a. 1982, S. 114-133)

Naßmacher, Karl-Heinz: Kommunalpolitik, in: Mickel, Wolfgang (Hrsg.): Handlexikon zur Politikwissenschaft, 2. Aufl., München 1986, S. 244-249

Naßmacher, Karl-Heinz (Hrsg.): Kommunalpolitik und Sozialdemokratie, Bonn-Bad Godesberg 1977

Nelles, Wilfried: Politische Partizipation und kommunaler Planungsprozeß: Untersuchung zu den Bedingungen wirksamer Partizipation am Beispiel einer Stadtsanierung, Bonn 1977

Neuffer, Martin: Entscheidungsfeld Stadt. Kommunalpolitik als Gesellschaftspolitik – Standortüberprüfung der kommunalen Selbstverwaltung, Stuttgart 1973

Neumann, Lothar F. (Hrsg.): Wohnungsmarkt in der Krise? Beiträge aus der Praxis in Ost und West, Köln 1994

Niedermayer, Oskar (Hrsg.): Intermediäre Strukturen in Ostdeutschland, Opladen 1996

Niedersächsischer Minister der Finanzen: Mittelfristige Planung. Niedersachsen 1975 – 1979 (beschlossen am 4. Mai 1976); ders.: Mittelfristige Planung. Niedersachsen 1976 – 1980 (beschlossen am 23.2.1977)

Niedersächsischer Minister des Innern (Hrsg.): Niedersächsische Sachverständigenkommission zur Fortentwicklung des Kommunalverfassungsrechts – Bericht, Köln u.a. 1978

Nohlen, Dieter: Klassifikation/Klassifikatorische Verfahren, in: Nohlen, Dieter u.a. (Hrsg.): Lexikon der Politik, Band 2: Politikwissenschaftliche Methoden, München 1994, S. 212f.

Nohlen, Dieter: Typus/Typologie, in: Nohlen, Dieter u.a. (Hrsg.): Lexikon der Politik, Band 2: Politikwissenschaftliche Methoden, München 1994, S. 491-496

Norton, Alan: International Handbook of Local and Regional Government. Comparative Analysis of Advanced Democracies, 2. Aufl., Cheltenham, UK u.a. 1997

Novy, Klaus: Strategien der Sozialisierung. Die Diskussion der Wirtschaftsreform in der Weimarer Republik, Frankfurt u.a. 1978

Novy, Klaus: Die „überforderte“ Wohnungsbaugenossenschaft, in: Stadtbauwelt, 75 (1982), S. 1496-1498
Novy, Klaus: Genossenschaftsbewegung. Zur Geschichte und Zukunft der Wohnreform, Berlin 1983
Novy, Klaus: Wohnungsreform, in: Meyer, Thomas u.a. (Hrsg.): Lexikon des Sozialismus, Köln 1986, S. 719-722
Novy, Klaus/Uhlig, Günther: Zu diesem Heft – Baugenossenschaften zwischen Tradition und Aufbruch, in: Stadtbauwelt, 75 (1982), S. 1460-1461
Novy, Klaus/Uhlig, Günther: Wohnungsbaugenossenschaften ohne Genossenschaftskultur?, in: Stadtbauwelt, 75 (1982), S. 1474-1481
Noyelle, Thierry J./Stanback Jr., Thomas M.: The Economic Transformation of American Cities, Totowa, NJ 1983
Nutz, Manfred: Stadtentwicklung in Umbruchsituationen. Wiederaufbau und Wiedervereinigung als Stressfaktoren der Entwicklung ostdeutscher Mittelstädte, ein Raum-Zeit-Vergleich mit Westdeutschland, Stuttgart 1998
Obenhaus, Werner/Alber, Sven: Leitfaden zum kommunalen Haushaltsrecht. Praktische Arbeitshilfe zur Bewältigung von Aufgaben der Planung, Steuerung und Kontrolle in der kommunalen Haushaltswirtschaft, Regensburg 1991
Oebbecke, Janbernd/Schulenburg, Klaus: Neue Kommunalverfassung. Verhaltenes „Ja“ der Verwaltungschefs, in: Städte- und Gemeinderat, 51 (1997) 7, S. 189-194
Oel, Peter: Die Gemeinde im Blickfeld ihrer Bürger. Eine empirisch-soziologische Studie, Stuttgart u.a. 1972
Offe, Claus: Klassenherrschaft und politisches System, in: Offe, Claus: Strukturprobleme des kapitalistischen Staates, Frankfurt/Main 1972, S. 65-105
Oppermann, Thomas: Kommunalreform in Niedersachsen, in: Recht und Politik, 32 (1996) 2, S. 80-86
Osborne, David/Gaebler, Ted: Der innovative Staat. Mit Unternehmergeist zur Verwaltung der Zukunft, Wiesbaden 1997
Ossenbühl, Fritz: Energierechtsreform und kommunale Selbstverwaltung, Köln u.a. 1998
Osterland, Martin: Kommunale Demokratie in den neuen Bundesländern. Eine Bilanz, in: APuZ, B50/1996, S. 41-46
Otting, Olaf: Neues Steuerungsmodell und rechtliche Betätigungsspielräume der Kommunen, Köln u.a. 1997
Pankoke, Eckart/Nokielski, Hans: Verwaltungssoziologie, Stuttgart 1977
Pappi, Franz Urban/Kappelhoff, Peter: Abhängigkeit, Tausch und kollektive Entscheidung in einer Gemeindeelite, in: Zeitschrift für Soziologie, 13 (1984) 2, S. 87-177
Pappi, Franz Urban/Melbeck, Christian: Das Machtpotential von Organisationen in der Gemeindepolitik, in: Kölner Zeitschrift für Soziologie und Sozialpsychologie, 36 (1984) 3, S. 557-584
Pehnt, Wolfgang (Hrsg.): Die Stadt in der Bundesrepublik Deutschland. Lebensbedingungen, Aufgaben, Planung, Stuttgart 1974

Pernice, Dietrich: Stadtentwicklung und Stadtgestaltung mit oder gegen private Investoren, in: Der Städtetag, 42 (1989) 6, S. 383-385
Perraton, Jonathan u.a.: Die Globalisierung der Wirtschaft, in: Beck, Ulrich (Hrsg.): Politik der Globalisierung, Frankfurt a.M. 1998, S. 134-168
Peters, Hans (Hrsg.): Handbuch der Kommunalen Wissenschaft und Praxis. Erster Band: Kommunalverfassung, Berlin u.a. 1956
Peters, Hans (Hrsg.): Handbuch der Kommunalen Wissenschaft und Praxis. Zweiter Band: Kommunale Verwaltung, Berlin u.a. 1957
Peters, Hans (Hrsg.): Handbuch der Kommunalen Wissenschaft und Praxis. Dritter Band: Kommunale Finanzen und kommunale Wirtschaft, Berlin u.a. 1959
Peters, Paulhans (Hrsg.): Fußgängerstadt, München 1977
Petri, Wilhelm: Die staatlichen Zweckzuweisungen im kommunalen Finanzsystem. Dargestellt am Beispiel des Landes Niedersachsen, Berlin 1977
Petzold, Siegfried/von der Heide, Hans-Jürgen (Hrsg.): Handbuch zur kommunalen Selbstverwaltung. Praxisnahe Informationen, Arbeitshilfe und Beratung, Regensburg u.a. 1991
Pfizer, Theodor: Kommunalpolitik. Praxis der Selbstverwaltung, Stuttgart 1973
Pfizer, Theodor/Wehling, Hans-Georg: Kommunalpolitik in Baden-Württemberg, 2. Aufl., Stuttgart u.a. 1991
Pieper, Markus: Das interregionale Standortverhalten der Industrie in Deutschland. Konsequenzen für das kommunale Standortmarketing, Göttingen 1994
Piore, Michael/Sabel, Charles F.: Das Ende der Massenproduktion. Studie über die Qualifizierung der Arbeit und die Rückkehr der Ökonomie in die Gesellschaft, Frankfurt a. M. 1989
Poschen, Elmar: Die ökonomischen Folgen der kommunalen Gebietsreform für die betroffenen Bürger und Unternehmen. Eine Untersuchung am Beispiel von ausgewählten Modellfällen in der Bundesrepublik Deutschland, Baden-Baden 1983
Postlep, Rolf-Dieter: Gesamtwirtschaftliche Analyse kommunaler Finanzpolitik, Baden-Baden 1993
Prätorius, Rainer: Planungsfolgen der Verwaltungsreform, Lollar 1976
Preuß, Hugo: Entwicklung des deutschen Städtewesens, Aalen 1965
Preuß, Ulrich K.: Kommunale Selbstverwaltung im Strukturwandel der politischen Verfassung, in: Bauwelt, 64 (1973) 36, S. 202-205
Priebe, Christoph F.: Die vorzeitige Beendigung des aktiven Beamtenstatus bei politischen Beamten und kommunalen Wahlbeamten, Berlin 1997
Pröckl, Wolfgang: Stadtplanung, Gesellschaftsentwicklung und Großstadtmisere, Köln 1976
Pröhl, Marga (Hrsg.): Kommunale Wirtschaftsförderung. Internationale Recherchen und Fallbeispiele, Gütersloh 1998
Prünte, Veronika: Kommunalpolitik: Fernuniversität Hagen, Kurs Nr. 3212, KE 1-3, Hagen 1987

Püttner, Günter (Hrsg.): Handbuch der kommunalen Wissenschaft und Praxis, Band 1: Grundlagen, 2. Aufl., Berlin u.a. 1981
Püttner, Günter (Hrsg.): Handbuch der kommunalen Wissenschaft und Praxis, Band 2: Kommunalverfassung, 2. Aufl., Berlin u.a. 1982
Püttner, Günter (Hrsg.): Handbuch der kommunalen Wissenschaft und Praxis, Band 3: Kommunale Aufgaben und Instrumente der Aufgabenerfüllung, 2. Aufl., Berlin u.a. 1983a
Püttner, Günter (Hrsg.): Handbuch der kommunalen Wissenschaft und Praxis, Band 4: Die Fachaufgaben, 2. Aufl., Berlin u.a. 1983b
Püttner, Günter (Hrsg.): Handbuch der kommunalen Wissenschaft und Praxis, Band 5: Kommunale Wirtschaft, 2. Aufl., Berlin u.a. 1984
Püttner, Günter (Hrsg.): Handbuch der kommunalen Wissenschaft und Praxis, Band 6: Kommunale Finanzen, 2. Aufl., Berlin u.a. 1985
Puls, Heinz: Finanzkraft der Gemeinden und kommunaler Ausgleichsstock in NRW, Dortmund 1977
Purcal, Christiane: Kommunalparteien – Eine Untersuchung von Struktur und Funktionen politischer Vereinigungen in der kanadischen Stadt Vancouver, Oldenburg 1993
Quante, Michael: Umweltschutz in den Kommunen, in: APuZ, B50/1996, S. 32-40
Quentmeier, Regine: Regionalplanung im Planungsverbund. Zur Funktion des Bezirksplanungsrates im Rahmen der Politikverflechtung, München 1983
Rager, Günther: Publizistische Vielfalt im Lokalen. Eine empirische Analyse, Tübingen 1982
Rakers, Johannes: Kommunale Verschuldung. Dimensionen und Konsequenzen finanzieller Restriktionen. Eine Untersuchung zum kommunalen Verschuldungsverhalten, Frankfurt 1979
Rapior, Roland: Interkommunale Zusammenarbeit. Eine empirische Untersuchung über die Stadt-Umland-Beziehungen in der Stadtregion Freiburg, München 1984
Raschke, Joachim: Bürger und Parteien, Opladen 1982
Raschke, Peter: Vereine und Verbände. Zur Organisation von Interessen in der Bundesrepublik Deutschland, München 1978
Rausch, Heinz/Stammen, Theo (Hrsg.): Aspekte und Probleme der Kommunalpolitik, München 1972
Rebentisch, Dieter: Programmatik und Praxis sozialdemokratischer Kommunalpolitik in der Weimarer Republik, in: Die alte Stadt, 12 (1985a) 1, S. 33-56
Rebentisch, Dieter: Die deutsche Sozialdemokratie und die kommunale Selbstverwaltung. Ein Überblick über Programmdiskussion und Organisationsproblematik 1890-1975, in: Archiv für Sozialgeschichte, 25 (1985b), S. 1-78
Recktenwald, Horst Claus: Ursachen für Unwirtschaftlichkeit im Staatsbereich, Elemente einer Theorie des ökonomischen Staatsversagens, in: Hanusch, Horst (Hrsg.): Reform öffentlicher Leistungen, Beiträge zur Entstaatlichung, Baden-Baden 1978, S. 15-24

Recktenwald, Horst Claus: Zur Theorie des „Staatsversagens“, in: Public Finance, 35 (1980) 1, S. 72-78
Recktenwald, Horst Claus (Hrsg.): Finanzpolitik, Köln/Berlin 1969
Recktenwald, Horst Claus (Hrsg.): Finanztheorie, 2. Aufl., Köln/Berlin 1970
Reese, Jürgen: Widerstand und Wandel der politischen Organisation. Darstellung und Analyse eines Programmkonfliktes in der Münchener Stadtplanung, Stuttgart 1976
Rehm, Hannes: Einführung in die kommunale Finanzwirtschaft, Münster 1987
Rehm, Hannes (Hrsg.): Kommunale Wirtschaftsförderung, Münster 1988
Reichard, Christoph: Betriebswirtschaftslehre der öffentlichen Verwaltung, 2. Aufl., Berlin 1987
Reichard, Christoph/Wollmann, Hellmut (Hrsg.): Kommunalverwaltung im Modernisierungsschub?, Basel u.a. 1996
Reiners, Theo: Einführung in das Kommunale Haushaltsrecht, München 1993
Renzsch, Wolfgang: Finanzkraft und nicht Steuerkraft entscheidet über Soll und Haben, in: Demokratische Gemeinde, 38 (1986a) 8, S. 27-29
Renzsch, Wolfgang: Neuordnung des bundesstaatlichen Finanzausgleichs. Finanzverfassung und Föderalismus, Probleme und Perspektiven, in: Gegenwartskunde, 35 (1986b) 4, S. 499-533
Renzsch, Wolfgang: Finanzverfassung und Finanzausgleich. Die Auseinandersetzungen um die politische Gestaltung der Bundesrepublik Deutschland zwischen Währungsreform und deutscher Vereinigung (1948 bis 1990), Bonn 1991
Reschl, Richard: Kommunaler Handlungsspielraum und sozialer Wohnungsbau. Ein Städtevergleich, Diss. Tübingen 1987
Reuter, Lutz-Rainer: Kommunalpolitik im Parteienvergleich. Zum Funktionswandel der kommunalen Selbstverwaltung anhand der kommunalpolitischen Grundsatzprogramme von CDU/CSU, SPD und FDP, in: APuZ, B34/1976, S. 3-37
Ribhegge, Wilhelm: Die Systemfunktion der Gemeinden. Zur deutschen Kommunalgeschichte seit 1918, in: APuZ, B47/1973, S. 3-29 (nachgedruckt in: Frey 1976a, S. 28-65)
Richter, Hartmut: Finanzausgleich über Zweckzuweisungsprogramme, Diss. Konstanz 1983
Richter, Hellmut: Stadtsanierung nach dem Städtebauförderungsgesetz. Fünf Jahre Probleme mit einem Gesetz, in: Die Bauverwaltung, 49 (1976) 12, S. 468-472
Ridinger, Rudolf/Steinröx, Manfred (Hrsg.): Regionale Wirtschaftsförderung in der Praxis, Köln 1995
Riegler, Claudius H./Naschold, Frieder (Hrsg.): Reformen des öffentlichen Sektors in Skandinavien. Eine Bestandsaufnahme, Baden-Baden 1997
Rinsche, Günter: Dynamische Kommunalpolitik. Motive, Methoden, Möglichkeiten, Recklinghausen 1975
Ritgen, Klaus: Bürgerbegehren und Bürgerentscheid. Dargestellt am Beispiel des § 26 der nordrhein-westfälischen Gemeindeordnung, Baden-Baden 1997

Ritter, Gerhard: Stein. Eine politische Biographie, 4. Aufl., Stuttgart 1981
Roemheld, Regine: Frauenarbeit in der Kommune, Weinheim 1994
Roemheld, Regine/Zielinski, Heinz (Hrsg.): Kommune im Aufbruch. Analysen zum Spannungsverhältnis zwischen kommunaler Identität und Verwaltung, Frankfurt u.a. 1983
Rösler, Konrad: Kommunale und regionale Wirtschaftförderung, in: Der Städtetag, 30 (1977) 9, S. 471-474
Rohe, Karl: Politik – Begriffe und Wirklichkeiten. Eine Einführung in das politische Denken, 2. Aufl., Stuttgart u.a. 1994
Rohr-Zänker, Ruth: Neue Zentrenstrukturen in den USA. Eine Perspektive für dezentrale Konzentration in Deutschland?, in: AfK, 35 (1996) 2, S. 196-225
Rombach, Theo: Lokalzeitung und Partizipation am Gemeindeleben. Eine empirische Untersuchung, Berlin 1983
Ronge, Volker: Der Zeitaspekt ehrenamtlichen Engagements in der Kommunalpolitik, in: ZParl, 25 (1994) 2, S. 267-282
Rose, Helmut: Grundzüge kooperativer Finanzplanung in der öffentlichen Verwaltung, in: PVS, 17 (1975) 2, S. 201-223
Rossi, Peter H. u.a.: Programm-Evaluation. Einführung in die Methoden angewandter Sozialforschung, Stuttgart 1988
Roters, Wolfgang: Kommunale Mitwirkung an höherstufigen Entscheidungsprozessen, Köln u.a. 1975
Roth, Roland: Demokratie von unten. Neue soziale Bewegungen auf dem Wege zur politischen Institution, Köln 1994
Roth, Roland/Wollmann, Hellmut (Hrsg.): Kommunalpolitik. Politisches Handeln in den Gemeinden, Opladen 1994
Roth, Wolfgang (Hrsg.): Kommunalpolitik – für wen? Arbeitsprogramm der Jungsozialisten, Frankfurt 1971
Rucht, Dieter u.a.: Soziale Bewegungen auf dem Weg zur Institutionalisierung. Zum Strukturwandel „alternativer" Gruppen in beiden Teilen Deutschlands, Frankfurt a.M./New York 1997
Rudzio, Wolfgang: Die Neuordnung des Kommunalwesens in der Britischen Zone. Zur Demokratisierung und Dezentralisierung der politischen Struktur: eine britische Reform und ihre Ausgang, Stuttgart 1968
Rudzio, Wolfgang: Was bedeutet Repräsentation in einer parlamentarischen Demokratie?, in: Zeitschrift zur politischen Bildung, 32 (1995a) 2, S. 18-24
Rudzio, Wolfgang: Der demokratische Verfassungsstaat als Beute der Parteien? Parteienkritik als Krisenelement, in: Gellner, Winand/Veen, Hans-Joachim (Hrsg.): Umbruch und Wandel in westeuropäischen Parteiensystemen, Frankfurt a.M. u.a. 1995b, S. 1-15
Rudzio, Wolfgang: Das politische System der Bundesrepublik Deutschland, 4. Aufl., Opladen 1996
Rückel, Roland R.: Lokalredakteure, Opladen 1975
Rüegg, Erwin: Urbanität und Stadtentwicklung. Politische Entscheidungsprozesse in Bologna, Frankfurt/Main und Zürich, Amsterdam 1996

Rüther, Günther (Hrsg.): Repräsentative oder plebiszitäre Demokratie – eine Alternative?, Baden-Baden 1996

Ruß-Mohl, Stephan: Reformkonjunkturen und politisches Krisenmanagement, Opladen 1981

Sabatier, Paul A.: Advocacy-Koalitionen, Policy-Wandel und Policy-Lernen: Eine Alternative zur Phasenheuristik, in: Heritier, Adrienne (Hrsg.): Policy-Analyse. Kritik und Neuorientierung, Opladen 1993 (= PVS-Sonderheft 24), S. 116-148

Saftig, Alexander: Kommunalwahlrecht in Deutschland, Baden-Baden 1990

von Saldern, Adelheid: Die Gemeinde in Theorie und Praxis der deutschen Arbeiterorganisationen 1863 – 1920. Ein Überblick, in: Internationale wissenschaftliche Korrespondenz zur Geschichte der deutschen Arbeiterbewegung (IWK), 12 (1976) 3, S. 295-352

von Saldern, Adelheid: Sozialdemokratie und kommunale Wohnungsbaupolitik in den 20er Jahren – am Beispiel von Hamburg und Wien, in: Archiv für Sozialgeschichte, 25 (1985), S. 183-237

von Saldern, Adelheid: Kommunale Verarmung und Armut in den Kommunen während der Großen Krise (1929 bis 1933). Am Beispiel der Finanz- und Wohnungs(bau)politik, in: Soziale Bewegungen. Geschichte und Theorie, Jahrbuch 3, Frankfurt 1987, S. 69-109

von Saldern, Adelheid: Stadt und Moderne. Hannover in der Weimarer Republik, Hamburg 1989

Sander, Ludger: Aufgaben und Einnahmen der Kommunen in der Bundesrepublik Deutschland, Münster 1987

Savelsberg, Joachim J.: Kommunale Autonomie. Autonomie, Macht und Entscheidungen in Gemeinden, Frankfurt 1980

Savelsberg, Joachim J.: Macht in Gemeinden oder Macht über Gemeinden? Zur Relevanz lokaler Autonomie für kommunale Machtstrukturen und Entscheidungsprozese, in: Schmals, Klaus M./Siewert, Hans-Jörg (Hrsg.): Kommunale Macht und Entscheidungsstrukturen, München 1982, S. 153-184

Scarrow, Susan E.: Party Competition and Institutional Change: The Expansion of Direct Democracy in Germany, in: Party Politics, 3 (1997) 4, S. 451-472

Schäfer, Ralf: Mitbestimmung in kommunalen Eigengesellschaften. Die rechtsgeschäftliche Einführung und Erweiterung von Beteiligungsrechten der Arbeitnehmer im Aufsichtsrat aus verfassungsrechtlicher und kommunalrechtlicher Sicht, Berlin 1988

Schäfer, Rudolf: Stadtteilvertretungen in Großstädten, 3 Bde., Berlin 1982

Schäfer, Rudolf/Schmidt-Eichstaedt, Gerd, unter Mitarbeit von Hoffmann, Klaus-Dieter/Schindler, Karl-Friedrich: Praktische Erfahrungen mit dem Bundesbaugesetz, Melle 1984

Schäfers, Bernhard: Planung und Öffentlichkeit. Drei soziologische Fallstudien: Kommunale Neugliederung, Flurbereinigung, Bauleitplanung, Düsseldorf 1970

Schäfers, Bernhard/Wewer, Göttrik (Hrsg.): Die Stadt in Deutschland. Aktuelle Entwicklung und Probleme. Soziale, politische und kulturelle Lebenswelt, Opladen 1996

Schaller, Thomas: Kommunale Verkehrskonzepte. Wege aus dem Infarkt der Städte und Gemeinden, Köln 1993

Schanz, Günther: Die Geschichte vorwärts: Arbeiten und Wohnen in der Großstadtregion Stuttgart heute und morgen, in: Frenkel, Rainer u.a.: Wohnen und Gewerbe in der Großstadtregion. Grenzen der Entwicklung am Beispiel des Ballungsgebietes Stuttgart, Stuttgart 1987, S. 37-112

Scharpf, Fritz W.: Positive und negative Koordination in Verhandlungssystemen, in: Heritier, Adrienne (Hrsg.): Policy-Analyse. Kritik und Neuorientierung, Opladen 1993 (= PVS-Sonderheft 24), S. 57-83

Scharpf, Fritz W. u.a.: Politikverflechtung. Theorie und Empirie des kooperativen Föderalismus in der Bundesrepublik, Kronberg 1977

Scharpf, Fritz W. u.a. (Hrsg.): Politikverflechtung II, Kronberg 1977

Schauerte, Hans-Hermann: Haushaltsrecht und Haushaltspraxis der Gemeinden, Bonn u.a. 1975

Schedler, Andreas: Die demoskopische Konstruktion von ‚Politikverdrossenheit', in: PVS, 34 (1993) 3, S. 414-435

Scheele, Ulrich: Privatisierung von Infrastruktur. Möglichkeiten und Alternativen, Köln 1993

Schefold, Dian/Neumann, Maja: Entwicklungstendenzen der Kommunalverfassungen in Deutschland. Demokratisierung und Dezentralisierung?, Basel u.a. 1996

Scherer, Roland: Der Einfluß der Regionalplanung auf die kommunale Bauleitplanung. Ein Beitrag zur Implementations- und Evaluationsdiskussion in der Raumplanung, Bochum 1994

Scheuch, Erwin K./Scheuch, Ute: Cliquen, Klüngel und Karrieren. Über den Verfall der politischen Parteien – eine Studie, Reinbek 1992

Scheuner, Ulrich: Zur Neubestimmung der kommunalen Selbstverwaltung, in: AfK, 12 (1973) 1, S. 1-44

Schiefer, Bernd: Kommunale Wirtschaftsförderungsgesellschaften. Entwicklung, Praxis und rechtliche Problematik, Köln 1989

Schiller-Dickhut, Reiner: Konzern Stadt Tilburg. Die Übertragung betriebswirtschaftlicher Rezepte auf die öffentliche Verwaltung, in: Alternative Kommunalpolitik, 14 (1993) 2, S. 53-58

Schimanke, Dieter (Hrsg.): Stadtdirektor oder Bürgermeister. Beiträge zu einer aktuellen Kontroverse, Basel u.a. 1989

Schliebe, Klaus: Industrieansiedlungen – Das Standortwahlverhalten der Industriebetriebe in den Jahren 1955 bis 1979, Bonn 1982

Schmals, Klaus M./Heinelt, Hubert (Hrsg.): Zivile Gesellschaft. Entwicklung – Defizite – Potentiale, Opladen 1997

Schmid, Hansdieter: Der Haushaltsplan – Kein Buch mit sieben Siegeln, 3. Aufl., Schwäbisch Hall 1991

Schmidt, Werner: Gemeindefinanzreformgesetz, Köln 1970

Schmidt-Eichstaedt, Gerd: Die Machtverteilung zwischen der Gemeindevertretung und dem Hauptverwaltungsbeamten im Vergleich der deutschen Kommunalverfassungssysteme, in: AfK, 24 (1985) 1, S. 21-37
Schmidt-Eichstaedt, Gerd: Kommunale Gebietsreform in den neuen Bundesländern, in: APuZ, B36/1993, S. 3-17
Schmidt-Eichstaedt, Gerd: Art und Umfang von Beanstandungen und Maßgaben im Rahmen des Anzeige- und Genehmigungsverfahrens von Bebauungsplänen. Rechtstatsachenuntersuchungen und Gutachten zur Vorbereitung der Städtebaurechtsnovelle 1997, Bonn 1996
Schmidt-Eichstaedt, Gerd u.a.: Die Gemeindeordnungen und die Kreisordnungen in der Bundesrepublik Deutschland, Stuttgart 1982 ff.; (Stand: Dezember 1995)
Schmidt-Jortzig, Edzard: Gemeinden und Kreise vor den öffentlichen Aufgaben der Gegenwart, in: DVBl., 92 (1977) 19, S. 801-807
Schmidt-Jortzig, Edzard: Kommunalrecht, Stuttgart 1982
Schmidt-Jortzig, Edzard/Makswit, Jürgen: Handbuch des kommunalen Finanz- und Hauhaltsrechts, Münster 1991
Schmölders, Günter: Allgemeine Steuerlehre, Wien 1951
Schmölders, Günter: Das Irrationale in der öffentlichen Finanzwirtschaft. Probleme der Finanzpsychologie, Hamburg 1960
Schmölders, Günter: Einführung in die Geld- und Finanzpsychologie, Darmstadt 1975
Schneider, Herbert: Lokalpolitik in einer Landgemeinde. Entscheidungsstrukturen und Partizipationsmöglichkeiten, in: APuZ, B3/1977, S. 21-39
Schneider, Herbert: Kreispolitik im ländlichen Raum, München 1985
Schneider, Herbert: Kommunalpolitik auf dem Lande. Eine vergleichende Untersuchung über Landkreispolitik, München 1991
Schneider, Herbert: Der Aufbau der Kommunalverwaltung und der kommunalen Selbstverwaltung in den neuen Bundesländern, in: APuZ, B36/1993, S. 18-26
Schneider, Herbert: Stadtentwicklung als politischer Prozeß. Stadtentwicklungsstrategien in Heidelberg, Wuppertal, Dresden und Trier, Opladen 1997
Schoch, Friedrich/Wieland, Joachim: Finanzierungsverantwortung für gesetzgeberisch veranlaßte kommunale Aufgaben, Baden-Baden 1995
Schöber, Peter: Kommunale Selbstverwaltung. Die Idee der modernen Gemeinde, Stuttgart u.a. 1991
Schön, Helmut: Regionalpolitische Konzepte und Strukturwandel ländlicher Räume. Eine Analyse am Beispiel des oberen Altmühltals, Berlin 1997
Schöneich, Michael (Hrsg.): Reformen im Rathaus. Die Modernisierung der kommunalen Selbstverwaltung, Köln 1996
Schönfelder, Hermann: Rat und Verwaltung im kommunalen Spannungsfeld. Praktische Vorschläge für die Verbesserung der Zusammenarbeit, Köln u.a. 1979
Scholz, Carola: Überall ist Mega Mall. Stadtentwicklung, Strukturwandel und der Wettlauf der Erlebniswelten, in: Alternative Kommunalpolitik, 18 (1997) 5, S. 32-35

von Schrötter, Gertrud: Kommunaler Pluralismus und Führungsprozeß. Untersuchung an zwei städtebaulichen Projekten einer Großstadt, Stuttgart 1969
Schübel, Stefan: Kommunale Wirtschaftspolitik in ländlich-peripheren Gemeinden. Ziele, Strategien und Maßnahmen, Möglichkeiten und Grenzen, Bayreuth 1996
Schüttemeyer, Suzanne S.: Repräsention, in: Nohlen, Dieter (Hrsg.): Lexikon der Politik, Band 1: Politische Theorien, München 1995, S. 543-552
Schultze, Claus J.: Die deutschen Kommunen in der Europäischen Union. Europa-Betroffenheit und Interessenwahrnehmung, Baden-Baden 1997
Schuster, Franz/Dill, Günter W. (Hrsg.): Kommunale Aufgaben im Wandel. Theoretische und empirische Grundlagen, Stuttgart 1992
Schwabe, Klaus (Hrsg.): Oberbürgermeister 1870-1945, Boppard 1981
Schwiderowski, Peter: Entscheidungsprozesse und Öffentlichkeit auf der kommunalen Ebene. Erweiterte Bürgerbeteiligung durch die Nutzung neuer lokaler Massenmedien, München 1989
See, Hans: Grundwissen einer kritischen Kommunalpolitik, Köln 1975
Seeger, Richard: Bürgerbegehren und Bürgerentscheid in Baden-Württemberg, in: ZParl, 19 (1988) 4, S. 516-535
Seibel, Wolfgang: Dritter Sektor, in: Bauer, Rudolph (Hrsg.): Lexikon des Sozial- und Gesundheitswesens, München 1992, S. 455-460
Seiler, Gerhard: Gemeinden III: Finanzen, in: Handwörterbuch der Wirtschaftswissenschaft (HdWW), 3. Band, Stuttgart u.a. 1988, S. 507-525
Sensburg, Patrick Ernst: Das Bürgeramt als Teil der Kommunalen Verwaltungsreform am Beispiel Trier, Aachen 1998
Siebel, Walter: Entwicklungstendenzen kommunaler Planung, Bonn-Bad Godesberg 1974
Siewert, Hans-Jörg: Verein und Kommunalpolitik, in: Kölner Zeitschrift für Soziologie und Sozialpsychologie, 29 (1977) 3, S. 487-510
Siewert, Hans-Jörg: Lokale Elitesysteme. Ein Beitrag zur Theoriediskussion in der Community-Power-Forschung und ein Versuch zur empirischen Überprüfung, Königstein 1979
Siewert, Hans Jörg: Soziale und kulturelle Aufgaben der Stadterneuerung, in: APuZ, B29/1988, S. 21-27
Simon, Klaus: Kommunale Demokratie – eine Politikvermittlungs-Idylle, in: Sarcinelli, Ulrich (Hrsg.): Politikvermittlung. Beiträge zur Kommunikationskultur, Bonn 1987, S. 232-247
Simon, Klaus: Repräsentative Demokratie in großen Städten, Melle 1988
Simon, Klaus: Politikblockade oder dynamischer Föderalismus? Die regionale und kommunale Ebene in der Politik der Europäischen Gemeinschaft, in: Politische Bildung, 24 (1991) 3, S. 21-40
Simon, Michaela: Kommunales Marketing: Theoretische Einordnung und praktische Umsetzungsmöglichkeiten. Dargestellt am Beispiel der Stadt Augsburg, Augsburg 1995
Sozialdemokratische Partei Deutschlands: Die kommunalpolitischen Richtlinien der SPD beschlossen in der gemeinsamen Sitzung des Kommunalpoliti-

schen Beirats und des Reichsauschusses für Kommunalpolitik am 28. September 1928, Berlin 1928

Spahn, P. Bernd: Zur Reform der Gemeindefinanzen, in: AfK, 28 (1989) 1, S. 67-85

Spermann, Alexander: Kommunale Krisenmanagement. Reaktionen baden-württembergischer Stadtkreise auf steigende Sozialhilfekosten und Einnahmenausfälle (1980-92), Frankfurt u.a. 1993

Staeck, Nicola: Politikprozesse in der Europäischen Union. Eine Policy-Netzwerkanalyse der europäischen Strukturfondspolitik, Baden-Baden 1997

Staehle, Wolfgang H.: Management: eine verhaltenswissenschaftliche Perspektive, 7. Aufl., München 1994

Stahl, Leo: Kommunale Wirtschaftsförderung. Praxis und rechtliche Problematik, Köln u.a. 1970

Statistisches Bundesamt (Hrsg.): Statistisches Jahrbuch für die Bundesrepublik Deutschland, Stuttgart und Mainz 1980

Statistisches Bundesamt (Hrsg.): Statistisches Jahrbuch für die Bundesrepublik Deutschland, Stuttgart und Mainz 1992

Stauder, Jochen (Hrsg.): Grundlagen der kommunalen Wirtschaftsförderung, Marburg 1991

Staudt, Erich (Hrsg.): Das Management von Innovationen, Frankfurt 1986

Steffen, Hinrich: Zum Handlungs- und Entscheidungsspielraum der kommunalen Investitionspolitik in der Bundesrepublik Deutschland, Frankfurt u.a. 1983

vom Stein, Lorenz: Die Verwaltungslehre, Teil 1, Abt. 2 (Selbstverwaltung) und Abt. 3 (Vereinswesen), Teil 2 (Die Selbstverwaltung und ihr Rechtssystem), 2. Aufl., Aalen 1975

Steinheuer, Wilfried: Privatisierung kommunaler Leistungen. Theoretische Grundlagen und praktische Erfahrungen nordrhein-westfälischer Städte, Köln 1991

Stember, Jürgen: Kommunale Wirtschaftsförderung im ländlichen Raum. Grundlagen und Aufgaben einer innovationsorientierten Wirtschaftsförderung im Kreis Soest als Beispiel für einen ländlich geprägten Flächenkreis, Münster 1992

Stember, Jürgen: Kommunale Wirtschaftsförderung. Innovationen zwischen Regionalisierung, Globalisierung und Verwaltungsreform, Bornheim 1997

Stern, Klaus: Das Selbstverwaltungsrecht der Gemeinden in der Rechtsprechung des Bundesverfassungsgerichts, in: Juristische Rundschau, 39 (1963) 6, S. 202-205

Stern, Klaus: Gemeinden I: Rechtsstellung in der Bundesrepublik Deutschland, in: Handwörterbuch der Wirtschaftswissenschaft (HdWW), 3. Band, Stuttgart u.a. 1988, S. 486-495

Sternberg, Rolf u.a.: Bilanz eines Booms. Wirkungsanalyse von Technologie- und Gründerzentren in Deutschland. Ergebnisse aus 108 Zentren und 1021 Unternehmen, Dortmund 1996

Stober, Rolf: Kommunale Ämterverfassung und Staatsverfassung am Beispiel der Abwahl kommunaler Wahlbeamten, Tübingen 1982

Stöss, Richard: Wählergemeinschaften I, in: Stöss, Richard (Hrsg.): Parteienhandbuch, Band 4, S. 2392-2428

Stoker, Gerry: Theory and Urban Politics, in: International Political Science Review, 19 (1998) 2, S. 119-130

Stoker, Gerry/Mossberger, K.: Urban Regime Theory in Comparative Perspective, in: Environment and Planning C: Government and Policy, 12 (1994), S. 195-212

Stolorz, Christian: Auswirkungen der kommunalen Gebietsreform Nordrhein-Westfalen 1970 bis 1975 auf die Parteienstruktur in Flächenkreisen am Beispiel der Christlich Demokratischen Union, Münster 1988

Storz, Wolfgang: Die Rolle der Gewerkschaften in der Kommunalpolitik, in: WSI-Mitteilungen, 33 (1980) 12, S. 698-704

Stubbe-da Luz, Helmut: Parteiendiktatur. Die Lüge von der „innerparteilichen Demokratie", Frankfurt u.a. 1994

Sturm, Roland: Wirtschaftsförderung als Standortdialog. Die Anforderungen an eine erfolgreiche regionale Wirtschaftsförderungspolitik, in: Der Bürger im Staat, 48 (1998) 4, S. 220-223

Suckow, Achim: Lokale Parteiorganisationen – angesiedelt zwischen Bundespartei und lokaler Gesellschaft. Ein Beitrag zum Organisationsproblem politischer Parteien und zur politischen Kultur der Bundesrepublik, Oldenburg 1989

Sydow, Jörg: Strategische Netzwerke: Evolution und Organisation, Wiesbaden 1992

Tauras, Olaf: Der Ausschuß der Regionen. Institutionalisierte Mitwirkung der Regionen in der EU, Münster 1997

Tessin, Wulf u.a.: Umsetzung und Umsetzungsfolgen in der Stadtsanierung. Die industriellen Auswirkungen erzwungener Mobilität im Rahmen von Sanierungsmaßnahmen am Beispiel der Berliner Stadterneuerung, Basel u.a. 1983

Thiede, Wolfgang: Auswirkungen der Gebietsreform im Bereich des kommunalen Finanzausgleichs, Baden-Baden 1981

Thieme, Werner: Bund, Länder und Gemeinden, in: AfK, 2 (1963) 1, S. 185-198

Thieme, Werner/Prillwitz, Günther: Durchführung und Ergebnisse der kommunalen Gebietsreform, Baden-Baden 1981

Thränhardt, Dietrich (Hrsg.): Funktionalreform. Zielperspektiven und Probleme einer Verwaltungsreform, Meisenheim 1978

Thränhardt, Dietrich/Uppendahl, Herbert (Hrsg.): Alternativen lokaler Demokratie. Kommunalverfassung als politisches Problem, Königstein/Ts. 1981

Tiepelmann, Klaus: Kommunale Wirtschaftsförderung, in: Das Wirtschaftsstudium (WISU), 13 (1984) 8-9, S. 421-426

Tietz, Bruno/Rothhaar, Peter: City-Studie. Marktbearbeitung und Management für die Stadt, Landsberg 1991

Tiggemann, Rolf: Die kommunale Neugliederung in Nordrhein-Westfalen, Meisenheim 1977
Timm, Herbert: Gemeindefinanzen (I): Theorie, in: Handwörterbuch der Sozialwissenschaften (HdSW), Vierter Band, Stuttgart u.a. 1965, S. 299-308
Trachternach, Theo: Parteien in der kommunalen Selbstverwaltung, Würzburg 1974
Ueberhorst, Wilfried: Die wirtschaftliche Betätigung der Gemeinden, Herford 1974
Uhlig, Klaus: Private Public Partnership, in: AfK, 29 (1990) 1, S. 106-117
von Unruh, Georg-Christoph: Die kommunale Selbstverwaltung. Recht und Realität, in: APuZ, B30-31/1989, S. 3-13
Uppendahl, Herbert: Anatomie einer Kommunalreform. Lokale Selbstregierung in England und Wales, Königstein 1981a
Uppendahl, Herbert: Repräsentation und Responsivität, Bausteine einer Theorie responsiver Demokratie, in: ZParl, 12 (1981b) 1, S. 123-134
Verein für die Geschichte der Deutschen Landkreise (Hrsg.): Der Kreis – ein Handbuch, Band 1: Der Kreis als Institution, Köln u.a. 1972
Verein für die Geschichte der Deutschen Landkreise (Hrsg.): Der Kreis – ein Handbuch, Band 2: Verwaltungsgrundlagen und Finanzen der Kreise, Köln u.a. 1976
Verein für die Geschichte der Deutschen Landkreise (Hrsg.): Der Kreis – ein Handbuch, Band 3: Strukturen, Umfeld und Perspektiven der neuen Kreise, Köln u.a. 1985
Verein für die Geschichte der Deutschen Landkreise (Hrsg.): Der Kreis – ein Handbuch, Band 4: Die Aufgaben der Kreise, Köln u.a. 1986
Vogel, Hans-Jochen: Die Amtskette. Meine 12 Münchner Jahre. Ein Erlebnisbericht, München 1972
Voges, Wolfgang (Hrsg.): Kommunale Sozialberichterstattung, Fragestellungen – Quellen – Konzepte, Leverkusen 1996
Voigt, Rüdiger: Kommunale Partizipation am staatlichen Entscheidungsprozeß, Würzburg 1976
Voigt, Rüdiger: Kommunalpolitik im ländlichen Raum. Ein Plädoyer für die Wiederbelebung der lokalen Politik, in: APuZ, B46-47/1986, S. 3-13
Voigt, Rüdiger: Kommunalpolitik zwischen exekutiver Führerschaft und legislatorischer Programmsteuerung, in: APuZ, B22-23/1992, S. 3-12
Voigt, Rüdiger: Kommunalpolitik – Perspektiven für Theorie und Praxis, in: PVS, 38 (1997) 3, S. 612-617
Voigt, Rüdiger (Hrsg.): Handwörterbuch zur Kommunalpolitik, Köln und Opladen 1984
Voigt, Rüdiger (Hrsg.): Perspektiven der Kommunalwissenschaft, München 1991
Voigt, Rüdiger (Hrsg.): Politische Steuerung aus interdisziplinärer Perspektive, München 1992
Voigt, Rüdiger (Hrsg.): Abschied vom Staat – Rückkehr zum Staat?, Baden-Baden 1993

Voigt, Rüdiger (Hrsg.): Der kooperative Staat. Krisenbewältigung durch Verhandlung?, Baden-Baden 1995

Volz, Jürgen: Erfolgskontrolle kommunaler Planung. Eine Untersuchung über Möglichkeiten und Grenzen der Erfolgskontrolle kommunaler Planungen, Köln u.a. 1980

Vorholz, Fritz: Interkommunale Einrichtungen. Ein Beitrag zur Stadt-Umland-Problematik, München 1981

van Waarden, Frans: Verwaltungskultur, in: Der Bürger im Staat, 43 (1993) 1, S. 70-80

Wagener, Frido: Neubau der Verwaltung. Gliederung der öffentlichen Aufgaben und ihrer Träger nach Effektivität und Integrationswert, Berlin 1969

Wagener, Frido: Der Standort der kommunalen Selbstverwaltung in der Funktionalrefom, gemeinsame und unterschiedliche Auffassungen von Kreisen und Gemeinden, aus verfassungsrechtlicher und organisatorischer Sicht, in: Krabs, Otto (Hrsg.): Der Standort der kommunalen Selbstverwaltung in der Funktionalreform – gemeinsame und unterschiedliche Auffassungen von Kreisen und Gemeinden, Köln 1977, S. 55-75

Wagener, Frido (Hrsg.): Zukunftsaspekte der Verwaltung. Vorträge und Diskussionsbeiträge der 48. Staatswissenschaftlichen Fortbildungstagung 1980 der Hochschule für Verwaltungswissenschaften Speyer, Berlin 1980

Wagener, Frido (Hrsg.): Kreisfinanzen – Landkreise, Gemeinden, Staat, Verbesserung, Entwicklung, Göttingen 1982

Wagner, Klaus: Organisation kommunaler Sozialarbeit, Stuttgart 1981

Wanders, Bernhard: Zwischen Dienstleistungsunternehmen und politischer Bewegung. Mieterorganisationen in der Bundesrepublik Deutschland, München 1984

Waniek, Roland: Die Regionalpolitik der Europäischen Gemeinschaft. Eine kritische Bestandsaufnahme, Bochum 1992

Weber, Werner: Wandlungen der Kommunalverwaltung, in: Staats- und Selbstverwaltung in der Gegenwart, Göttingen 1953

Wehland, Gerhard: Stadtplanung, Partizipation und kommunale Öffentlichkeit. Zum politischen Stellenwert von bürgerschaftlicher Mitwirkung im Bauleitplanverfahren, Berlin 1984

Wehling, Hans-Georg: Der Bürgermeister und „sein" Rat. Kommunalpolitik in der Bundesrepublik im Vergleich, in: Politische Studien, 35 (1984) 273, S. 27-36

Wehling, Hans-Georg: Kommunalpolitik in der Bundesrepublik Deutschland, Berlin 1986

Wehling, Hans-Georg: Politische Partizipation in der Kommunalpolitik. Bürgerbegehren und Bürgerentscheid, Gemeinderats- und Bürgermeisterwahl in Baden-Württemberg, in: AfK, 28 (1989a) 1, S. 110-119

Wehling, Hans-Georg: Kommunalpolitik und Regierungslehre, in: von Bandemer, Stephan/Wewer, Göttrik (Hrsg.): Regierungssystem und Regierungslehre. Fragestellungen, Analysekonzepte und Forschungsstand eines Kernbereich der Politikwissenschaft, Opladen 1989b, S. 193-206

Wehling, Hans-Georg: Kommunale Verfassungsreform: Vergleich der kommunalen Verfassungssysteme in Deutschland, in: Politische Bildung, 31 (1998) 1, S. 19-33

Wehling, Hans-Georg (Hrsg.): Kommunalpolitik, Hamburg 1975

Wehling, Hans-Georg (Hrsg.): Dorfpolitik. Sozialwissenschaftliche Analysen und didaktische Hilfen, Opladen 1978

Wehling, Hans-Georg/Nedele, Manfred: Oskar Kalbfell. Ein Oberbürgermeister und seine Stadt, Reutlingen 1997

Wehling, Hans-Georg/Siewert, H.-Jörg: Der Bürgermeister in Baden-Württemberg. Eine Monographie, 2. Auflage, Stuttgart u.a. 1987

Weidner, Helmut: Umweltmediation. Erfahrungen im In- und Ausland, in: Forum für interdisziplinäre Forschung, 17 (1996), S. 137-168

von Weizsäcker, Richard, im Gespräch mit Gunter Hofmann und Werner A. Perger, Frankfurt 1992

Wewer, Göttrik: Die Krise der Kommunalfinanzen, in: Politische Bildung, 31 (1998) 1, S. 47-61

Wielgohs, Jan: Transformationspolitik zwischen Liberalisierungsambitionen und Erfordernissen sozialer Stabilitätssicherung: Die Transformation des ostdeutschen Wohnungswesens, in: Wiesenthal, Helmut (Hrsg): Einheit als Interessenpolitik. Studien zur sektoralen Transformation in Ostdeutschland, Frankfurt u.a. 1995, S. 194-259

Wilbers, Joachim: Die Kommunalpolitische Vereinigung der CDU und der CSU Deutschlands, Frankfurt u.a. 1985

Wilkens, Winfried: Verwaltungsausschuß und Kreisausschuß in Niedersachsen. Kreation, Verfahren, Kompetenzen in rechtsdogmatischer und rechtspolitischer Sicht, Baden-Baden 1992

Wilking, Thomas: Strukturen lokaler Nachrichten. Eine empirische Studie von Text- und Bildberichterstattung, München 1990

Windhoff-Heritier, Adrienne: Policy-Analyse, Frankfurt a. M. 1987

Windhoff-Heritier, Adrienne: Institutionelle Interessenvermittlung im Sozialsektor. Strukturmuster verbandlicher Beteiligung und deren Folgen, in: Hartwich, Hans-Hermann (Hrsg.): Macht und Ohnmacht politischer Institutionen, Opladen 1989, S. 158-176

Winkel, Rainer: Infrastruktur in der Stadt- und Regionalplanung. Eine Untersuchung der Einflußfaktoren und Rahmenbedingungen, Frankfurt u.a. 1990

Winkler-Haupt, Uwe: Gemeindeordnung und Politikfolgen. Eine vergleichende Untersuchung in vier Mittelstädten, München 1988

Witte, Gertrud: Der Deutsche Städtetag warnt vor Privatisierungseuphorie, in: FAZ von 29. 11. 1996, S. 47

Wolf, Jürgen: Wohnungsnot – Was können die Gemeinden tun?, in: Alternative Kommunalpolitik, 1 (1981) 7-8, S. 5-11

Wolf, Jürgen: Wohnungsnot – Was können die Gemeinden tun? Kommunale Handlungsmöglichkeiten im Rahmen geltender Gesetze, in: Bauwelt, 72 (1981) 36, S. 1549-1556

Wollmann, Hellmut (Hrsg.): Politik im Dickicht der Bürokratie, Köln und Opladen 1980 (= Leviathan-Sonderheft 3/1979)

Wollmann, Hellmut u.a. (Hrsg.): Transformation der politisch-administrativen Strukturen in Ostdeutschland, Opladen 1997

Wollmann, Hellmut/Hellstern, Gerd-Michael (Hrsg.): Evaluierung und Erfolgskontrolle in Kommunalpolitik und -verwaltung, Basel u.a. 1984

Wollmann, Hellmut/Jaedicke, Wolfgang: Neubau der Kommunalverwaltung in Ostdeutschland. Zwischen Kontinuität und Umbruch, in: Seibel, Wolfgang/Benz, Arthur (Hrsg.): Verwaltungsreform und Verwaltungspolitik im Prozeß der deutschen Einigung, Baden-Baden 1993, S. 98-116

Wollmann, Hellmut/Roth, Roland (Hrsg.): Kommunalpolitik. Politisches Handeln in den Gemeinden, Opladen 1999

Woyke, Wichard: Stichwort Wahlen, 8. Aufl., Opladen 1994

Wrage, Volkhard: Taktik der Territorialreform. Eine Studie zum Prozeß der Meinungs- und Willensbildung bei Maßnahmen der territorialen Reform. Dargestellt am Beispiel der Neuordnung des Kreises Unna, Köln u.a. 1973

Wrage, Volkhard: Erfolg der Territorialreform. Auswirkungen der territorialen Neugliederung der Gemeinden in ausgewählten Kreisen Nordrhein-Westfalens, Berlin 1975

Wrobel, Bernd u.a.: Kostendeckungsgrad kommunaler Gebührenhaushalte, in: Der Städtetag, 29 (1976) 7, S. 377-382

Wurzel, Gabriele: Gemeinderat als Parlament?, Würzburg 1975

Zahradnik, Stefan: Das kommunale Rechnungswesen. Bestandsaufnahme und Reformbausteine, Düsseldorf 1997

Zeitel, Gerhard: Gebühren und Beiträge, in: Handwörterbuch der Wirtschaftswissenschaften (HdWW), Band 3, Stuttgart u.a. 1988, S. 347-355

Zender, Matthias: Die Minderheitsfraktion in der großstädtischen Vertretungskörperschaft, Diss. Trier 1982

Zeuner, Bodo/Wischermann, Jörg: Rot-Grün in der Kommunalpolitik. Konfliktpotentiale und Reformperspektiven. Ergebnisse einer Befragung von Kommunalpolitikern, Opladen 1995

Ziebill, Otto: Geschichte des Deutschen Städtetages. Fünfzig Jahre deutsche Kommunalpolitik, 2. Aufl., Stuttgart o.J. (1956)

Ziebill, Otto: Politische Parteien und kommunale Selbstverwaltung, 2. Aufl., Stuttgart u.a. 1971

Ziegler, Josef: Bürgerbeteiligung in der kommunalen Selbstverwaltung. Situation und Überlegungen zur weiteren Entwicklung, Würzburg 1974

Ziele der Landesplanung gemäß Landesentwicklungsprogramm und Landesentwicklungsplan I (MBl.NW. 1966, S. 2260) und II (MBl.NW. 1970, S. 494)

Zielinski, Heinz: Kommunale Selbstverwaltung und ihre Grenzen, Frankfurt u.a. 1977

Zielinski, Heinz (Hrsg.): Lokale Politik zwischen Eigenständigkeit und staatlicher Abhängigkeit. Empirische Analysen zu Handlungsspielräumen, Gebietsreformen und zur Selbstverwaltung, Königstein 1980

Zielke, Beate: Zwischengemeindliche Zusammenarbeit. Rechtliche, organisatorische und finanzielle Gestaltungsmöglichkeiten, Berlin 1993

Zilleßen, Horst: Von der Umweltpolitik zur Politik der Nachhaltigkeit. Das Konzept der nachhaltigen Entwicklung als Modernisierungsansatz, in: APuZ, B50/1998a, S. 3-10

Zilleßen, Horst (Hrsg.): Mediation – Kooperatives Konfliktmanagement in der Umweltpolitik, Opladen u.a. 1998b

Zilleßen, Horst u.a. (Hrsg.): Die Modernisierung der Demokratie. Internationale Ansätze, Opladen u.a. 1993

Zimmer, Annette: Vereine – Basiselement der Demokratie. Eine Analyse aus der Dritte-Sektor-Perspektive, Opladen 1996

Zimmermann, Franz: Das System der kommunalen Einnahmen und die Finanzierung der kommunalen Aufgaben in der Bundesrepublik Deutschland, Stuttgart 1988

Zimmermann, Gebhard: Finanzierungs- und Organisationsmodelle zur nachhaltigen Minderung der Finanznot in Kommunen, in: Betriebswirtschaftliche Forschung und Praxis, 49 (1997) 4, S. 395-416

Zimmermann, Monika: Lokale Agenda 21 – Ein kommunaler Aktionsplan für die zukunftsbeständige Entwicklung der Kommune im 21. Jahrhundert, in: APuZ, B27/1997, S. 25-38

Zimmermann, Monika/Hucke, Jochen (Hrsg.): Umweltschutz, was können die Gemeinden tun?, Stuttgart u.a. 1984

Zoll, Ralf: Gemeinde als Alibi. Materialien zur politischen Soziologie der Gemeinde, München 1972

Zoll, Ralf unter Mitarbeit von Thomas Ellwein, Horst Haenisch, Klaus Schröter: Wertheim III. Kommunalpolitik und Machtstruktur, München 1974

Sachregister